상법 I

개정판

상법총칙·상행위법

김두진 저

동방문화사

서 문

이 책은 2013년초부터 1년간 강의를 접고 U.C. Berkeley에서 귀한 연구년을 보내면서 집필을 구상하고 평소의 강의안을 토대로 상법총칙과 상행위법 분야에서의 생각을 강의교재 형식으로 간결하게 정리한 것이다.

짧게 보면 이 책은 지난 몇 개월간의 집중적인 집필로 이루어졌지만, 길게 보면 필자의 수십년간의 상법 학습과 연구와 강의의 산물이다. 저자가 상법 강의를 처음 시작한지 17년, 적지 않은 세월이 흘러갔다. 상법 공부를 시작한지는 더 오래 되었다. 그러나 학문의 세계는 정말 웅대하고 심오해서 아둔한 저자로서는 그동안 그저 앞을 보고 바른 방향으로 헤쳐 나오기도 쉽지 않았다. 또한 계속해서 새로운 법제도와 기업의 내외현실을 포함하는 사회의 변화가 급속하게 이루어지고 인터넷과 통신수단의 발달로 과거보다 접할 수 있는 정보의 양도 점점 방대해져서 이제 자신의 생각이 무엇인지 정리해 볼 기회를 갖는 것이 필요하다고 느끼게 되었다. 저자는 손주찬 교수님, 박원선 교수님, 이정한 교수님, 박길준 교수님께 학은을 입었다. 이분들은 저자의 젊은 시절에 상법의 여러 분야를 가르쳐 주시고 인생의 가르침을 주신 스승님들이다. 이 분야의 저자의 사고와 철학을 형성하주신 이 분들께 이 자리를 빌어 감사드린다. 또한 이 책에 담겨 있는 이 분야의 여러 석학, 선배제현의 책과 논문, 문헌, 판결문을 통하여 배운 지식은 그것을 생산하신 분들의 정신적 노고의 산물에서 내가 은혜를 입은 것이라 생각하며 그분들께도 깊이 감사드린다.

항상 나의 곁에서 내게 용기를 주고 든든한 지원군 역할을 해주는 나의 아내 이미경 선생과 나의 딸 정윤이에 대한 감사도 빼놓을 수 없다. 그리고 이 책을 저자의 부모님 김계운 집사님과 김매자 권사님께 헌정한다.

따지고 보면 오늘 내가 누리는 모든 즐거움은 모두 어제 누군가의 수고의 산물이다. 그러한 사실에 그 수고하신 누군가에게 또한 감사한다. 바라기는 이 책이 이 분야의 학문을 처음 접하는 이들에게 바른 방향으로 인도하는 어렵지 않은 지침서가 될 수 있기를 기대한다.

2015.9.1

저자 씀

개정판 서문

개정판은 초판의 내용 중 법령 제·개정으로 업데이트가 필요하거나 오류가 있는 부분을 수정하였고, 표현을 간결하고 경료하게 가다듬은 것 이외에 2020년초까지의 필요한 판례를 추가하고 중복되는 판례는 정리하였다.

2020. 8. 14.

저자 씀

차 례

제 1 편 서론

제1장 상법의 개념
제1절 총설 ·· 3
제2절 실질적 의의의 상법 ··· 4
제3절 형식적 의의의 상법 ··· 8

제2장 상법의 지위
제1절 상법과 민법의 관계 ··· 9
제2절 상법과 경제법의 관계 ··· 10
제3절 상법과 어음법·수표법의 관계 ··································· 11

제3장 상법의 이념과 특성
제1절 기업의 유지·강화 ·· 12
제2절 기업활동의 왕성 ··· 12

제4장 상법의 법원과 효력
제1절 상법의 법원 ·· 13
제2절 상법의 효력 ·· 20

제 2 편 상법총칙

제1장 상인
제1절 상인의 의의 ·· 27

제2절 당연상인 ·· 30
제3절 의제상인 ·· 41
제4절 소상인 ·· 44
제5절 상인자격의 취득과 상실 ·· 45
제6절 영업능력 ·· 54
제7절 영업의 제한 ·· 56

제2장 상업사용인

제1절 총설 ·· 60
제2절 지배인 ·· 61
제3절 부분적 포괄대리권을 가진 상업사용인 ······························ 75
제4절 물건판매점포의 사용인 ·· 78
제5절 상업사용인의 경업피지의무 ·· 80

제3장 상호

제1절 총설 ·· 87
제2절 상호의 의의 ·· 87
제3절 상호의 선정 ·· 89
제4절 상호의 보호 ·· 92
제5절 상호의 이전과 폐지 ·· 103
제6절 명의대여자의 책임 ·· 106

제4장 상업장부

제1절 총설 ·· 116
제2절 상업장부의 의의 ·· 117
제3절 상업장부의 기능 ·· 119
제4절 회계장부 ·· 119
제5절 대차대조표 ·· 122
제6절 상업장부의 기장방법 ·· 126
제7절 상업장부에 관한 의무 ·· 131

제5장 영업소

    제1절 영업소의 의의 ·· 134
    제2절 영업소의 종류 ·· 135
    제3절 영업소의 법적 효과 ·· 136

제6장 상업등기

    제1절 기업공시의 필요성 ·· 138
    제2절 상업등기의 의의 ·· 139
    제3절 등기사항 ·· 140
    제4절 상업등기의 절차 ·· 141
    제5절 상업등기의 공시 ·· 148
    제6절 상업등기의 효력 ·· 148

제7장 영업양도

    제1절 총설 ·· 162
    제2절 영업양도의 절차 ·· 176
    제3절 영업양도의 효과 ·· 178
    제4절 영업의 임대차 ··· 190
    제5절 영업의 경영위임 ·· 191

제3편 상행위

제1장 서론

    제1절 총설 ·· 195
    제2절 상행위법의 의의 ·· 195
    제3절 상행위법의 특성 ·· 196
    제4절 상행위의 의의 ·· 198

제5절 상행위의 종류 ··· 199

제2장 상행위법 총칙

　　　제1절 서설 ··· 206
　　　제2절 민법 총칙편에 대한 특칙 ·· 206
　　　제3절 민법 물권편에 대한 특칙 ·· 214
　　　제4절 민법 채권편에 대한 특칙 ·· 220
　　　제5절 유가증권에 관한 규정 ·· 255
　　　제6절 상호계산 ·· 259
　　　제7절 익명조합 ·· 267
　　　제8절 합자조합 ·· 278

제3장 상행위법 각칙

　　　제1절 대리상 ·· 290
　　　제2절 중개업 ·· 305
　　　제3절 위탁매매업 ··· 316
　　　제4절 운송업 ·· 336
　　　제5절 운송주선업 ··· 396
　　　제6절 공중접객업 ··· 414
　　　제7절 창고업 ·· 422

제4장 새로운 상행위

　　　제1절 금융리스업 ··· 435
　　　제2절 가맹업(加盟業) ··· 460
　　　제3절 채권매입업 ··· 475

　한글색인 ··· 483
　외국어색인 ··· 487

주요참고문헌 및 약어표

강위두·임재호, 제4전정판 상법강의(상), 형설출판사, 2011	강위두·임재호(11)
김병연·박세화·권재열, 상법총칙·상행위: 사례와 이론, 박영사, 2012	김병연외(12)
김성태, 상법총칙·상행위법강론, 법문사, 1999	김성태(99)
김용태, 전정 상법(상), 원광대학교 출판국, 1984	김용태(84)
김정호, 제4판 상법강의(상), 법문사, 2005	김정호(05)
김홍기, 제5판 상법강의, 박영사, 2020	김홍기(20)
서돈각·정완용, 제4전정 상법강의(상), 법문사, 1999	서돈각·정완용(99)
서헌제, 제2판 상법강의(상), 법문사, 2007	서헌제(07)
손주찬, 제14정판 상법(상), 박영사, 2003	손주찬(03)
손진화, 제5판 상법강의, 신조사, 2014	손진화(14)
송옥렬, 제9판 상법강의, 홍문사, 2019	송옥렬(19)
안강현, 제5판 상법총칙·상행위법, 박영사, 2015	안강현(15)
양승규·박길준, 제3판 상법요론, 삼영사, 1993	양승규·박길준(93)
이기수·최병규, 제7판 상법총칙·상행위법, 박영사, 2010	이기수·최병규(10)
이기수·최한준·김성호, 상법총칙·상행위법, 박영사, 2003	이기수외(03)
이병태, 전정 상법(상), 법원사, 1988	이병태(88)
이원석, 신상법(상), 법지사, 1985	이원석(85)
이철송, 제13판 상법총칙·상행위, 박영사, 2015	이철송(15)
임홍근, 상법(총칙·상행위), 법문사, 2001	임홍근(01)
전우현, 상법총칙·상행위법, 박영사, 2011	전우현(11)
정경영, 상법학강의, 박영사, 2007	정경영(07)
정동윤, 제6판 상법(상), 법문사, 2012	정동윤(12)
정찬형, 제18판 상법강의(상), 박영사, 2015	정찬형(15)
정희철, 상법학(상), 박영사, 1989	정희철(89)

채이식, 상법강의(상)-총칙·상행위·회사법, 박영사, 1992	채이식(92)
최기원, 제15판 상법학신론(상), 박영사, 2004	최기원(04)
최준선, 제8판 상법총칙·상행위법, 삼영사, 2013	최준선(13)

제1편 서론

제1장 상법의 개념

제2장 상법의 지위

제3장 상법의 이념과 특성

제4장 상법의 법원과 효력

제 1 장 상법의 개념

제1절 총설

상법(commercial law, mercantile law, business law, Handelsrecht)의 개념은 형식적 의의의 상법과 실질적 의의의 상법으로 나뉜다.

형식적 의의의 상법은 상법이라는 이름으로 제정된 법률을 말한다. 독일의 상법(Handelsgesetz)[1], 프랑스의 상법(Code de commerce)[2], 미국의 통일상법전(Uniform Commercial Code: U.C.C.)[3], 일본의 상법[4] 등이 그 예이다. 반면 판례법 국가인 영미법계의 영국[5]·캐나다, 또는 민상법을 통합하여 민

---

1) 독일은 1892년 유한회사법이 먼저 제정되었고, 1897년 제정된 상법은 그 밖의 회사에 관한 규정을 포함하고 있었으나, 1937년 주식법(Aktiengesetz)이 제정되면서 주식회사와 주식합자회사에 관한 규정은 상법전에서 분리되었다. 송종준, '상법과 회사법의 분리입법에 관한 소고", 「상사법연구」 제34권 제2호, 2015, 109면.
2) 1807년 나폴레옹 상법전이 제정되었는데, 1866년 회사에 관한 규정이 분리되어 「상사회사법」이라는 명칭으로 단행법화되었다가, 2000년 9월 회사에 관한 규정이 상법전에 재통합되었다. 행정명령에 의한 회사법의 상법전 통합에 관한 헌법소원에 대하여 헌법재판소가 기존 상사회사법의 내용을 변경하지 않고 규정하는 조건에서만 합헌이라고 결정함에 따라 그 내용대로 입법되었다. 원용수, "프랑스 상사법의 개별입법화 동향", 「기업법연구」 제23권 4호, 2009, 162면.
3) 미국의 통일상법전(U.C.C.)은 그 자체 연방이나 주의 실정법은 아니고 전미주법통일위원회(National Conference of Commissioners on Uniform State Laws)와 미국법학원(American Law Institute)이 주관하여 1952년 제정한, 여러 주의 상법들을 통일하기 위한 목적의 통일법(uniform acts) 중의 하나이다.
4) 일본은 전통적으로 우리나라 현행 상법과 같이 상법전에서 상법총칙, 상행위법 외에 회사법, 보험법, 해상법 등을 포함하여 왔으나, 2005년에 회사법이, 2008년에 보험법이 각각 분리 입법되었다. 권종호, "일본 상사법의 개별 입법화 동향", 「기업법연구」 제23권 4호, 2009, 174면 이하.
5) 영국은 상법이라는 명칭의 단일법은 없고, 상사계약과 민사계약을 구분하지 않는 식으로 상법과 민법이 분리되지 않은 국가이나 다만 19세기말에 제정된 물품매매법(Sale

법으로 규율하는 스위스·이탈리아·중국6) 등과 같이 형식적 의의의 상법이 없는 나라도 있다. 상법은 현재 단행법으로 되어 있지만 강학상 그 편제별로 구성된 규정들을 나누어서 상법총칙, 상행위법, 회사법, 보험법, 해상법, 항공운송법 등의 다른 이름으로 불리기도 한다. 예컨대 본서의 대상인 상행위법이라는 개별법은 없지만 강학상 상법 제2편의 규정들을 '상행위법'이라고 부르는 식이다. 이들 명칭 가운데 상행위법이란 명칭은 비교적 잘 사용되는 편이며, 주식회사를 중심으로 합명회사·합자회사·유한책임회사·유한회사 등의 여러 종류의 회사제도의 법적 규율에 관하여 규정하고 있는 상법 제3편의 규정들을 가리키는 '회사법'이라는 명칭은 특히 널리 사용된다. 아울러 얼마 전부터는 회사법을 상법에서 분리입법할 필요성에 관한 논의가 진행되어 오고 있기도 하다.

실질적 의의의 상법은 학문적 개념으로서 상법이라는 이름으로 제정되었는지 여부와는 관계없이 그 규율대상인 생활관계의 실질에 따라 파악되는 법역을 말한다.

제2절 실질적 의의의 상법

1. 총설

실질적 의의의 상법은 상(商)(commerce, Handel), 즉 우리말로 무엇인가를 사고 파는 '장사'에 관한 법이다. 예컨대, 상인이 아닌 사람(이하 '非상인'이라 한다)이 자기가 거주하던 아파트를 다른 사람에게 매도한다면 이는 민법이 적용되는 민사 법률관계이다. 그러나 건설회사가 아파트를 건설하여 일반인에게 분양하는 경우 이는 상사 법률관계이다. 형사법·행정법 등 다른

---

of Goods Act 1893)이 상행위에 관한 성문단행법으로 존재한다. 심영,"영국 상사법의 개별입법화 동향",「기업법연구」 제23권 4호, 2009, 12~15면.
6) 중국은 1986년 제정된 민법통칙과 1999년 제정된 계약법에서 상법총칙과 상행위에 관하여 함께 규정하고 있어서 민상2법 통일주의를 지향하고 있는 것으로 평가되며, 1993년 제정된 회사법이 별개로 존재하고 있다. 송종준, 전게 논문, 111면.

법률도 우리 사회가 지속되기 위하여 필요한 여러 기본적 요소들을 공급하지만, 대부분의 시민이 의식주생활의 도구를 획득하고 소득을 획득하고 여가와 문화생활을 즐기기 위한 재화와 용역과 일자리를 얻을 수 있는 것은 기업이 있기 때문이다. 바꿔 말하면 아침에 일어나서 저녁에 잠자리에 들 때까지 보통 우리가 가장 흔히 접하게 되는 법률관계는 상사법률관계라 보면 틀림이 없을 것이다.

> **대법원 2000.10.27. 선고 99다10189 판결**
>
> 피고(주식회사 서한)는 1990년 2월경 대구 수성구 지산택지개발지구에 건축할 15층 아파트 5개동 468세대를 1991년 5월을 입주예정일로 정하여 분양하였는데, 원고들은 각각 일정한 평형의 아파트에 대하여 피고와 분양계약을 체결하였다. 위 분양계약을 체결하면서 수분양자들은 분양대금 중 6회에 걸쳐 나누어 지급하기로 한 중도금 및 입주예정일에 지급하기로 한 잔금의 지급을 지체할 경우 그 경과일수에 대하여 연체금액에 연 15%의 연체요율을 적용한 연체료를 가산하여 지급하기로 약정하였다. 피고는 택지보상 문제의 타결 지연과 공기의 지연 등으로 공사기간이 3개월 가량 늦어져 입주예정일을 지키지 못하게 되자, 수분양자들에게 당초 입주예정일 1991년 5월을 같은 해 9월로 변경하고, 그 대신 4차 중도금 지급일 1990.10.11.을 같은 해 12월 26일(76일 뒤)로, 5차 중도금 지급일 같은 해 12월 11일을 1992.3.26.(105일 뒤)로, 6차 중도금 지급일 1992.2.11.을 같은 해 6월 26일(135일 뒤)로 각 연기한다고 통지하였고, 이에 수분양자들은 위 변경된 중도금 및 잔금 기일에 따라 중도금 및 잔금을 모두 지급하였다. 원고들은 1991.8.29.에 이르러서야 이 사건 아파트에 입주하였다. 이 사건 원고들은 피고가 분양계약 당시 약정한 입주예정일인 1991년 5월을 지나 같은 해 8월 29일에야 비로소 입주할 수 있도록 한 데 대한 입주지연으로 인한 지체상금을 청구하였다. 대법원은 "피고는 주택건설사업 등을 목적으로 하는 영리법인이므로 이 사건 아파트 분양계약은 피고의 영업을 위하여 하는 상행위라 할 것이고, 당사자 쌍방에 대하여 모두 상행위가 되는 행위로 인한 채권뿐만 아니라 당사자 일방에 대하여만 상행위가 되는 행위로 인한 채권도 상사법정이율이 적용되는 상사채권에 해당한다고 할 것인바, 이 사건 지체상금은 상행위인 분양계약의 불이행으로 인한 손해배상채권으로서 그 지연손해금에 대하여도" 민법 제379조에 의한 민사 법정이율인 연 5푼의 비율에 의한 지연손해금이 아니라 '상법 제54조 소정의 연 6푼의 상사법정이율을 적용하여야 할 것"이라고 판시하였다.

2. 상(商)의 개념

이처럼 실질적 의의의 상법의 대상이 되는 생활관계는 상(商)인데 법률상의 상 개념이 경제생활의 발전에 따라 경제학상의 상 개념인 고유상만이 아니라 보조상 뿐만 아니라 유형상, 나아가 형식상까지 포섭하게 됨에 따라 그에 관하여 구구한 논의가 나타났다.[7]

고유상(固有商)은 일반인들이 상인이라고 상정하는 전형적인 모습의 영업, 즉 재화를 사고파는 행위를 하는 상인이다. 고유상의 매매행위는 그것을 통하여 특정 상품(재화)의 제조업자나 도매상으로부터 소매상이나 소비자로의 해당 상품(재화)의 이전을 중개·매개(媒介)하고, 이윤을 얻고자 하는 행위이다. 법률상의 상(商) 개념은 이 고유상에서 시작되어 점차 세월이 감에 따라 외연이 확대되어 왔다. 보조상(補助商)이란 고유상을 보조하는 기능을 하는 상(예컨대, 대리상, 중개업, 위탁매매업, 창고업, 화물운송업, 금융업, 손해보험업, 지급결제업 등)을 말하고, 유형상(類型商)이란 영업의 유형은 보조상과 유사하나 고유상과는 무관한 상(예컨대, 여객운송업, 운송주선업, 생명보험업 등)을 말한다. 그 밖의 나머지 상을 가리키는 형식상(形式商)에는 공업, 임대업, 전기·전파·가스·물의 공급업, 건설업, 출판업, 정보통신업, 서비스업, 원시생산업(광업, 채석업 등)이 포함된다. 형식상의 영업의 본질은 고유상·보조상 또는 유형상과 무관하지만, 영업의 형식이 고유상·보조상 또는 유형상과 유사하여 입법자가 상에 포함시킨 것들이다.

3. 상법의 대상

상법의 대상인 상(商)의 통일적 파악을 부정하는 형식설에서는 상은 여러 가지 법률사실의 단편적 집합에 불과하다고 주장한다. 그러나 통일적 파악을 긍정하는 설이 타당하며, 이에는 발생사적 관련설, 매개행위본질설, 집단거래본질설, 상적 색채설[8] 등도 있으나, 기업법설(K. Wieland)이 타당하다. 기업법설에서는 상(商)은 '기업(企業)'(enterprise, business, company, firm,

---

7) 양승규·박길준(93), 17~18면.
8) 田中耕太郎, 「改正商法總則槪論」, 1938, 43면 이하(민법과 상법은 대상이 대체로 공통되나 상법의 특질은 그 법률사실이 지니는 색채에 의한 것이라고 설명한다); 손주찬(03), 6면 각주 1.

Unternehmen)이고 기업이란 일정한 계획에 따라 계속적 의도로 독립된 조직을 가지고 이익을 획득하기 위하여 자본과 노력을 거는(wagen) 것이라고 한다. 경제학에서는 기업을 가계(소비활동을 영위하는 경제주체)·정부(민간부문의 경제활동을 규제·조정하며 공공재를 생산하는 경제주체)외의 경제주체로서 상품이나 서비스를 생산하는 생산활동을 영위하는 "경제재의 생산과 분배의 단위"로 정의한다.9) 기업 개념은 영리를 추구하는 기업이 대도주자이지만 그밖에 사회적기업·협동조합·상호보험회사·공공기관 등의 비영리 기업도 포함하는 것으로서 "물적 설비와 인적 설비가 결합한 사업체로서 기업주와는 독립된 경제단일체"라고 이해된다.10) 20세기 스위스의 Karl Wieland는 상법학상의 기업개념을 확립하여, 기업은 "불확실한 재산증가를 실현하는 경제력의 단위"라고 정의하고, 상법상의 서로 상이한 규정들을 기업 개념에 의하여 통일적으로 체계화하려고 하여, 기업의 물적 설비로서 지점(영업소), 상호, 상업등기를 들고, 기업의 인적 설비로서 상업사용인, 대리상, 중개인, 위탁매매인 등을 들었다.11)

1991년 노벨 경제학상 수상자인 로날드 코스 교수는 상인이 직면하는 거래비용(transaction cost) 문제를 해결하는 제도가 기업이라고 보았다.12) 상품이나 용역을 시장에서 입수하는 것보다 생산하는 것이 비용이 덜 들 때 기업은 스스로 생산활동을 하게 된다. 기업은 그래서 새 활동을 그 기업의 기존의 운영사업과 통합하기로 하는 결정으로 인하여 규모가 커지고 성장한다.

기업법설에서는 상법은 "기업에 관한 특별사법"이라 본다(통설)13). 즉 기

---

9) 법학상의 기업 개념과 경제학상의 기업 개념의 관계를 보면, 전자는 당위(sollen)에 관한 것이나 후자는 존재(sein)에 관한 것이다. 후자는 일상용어로서 사용되고 현실에 나타난 것을 기준으로 형성되며 그 범위가 넓으나, 전자는 법률에 정해져 있고, 아주 제한적이며 그 범위가 좁다. 그러나 전자는 후자를 수용하였다고 볼 수 있다.
10) 정찬형, "상법학상의 기업개념", 「백산정찬형교수호・갑기념 백산상사법논집」(박영사, 2008) 16~19면.
11) Karl Wieland, *Handelsrecht*, Bd. I 1921, S.14 ff.; 손주찬(03), 6면.
12) Ronald H. Coase, *The Nature of the Firm*, 4 Economica (n.s.) 386 (1937).
13) 손주찬(03), 6면; 양승규·박길준(93), 18면; 정찬형(15) 6~7면; 채이식(92), 4~5면.

업은 인적·물적 수단을 갖춘 기관적 단일체로서 대외적으로 독립하여 시장에 참여하고, 그 활동에 의하여 재화 및 권리·의무를 취득한다. 여기에서 기업조직은 기업의 인적 설비와 물적 설비를 말하고, 기업활동이란 상인적 방법에 의하여 영리의 목적으로 경영활동을 하는 것을 말하며, 그 활동에 의하여 취득하는 권리·의무의 주체는 기업이고 기업주가 아니라고 본다.

이러한 기업법설에 대하여 기업 자체는 법적 주체가 될 수 없고, 기업의 범위가 모호하다는 점에서 비판하면서, 상법은 "상인에 관한 특별사법"이라고 보는 상인법설[14]이 있다. 그러나 상인법설에서의 상인을 단순히 기업의 주체라고 한다면 이는 기업법설과 다르지 않게 되고, 상인을 상법이 정한 상인으로 한정하는 경우에는 입법자가 정한 상인의 활동으로부터 동질성과 공통성이 있는 상 개념이 도출될 수 없다는 문제점에 직면하게 된다.[15] 따라서 기업법설이 타당하다.

제3절 형식적 의의의 상법

형식적 의의의 상법은 '상법'이라는 이름으로 제정된 법률을 말한다. 역사적으로 우리나라는 근대화 단계에서 일본에 강제통합되어 식민지배를 받는 동안에는 일본 상법이 적용되었고, 1945년 해방된 후에도 1962년까지는 '의용상법'이 잠정 적용되다가 1962.1.20. 법률 제1000호로 「상법」이 제정되어 1963.1.1. 시행되었다.

상법은 제1편 총칙, 제2편 상행위, 제3편 회사, 제4편 보험, 제5편 해상, 제6편 항공운송으로 편제되어 있는바, 본서에서 대상으로 하는 부분은 그 가운데 제1편 총칙과 제2편 상행위, 즉 상법총칙과 상행위법 부분이다.

---

14) Capelle-Canaris, *Handelsrecht*, 22. Aufl., 1995, S.1; Karsten Schmidt, *Handelsrecht*, 3. Aufl., 1987, S.3(독일의 통설); 최기원(04), 6면; 이기수외(03), 14~15면.
15) 정찬형(15), 6~7면; 채이식(92), 4~5면.

제 2 장 상법의 지위

제1절 상법과 민법의 관계

1. 민상이법통일론

민법과 상법을 통일하여야 한다는 민상이법(民商二法)통일론이 처음 제기된 것은 19세기초 나폴레옹 황제치하의 프랑스에서 1804년 프랑스민법전에 이어 1807년 프랑스상법전이 제정되어 일반국민의 경제생활이 양법의 지배를 받게 되면서 발생한 불편 때문에 비롯된 것이다. 민상이법통일론은 정작 프랑스에서는 지지를 받지 못하였으나 이웃나라에서 이를 수용하여 1911년 스위스채무법, 1942년 이탈리아민법 등이 입법되어 현재까지 이르고 있다.

민상이법통일론의 논거는 ① 상법은 중세와 같은 상인단체법과 달리 일반인의 모든 경제생활에 적용되어야 하고, ② 상법은 상공인의 이익보호를 위한 법이므로 상법전을 독립하여 규정하면 상인과 거래하는 일반인에게 불리하고, ③ '상'과 '상인' 개념의 불확정으로 상법의 적용범위가 모호하다는 것이다. 그러나 ①에 대하여는 상법의 적용대상인 기업의 생활관계는 일반인의 경제생활관계와 다르며, ②는 상법 규정의 입법시 모든 이의 이익을 보호하기 위하여 고려하면 족한 문제이고, ③은 해석론을 개발하여 해결할 문제라는 비판이 가해졌다.

2. 민법의 상화

민법의 상화(商化)란 민법이 시대와 더불어 변천하여 상법에 접근하는 현상을 가리킨다. 이것에는 두 가지 흐름이 있는데, ① 어음·수표, 파산제도와 같이 본래 상법에 있던 제도가 민법으로 편입되어 일반화되는 것이 있고, ②민사회사, 의제상인과 같이 본래 민법에 있던 제도가 상법으로 편입되는 것이 있다. 위의 ①은 상법의 자주성과는 무관하게 상법에서 사용되던 제도가 경제생활의 상화에 따라서 적용범위가 보편화됨에 따라 민법에 편입되는 현상이다. 민법은 신분법이나 개별 거래나 비영리적 거래까지 그 대상으로 하므로 그 상화에는 일정한 한계가 있을 뿐만 아니라, 상법은 이에 불구하고 신주인수권부사채·상품권·리스·가맹업·채권매입업 등 새로운 제도를 창조하여 끊임없이 그 범위를 넓혀가고 있으므로 ①에 의하여 상법의 자주성이 훼손된다거나 민·상법이 실질적 융합을 가져오는 것은 아니다.[16] 위의 ②는 원래 상법에 속하여야 할 것이 입법기술 내지 법이론의 졸렬성 때문에 민법에 들어가 있다가 제자리를 찾는 현상으로서 "민법의 순화"라고 볼 수 있다.[17]

제2절 상법과 경제법의 관계

19세기 후반이래 산업혁명의 영향으로 대량생산과 공장노동이 대세가 되면서 대기업이 출현하고 자본의 집중과 독점화현상의 심화가 나타났다. 이에 대처하기 위하여 경제법이 발생하였다. 미국의 셔먼법(Sherman Antitrust Act)(1890), 독일의 경쟁제한방지법(Gesetz gegen Wettbewerbsbeschränkungen) (1947), 우리나라의 「독점규제 및 공정거래에 관한 법률」 (1980) 등이 이에 해당하는 대표적인 법률들이다.[18] 상법을 기업법으로 정의하는 입장(기업법설)에서는 경제법도 기업에 관한 법률인 상법

---

16) 손주찬(03), 15면.
17) 서돈각·정완용(99), 16면; 정동윤(12), 21면; 정찬형(15), 16면; 정희철(89), 41~42면.
18) 이 이외에도 경제법에는 「가맹사업거래의 공정화에 관한 법률」, 「부정경쟁방지 및 영업비밀보호에 관한 법률」, 「소비자기본법」, 「방문판매등에 관한 법률」, 「약관규제에 관한 법률」, 「할부거래에 관한 법률」, 「전자상거래 등에서의 소비자보호에 관한 법률」 등이 포함된다.

의 일부로서 통일적으로 파악할 수 있다는 견해도 있을 수 있으나, 기업법설의 입장에서도 경제법의 독자적 영역을 인정하는 적극설이 있으며 이 입장이 타당하다. 상법은 기업법이고, 경제법은 독점기업의 경제력 남용의 방지 또는 그 폐해의 제거 및 소비자보호를 목적으로 하여 기업거래에 국가가 후견적으로 개입하는 내용을 담고 있는 법이기 때문에 양자는 상호 밀접한 연관이 있으나 상호 독자성을 인정할 수 있다. 상법은 공법과 사법을 구분하는 대륙법계에서 사법의 일종이나 경제법은 그 본질이 사회법으로서 공법과 사법 규정이 혼재하는 "제3의 법역"이다. 경제법은 상사특별법에 속한다.

제3절 상법과 어음법·수표법의 관계

어음·수표는 기업과 관련하여서만이 아니라 일반인 상호간에도 널리 사용되는 제도이므로 어음법·수표법은 실질적 의의의 상법에 포함된다고 볼 수 없다(통설). 그러나 어음·수표는 기업거래에서 발생한 수단이고 기업과 관련하여 많이 이용되므로 상법과 어음법·수표법은 상호 밀접한 관련성이 인정된다.

제 3 장 상법의 이념과 특성

제1절 기업의 유지·강화

상법의 이념의 하나인 기업의 유지·강화는 조금 더 구체적으로 상인의 영리성의 보장, 기업의 자본집중의 촉진, 기업자금조달의 원활화, 기업의 인력의 보충, 기업의 위험부담의 완화, 기업의 독립성 확보 등으로 발현된다. 특히 기업의 자금조달의 원활화와 인력의 보충 문제, 위험의 분산 문제 등은 회사제도에 의하여 탁월하게 해결되며, 회사제도는 개인기업이 따라가기 어려운 여러 가지 장점을 가진다. 그런 이유에서 개개의 분야에서 큰 규모의 기업은 거의 예외없이 회사이고, 본래 여러 사람이 모여서 하는 공동기업인 회사를 특히 주식회사나 유한회사에 있어서 한 명의 주주나 한 명의 사원이 설립·운영하는 1인회사제도가 이용되기까지 한다. 또한 주식회사에 있어서는 20세기부터 기업의 "소유와 경영의 분리"에 의하여 전문경영인이 주주를 대신하여 기업을 경영하는 방식이 이용되고 있으며, 이는 주식회사제도의 발전에 하나의 원동력이 되어왔다.[19]

제2절 기업활동의 왕성

상법은 기업활동의 왕성을 또 하나의 이념으로 한다. 왕성한 기업활동은 거래의 간이·신속, 거래방식의 정형화, 거래객체의 유통성의 확보를 지향하는 것을 직접적 내용으로 한다. 한편 그러한 왕성한 기업활동을 위해서는 또한 거래의 안전이 보장되어야 하므로 상법은 필요한 경우에는 공시주의, 외관주의, 엄격책임주의 등을 적용하여 거래의 안전을 보호한다.

---
19) 그 상세한 내용은 이 책의 범위를 넘고 회사법에서 공부할 내용이다.

제 4 장 상법의 법원과 효력

제1절 상법의 법원

1. 상법의 법원

상법은 제1조에서 "상사에 관하여 본법에 규정이 없으면 상관습법에 의하고 상관습법이 없으면 민법의 규정에 의한다"고 규정하고 있다. 여기에서 '상사(商事)'란 상법이 적용되는 사항을 말한다. 상사의 의미에 관해서는 상법전이 규정하고 있는 사항뿐만 아니라 실질적으로 기업관계에 속하는 모든 사항을 말한다고 보는 견해(실질설)[1]도 있지만, 실질설은 상사의 범위가 불분명하고 막연하다는 문제점이 있으므로 형식적으로 상법전에 규정되어 있는 사항 및 상사특별법에 의하여 상법전의 적용대상이 되는 생활관계를 말한다고 보는 견해(형식설)[2]를 취하는 것이 적절하다.

상법 제1조와 관련하여 민법도 상사에 적용되는 점에서 「민법」이 상법의 법원(法源), 즉 상법의 존재형식이라고 보는 견해(소수설)[3]도 있지만, 상법은 기업에 특유한 생활관계를 규율하는 사법이므로 민법은 상법의 법원이 아니라고 본다(통설).[4] 즉 통설에 의하면 민법은 상법의 법원은 아니나 상사에 적용되는 것일 뿐이고, 상법 제1조는 상법의 법원을 규정한 것이 아니라 단지 상사에 적용되는 법원들의 적용순서를 규정하고 있는 것이다. 상법은 기업에 관한 모든 사항

---

1) 강위두·임재호(11), 30면; 손진화(14), 25면; 정희철(89), 50면; 이철송(15), 32면; 정찬형(15), 35면.
2) 서돈각·정완용(99), 48면; 손주찬(03), 51~52면; 임홍근(01), 37면; 정동윤(12), 24면; 채이식(92), 26면.
3) 임홍근(01), 118면.
4) 예컨대, 강위두·임재호(11), 21면; 손주찬(03), 51면.

을 규정하는 것이 아니므로 상법에 규정이 없고 상관습법도 성립하지 않는 사항에 관하여 보충적으로 민법을 적용하는 것이며, 이 때 적용되는 민법의 규정은 일반경제생활에 관한 일반법이고 이에 대하여 기업경제에 관한 상법은 특별법의 성질을 가지는 것이다.[5] 상사에 민법이 적용되는 경우로는 상법전이 창설하였으나 그 상위개념이 민법에 있는 경우(예컨대, 지배권, 회사, 운송, 상호계산 등은 각각 민법상 대리권, 사단법인, 도급, 상계 등의 상위개념에 종속개념들이다.)에 해당 상사에 민법규정이 보충적으로 적용되는 것, 상법이 적용되어야 하는 기업에 특유한 생활관계(상사법률관계) 중에 민법을 적용하여 민사법률관계와 같게 규율하더라도 무방한 경우(예컨대, 능력, 법률행위, 기간, 물건, 계약, 사무관리, 부당이득, 불법행위 등)에 민법이 적용되는 것 등이 있다.[6]

2. 상법의 법원의 종류

(1) 상법전과 부속법령 및 상사특별법령

상법의 법원 중 상사제정법 가운데 가장 중요한 것은 「상법」 및 그 부속법령(상법시행법, 상법시행령)이다. 그 외에 특별상법으로 「채무자회생 및 파산에 관한 법률」 (약칭: "채무자회생법"), 「상업등기법」, 「상업등기규칙」, 「상표법」, 「자본시장과 금융투자업에 관한 법률」 (약칭 "자본시장법"), 「담보부사채신탁법」, 「주식회사의 외부감사에 관한 법률」 (약칭 "외부감사법"), 「자산재평가법」, 「신탁법」, 「은행법」, 「상호저축은행법」, 「보험업법」, 「여신전문금융업법」, 「금융지주회사법」, 「예금자보호법」, 「금융산업의 구조개선에 관한 법률」 (약칭 "금융산업구조개선법"), 「전자금융거래법」, 「전자문서 및 전자거래 기본법」 (약칭: "전자문서법"), 「중소기업협동조합법」, 「신용협동조합법」, 「광업법」, 「물류정책기본법」, 「유통산업발전법」, 「농수산물 유

---

[5] 손주찬(03), 55면.
[6] 정찬형(15), 49면.

통 및 가격안정에 관한 법률」, 「수산업법」, 「수산물 유통의 관리 및 지원에 관한 법률」, 「대규모유통업에서의 거래 공정화에 관한 법률」(약칭: "대규모유통업법"), 「건설산업기본법」, 「여객자동차운수사업법」(약칭: "여객자동차법"), 「화물자동차 운수사업법」(약칭: "화물자동차법"), 「철도사업법」, 「도시철도법」, 「궤도운송법」, 「선박법」, 「선박안전법」, 「선원법」, 「선박등기법」, 「항만운송사업법」, 「해운법」, 「선박소유자 등의 책임제한절차에 관한 법률」(약칭: "선박소유자책임법"), 「독점규제 및 공정거래에 관한 법률」(약칭: "공정거래법"), 「부정경쟁방지 및 영업비밀보호에 관한 법률」(약칭: "부정경쟁방지법"), 「대규모유통업에서의 거래 공정화에 관한 법률」(약칭: "대규모유통업법"), 「하도급거래 공정화에 관한 법률」(약칭: "하도급법"), 「가맹사업거래의 공정화에 관한 법률」(약칭: "가맹사업법"), 「표시·광고의 공정화에 관한 법률」(약칭: "표시광고법"), 「약관의 규제에 관한 법률」(약칭: "약관규제법"), 「할부거래에 관한 법률」, 「방문판매 등에 관한 법률」(약칭: "방문판매법"), 「전자상거래 등에서의 소비자보호에 관한 법률」(약칭: "전자상거래법") 등이 있다. 우리나라가 체결한 상사관계 조약7) 및 '일반적으로 승인된 국제법규' 8) 등도 상법의 법원임은 물론이다.9)

---

7) '1929년 10월 12일 바르샤바에서 서명된 국제항공운송에 있어서 일부 규칙의 통일에 관한 협약을 개정하기 위한 의정서'(Warsaw Convention)(1967.10.11. 조약 제259호), '유류오염손해에 대한 민사책임에 관한 국제조약'(1979.3.15. 조약 제678호)(CLC, 1969), '유류오염손해에 대한 민사책임에 관한 1969년 국제협약의 의정서'(1993.3.6. 조약 제1167호), '유류오염손해보상을 위한 국제기금의 설치에 관한 국제협약'(1993.3.6. 조약 제1165호)(FUND, 1971), '1992년 유류오염 손해보상을 위한 국제기금의 설치에 관한 국제협약에 대한 2003년 의정서'(2010.7.19. 조약 제2014호), 국제물품매매계약에 관한 국제연합 협약(UN Convention on Contracts for the International Sale of Goods: CISG)(2005.2.28. 다자조약 제1711호) 등이 그 예이다. 그러나 '제네바어음법통일조약'과 같이 체약국에게 일정한 내용의 법규 제정의무를 부과하는 조약(非자기집행적 조약) 자체는 그 내용이 바로 적용되는 것이 아닌 점에서 이에 포함되지 아니한다(통설). 손주찬(03), 36면; 정찬형(15), 39면; 채이식(92), 18면.
8) '공동해손에 관한 요크-앤트워프규칙'(York-Antworp Rules), 국제상업회의소(International Chamber of Commerce: ICC)가 제정한 '화환신용장통일규칙'(Uniform Customs and Practice for Documentary Credits) 및 '무역조건의 해석에 관한 국제규칙'(International Commerce Terms: Incoterms) 등은 일반적으로 승인된 국제법규의 예이다.

(2) 상관습법

상관습법의 법원성도 긍정된다(통설). 다만, 상관습법의 성문상법과의 적용순서에 관해서는 상관습법이 성문상법을 변경하는 효력이 있다고 보는 변경적 효력설이 있지만, 상관습법은 성문상법을 변경할 수는 없고 보충할 뿐이라고 하는 보충적 효력설이 통설이고 타당하다.

문제는 상관습법과 "사실인 상관습"을 구별할 수 있는가 하는 점이다. 이에 관하여 ⅰ) 구별설(판례10), 다수설11))은 ① 상관습법은 법적 확신이 있는 점에서 법규이지만 사실인 상관습은 그러한 확신이 없는 점에서 법규가 아니라고 본다. ② 법원이 상관습법을 위반한 경우에는 법률문제로서 상고할 수 있으나(민사소송법 §423), 사실인 상관습의 위반은 사실문제로서 상고할 수 없다고 본다. ③ 상관습법은 민법의 강행법규에 반하여 성립 가능하나( ), 사실인 상관습은 그렇지 않다(민법 §1)고 본다. 또한 ④ 상관습법은 상사임의법규에 반해서는 성립할 수 없으나, 사실인 상관습은 상사임의법규에 반하더라도 성립할 수 있다고 본다.

이에 대하여 ⅱ) 비구별설12)은 ⑤ 법적 확신의 유무라는 주관적 요소에 의하여 양자를 구별하는 것은 법적 안정성을 해칠 우려가 있다는 점(①에 대하여), ⑥ 의사해석의 문제도 법률문제로서 상고의 대상이 될 수 있으며(②에 대하여), ⑦ 민법 제1조에 따르면 관습법은 임의규정에 후순위로 밀리나[강행규정-임의규정-관습법-조리], 민법 제106조에 따르면 사실인 관습은 당사자의 의사로 추정되어 법률행위의 내용이 된다면, 임의규정보다 우선적용되므로 [강행규정-사실인 관습-임의규정], 상관습법은 상법의 임의법규에 반하면 성립 불가나 사실인 상관습은 상법의 임의법규에 반해도 성립가능이라는 것은 불

---

9) 헌법은 "헌법에 의하여 체결·공포된 조약과 일반적으로 승인된 국제법규는 국내법과 같은 효력을 가진다."고 규정하고 있다(§6①).
10) 대법원 1959.5.28. 선고 4291민상1(상관습법은 당사자의 주장여하에 불구하고 법원이 이를 적용하여야 하나 사실인 상관습은 당사자가 그에 따를 의사로 한 경우에만 구속력이 있다고 판시).
11) 서돈각 정완용(99), 42면; 양승규 박길준(93), 40면; 임홍근(01), 105~106면; 채이식(92), 20면
12) 정찬형(15), 40면.

합리하다는 점 등을 근거로 구별설을 비판한다. 관련조항은 다음과 같다.

민법 제1조 (법원) 민사에 관하여 법률에 규정이 없으면 관습법에 의하고 관습법이 없으면 조리에 의한다.
민법 제106조 (사실인 관습) 법령중의 선량한 풍속 기타 사회질서에 관계없는 규정과 다른 관습이 있는 경우에 당사자의 의사가 명확하지 아니한 때에는 그 관습에 의한다.

생각건대 상관습법과 사실인 상관습은 구별이 용이하지 않을 수 있지만, 양자는 법적으로 다른 효력을 갖는다는 점을 부인하기는 어렵다고 보며[13], 양자의 구별기준인 "법적 확신"은 사회관념에 의하여 판단하는 것이고 분쟁이 있으면 결국 법관이 정하게 되므로 문제가 없다고 본다(⑤에 대하여). 그리고 민법 제106조에 따르면 사실인 상관습이 상법의 임의법규에 우선하는 것은 사적 자치가 허용되는 범위내에서 사실인 상관습을 계약내용으로 하려는 당사자의 의사의 힘이므로 구별설에 의하더라도 모순이 있는 것은 아니라고 볼 것이다(⑦에 대하여).

(3) 상사자치법

회사의 정관은 회사의 조직과 활동에 관한 근본규칙으로서 상법에 의하여 그 작성이 요구되고(§§ 178, 269, 287의2, 288, 543) 일정한 경우에는 상법에 우선하는 효력이 있기까지 하며(§§ 200, 207, 416), 증권거래소의 업무규정은 자본시장법에 의하여 정해지고 그 사항이 법정되어 있으므로(자본시장법 §393) 양자는 상사자치법으로서 그 수범자에게는 법원이 된다(다수설[14]·판례[15]). 그러나 이에 대하여 정관은 계약이고 증권거래

---

13) 채이식(92), 20면.
14) 손주찬(03), 39면; 정찬형(15), 4면; 최기원(04), 33~34면.
15) 대법원 2000.11.24. 선고 99다12437 판결(사단법인(대한민국 헌정회)의 정관은 이를 작성한 사원뿐만 아니라 그 후에 가입한 사원이나 사단법인의 기관 등도 구속하는 점에 비추어 보면 그 법적 성질은 계약이 아니라 자치법규로 보는 것이 타당하므로, 이는 어디까지나 객관적인 기준에 따라 그 규범적인 의미 내용을 확정하는 법규해석의 방법으로 해석되어야 하는 것이지, 작성자의 주관이나 해석 당시의 사원의 다수결에 의한 방법으로 자의적으로 해석될 수는 없다고 판시).

소의 업무규정은 내부적 업무처리의 지침에 불과할 뿐, 법원이 아니라고 보는 소수설16)이 있다. 소수설의 입장에서는 회사의 정관이나 증권거래소의 업무규정이 내부 구성원에 대하여 효력을 갖는 이유는 그것들이 법원이기 때문이 아니라 구성원들이 이에 따르기로 했기 때문이라고 설명한다.

생각건대 자치법의 법원성을 부정한다면 규범 정립 절차 외에서 출석 구성원들이 하는 결의나 계약의 효력으로 자치법의 효력을 수정하거나 배제할 수 있게 되므로 부당하다. 사법분야에서 자치법은 연성법(soft law)의 일종으로서 경성법(hard law)이 규율하는 것보다 더 부드럽고 세련된 형식으로 당사자의 자치를 허용하면서 법치주의를 확산시키는 역할을 하고 있고, 앞으로도 그 역할은 더욱 확대되어 갈 것으로 생각된다.

(4) 약관

약관의 법원성에 관해서는 ⅰ) 약관을 자치규범이나 제도로 파악하는 긍정설과 부정설이 갈린다. 부정설 가운데 ⅱ) 상관습법설은 약관 자체가 법원이 아니라 약관에 의하여 거래를 한다는 것이 상관습(법)이라고 한다. 또한 부정설 가운데 ⅲ) 의사설은 약관은 법원이 아니나 기업이 약관에 의한다는 점을 밝히고 고객에게 제시한 경우에 이의 구속을 받으려는 당사자의 의사에 의하여 개별계약의 내용을 구성하는 것이며 당사자를 구속한다고 본다. 현재 의사설이 통설·판례17)의 입장이고, 약관을 작성한 사업자에게 고객에 대한 약관의 명시·설명의무를 부과하고 이를 위반한 경우에는 약관의 효력을 인정하지 아니하고 약관과 다르게 당사자가 계약내용을 합의한 경우에는 그 개별약정이 약관보다 우선한다는 약관규제법의 입장(,4)도 의사설의 입장을 취한 것으로 파악되고 있다.

---

16) 정동윤(12), 30~31면; 안강현(15), 28면.
17) 대법원 2004.11.11. 선고 2003다30807 판결(보통보험약관을 포함한 이른바 일반거래약관이 계약의 내용으로 되어 계약당사자에게 구속력을 갖게 되는 근거는 그 자체가 법규범 또는 법규범적 성질을 갖기 때문은 아니며 계약당사자가 이를 계약의 내용으로 하기로 하는 명시적 또는 묵시적 합의를 하였기 때문이라고 판시).

(5) 상사판례법 및 상사학설

상사판례법의 법원성에 관하여는 ⅰ) 우리나라는 실정법국가로서 판례법국가에서와 같은 선례구속이 인정되지 않는 점을 드는 부정설과 ⅱ) 판례가 법을 수정하거나 창조하는 작용을 하는 범위내에서 법원이라고 보는 긍정설[18]이 갈리나 다수설은 부정한다. 또한 상사학설의 법원성도 부정된다(통설).

(6) 조리

조리(條理)(law of nature, naturalis ratio, Natur der Sache), 즉 "사물의 본성"이 법원인지에 관해서는 ⅰ) 조리는 법의 이념 또는 추상적 원리로서 구체적 내용이 있는 경험적 실재가 아닌 점에서 재판의 준거일 뿐 법원은 아니라고 보는 부정설[19]과 ⅱ) 헌법 제103조는 "법관은 헌법과 법률에 의하여 그 양심에 따라 독립하여 심판한다"고 하고, 민법 제1조는 조리를 재판의 준거로 들고 있는 점을 근거로 긍정하는 학설[20]이 갈린다. 생각건대 조리는 다른 종류의 법원이 없는 경우에 최후에 적용되는 법원이라고 본다(긍정설). 그러나 양설은 조리의 본질에 관하여 달리 볼 뿐, 대상사실에 대하여 조리를 적용하여 결론을 도출하는 결과에 있어서는 차이가 없다.

3. 상법 법원의 적용순서

상사에 관하여 상법에 규정이 없으면 상관습법에 의하고 상관습법이 없으면 민법의 규정에 의한다(§1).

상법의 법원으로는 전술한 바와 같이 상법전과 부속법령 및 상사특별법령, 상관습법, 상사자치법, 조리 등이 있고, 민법의 법원으로는 민법전, 민사

---

18) 정찬형(15), 47면; 정희철(89), 55면.
19) 강위두·임재호(11), 30면; 김성타(99), 137면; 이기수·최병규(10), 75면; 이기수외(03), 63면; 임홍근(01), 35면; 정동윤(12), 61면; 정찬형(15), 47~48면; 정희철(89), 56면; 채이식(92), 24~25면; 최기원(04), 45면; 최준선(13), 65면.
20) 서돈각·정완용(99), 46~47면; 손주찬(03), 50면; 안강현(15), 36면; 양승규·박길준(93), 42면; 임홍근(01), 116~117면.

관습법, 민사특별법령 등이 있다. 전술한 바와 같이 민법은 상법의 법원은 아니지만 상사에 적용된다. 법원간의 적용순서는 제정법 상호간에 있어서는 특별법이 일반법에 우선하게 되어, 상법전이 민법전에 우선하고, 상사특별법 또는 상사조약이 상법전에 우선하며, 민사특별법 또는 민사조약은 민법전에 우선한다. 자치법은 그 제정의 기초를 법률에 두고 있으므로 제정법의 임의법규는 변경할 수 있으나 강행법규에 반할 수는 없다. 다만 효력이 인정되는 범위에서는 자치법이 가장 우선적으로 적용된다. 사실인 상관습은 그에 반하는 내용의 상법상 강행규정이 없는 것과 당사자가 이에 의하려는 의사를 가지고 있음을 조건으로 하여 적용된다. 사실인 관습은 그에 반하는 내용의 상법상 강행규정이나 민법상 강행규정이 없는 것과 당사자가 이에 의하려는 의사를 가지고 있음을 조건으로 하여 적용된다.

이를 종합하여 보면, 상사에 관해서는 다음의 순서에 의하여 상법의 법원들과 상사에 적용될 수 있는 한도내의 민법의 법원들이 적용된다.

상사자치법→상사특별법·상사조약→상법전(강행규정)→사실인 상관습→상법전(임의규정)→상관습법→민사자치법→민사특별법·민사조약→민법전(강행규정)→사실인 관습→민법전(임의규정)→민사관습법→조리

제2절 상법의 효력

1. 시간적 효력

(1) 신법과 구법, 일반법과 특별법

동일한 사항에 적용되는 둘 이상의 법이 존재하는 경우에 어떤 법이 적용되는가 하는 문제에 관해서는 동순위에 있는 두 법간에는 신법은 구법을 변경한다는 "신법우선의 원칙"에 의하여 해결되고, 일반법과 특별법 사이에서는 특별법은 일반법보다 우선한다는 "특별법우선의 원칙"에 의하여 해결한다.

(2) 소급적용

구법이 적용되던 시기에 발생한 사실이 신법의 시행후에도 존속하는 경우 신법의 소급효(遡及效)를 인정할 것인가 하는 문제가 있다. 원칙적으로 법률은 소급적용되면 수범자에게 예상할 수 없는 피해를 줄 수 있으므로 소급적용하지 않는 것이 바람직하며 특히 형사법에 있어서는 소급입법에 의한 처벌을 금지하는 것이 확립된 법원칙이다. 그러나 상법은 일반적으로 내용이 진보적이고 소급적용으로 오히려 당사자가 이익을 얻는 경우가 많으므로 필요시 예외적으로 소급적용할 수 있다. 예컨대, 1984년 개정상법 부칙 제2조는 "이 법은 특별한 정함이 있는 경우를 제외하고는 이 법 시행전에 생긴 사항에도 이를 적용한다. 그러나 종전의 규정에 의하여 생긴 효력에는 영향을 미치지 아니한다."고 규정하였고, 2011년 개정상법 부칙 제3조도 같은 취지로 규정한바 있다.

2. 장소적 효력

(1) 원칙

상법은 우리나라의 전 영역, 즉 영토·영해·영공에 적용되는 것이 원칙이다. 예외적으로 해외에 있는 우리나라의 대사관·공관이나 공해상의 우리나라 선적의 선박 또는 공해상을 비행하는 우리나라 국적 비행기에서의 상행위에 대해서는 모두 상법이 적용된다.

(2) 예외

예외적으로 「국제사법」 또는 조약에 의하여 상법이 우리 영토외에 적용되거나 우리 영토내인데도 상법이 적용되지 않는 경우가 있을 수 있다.

3. 인적 효력

(1) 원칙

상법은 원칙적으로 모든 우리나라 국적을 가진 사람에게 적용된다. 물론 우리나라안에서 행해진 외국인간의 상행위에 대해서는 장소적 효력의 작용으로 상법이 적용된다.

(2) 예외

예외적으로 「국제사법」에 의하여 상법이 외국인에게 적용되거나 우리나라 사람에게 적용되지 않는 경우가 있을 수 있다. 또 다른 예외로서 상법 중 일부규정은 상법 자체에 의하여 적용범위가 제한된다. 예컨대, 소상인에게는 상법 중 지배인, 상호, 상업장부와 상업등기에 관한 규정은 적용하지 아니한다(§9). 또한 상사매매에 관한 규정들(§§67-71)은 양 당사자가 상인인 경우에만 적용된다.

4. 사항에 관한 효력

(1) 상사

상사에 대해서는 그 당사자가 모두 상인이든 非상인을 포함하든 상법이 적용된다(§3). 또한 여기에서 '상사(商事)'는 공법인의 상행위를 포함한다(§2).

상법은 당사자중 그 1인의 행위가 상행위인 때에는 전원에 대하여 본법을 적용한다(§3)고 규정한다. 이러한 원칙이 적용되는 것은 거래상대방이 단수인 「갑-을」의 법률관계에서 갑만이 상인이고, 을은 비상인인 경우는 물론, 일방 거래당사자가 복수인 「갑·을-병·정」의 법률관계에서 갑만이 상인이고, 을·병·정은 非상인인 경우를 모두 포함한다. 이에 따라 상인과 거래하는 일반인도 상법의 적용을 받을 수 있다.

대법원 2006.4.27. 선고 2006다1381 판결

법원은 "당사자 쌍방에 대하여 모두 상행위가 되는 행위로 인한 채권뿐만 아니라, 당사자 일방에 대하여만 상행위에 해당하는 행위로 인한 채권(단체협약에 기한 근로자의 유족들의 회사에 대한 위로금채권)도 상법 제64조 소정의 5년의 소멸시효기간이 적용되는 상사채권에 해당하는 것이고, 그 상행위에는 상법 제46조 각 호에 해당하는 기본적 상행위뿐만 아니라, 상인이 영업을 위하여 하는 보조적 상행위도 포함된다."고 전제하고 이 사건에서 "피고 청주문화방송 주식회사와 망 소외인사이의 근로계약이나 피고 회사가 노동조합과 체결한 단체협약은 모두 보조적 상행위에 해당하므로, 그에 기한 이 사건 위로금채권에는 5년의 상사시효가 적용된다."고 판시하였다.

그러나 상법에서 상인간의 상행위에 한하여 상법이 적용된다고 특별히 규정한 경우에는 그에 따른다. 예컨대, 상사유치권(§58)이나 상사매매에 관한 규정들(§§67-71)은 양 당사자가 모두 상인인 경우에만 적용된다.

(2) 상법에 규정이 없는 경우

상사라고 해도 상법에 규정이 없는 경우에는 불가피하게 민법이 적용될 수밖에 없다. 예컨대 상인과 비상인간의 매매에 관해서는 민법의 매매에 관한 규정들(민법 §§563-595)이 적용된다. 이것은 상법상 매매에 관한 규정들(§§67·69)은 모두가 매도인과 매수인 양자가 상인인 경우(상사매매)를 대상으로 하는 것이고, 상법에는 상인과 비상인간의 매매에 관한 규정이 존재하지 않기 때문이다.

제 2 편
상법총칙

제1장 상인

제2장 상업사용인

제3장 상호

제4장 상업장부

제5장 영업소

제6장 상업등기

제7장 영업양도

제1장 상인

제1절 상인의 의의

1. 총설

(1) 권리의무의 귀속주체

상인은 기업과 관련한 생활관계에서 생기는 모든 권리의무가 귀속되는 법적 주체이다. 법인인 상인은 그 이름으로 권리의무의 귀속주체가 된다. 그러나 모든 기업이 법인인 것은 아니므로 법인이 아닌 기업도 있고 그 경우 그 기업의 이름으로 권리의무의 귀속주체가 될 수 없기 때문에 상인이라는 기업의 주체가 필요한 것이다. 따라서 개인기업(sole prcprietorships)은 영업주인 자연인이 상인이 되고, 우리 상법상 모든 회사는 법인이므로 주식회사, 합명회사, 합자회사, 유한책임회사, 유한회사 등의 회사기업은 모두 그 회사 스스로가 당연상인이 된다.

(2) 기업의 인적 요소

이처럼 상인은 형식적으로는 "기업의 생활관계에서 발생하는 권리의무의 귀속주체"이고, 실질적으로는 "기업에 내재하여 기업활동을 영위하는 자"로서 기업의 인적 요소이다.

2. 상인에 관한 입법주의

상인 개념을 정하는 것에 관하여 세 가지 입법주의가 있다. 상인이라는 '사람'의 특성을 근거로 하여 상인 개념을 정하는 것이 주관주의(형식주의)체계이고, 상거래를 하는 사람들의 '활동'인 상행위를 지향하여 상행위를 하는 사람들을 상인으로 개념정의하는 것이 객관주의(실질주의)체계이다. 그리고 절충주의는 위의 양자를 절충하는 것이다.

(1) 실질주의

실질주의(상행위법주의, 객관주의)는 상법에서 실질적으로 특정한 행위를 상행위로 정하고, 이러한 상행위를 영업으로 하는 자가 상인이라고 정의하는 입법주의이다. 프랑스, 스페인이 이러한 입장을 취하는데, 상법의 본질을 주체와 관련하여 파악된 기업법으로 보는 시각과 맞지 않고 상행위의 종류와 내용이 열거적이어서 기업생활의 발전에 부응하지 못하는 문제점이 있다.

(2) 형식주의

형식주의(상인법주의, 주관주의)는 행위의 종류나 내용과는 관계없이 형식적으로 상인적 방법에 의하여 영업을 하는 자가 상인이라고 파악하는 입법주의이다. 독일 1998년 상법, 스위스채무법 등이 이러한 입장을 취하는데, '상인적 방법'이 모호해서 상인의 범위와 한계가 불명확해지는 단점이 있다.

(3) 절충주의

절충주의는 실질주의와 형식주의를 절충하여 상인을 정하는 입법주의이다. 독일 구상법, 일본 상법이 이러한 입장을 취하고 있다.

3. 우리 상법의 입법주의

상인 개념을 정하는 것과 관련된 상법의 조항은 다음과 같다.

제4조(당연상인) 자기명의로 상행위를 하는 자를 상인이라 한다.
제5조(의제상인) ① 점포 기타 유사한 설비에 의하여 상인적 방법으로 영업을

하는 자는 상행위를 하지 아니하더라도 상인으로 본다.
② 회사는 상행위를 하지 아니하더라도 전항과 같다.

우리 상법은 제46조에서 스물 두 가지의 기본적 상행위를 정하고, 이를 전제로 하여 제4조에서 자기명의로 그러한 상행위를 영업으로 하는 자를 당연상인으로 규정하고 있고, 제5조에서는 상행위를 전제로 하지 않은 의제상인을 규정하고 있다. 학설은 의견이 다음과 같이 갈린다.

(1) 절충주의설

제1설[1]은 제4조는 상행위를 행하는 것을 근거로 당연상인의 개념을 정하므로 실질주의이고 제5조는 형식주의를 취한 것으로서 상법은 전체적으로 절충주의의 입장이라고 보는 견해이다.

(2) 형식주의설

제2설[2]은 상법은 전체적으로 형식주의라는 견해이다. 이 견해는 제4조의 영업적 상행위는 영업의 주체인 상인과의 관련에서만 상행위성이 인정되는 점에서 형식주의라고 보고, 제5조도 형식주의이므로 상법은 전체적으로 형식주의를 취한 것이라고 한다.

(3) 실질주의에 가까운 절충주의설

제3설[3]은 제4조에서 당연상인을 정의한 것은 실질주의이고, 제5조제2항의 회사를 상인으로 정한 것은 분명히 형식주의이나, 제5조제1항의 설비상인의 정의에서 "점포 기타 유사한 설비에 의하여"는 "상인적 방법"의 예시이고 "상인적 방법"이란 "사회통념상 당연상인이 보통 이용하는 영업방법"을 의미하므로 당연상인의 개념에 연동되는 것이고 따라서 근본적으로는 실질주의를 취한 것으로 볼 수 있다고 보는 입장이다.

---

1) 강위두, 23면; 손주찬(03), 65~66면; 안강현(15), 48면; 이철송(15), 55~57면; 최기원(04), 53면.
2) 서돈각/정완용, 59~60면; 정동윤(12), 81~82면; 임홍근(01) 146면.
3) 이철송(15), 78~80면.

(4) 형식주의에 가까운 절충주의설

제4설[4]은 상법은 전체적으로 형식주의에 가까운 절충주의라는 견해이다. 이 견해는 제4조의 영업적 상행위는 영업의 주체인 상인과의 관련에서만 상행위성이 인정되는 점에서 순수한 실질주의가 아니고 형식주의에 접근한 실질주의라고 보고, 제5조는 형식주의이므로 전체적으로 상법은 형식주의에 가까운 절충주의라고 본다.

생각건대, 상법은 형식주의에 가까운 절충주의 입장이라고 본다(제4설의 지지). 기본적으로는 제4조에서 실질적으로 특정한 상행위를 영업으로 하는 자가 상인이라고 봄으로써 상인의 개념을 상행위를 가지고 정하되(형식주의에 가까운 절충주의), 상행위의 종류와 내용이 열거적이어서 기업생활의 발전에 부응하지 못하는 실질주의의 문제점은 제5조에서 행위의 종류나 내용과는 관계없이 형식적으로 상인적 방법에 의하여 영업을 하는 자가 상인이라고 봄(형식주의)으로써 해결하고 있는 것으로 볼 수 있다.

제2절 당연상인

1. 의의

자기명의로 상행위를 하는 자를 상인이라 한다(§4). 이는 당연상인이며 당연상인은 실질상인, 고유의 상인이라고도 부른다.

2. 법적 요건

(1) "자기 명의로" 상행위를 할 것

1) 상인은 자기 명의로 상행위를 하므로 자기가 그 상행위에서 생기는 권

---
[4] 양승규·박길준(93), 49~50면; 정찬형(15), 54~55면; 정희철(89), 61면; 이기수외(03), 87면; 채이식(92), 33면.

리의무의 귀속주체가 된다. 이와 구별되는 "자기의 계산으로" 상행위를 하는 자는 자기가 그 행위의 결과로 발생하는 손익의 귀속주체가 되게 된다.

2) 상인은 실제 상행위를 자기가 직접 할 필요는 없고 타인에게 대리시켜도 된다.

3) 상인은 자기 명의로 상행위를 하는 한, 기업을 소유하지 않고 기업을 임차하거나, 경영위임과 같이 기업위험을 부담하지 아니하여도 무방하다.

4) 상인은 행정관청에 대한 신고명의인이나 납세명의인일 필요는 없다.

5) 타인의 명의로 영업하는 경우에는 실제 영업을 하는 명의차용자가 상인이고 명의대여자는 상인이 되지 못한다.

(2) '상행위'를 할 것

여기에서 상행위란 법 제46조에 열거된 기본적 상행위(상인이 영업으로서 하는 상행위)와 특별법에서 상행위로 인정한 것에 한한다(열거주의).

1) 상법 제46조에 열거된 기본적 상행위를 영업으로 할 것(영업적 상행위)

(가) 영업성

상행위를 영업으로 하는 것, 즉 영업성이 있어야 하므로, 영리목적, 동종행위의 계속·반복성, 영업의사 등의 존재가 필요하다. 영리성이 있는 한, 실제로는 이익이 발생하지 않았거나 이익을 공적 목적에 사용하거나 영리목적 외에 다른 목적이 병존하고 있더라도 무방하다. 이러한 점에서 「사회적기업 육성법」에 의한 "사회적기업"[5] 역시 상인임에 지장이 없다고 본다.

---

[5] 사회적 기업은 인증 요건을 갖추어 고용노동부장관의 인증을 받아야 하는데(사회적기업 육성법 §7), 그 법적 형태는 「민법」에 따른 법인·조합, 「상법」에 따른 회사·합자조합, 특별법에 따라 설립된 법인 또는 비영리민간단체 등이어야 하고, 유급근로자를 고용하여 재화와 서비스의 생산·판매 등 영업활동을 하여야 하고, 취약계층에게 사회서비스 또는 일자리를 제공하거나 지역사회에 공헌함으로써 지역주민의 삶의 질을 높이는 등 사회적 목적의 실현을 조직의 주된 목적으로 하여야 하고, 「상법」에 따른 회사·합자조합인 경우에는 회계연도별로 배분 가능한 이윤이 발생한 경우에는 그 이윤의 3분의 2 이상을 사회적 목적을 위하여 사용할 것 등이 요구된다(§8).

사회적기업의 자본조달을 위하여 크라우드펀딩·사회책임투자(Social Responsibility Investment)에 상행위를 계속할 의사로 하는 한 실제로는 단기간 또는 심지어 단 1회에 그쳤더라도 무방하다. 영업의사는 외부에서 인식가능하면 족하고 일반 공중에게 그것을 표시할 필요는 없다. 의사, 변호사, 법무사, 음악가 등의 전문직업인 또는 자유직업인은 그 주관적 의사가 영리목적을 가지고 있더라도 이에 관계없이 사회관념상 영업을 하는 것으로 보지 않는다. 예컨대 의사가 의료수단의 범위를 넘어 환자를 입원·숙박시키는 경우에는 영업이 된다고 보는 견해[6]도 있지만, 사회통념상 자유직업인의 업무의 객관적 성질은 공익성과 윤리성, 고도의 개성을 요하기 때문에 이들의 행위는 영리성이 인정되지 아니한다.[7]

대법원 1994.4.29. 선고 93다54842 판결

"구 대한광업진흥공사법에 의하여 대한광업진흥공사가 광업자금을 광산업자에게 융자하여 주고 소정의 금리에 따른 이자 및 연체이자를 지급받는다고 하더라도 이와 같은 대금행위는 같은 법 소정의 목적인 민영광산의 육성 및 합리적인 개발을 지원하기 위하여 하는 사업이지 영리의 목적으로 하는 행위로 보기 어렵다. 따라서 원고 공사의 위 법에 의한 광업자금의 융자행위는 원고 공사에 대하여는 상행위에 해당한다고 볼 수 없다고 할 것인바, 이와 다른 견해에서 원고 공사의 광산업자인 피고 임민수에 대한 이 사건 광업자금의 융자행위가 원고 공사에 대하여 상행위에 해당한다고 본 원심판결은 상행위에 관한 법리를 오해한 위법이 있다. 그러나 당사자 쌍방에 대하여 모두 상행위가 되는 행위로 인한 채권뿐만 아니라 당사자 일방에 대하여만 상행위에 해당하는 행위로 인한 채권도 상법 제64조 소정의 5년의 소멸시효기간이 적용되는 상사채권에 해당하는 것이고, 그 상행위에는 상법 제46조 각호에 해당하는 기본적 상행위뿐만 아니라, 상인이 영업을 위하여 하는 보조적 상행위도 포함되는 것인바, 피고 임민수는 탄광을 경영하던 사람으로서 상법 제46조 제18호 소정의 광물의 채취에 관한 행위를 영업으로 하는 상인이므로, 피고 임민수가 원고 공사로부터 위 대한광업진흥공사법에 기하여 광업자금으로 차용한 이 사건 금원의 차용행위는 피고 임민수가 영업을 위하여 한 행위로서 같은 피고에 대하여는 상행위에 해당하고, 위 행위에 기하여 발생한 이 사건 채권은 상사채권으로서 5년의 소멸시효기간이 적용된다."

  대한 법제화, 세제상 혜택 부여, 사회성과평가(Social Impact Assessment) 기준 정립 등의 필요성이 제기되고 있다. 곽관훈,"사회적기업의 지속가능성을 위한 자금조달방안," 한국상사법학회 학술대회 자료집, 2015.7.3.-4, 202~206면.
6) 손주찬(03), 84면.
7) 임홍근(01), 50면; 정동윤(12), 51면; 최준선(13), 82면.

(나) 기업성

영업으로 하는 상행위는 기업이 하는 것이어야 하므로 "오로지 임금을 받을 목적으로 물건을 제조하거나 노무에 종사하는 자의 행위" 즉 근로자의 행위는 제외된다(§46 단서). 여기에서 "오로지 임금을 받을 목적으로 물건을 제조하는 자의 행위"로는 기업에 해당한다고 보기 힘들 정도의 영세한 삯바느질 하는 행위가 포함되고, "오로지 임금을 받을 목적으로 노무에 종사하는 자의 행위"로는 역시 기업에 해당한다고 보기 힘들 정도의 영세한 지게꾼의 행위를 들 수 있다. 이러한 예외에 해당하기 위해서는 반드시 특정인에게 고용되어 보수를 받는 것을 말하는 것이 아니며 불특정인에게 제조 또는 노무를 제공하고 영세한 보수를 받으면 해당한다. 그러나 화물자동차 영업차주, 개인택시 운전사, 골프장 캐디, 학습지 교사 등은 사회관념상 기업성이 인정된다.[8]

(다) 기본적 상행위

당연상인의 개념의 기초가 되는 영업적 상행위가 되는 상법 제46조에 열거된 행위유형들은 항을 바꾸어서 살펴보기로 한다

2) 특별법상의 기본적 상행위

현재 당연상인의 개념의 기초가 되는 특별법상의 기본적 상행위에 해당하는 것으로는「담보부사채신탁법」에 의한 사채총액의 인수가 있다.[9] 물상담보를 붙인 담보부사채 발행회사 또는 신탁회사는 신탁계약에서 정하는 바에 따라 제3자로 하여금 사채총액을 인수시킬 수 있는데(동법 §23①), 이 인수는 상행위로 간주된다(§23②). 상법 제46조의 상행위와 달리 이것은 영업으로 할 필요는 없이 한 번이라도 하기만 하면 그 행위자를 상인이 되게 한다.

---

8) 따라서 이들은 이른바 특수형태 근로자로서 노동법이 적용되는 근로자성은 부정된다.
9)「신탁법」제4조는 "신탁의 인수를 업으로 하는 때에는 이를 상행위로 한다"는 규정을 두고 있었으나, 2011년 개정시 이 규정을 폐지하였다.

(3) 제46조의 기본적 상행위

1) 동산, 부동산, 유가증권 기타의 재산의 매매(제1호)

이러한 상행위는 매매행위로서 이를 영업으로 하는 것은 판매업에 해당한다. 매매의 '목적물'은 동산, 부동산, 유가증권 기타의 재산이며, 여기에서 "기타의 재산"에는 상호권·특허권 등의 무체재산권, 광업권·어업권 등의 물권, 골프장회원권·콘도회원권 등의 시설사용권 등이 모두 포함될 수 있다.

제46조제1호에서의 '매매'의 의미에 관해서는 학설대립이 있어서, 매수와 매도의 순서는 상관없으나 ⅰ) 매수 및 (그와 연관된) 매도 설[10]과 ⅱ) 매수 또는 매도 설[11]이 갈린다. 여기의 '매수'는 매매로 인한 취득은 물론 교환·소비대차·소비임치·대물변제 등의 유상승계취득을 포함한다는 점에는 대체로 이설이 없다.[12] 양설의 차이점은 '매수 및 매도 설'에서는 매수나 매도 어느 하나의 행위만으로는 상행위가 되지 않고 매수 및 매도가 상호 연관성이 있으면서 영업으로 행해져야만 상행위가 된다고 보나 '매수 또는 매도 설'에서는 매수나 매도 어느 하나의 행위만으로도 영업으로 행해지면 상행위가 된다고 보는 점에 있다. 이론적으로는 예컨대 농부가 자기가 재배하여 수확한 농산물을 매도하는 행위는 '매수 및 매도 설'에서는 제1호의 상행위에 해당하지 아니한다고 보나, '매수 또는 매도 설'에서는 그것에 해당한다고 볼 것이라고 짐작할 수 있다. 그러나 실제로는 "증여·유증 등 무상승계취득이나 농업·임업·어업 등에서 선점·가공·원시생산 등 원시취득한 재산"을 매도하는 행위(예컨대, 바닷물로 소금을 제조하여 판매하는 행위 또는 자기 우물물로 얼음을 제조하여 판매하는 행위, 직접 생산한 농산물이나 어부가 잡은 물고기를 판매하는 행위 등)[13]의 상행위성은 양설이 모두 인정하지 않는다. '매수 또는

---

10) 서돈각·정완용(99), 63면; 최기원(04), 57~58면; 임홍근(01), 212면; 정동윤(12), 145면; 김정호(05), 36면; 최준선(13), 92면.
11) 손주찬(03), 69면; 안강현(15), 54면; 이병태(88), 82면; 이철송(15), 312면; 정찬형(15), 57면; 정희철(89), 63면; 채이식(92), 146면.
12) 다만 이와 달리 여기에서의 매매를 민법상의 매매만으로 한정하여 이해하는 소수설로 서돈각·정완용(99), 63면.

매도 설'에서도 매수와 매도가 (예컨대, 팔기 위한 매수와 같이) 서로 내적 연관성이 있어야 상행위로 인정하기 때문이다.

한편, 매수한 물건에 제조 드는 가공을 하여 매도하는 경우(예컨대, 수돗물을 공급받아서 얼음을 제조하여 판매하는 행위)에 제46조제1호의 매매에 해당하는가 하는 문제가 있다. 이에 대하여 ⅰ) 긍정설[14]과 ⅱ) 부정설[15]이 갈린다. 긍정설은 제1호의 행역는 고유상에 해당하는 것으로서 그 범위가 넓게 인정되어야 한다는 점을 근거로 한다. 그러나 부정설은 이러한 행위들은 제3호(제조·가공에 관한 행위)·제4호(전기, 전파, 가스 또는 물의 공급에 관한 행위)·제18호(광물 또는 토석의 채취에 관한 행위) 등 별개로 규정되어 있는 행위에 해당하는 상행위로 취급하면 되며, 이를 제1호를 적용하게 되면 그러한 각각의 행위에 더하여 별호를 둔 의미가 몰각된다는 점을 근거로 든다. 부정설이 논리적으로 더 타당하다고 본다. 그러나 어느 설에 의하여 이해하더라도 이들 행위가 상행위가 된다는 결과에서는 차이가 없다.

2) 동산, 부동산, 유가증권 기타의 재산의 임대차(제2호)

이러한 상행위는 재산의 임대차행위로서 이를 영업으로 하는 것은 임대업에 해당한다. 서적·DVD 대여업, 기계·장비·시설 등의 운용리스, 자동차 렌탈업, 부동산임대업, 선박의 용선업 등 제1호와 동일한 목적물을 빌려주어서 이용하게 하는 행위를 의미한다.

여기에서의 '임대차'의 의미에 관해서는 ⅰ) '임차 및 임대 설'과 ⅱ) '임차 또는 임대 설'이 갈린다. 전설은 임차 및 임대가 상호 연관성이 있으면서 영업으로 행해져야만 본호에 의한 상행위로 보는 설(소수설)[16]로서 임차하여 임대하는 행위를 상행위로 파악하는 것인데, 상행위로 인정하는

---

13) 다만 이 경우 원시생산업자가 의제상인이 될 수는 있다.
14) 손주찬(03), 69~70면; 임홍근(01), 157면; 서돈각·정완용(99), 64면; 강위두, 242면; 김용태(84), 50면; 정무동, 63면.
15) 정희철(89), 64면; 채이식(92), 147면; 최기원(04), 58면; 최준선(13), 93면; 이병태(88), 82면; 박원선, 132면; 이기수외(03), 249면; 안강현(15), 55면; 정찬형(15), 59권.
16) 서돈각·정완용(99), 63면.

임대의 범위가 너무 협소하다는 비판을 받을 수 있다. '임차 또는 임대 설'은 임대할 의사를 가지고 임차하거나 유상취득하는 행위 또는 임대하는 행위를 각각 상행위로 파악하는 설(다수설)[17]이며 타당하다. 임대의사는 행위시에 존재하여야 하며 객관적으로 인식될 수 있어야 한다.

3) 제조, 가공 또는 수선에 관한 행위(제3호)

이러한 상행위를 영업으로 하는 것은 제조업, 가공업, 수선업에 해당한다. 여기에서 '제조' 의 의미는 재료에 노동력을 가하여 전혀 다른 물건을 만드는 행위를 말한다. 예컨대, 타이어제조, 가전제품제조, 제지, 제사, 방직, 양조, 제약 등이 이에 해당한다. '가공' 의 의미는 재료의 동일성은 유지하면서 목적물의 형태·색상 등의 변화를 가하는 행위, 즉 염색, 세탁, 정미 등의 행위를 말한다. 그리고 '수선' 의 의미는 목적물의 기능을 되살리는 행위를 가리킨다.

한편 상행위가 되는 것은 법적으로 사실행위인 물건의 제조, 가공 또는 수선 자체가 아니라 그러한 사실행위의 인수행위(übernahme)를 의미한다. 또한 제3호의 상행위는 상인이 타인을 위하여 타인의 계산으로 매입하거나 타인으로부터 교부받은 재료를 이용하여 물건을 제조 또는 가공하는 경우 외에 전술한 것처럼 자기가 매수한 물건으로 제조 또는 가공하여 매도하는 행위를 포함한다.

4) 전기, 전파, 까스 또는 물의 공급에 관한 행위(제4호)

정확히 말하자면 전기, 전파, 까스 또는 물의 공급이라는 사실행위를 인수하는 행위가 이에 해당한다. 이러한 상행위를 영업으로 하는 것은 전력공급업, 가스공급업, 수도사업 등에 해당한다. 그러나 전파의 공급의 인수, 즉 방송업은 공익성 때문에 거래관념상 상행위에 포함되지 않는 것으로 해석되고 있다.

---

17) 강위두, 242면; 정희철(89), 63면; 최기원(04), 58면; 최준선(13), 93면.

5) 작업 또는 노무의 도급의 인수(제5호)

작업의 도급의 인수는 예컨대 부동산 또는 선박에 관한 공사의 도급을 인수하는 행위와 같다. 노무의 도급의 인수는 노무자(하역업, 청부업, 인부 등)의 공급을 인수하는 행위를 말한다.

6) 출판, 인쇄 또는 촬영에 관한 행위(제6호)

정확히 말하자면 출판, 인쇄 또는 촬영이라는 사실행위의 인수행위를 말한다.

7) 광고, 통신 또는 정보에 관한 행위(제7호)

사실행위인 광고, 통신 또는 정보제공의 인수행위를 말한다.

8) 수신·여신·환 기타의 금융거래(제8호)

이는 금융업에서 영위하는 상행위이다. 수신(受信)은 불특정다수인으로부터 예금을 받거나 유가증권 기타 채무증서를 발행하여 자금을 빌리면서 채무를 부담하는 행위를 말하고, 여신(與信)은 반대로 자금을 빌려주면서 채권을 획득하는 행위를 말한다. 금융거래는 수신과 여신을 포함하는 금전이나 유가증권의 전환을 매개하는 은행거래를 말한다. 일반적으로는 금융이라 하면 보험·신탁·상호부금 등도 포함하지만 이들에 대해서는 제46조에서 별호로 규정하고 있으므로 여기에서는 제외된다.

9) 공중이 이용하는 시설에 의한 거래(제9호)

이러한 상행위는 공중접객업으로서 영위되는 것이다. 2010년 개정상법은 종전에 "객(客)의 집래(集來)를 위한 시설"에 의한 거래라는 표현을 현대화하여 "공중(公衆)이 이용하는 시설"에 의한 거래라고 바꾸었다. 공중접객업은 호텔·여관·음식점·다방·당구장·백화점·이발소·미장원·목욕탕·극장·동물원·유원지·도서관·박물관 등 공중의 이용에 적합한 설비에 의한 이용의 대가로 반드시 입장료의 형태는 아니더라도 요금을 받는 영업을 말한다.

10) 상행위의 대리의 인수(제10호)

상행위의 대리의 인수란 체약대리상의 본인 상인을 위한 대리의 인수와 같이 위탁자에게 상행위가 되는 행위의 인수행위를 가리킨다. 따라서 위탁자의 주거용건물의 매매의 대리의 인수와 같이 위탁자에게 상행위가 되지 아니하는 행위의 대리의 인수는 여기에서 제외된다.

11) 중개에 관한 행위(제11호)

이것은 타인간의 법률행위의 중개(仲介)의 인수행위를 말한다. 예컨대, 중개대리상, 상사중개인, 민사중개인의 영업행위와 같다. 따라서 상행위의 중개는 물론 민사거래의 중개(예컨대, 공인중개사에 의한 부동산매매, 결혼알선업체에 의한 혼인 중매, 직업알선)도 포함한다.

12) 위탁매매 기타의 주선에 관한 행위(제12호)

주선(周旋)에 관한 행위란 자기명의로 타인의 계산으로 법률행위를 할 것을 인수하는 행위이다. 주선의 목적인 행위가 위탁자에게 상행위가 되는지는 불문한다. 이에 포함되는 것으로는 위탁매매인, 운송주선인, 준위탁매매인 등의 인수행위가 있다.

13) 운송의 인수(제13호)

이것은 운송, 즉 물건·여객의 운반이라는 사실행위의 인수행위를 의미하며 이러한 상행위를 영업으로 하는 것은 운송업이다.

14) 임치의 인수(제14호)

임치(任置)는 사실행위인 물건의 보관을 말하며 그것의 인수행위가 상행위에 해당한다. 이러한 상행위를 영업으로 하는 것은 창고업에 해당한다.

15) 신탁의 인수(제15호)

신탁이란 신탁을 설정하는 자("위탁자")와 신탁을 인수하는 자("수탁자") 간의 신임관계에 기하여 위탁자가 수탁자에게 특정의 재산을 이전하거나 그에 대한 담보권의 설정 또는 그 밖의 처분을 하고 수탁자로 하여금 일정한 자("수익자")의 이익 또는 특정의 목적을 위하여 그 재산의 관리, 처분, 운용, 개발, 그 밖에 신탁 목적의 달성을 위하여 필요한 행위를 하게 하는 법률관계를 말한다(신탁법§2).

16) 상호부금 기타 이와 유사한 행위(제16호)

이것은 상호저축은행법 제2조의 업무 중에서 상호저축은행의 신용계(楔)업무와 신용부금(賦金)업무로서 행해지는 상행위를 말한다.[18] 상호저축은행은 「은행법」상 금융기관이 아니므로 제8호에서 규정하지 아니하고 제16호에서 규정한 것이다.

17) 보험(제17호)

이는 영리보험의 인수를 의미한다. 따라서 영리보험에 포함되지 아니하는 상호보험, 국민건강보험 기타의 사회보험의 인수는 제외된다.

18) 광물 또는 토석의 채취에 관한 행위(제18호)

이는 사실행위인 광물 또는 토석의 채취행위가 아니라 채취한 광물 또는 토석을 판매하는 행위를 말한다. 앞서 제1호의 매매에 관하여 "농업·임업·어업 등에서 선점·가공·원시생산 등 원시취득한 재산"을 매도하는 행위는 상행위인 매매에 해당하지 않는다는 것을 보았는데, 광업이나 석재업은 제18호에 의하여 상행위로 인정된다.

19) 기계, 시설, 그 밖의 재산의 금융리스에 관한 행위(제19호)

이는 금융리스업자(lessor)의 영업부류에 속하는 금융리스업(finance lease)이다. 1995년 개정상법은 제46조의 제19호에 "기계·시설 기타 재산의 물융(物融)에 관한 행위"를, 후술하는 제20호, 제21호의 상행위와 함께 새로이 출현한 상행위로서 신설하였다.[19]

---

18) 정찬형(15), 63면.
19) 상법 제46조 제19호 내지 제21호의 상행위들은 1995년 상법 개정시 새로운 유형의 상행위로 신설된 것들로서 그런 이유에서 한동안 이들 세 개의 상행위를 이른바 '신종상행위'라고 불렀으나 지금은 다소 식상한 표현이 되었다. 2010년 개정상법은 이들

2010년 개정상법은 운용리스는 임대차와 유사하므로 제2호로 포섭이 되므로[20], 금융리스에 한정하여 제19호에 남겨두면서 '물융'이란 용어를 '금융리스'로 바꾸었다. 그리고 상행위법 제12장에서 금융리스이용자(lessee)가 금융리스물건을 선정하는 것을 상법이 규정하는 금융리스의 중요한 특질임을 분명히 하여, 운용리스업자가 리스물건을 사전에 취득하거나 선정하여 리스이용자에게 임대하여 영업하는 운용리스에 대해서는 제12장의 규정들(§§168의2~168의5)이 원칙적으로 적용되지 않도록 하였다. 금융리스업(시설대여업)에 적용되는 관련법률로서 「여신전문금융업법」이 있다.

20) 상호·상표등의 사용허락에 의한 영업에 관한 행위(제20호)

이는 새로운 유통업인 프랜차이즈 가맹업자(franchisor)의 영업부류에 속하는 상행위이다. 2010년 개정상법은 상행위법 제13장에 가맹업(franchise)의 구체적 법률관계에 관한 실체조항을 두고, 가맹업자와 가맹상(franchisee)간의 가맹계약의 기본적 사항에 관해서 규정하고 있다(§§168의6~168의10). 그밖에 가맹업에 적용되는 상사특별법으로서 가맹사업법이 있다. 가맹사업법은 가맹업이 가맹업자와 가맹상들간의 계속적 계약에 기반하여 행해지며 가맹업자가 가맹상들에게 일정한 브랜드와 영업표지 등의 사용을 허락하고 품질기준 등의 준수를 강제하는 면이 있으므로 그 관계의 공정화를 위한 내용을 담은 경제법의 일종이다.

21) 영업상 채권의 매입·회수등에 관한 행위(제21호)

이것은 채권매입업자의 영업부류에 속하는 상행위이다. 채권매입업자(factor)는 거래기업이 고객과의 거래에서 취득하거나 취득할 영업채권을 매입하여 회수할 것을 인수한다. 2010년 개정상법은 상행위법 제14장에서 채

신종상행위들의 구체적인 법률관계를 규정하는 실체조항들(§§168의2 내지 168의12)을 상행위편 각칙에 신설하면서 제19호의 내용도 수정하였다.
20) 운용리스는 금융리스에 비하여 단기간이며, 금융보다는 컴퓨터, 자동차 등의 물건의 대여라는 서비스에 중점이 있어서 물융이용자는 언제든 리스계약을 해지할 수 있고, 서비스료만 납부하면 물융물건의 수선, 납세 등에 책임을 지지 않는 점 등이 특징이었다.

권매입업의 구체적 법률관계에 관한 두 개 조의 실체조항을 두었다(§§ 168의11 ~168의12).

22) 신용카드, 전자화폐 등을 이용한 지급결제 업무의 인수(제22호)

이는 지급결제업자의 영업부류에 속하는 상행위이다. 지급결제 업무의 인수는 2010년 개정상법에 의하여 가장 최근에 상행위의 새로운 종류로 추가되었다. '지급결제'(payment and settlement)란 경제주체들이 신용카드, 전자화폐, 선불전자지급수단, 직불카드, 전자채권 등 현금 외의 모든 자금의 이체나 인출수단을 이용하여 거래당사자간 채권·채무관계를 화폐적 가치의 이전을 통하여 청산하는 행위를 말한다.21) 핀테크(fintech) 기술의 발달로 종전에는 금융업무를 영위하지 않던 유통업자, 이동통신업자나 인터넷포털사업자 등도 지급결제업에 참여하고 있다. 한국은행은 현금에 해당하는 한국은행권을 통하여 지급결제제도를 운영하는 기관이지만, 자기외의 자가 운영하는 지급결제제도에 대하여 필요한 경우 당해 운영기관 또는 감독기관에 운영기준 개선 등을 요청할 수 있다(한국은행법 §81②). 또한 한국은행은 지급결제제도의 원활한 운영을 위하여 지급결제제도의 운영기관에 대하여 지급결제 관련 자료를 요구할 수 있으며, 이 경우 요구를 받은 기관은 이에 응하여야 한다(동법 §81③).

아직까지 지급결제업의 실체적 법률관계에 관한 규정은 상행위법 각칙에 마련되어 있지 않다.

제3절 의제상인

1. 의제상인의 종류

의제상인에는 이른바 설비상인과 민사회사가 있다.

---

21) 김선광, "상행위개념의 변화와 상법개정(방송·지급결제업무를 중심으로)", 「상사법연구」 제28권 제2호, 2009, 23면.

(1) 설비상인

 "상인적 설비에 의하여 상인적 방법으로" 상행위 이외의 영업을 하는 자는 상인으로 의제된다(⁵⁰). 여기에서 '상인적 방법'이란 사회통념상 당연상인이 보통 이용하는 영업방법을 의미한다. 원래 "상인적 방법으로(in kaufmännischer Weise)"라는 문언은 독일 상법에서 온 것으로서 자본과 거래규모, 종사자의 수, 거래관계의 다양성 등을 고려하여 기업의 전체적 모습에서 결정하여야 하는 개념이라고 하며[22], 영업을 하여야 하므로 동종행위의 계속반복성이 요구된다. 이러한 의제상인은 상인자격의 취득과 상법의 적용면에서는 당연상인과 차이가 없다.

 예컨대 농업·임업·어업 등에 있어서 원시생산업자가 원시취득한 스스로 생산한 물건(예컨대, 해수로 만든 소금, 직접 생산한 농산물, 어부가 잡은 물고기, 취수한 지하수로 만든 얼음 등)을 판매하는 행위는 전술한 대로 제46조제1호의 매매에 해당하지 아니하므로 이들은 당연상인이 아니다. 그러나 이들 원시생산업자가 점포를 설치하여 상인적 방법으로 판매한다면 이것은 의제상인의 준상행위가 될 수 있다.[23] 반면 자신이 재배한 농산물을 점포를 차리지 않고 직접 행상하는 농민이나 상인에게 위탁판매하는 농민 등은 의제상인이 아니다. 또한 사회관념상 상인성이 인정되지 않는 변호사[24]·법무사[25]·세무사·변리사가 사무실을 개설하여 관련 서비스를 제공하는 행위, 또는 의사·약사의 병원이나 약국 경영 등 이른바 전문직 종사자들의 직무수행은 상인적 방법에 의하여 영업을 하는 것으로 인정되지 아니한다.

---

22) Capelle-Canaris, *Handelsrecht*, 22. Aufl., 1995, S.31; 손주찬(03), 77면 각주 2.
23) 손주찬(03), 77면; 정찬형(15), 67~68면; 최준선(13), 85면.
24) 대법원 2007.7.26. 선고 2006마334 결정(변호사의 상업등기신청을 각하한 등기관의 처분은 적법하다고 판시); 대법원 2011.4.22. 선고 2011마110 결정(변호사의 영리추구 활동을 엄격히 제한하고 그 직무에 관하여 고도의 공공성과 윤리성을 강조하는 변호사법의 여러 규정에 비추어 보면 변호사는 상법 제5조 제1항이 규정하는 '상인적 방법에 의하여 영업을 하는 자'라고 볼 수 없다고 판시).
25) 대법원 2008.6.26. 선고 2007마996 결정(법무사의 상업등기신청을 각하한 등기관의 처분은 적법하다고 판시하였다.).

대법원 1993.6.11. 선고 93다7174·7181 판결

"약 5,000평의 사과나무 과수원을 경영하면서 그중 약 2,000평 부분의 사과나무에서 사과를 수확하여 이를 대부분 대도시의 사과판매상에 위탁판매한" 사람에 대하여 "이는 영업으로 사과를 판매하는 것으로 볼 수 없으니 상인이 아니다"고 판시하였다.

대법원 2007.7.26. 자 2006마334 결정

"변호사의 영리추구 활동을 엄격히 제한하고 그 직무에 관하여 고도의 공공성과 윤리성을 강조하는 변호사법의 여러 규정에 비추어 보면, 위임인·위촉인과의 개별적 신뢰관계에 기초하여 개개 사건의 특성에 따라 전문적인 법률지식을 활용하여 소송에 관한 행위 및 행정처분의 청구에 관한 대리행위와 일반 법률사무를 수행하는 변호사의 활동은, 간이·신속하고 외관을 중시하는 정형적인 영업활동을 벌이고, 자유로운 광고·선전활동을 통하여 영업의 활성화를 도모하며, 영업소의 설치 및 지배인 등 상업사용인의 선임, 익명조합, 대리상 등을 통하여 인적·물적 영업기반을 자유로이 확충하여 효율적인 방법으로 최대한의 영리를 추구하는 것이 허용되는 상인의 영업활동과는 본질적으로 차이가 있다 할 것이고, 변호사의 직무 관련 활동과 그로 인하여 형성된 법률관계에 대하여 상인의 영업활동 및 그로 인한 형성된 법률관계와 동일하게 상법을 적용하지 않으면 아니 될 특별한 사회경제적 필요 내지 요청이 있다고 볼 수도 없다. 따라서 근래에 전문직업인의 직무 관련 활동이 점차 상업적 성향을 띠게 됨에 따라 사회적 인식도 일부 변화하여 변호사가 유상의 위임계약 등을 통하여 사실상 영리를 목적으로 그 직무를 행하는 것으로 보는 경향이 생겨나고, 소득세법이 변호사의 직무수행으로 인하여 발생한 수익을 같은 법 제19조제1항제1호가 규정하는 '사업서비스업에서 발생하는 소득'으로 보아 과세대상으로 삼고 있는 사정 등을 감안한다 하더라도, 위에서 본 변호사법의 여러 규정과 제반 사정을 참작하여 볼 때, 변호사를 상법 제5조 제1항이 규정하는 '상인적 방법에 의하여 영업을 하는 자'라고 볼 수는 없다 할 것이므로, 변호사는 의제상인에 해당하지 아니한다. … 변호사가 변호사법 제40조에 의하여 그 직무를 조직적·전문적으로 행하기 위하여 설립한 법무법인은, 같은 법 제42조 제1호에 의하여 그 정관에 '상호'가 아닌 '명칭'을 기재하고, 같은 법 제43조 제2항 제1호에 의하여 그 설립등기시 '상호'가 아닌 '명칭'을 등기하도록 되어 있으므로, 이러한 법무법인의 설립등기를 '상호' 등을 등기사항으로 하는 상법상 회사의 설립등기나 개인 상인의 상호등기와 동일시할 수 없다. … 변호사는 그 직무수행과 관련하여 의제상인에 해당한다고 볼 수 없고, 조세정책적 필요에 의하여 변호사의 직무수행으로 발생한 소득을 사업소득으로 인정하여 종합소득세를 부과한다고 하여 이를 달리 볼 것은 아니며, 변호사가 상인이 아닌 이상 상호등기에 의하여 그 명칭을 보호할 필요가 있다고 볼 수 없으므로" 등기 관이 변호사의 상호등기신청을 각하한 처분은 적법하다고 하고, "법무법인에 대하여 상호등기를 허용하면서 변호사에게는 상호등기를 허용하지 아니하는 것이 헌법상 평등의 원칙에 위반된다는 재항고이유의 주장은 그 전제가 잘못된 것이므로, 더 나아가 살펴볼 필요 없이 받아들일 수 없다. … 또한 일부 변호사에 대하여 상호등기가 마쳐진 사례가 있다고 하더라도 이는 등기되어서는 아니 될 사항이 잘못 등기된 것에 불과하므로 이를 이유로 이 사건 상호등기신청을 받아들여야 한다는 근거로 삼기 어려우며, 이 사건 등기관이 이 사건 상호등기신청을 각하한 처분이 헌법상 평등의 원칙에 위반된다고 볼 수 없다. 이 부분 재항고이유 역시 받아들일 수 없다."고 판시하였다.

(2) 민사회사

민사회사도 그 상행위 이외의 영리행위를 하는 것에 관련하여 마찬가지로 상인으로 의제된다(§). 민사회사란 농업·축산업·수산업 등 원시산업을 목적으로 하는 회사와 같이 상행위 이외의 영리를 목적으로 하는 회사이다. 민법은 "영리를 목적으로 하는 사단은 상사회사설립의 조건에 좇아 이를 법인으로 할 수 있다"(민법 §39)고 하고 그렇게 설립된 사단법인에는 "모두 상사회사에 관한 규정을 준용한다"(동법 §39②)고 하고 있다. 따라서 민사회사를 상사회사와 구별할 실익은 없다.

2. 준상행위

의제상인이 하는 상행위 이외의 영업행위를 준상행위(§66), 즉 상행위에 준하는 행위라 한다. 민사회사가 하는 영업으로서 하는 농업·수산업의 종사행위, 설비상인이 하는 원시생산한 재화의 판매행위 등이 이에 포함된다.

한편 준상행위와 구별할 개념으로는 "보조적 상행위"(§47)가 있다. 이것은 상인이 영업으로서 하는 행위는 아니나 "영업을 위하여" 하는 행위이며, 예컨대, 상점의 임차, 영업자금의 임차 등이 그에 해당한다.

제4절 소상인

소상인은 완전상인에 대비한 개념이다. 소상인이란 자본금액이 1,000만원에 미달하는 상인(당연상인 또는 의제상인)으로서 회사가 아닌 자를 말한다 (상법시행령§2). 여기에서 자본금액은 회사법상의 자본금과 달리 "상인의 영업재산의 현재가치"를 가리키는 것으로 보아야 할 것이다. 소상인에게는 상법상 지배인, 상호, 상업장부와 상업등기에 관한 규정은 적용하지 아니한다(89).

제5절 상인자격의 취득과 상실

1. 총설

(1) 상인능력

상인능력이란 상인자격을 취득할 수 있는 법률상의 지위이다. 민법상 권리능력자에게 인정된다.

(2) 상인자격

자연인은 상법 제4조와 제5조의 요건을 구비함으로써 상인자격(상인적격성)을 취득한다. 그러나 법인은 권리능력(법인격)의 취득시기에 바로 상인자격을 취득하며 권리능력을 상실하는 시기에 바로 상인자격을 상실한다. 따라서 회사는 '태생적(胎生的) 상인'이라고 부른다.

(3) 영업능력

영업능력이란 상인자격을 취득한 자가 유효한 영업활동을 할 수 있는 능력을 말한다. 영업능력은 민법상 행위능력에 상응한다. 영업능력은 자연인의 경우에만 문제되며, 법인인 상인은 그 기관을 통하여 활동하므로 영업능력은 특별히 문제되지 않는다.

2. 상인자격의 취득시기

자연인과 법인으로 나누어서 상인자격의 취득시기를 살펴본다.

(1) 자연인의 상인자격의 취득시기

ⅰ) 영업행위개시시설(다수설[26]·판례[27])은 자연인이 상인이 되고자 하는 의사가 객관적으로 표시된 때에 상인자격을 취득한다고 본다. 그러므로 영업준비행위 없이 바로 영업행위 자체를 개시한 때는 물론, 그보다 앞서서 영업을 위한 점포의 구입·임차, 영업자금 차입, 상업사용인 고용 등 영업준비행위를 개시한 때에는 보조적 상행위를 한 것이 되어 상인이 된다고 본다. 이 입장에서 행위자의 영업의사가 표시된 것인지 모호한 경우에는 그 입증을 요하는 것은 당연하다.[28] 그 요구되는 입증의 정도는 완화되어 있어서 상대방이 그 행위가 영업의사로 행해진 것을 안 경우는 물론 행위자의 행위의 객관적 성질상 알 수 있었던 경우에는 영업준비행위를 한 것으로 본다.

그러나 이에 대하여 ⅱ) 기업조직구비시설(소수설)[29]은 자연인인 상인이 영위하는 기업이 "객관적으로 기업으로 인식될 수 있는 상태의 조직을 갖춘 때"에 상인자격을 취득한다고 본다. 이렇게 해석하는 근거는 법인 상인과의 균형을 고려하여야 한다는 점이다. 기업조직구비시설은 다수설에 의한다면 상인자격의 취득시기가 너무 이르고 불명확한 경우가 있다고 비판하면서 자연인이 영업준비행위를 개시한 때 보조적 상행위를 한 것으로 인정하여 상법을 적용할지라도 상인성을 그 준비행위시까지 확장할 수는 없다고 설명한다.

---

26) 손주찬(03), 83면; 서돈각·정완용(99), 73면; 안강현(15), 69면; 양승규·박길준(93), 53면; 임홍근(01), 186~187면; 이기수외(03), 93면; 최기원(04), 69면; 채이식(92), 46면.
27) 대법원 1999.1.29. 선고 98다1584 판결; 대법원 2012.4.13. 선고 2011다104246 판결; 대법원2012.7.26. 선고 2011다43594 판결; 대법원 2012.11.15. 선고 2012다47388 판결.
28) 대법원 2012.11.15. 선고 2012다47388 판결(매매계약 체결 직후 소외인이 원고와 사이에 그 계약금을 소비대차의 목적물로 할 것을 약정하는 이 사건 준소비대차계약을 체결함으로써 소비대차상의 채무인 이 사건 채무를 부담하게 되었고, 피고들은 이에 대하여 연대보증을 한 사실, 그 후 소외인과 피고들 등은 이 사건 부동산에서 모텔 건물 신축을 위한 기초공사를 진행하다가 원고의 요구로 이 사건 포기각서를 작성한 뒤 그 공사현장에서 철수한 사실을 알 수 있을 뿐, 나아가 소외인이 이 사건 채무를 부담하게 된 것이 장차 상인자격을 취득할 의사 아래 영업을 위한 준비행위로서 이루어진 것인지에 대하여는 아무런 입증이 없었던 경우에 이 사건 준소비대차 채무는 상사채무에 해당하지 않는다고 판시한 사례).
29) 정찬형(15), 73면; 정희철(89), 74~75면.

또한 iii) 단계적 결정설(소수설)[30]은 다양화된 경제현실에 비추어 상인자격을 단일한 기준에 의하여 일률적으로 결정하는 것은 부당하다고 다수설을 비판하면서 상인자격의 취득시기를 단계적으로 다른 기준에 따라 결정해야 한다는 입장이다. 이 입장은 예컨대, 특정한 영업의 양수, 부동산임대업을 위한 건물구입, 상업사용인 고용처럼 행위 자체의 성질에 의하여 영업의사의 존재를 일반인이 객관적으로 인식가능한 경우(3단계)에는 영업행위개시시설과 같은 기준에 의하여 상인자격을 판단하면 되지만, 부동산임대업을 위하여 임대용건물을 구입하기 위한 자금차입과 같이, 영업의사가 객관적으로 명확하게 표현되지는 않고 행위자의 영업의사를 상대방이 인식할 수 있는 것에 그치는 단계(2단계)에서는 그러한 행위를 하는 자가 자신의 행위가 영업준비행위임을 상대방이 (인식할 가능성만으로는 부족하고) 인식하고 있었음을 증명하는 것을 조건으로 하여 상인자격을 취득하는 것으로 본다. 이 단계에서 상대방이 행위자가 영업의사가 있음을 알지 못하였거나 또는 과실로 인하여 알지 못한 경우에는 상법이 적용되지 않는다고 한다.[31] 그리고 행위자의 영업의사가 영업준비행위에 의하여 주관적으로 실현되지만 객관적으로는 개업의사가 인식될 수 없는 단계(1단계)에서는 행위자가 상행위성을 가지는 영업준비행위를 하더라도 행위자 자신이 상인자격의 취득을 주장할 수는 없고 오직 행위자의 상대방만이 그 행위의 상행위성을 인정할 수 있다고 한다.

생각건대 기업조직구비시설처럼 자연인의 상인자격의 취득시기를 법인의 경우에 맞출 필요는 없고, 기업조직구비시설을 따른다면 자연인의 상인자격이 그의 의사와 무관하게 너무 늦게 인정되는 결과를 가져오므로 부당하다고 본다. 그러므로 자연인이 상인이 되고자 하는 의사가 객관적으로 표시된 때에는 상인자격을 취득한 것으로 해석하는 영업행위개시시설이 타당하다고 본다. 단계적 결정설은 기본적으로 영업행위개시시설과 같은 기준에 의하여 자연인의 상인자격 취득 여부를 판단하지만 차이점은 영업의사가 객관적으로 명확하게 표현되지 않고 행위자의 영업의사를 상대방이 인식할 수 있는

---

30) 최준선(13), 109면; 김홍기(20), 24~25면.
31) 김홍기(20), 25면.

것(인식가능성)에 그치는 단계(단계적 결정설에서는 이를 2단계로 본다)에서 그러한 행위를 하는 자의 상대방이 그 행위가 영업준비행위임을 인식하지는 못했으나 알 수 있었던 경우에는 그 행위자가 상인자격을 취득하는 것으로 보지 않는다는 점이다. 영업행위개시시설은 이러한 경우에 행위자가 상인자격을 취득하는 것으로 보나 단계적 결정설에서는 상대방의 과실이 경합하여 상법의 적용이 결정되는 것은 곤란하다는 이유에서 행위자가 상인자격을 취득하지 아니하는 것으로 본다. 단계적 결정설은 다수설의 판단기준을 기본적으로 채용하면서, 당해 행위자의 영업의사를 상대방이 인식하였음이 행위 자체의 성질상 분명하지 아니한 경우에는 상대방의 인식을 행위자가 증명할 것을 조건으로 하여 그 행위자의 상인자격 취득을 인정하고 그 행위에 대하여 상법을 적용하자는 입장으로서 이 입장은 상인자격의 취득시기의 기준이 되는 "상인이 되고자 하는 의사가 객관적으로 표시된 때"라는 의미가 객관적으로 인식할 수 있는 경우(이른바 3단계)는 물론 그 정도에 이르지 않더라도 적어도 문제가 된 행위의 상대방이 인식하였던 경우(이른바 2단계 또는 1단계)임을 요한다는 것을 분명히 밝힌 점에서 영업행위개시시설의 내용을 경우를 나누어 보다 분명히 한 점에 그 의의를 찾을 수 있다. 그러나 단계적 결정설은 이른바 2단계 또는 1단계에서 행위자의 영업의사를 상대방이 인식한 경우에 상인자격을 인정하는 결과에서는 다수설과 차이가 없고, 상대방이 인식가능성이 있음에도 인식하지 않은 경우에 다수설·판례의 입장과 달리 인정하지 않는 입장이지만, 이 부분에서 다수설·판례는 단계적 결정설에서 비판하듯이 상대방의 과실에 착안하는 것이 아니라 행위자의 행위로부터 영업의사가 추정되는 면을 중시한 것이라고 볼 수 있다.

> **대법원 1999.1.29. 선고 98다1584 판결**
>
> "영업의 목적인 기본적 상행위를 개시하기 전에 영업을 위한 준비행위를 하는 자는 영업으로 상행위를 할 의사를 실현하는 것이므로 그 준비행위를 한 때 상인자격을 취득함과 아울러 이 개업준비행위는 영업을 위한 행위로서 그의 최초의 보조적 상행위가 되는 것이고, 이와 같은 개업준비행위는 반드시 상호등기·개업광고·간판부착 등에 의하여 영업의사를 일반적·대외적으로 표시할 필요는 없으나 점포구입·영업양수·상업사용인의 고용 등 그 준비행위의 성질로 보아 영업의사를 상대방이

객관적으로 인식할 수 있으면 당해 준비행위는 보조적 상행위로서 여기에 상행위에 관한 상법의 규정이 적용된다."고 전제하고, "부동산임대업을 개시할 목적으로 그 준비행위의 일환으로 당시 같은 영업을 하고 있던 자로부터 건물을 매수한 경우, 위 매수행위는 보조적 상행위로서의 개업준비행위에 해당하므로 위 개업준비행위에 착수하였을 때 상인 자격을 취득한다"고 판시하였다.

대법원 2012.4.13. 선고 2011다104246 판결

"영업의 목적인 상행위를 개시하기 전에 영업을 위한 준비행위를 하는 자는 영업으로 상행위를 할 의사를 실현하는 것이므로 준비행위를 한 때 상인자격을 취득함과 아울러 개업준비행위는 영업을 위한 행위로서 최초의 보조적 상행위가 되는 것이고, 이와 같은 개업준비행위는 반드시 상호등기·개업광고·간판부착 등에 의하여 영업의사를 일반적·대외적으로 표시할 필요는 없으나 점포구입·경영양수·상업사용인의 고용 등 준비행위의 성질로 보아 영업의사를 상대방이 객관적으로 인식할 수 있으면 당해 준비행위는 보조적 상행위로서 여기에 상행위에 관한 상법의 규정이 적용된다. 그리고 영업자금 차입 행위는 행위 자체의 성질로 보아서는 영업의 독자적인 상행위를 준비하는 행위라고 할 수 없지만, 행위자의 주관적 의사가 영업을 위한 준비행위이었고 상대방도 행위자의 설명 등에 의하여 그 행위가 영업을 위한 준비행위라는 점을 인식하였던 경우에는 상행위에 관한 상법의 규정이 적용된다고 봄이 타당하다."고 전제하고, 피고 갑이 학원 설립과정에서 영업준비자금으로 원고 을에게서 돈을 차용한 후 학원을 설립하여 운영한 사안에서, "제반 사정에 비추어 갑이 운영한 학원업은 점포 기타 유사한 설비에 의하여 상인적 방법으로 영업을 하는 경우에 해당하여 갑은 상법 제5조 제1항에서 정한 '의제상인'에 해당하는데, 갑의 차용행위는 학원영업을 위한 준비행위에 해당하고 상대방인 을도 이러한 사정을 알고 있었으므로 차용행위를 한 때 갑은 상인자격을 취득함과 아울러 차용행위는 영업을 위한 행위로서 보조적 상행위가 되어 상법 제64조에서 정한 상사소멸시효가 적용된다"고 판시하였다.[32]

---

32) 이 판례에 대하여 단계적 결정설에서는 "영업자금 차입행위는 행위 자체의 성질로 보아서는 영업의 목적인 상행위를 준비하는 행위라고 할 수 없지만, 행위자의 주관적 의사가 영업을 위한 준비행위이었고 상대방도 행위자의 설명 등에 의하여 그 행위가 영업을 위한 준비행위라는 점을 인식하였던 경우에는 상행위에 관한 상법의 규정이 적용된다고 봄이 타당"하다는 판례 취지는 단계적 결정설로 잘 설명된다고 주장한다. 그러나 이 사건 판례의 취지는 이 사건에서의 사실관계인 영업자금 차입행위에 대하여 상대방이 행위자의 영업의사를 인식한 경우에 상법이 적용된다는 점을 판단한 것이고 상대방이 행위자의 영업의사를 인식할 수 있었던 경우에 행위자의 상인자격이 인정되지 않는다고 판시한 것은 아니다. 즉 이 판례는 영업행위개시시설의 입장과도 상통하는 것이며 단계적 결정설을 취한 판례로 단정할 수 없다.

대법원 2012.11.15. 선고 2012다47388 판결

영업의 목적인 상행위를 개시하기 전에 영업을 위한 준비행위를 하는 자는 영업으로 상행위를 할 의사를 실현하는 것이므로 그 준비행위를 한 때 상인자격을 취득함과 아울러 개업준비행위는 영업을 위한 행위로서 그의 최초의 보조적 상행위가 된다. 한편 영업자금의 차입 행위와 같이 행위 자체의 성질로 보아서는 영업의 목적인 상행위를 준비하는 행위라고 할 수 없지만, 행위자의 주관적 의사가 영업을 위한 준비행위였고 상대방도 행위자의 설명 등에 의하여 그 행위가 영업을 위한 준비행위라는 점을 인식하였던 경우에는 상행위에 관한 상법의 규정이 적용된다. 그러나 이러한 준비행위가 보조적 상행위로서 상법의 적용을 받기 위해서는 그 행위를 하는 자가 장차 상인자격을 취득하는 것을 당연한 전제로 하므로, 그 행위자의 어떤 행위가 상인자격을 취득할 주관적 의사 아래 영업을 위한 준비행위로서 이루어진 것이라는 점에 대한 입증이 없다면 이는 그 행위자의 보조적 상행위라고 볼 수 없다.

원심판결 이유 및 기록에 의하면, 소외인은 이 사건 매매계약 체결 직후 원고와 사이에 그 계약금을 소비대차의 목적물로 할 것을 약정하는 이 사건 준소비대차계약을 체결함으로써 소비대차상의 채무인 이 사건 채무를 부담하게 되었고, 피고들은 이에 대하여 연대보증을 한 사실, 그 후 소외인과 피고들 등은 이 사건 부동산에서 모텔 건물 신축을 위한 기초공사를 진행하다가 원고의 요구로 이 사건 포기각서를 작성한 뒤 그 공사현장에서 철수한 사실을 알 수 있을 뿐, 나아가 소외인이 이 사건 채무를 부담하게 된 것이 장차 상인자격을 취득할 의사 아래 영업을 위한 준비행위로서 이루어진 것인지에 대하여는 아무런 입증이 없다.

이러한 사정을 앞에서 본 법리에 비추어 살펴보면, 원심의 판단은 그 이유 설시에 다소 부적절하거나 미흡한 부분이 있기는 하나, 이 사건 채무가 상사채무에 해당하지 않는다고 보아 피고들의 소멸시효 완성 주장을 배척한 결론에 있어서는 정당하고, 거기에 상고이유의 주장과 같은 법리오해의 위법이 없다.

대법원 2012.7.26. 선고 2011다43594 판결

영업자금 차입 행위는 행위 자체의 성질로 보아서는 영업의 목적인 상행위를 준비하는 행위라고 할 수 없지만, 행위자의 주관적 의사가 영업을 위한 준비행위이고 상대방도 행위자의 설명 등에 의하여 그 행위가 영업을 위한 준비행위라는 점을 인식한 경우에는 상행위에 관한 상법의 규정이 적용된다.

영업을 준비하는 행위가 보조적 상행위로서 상법의 적용을 받기 위해서는 행위를 하는 자 스스로 상인자격을 취득하는 것을 당연한 전제로 하므로, 어떠한 자가 자기 명의로 상행위를 함으로써 상인자격을 취득하고자 준비행위를 하는 것이 아니라 다른 상인의 영업을 위한 준비행위를 하는 것에 불과하다면, 그 행위는 행위를 한 자의 보조적 상행위가 될 수 없다. 여기에 회사가 상법에 의해 상인으로 의제된다고 하더라도 회사의 기관인 대표이사 개인은 상인이 아니어서 비록 대표이사 개인이 회사 자금으로 사용하기 위해서 차용한다고 하더라도 상행위에 해당하지 아니하여 차용금채무를 상사채무로 볼 수 없는 법리를 더하여 보면, 회사 설립을 위하여 개인이 한 행위는 그것이 설립중 회사의 행위로 인정되어 장래 설립될 회사에 효력이 미쳐 회사의 보조적 상행위가 될 수 있는지는 별론으로 하고, 장래 설립될 회사가 상인이라는 이유만으로 당연히 개인의 상행위가 되어 상법 규정이 적용된다고 볼 수는 없다.

갑이 을 등과 함께 시각장애인용 인도블록을 제조하는 공장을 운영하기로 한 후 병에게서 사업자금을 차용하기 위하여 을이 병에게 부담하고 있던 채무를 연대보증하고 추가로 자금을 차용하여 합계 금액을 차용금액으로 하는 금전차용증서를 작성하였고, 그 후 시각장애인용 점자블록 제조 등을 목적으로 하는 정 주식회사를 설립하여 대표이사로 취임한 사안에서, 갑은 직접 자신의 명의로 시각장애인용 인도블록 제조 공장이나 그에 관한 사업을 운영하기 위한 목적이 아니라 설립이 계정된 정 회사의 사업과 관련하여 필요한 자금을 마련하기 위해서 병에게서 금원을 차용하였다고 볼 수 있고, 이러한 사정만으로는 갑을 자기 명의로 시각장애인용 인도블록 사업을 하는 상인으로 볼 수 없으므로 정 회사의 행위가 아닌 갑의 차용행위를 보조적 상행위로서 개업준비행위 등에 해당한다고 볼 수 없음에도, 이와 달리 갑의 차용금채무가 상사채무로서 5년의 소멸시효가 적용된다고 본 원심판결에 법리오해 등의 위법이 있다.

대법원 2015. 3. 26. 선고 2014다70184 판결

원심은, 이 사건 각 대지에 위치하였던 현대연립의 공유자들이 주식회사 대보건설(이하 '대보건설'이라고 한다)과 사이에 이 사건 재건축사업을 위한 지분제 공사도급계약을 체결한 사실, 소외인이 대보건설의 실질적인 경영주로서 이 사건 재건축사업을 사실상 주도한 사실, 소외인이 이 사건 재건축사업의 공사대금 등으로 사용한다는 명목으로 피고들로부터 돈을 차용한 사실 등을 인정한 다음, 이 사건 재건축사업은 상행위에 해당하고, 소외인이 이 사건 재건축사업을 위하여 사업자금을 차용하는 행위는 상인이 영업을 위하여 하는 행위로 추정되어 보조적 상행위에 해당한다는 이유로 소외인의 피고들에 대한 차용금채무는 상사채무로서 5년의 소멸시효기간이 적용된다고 판단하였다.

그러나 원심판결 이유를 ("상인은 상행위로 인하여 생기는 권리 의무의 주체로서 상행위를 하는 것이고, 영업을 위하는 행위가 보조적 상행위로서 상법의 적용을 받기 위해서는 행위를 하는 자 스스로 상인 자격을 취득하는 것을 당연한 전제로 하며, 회사가 상법에 의해 상인으로 의제된다고 하더라도 회사의 기관인 대표이사 개인은 상인이 아니어서 비록 대표이사 개인이 회사 자금으로 사용하기 위해서 차용한다고 하더라도 상행위에 해당하지 아니하여 차용금채무를 상사채무로 볼 수 없다") 법리에 비추어 살펴보던, 상법에 의해 상인으로 의제되는 대보건설이 위 지분제 공사도급계약을 체결하여 이 사건 재건축사업으로 인하여 생기는 권리·의무의 주체로서 상행위를 하는 것인데, 대보건설이 아니라 소외인 개인이 피고들에게서 돈을 차용한 이상, 비록 소외인이 대보건설을 실질적으로 경영하면서 이 사건 재건축사업을 위하여 차용한 것이라고 하더라도 소외인을 상인으로 볼 수 없어 위 차용금채무를 상사채무로 볼 수는 없다.

(2) 법인의 상인자격의 취득시기

법인의 상인자격의 취득시기는 사(私)법인 중 영리법인의 경우가 가장 문제되고 나머지 법인의 경우는 본래 상행위를 하기 위하여 설립된 법인이 아니므로 자연인의 경우와 같은 시기에 취득하는 것으로 보면 충분하다.

1) 사법인

(가) 영리법인의 경우

회사와 같은 영리법인의 경우에는 설립등기를 마친 '법인 성립시'에 바로 상인자격을 취득한다(태생적 상인). 설립중의 회사의 설립준비행위에 대해서 보조적 상행위를 한 것으로 인정하여 상법을 적용할 것이지만 회사의 상인성을 그 준비행위시까지 확장할 수는 없다.

(나) 비영리법인의 경우

학술·종교·자선 등의 공익사업을 목적으로 하는 사단법인·재단법인과 같은 비영리법인의 경우에는 설립되었다 하여 바로 상인이 되는 것이 아님은 물론이고, 자연인의 경우와 마찬가지로 비영리법인이 필요에 의하여 영업행위 자체를 개시한 때 또는 점포 임차, 영업자금 차입, 상업사용인 고용 등의 영업준비행위를 개시한 때에 상인자격을 취득한다.

(다) 특수법인

협동조합(cooperatives)[33], 상호보험회사(mutual insurance company)[34]와 같은 상행위가 아닌 특수한 목적으로 설립된 특수법인의 경우에는 상인자격을 취득할 여지가 없다(통설). 양자 모두 비법인사단인 경우도 마찬가지이다.

2) 공(公)법인

(가) 일반 공법인의 경우

국가나 지방자치단체와 같은 일반 공법인의 경우에는 비영리 사법인의 경

---

[33] 협동조합은 농민, 어민, 소비자 등 사회적 약자들의 상호부조 조직이다.
[34] 상호보험회사는 보험단체를 결성하는 비영리단체이고 그 명칭과 달리 회사가 아니다.

우처럼 필요에 의하여 영업행위 자체를 개시한 때 또는 점포 임차, 영업자금 차입, 상업사용인 고용 등의 영업준비행위를 개시한 때에 상인자격을 취득한다.

(나) 특수목적 공법인

농업기반공사, 광업진흥공사 등의 특수목적 공법인의 경우에는 상인자격을 취득할 여지가 없다(통설).

3. 상인자격의 상실시기

(1) **자연인의 경우**

상인자격을 취득한 자연인이 "영업을 종료(폐지)"하면 그 상인자격은 소멸된다. 이 때 영업의 종료란 영업의 목적행위 자체를 중지한다는 의미가 아니라 영업활동의 사실상의 종결을 가리킨다. 만일 자연인인 상인의 사망시 그 영업은 상속인에게 상속되어 상속인이 상인자격을 승계취득하게 된다.

(2) **법인의 경우**

사법인 중 영리법인의 경우가 가장 문제되고 나머지는 자연인의 경우와 같다. 즉 영리사법인(회사)은 청산을 종결한 때에 그 상인자격을 상실한다. 즉 회사는 영업의 목적행위 자체를 중지하였더라도 청산을 종결하기 전까지는 상인자격을 유지하는 것이다. 영리사법인은 존재의 목적이 영리행위로서 상행위를 하는 것이므로 상인자격을 상실한 후에는 소멸된다.

상인자격을 취득한 공익사법인 및 일반공법인의 경우에는 자연인의 경우와 마찬가지로 "영업의 종료(폐지)"에 의하여 상인자격을 상실하게 된다. 상인자격을 취득한 공익사법인 및 일반공법인은 상인자격을 상실하더라도 그 본래의 존재목적이 있으므로 소멸되지 않는다.

제6절 영업능력

1. 총설

영업능력이란 상인자격을 취득한 자가 유효한 영업활동을 할 수 있는 능력을 말한다. 영업능력은 민법상 행위능력에 상응한다. 영업능력은 자연인인 상인이 민법상 행위무능력자인 경우에 문제된다. 법인인 상인은 그 기관을 통하여 활동하므로 그 영업능력은 거의 문제되지 않으나 예외적으로 해당 법인의 기관이 행위무능력자인 경우에는 문제될 것이다.

2. 미성년자

미성년자가 상인이 되는 방법에는 스스로 영업을 하는 경우와 법정대리인이 미성년자를 대리하여 영업을 하는 경우가 있다.

(1) 미성년자가 스스로 영업을 하는 경우

미성년자의 법정대리인은 1차적으로는 친권자이고 2차적으로 후견인인데, 미성년자에 대하여 영업을 하는 것을 허락할 수 있고, 이러한 허락을 얻은 미성년자는 성년자와 동일한 영업능력을 가진다(민법§8). 미성년자가 법정대리인의 허락을 얻어 영업을 하는 때에는 거래의 안전을 위하여 반드시 상업등기부에 등기를 하여야 한다(§6). 만일 법정대리인이 영업허락을 취소하거나 허락의 범위를 제한하는 경우에는 그것을 등기하여야 선의의 제3자에게 대항할 수 있다(§§37,40).

(2) 법정대리인이 미성년자를 대리하여 영업을 하는 경우

미성년자가 상인인 경우 법정대리인이 미성년자를 대리하여 영업을 할 수 있다. 이 경우에도 거래의 안전을 위하여 상업등기부에 등기하여야 한다(§8①). 법정대리인의 대리권의 제한은 선의의 제3자에게 대항하지 못한다(상§8②). 법정대리인은 완전한 영업능력자이므로 그러한 대리권을 제한하는 것은 매우 이례적이기 때문이다.

(3) 미성년자가 인적회사의 무한책임사원인 경우

미성년자 또는 피한정후견인이 법정대리인의 허락을 얻어 회사의 무한책임사원이 된 때에는 그 사원자격으로 인한 행위에는 능력자로 본다(§7). 여기에서 '그 사원자격으로 인한 행위'란 회사에 대한 출자이행의무의 부담이나 회사채권자에 대한 무한책임의 부담 등을 의미하는 것이다.

3. 피한정후견인의 경우

2013년 7월 시행된 개정 민법은 종래의 한정치산 제도를 현재 정신적 제약이 있는 사람은 물론 미래에 정신적 능력이 약해질 상황에 대비하여 후견제도를 이용하려는 사람이 재산 행위뿐만 아니라 치료, 요양 등 복리에 관한 폭넓은 도움을 받을 수 있는 성년후견제로 확대·개편하였다. 가정법원은 질병, 장애, 노령, 그 밖의 사유로 인한 정신적 제약으로 사무를 처리할 능력이 부족한 사람에 대하여 본인, 배우자, 4촌 이내의 친족, 미성년후견인, 미성년후견감독인, 성년후견인, 성년후견감독인, 특정후견인, 특정후견감독인, 검사 또는 지방자치단체의 장의 청구에 의하여 한정후견개시의 심판을 한다(민법 §12①).

피한정후견인은 원칙적으로 영업능력이 있다. 그러나 가정법원이 피한정후견인이 한정후견인의 동의를 받아야 하는 행위의 범위에 영업을 포함한 경우에는 피한정후견인이 영업을 하려면 한정후견인의 동의를 받아야만 한다(민법 §13①). 만일 그러한 경우에 피한정후견인이 한정후견인의 동의 없이 영업을 하였을 때에는 그 법률행위를 취소할 수 있다(민법 §13④).

4. 피성년후견인의 경우

피성년후견제는 종래의 금치산 제도를 대체하는 것이다. 가정법원은 질병, 장애, 노령, 그 밖의 사유로 인한 정신적 제약으로 사무를 처리할 능력이 지속적으로 결여된 사람에 대하여 본인, 배우자, 4촌 이내의 친족, 미성년후견인, 미성년후견감독인, 한정후견인, 한정후견감독인, 특정후견인, 특정후견감독인, 검사 또는 지방자치단체의 장의 청구에 의하여 성년후견개시의 심판을 한다($^{민법}_{§9①}$).

피성년후견인은 원칙적으로 영업능력이 없으므로, 성년후견인의 동의를 받더라도 유효한 영업행위를 할 수 없고 취소의 대상이 된다($^{민법}_{§10조①}$). 그러므로 피성년후견인이 상인인 경우에는 후견인이 피성년후견인을 대리하여 영업을 할 수밖에 없다. 이 경우 거래의 안전을 위하여 성년후견인이 영업을 대리한다는 사실을 상업등기부에 등기하여야 하며($^{8}_{①}$), 성년후견인의 대리권의 제한은 선의의 제3자에게 대항하지 못한다($^{8}_{②}$).

개정전 민법상 금치산자도 인적회사의 무한책임사원이 될 수 있다는 소수설[35]이 있었으나, 통설은 상법 제7조는 미성년자 또는 한정치산자의 경우만 규정하고 있고 또 제218조제4호는 사원이 금치산선고를 받은 것을 퇴사원인으로 규정하고 있는 것의 해석상 금치산자는 후견인의 동의를 얻더라도 인적회사의 무한책임사원은 될 수 없다고 보았었다. 같은 취지로 피성년후견인은 후견인의 동의를 얻더라도 인적회사의 무한책임사원은 될 수 없다고 보아야 할 것이다.

제7절 영업의 제한

1. 제한의 근거

영업의 자유는 헌법 제15조의 직업선택의 자유의 내용 중 직업수행의 자유에 포함되는 국민의 기본권이다. 그러나 다른 기본권과 마찬가지로 국가안전보장, 질서유지, 공공복리 등의 정당한 입법목적이 있는 경우에는 법률로 제한할 수 있다($^{헌법}_{§32②}$).

---

[35] 최기원(04), 75면.

2. 사법상 제한

(1) 계약에 의한 제한

계약당사자간 경업을 금지하는 경업금지계약은 선량한 풍속 기타 사회질서에 반하지 않는 한 유효하다. 당사자가 이를 위반한 경우에 그 행위 자체는 유효하지만 상대방에게 계약위반으로 인한 손해배상책임을 진다.

(2) 법률에 의한 제한

상법은 다음 표에서 요약한 내용과 같이 상업사용인·영업양도인·대리상, 합명회사·합자회사의 무한책임사원, 주식회사의 이사, 유한책임회사의 업무집행자, 유한회사의 이사(§§ 287의10, 397, 567)의 영업주·영업양수인·본인상인·회사와의 경업을 금지한다. 이러한 의무는 의무자가 자기를 신뢰하고 고용한 영업주·본인상인·회사 또는 대가를 지급하고 영업을 양수한 상대방에 대하여 계약목적을 달성하기 위하여 부담하는 상법상 의무이다.

〈상법상 경업금지의무〉

의무자	경업의 금지 내용	위반시의 효과
상업사용인	자기 또는 제삼자의 계산으로 영업주의 영업부류에 속한 거래를 하지 못한다(§17①).	개입권(§17②), 계약의 해지 또는 손해배상의 청구(§17③).
영업양도인	다른 약정이 없으면 10년간 동일한 특별시·광역시·시·군과 인접 특별시·광역시·시·군에서 동종영업을 하지 못한다(§41①).	위반의 제거 및 손해배상의 청구(민법 §§389③, ④, 390).
영업양도인	동종영업을 하지 아니할 것을 약정한 때에는 동일한 특별시·광역시·시·군과 인접 특별시·광역시·시·군에 한하여 20년을 초과하지 아니한 범위내에서 그 효력이 있다(§41②).	위반의 제거 및 손해배상의 청구(민법 §§389③, ④, 390).
대리상	본인의 허락없이 자기나 제3자의 계산으로 본인의 영업부류에 속한 거래를 하지 못한다(§89①).	개입권(§§89②, 17②), 계약의 해지 또는 손해배상의 청구(§§89②, 17③).

합명회사·합자회사의 무한책임사원	다른 사원의 동의가 없으면 자기 또는 제3자의 계산으로 회사의 영업부류에 속하는 거래를 하지 못한다(§§198, 269).	개입권(§198②), 손해배상청구(§198③).
주식회사의 이사 유한책임회사의 업무집행자 유한회사의 이사	사원 전원의 동의(§287의10①)·이사회의 승인(§397①)·사원총회의 승인(§§567, 397①)이 없으면 자기 또는 제삼자의 계산으로 회사의 영업부류에 속한 거래를 하지 못한다.	개입권 및 손해배상청구 제198조제2항부터 제4항(§§287의10②, 198②, ③)·개입권(§§397②, 567).

이러한 경업피지의무의 위반시에도 위반자가 한 영업행위의 사법상 효력은 유효한 것으로 인정되고, 다만 위반자의 해임·계약해지의 원인이 되고 위반자는 손해배상책임을 부담한다. 상법은 의무위반시 영업주·본인상인·회사는 해당 경업거래가 위반자의 계산으로 한 것인 때에는 이를 자기의 계산으로 한 것으로 볼 수 있고 제3자의 계산으로 한 것인 때에는 그 위반자에 대하여 이로 인한 이득의 양도를 청구하는 개입권을 부여하고 있다.

3. 공법상 제한

(1) 공서양속상 이유

매춘업이나 마약제조업과 같이 선량한 풍속 기타 사회질서에 위반하는 행위를 목적으로 하는 영업은 무효이다(민법§103). 이처럼 공서양속에 위반하는 영업은 유효한 상행위로서 성립할 수 없고 행위자는 상인이 될 수 없다.

(2) 질서유지 및 국민경제상 목적

질서유지 및 국민경제상 목적에서 일정한 영업에 대하여 허가·인가·등록·신고 등의 진입규제가 행해지기도 한다. 예컨대 담배제조업을 하려면 일정한 설비를 갖추어 기획재정부장관의 허가를 받아야 한다(담배사업법§11).36) 또한 서신 등 통상우편물의 송달에 관한 우편사업은 국가가 경영하나, 다만, 지식경

---

36) 2001년 담배사업법 개정전에는 국내에서 담배제조업은 한국담배인삼공사만이 영위하였었다.

제부장관은 우편사업의 일부를 개인·법인 또는 단체등으로 하여금 경영하게 할 수 있다(우편법). 기간통신사업을 하려면 미래창조과학부장관에게 허가를 받아야 하고(전기통신사업법§6), 별정통신사업을 하려면 등록을(동법), 부가통신사업을 하려면 신고를 각각 하여야 한다(동법§22). 식품접객업 중 단란주점영업과 유흥주점영업을 하려면 특별자치도지사 또는 시장·군수·구청장에게 허가를 받아야 하고(식품위생법§37①), 휴게음식점영업, 일반음식점영업, 위탁급식영업 및 제과점영업을 하려면 신고를 하여야 한다(동법§37④). 또한 은행업, 신용계업, 신용부금업, 보험업, 금융투자업 등 금융업에 대해서는 인가·등록제·자본금·자격 등의 엄격한 진입제한이 가해지고 있다(은행법§§4, 9, 상호저축은행법§§3, 5, 6, 보험업법§§4, 8, 9, 자본시장과 금융투자업에 관한 법률§§8, 12, 17).

이에 위반하는 영업도 대체로 사법상 효력은 인정되므로 상행위로서 유효하게 성립할 수 있고 행위자는 상인이 될 수 있으나 위반행위에 대한 제재가 따른다. 즉 위의 영업제한 규정은 성질상 대체로 단속규정에 속한다.

(3) 특수신분에 의한 제한

국회의원은 의원 본인 소유의 토지·건물 등의 재산을 활용한 임대업 등 영리업무를 하는 경우로서 의원의 직무수행에 지장이 없는 경우를 제외하고는, 그 직무 외에 영리를 목적으로 하는 업무에 종사할 수 없다(국회법§29의2①). 법관은 금전상의 이익을 목적으로 하는 업무에 종사할 수 없다(법원조직§49ⅴ). 개업을 한 변호사는 소속 지방변호사회의 허가 없이 상업이나 그 밖에 영리를 목적으로 하는 업무를 경영하거나 사용인이 되거나 영리법인의 업무집행사원·이사 또는 사용인이 되지 못한다(변호사법§38②). 공무원은 공무외에 영리를 목적으로 하는 업무에 종사하지 못한다(국가공무원법§64, 지방공무원법§56).

이에 위반하는 영업도 사법상 효력은 인정되므로 상행위로서 유효하게 성립할 수 있고 행위자는 상인이 될 수 있으나 제재가 따른다. 아울러 국가나 지자체가 상인자격을 취득하여 영업을 하는 경우에는 해당 공무원은 공무로써 영리업무에 종사하게 된다.

제 2 장 상업사용인

제1절 총설

1. 제도의 목적

　기업의 인적 설비에는 기업의 경영자와 기업의 보조자가 있다. 전자에는 개인기업의 상인, 회사와 같은 법인기업의 경우 그 기관이 속한다. 후자에는 해당 기업의 내부에서 보조하는 상업사용인과 해당 기업의 외부에서 보조하는 독립상인들(보조상)인 대리상·중개인·위탁매매인·운송주선인·운송인·창고업자 등이 있다.

　상업사용인과 상인의 법률관계는 내부관계와 외부관계의 양면이 있으나, 상법은 제17조에서 그 내부관계에 관하여 규정하는 외에는 모두 그 외부관계에 관해서 규정하고 있다. 내부관계는 원칙적으로 당사자의 자율에 맡길 수 있는데 그와 달리 외부관계는 거래의 안전을 위하여 강행규정으로 규율하고 있다.[37]

2. 의의와 종류

(1) 의의

　상업사용인(Handlungsgehilfe)이란 "특정한 상인(영업주)에 종속되어 상시 계속적으로 영업주를 위하여 대외적인 영업상의 업무를 보조하는 자"를 말한다. 상업사용인은 대리상과 같이 외부에서 보조하는 독립상인이 아니라

---

37) 손주찬(03), 94면.

내부에 종속된 보조자이다. 회사의 무한책임사원·이사와 같은 기관과는 내부에 있다는 점은 공통되지만 기관처럼 그 행위가 바로 상인의 행위가 되는 관계는 아니며 상업사용인은 상인을 보조할 뿐이다.

상업사용인은 대리권을 수반하는 대외적인 영업상의 업무에 종사하는 자이다. 그러므로 출납·회계 등 대내적인 영업상의 업무에 종사하는 자나 기사·배달원·청소원·수위·사환과 같은 기술적 보조자 또는 잡무에 종사하는 자는 상업사용인이 아니다.

상업사용인은 실제 영업상의 업무에 종사해야 하므로 자연인어 한하나 영업주와의 사이에 고용계약의 존재를 전제로 하지는 않는다. 따라서 영업주의 가족·친척도 대리권만 수여되면 상업사용인으로 인정된다.

(2) 종류

상업사용인에는 지배인, 부분적 포괄대리권을 가진 상업사용인, 물건판매점포의 사용인(의제상업사용인) 등이 있다.

제2절 지배인

1. 의의

지배인(manager, Prokurist)은 "영업주에 갈음하여 그 영업에 관한 재판상 또는 재판외의 모든 행위를 할 수 있는" 대리권을 가진 상업사용인이다($^{§11}_{①}$). 실제로는 지배인이라는 명칭보다는 지점장, 점장, 소장 등의 직함을 가지는 경우가 많다.

(1) 포괄적인 영업상의 대리권

지배인의 개념요소를 하나씩 나누어 보면, 우선 지배인에게는 포괄적인 영업상의 대리권(지배권)이 수여된다. 지배권의 성격은 추상적·포괄적·정형적이라는 것이다. 이 점에서 민법상 대리권이 구체적·개별적·비정형적 성격이라는 점과 구별된다.

지배인은 영업주에 대한 개인법상의 대리관계이므로 지배권의 범위는 특정 영업소의 영업활동에 한정된다. 상법은 "상인은 지배인을 선임하여 본점 또는 지점에서 영업을 하게 할 수 있다."고 규정한다(§10). 따라서 회사의 대표권이 단체법상의 대표관계로서 예컨대 주식회사의 대표이사의 대표권은 회사의 영업전반에 걸친다는 점과 구별된다.

(2) 상업사용인

지배인은 상업사용인이므로 영업주에 종속되어 영업주의 지휘·명령에 복종하는 기업 내부의 보조자이다.

2. 선임 및 종임

(1) 선임

1) 선임권자

지배인의 선임권을 가진 자는 상인인 영업주나 회사 또는 그 대리인이다.
여기의 대리인은 ⅰ) 광범위한 대리권을 가진 지배인조차 제11조 제2항[38]에 따라 다른 지배인을 선임할 수 없는 점에 비추어볼 때 법정대리인에 한한다고 보아야 한다는 설[39]이 있으나, ⅱ) 법정대리인은 물론 지배인을 제외한 임의대리인도 포함한다는 설[40]이 타당하다. 임의대리인에도 여러 가지가 있으므로 상인이 특정 임의대리인에게 지배인 선임권을 위임할 수 있다고 보는 것이 타당하기 때문이다.

---

[38] 상법 제11조(지배인의 대리권) ②지배인은 지배인이 아닌 점원 기타 사용인을 선임 또는 해임할 수 있다.
[39] 정동윤(12), 110면. 이는 독일상법의 태도이기도 하다(§48①).
[40] 정찬형(15), 84면; 정희철(89), 81면.

2) 선임절차

지배인 선임행위의 방식은 제한이 없으며 명칭도 영업소장, 실장, 팀장 등 제한이 없다. 그런데 상법이나 정관상 회사의 지배인 선임절차에는 제한이 있을 수 있다. 예컨대 주식회사에서는 이사회의 결의, 인적회사의 경우에는 무한책임사원 과반수의 결의를 필요로 한다. 그러나 이러한 내부절차에 위반한 선임행위도 그 효력에는 영향이 없다(통설).

지배인은 영업을 위하여 필요한 자이므로 청산중이거나 파산중인 회사에서는 선임할 수 없다(통설). 그리고 변호사법상 재판상 소송행위의 대리만을 위한 지배인 선임은 실제 지배인이 아니라 지배인을 가장한 소송신탁으로서 금지된다.[41]

3) 자격

지배인은 상업사용인으로서 실제 영업상의 업무에 종사해야 하므로 자연인에 한한다. 그러나 민법상 대리인은 행위능력자임을 요하지 아니하므로 (민법 §117), 지배인 역시 반드시 행위능력자일 필요는 없다.

지배인은 동시에 이사나 업무집행사원의 지위를 겸임할 수 있으나, 직무의 성질상 감사기관인 감사를 겸임할 수는 없다(§§411, 570). 지배인이 상시 회사의 기관으로서 활동하지 않는 주주·유한책임사원의 직을 겸임할 수 있는 것은 물론이다.

4) 선임행위의 성질

지배인 선임행위의 법적 성질에 관하여 ⅰ) 수권행위와 결합한 고용계약 또는 위임계약이라는 설[42]과 ⅱ) 단순한 대리권 수여행위로 보는 설[43]이 갈

---

41) 대법원 1978.12.26. 선고 78도2131 판결.
42) 강위두·임재호(11), 59면; 양승규·박길준(93), 55면; 정희철(89), 81면; 최기원(04), 83면; 정동윤(12), 61면(지배인이 가족인 경우처럼 고용관계가 없는 경우에는 위임계약으로 본다고 설명한다.).
43) 손주찬(03), 97면; 정찬형(15), 85면; 이철송(15), 115면(지배권선임행위를 계약으로 본다면 지배인의 의사표시의 흠결·하자·무능력 등의 사유가 있을 경우에 지배인이 한 거래행위의 효력이 문제되어서 거래상대방에게 불측의 손해를 줄 수 있으므로 영업

리나 상업사용인 일반이 그런 것처럼 지배인에게는 대리권만 수여되면 족하고 반드시 고용계약 또는 위임계약을 전제로 하는 것은 아니라는 점, 현재 사용인인 종업원을 지배인으로 선임하는 경우에는 고용하는 행위와 별개로 지배인으로 선임하는 행위만 행해지는 것에서 볼 수 있듯이 수권행위와 그 기초적 내부관계에 관한 행위는 구별된다는 점 등을 고려하면 후설의 설명이 타당하다.

(2) 종임

지배인 선임(위임)계약의 종료 또는 대리권의 소멸(지배인의 사망·금치산·파산), 지배인과 영업주의 지위의 혼동 등이 생기면 지배인의 지위는 종료된다. 지배인을 선임한 상인이 영업을 양도하는 경우에는 양수인에게 양도인의 영업의 인적·물적 조직이 승계되는 것이므로 양도인의 지배인이었던 자는 다시 양수인의 지배인으로 되는 것으로 해석할 여지가 있다. 그러나 지배인과 영업주간의 고도의 신뢰관계를 고려하면 영업양도에 의하여 지배인은 종임되는 것으로 해석하는 것이 적절하다.44) 그 경우 필요하다면 양수인이 다시 지배인으로 선임하면 될 것이다.

(3) 등기

상인은 지배인의 선임과 그 대리권의 소멸에 관하여 그 지배인을 둔 본점 또는 지점소재지에서 등기하여야 한다(§13). 지배인의 등기는 대항요건에 불과하므로 지배인이 선임되면 등기되지 않더라도 지배인의 지위를 취득한다. 그러나 상업등기의 일반적 효력상 지배인 등기를 하지 아니하면 선의의 제3자에게 대항하지 못한다(§37①).

3. 권한

지배인은 영업주에 갈음하여 그 영업에 관한 재판상 또는 재판외의 모든

주의 대리권을 수여하는 단독행위로 보아야 한다는 점을 강조하고 있다.).
44) 손주찬(03), 동면.

행위를 할 수 있다(${}^{11}_{①}$). 지배인의 대리권을 '지배권'이라 부른다.

(1) 지배권의 내용

1) 추상성·포괄성·정형성

지배권의 범위는 구체적인 것이 추상적으로 정해지며(추상성), 영업주의 영업 전반에 걸치며(포괄성), 또한 영업주 본인의 의사와 무관하게 상법 규정에 의하여 정해진다(정형성) 이 점은 민법상 대리권이 본인이 자신의 의사에 의하여 대리인에게 수권한 구체적·개별적 범위내에서 대리권을 가지는 것과 구별된다.

지배인은 영업주의 영업에 관한 재판상 또는 재판외의 모든 행위를 대리할 수 있다. 그러나 영업주가 직접 해야 하는 선서나 서명과 같이 성질상 또는 법률상 대리가 제한되는 경우는 대리할 수 없다. 이 때 "영업에 관한" 것인지 아닌지는 행위자의 의사가 아니라 행위의 객관적 성질에 따라 추상적으로 판단하여야 한다(통설[45]·판례[46]).

2) 지배권의 남용

지배인이 객관적으로 지배권의 범위안에서 행위하였으나, 다만 지배인이 그 행위를 한 동기가 영업주를 위한 것이 아니라 자기나 제3자의 이익을 위하여 한 경우를 "지배권 남용"이라고 한다. 지배권이 남용된 경우에도 영업주에게 그 행위의 효력이 발생한다.[47] 그 이유는 그러한 지배권의 남용행위

---

[45] 손주찬(03), 101면; 양승규·박길준(93), 56면; 채이식(92), 55면; 최준선(13), 121면.
[46] 대법원 1997.8.26. 선고 96다36753 판결("지배인의 어떤 행위가 영업주의 영업에 관한 것인가의 여부는 지배인의 행위 당시의 주관적인 의사와는 관계없이 그 행위의 객관적 성질에 따라 추상적으로 판단되어야 한다."고 전제하고, 피고 동화은행 삼성출장소의 소장인 소외 장근복은 피고 은행의 지배인으로서 위 출장소의 영업에 관한 포괄적인 대리권을 가진다고 할 것이므로 비록 피고 은행의 규정에 의하여 이 사건과 같은 융통어음의 배서가 금지되고 있다고 하더라도 이는 피고 은행이 내부적으로 정한 지배인의 대리권에 대한 제한이라고 볼 것인바, 원고가 이 사건 어음을 취득하면서 위 대리권 제한 사실을 알았다는 점에 대하여 입증이 없는 한, 피고 은행은 원고에게 배서인으로서의 소구책임을 진다고 판시하였다.).
[47] 대법원 1955.3.10. 선고 4287민상292 판결.

도 객관적으로 "영업에 관한" 행위(^상_①)이기 때문이다. 그러나 상대방이 지배인의 진의를 알았거나 알 수 있었을 때에는 영업주에 대하여 효력이 없다. 판례[48]는 이러한 결론에 이르는 근거를 대체로 민법 제107조제1항의 유추해석에서 구한다(非진의의사표시설). 학설은 판례의 논거와 결론에 모두 동조하는 견해(非진의의사표시설)[49]와 판례와 결론은 동일하지만 다른 논리에 의하여 그러한 결론을 도출하는 견해(권리남용설)[50]로 갈린다. 권리남용설은 지배권남용행위는 외관상 지배인의 적법한 대리행위와 구별할 수 없으므로 원칙적으로 유효로 보고 그 행위의 효력이 영업주에게 미치되, 상대방이 지배인의 지배권남용 사실을 알았거나 알 수 있었던 경우 그에 기초하여 권리주장을 하는 것이 신의칙에 반하여 권리남용에 해당하는 경우에는 상대방의 주장을 인정하지 않고, 지배인의 행위는 영업주에게 효력을 미치지 아니하고 지배인 자신이 상대방에 대하여 그 행위로 인한 책임을 져야 한다고 본다. 한편, 비진의의사표시설과 권리남용설의 효과의 차이는 지배권 남용을 상대방이 몰랐지만 과실이 있는 경우 무효로 보느냐(비진의의사표시설) 아니면 유효로 보느냐(권리남용설)에 있다는 견해[51]가 있지만, 표현지배인(^{법§ 14}_②), 명의대여자의 책임)(^상₂₄) 등 상법상의 다른 경우와 마찬가지로 선의라도 중과실이 있으면 악의에 준하여 취급하는 것이 이 경우에도 타당하다고 본다.

생각건대, 지배권남용행위는 전형적인 권한남용행위의 구조를 가지고 있으므로 권리남용설에 의하는 것이 가장 간명하다.

---

48) 대법원 1987.3.24. 선고 86다카2073 판결; 대법원 1999.3.9. 선고 97다7721·7738 판결 등.
49) 강위두·임재호(11), 60면; 안강현(15), 88면; 정동윤(12), 65~66면; 정찬형(15), 87면.
50) 손주찬(03), 101면; 손진화(14), 70~71면; 김홍기(20), 39면("대리권의 남용행위는 원칙적으로 유효이나 거래상대방의 청구가 신의칙 위반 또는 권리남용에 해당하면 항변할 수 있는 권리남용의 문제"라고 한다. 이러한 관점에서 "대리권의 남용행위는 대리권의 제한에 위반한 행위와는 양립할 수 없다"고 보고 있으며 타당하다.).
51) 송옥렬(19), 31면.

제 2 장 상업사용인   67

대법원 1987.3.24. 선고 86다카2073 판결

원고 K가 1985.2.5. 피고(주식회사 국민은행)의 반포남지점 지점장실에서 그 지점장 L의 입회아래 B에게 원고소유의 원심판시 부동산을 대금 1억5천만원에 매도하는 내용의 계약을 체결하는 한편, 위 L은 피고를 대리하여 그 자리에서 B와의 사이에 위 부동산을 담보로 제공받고 금 1억5천만원을 대출하여 주기로 약정하면서, 위 L은 원고 및 B와 사이에 B에게 대출하기로 한 위 금원을 B가 원고에게 지급할 위 부동산매매대금으로 그달 20까지 원고에게 직접 지급하되 그 구체적인 지급방법으로 원고가 그 자리에서 위 지점에 개설한 원고명의의 보통예금계좌에 위 금원을 입금시켜 주기로 약정하였다. "피고는 국민은행법 제18조 제1항 제4호의 규정에 의하여 자금의 대출을 그 업무의 하나로 하고 있고, 위 반포남지점의 지점장인 L은 피고의 지배인으로서 위 지점의 영업에 관한 포괄적인 대리권을 가진다 할 것이므로 위 인정과 같이 L가 원고 및 B와의 합의에 따라 B에게 대출하기로 한 금원을 원고에게 직접 지급하기로 약정한 것은 피고의 업무의 하나인 '자금의 대출'에 부수되는 행위로서 피고의 업무 내지 L이 위 지점장으로서 가지는 대리권의 범위에 속한다 할 것이고, 따라서 L이 한 위 약정은 그 객관적, 추상적 성질에 비추어 피고의 영업에 관한 것이라고 할 것이다. 다만 지배인의 어떤 행위가 그 객관적 성질에 비추어 영업주의 영업에 관한 행위로 판단되는 경우에도 지배인이 자기 또는 제3자의 이익을 위하여 또는 그 대리권에 관한 제한에 위반하여 한 행위에 대하여는 그 상대방이 악의인 경우에 한하여 영업주는 그러한 사유를 들어 상대방에게 대항할 수 있다 할 것이다. 원심이 같은 취지에서 L이 한 위 약정이 그 객관적 성질에 비추어 영업주의 영업에 관한 것이고, 또한 원고가 위 약정당시 L이 피고의 영업에 관하여 할 의사 없이, 또는 피고의 내규 등에 의하여 그 대리권에 관한 제한 내지 금지에 위반하여 위 약정을 하였다는 사정을 알았다고 볼 아무런 자료가 없으므로 피고는 그러한 사유를 들어 원고에게 대항할 수 없다고 판단한 것은 정당하다."고 판시하였다.

3) 불가제한성(획일성)

영업주가 지배인의 지배권을 제한하는 것은 가능하나 지배인이 그 제한을 위반하였더라도 당사자간 해임 또는 손해배상청구의 사유가 될 뿐 대외적으로 선의의 제3자에게 대항할 수 없다($^{§11}_{③}$). 즉, 본인이 과한 제한에 위반한 지배인의 지배권 행사도 그 점에 관하여 선의이며 중과실이 없는 제3자에 대한 관계에서는 유효하다.[52]

---

[52] 대법원 1997.8.26. 선고 96다36753 판결("지배인의 어떤 행위가 그 객관적 성질에 비추어 영업주의 영업에 관한 행위로 판단되는 경우에 지배인이 영업주가 정한 대리권에 관한 제한 규정에 위반하여 한 행위에 대하여는 제3자가 위 대리권의 제한 사실을 알고 있었던 경우뿐만 아니라 알지 못한 데에 중대한 과실이 있는 경우에도 영업주는 그러한 사유를 들어 상대방에게 대항할 수 있고, 이러한 제3자의 악의 또는 중

또한 상업등기부에는 지배권의 제한을 등기할 방법도 없기 때문에 결과적으로 영업주는 언제나 등기를 가지고 선의의 제3자에게 대항할 수는 없다.

이 때 "선의의 제3자"에는 경과실이 있는 자는 포함되나 중과실이 있는 자는 제외된다(통설, 판례53)). 제3자의 악의·중과실의 입증책임은 지배권의 제한을 주장하는 영업주가 부담한다.

"모든 지배인의 지배권은 항상 같은 범위의 것인가 아니면 지배인마다 범위가 크거나 작을 수 있는 것인가" 하는 문제가 있다. 그 답은 모든 지배인의 지배권은 항상 같은 범위의 것이라는 것이다. 왜냐하면 지배권의 정형성·획일성 때문이다. 따라서 만일 영업주가 상법규정을 벗어나 지배인에게 더 큰 대리권을 부여하는 경우에는 특별수권이 있는 것이고 지배권의 확장은 아니다.

(2) 지배권의 범위

지배인과 영업주의 관계는 개인법상의 대리관계이므로 지배권의 범위는 특정영업소의 영업활동에 한정된다. 다만 1인의 지배인이 수개의 영업소의 지배인을 겸하는 것은 무방하다. 따라서 지배인 등기는 그 선임된 영업소의 영업별로 해야 한다.

이는 회사의 대표권이 단체법상의 대표관계로서 회사의 영업전반에 걸치는 점과 다르다.

4. 공동지배인

(1) 의의

공동지배인(Gesamtprokura)이란 지배권의 남용 또는 오용을 방지하기 위해서 "수인의 지배인에게 공동으로 대리권을 행사하게" 지배권의 행사방법

대한 과실에 대한 주장·입증책임은 영업주가 부담한다."고 하였다.).
53) 대법원 1997.8.26. 선고 96다36753 판결.

을 제한하는 것이다(§12①). 지배인의 지배권은 전술한 것처럼 광범위하므로 그 권한의 남용 또는 오용을 방지할 필요가 있는 것이다.

공동지배인은 수인의 지배인과는 다르다. 즉 지배인이 여러 명 존재한다고 해도 각자 지배권을 행사하는 것이 원칙이고 그 수인의 지배인들을 공동지배인으로 정한 경우에만 지배권의 행사방법이 제한된다.

(2) 공동지배인의 지배권 행사방법

1) 능동대리의 경우

공동지배인을 둔 경우에는 공동지배인의 의사표시는 공동으로 하여야만 법률효과가 발생한다.

공동지배인 중 일부가 다른 공동지배인에게 지배권을 위임할 수 있는가 하는 문제가 있다. 공동지배인제도의 취지상 지배권의 포괄적 위임은 할 수 없다(통설). 그러나 지배권의 개별적 위임(예컨대, 모월 모일의 공장부지계약건에 대한 위임)이 가능한가에 관해서는 ⅰ) 긍정설[54]과 ⅱ) 부정설[55]이 갈린다. 대리권 남용을 방지하기 위한 공동지배인제도의 취지상 부정설이 타당하다고 본다. 일부 긍정설을 취하는 학자들도 어음·수표행위나 재판상 행위는 그 성질상 반드시 공동으로 하여야 한다고 보고 있다.[56]

2) 수동대리의 경우

공동지배인을 둔 경우에도 지배인 1인에 대한 의사표시는 영업주에 대하여 그 효력이 있다(§12②). 즉 수동대리에 있어서는 거래의 원활과 신속을 위하여 1인만이 대리하는 것이 허용된다. 이는 공동지배인을 두는 것은 영업주의 이익을 위한 것이므로 상대방에게 그로 인한 불편함을 감수하게 하지 않으려는 상법의 배려라고 볼 수 있다.

---

54) 정동윤(12), 118면; 최기원(04), 88면; 이철송(15), 95면; 임홍근(01), 227면; 이기수외(03), 122면; 정찬형(15), 90면.
55) 정희철(89), 84면; 서돈각·정완용(99), 82~83면; 손주찬(03), 102면.
56) 정동윤(12), 118면; 정찬형(15), 90면; 최기원(04), 88면.

(3) 등기

공동지배인의 선임과 그 변경 또는 소멸은 등기사항이다($^{§\,13}$). 따라서 영업주가 공동지배인을 선임하면서 그 사실을 등기하지 않았다면 공동지배인 중 한 사람이 단독으로 영업주를 대리하여 행위를 한 경우에 공동지배인의 선임 사실을 몰랐던 선의의 제3자에게 영업주는 대항할 수 없다($^{§\,37}_{①}$)(상업등기의 소극적 공시력).

5. 표현지배인

(1) 의의

본점 또는 지점의 본부장, 지점장, 그 밖에 지배인으로 인정될 만한 명칭을 사용하는 자는 본점 또는 지점의 지배인과 동일한 권한이 있는 것으로 본다($^{§\,14①}_{본문}$).

표현지배인 제도는 영업주가 지배권을 부여하지 않으면서도 마치 지배권이 있는 듯한 명칭을 부여한 경우 거래의 안전을 위하여 그 자를 지배인으로 의제하는 것이다.

표현지배인제도의 이론적 근거는 독일법상 외관법리(Rechtsscheinthorie) 및 영미법상 '표시에 의한 금반언(禁反言)'(estoppel by representation)의 법리에서 찾을 수 있다.

(2) 법적 요건

1) 표현적 명칭의 사용허락

영업주가 지배인으로 믿을 만한 명칭사용을 허락하였어야 한다. 표현지배인 제도는 영업주에게 사실과 다른 외관을 작출한 데에 대한 책임을 묻는 제도이므로 영업주의 명칭사용허락이라는 귀책사유가 존재하여야 하는 것이다. 따라서 영업주의 허락 없이 사용인이 자의적으로 표현적 명칭을 참칭하여 거래하였다면 영업자가 그러한 사실을 알지 못하고 또 그 사용을 제지하지 못한 점에 과실이 있다고 하더라도 제14조의 적용요건에는 해당되지 아니한다.57) 영업주의 허락은 명시적이건 묵시적이건 불문한다(통설).58)

상법은 "본부장, 지점장, 그 밖에 지배인으로 인정될 만한 명칭"을 사용하는 자($\S 14①$)라고 규정하고 있는데 표현적 명칭의 예로는 그밖에 "지배인, 지점장, 영업소장" 등이 포함되지만 "지점차장, 지점장대리, 영업소주임" 등은 명칭 자체가 영업소의 지배인이 별도로 존재할 가능성을 전제하고 있으므로 제외된다.59) 대법원 판례60)는 "보험회사의 지사장·영업소장"에 대하여 표현지배인임을 부정하고 있지만 이것은 명칭 때문이 아니라 후술하는 바와 같이 해당 보험회사 지사·영업소가 영업소의 실질을 구비하지 못한 점과 관련이 있다.

표현지배인이 될 수 있는 자는 상업사용인에 국한되지 않으며 피용자도 가능하다. 상법은 "본부장, 지점장, 그 밖에 지배인으로 인정될 만한 명칭을 사용하는 자"라고 하여 이를 분명히 하였다.

대법원 1978.12.13. 선고 78다1567 판결

약속어음의 기재사항으로서 지급을 받을 자 또는 지급을 받을 자를 지시할 자(소위 수취인)의 명칭은 반드시 정확함을 요하는 것이 아니고 수취인이 누구인가를 알 수 있으면 족하다 할 것이니 회사 기타 법인을 수취인으로 기재할 때는 그 대표자 또는 대리인을 표시하여야 하는 것도 아니며 또 어

---

57) 강위두·임재호(11), 71면; 정동윤(12), 70면; 이철송(15), 131면(이 경우 영업주가 사용자배상책임을 질 가능성은 있다는 점을 지적하고 있다.).
58) 손주찬(03), 105면; 정동윤(12), 69~70면; 정찬형(15), 91면; 최준선(13), 135면; 강위두·임재호(11), 71면(제도의 취지상 그 명칭의 임의사용을 저지하지 못한 것이 묵인과 동시할 수 있을 정도의 과실이 있는 경우도 포함된다고 한다.).
59) 대법원 1993.12.10. 선고 93다36974 판결("지점 차장이라는 명칭은 그 명칭 자체로서 상위직의 사용인의 존재를 추측할 수 있게 하는 것이므로 … 표현지배인이 아니다."고 판시); 대법원 1994.1.28. 선고 93다49703 판결("증권회사의 지점장대리는 그 명칭 자체로부터 상위직의 사용인의 존재를 추측할 수 있게 하는 것이므로, (표현지배인)이라고 할 수는 없다."고 판시); 대법원 2007.8.23. 선고 2007다23425 판결("피고 주식회사 강남지사 영업2팀의 팀장"의 행위에 대하여 상법 제14조의 유추적용을 부정하였다.).
60) 대법원 1978.12.13. 선고 78다1567 판결; 대법원 1983.10.25. 선고 83다107 판결 등.

떤 회사의 지점 혹은 영업소, 대리점이란 기재가 있는 경우에도 그 회사가 수취인임을 알 수 있다 할 것이다. 그러므로 본건 약속어음 수취인난에 '범한해상화재보험주식회사 부산영업소'라고 기재되어 있어 이는 피고를 수취인으로 한 약속어음으로서 유효하다고 본 원심의 판단은 정당하다. 그리고 상사회사의 어음행위에 있어 그 대표자 또는 대리인의 표시방법에는 특별한 규정이 없으므로 어음상 대표자 또는 대리인 자신을 위한 어음행위가 아니고 본인을 위하여 어음행위를 한다는 취지를 인식할 수 있을 정도의 표시가 있으면 대표 또는 대리관계의 표시로서 적법하다 할 것이며 또 배서의 연속이란 그배서가 형식적으로 연속되어 있으면 실질적으로 연속되지 아니하더라도 배서의 연속있는 어음이라 할 것이니(당원 1973.12.26. 선고 73다1436 판결 참조) 본건 어음은 '범한해상화재보험주식회사 부산영업소장 권영진'이 배서한 것인 만큼 동 권영진이 피고회사의 진정한 대리인인지의 여부에 구애됨이 없이 배서의 연속에는 아무런 결함이 없다 할 것이며 이런 취지에서 한 원심의 판단은 또한 정당하여 이점들에 관한 소론은 채택할 수 없다. … '표현지배인으로서 (상법 제14조)를 적용하려면 당해 사용인의 근무장소가 상법상의 영업소인 "본점 또는 지점"의 실체를 가지고 어느 정도 독립적으로 영업할 수 있는 것임을 요한다 할 것'이다. 그런데 기록에 의하면 피고회사는 보험업법의 규제를 받는 보험사업자로서 보험계약의 체결, 보험료의 영수 및 보험금의 지급을 그 기본적 업무로 하고 있음이 분명하며 피고회사 부산영업소의 업무내용은 본점 또는 지점의 지휘감독아래 보험의 모집, 보험료의 집금과 송금, 보험계약의 보전 및 유지관리, 보험모집인의 인사관리 및 교육 출장소의 관리감독 기타 본·지점으로부터 위임받은 사항으로 되어 있음이 또한 뚜렷하므로 이에 의하면 위 부산영업소는 피고회사의 기본적 업무를 독립하여 처리할 수는 없고 다만 본·지점의 지휘 감독아래 기계적으로 제한된 보조적 사무만을 처리하는 것으로 밖에 볼 수 없으니 이는 상법상의 영업소인 본점·지점에 준하는 영업장소라고 볼 수 없어 부산영업소 권영진을 위 법조에서 말하는 표현지배인이라고 볼 수 없다고 할 것이다.

2) 표현적 명칭을 사용한 영업

표현지배인의 표현적 명칭은 거래상대방의 오인의 원인이 되어야 하므로 대외적으로 표시되어야 한다. 예컨대, 거래서면이나 고객에 대한 안내서에 표시되거나 영업장소에서 명패를 사용하는 것 등이 이에 해당한다.

표현지배인이 그 명칭을 사용하여 한 영업행위는 지배인의 권한내의 영업에 관한 행위여야 한다. 다만 영업에 관한 것이라고 해도 재판상 행위에 관하여는 표현지배인 제도는 적용되지 아니한다(§14① 단서).

표현지배인을 표현적 명칭 때문에 지배인으로 오인한다고 하는 사실은 그 표현지배인이 속해 있는 "본점 또는 지점의 영업에 관해" 지배권을 갖고 있는 것으로 오인함을 뜻하기 때문에 표현지배인에 관한 오인은 그 본점 또는 지점이라는 영업소와 결부되어 이루어지는 것이다. 여기에서 "그러한 명칭을 사용하는 영업의 장소는 영업소로서의 실질을 갖추고 있어야 하는가" 하는 의문이 생긴다. 이 문제에 관하여 i) 형식설[61]은 영업소의 외관만 있으면 충분하고 그 실질을 갖출 필요는 없다고 하여 표현지배인의 성립범위를 넓게 보아서 거래의 안전을 도모하는 입장이나, ii) 실질설(다수설)[62]은 표현지배인이 근무한 장소는 영업소의 실질을 갖추고 어느 정도 독립적으로 영업활동을 할 수 있어야 한다고 본다. 판례[63]는 실질설의 입장이다. 생각건

---

[61] 김정호(05), 62면; 채이식(92), 59~60면; 임홍근(01), 231면; 최준선(13), 128~129면.
[62] 김홍기(20), 43면; 손주찬(03), 104면; 이기수외(03), 122면; 이철송(15), 100~101면; 정동윤(12), 129~130면; 정찬형(15), 62면; 정희철(89), 85면; 최기원(04), 92면.
[63] 대법원 1978.12.13. 선고 78다1567 판결("단순히 본점·지점의 지휘감독 아래 기계적으로 제한된 보조적 사무만을 처리하는 영업소는 상법상의 영업소라 볼 수 없으므로(보험회사) 영업소의 소장을 상법 제14조 제1항 소정의 표현지배인으로 볼 수 없다."고 판시하였다.); 대법원 1998.8.21. 선고 97다6704 판결("상법 제14조 제1항 소정의 표현지배인에 관한 규정이 적용되기 위하여는 당해 사용인의 근무장소가 상법상 지점으로서의 실체를 구비하여야 하고, 어떠한 영업장소가 상법상 지점으로서의 실체를 구비하였다고 하려면 그 영업장소가 본점 또는 지점의 지휘·감독 아래 기계적으로 제한된 보조적 사무만을 처리하는 것이 아니라, 일정한 범위 내에서 본점 또는 지점으로부터 독립하여 독자적으로 영업활동에 관한 결정을 하고 대외적인 거래를 할 수 있는 조직을 갖추어야 한다"고 하면서 "제약회사 부산 분실은 인적 조직을 갖추고, 부산 일원의 약국 등에 피고 회사가 제조한 약품을 판매하고 그 대금을 수금하며 거래처에서 수금한 약속어음 등을 할인하여 피고 회사에 입금시키는 등의 업무를 담당"하여 왔고, "본점 또는 지점의 지휘·감독 아래 기계적으로 제한된 보조적 사무만을 처리하는 것이 아니라" 본점으로부터 어느 정도 독립하여 독자적으로 약품의 판매 여부에 관한 결정을 하고 그 결정에 따라 판매행위를 하는 등 영업활동을 하여 왔다는 점에서 표현지배인의 성립요건으로서의 지점의 실체를 구비하였다고 보았다.); 대법원 1998.10.13. 선고 97다43819 판결("상법 제14조제1항 소정의 표현지배인이 성립하려면 당해 사용인의 근무 장소가 상법상의 영업소인 '본점 또는 지점'의 실체를 가지고 어느 정도 독립적으로 영업 활동을 할 수 있는 것임을 요하고, 본·지점의 기본적인 업무를 독립하여 처리할 수 있는 것이 아니라 단순히 본·지점의 지휘·감독 아래 기계적으로 제한된 보조적 사무만을 처리하는 영업소는 상법상의 영업소인 본·지점에 준하는 영업 장소라고 볼 수 없다."고 전제하고 "피고 회사의 주주로서 자금조달 업무에 종사함과 아울러 대구연락사무소장으로서 피고 회사로부터 세화, 송당지구의 토지를 분양받은 대구, 경북지역 투자자들과의 연락 업무와 투자중개 업무를 담당하여 오면서 원고와 피고 회사가 온천개발사업 중인 지구 내의 토지 3,000평의 매매 계약을 체결하고, 그 대금으로 지급받은 … 매매대금을 수령한 행위는 피고 회사 대구연락사무소의 소장이던 소

대 외관주의에 의하여 표현지배인에 대하여 지배인과 동일한 권한을 의제하기 위해서는 본래의 지배인에게 요구되는 것처럼 영업소의 실질을 갖춘 장소에서 그 명칭을 사용하여 영업하는 외관을 갖출 것을 요구하는 실질설의 입장이 타당하다고 본다.

3) 거래상대방은 선의일 것

상대방이 악의인 경우에는 표현지배인 규정은 적용하지 아니한다($\S14\,②$). 따라서 표현지배인의 거래상대방은 거래 당시에 지배인이 아니라는 사실에 대하여 선의이어야 하고 중과실이 없어야 한다(통설). 한편 지배인의 선임은 등기사항이지만 표현지배인에 관한 상법 제14조는 상업등기의 효력에 관한 제37조에 대한 예외규정으로서 우선 적용된다(예외규정설).[64]

이와 관련하여 표현지배인이 영업주를 대리하여 지배인이었다면 할 수 있었을 어떤 행위를, 본인이 아니라 자기 또는 제3자의 이익을 위하여 한 경우에는 상대방이 그러한 권한남용 사실을 알았다면 영업주는 지배권남용의 법리를 유추적용하여 그 행위가 무효라고 주장하여 책임을 면할 수 있을 것이다.[65]

(3) 효과

표현지배인은 "본점 또는 지점의 지배인과 동일한 권한이 있는 것으로 본다"($\S14\,①$). 따라서 표현지배인이 한 행위는 지배인의 행위로 의제되어 영업주에게 행위효과가 귀속된다.

외 1의 본래의 업무인 투자자 연락 및 투자중개 업무와 밀접한 관계를 갖는 것일 뿐만 아니라, 외관상 그 직무행위와 유사하여 거래상 그의 직무행위에 속하는 것으로 보여진다 할 것이므로, 피고 회사는 … 원고가 입게 된 손해를 배상할 책임이 있다"고 판시하였다.).
64) 최준선(13), 132면.
65) 동지: 송옥렬(19), 37~38면(지배인이었다면 영업주가 지배권남용의 법리에 따라 책임을 면할 것인데, 표현지배인이라는 이유로 영업주가 책임을 면할 수 없다는 것은 균형에 맞지 않기 때문이라고 한다.).

제3절 부분적 포괄대리권을 가진 상업사용인

1. 의의

상법 제15조는 "영업의 특정한 종류 또는 특정한 사항에 대한 위임을 받은 사용인은 이에 관한 재판외의 모든 행위를 할 수 있다"(§15 ①)고 "부분적 포괄대리권을 가진 사용인"에 대하여 규정한다. 부분적 포괄대리권을 가진 상업사용인은 실제로는 회사의 '차장, 과장, 계장, 주임, 팀장, 대리' 등의 명칭을 가진 상업사용인이며, 영업주로부터 위임을 받은 영업의 특정한 종류 또는 특정한 사항에 관하여 재판외의 모든 행위를 할 수 있다.

> **대법원 2009.5.28. 선고 2007다20440, 20457 판결**
>
> "상법 제15조에 의하여 부분적 포괄대리권을 가진 상업사용인은 그가 수여받은 영업의 특정한 종류 또는 특정한 사항에 관한 재판 외의 모든 행위를 할 수 있으므로 개개의 행위에 대하여 영업주로부터 별도의 수권이 필요 없으나, 어떠한 행위가 위임받은 영업의 특정한 종류 또는 사항에 속하는가는 당해 영업의 규모와 성격, 거래행위의 형태 및 계속 반복 여부, 사용인의 직책명, 전체적인 업무분장 등 여러 사정을 고려해서 거래통념에 따라 객관적으로 판단하여야 한다."고 전제하고, "원고 A 주식회사는 1994. 11.경부터 피고 X 주식회사로부터 비디오폰 등 각종 통신기기를 공급받아 왔는데, 1999. 10.경부터는 피고의 영업부직원인 소외인 Y을 통하여서만 피고와 거래를 하면서 원고가 매월 수시로 소외인에게 물품을 주문하여 이를 공급받고 다음 달 초에 소외인이 원고에게 공급한 물품의 종류와 수량 및 대금을 기재한 피고의 거래원장을 제시하면 원고가 이를 확인한 후 그 대금을 현금 또는 어음 등으로 결재하는 방식으로 거래를 하여 온 사실, 그런데 소외인은 2000년경 원고에게 물품대금을 선불로 지급하여 주면 구입 수량의 일정비율을 무상으로 공급하여 주겠다고 제의하였고, 원고가 이를 승낙하여 그 무렵부터 원고와 소외인 사이에 수시로 무상거래를 수반한 선급금 거래가 이루어져 온 사실, 이러한 거래방식에 따라 소외인이 원고에게 제시한 거래 원장에는 유상거래 내역만이 기재되고 무상공급분은 포함되지 아니하였고 다만 세금계산서는 무상공급 수량이 포함된 전체 공급물량에 대한 것이 교부된 사실, 소외인은 당초 피고의 영업부 주임으로 원고에 대한 영업을 담당하였는데 원고와의 거래량이 늘어남에 따라 2002년 계장을 거쳐 2003년경 팀장으로 승진한 사실, 피고는 2000년경부터 2003. 5.경까지 사이에 이루어진 이러한 방식의 거래에 대하여 별다른 이의를 제기한 바 없는 사실"을 인정하고, "소외인 Y는 피고 X 주식회사의 영업부 직원으로서 주임, 계장 및 팀장이라는 이름으로 원고 A 주식회사와 계속하여 거래를 하여 오면서 물품의 공급과 대금의 회수 등을 전담하여 온 점에서 상법 제15조 소정의 영업의 특정된 사항에 대

한 위임을 받은 사용인으로서 그 업무에 관한 부분적 포괄대리권을 가진 상업사용인으로 봄이 타당하고 그 업무의 범위 속에는 판매계약을 체결하고, 상품 및 대금을 수수, 감액하며, 지급을 유예하는 등 상품매매에 수반해서 발생하는 모든 영업상의 행위에 대해 영업주를 대리하는 권한이 포함된다"고 보았다.

2. 선임 및 종임

영업주는 물론 지배인도 부분적 포괄대리권을 가진 상업사용인을 선임할 수 있다. 부분적 포괄대리권을 가진 상업사용인을 선임하더라도 상법상 등기사항은 아니다. 선임행위의 법적 성질은 지배인의 경우와 같다. 따라서 고용이나 위임계약과는 구분되는 대리권 수여행위로 파악하는 것이 타당하다.

3. 대리권의 범위

부분적 포괄대리권을 가진 상업사용인의 대리권은 포괄성, 정형성, 불가제한성이 있어서 지배인의 지배권과 유사하나 그 대리권에 관하여 지배인과 같은 정도의 획일성, 정형성이 인정되지는 않는다. 즉 그 대리권의 범위가 지배인과 달리 영업 전반이 아니라 판매(마케팅), 구입(조달), 대부, 출납 등 위임을 받은 특정한 부서의 특정한 사항에만 미치며, 재판상 행위에는 미치지 아니한다(§15①).

지배인과 마찬가지로 영업주가 부분적 포괄대리권을 가진 상업사용인의 대리권을 제한하더라도 선의의 제3자에게 대항할 수 없다(§§11③, 15②).

공동지배인과 같은 식의 공동 부분적 포괄대리권을 가진 상업사용인은 둘 수 없다. 상법이 이를 허용하고 있지 않을 뿐 아니라 영업주가 그것을 하고 싶어도 등기방법이 없기 때문이다.

4. 표현 부분적 포괄대리권을 가진 상업사용인

영업주가 부분적 포괄대리권을 가진 상업사용인과 같은 명칭 사용을 허락하면서 실제로는 이에 해당하는 대리권을 부여하지 않은 사용인의 경우에 표현지배인과 같이 표현 부분적 포괄대리권을 가진 상업사용인으로 다룰 수 있는가 하는 문제가 있다. ⅰ) 이를 긍정하는 상법 제14조 유추적용설[66]과 ⅱ) 명문규정이 없으므로 제14조를 유추적용할 수 없다고 하는 부정설[67]·판례[68]로 갈린다. 생각건대 이러한 경우에는 민법상 표현대리의 규정($\S\S 125, 126$)이나 사용자배상책임 규정($\S 756$)을 적용하여 보호하면 족하고, 명문규정이 없는데 상법 제14조를 유추적용하는 것은 본인의 과도한 희생이라는 점에서 부정설이 타당하다고 본다.

대법원 2007.8.23. 선고 2007다23425 판결

원고 주식회사 시스네트는 피고 주식회사 엘지데이콤에 대하여 단말기매매계약에 기한 매매대금을 청구하였다. 원고는 A가 원고 주식회사 시스네트와의 단말기매매계약(대금 1,000만 원 이상)을 하면서 '주식회사 엘지데이콤 강남지사 영업팀장'이라는 명칭을 사용하였으므로 상법 제14조의 유추적용에 의하여 소외 1을 부분적 포괄대리권을 가진 사용인과 동일한 권한이 있는 자로 보아야 한다는 것을 하나의 근거로 들었다. 그러나 법원은 "피고 주식회사 엘지데이콤 강남지사 영업2팀의 팀장은 B이고, A는 피고 강남지사의 영업2팀에서 과장으로 불리며 근무하던 3급사원으로서, 피고의 거래처를 정기적으로 방문하여 거래처의 새로운 통신수요를 파악하고 이에 맞는 통신서비스를 제안하여, 그에 따라 거래처가 새로운 통신서비스의 제공을 원하는 경우 이에 관한 사항을 사업추진보고서로 작성하여 영업2팀장인 B에게 보고하는 업무를 담당하였을 뿐, 스스로 피고를 대리하여 영업과 관련된 계약을 체결할 권한을 가지는 않은 사실, 피고의 2003년 당시 영업계약관리기준에 의하면 영업팀장인 B도 1,000만 원 이상의 거래시에는 담당임원이나 대표이사의 결재를 받아야 계약을 체결할 수 있도록 되어 있었던 사실" 등을 기초로 하여, "A가 피고의 영업에 관하여 부분적 포괄대리권을 갖는 사용인이라고 보기 어렵다"고 보고, 나아가서 A가 원고 주식회사 시스네트와의 단말기매매계약(대금 1,000만 원 이상)을 하면서 '주식회사 엘지데이콤 강남지사 영업팀장'이라는 명칭을 사용하였으므로 상법 제14조의 유추적용에 의하여 소외 1을 부분적 포괄대리권을 가진 사

---

66) 임홍근(01), 237~238면; 정동윤(12), 71~72면; 정찬형(15), 96~97면.
67) 채이식(92), 63면; 이철송(15), 137면; 김병연외(12), 72면; 최준선(13), 135면; 송옥렬(19), 41면.
68) 대법원 2007.8.23. 선고 2007다23425 판결.

용인과 동일한 권한이 있는 자로 보아야 한다는 원고의 주장도 배척하였다. 법원은 그 근거로서 "상법 제14조 제1항은, 실제로는 지배인에 해당하지 않는 사용인이 지배인처럼 보이는 명칭을 사용하는 경우에 그러한 사용인을 지배인으로 신뢰하여 거래한 상대방을 보호하기 위한 취지에서, 본점 또는 지점의 영업주임 기타 유사한 명칭을 가진 사용인은 표현지배인으로서 재판상의 행위에 관한 것을 제외하고는 본점 또는 지점의 지배인과 동일한 권한이 있는 것으로 본다고 규정하고 있으나, 부분적 포괄대리권을 가진 사용인의 경우에는 상법은 그러한 사용인으로 오인될 만한 유사한 명칭에 대한 거래 상대방의 신뢰를 보호하는 취지의 규정을 따로 두지 않고 있는바, 그 대리권에 관하여 지배인과 같은 정도의 획일성, 정형성이 인정되지 않는 부분적 포괄대리권을 가진 사용인들에 대해서까지 그 표현적 명칭의 사용에 대한 거래 상대방의 신뢰를 무조건적으로 보호한다는 것은 오히려 영업주의 책임을 지나치게 확대하는 것이 될 우려가 있으며, 부분적 포괄대리권을 가진 사용인에 해당하지 않는 사용인이 그러한 사용인과 유사한 명칭을 사용하여 법률행위를 한 경우 그 거래 상대방은 민법 제125조의 표현대리나 민법 제756조의 사용자책임 등의 규정에 의하여 보호될 수 있다고 할 것이므로, 부분적 포괄대리권을 가진 사용인의 경우에도 표현지배인에 관한 상법 제14조의 규정이 유추적용되어야 한다고 할 수는 없다."고 판시하였다.

제4절 물건판매점포의 사용인

1. 의의

물건을 판매하는 점포의 사용인은 그 판매에 관한 모든 권한이 있는 것으로 본다(§16①). 물건판매점포사용인은 실제로 영업주로부터 물건판매에 관한 대리권을 수여받지 않은 경우에도 거래의 신속과 안전을 위하여 물건판매에 관한 대리권이 있는 것으로 의제한다. 따라서 물건판매점포사용인을 '의제상업사용인'이라고도 부른다.[69]

물건판매점포사용인은 상법에 의하여 점포에서 물건을 판매하면 인정되는 것으로서 일종의 외관존중주의가 적용되는 것이다. 따라서 실제로 그러한 사용인에 대하여 영업주의 대리권 수여행위가 있을 필요는 없다. 그리고 다른 종류의 상업사용인과 마찬가지로 영업주와의 사이에 고용계약이 존재

---

69) 정찬형(15), 97면.

할 필요도 없고 상업사용인이 아니라도 상관없다.

2. 물건판매점포사용인의 요건

1) 장소

물건판매점포사용인으로 인정되려면 그가 일하는 장소가 "물건을 판매하는 점포"이어야 한다. 법문은 '판매'라고 했지만 매매와 유사한 성질을 갖는 물건임대업·금융업·공중접객업 등의 점포의 사용인에게도 제16조를 유추적용한다(통설).70) 그러나 건축공사의 발주, 인쇄물의 제작, 설계도의 작성 등과 같이 당사자의 개성이 중시되는 용역의 공급을 내용으로 하는 거래의 경우에는 성질상 유추적용될 수 없다.

2) 업무

물건판매점포사용인은 그 "판매에 관한" 모든 대리권을 갖는다($^{§15}_{①}$). 예컨대, 판매계약의 체결, 판매대금의 수령, 판매와 관련한 채무부담 등이 포함된다. 그러나 판매할 물품의 구매, 자금 차입, 점포 대여 등의 권한은 포함하지 아니한다.

3) 선의의 제3자

제3자가 악의인 경우에는 물건판매점포사용인으로 의제하지 않으며($^{§16}_{②}$), 제3자가 선의이더라도 중과실이 있으면 물건판매점포사용인으로 의제하지 않는다는 것이 다수설71)이다.

3. 물건판매점포사용인의 법률행위의 효과

물건판매점포사용인에게 물건판매에 관한 대리권이 있는 것으로 의제하

---

70) 강위두, 106면; 김정호(05), 72면; 손주찬(03), 111면; 이철송(15), 140~141면; 임홍근(01), 93면; 정동윤(12), 71~72면; 정찬형(15), 99면; 최준선(13), 137견.
71) 이철송(15), 110~111면; 최준선(13), 137면.

여 물건판매점포사용인이 한 관련 법률행위는 영업주인 상인에게 효력이 발생한다.

제5절 상업사용인의 경업피지의무

1. 총설

상업사용인은 영업주를 대리하는 권리를 가지고 영업주의 고객과의 거래에 종사하므로 영업주의 영업비밀 및 고객관계를 잘 알고 있다. 이러한 상업사용인이 영업주와 경업을 하면 영업주의 이익은 크게 희생될 것이다. 따라서 상법은 영업주와 상업사용인간의 신뢰관계 유지, 영업주의 이익 보호를 위하여 상업사용인의 부작위의무를 규정하고 있다.

상업사용인은 영업주의 허락없이 자기 또는 제삼자의 계산으로 영업주의 영업부류에 속한 거래를 하거나 회사의 무한책임사원, 이사 또는 다른 상인의 사용인이 되지 못한다($§17①$). 이를 광의의 경업피지의무(競業避止義務)라고 하며, 법률상의 의무이다. 상업사용인과 영업주간의 고용계약이나 위임계약 또는 개별적인 경업금지계약 등을 근거로 하는 계약상 의무는 이와 별개로 존재할 수 있다.

2. 내용

상업사용인의 광의의 경업피지의무는 경업금지의무(협의의 경업피지의무)와 겸직금지의무로 구성된다.

(1) 경업금지의무

상업사용인은 "영업주의 허락 없이" "자기 또는 제3자의 계산으로" "영업주의 영업부류에 속한 거래"를 하지 못한다($§17①$전단). 따라서 상업사용인은 영업주의 영업부류에 속한 거래를 하려면 영업주의 허락을 얻어야 하며, 영업주의 영업부류에 속하지 않는 거래는 영업주의 허락 없이도 자기 또는 제3자의 계산으로 할 수 있다.

영업주의 허락은 명시적 또는 묵시적, 서면 또는 구두, 사전 또는 사후 어떤 형식의 허락이든 불문한다. "자기 또는 제3자의 계산으로"는 상업사용인이 그 거래에 따른 손익의 귀속주체가 됨을 의미한다.

여기에서 영업주의 영업부트에 속한 거래란 영업주가 영업으로 하는 거래(기본적 상행위 또는 준상행위)이지 영업주가 영업을 위하여 하는 거래(보조적 상행위)를 의미하는 것이 아니다. 왜냐하면 후자는 여러 가지가 포함될 수 있으며 너무 광범위하여 이를 규제하는 것은 과도한 제한이 될 것이기 때문이다.

상업사용인의 경업금지의무는 상업사용인으로 재임중인 동안 부담하는 의무로서, 근무시간 중은 물론 근무시간외도 포함된다.

(2) 겸직금지의무

상업사용인은 "영업주의 허락없이" "다른 회사의 무한책임사원, 이사" 또는 "다른 상인의 사용인"이 되지 못한다($§17①$후단).

여기에서 다른 회사에는 i) 동종영업을 목적으로 하는 다른 회사를 의미한다는 설(제한설)[72]과 ii) 영업내용을 불문하고 다른 모든 회사를 의미한다는 설(무제한설)(다수설)[73]로 갈린다. 제한설의 논거는 경업금지의무의 경우에 "영업주의 영업부류에 속한 거래"가 대상인 점($§17①$전단)이나 이사 등의 겸직금지의무에 있어서 "동종영업을 목적으로 하는 회사"에 겸직하는 것만을 금지하는 것과의 균형을 고려하여야 하고, 상법은 상업사용인의 개념을 정함에 있어 고용에 관한 규정을 삭제함으로써 고용인으로서의 충실의무를 없애고 오직 영업주와의 이익충돌을 피하는 점만을 고려하여야 한다는 점 등

---

[72] 서돈각·정완용(99), 86면.
[73] 정희철(89), 88면; 손주찬(03), 113면; 최기원(04), 103면; 채이식(92), 66면; 임홍근(01), 246면; 이기수외(03), 132면; 정동윤(12), 125면; 정찬형(15), 102면; 최준선(13), 140면.

이다. 그러나 무제한설은 상법 규정상 제한 없이 "다른 회사"라고 되어 있는 점에서 문언에 따라 제한설처럼 해석할 근거가 없다는 점을 근거로 든다. 상법이 상업사용인의 겸직금지의무조항의 경우에는 굳이 대리상·무한책임사원·이사의 겸직금지의무조항74)과 달리 규정한 취지를 살려서 법문에 충실하게 해석하여야 하므로 무제한설이 타당하다.

3. 의무위반의 효과

(1) 경업금지의무위반의 효과

상업사용인이 영업주의 허락 없이 자기 또는 제3자의 계산으로 영업주의 영업부류에 속한 거래를 함으로써 경업금지의무에 위반한 경우에 해당 거래 자체는 유효하다. 그러나 상법은 영업주에게 몇 가지 구제책을 제공하고 있다.

1) 계약의 해지권

영업주는 경업금지의무에 위반한 상업사용인에 대한 계약을 해지할 수 있다($\S17③_{3전단}$). 여기에서 "사용인에 대한 계약"이란 상업사용인이 한 의무위반거래의 결과물인 계약을 가리키는 것이 아니라 영업주가 상업사용인과의 사이에서 체결한 대리권수여, 원인관계상의 고용계약 또는 위임계약 등을 말한다.

2) 손해배상청구권

상업사용인의 경업금지의무위반으로 영업주에게 손해가 발생한 경우에는 영업주는 손해배상을 청구할 수 있다($\S17③_{후단}$). 그러나 이러한 손해는 일반적으로 영업주가 입은 적극적 손해가 아닌 소극적 손해인 경우(기대이익의 상실)

---

74) "대리상은 본인의 허락없이 ··· 동종영업을 목적으로 하는 회사의 무한책임사원 또는 이사가 되지 못한다."(§89①); "[합명회사 또는 합자회사의 무한책임]사원은 다른 사원의 동의가 없으면 ··· 동종영업을 목적으로 하는 다른 회사의 무한책임사원 또는 이사가 되지 못한다."(§§198①, 269); "이사는 이사회의 승인이 없으면 ··· 동종영업을 목적으로 하는 다른 회사의 무한책임사원이나 이사가 되지 못한다."(§397①).

가 많아서 그 증명이 용이하지 않은 경우가 많다.

3) 개입권

상업사용인이 경업금지의무에 위반하여 거래를 한 경우에 그 거래가 자기의 계산으로 한 것인 때에는 영업주는 이를 영업주의 계산으로 한 것으로 볼 수 있고 제3자의 계산으로 한 것인 때에는 영업주는 사용인에 대하여 이로 인한 이득의 양도를 청구할 수 있다($^{§17}_{②}$). 이러한 영업주의 권리를 개입권(Eintrittsrecht) 또는 탈취권이라고 부른다.

상업사용인의 계산으로 한 것인 때에 "영업주의 계산으로 한 것으로 본다"는 말은 그 거래에서 생긴 이익을 영업주에게 귀속한다는 뜻이고 영업주가 그 거래의 거래당사자가 된다, 즉 영업주의 명의로 한 것으로 본다는 뜻이 아니다.[75] 제3자의 계산으로 한 것인 때에 영업주는 사용인에 대하여 "이로 인한 이득의 양도를 청구할 수 있다"는 말은 영업주는 '그 거래로 인한 사용인의 이득', 즉 그 거래로 상업사용인이 받은 보수의 양도를 청구할 수 있다는 의미이다. 따라서 영업주 입장에서는 손해배상의 청구시와 같은 손해의 입증이 필요하지 않아서 간편하고, 영업주의 고객 입장에서는 개입권 행사로 인하여 상업사용인과 거래한 효과를 침해당하지 않게 되므로 편리하다.

개입권의 법적 성질은 형성권이다. 개입권을 행사하면 그 효과로 영업주는 거래로 인한 권리를 취득하고 의무를 부담한다(채권적 효과). 개입권은 영업주가 그 거래를 안날로부터 2주간을 경과하거나 그 거래가 있은 날로부터 1년을 경과하면 소멸한다($^{§17}_{④}$). 이 기간은 제척기간이다.

개입권과 손해배상청구권의 관계를 보면, 영업주가 개입권을 행사하였더라도 아직 배상받지 못한 손해가 잔존하면 그 배상을 청구할 수 있다($^{§17}_{③}$).

---

75) 정찬형(15), 103~104면.

(2) 겸직금지의무위반의 효과

상업사용인이 겸직금지의무에 위반하여 영업주의 허락없이 다른 회사의 무한책임사원, 이사 또는 다른 상인의 사용인이 된 경우에 그 취임행위 자체는 유효하다. 그러나 상법은 이 경우에도 영업주에게 몇 가지 구제책을 제공한다.

1) 계약의 해지권

영업주는 겸직금지의무에 위반한 상업사용인과 체결한 계약을 해지할 수 있다(§ 17③전단유추적용).

2) 손해배상청구권

상업사용인의 겸직금지의무위반으로 영업주에게 손해가 발생한 경우에는 영업주는 손해배상을 청구할 수 있다(§ 17③후단유추적용).

3) 개입권

영업주가 개입권을 행사할 수 있는지에 관해서는 다툼이 있다. 이에 관하여 i) 긍정설은 제17조제2항의 '거래'의 의미를 겸직금지의무에 위반하여 취임하는 행위를 포함하는 것으로 해석하여 겸직금지의무에 위반한 상업사용인에 대해서도 영업주는 개입권을 행사할 수 있다고 한다.[76] 그러나 ii) 부정설은 제17조제2항에서는 "상업사용인이 전항의 규정에 위반하여 거래를 한 경우"를 규정하고 있으므로 겸직금지의무위반의 취임행위는 적용대상이 아니라고 본다(통설). 부정설이 법문의 자연스러운 해석으로서 타당하다.

4. 경업금지약정

상업사용인은 전술한 경업금지의무를 부담하지만, 상업사용인이 종임한 후에는 상법은 그러한 의무를 지우지 않는다. 이에 따라 영업주가 상업사용

---

[76] 채이식(92), 68면(예컨대, 상업사용인이 겸직금지의무를 위반하여 타인과 보수를 약정한 경우에도 영업주는 개입권을 행사하여 이를 자기의 계산으로 한 것으로 볼 수 있다고 한다.).

인들이 종임 후 자기와 경업하는 것을 막기 위해서 미리 경업금지약정을 명시적 또는 묵시적으로[77] 체결하는 경우가 있을 수 있다.

계약자유의 원칙상 그러한 경업금지약정은 기본적으로 유효하나 '사용자와 근로자 사이에 경업금지약정이 존재한다고 하더라도, 그와 같은 약정이 헌법상 보장된 근로자의 직업선택의 자유와 근로권 등을 과도하게 제한하거나 자유로운 경쟁을 지나치게 제한하는 경우에는 민법 제103조에 정한 선량한 풍속 기타 사회질서에 반하는 법률행위로서 무효라고 보아야 하며, 이와 같은 경업금지약정의 유효성에 관한 판단은 보호할 가치 있는 사용자의 이익, 근로자의 퇴직 전 지위, 경업 제한의 기간·지역 및 대상 직종, 근로자에 대한 대가의 제공 유무, 근로자의 퇴직 경위, 공공의 이익 및 기타 사정 등을 종합적으로 고려하여야 하고, 여기에서 말하는 '보호할 가치 있는 사용자의 이익'이라 함은 부정경쟁방지 및 영업비밀보호에 관한 법률 제2조 제2호에 정한 '영업비밀'뿐만 아니라 그 정도에 이르지 아니하였더라도 당해 사용자만이 가지고 있는 지식 또는 정보로서 근로자와 이를 제3자에게 누설하지 않기로 약정한 것이거나 고객관계나 영업상의 신용의 유지도 이에 해당한다."[78]

---

[77] 대법원 2013.9.26. 선고 2011다98365 판결("경업금지 또는 독점적 영업권보장 약정은 다른 계약의 경우와 마찬가지로 반드시 계약서의 한 조항 등을 통하여 명시적으로 행하여질 필요는 없고 묵시적으로도 이루어질 수 있는 것이지만, 당사자 간에 그러한 묵시적인 약정이 있었는지 여부는 당사자 간의 관계, 그 약정의 기초가 되는 계약이 있을 경우 그 계약 체결의 동기와 목적, 구체적인 계약내용, 계약 체결 이후의 경과, 관련 법령, 거래의 관행 등을 비롯한 당시의 모든 정황에 비추어 종합적으로 판단되어야 한다"고 보았으나 이 사건에서는 묵시적 약정이 없었던 것으로 판시.)

[78] 대법원 2010.3.11. 선고 2009다82244 판결(근로자 갑이 을 회사를 퇴사한 후 그와 경쟁관계에 있는 중개무역회사를 설립·운영하자 을 회사 측이 경업금지약정 위반을 이유로 하여 갑을 상대로 손해배상을 청구한 사안에서, 갑이 고용기간 중에 습득한 기술상 또는 경영상의 정보 등을 사용하여 영업을 하였다고 하더라도 그 정보는 이미 동종업계 전반에 어느 정도 알려져 있었던 것으로, 설령 일부 구체적인 내용이 알려지지 않은 정보가 있었다고 하더라도 이를 입수하는데 그다지 많은 비용과 노력을 요하지는 않았던 것으로 보이고, 을 회사가 다른 업체의 진입을 막고 거래를 독점할 권리가 있었던 것은 아니며 그러한 거래처와의 신뢰관계는 무역 업무를 수행하는 과정에서 자연스럽게 습득되는 측면이 강하므로 경업금지약정에 의해 보호할 가치가

<상업사용인의 권한의 비교>

	공통점			차이점		
	대리권의 포괄성	대리권의 정형성	대리권의 획일성(불가제한성)	재판상 행위에 대한 대리권	등기필요 여부	대리권수여 행위 요부
지배인	O (영업소의 영업전반)	O	O	O	O	O
부분적포괄 대리권을 가진 상업사용인	O (영업의 특정한 종류 또는 특정한 사항)	O	O	X	X	O
물건판매 점포 사용인	O (점포내의 판매)	O	O	X	X	X (의제상업 사용인)

있는 이익에 해당한다고 보기 어렵거나 그 보호가치가 상대적으로 적은 경우에 해당한다고 할 것이고, 경업금지약정이 갑의 이러한 영업행위까지 금지하는 것으로 해석된다면 근로자인 갑의 직업선택의 자유와 근로권 등을 과도하게 제한하거나 자유로운 경쟁을 지나치게 제한하는 경우에 해당되어 민법 제103조에 정한 선량한 풍속 기타 사회질서에 반하는 법률행위로서 무효라고 할 것이므로, 경업금지약정이 유효함을 전제로 하는 손해배상청구는 이유 없다고 판시).

제3장 상호

제1절 총설

 상호는 상업장부, 영업소와 함께 상인의 물적 설비의 하나이다. 상호는 기업의 명칭으로서 다른 기업과 구별하여 당해 기업의 동일성과 개성을 표시하기 위하여 사용한다. 상호에는 기업의 명성과 신용이 화체된다. 자연인인 상인의 상호는 자연인의 명칭과 다른 경우가 많으나, 법인인 상인의 상호는 대체로 법인의 명칭 자체가 그대로 상호로 사용되고 있다.
 상호에 관하여 상법에서 규정하는 취지는 ① 상호의 다른 사람에 의한 침해로부터의 보호, ② 상호의 상인 자신에 의한 남용의 금지(사회 보호), 그리고 ③ 상호의 상속·양도의 보장 등의 목적을 위한 것이다.

제2절 상호의 의의

 상호(商號)(trade name, Firma)란 "상인이 기업활동상 사용하는 명칭"인데, 상호가 누구의 명칭인지에 관해서는 학설이 갈리고 있다. ⅰ) 다수설은 상호는 상인의 명칭이라고 보며, ⅱ) 소수설[79]은 상호권의 귀속주체는 상인이지만 상호는 상인의 명칭은 아니고 실질적으로 기업의 명칭이라고 본다. 법인인 상인의 상호는 대체로 법인의 명칭 자체가 그대로 상호로 사용되고 있으나 예외도 있고, 자연인인 상인의 상호는 자연인의 명칭과 다른 경우가 많은 점을 고려한다면 상호가 상인의 명칭이라는 다수설은 부당하다. 그러나 양설은 효과상 큰 차이는 없다.

---

[79] 정찬형(15), 107~108면; 정희철(89), 92면; 최준선(13), 145면.

상호는 이름, 명칭이므로 문자로 표현되어야 하고 발음으로 호칭할 수 있는 것이어야 하며, 기호 · 도형 등은 상호가 될 수 없다. 특히 외국어인 상호는 개인상인의 경우라면 등기하지 않고 사용할 수도 있고, 이 경우 등기를 전제하지 않은 상법상의 보호도 받을 수 있다(통설). 그러나 회사기업의 경우라면 외국어로 표시된 상호는 등기가 불가능하여 사용할 수 없다. 상호의 등기시에는 한글과 아라비아숫자만 사용할 수 있고, 로마자 · 한자 · 아라비아숫자 · 부호 등은 괄호안에 넣어 병기하여야 한다($\frac{상업등기}{규칙§2}$).80)

그러나 상호와 구별되는 것으로 상표(trade mark, Warenzeichen)가 있다. 상표는 상품을 생산 · 가공 · 증명 또는 판매하는 것을 업으로 영위하는 자가 자기의 업무에 관련된 상품을 타인의 상품과 식별되도록 하기 위하여 사용하는 것으로 ① 기호 · 문자 · 도형 · 입체적형상 · 색채 · 홀로그램 · 동작 또는 이들을 결합한 것 또는 ② 그 밖에 시각적으로 인식할 수 있는 것 중의 어느 하나에 해당하는 표장(標章)이다($\frac{상표법}{§2}$).

한편 서비스표는 서비스업을 영위하는 자가 자기의 상품이 아니라 역무를 타인의 것으로부터 구별하기 위하여 사용하는 표장(종전의 '영업표'에 해당)이다($\frac{상표법}{§2}$).

상표나 서비스표를 보호하는 것은 그 출처표시 · 품질보증기능 · 광고 · 선전기능 등을 보호하기 위한 것이다. 예컨대 (주)엘지, 삼성전자(주), 현대자

---

80) 예컨대, (주)LG, (주)KT 등으로는 등기할 수 없고 (주)엘지(LG), (주)에스케이텔레콤 (SK telecom). (주)케이티(KT) 등으로 정하여야 한다.

동차(주)는 상호이고, ThinQ, SIGNATURE, hauzen, Galaxy, 쏘나타, 제네시스 등은 상표이다.

제3절 상호의 선정

1. 입법주의

상인에게 상호를 선정하는 자유를 얼마나 보장하는가를 기준으로 각국의 입법주의를 분류하면 영미의 상호자유주의와 프랑스의 상호진실주의, 그리고 양자의 절충주의가 있다. 상호자유주의는 상인이 자유로이 기업의 상호를 선정하는 것을 보장한다. 이에 반하여 상호진실주의에서는 실체에 합치하는 명칭만 상호로 선정 가능하다. 그리고 절충주의는 양자를 절충한 것이지만, 절충주의는 다시 무엇을 더 강조하는가를 기준으로 독일의 진실주의적 절충주의와 일본의 자유주의적 절충주의로 세분된다.

2. 상법상의 상호선정

우리나라 상법은 자유주의를 기본으로 예외적으로 진실주의를 보완하는 자유주의적 절충주의의 입장이다.

(1) 원칙(상호자유주의)

상인은 그 성명 기타의 명칭으로 자유롭게 상호를 정할 수 있다(§18). 즉 상인은 자신과 관련이 없어도 인명·지명·업종명 등을 자유로 선정하여 상호를 정하는 것이 가능하다. 상호가 상인이 기업활동상 사용하는 기업의 명칭이라고 보는 소수설은 이 점에서도 타당하다.

(2) 예외(상호진실주의)

1) 회사의 상호

회사의 상호에는 그 종류에 따라 합명회사, 합자회사, 유한책임회사, 주식회사 또는 유한회사의 문자를 사용하여야 한다(§19). 은행, 보험회사의 경우는 업종까지 표시해야 하고(은행법§14,보/협업법§8①) "은행·보험" 회사가 아니면 "은행·보험"이라는 명칭을 상호에 사용할 수 없다(은행법§14,보/협업법§8②). "금융투자", "증권", "파생", "선물", "집합투자", "투자신탁", "자산운용", "투자자문", "투자일임", "신탁" 등의 문자 또는 이와 같은 의미를 가지는 외국어 문자 명칭은 해당 영업의 인가를 받거나 등록을 한 회사에 한하여 상호에 사용할 수 있다(자본시장법§38).

2) 회사가 아닌 상인의 상호

회사가 아니면 상호에 '회사'임을 표시하는 문자를 사용하지 못한다(§20 제1문). 이것은 개인기업이 회사의 영업을 양수한 경우에도 같다(§20 제2문).

3) 부정목적 상호사용금지

누구든지 부정한 목적으로 타인의 영업으로 오인할 수 있는 상호를 사용하지 못한다(§23①). 동일한 특별시·광역시·시·군에서 동종영업으로 타인이 등기한 상호를 사용하는 자는 부정한 목적으로 사용하는 것으로 추정한다(§23④). 이에 위반하여 상호를 사용하는 자가 있는 경우에 이로 인하여 손해를 받을 염려가 있는 자 또는 상호를 등기한 자는 그 폐지를 청구할 수 있고(§23②), 손해를 입은 경우에는 손해배상을 청구할 수 있다(§23③). 상법 제23조의 취지는 영업의 주체를 오인시킬 상호의 선정을 금지하여 오인 받는 상호사용자 등의 이익뿐만 아니라 일반 공중의 이익을 보호하고 상호의 적정한 사용을 촉진하려는 데 있다.[81]

---

[81] 주석상법(총칙·상행위(1)), 175면.

4) 명의대여자의 책임 및 명의대여의 금지

타인에게 자기의 성명 또는 상호를 사용하여 영업을 할 것을 허락한 명의대여자는 자기를 영업주로 오인하여 거래한 제3자에 대하여 그 타인과 연대하여 변제할 책임이 있다(§24). 이것은 후술하는 바와 같이 명의대여자에게 자신이 작출한 외관에 따른 법적 책임을 묻는 제도이자 동시에 간접적으로 상호진실주의의 요청이기도 하다. 나아가서 특정한 업종에서는 상인의 명의대여가 법률로 금지된다. 예컨대, 금융투자업자의 경우에는 자기의 명의를 대여하여 타인에게 금융투자업을 영위하게 하는 것이 금지된다(자본시장법§39).

5) 상호에 대한 부정경쟁의 금지

진실하지 않은 상호를 사용하는 부정경쟁은 금지된다. 「부정경쟁방지법」상 "국내에 널리 인식된 타인의 성명, 상호, 상표, 상품의 용기·포장, 그 밖에 타인의 상품임을 표시한 표지(標識)와 동일하거나 유사한 것을 사용하거나 이러한 것을 사용한 상품을 판매·반포(頒布) 또는 수입·수출하여 타인의 상품과 혼동하게 하는 행위" 또는 "국내에 널리 인식된 타인의 성명, 상호, 표장(標章), 그 밖에 타인의 영업임을 표시하는 표지와 동일하거나 유사한 것을 사용하여 타인의 영업상의 시설 또는 활동과 혼동하게 하는 행위" 등은 부정경쟁행위의 일종(동법§2)으로서 금지되는바 그로 인하여 자신의 영업상의 이익이 침해되거나 침해될 우려가 있는 자는 사전에 부정경쟁행위의 금지 또는 예방을 청구하거나(동법§4), 그로 인한 손해배상을 청구할 수 있고(동법§5), 부정경쟁행위로 자신의 영업상의 신용을 실추시킨 자에게 손해배상을 갈음하거나 손해배상과 함께 영업상의 신용을 회복하는 데에 필요한 조치를 명할 것을 법원에 청구할 수 있다(동법§6).

3. 상호의 수

(1) 개인기업의 경우

개인기업은 여러 개의 영업을 하면서 복수의 상호를 사용할 수 있으나,

하나의 영업에는 단일한 상호를 사용하여야 한다(상호단일의 원칙)($\S^{21}_{①}$). 즉 여러 개의 영업에는 원칙적으로 각 영업마다 하나씩 여러 개의 상호를 사용하여야 하나 다만 하나의 상호를 여러 개의 영업에 사용할 수는 있다. 또한 개인기업의 지점의 상호에는 본점과의 종속관계를 표시하여야 한다($\S^{21}_{②}$).

(2) 회사기업의 경우

회사는 여러 개의 영업을 하더라도 하나의 상호만을 사용할 수 있다. 왜냐하면 한 회사에는 하나의 상호만이 존재하기 때문이다. 또한 회사의 지점의 상호에는 본점과의 종속관계를 표시하여야 한다($\S^{21}_{②}$).

4. 상호의 등기

(1) 개인기업의 경우

개인기업의 상호의 등기는 강제되는 사항은 아니다(상대적 등기사항). 만일 등기하는 경우에는 상호등기부에 한다.

(2) 회사기업의 경우

상호는 유일한 회사의 명칭이고 상호에 의하여 그 존재를 인식할 수 있으므로 설립등기시 반드시 상호를 등기하여야 한다. 즉 회사의 상호는 절대적 등기사항($\S\S\ 180\ i,\ 269,\ 287의5①\atop i,\ 317②\ i,\ 549②\ i$)이다. 회사의 상호는 상호등기부에 등기하는 것이 아니라($\S\ 37①\atop 상업등기법$) 회사등기부에 한다.

제4절 상호의 보호

1. 상호권의 의의

상호권(subjektives Firmenrecht)은 상호의 사용권(使用權)과 전용권(專用

權)으로 구성된다. 상호사용권은 "자기가 적법하게 선정한 상호를 타인의 방해를 받지 않고 사용할 수 있는 권리"이고, 상호전용권은 "타인이 부정한 목적으로 자기가 사용하는 상호와 동일 또는 유사한 상호를 사용하는 경우에 이를 배척할 수 있는 권리"이다.

개인기업의 경우 상호전용권이 생기기 위해서는 상호의 등기를 요하는가에 관하여 견해가 나뉜다. ⅰ) 소수설[82]은 이를 긍정하여, 상호전용권은 상호의 사용만으로는 생기지 아니하고 상호의 등기에 의하여 비로소 발생한다고 주장한다. 그러나 ⅱ) 다수설[83]은 상호전용권은 등기와 무관하게 상호의 사용만으로 발생한다고 본다. 개인기업의 미등기상호의 경우에도 상호전용권을 행사할 수 있다고 보는 다수설이 타당하다. 즉 개인기업의 경우 상호전용권은 상호를 등기하지 않은 경우에도 상호의 사용만으로 생기는 것이나 상호를 등기하면 더 강한 보호를 받는다고 본다.

2. 상호권의 법적 성질

상호권자가 누리는 상호권의 법적 성질에 관하여 그것이 배타성과 양도성을 갖는 재산권임에는 이론이 없으나 인격권성을 갖는지에 관하여 견해가 갈린다. 즉 ⅰ) 상호권은 재산권의 성질을 갖는다고 보는 견해(재산권설)[84] (소수설)와 ⅱ) 상호권은 인격권성 및 재산권성을 겸유하는 권리라고 보는 입장(겸유설)[85](다수설)이 갈린다. 재산권설은 본질적으로 상호권은 약간의 특성을 가진 재산권이라 보는 것이나, 겸유설은 "상호는 영업을 폐지하거나 영업과 함께만 양도할 수 있다"는 상법 제25조제1항은 상호권이 인격권성을 갖는 것이라고 보아야 설명할 수 있다는 점을 근거로 한다.

---

[82] 서돈각·정완용, 97면; 채이식(92), 77~78면.
[83] 정희철(89), 98면; 손주찬(03), 137면; 정동윤(12), 149면; 최기원(04), 116면; 이철송(15), 137면; 임홍근(01), 286면; 이기수외(03), 163면; 정찬형(15), 112면; 최준선(13), 160면.
[84] 강위두, 145면; 이병태(88), 136면.
[85] 서돈각·정완용(99), 101면; 손주찬(03), 142면; 최기원(04), 116~117면; 임홍근(01), 288면; 정동윤(12), 148-2~149면; 이기수외(03), 165면; 채이식(92), 76면; 이철송(15), 139면.

3. 상호권의 내용

상호권은 상호의 사용권, 전용권 및 사전등기배척권을 내용으로 한다.

(1) 상호사용권

상호사용권은 상호권자가 "자기가 적법하게 선정한 상호를 타인의 방해를 받지 않고 사용할 수 있는 권리"이다. 개인기업의 상인은 등기 여부와 무관하게 상호사용권을 가지며, 일단 선정하여 사용하고 있는 미등기상호에 대하여 타인이 나중에 동일한 상호를 등기하더라도 이를 계속해서 사용할 수 있다.

(2) 상호전용권

상호전용권은 "타인이 부정한 목적으로 상호권자가 사용하는 상호와 동일 또는 유사한 상호를 사용하는 경우에 이를 배척할 수 있는 권리"이다. 개인기업의 상인은 등기 여부와 무관하게 상호전용권을 가지며, 만일 상호를 등기하면 더 강한 보호를 받는다. 전술한 것처럼 상호전용권이 상호의 등기와 무관하게 상호의 사용만으로 생기는 것으로 보는 다수설에 의할 때 상호전용권은 등기전의 그것과 등기후의 그것의 두 가지 타입이 존재할 수 있다.

1) 등기전의 상호전용권

(가) 상호사용폐지청구권

① 적용요건

부정한 목적으로 상호권자의 영업으로 오인할 수 있는 상호를 사용하는 자가 있는 경우에 이로 인하여 손해를 받을 염려가 있는 자는 그 폐지를 청구할 수 있다($^{§23}_{②}$). 따라서 미등기상호의 경우에 상호전용권을 행사하기 위해서는 ⓐ 타인이 부정한 목적으로 상호권자의 영업으로 오인할 수 있는 상호를 사용하고 있고, ⓑ 그로 인하여 자기가 손해를 받을 염려가 있음을 증명하여야 한다.

ⓐ 타인이 부정한 목적으로 상호권자의 영업으로 오인할 수 있는 상호를 사용하고 있을 것

ⓐ 부정한 목적

이 때 "부정한 목적"이란 상호권자의 상호 또는 그와 유사한 "상호를 자기의 상호로 사용함으로써 일반인으로 하여금 자기의 영업을 그 명칭에 의하여 표시된 타인(상호권자)의 영업으로 오인시키고 그 타인이 가지는 신용 또는 경제적 가치를 자신의 영업에 이용하고자 하는 의도"를 말한다.[86] 이는「부정경쟁방지법」상의 "부정경쟁의 목적"[87]보다 넓은 개념이다.

대법원 1993.7.13. 선고 92다49492 판결

A 상인은 1944. 서울 종로 2가에서 "서울 고려당"이라는 상호 및 상표로 양과자 제조, 판매업을 개시한 사람의 후손들에 의하여 1971.1.11. 설립되어 운영되어온 "주식회사 고려당"과 1991.8.1. 이 회사 제품의 마산대리점 계약을 체결하면서 이 회사의 상표인 "서울 고려당"을 상품에 관한 광고, 간판 등에 사용할 수 있는 권리도 취득하였고, 경남 마산시 회원구 양덕동에 이 회사 마산대리점을 개점, 운영함에 있어 이 회사의 연혁과 그 관계를 표시하기 위하여 "SINCE 1945 신용의 양과 서울 고려당 마산분점"이라는 간판을 사용하였다. 1959.7.21. "고려당"이라는 상호를 등기하고 경남 마산시 합포구 창동에서 영업을 하여온 B 상인은 A 상인의 상호사용금지등가처분을 신청하였고 원심법원이 이를 기각하자 대법원에 상고하였다. 대법원은 "피신청인(A)의 상호인 '서울 고려당'은 그 요부가 '고려당'에 있고, 간이신속을 존중하는 거래계에서는 간략히 특징적인 부분인 '고려당'으로 호칭될 것이므로 그 경우 신청인(B)의 상호인 '고려당'과 동일하여 양자는 오인, 혼동의 우려가 있어 서로 유사한 상호로 봄이 상당하고, 신청인의 '고려당'이라는 상호가 1959.7.21. 등기되었으므로 피신청인이 그와 유사한 위 상호를 동일한 시에서 동종영업을 위하여 사용하는 이상 상법 제23조 제4항에 의하여 피신청인에게 부정한 목적이 있다고 일응 추정된다 할 것이나, … '주식회사 고려당'(은) 40년이 지난 지금까지 동일한 상표와 상호로 같은 영업을 계속해 오면서 상표인 '고려당'이란 표장을 선전해 왔으며, 매출액도 1990년에 230억 원. 1991년에는 270억 원이나 되고 전국적으로 250여개의 판매대리점 및 직영점을 가지고 있어 일반수요자들에게 '고려당'은 위 회사의 상호 및 제품에 사용되는 상표인 것으로 널리 인식되기에 이른 사실, … 신청인과 피신청인은 도두 같은 마

---

[86] 대법원 1993.7.13. 선고 92다49492 판결; 대법원 1995.9.29. 선고 94다31365·31372 판결; 대법원 2004.3.26. 선고 2001다72081 판결.
[87] 국내에 널리 인식된 타인의 성명, 상호, 상표, 상품의 용기·포장, 그 밖에 타인의 상품임을 표시한 표지(標識)와 동일하거나 유사한 것을 사용하거나 이러한 것을 사용한 상품을 판매·반포(頒布) 또는 수입·수출하여 타인의 상품과 혼동하게 할 목적.

산시에서 제과점을 경영하고 있으나 신청인(과) 피신청인(의) 제과점이 … 비교적 원거리에 있는 사실 (등)에 비추어 보면 피신청인은 위 회사의 명성과 신용을 믿고 위 회사 등과 마산판매대리점계약을 체결한 자로서 위 회사의 '고려당'이란 상호를 간판에 내세운 것으로 인정될 뿐 신청인의 상호인 마산의 '고려당'이 가지는 신용 또는 경제적 가치를 자신의 영업에 이용하고자 하는 의도는 없었다고 봄이 상당하므로 피신청인이 부정한 목적으로 신청인의 상호와 동일한 상호를 사용함을 전제로 한 이 사건 신청인은 이유 없다는 취지로 판단(한)" 원심을 지지하였다. 또한 "피신청인이 그의 간판에 'SINCE 1945 신용의 양과 서울 고려당 마산분점'이라고 표시한 것이 주식회사 고려당과의 관계를 나타내기 위하여 위 회사의 상호를 표시한 것이라면 피신청인에게 위 상호의 사용과 관련하여 부정경쟁의 목적이 있는가를 판단함에 있어서 원심이 피신청인이 아닌 위 회사(서울 고려당)와 신청인의 명성과 신용을 비교한 것을 잘못이라고 할 수 없다. 또 원심은, 피신청인이 신청인보다 명성이나 신용이 더 큰 위 회사의 판매대리점경영자로서 구태여 신청인의 명성이나 신용에 편승할 필요가 없었고, 간판에도 위 회사와의 관계(마산분점이라는 표시를 하여 신청인의 상호와 구분되도록 하고 있다)를 표시한 점, 신청인과 피신청인의 영업소가 서로 원거리인 다른 구에 있는 점 등을 종합하여 양자 사이에 오인의 염려가 없으므로 피신청인에게 부정한 목적이 없다는 것이지, 서로 다른 구에 영업소가 있다는 이유만으로 부정한 목적이 없다고 판단한 것은 아니다."고 하였다.

ⓑ 오인할 수 있는 상호

또한 상호권자가 상호사용폐지를 청구하기 위해서는 타인이 "상호권자의 영업으로 오인할 수 있는 상호"를 사용하여야 하는데, 전체적으로 보아 상호권자의 상호와 완전히 동일한 상호를 사용하는 경우는 물론 그 주요부분이 일치하면 이 요건은 충족된다. 판례는 "허바허바칼라"란 상호를 양도한 후 "새 허바허바칼라"란 유사한 상호를 사용한 경우에 부정한 목적에 의한 오인할 수 있는 상호의 사용으로 인정하였고[88] "뉴서울사장 전 허바허바 개칭"이라는 식으로 상이한 상호 옆에 작은 글씨로 문제의 상호를 병기한 경우에도 부정한 목적에 의한 오인할 수 있는 상호의 사용으로 인정하였다.[89] 어떤 상인이 마산에서 "고려당" 상호로 영업하고 있는데 타인이 "SINCE 1945 신용의 양과 고려당 마산분점"이라는 '고려당'이라는 주요부분이 동일한 상호로 영업한 경우에 양자는 서로 오인할 수 있는 상호임은 인정하였으나 부정한 목적을 인정하지 않았다.[90] 또한 판례는 "주식회사 유니텍"과

---

88) 서울고법 1977.5.26. 선고 76다3276 판결.
89) 대법원 1964.4.28. 선고 63다811 판결.

"주식회사 유니텍전자"[91]는 오인할 수 있는 상호임을 긍정하였으나, "천일한약주식회사"와 "주식회사 천일약방"[92], "수원보령약국"과 "보령제약주식회사"[93] 또는 "파워콤 주식회사"와 "주식회사 파익콤"[94]는 서로 오인할 수 있는 상호임을 부정하였다. 요컨대 오인할 수 있는 상호인지 여부를 판단함에 있어서는 상호의 문언 자체의 동일·유사성만이 아니라 "양 상호 전체를 비교 관찰하여 각 영업의 성질이나 내용, 영업방법, 수요자층 등에서 서로 밀접한 관련을 가지고 있는 경우로서 일반 수요자들이 양 업무의 주체가 서로 관련이 있는 것으로 생각하거나 또는 그 타인의 상호가 현저하게 널리 알려져 있어 일반 수요자들로부터 기업의 명성으로 인하여 절대적인 신뢰를 획득한 경우에 해당하는지 여부를 종합적으로 고려하여야 한다."[95]

대법원 2002.2.26. 선고 2001다73879 판결

원고 회사 파워콤 주식회사는 1995.5.20. 본점 소재지를 서울특별시, 설립목적을 전자부품·전자제품·반도체부품의 도소매업 및 수출입업 등으로 하여 설립된 회사로서 당초 '주식회사 서주반도체부품'이라는 상호로 위 목적사업을 영위하여 오다가 그 상호를 1995.12.29. '파워컴전자 주식회사'로, 다

---

90) 대법원 1993.7.13. 선고 92다49492 판결.
91) 대법원 2004.3.26. 선고 2001다72081 판결.
92) 대법원 1970.9.17. 선고 70다225·1226 판결('주식회사천일약방'과 '천일한약주식회사'는 '천일'이라는 중요부분상으로 보아 유사상호로 볼 수 있느냐 하는 점은 별문제로 하되 위 두개의 상호를 가리켜 상법상 동일상호라고는 볼 수 없다고 판시).
93) 대법원 1976.2.24. 선고 73다1238 판결(이 사건은 상법 제23조가 적용된 사건이 아니라 부정경쟁방지법상 상표권 침해 여부가 문제된 사건이다. 법원은 "보령제약주식회사 '갑'이 '을' 명의로 서울에 개설한 '보령약국'과 '병'이 수원에 개설한 '수원보령약국'은 영업의 종류, 범위, 시설 및 규모 등 그 영업의 양상은 물론 고객도 서로 달리 하고 있어서 '갑'의 고객이 수원에 있는 '병' 경영의 위 약국을 서울에 있는 '갑' 경영의 위 약국의 영업으로 혼동 오인하게 될 염려는 없다 할 것이므로 '보령'이라는 상호가 공통된다 해도 '병' 경영의 위 약국의 영업상 이익을 침해하는 것 즉 '보령'이라는 상호가 '갑'이 부정경쟁방지법에 의하여 보호를 구할 수 있는 정당한 영업상의 이익이라고 할 수 없다."고 판시).
94) 대법원 2002.2.26. 선고 2001다73879 판결(상호의 문언 자체로는 오인가능성이 인정되지만, 동일 또는 유사한 상호라도 상이한 업종에서 상이한 고객을 상대로 하여 사용되며, 사업규모도 크게 차이나는 경우로서 상법 제23조 제1항 소정의 '타인의 영업으로 오인할 수 있는 상호'를 사용한 자에 해당하지 아니한다고 판시).
95) 대법원 2002.2.26. 선고 2001다73879 판결.

시 1999.11.3. '파워컴 주식회사'로 각 변경하고 각 그 변경등기를 마쳤고, 소외 한국전력공사는 그 소유의 광통신망 및 동축케이블망 등을 현물출자하여 피고 회사 주식회사 파워콤을 설립하면서 1999.9.21. '주식회사 파워콤'으로 상호가등기를 경료하였고, 피고 회사는 2000.1.26. 본점소재지를 서울특별시, 설립목적을 전기통신회선설비 임대사업, 종합유선방송 분배망 및 전송망 사업 등으로 하여 설립된 후 위 상호가등기에 기하여 상호등기를 경료하고 위 목적사업을 영위하여 왔다. 법원은 "상법 제23조 제1항은 누구든지 부정한 목적으로 타인의 영업으로 오인할 수 있는 상호를 사용하지 못한다고 규정하고 있는바, 타인의 영업으로 오인할 수 있는 상호는 그 타인의 영업과 동종영업에 사용되는 상호만을 한정하는 것은 아니나, 어떤 상호가 일반 수요자들로 하여금 영업주체를 오인·혼동시킬 염려가 있는 것인지를 판단함에 있어서는, 양 상호 전체를 비교 관찰하여 각 영업의 성질이나 내용, 영업방법, 수요자층 등에서 서로 밀접한 관련을 가지고 있는 경우로서 일반 수요자들이 양 업무의 주체가 서로 관련이 있는 것으로 생각하거나 또는 그 타인의 상호가 현저하게 널리 알려져 있어 일반 수요자들로부터 기업의 명성으로 인하여 절대적인 신뢰를 획득한 경우에 해당하는지 여부를 종합적으로 고려하여야 한다."고 전제하고, "피고 회사가 원고 회사와 동일·유사한 상호를 사용하고 있으나 피고 회사가 영위하고 있는 전기통신회선설비 임대사업 등과 원고 회사가 영위하고 있는 전자부품·전자제품·반도체부품의 도소매업 및 수출입업 등은 각 그 공급하는 재화와 용역이 서로 상이한 점, 원고 회사의 주고객이 전자부품·전자제품·반도체부품의 수요자인 전자제품 제조회사 또는 소비자 등인 데 비하여, 피고 회사의 주고객은 전기통신회선설비 사용자인 전기통신사업자들로서 그 수요자층이 서로 다른 점, 원고 회사의 자본금이 6억 4,000만 원이고 2000년도 매출액이 금 52억 원 상당인 데 비하여, 피고 회사는 자본금이 7,500억 원, 2000년도 매출액이 금 2,580억 원으로써 그 사업규모에 있어서 큰 차이가 있는 점 등에 비추어, 피고 회사가 원고 회사의 상호와 동일·유사한 상호를 사용하더라도 일반 수요자들이 피고 회사의 영업을 원고 회사의 영업으로 오인할 염려가 없다고 판단하여 피고 회사가 상법 제23조 제1항 소정의 타인의 영업으로 오인할 수 있는 상호를 사용한 자에 해당된다는 원고의 주장을 배척"하고 "동일 또는 유사한 상호라도 상이한 업종에서 상이한 고객을 상대로 하여 사용되며, 사업규모도 크게 차이나는 경우에 상법 제23조 제1항 소정의 '타인의 영업으로 오인할 수 있는 상호'를 사용한 자에 해당하지 아니한다"고 판시하였다.

(b) 타인이 부정한 목적으로 상호권자의 영업으로 오인할 수 있는 상호를 사용함으로 인하여 상호권자가 손해를 받을 염려가 있을 것

여기에서 "손해를 받을 염려"란 상호권자의 재산 또는 인격에 관하여 발생하는 불이익을 받을 염려를 말한다. 손해를 받을 염려가 있으면 족하고 손해가 발생할 필요는 없다. 손해를 받을 염려가 있다는 사실은 상호권자가 입증해야 한다. 이와 관련하여 상호사용을 폐지청구할 수 있는 피해자는 상인에 한하지 않는다는 견해[96]가 있으나, 상호권이 상인의 권리인 점에서 원칙

적으로 상인이어야 한다고 보며[97], 다만 의사, 약사, 변호사, 음악가 등의 자유직업인의 경우에 이를 유추적용할 수는 있다고 본다.

② 효과

상호권자는 타인에 대하여 현재 및 장래의 상호사용폐지청구가 가능하다. 그 대상은 상호권자의 상호로 오인할 수 있는 동일·유사한 상호이며 상호를 사용하지 말라는 부작위의 청구와 함께 기존의 상호사용 형식의 제거, 즉 간판철거청구와 등기된 상호인 경우 상호등기말소청구를 할 수 있다.

(나) 손해배상청구권

타인이 부정한 목적으로 상호권자의 영업으로 오인할 수 있는 상호를 사용함으로써 상호권자에게 매출액이 감소하거나 영업상의 신용이 훼손되는 등 적극적 또는 소극적 손해가 발생한 경우에는 손해배상을 청구할 수 있다(§23③). 상법 제23조 제3항에 의한 손해배상청구권의 법적 성질은 민법상 불법행위에 기한 손해배상청구권의 특별규정이므로 민법 제750조의 불법행위의 요건을 모두 입증할 필요는 없고, 타인의 "상호의 부정사용으로 인하여 실제로 손해가 발생한 사실"만 증명하면 족하다.[98]

(다) 과태료

상법은 상호 부정사용에 대한 제재로서 제20조(회사상호의 부당사용의 금지)와 제23조(주체를 오인시킬 상호의 사용금지)제1항에 위반한 자는 200만원 이하의 과태료에 처한다고 규정한다(§28).

2) 등기후의 상호전용권

등기후에는 미등기상호보다 더 강한 보호를 받는다. 법 제23조제2항은 부정한 목적으로 상호권자의 영업으로 오인할 수 있는 상호를 사용하는 자가 있는 경우에 "이로 인하여 손해를 받을 염려가 있는 자 또는 상호를 등기한

---

96) 정찬형(15), 116면.
97) 자연인이든 법인이든 상인자격을 취득한 경우에만 상호권을 행사할 수 있다고 본다.
98) 채이식(92), 80면; 정찬형(15), 117면.

자는 그 폐지를 청구할 수 있다"고 하므로 상호를 등기한 자는 부정한 목적으로 상호권자의 영업으로 오인할 수 있는 상호를 사용하는 자에 대하여 "손해를 받을 염려"를 증명할 필요 없이 상호사용폐지·손해배상청구 등의 상호전용권을 행사할 수 있다(§23②).

또한 동일한 특별시·광역시·시·군에서 동종영업으로 타인이 등기한 상호를 사용하는 자는 부정한 목적으로 사용하는 것으로 추정하므로 자기의 상호를 사용하는 자가 상호권자와 동일한 특별시·광역시·시·군에서 동종영업을 하고 있는 경우에는 "부정한 목적으로 사용한다는 것"을 증명하지 아니하고 상호전용권을 행사할 수 있다(§23④). 따라서 이 경우에는 상호권자의 상호를 사용하고 있는 자측에서 부정한 목적이 없다는 것에 대하여 입증할 책임을 지게 된다.

(3) 사전등기배척권

상법 제22조는 "타인이 등기한 상호는 동일한 특별시·광역시·시·군에서 동종영업의 상호로 등기하지 못한다."고 규정하고 있다. 이 규정에 의하여 상호를 등기한 자는 타인이 동일한 특별시·광역시·시·군에서 그 상호를 동종영업의 상호로 등기하지 못하게 배척하는 보호를 받는다. 동조의 성격에 관하여 ⅰ) 소수설[99]은 이를 실체법상의 효력이 아니라 단순히 "등기하지 못한다"는 내용을 정하는 절차법인 등기법상의 효력만을 규정한 것으로 본다. 사전등기배척권은 상호권의 침해에 따른 배타적 권리라고 볼 수 없고, 타인이 등기한 상호와 동일 또는 유사한 상호를 등기한 경우에는 상호사용폐지청구권으로 해결하면 되기 때문임을 근거로 든다. 그러나 ⅱ) 다수설[100]은 사전등기배척권도 상호전용권의 내용이 되는 실체법상의 효력을 갖는 권리로 파악하고 있다.

---

99) 이범찬, 105면; 정찬형(15), 119면; 이철송(15), 148면.
100) 정희철(89), 97면; 서돈각·정완용(99), 97~98면; 채이식(92), 79~80면; 손주찬(03), 140면; 정동윤(12), 151~152면; 최기원(04), 124면; 임홍근(01), 282면; 이기수외(03), 161면; 최준선(13), 166면; 김정호(05), 94면.

판례101)도 "상법 제22조 … 의 취지는 일정한 지역 범위 내에서 먼저 등기된 상호에 관한 일반 공중의 오인·혼동을 방지하여 이에 대한 신뢰를 보호함과 아울러, 상호를 먼저 등기한 자가 그 상호를 타인의 상호와 구별하고자 하는 이익을 보호하는 데 있고, 한편 비송사건절차법 제164조에서 '상호의 등기는 동일한 특별시·광역시·시 또는 군 내에서는 동일한 영업을 위하여 타인이 등기한 것과 확연히 구별할 수 있는 것이 아니면 이를 할 수 없다.'고 규정하여 먼저 등기된 상호가 상호등기에 관한 절차에서 갖는 효력에 관한 규정을 마련하고 있으므로, 상법 제22조의 규정은 동일한 특별시·광역시·시 또는 군 내에서는 동일한 영업을 위하여 타인이 등기한 상호 또는 확연히 구별할 수 없는 상호의 등기를 금지하는 효력과 함께 그와 같은 상호가 등기된 경우에는 선등기자가 후등기자를 상대로 그와 같은 등기의 말소를 소로써 청구할 수 있는 효력도 인정한 규정이라고 봄이 상당하다."고 하여 다수설과 같은 취지이다.

상업등기법에서는 이와 관련하여 "동일한 특별시, 광역시, 특별자치시, 시(행정시를 포함한다) 또는 군(광역시의 군은 제외한다)에서는 동종의 영업을 위하여 다른 상인이 등기한 상호와 동일한 상호를 등기할 수 없다."고 규정하고 있다(§29).

(4) 상호의 가등기

1) 상호의 가등기가 허용되는 경우

유한책임회사, 주식회사 또는 유한회사를 설립하고자 할 때에는 본점의 소재지를 관할하는 등기소에 상호의 가등기를 신청할 수 있다(§22의①). 상호의 가등기는 본등기를 할 요건이 갖추어지기 전에 등기할 사항을 타인이 등기함으로써 제22조에 따라 장래에 등기할 수 없게 되거나 등기 순위가 후순위가 되는 것을 방지하기 위하여 행해지는데, 1995년 개정상법이 도입한 제도이다. 회사의 종류 가운데 물적회사로서 설립절차가 비교적 오래 걸리는 유

---

101) 대법원 2004.3.26. 선고 2001다72081 판결.

한책임회사, 주식회사 또는 유한회사의 설립의 경우($^{§\,22의}_{\,2①}$), 회사가 상호나 목적 또는 상호와 목적을 변경하고자 할 때($^{§\,22의}_{\,2②}$), 회사가 본점을 이전하고자 할 때($^{§\,22의}_{\,2③}$) 등에만 상호의 가등기를 신청할 수 있다.

 2) 상호의 가등기의 절차

상호의 가등기는 유한책임회사, 주식회사 또는 유한회사의 설립의 경우에는 발기인 또는 사원의 신청에 의하여 한다(신청주의)($^{상업등기}_{법§\,38①}$). 그밖의 경우에는 회사의 대표기관이 신청한다. 상호의 가등기에는 "본등기를 할 때까지의 기간"을 함께 등기하게 되어 있는데($^{동법§\,38②}_{v.\,39①viii}$), 유한책임회사, 주식회사 또는 유한회사의 설립에 관계된 상호의 가등기의 예정기간은 2년을 초과할 수 없다($^{동법}_{§\,38③}$). 본점이전에 관계된 상호의 가등기의 경우에는 본등기까지의 예정기간은 2년을 초과할 수 없고, 상호나 목적 또는 상호와 목적변경에 관계된 상호의 가등기의 경우에는 그 예정기간은 1년을 초과할 수 없다($^{동법}_{§\,39②}$).

상호의 가등기 또는 예정기간을 연장하는 등기를 신청할 때에는 1천만원의 범위에서 대법원규칙으로 정하는 금액을 공탁하여야 한다($^{동법}_{§\,41}$). 이 공탁금제도는 상호의 가등기를 남용하는 것을 방지하기 위한 것이다.

 3) 상호의 가등기의 효과

상호의 가등기는 제22조의 적용에 있어서는 상호의 등기로 본다. 따라서 타인이 가등기한 상호는 동일한 특별시·광역시·시·군에서 동종영업의 상호로 등기하지 못한다($^{§\,22의}_{2④,\,22}$). 따라서 상인은 주식회사나 유한회사를 설립하거나 회사의 상호나 목적을 변경하는 경우 또는 회사의 본점 이전시 가등기를 함으로써 타인이 동일한 상호로 등기하는 것을 막아놓고, 절차가 완료된 후 자기가 그 상호로 등기할 수 있게 된다.

제5절 상호의 이전과 폐지

1. 상호의 이전

(1) 상호의 양도

상호는 인격권적 성질을 갖지만 기본적으로 재산권이므로 양도가 가능하다. 그러나 인격권으로서의 성질 때문에 영업을 폐지하거나 영업과 함께만 양도할 수 있다(§25①).

1) 양도방법

상호의 양도를 위해서는 양도인과 양수인 당사자간의 양도의 의사표시가 필요하다. 한편 "상호의 양도는 등기하지 아니하면 제3자에게 대항하지 못한다"(§25②)는 규정의 해석과 관련하여 견해가 갈리고 있다. 이에 관하여 ⅰ) 소수설[102]은 이 규정을 상호의 양도방법을 법정한 것으로 해석하여 미등기상호의 경우에도 일단 등기하여야 제3자에게 대항할 수 있다고 한다. 그러나 ⅱ) 다수설[103]은 제25조제2항을 법문대로 등기상호의 양도에 대한 대항요건을 법정한 것으로 해석하여 등기상호의 경우에만 등기가 대항요건이고 미등기상호의 양도의 경우에는 등기하지 않더라도 양도사실을 증명하면 대항할 수 있다고 본다. 생각건대 자연인인 상호권자가 상호를 설정하여 사용하는 경우에는 등기가 요구되지 않다가 이를 양도시에는 등기를 요구받는다는 것은 자연스럽지 못하므로 다수설에 따르는 것이 타당하다. 이 때 등기상호의 양도사실을 등기하면 발생하는 대항력은 상업등기의 일반적 효력으로서의 대항력(§37)과는 달리 제3자의 선의·악의를 불문하고 발생하는 효력(§25②)인 점에서 차이가 있다.

「상업등기법」은 등기된 상호를 상속하거나 양수한 사람은 그 상호를 계

---

102) 이철송(15), 155면(이렇게 해석을 해야 미등기상호의 양수인이 등기상호의 양수인보다 더 강하게 보호를 받는 모순을 피할 수 있다는 것을 논거로 든다.).
103) 정동윤(12), 153면; 정찬형(15), 122면; 최준선(13), 158면.

속 사용하려는 경우에는 상호의 상속 또는 양도의 등기를 신청할 수 있다(§³³₁)고 규정하고 있으므로 등기상호의 승계인이 그 상호를 계속 사용하고자 할 때에는 양도의 등기를 신청하여야 한다.

2) 양도의 효과

상호의 양도에 의하여 양도인은 상호권을 상실하고, 양수인이 상호권을 취득한다.

(가) 상호를 영업과 함께 양도한 경우

만일 양도인이 양도한 상호를 다시 사용하면 양수인의 상호권을 침해하는 것이 된다(§23). 그밖에 영업양도의 효력으로서 양도인은 경업피지의무를 부담하고(§41), 양수인은 양도인의 채권자에 대한 변제책임을 부담하고(§42), 양도인의 채무자가 선의이며 중대한 과실없이 양수인에 대해 변제하면 채무변제의 효력이 인정된다(§43).

(나) 영업을 폐지한 후 상호를 양도한 경우

만일 양도인이 양도한 상호를 다시 사용하면 양수인의 상호권을 침해하는 것이 되나(§23), 양도인의 영업이 폐지된 상태이므로 영업양도의 효력에 관한 나머지 규정들은 적용될 여지가 없다.

(2) 상호의 상속

상호는 재산권적 성질을 가지므로 등기상호나 비등기상호나 상속이 가능하다. 전술한 것처럼 「상업등기법」은 상호를 등기한 사람의 승계인이 그 상호를 계속 사용하고자 할 때에는 상속…(을) 증명하는 서면을 첨부하여 그 등기를 신청하여야 한다고 규정하고 있다(§³³₁). 상호양도의 경우와 달리 상호상속의 등기는 등기상호의 경우에도 상호이전의 대항요건이 아니다(통설).[104]

---

[104] 서돈각·정완용(99), 102면; 손주찬(03), 143면; 최기원(04), 129면; 채이식(92), 83면; 임홍근(01), 297면; 정찬형(15), 124면; 최준선(13), 169면.

2. 상호의 폐지·변경

(1) 의의

 상호의 폐지는 상호권자가 상호를 포기하여 절대적으로 소멸시키는 단독의 의사표시이다. 상호의 변경은 상호권자가 기존의 상호를 폐지하고 새로운 상호를 선정하는 의사표시이다. 상호의 폐지·변경은 모두 상호권자의 명시적·묵시적 의사표시에 의하여 효력이 발생한다.

(2) 폐지·변경등기

 상호의 폐지·변경등기는 등기상호의 경우에는 강제적 등기사항이다. 즉 상호를 등기한 자는 상호를 변경 또는 폐지한 경우에는 2주간내에 변경 또는 폐지의 등기를 하여야 하는데, 만일 그 상호를 등기한 자가 변경 또는 폐지의 등기를 하지 아니하는 때에는 이해관계인은 그 등기의 말소를 청구할 수 있다(§27). 이 이해관계인에 의한 상호말소청구에 의하여 상호권자가 폐지·변경등기를 게을리 하여 남아 있는 상호등기로 인하여 그 상호를 사용하려는 다른 상인의 상호등기가 배척되는 것을 피할 수 있게 하여 결과적으로 폐지·변경된 상호를 자유롭게 선정하여 이용할 수 있게 된다.

(3) 상호폐지의 의제

 상호를 등기한 자가 정당한 사유없이 2년간 상호를 사용하지 아니하는 때에는 이를 폐지한 것으로 본다(§26). 이것은 이해관계인에 의한 상호말소청구와 마찬가지로 제3자의 상호선정의 자유를 보호하기 위한 목적의 제도이다. 여기에서 "정당한 사유"란 천재지변 등의 불가항력적 사유는 물론 자금부족으로 인한 일시적 사업중단과 같이 주관적 이유를 포함한다.[105] 상호폐지의 의제는 상인이 상호를 폐지한 것이 명백한 경우에는 적용되지 아니한다.[106]

---

[105] 이철송(15), 195면; 김성태(99), 251면; 최준선(13), 169면; 김병연외(12), 102면.

이 상호폐지의 의제 제도를 미등기상호의 경우에도 유추적용할 것이라는 견해[107]가 있으나 등기상호에만 적용된다고 본다[108]. 미등기상호의 경우에는 정당한 사유 없이 상호를 사용하지 아니하는 때에는 묵시의 폐지를 한 것으로 보면 될 것이기 때문이다.

제 6 절 명의대여자의 책 임

1. 의의

타인에게 자기의 성명 또는 상호를 사용하여 영업을 할 것을 허락한 명의대여자는 자기를 영업주로 오인하여 거래한 제3자에 대하여 그 명의차용자와 연대하여 변제할 책임이 있다(§24).

이 명의대여자의 책임제도의 이론적 근거는 독일의 권리외관법리(Rechtsscheinthorie) 및 영미법상 '표시에 의한 금반언(禁反言)'(estoppel by representation)의 법리에 있으며, 간접적으로 상호진실주의의 요청에 기한 것이다.

2. 적용요건

(1) 명의의 대여

명의대여자의 명의 사용의 허락이 명의대여자의 귀책사유로서 필요하다. 이는 표현지배인(§14)의 요건 중 "표현적 명칭의 사용허락"과 상응하는 요소이다.

---

106) 손주찬(03), 144면.
107) 최기원(04), 130면.
108) 정찬형(15), 124~125면.

1) 명의

대여되는 명의는 법문상 "성명 또는 상호"로 예시되어 있는데(§24), 이에 한정되는 것은 아니고 명의대여자의 인격을 지칭하는 명칭이라면 아호나 별명 등도 포함될 수 있다. 명의대여자의 상호를 그대로 사용하도록 하는 경우는 물론 그것에 지점·영업소·출장소 등을 부기하여 사용하도록 허락하는 것도 포함된다.[109]

2) 명의의 '대여'

제24조가 적용되는 명의 '대여'의 유형은 위법한 명의대여[110]인지 적법한 명의대여인지 불문한다. 이른바 자동차지입계약[111]의 경우에는 명의대여 관계이지만 대외적 차량소유권의 명의자인 지입회사가 아니라 명의차용자인 지입차주가 차량유지관리비를 부담하는 사례에 관한 몇 개의 판례들[112]에서

---

[109] 대법원 1957.6.27. 선고 4290민상178 판결(대한여행사가 타인에게 "대한여행사 외국부국제항공권판매처"라는 간판하에 항공권판매행위를 대리하게 한 경우); 대법원 1976.9.28. 선고 76다955 판결(대한통운주식회사가 타인에게 피고 회사 신탄진출장소 운영에 관한 계약을 체결하고 그 사람을 임기 2년간의 출장소장으로 임명함으로써 현장에서 "대한통운주식회사 신탄진 영업소"라는 간판을 붙이고 피고 회사의 지휘 감독하에서 신탄진연초제조창에서 생산되는 연초전매품의 상하차등 영업을 하도록 한 경우).

[110] 예컨대 의료법상 의료기관개설자가 될 수 없는 사람에게 의사가 면허를 대여한 경우 명의차용자가 부담한 채무는 명의대여자도 제24조에 따라 연대하여 변제할 책임이 있게 된다.

[111] 화물자동차운수사업법 제3조, 여객자동차운수사업법 제13조 등에서 금지하는 자동차운송사업의 명의대여에 위반될 소지가 있는 지입계약은 대외적으로는 차량소유자(지입차주)가 그 소유의 차량 명의를 자동차 운송사업자(지입회사)에 신탁하여 그 소유권과 운행관리권을 지입회사에 귀속시키되, 다만 대내적으로는 위 지입차량을 지입차주의 독자적인 계산으로 운행관리하는 형태의 차량위탁관리계약이다. 대법원 판례는 지입계약은 지입차주가 당해 차량의 운행 등에 관하여 회사의 일반적인 지시 감독을 받고 있는 경우에 한정하여 적법하다고 보고 있다. 김신, "지입제도를 둘러싸고 발생하는 법률문제의 재고찰", 법률구조 통권 30호, 1999, 20~22면.

[112] 대법원 1986.6.10. 선고 85다카2636 판결("지입차주가 지입회사 앞으로 지입차량의 소유명의를 신탁한 이후에도 그 차량을 직접 운행관리하여 오면서 그 차량의 운행관리에 필요한 물품(유류, 타이어, 부속품 등)을 구입하거나 수리하는 경우, 지입차주에게 회사를 대리할 의사가 없었고 상대방도 회사와 거래하려는 의사가 아니었다

볼 수 있는 것처럼 지입계약의 효력이 쟁점이 될 뿐 대체로 거래상대방의 오인이 없으므로 상법 제24조는 적용되지 아니한다.

3) '영업' 할 것의 허락

명의를 대여하여 '영업' 할 것을 허락하였어야 한다. 따라서 명의를 계속·반복적으로 사용하여 영리를 추구할 것이 요구되며, 예컨대 상호를 1회에 한하여 사용하도록 허락한 경우에는 이 요건을 결여하므로 민법상 표현대리가 될 뿐 제24조가 적용되지는 않는다.

명의대여가 있는 경우에 상인이 되는 것은 실제 영업자인 명의차용자이며, 명의대여자는 상인임을 요하지 않는다. 판례[113]는 공법인인 인천직할시가 사단법인 한국병원관리연구소에게 인천직할시립병원이라는 이름을 사용하여 병원업을 경영할 것을 승낙한 경우 인천직할시는 명의대여자 책임을 진다고 판시한 바 있다.

4) 명의대여자의 '허락'

명의대여자의 '허락'이 귀책사유로서 그에게 책임을 지우는 근거가 된다. 허락은 명시 또는 묵시적으로 가능하다. 그밖에 명의자의 부작위만으로 허락이 되는가 하는 문제가 있는데, 이에 관하여 i) 타인이 자기 명의를 무단으로 사용하고 있는 것을 안다면 그 표현적 상태를 제거할 사회생활상의 작위의무가 있는 것으로 보고 그에 위반한 것으로서 책임을 긍정하는 견해[114]가 있으나, ii) 명의자의 단순한 부작위만으로는 부족하고 자기의 사무실·전화·직원의 사용 허락, 수입의 일부를 받는 것 등의 부가적 사정이 필

고 볼 수 있는 특별한 사정이 있어서 그 대금을 지입차주만이 부담하기로 하는 특약이 있었던 것으로 보아야 하는 경우가 아닌 한 지입회사가 그 대금을 부담한다."고 판시. 그러나 이러한 결과는 제24조를 적용한 결과가 아니라 지입계약의 효력상 발생하는 것이다.); 대법원 1993.5.27. 선고 93다7341 판결(지입차주의 사무실의 위치, 지입차량에 대한 상호의 표기, 세금계산서의 기재, 유류공급업자의 거래대장의 기재 등에 의하여 지입차주만이 유류대금을 부담하기로 하는 특약이 있다고 본 사례).

113) 대법원 1987.3.24. 선고 85다카2219 판결.
114) 이철송(15), 162면.

요하다는 부정설이 통설이다. 왜냐하면 타인이 상호에 자기 명의를 사용하고 있는 것을 알았다고 해도 그 타인에 대하여 상호사용 폐지청구를 할 권리는 있으나 이는 의무사항은 아니기 때문이다.

(2) 명의차용자가 그 명의를 사용하여 영업할 것

명의대여자의 명의를 사용한 명의차용자의 영업이 명의대여자의 영업인 듯한 외관이 존재하여야 한다. 이는 명의차용자가 문제의 거래를 하는 당시에 명의대여자가 영업을 하고 있었는지 여부에 따라 나누어 볼 필요가 있다.

1) 명의대여자가 영업을 하지 않고 있던 경우

예컨대 명의대여자가 영위하던 영업을 폐업하면서 명의만을 대여한 경우 또는 영업과 함께 그 명의를 대여한 경우 등에는 명의차용자의 영업이 명의대여자가 종래 하고 있던 영업과 그 종류가 같거나 유사한지에 따라 외관이 동일한지가 검토될 필요가 있다. 거래상대방에게 명의차용자의 영업이 명의대여자의 그것으로 보이는지 여부가 영업의 동종성이나 유사성에 좌우될 것이기 때문이다. 그러나 명의대여자가 당초 영업을 한 사실이 없이 명의만을 대여한 경우에는 비교대상이 없으므로 영업의 동종성이나 유사성은 문제될 수 없다.

2) 명의대여자가 영업을 하고 있던 경우

원칙적으로 이 경우에는 명의차용자의 영업과 명의대여자의 영업간에 영업외관의 동일성이 인정되어야 한다. 그것이 거래상대방에게 오인을 유발한 이유가 되기 때문이다. 판례는 영업외관의 동일성을 넓게 인정하고 있다. 예컨대 법적으로 "보험인수업"과 "보험계약체결 알선업(주선업)"은 서로 다른 종류의 상행위이지만 거래상대방에게는 영업외관의 동일성이 인정된다고 보았다.[115]

---

[115] 대법원 1969.3.31. 선고 68다2270 판결(대한교육보험 주식회사가 그 회사 부산지사(대한교육보험주식회사 부산지사) 지사장의 약속어음 발행행위에 대하여 명의대여자로서 책임을 져야 한다고 판시하였다. 약속어음을 발행할 때에 어음용지 주소난에

그러나 명의대여의 경위에 따라 영업의 동종성이 요구되는 비교대상은 다를 수 있음을 주의하여야 한다. 예컨대 명의대여자가 종래 두 개의 영업을 하다가 하나(A)는 계속하면서 다른 하나(B)를 명의와 함께 영업임대한 경우라면 명의차용자의 영업과 동종·유사성이 요구되는 비교대상은 명의대여자가 과거에 영위하던 B영업이지 A영업이 아니다.116)

(3) 거래상대방의 선의

명의대여자는 "자기를 영업주로 오인하여 거래한 제3자"에 대하여 변제할 책임이 있다(§24). 즉 제24조의 보호대상이 되는 것은 명의대여자의 영업이라는 외관을 신뢰한 거래상대방이다. 구체적으로 실제 명의차용자의 영업이라는 사실을 몰랐으면 되는지 아니면 과실이 없어야 하는지에 대해서는 견해가 갈린다. ⅰ) 오인설117)은 법문을 중시하여 선의자이면 과실의 유무를 불문하고 보호하여야 한다는 견해이다. ⅱ) 경과실면책설118)은 선의·무과실인 거래상대방만을 보호하여야 한다는 입장이고, ⅲ) 중과실면책설은 선의이고 중과실이 없는 자만이 제24조에 의하여 보호받는다고 본다(통설). 생각건

대한교육보험주식회사 부산지사라고 표시하였으나 발행자는 동 지사장이라고 기재하지 않고 그 성명만 기재하고 그 아래에는 그 개인 도장외에 대한교육보험주식회사 부산지사장의 직인을 찍었다).

116) 대법원 1978.6.13. 선고 78다236 판결(이 사건에서는 대구시 중구에서 뉴반도호텔을 경영하고 있던 피고가 그 명의로 영업허가가 난 나이트크럽을 임대하면서 임차인에게 자기가 받은 영업허가 명의를 사용하여 영업을 하도록 허락하였고, 법원은 임차인에게 식료품을 납품한 상인에 대하여 임대인에게도 제24조에 따라 연대책임이 있다고 판시하였다. 이 사건에서 영업외관의 동종성은 임대인의 호텔 영업과 임차인의 나이트클럽 영업이 아니라 임대인이 전에 하던 나이트클럽 영업과 임차인의 나이트클럽 영업간에 인정된다.).

117) 강위두, "명의대여자의 책임요건에 있어서 제3자의 과실 있는 선의", 판례월보 제278호, 1993.11, 24면; 강위두·임재호(Ⅱ), 121면(민법 제401조, 제518조단서, 상법 제43조, 제137조 제3항, 제648조 등과 같이 민상법에서 악의외에 중과실을 요건으로 하는 경우에는 중과실을 부가하여 규정하고 있다는 점, 거래의 안전·신속의 면에서는 명문규정이 없음에도 중과실을 악의와 동일시할 확실한 가치가 인정되지 아니한다는 점 등을 근거로 든다.).

118) 우리나라에는 이 학설을 따르는 입장이 없다.

대 상법상 다른 외관주의 규정(§§14,16,43)에서도 악의의 입증이 실제로는 어려운 점에서 "선의이지만 중과실이 있는 경우"에는 악의와 동일하게 취급하고 있는바, 이들 다른 제도의 법리와의 균형상 여기에서도 중과실면책설이 타당하다.

판례[119]는 중과실면책설의 입장을 취하고 있다. 외견상 오인설을 취한 것처럼 보이는 판례들[120]이 있지만, 실제로는 이 사례들은 모두 명의대여자 책임이 성립하는지 판단하기 위하여 거래상대방에게 오인이 있는지 여부를 심사하는 단계에서 그것이 부정된 사례들로서 오인이 인정되는 경우에 과실여부가 어떤 효과를 미치는지에 관해서는 판단하지 않은 것들이다.

대법원 1989.10.27. 선고 91다30699 판결

갑(피고 신언학)은 서울 송파구 가락동소재 농수산물도매시장에 있는 소외 한국청과주식회사의 51번 야채중매인으로 위 도매시장 내에서 충북상회라는 상호로 파 등 야채의 위탁판매업을 영위하여

---

[119] 대법원 1986.6.10. 선고 91다18309 판결; 대법원 1989.10.27. 선고 91다30699 판결; 대법원 2001.4.13. 선고 2000다10512 판결; 대법원 2008.1.24. 선고 2006다21330 판결 등.

[120] 대법원 1979.12.26. 선고 79다757 판결("피고가 관광사업허가를 받은 호텔의 나이트클럽을 피고로부터 임차하여 경영하는 사람과 원고가 위와 같은 임대경영사실을 알고 거래한 경우, 관광사업의 임대경영이 관광사업법 제6조의 규정에 위배되어 무효라고 하여도, 임대인 피고가 임차인의 거래상의 채무에 책임이 있는 것은 아니고 또한 원고가 피고를 경영주로 오인하여 거래하지 않은 이상 피고에게 상법 제24조에 의한 명의대여자 책임도 없다."고 판시); 대법원 1974.9.10. 선고 74다457 판결(소외 동림복장주식회사가 미국에 의류를 수출함에 있어, 무역등록업자인 피고 회사에게 수출대행 수수료를 지급하기로 하고 그 명의를 대여받아, 피고 회사의 명의로 운송업자인 원고 주식회사대한해운공사와 사이에 이 물품에 대한 한국의 부산항으로부터 미국 뉴욕항까지 운송하기로 하는 화물운송계약을 체결하였고, 이 사건 운송계약의 당사자는 위 동림복장주식회사이고, 피고 회사는 그 명의대여자에 불과하다는 사실을 원고 공사가 알고서 동림복장회사와 운송계약을 체결한 사건에서 물품이 전부 선적되기 전에 이에 대한 선하증권을 발행하여 원고 회사가 입은 손해에 대하여 명의대여자는 책임이 없다고 본 사안); 대법원 2002. 6. 28. 선고 2002다22380 판결("원칙적으로 물품대금 채무를 부담하는 자는 매도인으로부터 물품을 매수한 자이고, 매수인 아닌 자가 주채무자로서 물품대금 채무를 부담하기 위해서는, 실제로 매도인으로부터 물품을 매수한 자에게 자신의 성명 또는 상호를 사용하여 영업을 할 것을 허락하여 매도인이 그와 같이 명의를 대여한 자를 영업주로 오인하여 거래를 한 경우 등에 한한다."고 판시).

왔다. 을(소외 신명철)은 그 아들로서 연로한 피고를 도와 위 충북상회의 대외적인 영업활동과 수금 등 업무를 보조하여 주는 한편 별도의 사업자등록을 하거나 점포를 마련한 바 없이 피고의 승낙아래 위 충북상회 점포 내와 위 점포 앞에 좌판을 깔고 버섯, 상추 등을 집하장이나 생산지에서 직접 구입하여 위 장소에 쌓아 놓고 각 거래처에 납품하는 야채판매업을 영위하여 왔다. 법원은 "피고 갑은 을이 거래를 할 때 충북상회라는 상호를 사용토록 허용했고, 이에 따라 을은 그가 사용하는 명함에 '가락농수산물도매시장 한국청과(주) 51번 야채위탁업 납품전문 충북상회 을'이라 기재하고 이어서 갑의 위 점포주소와 점포 및 주거지의 전화번호를 기입, 인쇄하여 위 점포를 찾아오는 고객들에게 나누어 준 사실, 갑이 위 점포에 비치, 사용하는 '한국청과(주) 중매인 51번 충북상회 갑'이라고 새겨진 명판을 사용하기도 한 사실, 을의 영업으로 인하여 부과되는 각종 세금은 갑 명의로 부과 납부되어 온 사실, 또한 을은 갑의 인장을 보관하고 있으면서 자기의 거래를 할 경우에 갑의 인장을 사용하여 그의 이름으로 계약을 맺는 일도 종종 있었고 갑 경영의 충북상회에 고용된 경리직원으로 하여금 을의 거래처에서 수금되는 금원을 보관토록 하거나 차용금의 이자나 계불입금을 지급케 하는 등 금전관리를 시켜온 사실, 원고 신신자(병)는 소외 김인천으로부터 을이 충북상회를 실질적으로 운영하고 있다고 소개받은 후 을에게 일수로 금전을 대여하고 그로부터 피고 갑 명의로 된 차용증을 작성해 받은 사실, 원고 강정임(정)은 소외 이용순의 소개로 을을 알게 되어 그와 일수로 금전거래를 한 후 1990.5.10.까지의 원리금채권을 금 30,000,000원으로 확정하여 충북상회 을로 표시한 차용증을 작성해 교부받은 사실" 등을 인정하고, "갑이 자신의 사업인 야채중매업과 아들인 을이 경영하는 야채판매업을 을과 공동하여 경영하는 것과 같은 외관을 만들어 놓고도 이를 방치하였다면 을이 경영한 야채판매업과 관련된 채무에 관하여 갑에게 명의대여자로서의 책임이 있고, 이 경우 을과 병 등 사이의 거래경위와 갑이 을에게 자신의 상호와 점포 등을 사용하게 한 사정 등에 비추어 병, 정 등이 을 개인과 거래하는 것이 아니라 야채중매업소의 경영자(갑)와 거래하는 것으로 오인을 함에 중대한 과실이 있다고 보기 어려워 갑은 병 등에 대하여 명의대여자로서의 책임을 면할 수 없다"고 판시하였다.

3. 효과

(1) 책임의 법적 성질

명의대여자는 자기를 영업주로 오인하여 거래한 제3자에 대하여 그 명의차용자와 연대하여 변제할 책임이 있다(§24). 책임의 법적 성질은 부진정연대채무를 부담하는 것이다. 부진정연대채무는 연대채무와 마찬가지로 수인의 채무자가 전액을 지급할 책임을 지고, 채권자는 그 중 1인의 자에게 전액을 청구할 수 있으며, 채무자 중 1인이 지급하면 채무자 전원을 위하여 그 채무는 소멸한다. 부진정연대채무가 연대채무와 차이점은 채무자 중 1인에 발생한 사유 중 변제와 같이 채권의 본래의 목적을 달성하는 사유 이외의 시효소멸이나 면제 등의 사유는 다른 채무자의 채무에 영향을 주지 아니한다는 점이다.[121]

(2) 적용범위

1) 영업상의 거래와 관련하여 생긴 채무

명의대여자는 명의차용자의 영업으로 인한 거래상 채무에 대하여 변제할 연대채무를 부담한다. 다만 명의대여자가 허락한 영업 범위내에서 생긴 채무에 한한다.[122] 따라서 본래의 이행의무와 동일성이 인정되는 채무불이행으로 인한 손해배상책임·원상회복의무는 명의대여자의 책임의 범위에 포함된다. 그러나 명의차용자의 불법행위로 인한 채무[123]나 영업과 무관한 단순한 개인채무에 대해서는 명의대여자는 원칙적으로 책임을 지지 아니한다.

2) 어음행위

명의차용자가 허락받은 영업과 관련하여 명의대여자의 이름으로 한 어음행위에 대하여 명의대여자는 책임을 지는가 하는 문제에 관하여 ⅰ) 부정설[124]은 제24조는 명의차용자의 영업상의 채무에 관한 규정인데 어음행위는 상행위가 아니며 어음행위의 추상성으로 보아 어음채무를 영업상 채무로 볼 수 없다는 점, 이 경우 명의차용자가 명의대여자의 이름으로 어음을 발행하

---

121) 대법원 2011.4.14. 선고 2010다91886 판결(명의대여자로서 부진정연대채무를 지는 채무자 1인에 대한 이행청구 또는 채무자 1인이 행한 채무의 승인 등 소멸시효의 중단사유나 시효이익의 포기가 다른 채무자에게 효력을 미치지 아니한다고 판시).

122) 대법원 1983.3.22. 선고 82다카1852 판결(명의대여자가 명의를 대여하면서 정미소 경영을 하도록 허락한 경우 명의차용자의 정미소 점유부분에 대한 임대차계약 체결행위에 대해서는 명의대여자의 책임을 부정한 사례).

123) 대법원 1998.3.24. 선고 97다55621 판결("불법행위의 경우에는 설령 피해자가 명의대여자를 영업주로 오인하고 있었더라도 그와 같은 오인과 피해의 발생 사이에 아무런 인과관계가 없으므로, 이 경우 신뢰관계를 이유로 명의대여자에게 책임을 지워야 할 이유가 없다."는 이유를 들었다.).

124) 이철송(15), 219면; 김성태(99), 268~269면; 김병연외(12), 112면.

였다면 명의차용자는 어음법상의 기명날인(또는 서명)자가 아니므로 원칙적으로 어음채무를 지지 아니하는데 명의대여자가 연대책임을 진다는 것은 모순이라는 점 등의 이유에서 책임을 부정한다. 그러나 ⅱ) 다수설[125]·판례[126]는 이러한 경우에 제24조의 적용을 긍정한다(긍정설). 생각건대 상법상 어음행위는 상행위가 아니지만[127] 상인이 아닌 의사·변호사 등의 전문직업인의 거래에 관해서도 제24조가 유추적용되는 점, 명의대여자가 명의를 영업에 사용하도록 허락하는 경우에 명의차용자가 영업과 관련하여 어음행위를 하는 것은 당연히 예상된다는 점 등에서 명의대여자의 의사와도 부합된다는 점 등을 고려하면 긍정설이 타당하다.

나아가서 명의차용자가 영업을 할 것을 허락한 것이 아니라 특정한 어음행위만을 위하여 명의대여를 행한 경우에 명의대여자는 제24조의 책임을 지는가 하는 문제가 있다. 이에 관하여 ⅰ) 어음행위는 상행위가 아니므로 어음행위를 위한 명의대여에 제24조를 적용하는 것 자체가 모순이라는 점을 지적하면서, 이 경우에는 어음행위의 대행으로서 어음의 문언성으로 인하여 명의차용자가 자신의 어음행위로서 책임을 지게 하면 족하다고 보는 부정설[128]과 ⅱ) 제24조의 적용 또는 유추적용을 긍정하여 명의대여자는 책임을 진다는 견해(긍정설)[129]가 갈린다. 이 경우에 명의차용자가 명의대여자의 명의로 한 어음상의 기명날인 또는 서명은 명의차용자가 명의대여자의 명의를 자기를 표시하는 명칭으로 사용하여 한 것이므로 명의차용자는 어음법상 책임을 부담하고, 명의대여자는 자기의 명의를 대여한 점에서 제24조의 유추

---

[125] 안강현(15), 131면; 손진화(14), 111면; 정동윤(12), 87면; 정찬형(15), 130면; 최준선(13), 152면.
[126] 대법원 1969.3.31. 선고 68다2270 판결; 대법원 1970.9.29. 선고 70다1703 판결.
[127] 일본 상법은 어음행위를 절대적 상행위로 다루며(일본 상법 §501ⅳ), 긍정설은 이러한 일본법에서는 설득력이 있으나 어음행위가 상행위가 아닌 우리 상법상으로는 부합하지 않는다고 비판받고 있다. 이철송(15), 220면.
[128] 이철송(15), 220면; 김성태(99), 288면; 손진화(14), 112면; 정동윤(12), 87면; 최준선(13), 152~153면.
[129] 강위두·임재호(11), 106면; 서헌제(07), 114면; 손주찬(03), 129~130면; 임홍근(01), 122면; 전우현(11), 111면; 정경영(07), 76~77면; 정찬형(15), 130~131면.

적용을 통해서 책임을 인정할 수 있다.130)

3) 사용자배상책임

명의차용자의 불법행위로 인한 채무에 대해서는 명의대여자는 원칙적으로 책임을 지지 아니하나 명의대여자와 명의차용자 사이에 사용관계가 존재하는 경우에는 예외적으로 민법 제756조에 의한 사용자배상책임을 부담할 수 있다. 이 때 명의대여자와 명의차용자 사이의 사용관계는 반드시 법적으로 유효한 계약관계가 존재할 필요는 없고 사실상 지휘·감독이 존재함으로써 족하며 "그 명의대여로 인한 사용관계의 여부는 실제적으로 지휘·감독하였느냐의 여부에 관계없이 객관적으로 보아 사용자가 그 불법행위자를 지휘·감독할 지위에 있었느냐의 여부를 기준으로 결정하여야 한다."131)

---

130) 동지: 손주찬(03), 130면.
131) 대법원 1996.5.10. 선고 95다50462 판결("피고가 타인에게 피고 명의의 사업자등록과 채석허가 및 화약류사용허가를 사용할 것을 허용하여 위 작업을 하게 한 경우에 그 사업이 내부관계에 있어서는 명의차용자가 피고의 고용인이 아니라 하더라도 외부에 대한 관계에 있어서는 그 사업이 명의자인 피고의 사업이고, 또 명의차용자가 피고의 종업원임을 표명한 것과 다름이 없을 뿐만 아니라, 총포도검화약류등단속법이 화약류 사용으로 인한 위험과 재해를 미리 방지함으로써 공공의 안전을 유지하는 데 이바지하고자 그 사용허가에 관하여 엄격하게 규정하고 있는 취지에 비추어 보더라도 화약류사용허가 명의를 사용하여 위 작업을 하도록 허용한 피고가 실제로 위 작업을 지휘·감독하였느냐의 여부에 관계없이 객관적으로 보아 명의차용자를 지휘·감독할 지위에 있었다고 할 것이므로, 피고는 명의차용자의 과실로 인하여 발생한 이 사건 사고로 인하여 원고가 입은 손해를 배상할 책임이 있다"고 판시); 대법원 1993.3.26. 선고 92다10081 판결(여인숙에 투숙한 투숙객들이 연탄가스에 중독되어 사상한 사건에서 "공중위생법상 숙박업의 허가는 시설물을 기준으로 하고 있는 것으로 보이고 그에 따라 허가명의를 양도하는 경우 등에도 양수인이 별다른 제한 없이 지위를 승계하는 것으로 규정하고 있으므로 숙박업허가명의대여자에 대하여는 명의사용자에 대한 지휘·감독의무를 시인하기 어렵다"고 하고 "임차인이 건물 소유자인 임대인과의 합의에 따라 임대인으로부터 수리비용을 지급받아 임차목적물인 건물을 직접 수리하였다고 하여 그 수리업무에 있어 임대인의 피용자가 되거나 임대인으로부터 지휘·감독을 받을 지의에 있게 된다고 볼 수 없다."고 하여 사용관계가 없으므로 민법 제756조에 의한 사용자배상책임은 발생하지 않는다고 판시).

제 4 장 상업장부

제1절 총설

상업장부(Handelsbuch)는 상인이 그 기업 경영과 재산의 상황을 명백하게 하여 정확하게 파악하기 위하여 법률상 의무로써 작성하는 장부로서 회계장부와 대차대조표가 있다(§29①). 상업장부의 작성에는 그 목적 달성을 위하여 통일성과 진실성의 확보가 요구된다.

상법총칙의 상업장부에 관한 규정은 개인기업과 회사 등 모든 기업에 적용된다. 다만 규모가 영세한 소상인에는 적용되지 아니한다.

회사기업, 특히 물적회사의 경우에는 사원·회사채권자의 보호를 위하여 회계에 관한 상세한 특별규정이 있다(주식회사§ 447~468,유한책임회사§ 28, 7의32~287의37,유한회사§ 579~583).

상법상의 기업회계에 관한 규정을 보완하는 것으로 2010년까지는 기업회계기준(「주식회사의 외부감사에 관한 법률」에 의하여 금융위원회가 증권선물위원회의 심의를 거쳐 제정)이 있었는데, 2011년부터는 이에 갈음하여 '한국채택국제회계기준'과 '일반기업회계기준'이 있다. 상장회사, 은행, 투자매매업자, 보험회사, 신용카드업자 등은 한국채택국제회계기준(Korea International Financial Reporting Standards: K-IFRS)(2007.11.23. 한국회계기준원 회계기준위원회 제정)을 적용하여 재무제표 또는 연결재무제표를 작성하여야 한다(외감법§13①i). 비상장법인은 일반기업회계기준(2009.11.27. 한국회계기준원 회계기준위원회 제정)을 적용하여 재무제표 또는 연결재무제표를 작성하여야 한다(외감법§13①ii). 그러나 비상장법인은 한국채택국제회계기준을 선택하여 이에 의하여 재무제표 또는 연결재무제표를 작성할 수도 있다(기업회계기준서 제1001호 한 2.1).

한국채택국제회계기준(K-IFRS)은 국제회계기준(IFRS)을 한국의 법체계에 맞추어 형식을 다소 변경한 것으로서 그 내용은 거의 동일하다. 이는 '기업회계기준서'와 '기업회계기준해석서'로 되어 있다.

상업장부에 관한 입법주의에는 간섭주의, 방임주의, 절충주의 등이 있다.
ⅰ) 간섭주의(엄격주의)는 상업장부의 작성에 상사법관 또는 시장의 서명을 요하고 기재방법이 엄격히 제한되어 있는 입법주의이다. 프랑스상법, 스페인구상법의 입장이다.

ⅱ) 방임주의는 법이 상업장부의 작성을 요구하고 있지 않으나, 다만 영업상 필요한 장부를 비치하고 있지 않은 상인이 파산시에는 형벌의 제재를 가함으로써 상업장부의 작성이 간접적으로 강제되고 있는 입법주의이다. 영미가 이에 속한다.

ⅲ) 절충주의는 법이 상업장부의 작성을 요구하고 대체적 규정을 두나 그 작성 형식과 기재방법 등은 아무런 규정도 두지 않고 상인의 관습에 맡기는 방식이다. 독일, 한국이 이에 속한다.132)

제2절 상업장부의 의의

상업장부는 상인이 그 기업 경영과 재산의 상황을 명백하게 하기 위하여 법률상 의무로써 작성하는 장부를 말한다. 이에 관하여 분설한다.

1. 작성자

상업장부는 상인이 작성하는 것이다. 따라서 상호보험회사나 협동조합이 작성하는 장부 또는 소상인이 작성하는 장부는 이에 속하지 아니한다.

---

132) 그러나 독일상법은 회사법에 대한 EU 제4, 제7 및 제8지령(Directive)의 시행으로서 1986년 대차대조표법(Bilanzrichtlinien-Gesetz vom 19.12.1985)을 제정하여 상법상 대차대조표 및 손익계산서에 대하여 방식을 규정하고 있으므로(HGB §§238~339) 절충주의에 속한다고 보기 어렵다고 보는 견해로는 손주찬(03), 147면.

2. 작성 목적

상업장부의 작성 목적은 상인의 영업상의 재산 및 손익의 상황을 명백하게 함으로써 사업의 현황을 파악하고 장래의 사업계획 수립에 근거자료로 삼기 위한 것이다. 따라서 상법상 상인에게 작성이 요구되어 있는 장부라 해도 중개인일기장(§97), 주주명부(§352), 또는 주주총회의사록(§373) 등은 상업장부가 아니다.

3. 종류

상인이 작성하여야 하는 상업장부의 종류에는 '회계장부'와 '대차대조표'가 있다(§29①). 물적회사의 경우에는 상법총칙의 상업장부에 관한 규정에 대하여 특칙을 두어서 회계에 관한 서류를 별도로 정하고 있다. 물적회사에서 작성하여야 하는 '제무제표'에는 상업장부의 일종인 '대차대조표'가 들어 있지만, '제무제표'와 상업장부는 상이한 개념이다.

주식회사의 대표이사는 결산기마다 '재무제표'를 작성하여 이사회의 승인을 얻고(§447①), 감사의 감사를 받은 후(§447의3①), 정기주주총회의 승인을 얻어야 하며(§449①), 이 중 대차대조표는 총회의 승인을 얻은 후 공고를 요한다(§449③). 주식회사의 재무제표에는 '대차대조표', '손익계산서', '자본변동표', '이익잉여금 처분계산서' 또는 '결손금 처리계산서' 등이 속한다. 다만, 「주식회사의 외부감사에 관한 법률」제2조에 따른 외부감사 대상 회사의 경우에는 재무제표로서 위의 서류들 외에 '현금흐름표' 및 주석(註釋)을 함께 작성하여야 한다(§447①상별 시행령§16①). 또한 주식회사와 다른 회사 또는 기업이 서로 지배·종속의 관계에 있는 경우에 지배회사의 이사는 '연결재무상태표', '연결손익계산서' 또는 '연결포괄손익계산서' 등의 연결재무제표(聯結財務諸表)를 작성하여야 한다(§447②). 연결재무제표는 지배회사와 그 종속회사의 회계를 일목요연하게 연결하여 보여주기 위한 것이다.

유한책임회사의 업무집행자는 결산기마다 재무제표를 작성하여야 한다

(§ 287의33,상
법시행령§ 5). 유한회사의 이사는 매결산기에 재무제표와 영업보고서를 작성하여 감사(監事)에게 감사(監査)를 받고 사원총회의 승인을 받아야 하나 주식회사의 경우와 달리 공고는 요하지 않는다(§ § 579①,579의2①). 유한책임회사 및 유한회사의 재무제표에는 대차대조표, 손익계산서, 자본변동표, 이익잉여금 처분계산서 또는 결손금 처리계산서와 그 부속명세서 등이 포함된다.

다만 인적회사의 경우에도 한국채택국제회계기준(K-IFRS)이나 일반기업회계기준이 적용되므로 실제로는 물적회사의 경우와 큰 차이는 없다.

제3절 상업장부의 기능

상업장부제도는 기업경영의 합리성과 투명성을 담보해야 하는데, 이것은 상인 자신의 이익을 위해서 뿐만 아니라 상인과 거래관계를 가지는 일반대중의 이익을 위해서도 필요하다.[133] 즉 상업장부는 ① 상인의 재산 상황과 영업의 성과를 밝히는 기능을 하며, 상인이 각 영업부문의 수익을 검토하여 각 부문의 경영 계획 수립에 기초가 된다. ② 특히 회사의 경우 손익계산을 명백히 함으로써 사원(출자자)에 대한 이익배당의 기초가 명확하게 되고, 기업의 지급능력·파산원인의 유무 등에 대한 판단의 기초가 되며, 사채권자 등 제3자에 대한 회사의 신용의 자료가 되기도 한다. 따라서 상업장부의 작성에는 통일성과 진실성이 확보되어야 한다.

제4절 회계장부

1. 의의

회계장부(accounting books, Rechnungsbücher)는 상인의 영업상의 거래와

---

133) 손주찬(03), 145면.

기타 영업상의 재산에 영향이 있는 사항을 기재하기 위한 장부이다(§30①). 회계장부인지 여부는 명칭은 불문하고 실질에 따라 판단한다. 회계장부는 흔히 전표, 분개장 그리고 원장의 형식으로 작성되는데, 이 중 전표(傳票)는 입금전표, 출금전표와 같이 거래가 일어날 때마다 매일매일 기재하는 것이고, 거래의 발생순서 또는 거래의 유형 등에 따라 작성하는 것이 분개장(分介帳)(journal)이다. 그리고 이 모두를 종합하여 기재하는 것이 총계정원장(總計定元帳)(general ledger)이다.

1995년 개정상법은 상업장부를 마이크로필름, 기타의 전산정보처리조직에 의하여 이를 보존할 수 있도록 하였고(§33③), 이후 기업회계는 전산화되어 처리되는 것이 보통이다.

2. 기재사항

회계장부에 기재할 사항은 "(상인의) 영업상의 재산 및 손익의 상황을 명백히 하기 위한" 사항 (§29①) 내지 "상인의 (일상의) 거래와 기타 영업상의 재산에 영향이 있는 사항" (§30①)이다. 여기에서 "영업상의 재산"이란 상인이 영업목적을 위하여 가지는 영업재산을 말하며, 동산·부동산 등의 유체재산과 채권·지식재산권 등의 적극재산 및 영업상 채무와 같은 소극재산을 포함한다. 회사의 경우에는 영업용재산 이외에 비영업용재산이라는 것은 존재하지 않지만, 개입기업의 경우에는 영업용재산 이외에 비영업용재산이 있다. 개인기업의 상인은 회계장부에 비영업용재산을 기재할 필요는 없다. 그러나 개인 상인이 영업용재산에서 가사비용을 지출하거나 비영업용재산에서 영업비용을 지출한 경우에는 회계장부에 기재하여야 한다. 그러한 경우는 영업재산의 사실상의 변동이므로 회계장부에 기재하지 않으면 영업상의 재산이 명백하게 될 수 없기 때문이다.[134]

"거래와 기타 영업상의 재산에 영향이 있는 사항"은 영업상의 재산에

---

[134] 손주찬(03), 157면.

변동을 가져오는 부기상의 거래의 기재를 의미하고 법률상 거래와는 다르다. 즉 단순히 법률관계의 발생만으로는 아직 기재능력이 없고, 현실적인 재산이동의 발생을 기다려서 기재하여야 하는 것이다. 예컨대, 토지·건물 등의 매매계약이나 임대차계약이 성립되었더라도 그것은 법률상 거래일 뿐이고 그 목적물의 인도나 대금수수가 발생하여야 부기상 거래가 되어 회계장부에 기재사항이 된다.135)

3. 기재방법

상법은 "상업장부의 작성에 관하여 이 법에 규정한 것을 제외하고는 일반적으로 공정·타당한 회계관행에 의한다"(§29②)고 하여 상업장부의 작성원칙을 선언하고 있다. 여기에서 "일반적으로 공정·타당한 회계관행"이란 현재 '한국채택국제회계기준'(K-IFRS)과 '일반기업회계기준'을 지칭하는 것이다(다수설). 이에 대하여 소수설136)은 일반적으로 공정·타당한 회계관행을 기업회계기준과 동시할 수는 없고, 하나의 추정적 자료로 본다.

제29조제2항의 상업장부의 작성원칙은 1984년 개정 상법에 의하여 도입된 조항으로서 ① 회계에 관한 사항을 모두 상법에 자족적으로 규정할 수가 없고 또 모두 법률로서 규정하는 것은 적절하지 못하므로 그 중요한 사항만을 상법에 규정하고 그 이외에는 회계관행에 따르도록 하는 것이 바람직하며, ② 상법상의 회계와 기업회계와의 괴리는 불합리하므로 양자를 가

---

135) 손주찬(03), 157면; 정희철(89), 107면; 정동윤(12), 173면; 정찬형(15), 126면.
136) 양승규·박길준(93), 83면(기업회계기준은 공정·타당한 회계관행을 요약한 것일뿐 기업회계기준이 공정·타당한 회계관행을 빠짐없이 망라하고 있는 것은 아니며 기업회계기준에 규정되어 있지 않다 하더라도 상업장부의 작성목적에 비추어 공정·타당하다고 인정되는 것이 있으면 그것도 역시 공정·타당한 회계관행에 해당한다고 한다.); 채이식(92), 95면(기업회계기준은 대규모회사에는 적합한 방식이지만 소규모 상인에게까지 이를 일률적으로 적용하기는 곤란하다고 하는 점에서 기업회계기준은 일반적으로 용인되는 회계 모델이지 그것 자체가 곧 일반적으로 공정·타당한 회계관행은 아니라는 것이다.); 왕순모, 「기업회계법의 구축과 전망」, 경성대출판부, 2004, 77면.

급적 일치시키고, ③ 1984년 개정전의 상업장부의 작성에 관해서도 "업계의 관행", "회계관습" 또는 "회계의 이론과 부기의 관행"에 따르도록 하자는 것이 학계의 다수설이었던 점을 반영한 입법이라고 한다.[137]

미국 모범사업회사법(Model Business Corporation Act(1994) 제16.20조에서도 재무제표가 "일반적으로 공정타당하다고 인정되는 회계원칙에 따라서"(on the basis of generally accepted accounting principles) 작성되는 경우를 규정하고 있으므로 상법의 태도와 유사하다.

4. 기재시기

회계장부의 기재시기에 관해서도 "일반적으로 공정·타당한 회계관행"에 의한다 (소수설) 기재사항이 발생하면 지체없이 기재하여야 한다는 소수설[138]도 있으나 ii) 기업회계에 관한 충분성의 원칙상 기재사항이 발생한 후 상당한 시기에 기재하면 된다(통설).

제5절 대차대조표

1. 의의

대차대조표(balanced sheet, Bilanz)란 일정시점에 있어서의 기업의 재정상태를 명백히 하기 위하여 기업의 총재산을 자산·부채·자본의 항목으로 나누어 나타내는 개괄표이다.[139] 기업회계기준에서는 '대차대조표'를 '재무상태표'라는 명칭으로 부르고 있다(일반기업회계기준 2.4).

대차대조표는 회계장부를 마감하고 동일한 종류의 항목들을 합산하여 자

---

137) 손주찬(03), 148면.
138) 정희철(89), 107면.
139) 손주찬(03), 163면.

산은 차변, 부채와 자본은 대변에 기재하여 대조시키는 것이다. 이에 따라 차변의 총금액이 대변의 총금액보다 많을 때에는 그 차액은 이익으로 대변에 기재되고, 대변의 총금액이 차변의 총금액보다 많을 때에는 그 차액은 손실로 차변에 기재되어 작성 당시의 기업의 재산상태를 보여주게 된다.

〈대차대조표(재무상태표)의 구성요소〉

자산	유동자산(현금및현금성자산, 유동금융자산, 유동비금융자산, 재고자산) 비유동자산(유형자산, 비유동금융자산, 무형자산, 비유동비금융자산)
부채	유동부채(유동금융부채, 유동비금융부채) 비유동부채(장기차입금, 장기예수보증금, 퇴직급여채무 등)
자본	자본금, 자본잉여금, 자본조정, 기타포괄손익누계액, 이익잉여금(또는 결손금) 등

유동자산(current assets)이란 1년이내에 현금화가 가능한 자산 또는 보유기간이 단기간(1년 내)인 재고자산을 말한다. 유동자산은 ① 현금및현금성자산(현금, 당좌예금), 유동금융자산(매출채권, 미수금, 유가증권, 유동성매도가능금융자산(단기금융상품), 기타유동금융자산 등), 유동비금융자산(선급금, 선급비용, 기타유동비금융자산) 등 1년 이내에 특별한 판매활동을 거치지 않고 바로 현금화가 가능한 당좌자산과 ② 재고자산(회사의 주된 영업목적자산, 판매할 목적으로 만드는 중인 자산, 판매목적의 제품을 만드는데 들어가는 원료 등)을 포함한다. 이와 달리 비유동자산 내지 고정자산(capital assets)이란 ① 현금화에 장기간이 소요되는 유형자산(토지, 건물, 설비, 차량, 공구, 비품 등)과 ② 비유동금융자산(주된 영업활동 외의 1년 이상의 투자목적 또는 타 회사를 지배할 목적 등으로 소유하는 장기금융상품·투자유가증권, 장기미수금, 장기대여금, 장기매출채권, 장기보증금 등의 투자자산), ③ 무형자산(지식재산권, 개발비, 회원권 등), ④ 비유동비금융자산 등을 말한다. 같은 유가증권이라 하더라도 그 보유기간이 1년 이내의 단기일 경우에는 유동자산인 유가증권으로, 1년 이상의 장기일 경우에는 고정자산인 투자유가증권으로 분류하게 된다.

유동부채(current liabilities)란 만기 1년 이내의 부채로서 유동금융부채(단기차입금, 단기사채, 매입채무, 미지급금, 미지급비용, 금융보증부채, 기타유동금융부채 등)와 유동비금융부채(거래상대방으로부터 미리 받은 선수금, 예수금)로 구성된다. 비유동부채(non-current liabilities)란 만기 1년이 넘는 부채로서 장기차입금, 장기예수보증금, 퇴직급여채무 등으로 구성된다.

자본(shareholder's equity)은 주식회사나 유한회사의 경우 주식(지분)의 액면총액인 자본금, 주식발행초과금·자기주식 등의 자본잉여금, 자본조정, 매도가능금융자산평가손실·해외사업환산손익·파생상품평가손익 등의 기타포괄손익누계액, 이익준비금·미처분이익잉여금 등의 이익잉여금(또는 결손금) 등으로 구성된다.

2. 작성시기별 종류

(1) 통상대차대조표

통상대차대조표에는 개업대차대조표와 결산대차대조표가 있다. 개업대차대조표는 회사는 성립시에, 기타 기업은 영업을 개시한 때에 작성하여야 하는 대차대조표이다($\S\,30\,②$). 결산대차대조표는 회사는 영업의 계속을 전제로 매 결산기에, 기타 기업은 매년 1회 이상 일정시기에 작성하여야 하는 대차대조표이다($\S\,30\,②$). 결산대차대조표는 주식회사·유한책임회사·유한회사에 있어서는 재무제표의 일부로서 작성된다($\S\S\,447①\,i,\,287의33,\,579①\,i$).

(2) 비상대차대조표

비상대차대조표는 영업의 계속을 전제로 하지 않고 작성하는 대차대조표이다. 합병대차대조표는 합병시에 필요하면 작성하며($\S\,522의2①\,iii$), 청산대차대조표는 합명회사·합자회사가 임의청산을 하는 경우에는 해산사유가 있는 날로부터 2주간내에($\S\S\,247①,269$), 주식회사·유한회사가 해산한 때에는 청산인이 취임한 후 지체없이 작성한다($\S\S\,533①,613①$).

3. 작성방법

　대차대조표의 작성방식에 대하여 상법에서는 특별한 기준을 제시하고 있지 않으므로 "일반적으로 공정·타당한 회계관행"에 따라 작성하면 된다(§29②). 대차대조표의 작성방법에 관하여 한국채택국제회계기준(K-IFRS)에서는 유도법에 의한 작성 이외에는 특별히 규정하고 있지 않다.140) 즉 일반기업회계기준에서는 '자산과 부채는 유동성이 큰 항목부터 배열하는 것을 원칙으로 한다'고 규정하고 있으나(유동성배열법), K-IFRS에서는 대차대조표상 표시되어야 할 항목의 순서나 형식을 규정하지 않고 있다(기업회계기준서 1001호 문단 57).141) 대차대조표의 형식에는 ① 차변에 자산을, 대변에 부채 및 자본을 대비시켜 표시하는 계정식과 ② 자산의 부와 부채의 부와 자본의 부를 상하로 연결하여 배열하는 보고식이 있다.

　비상대차대조표는 재고조사법(inventory method)에 의하여 작성한다. 재고조사법은 개별요소마다 실지 재고조사를 하여 그 결과를 집적하여 작성하는 방법이며, 회계장부 등을 반드시 필요로 하지 않으며, 자산은 어디까지나 현금화될 가치 있는 것에 한정되고, 또한 부채도 법적 관점에 의한 부채에 한하게 된다. 단적으로 말하면 재고조사법은 기업의 해체가치(解體價値)를 계산하는 것으로, 현재 보유하고 있는 재산을 모두 환금하면 어떻게 될 것인가를 나타내는 것이다.

　반면 결산대차대조표는 "회계장부에 의하여" 작성하는 유도법(derivative method)에 의하여 작성한다(§30②). 유도법에서 회계장부에 의하여 대차대조표를 작성한다는 것은 회계장부상의 영업상 재산의 가액이 그대로 대차대조표에 기재

---

140) 한편 2010년 상법 개정 이전에는 상법은 자산평가의 원칙에 관하여 총칙에 제31조를, 물적회사의 경우에는 제452조에 특칙을 두고 있었다. 그러나 기업회계기준의 지속적인 변화와 개선이 이루어짐에 따라 현실에 사용하고 있는 회계기준과 상법상의 회계기준이 불일치하는 문제점이 발생하고 있는 점을 감안하여 법률에 구체적인 회계관련규정을 두지 않는 세계적 추세에 부합하고, 향후 변화하는 기업회계관행에 신속·적절히 대응하기 위하여 이를 삭제하였다.

141) 정찬형(15), 136면, 각주 4.

될 재산의 가액이 된다는 의미가 아니라, 회계절차, 즉 회계의 순환과정에 따라서 결산기의 경우에는 회계장부를 마감한 다음 시산표(trial balance)를 작성하고 필요한 결산의 수정정리를 한 뒤에 수정후시산표 중 비용과 수익에 관한 계정과목 등과 그 금액으로써 손익계산서를 작성하며, 그 다음에 위의 시산표 중 자산·부채 및 자본에 속하는 계정과목 등과 그 금액에 따라서 대차대조표를 작성하게 된다.

제6절 상업장부의 기장방법

회계장부 및 대차대조표의 작성방식에 대하여 상법에서는 특별한 기준을 제시하고 있지 않으므로 "일반적으로 공정·타당한 회계관행"에 따라 작성하면 된다($\S^{29}_{②}$).

그런데 기업회계기준에 나와 있지 않은 전표, 분개장, 원장 등의 회계장부의 구체적 기재방법은 기업회계에 있어서의 명료성의 원칙에 따른 일반적인 부기·회계관행에 따를 수밖에 없다. 납세의무가 있는 법인기업이나 수익사업을 하는 비영리법인의 경우에는 복식부기(複式簿記)에 의하여야 하지만($^{법인세}_{법\S\ 112}$), 개인기업의 경우에는 제한이 없으므로 단식부기에 의할 수도 있다.

단식부기(單式簿記)의 작성 사례를 들면, 예컨대 자본금이 1,000만 원인 X회사가 500만 원어치 상품을 사와서 거래처에 600만 원에 판매했다면 아래와 같이 회계장부에 기장된다.

〈회계장부〉

기초잔액	10,000,000원
수입	6,000,000원
지출	5,000,000원
영업기말 잔액	11,000,000원

복식부기(double entry book-keeping)는 상인이 경제활동을 수행한 결과 발생하는 자산·부채의 변동상황과 거래내역을 "차변과 대변에 동일한 금액을 기장하는 이중기입의 원칙"에 의하여 체계적으로 기록하는 장부기록 방법이다.[142] 이에는 구체적으로 계정식 작성법과 보고식 작성법이 있다. 계정식 작성법에서는 하나의 거래에 대하여 다음과 같이 회계처리를 하고, 대차대조표와 손익계산서(profit & loss statement)를 작성한다. 자산, 부채, 자본 잔액은 대차대조표에, 거래와 관련된 손익 사항은 손익계산서에 각각 기록한다.

〈대차대조표〉

현금	11,000,000원	자본금 이익잉여금	10,000,000원 1,000,000원

〈손익계산서〉

매출	6,000,000원
매출원가	5,000,000원
매출총이익	1,000,000원
…	…
당기순이익	1,000,000원

위의 예에서 만약에 X회사가 상품을 사고파는 거래를 모두 신용으로 했다면 대차대조표는 다음과 같이 작성될 것이다.

현금 외상매출금	10,000,000원 6,000,000원	외상매입금	5,000,000원
		자본금 이익잉여금	10,000,000원 1,000,000원

---

142) 김성태(99), 273면.

이와 달리 보고식 작성법에서는 자산의 부와 부채의 부와 자본의 부를 상하로 연결하여 배열한다. 항상 오른쪽 항목, 즉 대변(貸邊)(Credit)의 합과 왼쪽 항목, 즉 차변(借邊)(Debit)의 합은 같다. 이를 '대차균형의 원리'라고 한다.

자산	부채 자본

자산(assets)은 부채(liabilities)와 자본(capital)으로 이루어진다. 즉 "자산 = 자본 + 부채"[143]이다. 차변에는 자산, 대변에는 부채와 자본을 기재한다. 만약, 자산이 감소하면 대변에, 부채와 자본이 감소하면 차변에 기재한다. 영업으로 인한 손익의 계산은 수익(revenue)에서 비용(expense)을 공제한 것이 양수이면 영업이익이고 음수이면 손실이 된다.

위의 사례에서 X회사가 상품을 매입한 거래처에 외상매입금 중 300만 원을 갚는다면 다음과 같은 회계처리가 이루어진다.

외상매입금	3,000,000원	현금	3,000,000원

그러면 X회사의 대차대조표는 다음과 같이 기장될 것이다.

현금 외상매출금	7,000,000원 6,000,000원	외상매입금 자본금 이익잉여금	2,000,000원 10,000,000원 1,000,000원

다음은 실제 작성된 어느 기업의 대차대조표이다.

---

143) 이를 회계등식(accounting equation)이라 한다.

재 무 상 태 표

제 12(당) 기 2014년 12월 31일 현재
제 11(전) 기 2013년 12월 31일 현재
회사명 : 주식회사 ** (단위 : 원)

과 목	제 12기		제 11 기	
자 산				
Ⅰ. 유동자산		64,575,866,687		39,666,020,353
(1) 당좌자산		41,015,604,890		13,959,869,551
1. 현금및현금성자산(주석3)	16,182,354,041		5,190,591,322	
2. 단기금융상품	-		9,593,724	
3. 분양미수금	24,715,747,591		3,015,830,486	
4. 대손충당금	(247,157,475)		(85,386,239)	
5. 미수금	198,533,844		80,245,554	
6. 미수수익	-		89,370,858	
7. 선급금	5,591,500		-	
8. 선급비용	80,872,708		314,520,362	
9. 부가세대급금	9,282,403		17,216,115	
10. 단기대여금(주석12)	70,380,278		327,887,369	
(2) 재고자산(주석2,11)		23,560,261,797		25,706,150,802
1. 건설용지	18,919,417,554		21,341,883,450	
2. 미완성공사	4,640,844,243		4,364,267,352	
Ⅱ. 비유동자산		593,806,566		588,999,549
(1) 투자자산		239,821,534		132,349,480
1. 장기금융상품(주석3)	111,472,054		4,000,000	
2. 장기투자증권(주석2,4)	128,349,480		128,349,480	
(2) 유형자산(주석2,5)		72,058,862		141,880,099
1. 차량운반구	348,438,314		348,438,314	
감가상각누계액	(287,195,034)		(226,256,249)	

2. 비품	40,638,700		40,638,700	
감가상각누계액	(29,823,118)		(20,940,666)	
(3) 무형자산		4,722,300		0
소프트웨어	4,722,300			
(3) 기타비유동자산		277,203,870		314,769,970
1. 임차보증금	276,000,000		313,000,000	
2. 기타보증금	1,203,870		1,769,970	
자 산 총 계		65,169,673,253		40,255,019,902
부 채				
Ⅰ. 유동부채		43,002,559,852		18,823,418,119
1. 매입채무	14,548,176,845		10,356,054,855	
2. 단기차입금(주석6,12)	15,120,000,000		7,870,000,000	
3. 미지급금	177,353,358		64,519,126	
4. 예수금	33,402,038		28,366,130	
5. 선수금	31,947,683		19,372,683	
6. 분양선수금	11,442,768,800		-	
7. 미지급비용	213,994,112		160,614,342	
8. 미지급법인세	1,434,917,016		324,490,983	
Ⅱ. 비유동부채		5,510,208,628		11,572,733,144
1. 장기차입금 (주석6,7,10,12,13)	5,000,000,000		11,500,000,000	
2. 퇴직급여충당부채(주석2,8)	535,407,164		85,904,955	
퇴직연금운용자산	(25,198,536)		(13,171,811)	
부 채 총 계		48,512,768,480		30,396,151,263
자 본				
Ⅰ. 자본금(주석1,9)		2,000,000,000		2,000,000,000
1. 보통주자본금	2,000,000,000		2,000,000,000	
Ⅱ. 이익잉여금		14,656,904,773		7,858,868,639

1. 미처분이익잉여금(주석16)	14,656,904,773		7,858,868,639	
자 본 총 계		16,656,904,773		9,858,868,639
부 채 와 자 본 총 계		65,169,673,253		40,255,019,902

감사의견: 우리의 의견으로는 회사의 재무제표는 주식회사 **의 2014년 12월 31일 현재의 재무상태, 동일로 종료되는 보고기간의 재무성과 및 현금흐름을 일반기업회계기준에 따라 중요성의 관점에서 공정하게 표시하고 있습니다.

서울특별시 중구 **회계법인 대표이사 ***

제7절 상업장부에 관한 의무

1. 작성의무

상업장부를 작성할 의무의 주체는 상인이다. 소상인은 제외된다. 회사기업의 경우에는 업무집행사원·이사(대표이사)·청산인 등이 의무자이고, 상업장부를 작성하지 않거나 부실기재를 한 때에는 과태료의 제재를 받는다(§635①ix). 그러나 상법상 개인기업의 경우에는 작성의무위반에 대한 제재는 없다.

상업장부를 작성할 때에는 작성자가 기명날인 또는 서명하여야 한다(§30②) 여기에서 작성자라 함은 작성의무자를 가리키며 현실로 작성한 담당직원을 말하는 것은 아니다.

2. 보존의무

상인은 10년간 상업장부와 영업에 관한 중요서류를 보존하여야 한다(§33①본문). 다만, 전표 또는 이와 유사한 서류는 5년간 이를 보존하여야 한다(§33①단서). 10년 또는 5년이라는 보존기간의 기산점은 상업장부의 경우 "장부를 폐쇄한 날" (결산마감일)이며

($\S^{33}_{②}$), 영업에 관한 중요서류나 전표 등의 보존기간의 기산점은 "작성 또는 접수한 날"이다. 기업은 영업을 폐지하더라도 위의 기간동안은 상업장부의 보존의무를 부담한다. 회사인 상인의 경우에는 별도로 청산등기 후 10년간(전표 또는 유사한 서류는 5년간)의 상업장부 등의 보존의무가 법정되어 있다($\S\S\ ^{266,\ 269,\ 287의}_{45,\ 541,\ 613}$).

상업장부와 서류는 실물 대신에 마이크로필름 기타의 전산정보처리조직에 의하여 이를 보존할 수 있다($\S^{33}_{③}$). 그 경우에는 「전자문서 및 전자거래 기본법」 제5조 제2항에 따라 전자화문서로 보존하는 방법 등 상법시행령에서 정하는 방법으로 보존하여야 한다($^{\S 33④,상법}_{시행령\S 3본문}$). 다만, 법에 따라 작성자가 기명날인 또는 서명하여야 하는 장부와 서류는 그 기명날인 또는 서명이 되어있는 원본을 보존하여야 한다($^{상법시행}_{령\S 3단서}$).

3. 제출의무

법원은 신청에 의하여 또는 직권으로 소송당사자인 상인 또는 상업장부의 보존의무자에게는 상업장부의 제출을 명할 수 있는데($\S 32$), 이를 위해서는 민사소송법상 일반적인 문서제출의무상의 요건(당사자가 소송에서 인용한 문서를 가지고 있는 경우, 신청자가 문서를 가지고 있는 사람에게 그것을 넘겨 달라고 하거나 보겠다고 요구할 수 있는 사법상의 권리를 가지고 있는 경우, 문서가 신청자의 이익을 위하여 작성되었거나 신청자와 문서를 가지고 있는 사람 사이의 법률관계에 관하여 작성된 것인 때)($^{민사소송}_{법\S 344}$)은 필요하지 않다.

4. 의무위반의 효과

(1) 작성·보존의무위반

예컨대 회사기업에서의 상업장부의 미작성, 부실 작성, 미보존 등의 경우에는 의무자는 과태료를 부과받을 수 있으며($^{\S 635}_{①ix}$), 제3자에 대한 손해배상책임을 부담할 수 있다($\S\S\ ^{399,}_{401,\ 567}$). 그러나 개인기업의 경우에는 제재규정이 없어서

의무조항은 불완전법규에 속한다. 다만 기업이 파산한 경우에는 개인기업의 경우에도 상업장부의 작성·보존의무위반으로 인하여 사기파산죄나 과태파산죄의 처벌을 받을 수 있으며($^{채무자회생법}_{§§\ 650,\ 651}$), 민사상 불법행위를 구성하여 손해배상책임을 질 수도 있다($^{민법}_{§\ 750}$).

(2) 제출의무위반

민사소송에서 당사자가 법원의 문서제출명령에 따르지 아니하면 법원은 문서의 기재에 대한 상대방의 주장을 진실한 것으로 인정할 수 있다($^{민사소송}_{법§\ 349}$).

제 5 장 영업소

제1절 영업소의 의의

영업소(office, Handelsniederlassung)란 "기업의 존재와 경영활동의 중심지"로서 생활의 중심지인 자연인의 주소에 대응하는 개념이다. 다만 상법상 영업소라는 용어는 사용되고 있지 않고, '본점', '지점'이라는 용어가 사용되고 있다.

영업소의 개념요소를 분설하면 다음과 같다.

1. 기업활동의 장소적 중심지

영업소는 기업활동의 장소적 중심지이다. 여기에서 '기업활동'이란 대내적 의사결정 및 대외적 거래를 의미한다. 영업소는 주소 개념처럼 특정 장소를 의미할 뿐 특정 장소에 있는 점포 기타 물적 설비를 의미하는 것은 아니다.

2. 계속성

영업소는 어느 정도 계속적인 기업활동의 장소적 중심지이다. 따라서 일시적 매점, 이동판매점 등은 이에 속할 수 없다.

3. 단위성

영업소 하나가 기업의 경영활동의 하나의 단위(unit)가 되어야 한다. 그러므로 그것만으로는 기업의 경영활동이 온전하게 이루어질 수 없는 공장·물류창고·출장소가 있다면 그와 같은 단순한 부분적·보조적 기업활동의 장소는 영업소가 아니다. 그러나 상인의 영업소는 여러 개 있을 수 있다. 더욱이 상인이 여러 개의 영업을 하는 경우에는 영업별로 영업소를 갖는 것이 보통이다.

4. 객관성

영업소인지 여부는 객관적 사실의 문제이지 당사자의 의사의 문제가 아니다. 또한 상인이 붙인 명칭과도 무관하다. 그러나 영업소에 관하여 사실과 다른 등기를 하였을 때에는 상업등기의 대항력 때문에 선의의 제3자에게 대항할 수 없다(§39). 실질적 영업소가 아닌 형식적 영업소가 존재하는 경우에 금반언칙 또는 외관법리상 이를 신뢰한 선의의 제3자에게 대항할 수 없다고 해석된다(통설).[144]

제2절 영업소의 종류

상인이 동일한 영업에 관하여 여러 개의 영업소를 설치하고 있는 경우에는 그 영업소간에는 본점과 지점으로서 주종관계가 있게 된다. 회사기업의 경우에는 '본점'이 주된 영업소이고 '지점'은 종된 영업소이다.

본점과 지점은 영업별로 정해지는 것이고 어떤 기업이 수종의 영업을 영위하면서 각 영업별로 영업소가 있는 경우에 다른 영업에 관한 영업소간에는 주종관계가 있을 수 없다.

---

144) 최기원(04), 155면; 이기수외(03), 138면; 정찬형(15), 142면; 이철송(15), 156면.

제3절 영업소의 법적 효과

1. 영업소 일반의 효과

(1) 채무의 이행장소

상인의 영업소는 채권자의 지점에서의 거래의 경우에 해당 상행위의 성질 또는 당사자의 의사표시에 의하여 채무의 이행장소가 다르게 특정되지 아니한 한 그 상행위로 인한 채무의 이행장소가 된다(§56). 채무이행의 장소에 관하여 민법은 특정물인도채무의 경우에는 원칙적으로 채권성립당시의 목적물 소재지(민법§467①), 어음·수표 등 증권채무인 경우에는 채무자의 영업소(추심채무의 원칙)(민법§467②단서 어음법§2, 4, 21, 48, 52, 60, 76, 77, 민법§516, 524), 그 밖의 채무의 경우에는 채권자의 주소지(지참채무의 원칙)(동법§467②본문)로 정하고 있다. 따라서 채권자의 지점에서의 거래의 경우에는 특정물인도채무나 증권채무 또는 채무의 이행장소를 다르게 특정하는 당사자의 의사표시가 있는 경우를 제외하고는 채권자의 지점이 채무의 이행장소가 되고 채무자의 지점에서의 거래의 경우에는 특정물인도채무나 증권채무 또는 채무의 이행장소를 다르게 특정하는 당사자의 의사표시가 있는 경우를 제외하고는 채무자의 지점이 채무의 이행장소가 된다.

(2) 등기소 및 법원의 관할

상인의 영업소는 등기소 및 법원의 관할 결정의 표준이다(§34,민사소송법§5①, 12).

(3) 민사소송법상의 서류송달의 장소

상인의 영업소는 상인에 대한 민사소송법상의 서류송달의 장소(수령인의 영업소)이다(민사소송법§183①).

2. 지점의 법률상 효과

(1) 지배인

지점은 해당 지점의 지배인 선임의 기준이며 지배권의 범위를 정하는 기준이고(§§ 10, 13), 표현지배인 여부 결정의 표준이다(§ 14).

(2) 상업등기

지점은 상업등기의 대항력 결정을 위한 독립적 단위로서, 지배인을 선임한 경우에는 해당 지점에서의 등기가 없으면 본점에서의 등기를 지점거래에 원용할 수는 없다(§ 13). 본점의 소재지에서 등기할 사항은 다른 규정이 없으면 지점의 소재지에서도 등기하여야 한다(§ 35).

(3) 영업양도

본점이나 다른 지점으로부터 독립적으로 특정 지점만을 영업양도·양수의 대상으로 할 수 있다(§ 374① 1, Ⅳ)(통설).

제 6 장 상업등기

제1절 기업공시의 필요성

　기업공시에는 특정 이해관계인에게 공시할 정보를 직접 전달하는 직접적 공시와 특정 이해관계인이 필요시 정보에 접근하여 획득할 수 있도록 만들어 주는 간접적 공시가 있다.[145] 상업등기는 간접적 공시의 하나이다. 직접적 공시에는 영업양도의 양수인이 양도인의 채권자들에게 양도인의 채무에 대한 책임이 없음을 통지하는 것(§42②), 회사가 주주들에게 하는 주주총회 소집통지(§363), 주주제안을 한 소수주주가 의안의 요령을 주주들에게 통지하는 것(§363의2②) 등이 속하고, 간접적 공시에는 상업등기 이외에 주식회사의 재무제표의 주주총회 승인 및 영업보고서의 주주총회 보고(§449①②), 재무제표·영업보고서·감사보고서의 영업소 비치(§448①) 및 열람·등사 청구의 허용(§448②), 유한책임회사의 재무제표 비치(§287의34①) 및 사원과 유한책임회사의 채권자가 그 열람·등사 청구의 허용(§287의34②), 유한회사의 재무제표의 사원총회 승인 및 영업보고서의 사원총회 보고(§§579①, 579의2①), 재무제표·영업보고서·감사보고서의 본점 비치(§579의3①), 사원과 회사채권자의 그 열람·등사청구의 허용(§§579의3②, 448②) 등이 포함된다.

　기업공시는 이를 통하여 해당 기업은 기업의 현황과 전망에 관한 정보를 일정한 범위의 이해관계인이나 일반인에게 알림으로써 기업가치를 홍보하고 사회적 신용을 증대하고, 경영진의 성과와 책임의 기초사실을 주주와 회사채권자 등의 이해관계인에게 밝힘으로써 간접적으로 기업경영의 건전화 내지 합리화를 촉진하며, 필요시 제3자에게 대항할 수 있게 하는 것을 목적으

---

[145] 이철송(15), 235~236.

로 한다.

  회사는 다수인과 거래관계를 빈번히 하기 때문에 기업 공시의 필요성은 개인기업보다 회사기업에서 더 크다.146)

제2절 상업등기의 의의

1. 의의

  상업등기(Handelsregister)란 상인이 상법의 규정에 의하여 등기할 사항을 영업소의 소재지를 관할하는 법원의 상업등기부에 하는 등기를 말한다(§34).

  연혁적으로 상업등기는 중세 이탈리아의 상인단체명부에서 비롯된 것으로, 상사거래관계의 신속성과 확실성의 보장을 요구하는 기업조직의 원리와 공시주의의 요청에 따라 근대상법에 도입된 것이다.147)

  부동산등기의 경우에는 권리를 공시하는 것이나 상업등기는 주로 일정한 사실을 공시할 목적으로 행해지는 것이다. 유일한 예외는 상호권을 내용으로 하는 상호등기이다.

2. 상업등기부의 종류

  현재 상업등기부에는 상호등기부, 무능력자등기부, 법정대리인등기부, 지배인등기부, 합자조합등기부, 합명회사등기부, 합자회사등기부, 유한책임회사등기부, 주식회사등기부, 유한회사등기부, 외국회사등기부 등 11종이 있다(상업등기법§11). 2011년 개정상법에서 새로운 기업형태로서 합자조합(§§86의2~86의9)과 유한책임회사(§§287의2~287의45)가 신설됨에 따라 두 가지 상업등기부가 추가되었다.

---

146) 정찬형(15), 144면.
147) 양승규·박길준(93), 90면.

제3절 등기사항

1. 의의

상업등기에는 상법의 규정에 의하여 등기할 것으로 정하여진 사항을 등기할 수 있다. 등기사항은 기업의 비밀을 제외하고, 기업공시의 목적을 위하여 필요한 사항으로 상법에 열거되어 있다.

2. 종류

1) 주체별

개인기업과 회사를 망라하는 기업 일반의 등기사항으로는 지배인($\S 13$), 상호($\S\S 22, 23$) 등이 있고, 개인기업의 등기사항으로는 미성년자가 영업을 하는 경우( ), 법정대리인·한정후견인·성년후견인이 영업을 하는 경우($\S 8 ①$) 등이, 회사기업의 등기사항으로는 회사의 설립($\S\S 180, 271①, 287의5①, 317②, 549②$), 지점의 설치·이전($\S\S 181, 182, 271, 287의5②, ③, 317③, 549③$), 합병($\S\S 233, 234, 528, 602$), 해산($\S\S 228, 269, 521의2, 613$), 청산의 종결($\S\S 264, 269, 613$) 등이 있다.

2) 강제유무별

절대적 등기사항은 회사의 상호·목적($\S\S 180 i, 271①, 287의5 ①i, 317②i, 549②i$) 등 상법상 절대적으로 등기를 하도록 강제되고 있는 등기사항이다. 이에 반하여 상대적 등기사항은 예컨대 개인기업의 상호등기와 같이 등기가 당사자의 임의에 맡겨져 있는 것을 말한다. 그러나 상대적 등기사항도 일단 등기한 이상 그 사항의 변경·소멸은 절대적 등기사항이다.

3) 효과별

등기사항은 법률관계의 창설과 해소 중 어느 것을 목적으로 하는지에 따라서 창설적 등기사항과 해소적 등기사항으로 나누어 볼 수 있다. 전자에는 지배인 선임($\S\S 13, 203, 274, 287의18, 393, 564$), 상호의 선정($\S 22$), 회사의 설립 등기($\S\S 172, 180, 271, 287의5, 317, 549$)가 해당되고, 후자에는 지배인의 해임($\S\S 13, 203, 274, 287의18, 393, 564$), 상호의 폐지($\S 27$), 회사의 해산($\S\S 228, 269, 521의2, 613$), 인적회사의 사원의 퇴사($\S\S 225, 269$) 등이 포함된다.

3. 지점의 등기

본점의 소재지에서 등기할 사항은 다른 규정이 없으면 지점의 소재지에서도 등기하여야 한다(§35). 여기에서 "등기할 사항"은 절대적 등기사항만을 가리킨다. 상법상 이에 관한 "다른 규정"은 지배인의 선임과 그 대리권의 소멸에 관한 등기에 관한 규정(§§ 13, 203, 274, 287 의118, 393, 564)으로서 그 지배인이 선임된 본점 또는 지점에서만 등기하면 다른 영업소에서는 등기할 필요가 없다.

4. 변경·소멸의 등기

등기한 사항에 변경이 있거나 그 사항이 소멸한 때에는 당사자는 지체없이 변경 또는 소멸의 등기를 하여야 한다(§40). 전술한 상대적 등기사항도 일단 등기한 이상 그 사항의 변경·소멸은 절대적 등기사항이며, 지체없이 등기해야 한다.

제4절 상업등기의 절차

1. 신청주의

상업등기는 원칙적으로 당사자의 신청에 의하여 한다(상업등기법 §22①). 이를 신청주의(Antragsprinzip)라 한다. 여기에서의 당사자란 기업 또는 상인이라는 의미가 아니고 "등기사항의 관계자"라는 의미이다.[148] 따라서 회사의 등기는 법령에 다른 규정이 있는 경우를 제외하고는 그 대표자가 신청한다(상업등기법 §23①). 상호를 변경 또는 폐지한 경우에 2주간내에 그 상호를 등기한 자가 변경 또는 폐지의 등기를 하지 아니하는 때에는 이해관계인은 그 등기의 말소를 청구할 수 있는데(§27), 이 경우에는 이해관계인이 등기를 신청할 당사자에 해

---

148) 정희철(89), 118면; 정찬형(15), 147면.

당한다.

  그러나 예외적으로 당사자의 신청을 기다리지 아니하고 법원의 촉탁 또는 직권에 의하여 하는 등기도 있다. 해산명령·해산판결에 의한 회사의 해산, 회사의 설립무효·설립취소 판결의 확정, 주주총회결의 취소·무효 판결의 확정 등이 그에 해당한다. 이러한 등기사항들은 당사자에게만이 아니라 대세적 효력을 갖는 것들일 뿐만 아니라 당사자가 적극적으로 신청할 유인이 없는 사항들이다.

2. 전산정보처리조직에 의한 처리

  현재 상업등기는 전산화되어 있어서, 등기사무는 전부 전산정보처리조직에 의하여 처리되고 있다. 상업등기법상 "등기부"란 전산정보처리조직에 의하여 입력·처리된 등기정보자료를 대법원규칙으로 정하는 바에 따라 편성한 것을 말한다(상업등기법§2ii). 상업등기절차에 관해서는 상업등기규칙(대법원규칙 제2560호, 2014.10.2.개정)에서 정하고 있다.

3. 등기관할

  상업등기에 관하여는 당사자인 기업의 영업소 소재지를 관할하는 지방법원, 그 지원 또는 등기소를 관할 등기소로 한다(상업등기법§4).

4. 등기관의 심사권

  등기사무는 지방법원, 그 지원 또는 등기소에 근무하는 법원서기관·등기사무관·등기주사 또는 등기주사보 중에서 지방법원장이 지정한 등기관이 처리한다(상업등기법§8①). 등기관은 사건이 그 등기소의 관할이 아닌 경우, 사건이 등기할 사항이 아닌 경우 등 일정한 경우에만 이유를 적은 결정으로 신청을 각하하여야 한다(상업등기법§26 본문). 다만, 신청의 잘못된 부분이 보정될 수 있는 경우로서 등기관이 보정을 명한 날의 다음 날까지 신청인이 그 잘못된 부분을 보정하였을 때에는 그러하지 아니하다(동법§26 단서).

문제는 등기관은 당사자가 신청한 등기사항에 관하여 어느 범위에서 심사권을 갖는가 하는 것이다.

ⅰ) 형식적 심사설[149]은 상업등기는 진실된 사실의 기재가 아니라 신청된 사실을 기재한다는 점, 등기관은 법관이 아닌 점, 공신력이 없는 점 등을 근거로 등기관은 형식적 적법성만을 심사한다는 견해이다.

ⅱ) 실질적 심사설[150]은 등기제도의 목적은 객관적 진실을 공시하는 데 있는 점, 비송사건의 경우에 법원은 직권으로 사실의 탐지와 필요하다고 인정하는 증거조사를 하여야 하는 점(비송사건절차법§11), 상업등기법에서는 '등기관은 등기를 마친 후 그 등기에 착오나 빠진 부분이 있음을 발견하였을 때에는 지체 없이 그 사실을 등기를 한 자에게 통지하여' 당사자가 경정등기를 신청할 수 있도록 하고 "그 착오나 빠진 부분이 등기관의 잘못으로 인한 것이었을 때에는 지체 없이 그 등기를 직권으로 경정하고 그 사실을 등기를 한 자에게 통지하여야 한다"고 정하고 있는 점(상업등기법§76조) 등을 근거로 등기관은 형식적 적법성은 물론 실체적 진실성까지도 심사한다는 견해이다.

ⅲ) 절충설(다수설)[151]은 원칙적으로 등기관은 기록관에 불과하므로 신청사항의 실체적 진실성까지는 심사할 수 없으나(형식적 심사 원칙) 예외적으로 등기한 사항에 관하여 착오가 있거나 빠진 것이 있음을 발견한 때에는 이를 경정하게 할 수 있는 점(상업등기법§76조)에서 더 나아가서 등기관은 신청된 등기사항의 진실성에 대하여 현저히 의문이 있는 예외적인 경우에는 실체적 진실성까지도 심사한다는 견해이다. 이 입장에서는 등기관이 신청사항에 대하여

---

149) 임홍근(01), 170면; 이철송(15), 243면.
150) 서돈각·정완용(99), 120면
151) 강위두·임재호(11), 128면. 김병연외(12), 147~148면; 김정호(05), 126면; 손주찬(03), 172면; 안강현(15), 148면; 이기수외(03), 208면; 전우현(11), 127면; 정경영(07), 93면; 정동윤(12), 189면; 정찬형(15), 150면; 정희철(89), 119~120면; 최기원(04), 164면; 채이식(92), 103면.

현저한 의문이 있음에도 불구하고 그 실체적 진실성을 심사하지 않는다면 직무위반이 될 것이고, 현저한 의문이 없음에도 실체적 진실성의 심사를 이유로 등기절차를 지연한다면 직권남용이 된다고 한다.152)

판례153)는 이 가운데 형식적 심사설의 입장을 취하고 있다.

생각건대 상업등기의 진실성을 담보할 필요성은 있지만 이를 위하여 등기관에게 실질적 심사권을 전면적으로 인정하는 것은 현재의 등기소의 실정에 맞지 않는다. 반면에 신청된 등기사항의 진실성에 대하여 현저히 의문이 있는 예외적인 경우에는 등기관이 이를 심사할 수 있는 것으로 볼 필요성이 있다. 특히 상업등기법 제26조에서는 "신청정보와 첨부정보 및 이와 관련된 등기기록(폐쇄한 등기기록을 포함한다)의 각 내용이 일치하지 아니한 경우"(제9호), "등기할 사항에 무효 또는 취소의 원인이 있는 경우"(제10호)에는 등기관이 이를 각하할 권한을 부여하고 있으므로 등기관은 신청된 등기사항의 진실성에 관하여 현저한 의문이 있다면 제출된 자료를 심사할 권한이 있다고 보아야 할 것이다. 따라서 절충설이 타당하다.

대법원 2008.12.15. 선고 2007마1154 판결

재항고인 A 주식회사(대표이사 재항고인 a)는 2007.8.13. 11:00경 A 주식회사의 본사 2층 브이아이 피룸에서 임시주주총회를 개최하여 신임 대표이사 및 이사 재항고인 a, 이사 재항고인 b, c, d, e 5인(이하 위 5인과 재항고인 A 주식회사를 합하여 '재항고인측'이라고 한다)을 각 선임하였으므로 종전 대표이사 및 이사 신청외 g, h, i, j, k(일본국인) 5인의 임기만료를 원인으로 하는 퇴임등기와 위 신임이사들의 취임등기를 해 달라는 내용으로 같은 날 12:10경 수원지방법원 용인등기소 접수 제4690호로 등기신청(이하 '이 사건 등기신청'이라 한다)을 하였다. 이 사건 등기신청시 A 주식회사의 정관, 임시주주총회 의사록, 이사회 의사록, 취임승낙서 5통, A 주식회사의 인감신고서 1통, 위임장 1통이 첨부되어 있었다. A 주식회사의 정관에는 대표이사가 주주총회의 의장이 되고, 대표이사 유고시에는 이사회에서 선임한 다른 이사가 의장이 되며(제18조), 주주총회의 의사록에는 의사의 경과요령과 그 결과를 기재하고 출석한 이사가 기명날인하여야 한다(제21조)고 규정되어 있는데, 임시주주총회 의사록에는 "대표이사 신청외 1이 개회를 선언하다. 이어 다음 의안을 부의하고 심의를 구함", "제1호 의안 임시의장 선임안, 참석주주의 발의로 신청외 f를 임시의장으로 선임한다"라고 기재되어 있으며, 말미에는 의장 신청외 f의 기명 및 "의장지인"이라고 된 날인만이 있었다. 한편

---

152) 정찬형(15), 150면.
153) 대법원 1995.1.20.자 94마535 결정; 대법원 2008.12.15. 선고 2007마1154 판결.

이 사건 등기신청에 앞서 같은 날 11:40경 재항고인 A 주식회사(대표이사 신청외 g, 이하 '상다방 회사'라고 한다)는 같은 등기소 접수 제4689호로 같은 임시주주총회에서 신청외 g, h, i, x, y 5인(이하 위 5인과 상대방 회사를 합하여 '상대방측'이라고 한다)을 각 이사로 선임하였으므로 종전 이사 5인의 임기만료를 원인으로 하는 퇴임등기와 위 신임이사들의 취임등기를 해 달라는 내용으로 등기신청(이하 '이 사건 제4689호 등기신청'이라 한다)을 한 사실, 이 사건 제4689호 등기신청서에는 임시주주총회의사록 1통, 취임승낙서 5통, 정관사본 1통, 위임장 1통이 첨부되어 있었고, 위 임시주주총회 의사록에는 종전 대표이사 신청외 g가 의장으로서 의사를 진행하여 위 이사 5인의 선임안건에 대하여 출석주주 의결권의 과반수인 84,000주(발행주식 총수 160,000주의 52.5%, 주주 신청외 h의 주식 28,000주, 주주 신청외 g의 주식 28,000주, 주주 신청외 i의 주식 16,023주, 주주 y의 주식 11,977주)가 찬성하여 가결된 것으로 기재되어 있었다. 이와 같이 이 사건 제4689호 등기신청과 이 사건 등기신청(제4690호)이 서로 양립할 수 없는 내용으로 신청되자 위 용인등기소 등기관은 재항고인측이 같은 날 16:00경 제출한 서울중앙지방법원 2006.7.12.자 2006카합695호 조정에 갈음하는 결정조서를 근거로 하여 주주 신청외 g, h, i, y의 일부 주식 합계 14,400주에 대하여 의결권행사금지가처분이 이루어졌으므로 이 사건 제4689호 등기신청에서 주장하는 이사선임결의는 과반수를 충족하지 못하였다는 이유로 법 제159조 제10호에 의하여 이 사건 제4689호 등기신청을 각하하고 이 사건 등기신청에 따라 대표이사 및 이사의 퇴임 및 취임등기(이하 '이 사건 변경등기'라고 한다)를 하였다. 이에 상대방측은 등기관의 이 사건 변경등기 기입처분에 대하여는 수원지방법원 2007비단17호로, 이 사건 제4689호 등기신청에 대한 각하처분에 대하여는 수원지방법원 2007비단18호로 각 이의신청을 하였다. 수원지방법원은 2007.8.22. 상대방측의 각 이의신청을 받아들여 2007비단17호로 이 사건 변경등기 기입처분을 취소하고 등기관으로 하여금 이 사건 변경등기를 말소할 것을 명하였고(이하 '이 사건 제1심결정'이라고 한다), 2007비단18호로 위 각하처분을 취소하고, 등기관으로 하여금 이 사건 제4689호 등기신청을 수리하여 그 취지에 따른 등기를 실행하도록 명하였고, 같은 날 위 각 결정에 따라 이 사건 변경등기가 말소되고, 그 대신 이 사건 제4689호 등기신청에 의한 대표이사 및 이사의 퇴임 및 취임등기가 기입되었다. 이에 재항고인측은 이 사건 제1심결정에 대하여는 이 사건 원심인 수원지방법원 2007라410호로, 위 2007비단18호 결정에 대하여는 수원지방법원 2007라411호로 각 항고를 제기하였다. 이 사건 원심인 수원지방법원은 2007.8.31. 2007라410호에 대하여는, 이 사건 변경등기에 대한 이의신청 당시 제출한 자료도 이 사건 변경등기의 말소 여부에 대한 판단의 근거로 삼을 수 있다는 전제하에, 이 사건 등기신청 당시 첨부된 서류에다가 그 후 상대방측이 제출한 녹취록의 기재까지 참작하여 볼 때 신청외 f가 임시의장으로서 진행한 주주총회는 결의방법에 총회가 존재한다고 볼 수 없는 중대한 하자가 있다는 이유로, 이 사건 제1심결정이 정당하다면서 재항고인측의 항고를 기각하였고, 같은 날 수원지방법원은 2007라411호에 대하여는, 관할지방법원의 기재명령에 따라 등기관이 등기를 실행한 경우에는 등기관의 각하처분은 이미 존재하지 아니하므로 등기신청 각하처분 취소결정에 대하여는 항고할 수 없다는 등의 이유로 재항고인측의 항고를 각하하였다. 대법원은 "정관상 의장에 의하여 적법하게 개회선언된 임시주주총회에서 정관상 의장이 될 사람이 아닌 신청외 f가 정당한 사유 없이 위 임시주주총회의 의장이 되어 의사를 진행하였다거나, 정관의 규정에 반하여 주주총회의사록에 의장의 기명날인만이 있고 참석한 대표이사의 기명날인이 없다는 사유는 정관에 위반되는 것으로서 주주총회결의취소의 사유가 될 수 있음은 별론으로 하고, 위와 같은 사유를 들어 이 사건 등기신청 당시 제출된 자료만으로도 등기된 사항인 이사선임결의에 관하여 무효의 원인이 있음이 외형상 명백히 밝혀진 때에 해당된다고 할 수는 없다. … 이 사건 변경등기의 등기된 사항에 관하여 무효의 원인이 있다고 볼 수 없는 이 사건에 있어서 위 용인등기소 등기관이 이 사건 등기신청을 받아들여 이 사건 변경등기절차를 완료한 이상(^{비송사건}_{절차법}) 제239조에 의한 (등기관처분에 대한) 이의의 방법으로는 그 말소를 구할 수 없다고 판단하여야 함에도, 원심은 위에서 본 바와 같은 사유를 들어 이 사건 제1심결정이 정당하다고 판단하였는바, 여기에는 등기관처분에 대한 이의신청의 요건 및 주주총회 결의의 효력 등에 관한 법리를 오해한 위법이 있다고 할 것이다. (^{비송사건}_{절차법}) 제158조에 의하면, 등기관은 접수번호의 순서에 따라 등기를 하여야 하므로, 동일한 등기사항에 관하여 양립할 수 없는 내용의 등기신청이 순차로 접수된 경우 먼저 접수된 등기신청에 법 제159조 각 호의 사유[154]가 없는 이상 선행 등기신청에 따라 등기를 실행한 후 나중에 접수된 등기신청은 "사건이 그 등기소에 이미 등기되어 있는 때"에 해당된다고 보아 법 제159조 제3호에 따라 그 신청을 각하함이 상당하다. 한편, 원칙적으로 등기공무원은 등기신청에 대하여 실체법상의 권리관계와 일치하는지 여부를 심사할 실질적 심사권한은 없고 오직 신청서 및 그 첨부서류와 등기부에 의하여 등기요건에 합당하는지 여부를 심사할 형식적 심사권한밖에는 없고(대법원 1995.1.20.자 94마535 결정 등 참조), 등기관이 법 제159조 제10호에 의하여 등기할 사항에 관하여 무효 또는 취소의 원인이 있는지 여부를 심사할 권한이 있다고 하여도 그 심사방법에 있어서는 등기부 및 신청서와 법령에서 그 등기의 신청에 관하여 요구하는 각종 첨부서류만에 의하여 그 가운데 나타난 사실관계를 기초로 판단하여야 하고, 그 밖에 다른 서면의 제출을 받거나 그 외의 방법에 의해 사실관계의 진부를 조사할 수는 없다고 할 것이다. 위와 같은 법리에 비추어 보면, 이 사건 제4689호 등기신청은 법인등기부, 등기신청서와 그 첨부서류만에 의하여 심사할 경우 법 제159조 제10호의 사유가 있다고 할 수 없어 적법한 등기신청이라고 할 것이므로, 등기관은 위 등기신청에 따라 등기를 실행한 후 그 등기사항과 양립할 수 없는 내용으로 그 후에 접수된 이 사건 등기신청은 법 제159조 제3호의 '사건이 그 등기소에 이미 등기되어 있는 때'에 해당된다는 이유로 이를 각하하였어야 함에도 적법한 이 사건 제4689호 등기신청을 각하하고, 오히려 각하되었어야 할 이 사건 등기신청을 받아들여 등기를 실행한 잘못을 저질렀다고 할 것인데, 위에서 본 바와 같은 과정을 통하여 이미 선행 등기신청인 이 사건 제4689호 등기신청에 따른 등기가 실행되어 있고, 그 등기를 말소하여야 할 다른 사정이 있다고 보기 어려운 이상 이 사건 등기신청은 사건이 그 등기소에 이미 등기되어 있는 때에 해당되어 결국 각하되어야 할 처지에 놓이게 되었다고 할 것이다. 그렇다면 앞서 본 원심의 판단이유는 적절하지 않으나, 상대방측의 이의신청을 받아들여 이 사건 제1심결정을 유지한 결론에 있어서는 정당하므로, 재판 결과에 영향을 미친 위법이 없다."고 판시하고 재항고신청을 기각하였다.

---

154) 현행 상업등기법 §26조(신청의 각하)의 사유와 일치한다.

이 사건은 형식적 심사설을 취한 판례이다. 등기관은 '이 사건 등기신청'을 한 측에서 제출한, 법원의 조정에 갈음하는 결정조서를 근거로 하여 '이 사건 제4689호 등기신청' 측에서 주장하는 임시주주총회의결이 의결권행사금지가처분이 이루어졌던 일부 주식 합계 14,400주를 포함하여 행해졌으므로 동 이사선임결의는 과반수를 충족하지 못하였다는 '이 사건 등기신청' 측의 주장을 받아들여 '이 사건 등기신청' 내용대로 '이 사건 변경등기'를 하였다. 그러나 대법원은 '이 사건 제4689호 등기신청' 측의 등기신청 내용에 등기원인이 된 주주총회 결의에 무효의 원인이 있음이 외형상 명백히 밝혀진 때에 해당된다고 할 수는 없으므로 등기관의 심사권을 벗어난 것이라는 판단에 근거하고 있다. 그러나 절충설에 의한다면 "등기할 사항에 취소의 원인이 있는 경우"(제10호)에도 등기관은 이를 각하할 권한이 있고 그 경우 신청된 등기사항의 진실성에 관하여 현저한 의문이 있는 경우에 해당하므로 등기관은 그것을 심사할 실체적 권한이 있다고 볼 수 있을 것이다.

5. 등기의 경정과 말소

등기관은 등기를 마친 후 그 등기에 착오나 빠진 부분이 있음을 발견하였을 때에는 지체 없이 그 사실을 등기를 한 자에게 통지하여야 한다(상업등기법§76①). 등기 당사자는 등기에 착오나 빠진 부분이 있을 때에는 그 등기의 경정(更正)을 신청할 수 있으므로(동법§75) 이를 위한 조치이다. 다만, 그 착오나 빠진 부분이 등기관의 잘못으로 인한 것이었을 때에는 당사자에게 통지할 필요 없이 지체 없이 그 등기를 직권으로 경정하고 그 사실을 등기를 한 자에게 통지하여야 한다(동법§76②).

등기가 다음 각 호의 어느 하나에 해당하는 경우에는 등기 당사자는 그 등기의 말소를 신청할 수 있다(동법§77).

1. ① 사건이 그 등기소의 관할이 아닌 경우, ② 사건이 등기할 사항이 아닌 경우, ③ 사건이 그 등기소에 이미 등기되어 있는 경우에 해당하는 사유가 있는 경우

2. 등기된 사항에 무효의 원인이 있는 경우(소로써만 그 무효를 주장할 수 있는

경우는 제외한다)

또한 등기관은 등기를 마친 후 그 등기가 위의 각호의 어느 하나의 사유에 해당하는 경우에는 등기를 한 자에게 1개월 이내의 기간을 정하여 그 기간 이내에 이의를 진술하지 아니하면 등기를 말소한다는 뜻을 통지하여야 한다(동법 §78①). 만일 등기 말소에 관하여 이의를 진술한 자가 있으면 그 이의에 대한 결정을 하여야 하고(동법 §79), 위의 기간 이내에 이의를 진술한 자가 없거나 이의를 각하한 경우에는 해당 등기를 직권으로 말소하여야 한다(동법 §80).

제 5 절 상업등기의 공시

상업등기는 일반에 공시되므로 누구든지 수수료를 내고 대법원규칙으로 정하는 바에 따라 등기기록에 기록되어 있는 사항의 전부 또는 일부의 열람과 이를 증명하는 등기사항증명서의 발급을 신청할 수 있다(상업등기법 §15①본문). 다만, 등기기록의 부속서류에 대해서는 이해관계 있는 부분만 열람을 신청할 수 있다(동항 단서).

등기기록의 열람 및 등기사항증명서의 발급 신청은 관할 등기소가 아닌 다른 등기소에서도 할 수 있다(동법 §15②).

제 6 절 상업등기의 효력

상업등기의 효력에는 모든 상업등기에 공통된 '일반적 효력'과 상업등기 중 일정한 사항에 대하여 등기 그 자체만으로 효력이 발생하는 '특수적 효력', 그리고 '부실등기의 공신력'이 있다.

1. 일반적 효력

(1) 등기전의 효력

등기할 사항은 이를 등기하지 아니하면 선의의 제3자에게 대항하지 못한다(상37①). 즉 등기하여 공시하지 아니한 등기사항은 등기의무자가 선의의 제3자에게 그 효력을 주장할 수 없다. 여기에서 "등기할 사항"은 절대적 등기사항은 물론 상대적 등기사항도 포함한다. 예컨대, 지배인의 선임 또는 해임, 대리권의 소멸 사실은 그러한 사실이 존재하더라도 등기 전에는 악의의 제3자에게는 대항할 수 있지만, 선의의 제3자에게는 대항하지 못한다. 이것을 등기의 소극적 공시력(negatives Publizität) 또는 소극적 공시의 원칙(negatives Publizitätsprinzip)이라고 한다.

등기를 하지 않은 귀책사유가 등기의무자에게 있든 등기소에 있든 불문한다. 또한 "선의의 제3자"란 그것이 등기되었는가의 여부가 아니라 그 등기사항의 존재 자체를 알지 못한 제3자를 말한다.[155] 선의·악의는 그 거래를 한 때를 기준으로 하여 결정한다. 따라서 거래시에 이를 알지 못한 이상, 그 후에 이를 안 때에도 선의가 되는 것이다. 제3자의 악의는 이를 주장하는 자가 입증하여야 한다. 등기 전에는 제3자의 선의가 추정되기 때문이다.

한편 선의이나 중과실이 있는 자도 보호되는지에 관하여 ⅰ) 법문상 특별한 언급이 없이 "선의의 제3자"라고만 되어 있으므로 긍정하는 견해[156]가 있으나 ⅱ) 상법상 다른 다수의 경우와 마찬가지로 선의이나 중과실이 있는 자는 악의자로 취급하여야 한다는 견해[157]가 있으며, 후설이 타당하다. 여기에서 '제3자'는 등기의무자 이외의 자를 가리키는 것이 아니라 등기에 의하여 이익을 보는 등기의무자인 영업주와 퇴사한 사원이나 퇴임한 지배인과 같이 등기사항을 대외적으로 주장할 수 있는 자 또는 공시 대상인 법률관계

---

[155] 손주찬(03), 179면.
[156] 손주찬(03), 179면; 이기수외(03), 213권; 정동윤(12), 101면.
[157] 이철송(15), 248면; 정찬형(15), 152면; 김성태(99), 328면; 김정호(05), 133면; 손진화(14), 137면; 정경영(07), 95면.

의 당사자와 같이 "등기사항인 사실을 알고 있다고 인정되는 관계에 있는 자" 모두를 제외한 나머지의 사람을 의미한다.158)

"대항하지 못한다"는 의미는 선의의 제3자가 등기사항인 사실의 존재를 부인할 수 있다는 의미이다. 그러므로 반대로 제3자가 등기사항인 사실의 존재를 인정하는 것은 무방하다.

한편 "등기사항이 변경되거나 소멸하였음에도 불구하고 이에 대한 변경등기나 소멸등기를 하지 않은 경우"에는 ⅰ) 부실등기의 효력(§39)의 문제로만 보는 견해159)나 ⅱ) 상업등기의 일반적 효력(§37)의 문제로만 보는 견해160)가 있지만 ⅲ) 이 문제는 부실등기의 효력의 문제이면서 상업등기의 일반적 효력의 문제이기도 하다.161) 등기사항이 변경되거나 소멸하였음에도 불구하고 이에 대한 변경등기나 소멸등기를 하지 않은 경우로는 예컨대, Y주식회사가 대표이사 A를 B로 교체하면서 변경등기를 하지 않고 있는 동안에 A가 Y회사의 부동산을 이러한 사실을 모르는 X에게 매도한 경우이다. 이 때 Y회사는 X에 대하여 그 부동산의 매매가 무효임을 주장할 수 없다. 이 때에는 X는 제37조를 근거로 아직 등기되지 않은 사실, 즉 B가 대표이사라는 사실의 존재를 부인할 수 있고, 제39조를 근거로 부실등기된 대로 A가 대표이사라는 등기가 남아있는 사실을 자기가 신뢰하였다고 주장할 수 있는 것이다.

(2) 등기후의 효력

등기사항에 관하여 등기한 후에는 선의의 제3자에게도 대항할 수 있다(§37①의 반대해석). 이를 등기의 적극적 공시력(positives Publizität) 또는 적극적 공시의 원칙(positives Publizitätsprinzip)이라고 한다.

---

158) 정희철(89), 121면; 정동윤, "상업등기제도에 관한 해석론적 문제점과 입법론적 과제", 상사법의기본문제(해암이범찬교수화갑기념논문집), 1993, 97면.
159) 채이식(92), 117면.
160) 정동윤(12), 192면, 202~203면.
161) 손주찬(03), 189면; 최기원(04), 167~168면; 정찬형(15), 151면.

그러나 예외적으로 "등기한 후라도 제3자가 정당한 사유로 인하여 이를 알지 못한 때"에는 대항할 수 없다(³⁷②). 여기에서의 정당한 사유는 상업등기제도의 취지상 객관적으로 정당한 것에 한하고, 제3자의 장기여행·질병 등의 주관적 사유는 이에 해당하지 아니한다(통설). 예컨대, 천재지변, 등기소의 화재, 전자등기부의 고장 등으로 인하여 등기부 열람이 불가능하였다는 사실이 정당한 사유에 해당할 수 있을 것이다.

(3) 일반적 효력이 미치는 범위

1) 거래관계

등기의 일반적 효력은 등기당사자와 제3자간의 거래관계에 대해서만 적용된다.

불법행위, 부당이득, 사무관리 등의 非거래관계에 대해서 등기의 일반적 효력이 미치는지에 관해서는 ⅰ) 제37조의 적용범위를 기업의 거래행위에만 한정하는 것은 법적 생활의 안정성의 요구를 부당하게 무시하는 것이 되므로 기업활동 일반에 적용되어야 한다고 하는 긍정설[162], ⅱ) 제37조는 외관을 보호하기 위한 규정이므로 외관과 직접 관계가 없는 불법행위나 부당이득 등으로 인한 법률관계에는 적용되지 아니한다는 부정설[163], ⅲ) 부정설과 같은 이유에서 원칙적으로 부정하나, 예외적으로 해임된 지배인이 해임등기가 있기 전에 지배인이라 자칭하여 사기를 한 경우와 같이 불법행위 등이 거래관계와 불가분의 관계에 있는 경우에는 상법 제37조가 적용된다고 보는 수정부정설의 입장[164]으로 나뉜다. 생각건대 제37조는 외관을 보호하기 위한 규정이므로 비거래관계에는 거래상대방의 신뢰란 있을 수 없는 점에서 원칙적으로 적용되지 않으나 예외적으로 불법행위 등이 거래관계와 관련하여 발생한 경우에는 거래상대방에게 외관이 영향을 미친 점을 인정할 수 있

---

162) 정희철(89), 122면.
163) 서돈각·정완용(99), 122면; 채이식(92), 113면; 이철송(15), 251면; 정찬형(15), 154면.
164) 손주찬(03), 181~182면; 정동윤(12), 196면; 최기원(04), 171면; 임홍근(01), 416면; 이기수외(03), 114면; 김병연외(12), 136면.

으므로 예외적으로 적용된다고 보는 수정부정설이 타당하다.

2) 상호의 양도

상호양도의 등기에 관하여 상법은 "상호의 양도는 등기하지 아니하면 제3자에게 대항하지 못한다"고 규정하고 있는데(§25②), 이것은 상호를 양도하면 당사자간에는 효력이 있더라도 양도 사실을 등기하지 아니하면 선의이건 악의이건 제3자에게는 효력이 없다는 의미이다. 이 제25조제2항과 제37조의 관계에 대하여서는 견해가 갈린다.

이에 대하여 ⅰ) 제25조2항이 제37조의 상업등기의 일반적 효력의 예외규정이라고 보는 견해(예외규정설)(다수설)[165]와 ⅱ) 양 조항은 서로 다른 차원의 문제로서 상호의 이중양도의 경우 상호권의 소재에 관해서는 제25조2항이 적용되어 상호의 양도의 등기를 하지 아니하면 제3자에게 상호권의 배타적 효력을 대항하지 못한다는 결과가 되고, 양수한 상호로 인한 각종 채무에 대한 책임의 문제에 관해서는 제37조가 적용되어 양도한 상호에 대한 각종 채무는 선의의 제3자에게는 양도인이, 악의의 제3자에게는 양수인이 책임지는 것으로 된다고 보는 이차원(異次元)설(소수설)[166], ⅲ) 제25조 제2항에서의 제3자란 상호의 이중양수인이나 상호를 압류한 사람을 가리키며 제3자의 선의·악의를 불문하고 상호의 양수인은 등기 없이도 상호권을 행사할 수 있고, 양도인은 그 권리를 상실하는 것으로서 제25조 제2항은 제3자와 상호권의 소재를 정하기 위한 규정이 아니며, 제37조도 제3자와의 관계에 있어서는 적용되지 아니한다고 보는 견해[167]로 나뉜다. 생각건대 상호양도의 등기의 효력에 관해서는 제25조제2항이 특칙으로서 적용됨으로써 제37조의 상업등기의 일반적 효력 규정은 적용되지 않는 것으로 보는 다수설이 가장 간명

---

[165] 서돈각·정완용(99), 123면; 손주찬(03), 182면; 이병태(88), 128면; 이철송(15), 198면; 임홍근(01), 425면; 정동윤(12), 200면; 최기원(04), 173~174면; 최준선(13), 168면.

[166] 정희철(89), 123면; 김정호(05), 103면; 정찬형(15), 154~155면.

[167] 채이식(92), 84, 113~114면(이 견해는 선의의 제3자는 영업양도에 관한 규정(§§42, 43) 또는 명의대여자의 책임에 관한 규정(§24) 등에 의해서만 구제될 수 있다고 한다.).

하게 이 문제를 해결하고 있다고 본다.

3) 지점에 대한 적용

지점의 소재지에서 등기할 사항을 등기하지 아니한 때에는 상업등기의 일반적 효력에 관한 제37조의 규정은 그 지점의 거래에 한하여 적용한다(§38). 즉 본점소재지와 지점소재지에서 모두 등기할 사항을 지점소재지에서 등기하지 아니한 때에는 지점에서의 거래에 관해서는 그 등기사항은 일반적 효력이 미치지 않으므로 선의의 제3자에게 대항하지 못한다(§§38,37①). 이것은 지점소재지에서만 등기할 사항을 등기하지 아니한 때에도 마찬가지이다. 그러나 위의 경우에 지점소재지에서 등기한 후라도 제3자가 정당한 사유로 인하여 이를 알지 못한 때에는 선의의 제3자에게 대항하지 못한다(§§38,37②).

4) 소송행위

상법 제37조는 소송행위에도 적용되는가 하는 문제에 관하여 ⅰ) 부정설168)(소수설)은 소송절차의 형식적 확실성의 요청 때문에 소송행위에는 등기의 일반적 효력이 미치지 아니한다는 견해이고, ⅱ) 긍정설169)(다수설)은 상업등기의 일반적 효력은 소송행위에도 적용된다고 보는 견해이다. ⅲ) 절충설170)은 긍정설과 부정설을 절충하여 사안에 따라 부분적으로 적용여부가 달라질 수 있다고 보는 견해이다. 긍정설의 입장에 서있는 판례171)가 있다.

---

168) 정동윤(12), 196면; 김성태(99), 531면.
169) 최기원(04), 172면; 이철송(15), 252면; 정찬형(15), 155면.
170) 손주찬(03), 181면(원칙적으로 긍정하되 개개의 소송행위별로 적용여부가 달라질 수 있다고 하면서 민사소송에서 당사자인 회사대표자를 확정하는 데에는 상업등기의 효력에 관한 규정은 적용되지 않는다는 이론을 시사하는 입장); 최준선(13), 192면(등기부를 기준으로 결정하는 것이 오히려 엄정한 형식요건을 강조하는 소송행위의 성질에 맞다는 점에서 상업등기의 일반적 효력 중 적극적 공시력은 소송행위에도 적용되나 소극적 공시력은 소송행위에 적용되지 않는다고 보는 입장); 이시윤, 「신민사소송법 제5판」, 박영사, 2010, 111면(원칙적으로 부정하면서 등기의 부실이 상인의 고의적 태만에 기인한 경우에는 긍정하는 입장).
171) 대법원 1972.12.26. 선고 72다538 판결(판결이 피고 사단법인 경기도 농촌청년구락부의 법인등기부상의 대표자 "갑"명의로 공시송달의 방법에 의하여 송달된 경우에 위 "갑"이 적법한 대표권이 있는 피고의 대표자가 아니었다 할지라도 그 판결의 피고

생각건대 긍정설에 의한다면 사안에 따라 소송절차의 형식적 확실성을 해하는 부당한 결론이 내려질 수 있다. 절충설은 긍정설과 부정설을 절충하여 타당한 결과를 기하려는 입장이나 명확한 기준을 제시하지 못한다면 혼선이 초래될 수 있고, 등기의 부실이 상인의 고의적 태만에 기인한 경우이면 적용을 긍정하는 입장은 상인의 귀책사유가 있는 부실한 등기대로 소송당사자를 확정한다는 것도 항시 타당하다고 볼 수는 없다. 결국 부정설이 타당하다고 보며 소송행위는 상업등기의 여부나 그 내용과 관계없이 진실한 당사자적격자에 의하여 행해져야 유효하다고 본다. 이렇게 보는 것이 후술하듯이 상업등기의 일반적 효력은 공법관계에 대하여 적용되지 않는다고 보는 입장과 일관된다. 소송행위에 의하여 형성되는 것 역시 공법관계이기 때문이다.

5) 외관보호규정과의 충돌문제

표현지배인(§14), 표현대표이사(§395) 등 등기와 다르게 외관조성에 대하여 상인에 대하여 책임을 지우는 특별규정들은 제37조와 충돌한다. 예컨대, 상업등기의 일반적 효력을 규정하고 있는 상법 제37조에 따르면 등기사항에 관하여 등기한 후에는 선의의 제3자에게도 대항할 수 있다(§37①의 반대해석). 대표이사는 등기사항이므로 표현대표이사가 대표이사가 아니라는 사실은 제37조에 따르면 회사가 선의의 제3자에게도 대항할 수 있는 사실이어서 제395조와 충돌하게 된다. 이를 설명하기 위하여 제395조의 표현대표이사제도는 외관작출에 책임이 있는 자를 희생시켜 외관대로의 법효과를 인정함으로써 거래의 안전을 보호하려는 제도이고 상업등기의 효력을 정한 제37조는 등기에 의하여 외부에 공시된 후에는 상대방의 희생하에 공시자의 면책을 보장함으로써 이해관계를 조절하려는 제도이어서 양자는 서로에 대하여 차원을 달리한다는 견해(이차원(異次元)설)[172]와 상법 제395조는 제37조의 예외규정이라고 설명하는 견해(예외규정설)[173]가 첨예하게 갈린다. 판례[174]는 이차원설의

에 대한 송달의 효력은 부정할 수 없다고 판시).
172) 정동윤(12), 623면; 이기수·최병규(10), 390~391면; 이철송, 「제22판 회사법강의」, 박영사, 2014, 701면.

입장이다.

생각건대 이차원설은 생소한 개념을 도입하여 설명하고 있으나, 원칙과 예외 규정으로 제37조와 외관보호규정들의 관계를 설명하는 것은 법학에서 익숙한 법리로서 쉽게 수긍이 간다(예외규정설의 지지).

6) 공법관계

상업등기의 일반적 효력은 대등한 지위에서 하는 거래관계에 적용되는 것이므로 공법관계에 대해서는 적용되지 아니한다.[175]

2. 특수적 효력

상업등기의 특수적 효력이란 상업등기의 일반적 효력 이외의 특수한 효력을 가리킨다. 특수한 효력의 형태로는 창설적 효력, 보완적 효력 및 부수적 효력 등이 있는데, 이것들은 일정한 사항을 등기하면 제3자의 선의·악의를 불문하고 발생한다.

(1) 창설적 효력

이는 상업등기에 의하여 새로운 법률관계가 형성 또는 설정되는 효력이다. 예컨대, 설립등기에 의하여 회사가 법인격을 취득하고(§172), 합병등기에 의하여 합병의 효력이 발생하는 것(§234) 등은 제3자의 선의·악의를 불문하

---

173) 손주찬(03), 790면; 채이식(92), 577면; 정찬형(15), 155면; 최준선(13), 193면.
174) 대법원 1979.2.13. 선고 77다2436 판결("상법 제395조와 상업등기와의 관계를 헤아려 보면, 본조는 상업등기와는 다른 차원에서 회사의 표현책임을 인정한 규정이라고 해야 옳으리니 이 책임을 물음에 상업등기가 있는 여부는 고려의 대상에 넣어서는 아니된다고 하겠다. 따라서 원판결이 피고회사의 상호변경등기로 말미암아 피고의 상호변경에 대하여 원고의 악의를 간주한 판단은 당원이 인정치 않는 법리위에 선 것이라 하겠다."고 판시).
175) 대법원 1978.12.26. 선고 78누167 판결("상법 제37조 소정의 '선의의 제3자'라 함은 대등한 지위에서 하는 보통의 거래관계의 상대방을 말한다 할 것이므로 조세권에 기하여 조세의 부과처분을 하는 경우의 국가는 동조 소정의 제3자라 할 수 없다."고 판시);

고 등기 그 자체만으로 효력이 발생한다.

이와 달리 전술한 상업등기의 일반적 효력은 그 등기사항에 대하여 이미 형성된 법률관계를 등기를 함으로써 선언하거나 확보하는 것에 지나지 아니한다. 그런 의미에서 상업등기의 일반적 효력을 창설적 효력과 구별하여 등기의 "확보적 효력", "선언적 효력"이라고도 부른다.

(2) 보완적 효력

상업등기의 보완적 효력이란 등기의 전제인 법률사실에 존재하는 하자를 등기 후에는 주장할 수 없게 하는 효력을 말한다. 예컨대, 회사의 설립등기를 마친 후 또는 신주의 발행으로 인한 변경등기를 한 날로부터 1년을 경과한 후에는 주식청약서 또는 신주인수권증서의 요건의 흠결을 이유로 한 주식인수의 무효 주장 또는 사기·강박·착오를 이유로 한 주식인수의 취소 주장을 할 수 없다($^{\S\ \S\ 320,}_{427}$).

(3) 부수적 효력

이는 등기에 의하여 면책의 기초가 되거나 일정한 제한이 해제되는 효력이다. 예컨대, 인적회사 사원의 퇴사등기후 2년이 경과하면 합명회사 사원의 책임이 해제되고($_{\S\ 225}$), 주식회사의 설립등기에 의하여 주권발행·권리주 양도의 제한이 해제된다($^{\S\ 355}_{②}$).

3. 부실등기의 효력

(1) 의의 및 법적 성질

상업등기제도는 이미 존재하는 객관적 진실을 공시하여 그 효력을 확보하는 데에 목적이 있으므로 원칙적으로 확보적 효력 또는 선언적 효력이 있을 뿐 등기로 인하여 존재하지 아니하는 사실에 대한 공신력(öffentlicher Glaube)은 인정되지 아니하는 것이 원칙이다. 다만, 상업등기에 객관적 진실과 다른 사항이 등기되면 그 사항은 일단 진실하다는 사실상의 추정(tatsächliche Vermutung)을 받게 된다(통설176), 판례177)). 이는 입증책임의 전환효가 발생하는 법률상 추정과는 다르다. 예컨대, 주식회사의 대표이사의 해임등기가 되어 있으나 사실은 해임된 일이 없는 경우에는 그 등기와는 관계 없이 대표이사의 지위가 인정되는 것이나 사실상 해임된 것으로 추정될 수는 있다. 다만 법률상 추정력은 없으므로 이에 관한 거증책임을 대표이사의 해임 사실을 부정하는 자에게 전가시킬 수는 없다.178)

그런데 상법은 "고의 또는 과실로 인하여 사실과 상위한 사항을 등기한 자는 그 상위를 선의의 제3자에게 대항하지 못한다"(§39)고 하고 있다 이 규정의 법적 성질에 관해서는 ⅰ) 등기의무자에게 귀책사유가 있는 부실등기의 경우에는 예외적으로 거래의 안전과 신속을 위하여 제한적 공신력을 인정한 것으로 이해하는 견해(제한적 공신력설)179)와 ⅱ) 제39조는 등기의 공신력과는 무관하고 과실 있는 등기의무자에 대하여 부진정한 등기라는 외관을 조출한 데 대하여 책임을 물어서 외관을 신뢰한 자를 보호하려는 외관주의에 기초한 규정으로 이해하는 입장(외관주의설)180)이 대립한다.

외관주의설에서는 "원래 등기의 공신력이란 등기신청자의 고의·과실과 무관하게 사실과 상위하게 등기된 경우에 등기된 대로 신뢰한 자를 보호하는 것"으로 파악하므로 제39조의 요건과는 상이하다.181) 따라서 "등기에 공

---

176) 서돈각·정완용(99), 124면; 손주찬(03), 187면; 정동윤(12), 206면; 정찬형(15), 157면; 채이식(92), 114면; 최기원(04), 178면; 최준선(13), 195면.
177) 대법원 1983.12.27. 선고 83다카331 판결("법인등기부에 이사 또는 감사로 등재되어 있는 경우에는 특단의 사정이 없는 한 정당한 절차에 의하여 선임된 적법한 이사 또는 감사로 추정된다."고 판시); 대법원 1991.12.27. 선고 91다4409,91다4416 판결(같은 취지).
178) 손주찬(03), 187면(그 이유는 상업등기의 심사가 철저하지 못하기 때문이라고 한다.).
179) 정희철(89), 125면; 최기원(04), 178면; 강위두·임재호(11), 139면; 김성쾌(99), 337면; 김정호(05), 146면; 서돈각·정완용(99), 125면; 정찬형(15), 157~158면.
180) 손진화(14), 142면; 이철송(15), 256면; 임홍근(01), 157면; 정경영(07), 101면; 정동윤(12), 105면; 채이식(92), 116면("상법상 공신력은 없지만 이와 유사한 효력이 인정되고 있는 것"이라고 한다.); 최준선(13), 197면.
181) 손주찬(03), 188면.

신력을 인정하기 위해서는 명문규정이 있어야" 하므로 상업등기에 공신력을 인정할 수는 없다고 한다.182) 그러나 제한적 공신력설에서는 제39조가 바로 그러한 명문규정이라고 보고 있는 것이며, "공신력의 개념파악에 차이가 있을 뿐"이다. 제한적 공신력설도 영미법의 금반언법리 또는 독일의 외관법리에 바탕하여 고의·과실이 있는 경우에 등기의 공신력을 인정한 것이라고 하므로 어느 설을 취하든 외관법리를 바탕으로 하는 점은 공통된다."183) 결국 양설은 서로 다른 법리라는 점을 강조할 실익이 적다.

(2) 법적 요건

1) 등기한 자의 고의 또는 과실

여기에서 고의란 등기의무자가 사실이 아님을 알면서 부실등기를 하는 경우이고, 과실이란 등기의무자가 부주의로 사실이 아님을 모르고 부실등기를 하는 경우이며 과실에는 중과실뿐만 아니라 경과실도 포함한다.184)

제3자가 문서위조 등의 방법으로 등기의무자 몰래 부실등기를 한 경우 그 부실등기의 신청 및 존속에 관하여 알지 못한 점에서 등기의무자에게 중과실이 있는 경우 상법 제39조를 (유추)적용할 수 있는가 하는 문제가 있다. 이에 관하여 ⅰ) 소수설185)·판례186)는 부정하나 ⅱ) 등기의무자인 회사에게

---

182) 채이식(92), 116면.
183) 손주찬(03), 188면.
184) 손주찬(03), 189면; 정찬형(15), 158면.
185) 손주찬(03), 189면(부실등기가 등기의무자가 아니라 제3자의 행위로 인한 경우에는 등기의무자가 그것을 승낙한 경우를 제외하고는 제39조가 적용되지 않는다고 하는 입장); 정동윤(12), 204면(부실등기가 된 것을 알고 방치한 것이 등기의무자의 과실로 평가될 수 있을 때에만 제39조가 적용된다는 입장).
186) 대법원 1975.5.27. 선고 74다1366 판결(감사가 대표이사의 직인을 도용하여 임시주주총회 의사록과 이사회 회의록을 위조하여 주식회사 변경등기를 신청하여 회사등기부에 대표이사를 부실등기한 사건에서 등기신청인에게 그 부실등기의 경로 및 존속에 있어서 중과실이 있더라도 상법 제39조를 적용할 수 없다고 판시); 대법원 2008.7.24. 선고 2006다24100판결(주주가 주주총회의사록 및 이사회의사록을 허위로 작성하여 주주총회결의 및 이사회결의의 외관을 만들어 대표이사선임등기를 한 사건에서 등기신청권자인 회사가 그 등기가 이루어지는데 관여할 수 없었을 것이므로

제3자가 부실등기를 신청하여 등기된 사실에 관하여 알지 못한 점에서 중과실이 있는 경우에는 제39조의 적용을 긍정하는 것이 다수설[187]이며 거래의 안전과 상법 제39조의 입법취지를 고려하면 긍정설이 타당하다.

대법원 2011.7.28. 선고 2010다70018 판결

① 소외 2는 1998.9.15. 의류도소매업, 부동산임대업 등을 목적으로 원고 회사를 설립하였는데, 2005.7.6. 원고 회사의 대표이사로 소외 3이, 이사로 소외 4가, 감사로 소외 5가 각 선임되어 임원변경등기가 마쳐졌고, 당시 원고 회사의 주주 명부에는 소외 2가 3만 주, 소외 4가 3만 주를 각 보유하고 있는 것으로 기재되어 있었다. ② 소외 2는 허위로 2005.8.5. 소외 3, 4, 5가 이사, 감사직을 각 사임하고, 소외 6, 7, 8이 이사 및 감사로 선임되었다는 내용이 기재된 2005.8.5.자 임시주주총회 의사록 및 이사 소외 6이 대표이사로 선임되었다는 내용이 기재된 2005.8.5.자 이사회 의사록을 각 작성한 후 공증까지 받았다. ③ 위 2005.8.5.자 주주총회와 이사회에서 선임된 임원진들은 소외 4에 대하여 소집통지를 하지 않은 채 2005.8.31. 주주총회를 개최하여 소외 9를 이사로 선임하는 결의를 하고, 같은 날 이사회를 개최하여 소외 9를 대표이사로 선임하는 결의를 하였다. 그 후 몇 차례 더 이에 이은 주주총회 및 이사회결의가 있었다. ④ 원고 회사의 대표이사인 소외 3 등은 2005.9.6.경 원고 회사를 상대로 대전지방법원 2005가합8181호로 임시주주총회결의무효확인 등의 소를 제기하여, 2006.4.5. "2005.8.5.자 주주총회 및 이사회결의, 그에 이은 주주총회 및 이사회결의 등은 모두 존재하지 아니함을 확인한다."는 내용의 판결이 선고되었다. ⑤ 이에 대하여 원고 회사가 항소하였으나, 2008.5.15. 항소기각되었다. ⑥ 이에 대하여 원고 회사가 다시 대법원에 상고하였으나, 2009.10.29. 상고기각되었다.

법원은 "등기신청권자에게 상법 제39조에 의한 불실등기 책임을 묻기 위해서는, 원칙적으로 등기가 등기신청권자에 의하여 고의·과실로 마쳐진 것임을 요하고, 주식회사의 경우 불실등기에 대한 고의·과실의 유무는 대표이사를 기준으로 판정하여야 하는 것이지만, 등기신청권자가 스스로 등기를 하지 아니하였다 하더라도 그의 책임 있는 사유로 등기가 이루어지는 데에 관여하거나 불실등기의 존재를 알고 있음에도 이를 시정하지 않고 방치하는 등 등기신

달리 회사의 대표이사가 그 부실등기가 이루어지는 것에 협조·묵인하는 등의 방법으로 관여하였다거나 회사가 그 부실등기의 존재를 알고 있음에도 불구하고 시정하지 않고 방치하는 등 이를 회사의 고의 또는 과실로 부실등기를 한 것과 동일시할 수 있는 특별한 사정이 없는 한 회사에 대하여 제39조에 의한 부실등기의 책임을 물을 수 없다고 판시); 대법원 2011.7.28. 선고 2010다70018 판결(같은 취지).

[187] 정찬형(15), 160면; 이철송(15), 259면; 임홍근(01), 434면.

청권자의 고의·과실로 불실등기를 한 것과 동일시할 수 있는 특별한 사정이 있는 경우에는, 등기신청권자에 대하여 상법 제39조에 의한 불실등기 책임을 물을 수 있다. 등기신청권자 아닌 자가 주주총회 의사록 및 이사회 의사록 등을 허위로 작성하여 주주총회결의 및 이사회결의 등의 외관을 만들고 이에 터잡아 이사 및 대표이사 선임등기를 마친 경우는 물론이고, 그와 같은 허위의 의사록에 선임된 것으로 기재된 이사 및 대표이사가 기존에 적법하게 선임된 이사 및 대표이사를 배제한 채 과반수에 미달하는 일부 주주에 대하여만 소집통지를 보낸 후 주주총회를 개최하여 일부 주주만의 찬성으로 이사 선임 결의를 하고, 거기서 선임된 이사들로 구성된 이사회를 개최하여 새로운 대표이사를 선임한 후 대표이사 선임등기를 마친 경우에는, 비록 외형상 주주총회결의 및 이사회 결의가 존재한다고 하더라도 그것이 적법하게 선임된 대표이사와 이사들 및 나머지 주주들의 관여가 배제된 채 이루어진 이상 등기신청권자인 회사가 선임등기가 이루어지는 데에 관여한 것으로 볼 수 없고, 달리 회사의 고의·과실로 불실등기를 한 것과 동일시할 수 있는 특별한 사정이 없는 한 회사에 대하여 상법 제39조에 의한 불실등기 책임을 물을 수 없다. 이 경우 위와 같이 허위의 주주총회결의 등의 외관을 만들어 불실등기를 마친 자가 회사의 상당한 지분을 가진 주주라고 하더라도 그러한 사정만으로는 회사의 고의 또는 과실로 불실등기를 한 것과 동일시할 수는 없다."고 전제하고, 이 사건에서 "원고 회사의 주식 50%만을 보유한 소외 2에 의하여 단지 의사록에만 결의가 있었던 것으로 작성된 위 2005.8.5.자 주주총회 및 그 결의를 기초로 선임된 임원진에 의하여 소집·개최된 … 주주총회 및 그 해당 주주총회에서 선임된 이사들로 구성된 각 이사회에서 이루어진 이사 및 대표이사 선임결의, 나아가 이에 따른 대표이사 선임등기는 그 대표이사 선임에 관한 주식회사 내부의 의사결정이 존재하지 아니하거나 외형상 존재한다고 할지라도 그것이 적법하게 선임된 대표이사와 이사들 및 나머지 50%의 주주의 관여 없이 이루어진 것인 이상, 위 각 결의에 기하여 마쳐진 대표이사의 선임등기는 등기신청권자인 회사가 그 등기가 이루어지는 데에 관여하지 아니한 것으로 보아야 한다. … 위에서 본 바와 같은 결의가 있었다는 사정만으로 원고 회사에 대하여 상법 제39조에 의한 불실등기 책임을 물을 수 없다."고 판시하였다.

2) 제37조와의 관계

등기사항이 변경되거나 소멸하면 등기신청인은 즉시 이의 변경 또는 소멸등기를 하여야 하는데(§40), 그럼에도 불구하고 등기신청인이 이를 하지 않은 경우 상법 제39조를 적용할 수 있는가 하는 문제에 관해서는 전술한 바와 같이 ⅰ) 부실등기의 효력(§39)의 문제로만 보는 견해[188]나 ⅱ) 상업등기의 일반적 효력(§37)의 문제로만 보는 견해[189]가 있지만 ⅲ) 이 문제는 부실등기의 효력의 문제이면서 상업등기의 일반적 효력의 문제이기도 하다고 본다.[190]

3) 선의의 제3자

여기에서 제3자는 등기의무자의 직접상대방은 물론 그 외에 등기에 관한 이해관계인을 모두 포함한다. 또한 선의나 중과실이 있는 제3자도 보호되는지에 관하여 ⅰ) 법문상 특별한 언급이 없이 "선의의 제3자"라고단 되어 있으므로 긍정하는 견해[191]가 있으나 ⅱ) 상법상 다른 다수의 경우와 마찬가지로 선의이나 중과실이 있는 자는 악의자로 취급하여야 한다는 견해[192]가 있으며, 후설이 타당하다.

(3) 효과

고의 또는 과실로 인하여 사실과 상위한 사항을 등기한 자는 그 상위를 선의의 제3자에게 대항하지 못한다. 이는 제3자가 등기된 내용대로 주장할 경우에 등기신청인은 그 등기가 사실과 상위함을 주장하지 못한다는 의미이다.[193] 물론 제3자측에서 등기와 달리 사실대로 주장하는 것은 무방하다.

---

188) 채이식(92), 117면.
189) 정동윤(12), 192면, 202~203면.
190) 손주찬(03), 189면; 최기원(04), 167~168면; 정찬형(15), 151면.
191) 손주찬(03), 179면; 이기수외(03), 213면; 정경영(07), 105면; 정동윤(12), 101면.
192) 이철송(15), 261면; 정찬형(15), 160면; 김성태(99), 322면; 김정호(05), 147면; 전우현(11), 140면; 최준선(13), 199면.
193) 대법원 1968.7.3.. 선고 63다1050 판결(회사의 대표이사로 등기된 자가 회사를 대표하여 체결한 변호사에 대한 보수계약은 유효하다고 판시).

제 7 장 영업양도

제1절 총설

1. 서설

 영업양도는 자본주의경제의 발전과 더불어 일어나는 '기업결합'(영업양도, 합병, 복수의 회사 주식의 취득, 복수의 회사 임원지위의 겸임 등 개별기업의 경제적 독립성이 소멸됨으로써 사업활동의 의사결정권이 통합되는 기업간의 자본적·인적·조직적 결합)이라는 기업집중 현상의 하나이다. 영업은 그것을 구성하고 있는 영업용재산과 인적 조직의 결합체로서 개별재산을 합친 것보다 큰 가치를 갖는 것이다. 그러므로 상법은 영업의 주체가 전체로서의 영업을 양도하는 것을 허용하고 있다.
 상법상 상인의 영업양도는 자유이나 상사특별법에서는 인·허가제 등의 진입규제가 행해지고 있는 일정한 종류의 영업의 양도를 일정하게 제한하는 경우가 있다.[194]

---

[194] 예컨대, 은행의 영업의 전부 또는 중요한 일부의 양도·양수 또는 보험회사의 영업의 양도·양수에는 금융위원회의 인가를 받아야 하고(「은행법」 §55①iii, 「보험업법」 §150), 금융투자업자의 금융투자업 전부의 양도·양수에는 금융위원회의 승인을 받아야 한다(자본시장법 §417①iv). 기간통신사업의 전부 또는 일부의 양수에는 미래창조과학부장관의 인가를 받아야 한다(「전기통신사업법」 §18① i). 여객자동차운송사업을 양도·양수하려는 자는 국토교통부령으로 정하는 바에 따라 국토교통부장관 또는 시·도지사에게 신고하여야 하고 이 경우 국토교통부장관 또는 시·도지사는 여객자동차운송사업의 질서를 확립하기 위하여 필요하다고 인정할 때에는 국토교통부령으로 정하는 바에 따라 양도·양수의 지역적 범위를 한정할 수 있다(「여객자동차 운수사업법」 §14①). 화물자동차 운송사업을 양도·양수하려는 경우에는 양수인은 국토교통부장관에게 신고하여야 하고, 국토교통부장관은 화물자동차의 지역 간 수급균형과 화물운송시장의 안정과 질서유지를 위하여 국토교통부령으로 정하는 바에 따라 그 양도·양수를 제한할 수 있다(「화물자동차 운수사업법」 §16①, ③). 또한 공정

상법은 총칙편과 회사편에서 영업양도에 관한 규정을 두고 있다. 총칙에서는 영업양도의 효과를 중심으로 하여, 영업양도 후의 양수인의 지위를 보호하기 위한 경업피지의무(§41), 양도인의 영업상의 채권자와 채무자가 영업양도로 인한 손실을 보지 않도록 배려하는 규정(§§42~45)을 두고 있다. 회사편에서는 영업양도시 주주총회·사원총회의 특별결의를 받도록 하여(§§374①i, 576①) 영업양도에 관한 회사의 의사결정절차를 규정하고 있다.

2. 영업양도의 개념

(1) **영업의 의의**

상법상 사용되고 있는 영업이라는 용어에는 '주관적 의의의 영업'을 가리키는 것과 '객관적 의의의 영업'을 가리키는 것이 혼재한다. '주관적 의의의 영업'이란 상인을 중심으로 주관적으로 파악한 영업으로서 "상인의 영리활동"을 말하는데, 예컨대 상법 제5조(의제상인의 의의), 제6조(무능력자의 영업과 등기) 등에서 사용하고 있는 영업 개념이다. '객관적 의의의 영업'이란 상인을 떠나서 객관적으로 파악한 영업으로서 개개의 영업용재산 또는 영업용재산만의 전체가 아니라 "일정한 영업목적을 위하여 조직화된 유기적 일체로서의 기능적 재산"으로서 "이와 관련된 재산적 가치 있는 사실관계"까지 포함한다.[195] 영업양도에 있어서의 영업은 객관적 의의의 영업을 의미한다.[196]

거래법에서는 경쟁제한성이 인정되는 "다른 회사의 영업의 전부 또는 주요부분의 양수" 또는 "다른 회사의 영업용고정자산의 전부 또는 주요부분의 양수"는 금지하고 있다(동법 §7①iv).

195) 대법원 1997.11.25. 선고 97다35085 판결(슈퍼마켓의 매장 시설과 비품 및 재고 상품 일체를 매수한 것이 영업양도에 해당한다고 한 사례).
196) 정희철(89), 126면; 정동윤(12), 224면; 이철송(15), 264면; 채이식(92), 122면; 최준선(13), 200면.

(2) 영업양도의 의의

1) 객관적 의의의 영업의 이전

영업양도(transfer of business, Geschäftsveräuβerung)란 <u>객관적 의의의 영업의 이전</u>을 목적으로 하는 채권계약을 말한다. 예컨대 어떤 제과점이 (점포, 진열대, 제과·제빵기계, 공급자에 대한 채무 등의) 적극·소극재산을 포함하는 영업용재산과 재산적 가치 있는 사실관계(영업상의 비결, 종업원, 단골고객 등의 거래선 등으로 구성되는 추상적 조직)로 이루어지는 객관적 의의의 영업을 동일성을 유지한 채 이전하는 채권계약이 영업양도이다. 따라서 영업양도는 개개의 영업용 재산만의 양도는 물론 영업용 재산 일체를 양도하는 것과는 구별되며[197], <u>양도후에도 종래의 영업조직이 유지되어 그 조직이 전부 또는 중요한 일부로서 기능</u>할 수 있어야 한다.[198] 영업양도라 하

---

[197] 대법원 1968.4.2. 선고 68다185 판결("점포에 있는 재고품 전부와 가공용 재봉틀을 매수하고 점포를 명도받아 같은 상호로 잠시 동안 같은 종류의 영업을 한 사실만으로서는 영업을 양수한 것이라고 인정할 수 없다."고 판시.); 대법원 1989.12.26. 선고 88다카10128 판결("영업의 양도로 인정되느냐 않되느냐는 단지 어떠한 영업재산이 어느 정도로 이전되어 있는가에 의하여 결정되어져야 하는 것이 아니고 거기에 종래의 영업조직이 유지되어 그 조직이 전부 또는 중요한 일부로서 기능할 수 있는가에 의하여 결정되어져야 하는 것이므로 예컨대, 영업재산의 전부를 양도했어도 그 조직을 해체하여 양도했다면 영업의 양도는 되지 않는 반면에 그 일부를 유보한채 영업시설을 양도했어도 그 양도한 부분만으로도 종래의 조직이 유지되어 있다고 사회관념상 인정되기만 하면 그것을 영업의 양도라 하지 않을 수 없는 것"이라고 전제하고, 이 사건에서 "소외 김종모가 지하 1층지상 6층의 이 사건 건물에서 숙박업을 경영함과 동시에 부속시설인 목욕탕, 이발소 등도 경영하였는데 원고는 관할 행정청으로부터 위 소외인이 숙박업허가 및 공중목욕장업허가등을 받기 전의 설시일자에 같은 소외인에게 그 여관의 객실용으로 비치할 칼라텔레비젼 43대와 냉장고 39대 등의 전자제품을 계약금만 받고 외상판매하여 그 제품들을 인도하였으며 그후 같은 소외인은 여관경영의 사업부진으로 위 전자제품을 비롯한 여관내 시설물 일체를 양도담보로 제공하고 소외 이현근으로부터 빌린 금 50,000,000원의 채무를 변제하지 못하고 또한 그가 발행한 어음수표등도 부도를 내게 되기에 이르렀고 피고는 설시일자에 위 김종모로부터 위 여관과 목욕탕등의 시설이 들어 있는 이 사건 건물 전부와 위 각 영업에 필요한 전화기, 의자, 원고로부터 매수한 전자제품, 옷장, 신발장 등 비품일체를 매수함과 동시에 위 김종모의 위 이현근에 대한 피담보채무도 인수하는 등 하였다는 사실을 확정한 다음 소외 김종모와 피고간의 위와 같은 계약관계를 영업의 양도라고 판단한" 원심판단을 수긍하였다.).

여도 영업양수인이 양도인의 상호를 계속 사용할 필요는 없으며, 양도인의 영업상 채권·채무의 승계는 영업양도의 요건이 아니다. 또한 영업양도가 이루어진 경우에는 원칙적으로 근로관계가 승계되는바,199) 근로관계가 승계되

---

198) 1998.4.14. 선고 96다8826 판결("피고 회사가 매매를 원인으로 주식회사 파주레디콘(이하 파주레미콘이라 한다)으로부터 공장건물 등에 관하여 소유권이전등기를 넘겨받는 등 영업에 필요한 시설 등을 양도받았으며, 상호 및 대표자를 피고 회사의 그것으로 변경한 사실, 파주레미콘의 이사 중 일부는 피고 회사의 이사로 등기되었고 파주레미콘의 직원 중 일부가 피고 회사로 옮겨 그대로 근무하고 있는 사실, 피고 회사는 파주레미콘의 채무에 관하여 파주레미콘을 대신하여 변제하거나 피고 회사 명의의 약속어음을 발행하여 주고 파주레미콘의 종전 거래처들과 거래관계를 계속적으로 유지하면서 기존 거래처들에게 피고 회사가 인수받은 공장에서 생산한 레미콘을 계속 공급하고 있는 사실 등을 기초로 피고 회사는 파주레미콘의 영업을 양수하였다고 보아야 할 것"이라고 판시하였다.); 대법원 2007.6.1. 선고 2005다5812·5829·5836 판결(피고 한국자산신탁 주식회사는 부실화된 소외 L건설회사의 64개 신탁사업장 중 상대적으로 우량한 13개 사업장의 업무단을 선별하여 이전받을 목적으로 채권금융기관들 주도하의 기업개선협약 내용에 따라 신설된 회사로서, 2001.3.21. 피고와 구 수탁자라 할 수 있는 소외 L회사 그리고 신탁자이자 수익자인 주식회사 화신공영을 포함한 3자 사이에 '토지신탁계약 변경 및 승계계약'을 체결하여 신탁계약에 따른 소외 L회사의 당사자 지위를 피고가 포괄적으로 승계하기로 합의하였고, 이후 2001.4.9.자 토지신탁사업양수도 계약이 체결되고 자산 및 부채의 이전업무를 수행함에 있어서도 위 신설 목적을 감안하여 피고 회사로 이전되는 채권과 채무를 면밀히 검토하여 특정하는 방식으로 부실자산이 이전되지 않도록 소외 L회사와의 단절에 치중하였고, 거기서 특정되지 아니한 소외 L회사의 고유재산을 비롯한 물적 조직, 거래관계나 영업력 등 무형자산은 거의 이전되지 아니하였다. 이와 같은 소외 L회사의 구조조정과정이나 신탁사업의 이관과정에 비추어 볼 때 소외 L회사와 피고 사이에 일정한 영업목적에 의하여 조직화된 업체, 즉 인적·물적 조직을 그 동일성은 유지하면서 일체로서 이전하려는 합의가 있었다고 추단할 수는 없다. 또한, … 소외 L회사 직원의 절반 정도가 두 차례로 나뉘어 피고 회사에 신규채용 형식으로 고용되었으며, 본건 신탁사업을 수행하던 직원들 중 일부는 본인의 거절로 채용되지 못한 사실도 있고, 이처럼 대규모 신규채용을 한 이유는 신탁업 인가요건상 요구되는 3년 이상의 운용 경력을 갖춘 전문인력을 확보하고 위와 같이 인수한 신탁사업을 신속하게 진행하기 위한 필요에서 비롯된 것이며, 일부 직원들은 그 담당 업무도 바뀌었고, 달리 소외 회사의 인적 조직이 물적 조직과 결합된 상태에서 그대로 이전되었다고 볼 만한 자료는 없다."고 하는 점에서 상법상 영업양도의 법리에 따라 소외 회사의 책임이 피고에게 승계된다고 할 여지는 없다고 판시하였다.).
199) 대법원 1995.9.29. 선고 94다54245 판결(따라서 영업양도시 양도인과 양수인이 반대 특약을 하여 양도인의 근로관계가 양수인에게 이전되지 않는 것으로 정하려면 실질

었는지의 여부나 그 승계의 정도는 영업양도가 있다고 볼 것인지를 판단하는 데 있어서 중요한 요소이지만 양도되는 영업의 종류·방법·규모 및 근로자의 대체 가능성 등에 따라 그 중요성은 사안별로 달리 판단되어질 수 있다.[200] 그리고 다른 법률행위와 마찬가지로 영업양도계약은 묵시적으로도 체결될 수 있다.[201] 영업양도에는 영업에 대한 소유관계의 변동이 따른다. 따라서 후술하는 영업의 임대차나 경영위임은 영업양도가 아니다.

적으로 근로자를 해고하는 것과 다름이 없기 때문에 근로기준법상의 정당한 이유가 있어야 유효하다고 판시).

[200] 대법원 1995.7.25. 선고 95다7987 판결("운수업자가 운수업을 폐지하는 자로부터 그 소속 종업원들에 대한 임금 및 퇴직금 등 채무를 청산하기로 하고 그 운수업자의 면허 및 운수업에 제공된 목적시설을 양수한 후, 폐지 전 종업원의 일부만을 신규 채용의 형식으로 새로 고용한 경우, 그러한 사정만으로서는 영업양도라고 볼 수 없다."고 판시).

[201] 2009.1.15. 선고 2007다17123·17130 판결(원고는 소외 A주식회사가 이 사건 건물을 점유·사용하고도 차임 및 관리비를 지급하지 않은 데 대하여 피고 T주식회사가 소외 A주식회사의 영업을 양수한 회사로서 소외 A주식회사의 상호를 계속 사용하고 있으므로 소외 A주식회사의 원고에 대한 차임 등 지급채무를 변제할 책임이 있다고 주장하였다. 법원은 "소외 A주식회사의 대표이사이던 소외 a가 실질적으로 피고 T주식회사의 대표자로서 활동하였을 뿐만 아니라, 소외 A주식회사와 피고 T주식회사의 대표이사 및 이사, 감사, 주주 등이 소외 a의 부모이거나 누나 및 그 배우자들인 점, 피고 T주식회사가 소외 A주식회사의 영업장소와 동일한 영업장소에서 위 회사의 기존 거래처를 기반으로 위 회사가 하던 것과 같은 포장이사업 등의 영업활동을 계속하고 있는 점, 소외 A주식회사와 피고 T주식회사 사이에 소외 A주식회사가 임차한 목적물의 사용, 관리에 관한 업무를 피고 T주식회사에게 위임하는 내용의 합의 각서가 작성되기도 한 점, 피고의 인터넷 홈페이지에서 상호가 소외 A주식회사에서 피고 T주식회사로 변경된 것으로 게재하고 있고, 피고 T주식회사의 직원 또한 이와 같은 내용으로 진술하고 있으며, 피고 T주식회사의 인터넷 홈페이지에서 검색되는 전국 지점은 소외 A주식회사의 전국 지점과 같은 점, 피고 T주식회사가 사용하는 '이비즈T'라는 상호와 소외 A주식회사의 'T익스프레스'라는 상호는 공통적으로 'T'라는 명칭을 사용하고 있을 뿐 아니라, 피고의 등기부상의 정식 상호는 '피고 T주식회사'이지만 전화 안내나 인터넷 홈페이지에는 'T', 'T익스프레스'를 사용하여 자신을 칭하였고, 'T', 'T익스프레스'에 관한 서비스표권의 존속기간이 만료되자 피고의 명의로 'T', 'T익스프레스'로 구성된 서비스표를 출원하여 각 서비스표 등록을 받은 점 등 여러 사정에 비추어 보면, 비록 형식상 피고와 소외 1 주식회사 사이에 명시적인 영업양도 약정이 없었다고 하더라도, 실질적으로는 소외 A주식회사의 대표이사 겸 피고의 실질적 대표자인 소외 a에 의하여 피고 T주식회사가 소외 A주식회사의 영업을 (묵시적으로) 양수하였다고 봄이 상당하다"고 판시하였다.)

대법원 1997.11.25. 선고 97다35085 판결

법원은 "상법 제42조가 말하는 영업이란 일정한 영업 목적에 의하여 조직화된 유기적 일체로서의 기능적 재산을 뜻하는바, 여기서 말하는 유기적 일체로서의 기능적 재산이란 영업을 구성하는 유형·무형의 재산과 경제적 가치를 갖는 사실관계가 서로 유기적으로 결합하여 수익의 원천으로 기능한다는 것과 이와 같이 유기적으로 결합한 수익의 원천으로서의 기능적 재산이 마치 하나의 재화와 같이 거래의 객체가 된다는 것을 뜻한다 할 것이므로, 영업양도가 있다고 볼 수 있는지의 여부는 양수인이 당해 분야의 영업을 경영함에 있어서 무(無)로부터 출발하지 않고 유기적으로 조직화된 수익의 원천으로서의 기능적 재산을 이전받아 양도인이 하던 것과 같은 영업적 활동을 계속하고 있다고 볼 수 있는지의 여부에 따라 판단되어야 한다"고 전제하고 '현대하이퍼마켓'이란 상호로 슈퍼마켓을 경영하던 X가 매장 안의 재고 물품과 매장 시설 및 비품 전부를 피고 Y에게 매도하여 Y가 영업을 개시하고, 사업자등록의 명의를 Y로 변경하였고, 그 후 1개월 이상 위 현대하이퍼마켓이란 종전의 상호를 사용하여 영업하다가 일자 미상경 상호를 '형제공판장'으로 변경한 사안에서 "① 피고 Y는 X와 건물 소유자 간의 임대차계약상의 임차인의 지위를 그대로 승계하였고, 슈퍼마켓 안의 정육점에 대한 X의 임대인으로서 지위도 그대로 승계하였으며, 위 슈퍼마켓 양수대금은 임차보증금과 권리금 및 슈퍼마켓 안의 재고 상품 대금으로 구성되어 있고, 내부시설을 일부 새롭게 단장한 것 외에는 종전의 판매시설과 재고상품을 그대로 인수하여 종전과 똑같은 형태로 슈퍼마켓 영업을 계속하고 있었고, 피고 Y가 이 사건 슈퍼마켓을 인수한 목적은 오로지 슈퍼마켓 영업을 해 보기 위한 데 있었다는 점, ② 슈퍼마켓에 진열된 재고상품을 인수하여 영업을 계속하는 피고 Y가 영업을 개시하자마자 그 재고상품 공급처와의 거래를 대부분 즉시 중단하고 다른 종류의 물품 공급처를 새로 개척하여 진열상품의 종류를 대부분 바꾸었다고는 보기 어려울 것이라는 점, ③ X의 슈퍼마켓이 자리하고 있는 위치상의 이점이나 X의 그 동안의 경영에 대한 고객들의 평가에 의하여 영업주의 변경에도 불구하고 종전의 고객관계는 대체로 그대로 유지된다고 볼 수 있고 바로 이러한 점 때문에 권리금이 지급되었다고 보아야 할 것인 점 등에 비추어 보면, 이 사건에서 X의 슈퍼마켓 영업이 동일성을 유지하면서 피고에게 양도되었다고 인정하기에 부족함이 없다"고 하였다. 또한 "상법 제42조는 채권·채무의 승계가 영업양도의 요건이 아님을 당연한 전제로 하고 있으므로, 이 사건에서 X의 건물주에 대한 임차보증금채권과 정육점에 대한 임차보증금반환채무만이 피고에게 인수되고 슈퍼마켓에 진열된 상품의 구입대금채무는 인수되지 않았다는 점은 영업양도를 부정할 근거가 될 수 없고, 또 근로관계가 승계되었는지의 여부나 그 승계의 정도는 상법상의 영업양도가 있다고 볼 것인지를 판단하는 데 있어서 중요한 요소가 된다고 할 것이지만, 양도되는 영업의 종류·방법·규모 및 근로자의 대체 가능성 등에 따라 그 중요성은 개별적인 사안별로 달리 판단되어질 수 있는 것이므로, 이 사건과 같은 슈퍼마켓의 양도에 있어서 단순 노무에 종사하는 종전 종업원들의 근로관계가 그대로 승계되지 않았다고 하더라도 앞서 살펴본 제반 사정에 비추어 볼 때 슈퍼마켓의 영업 목적을 위하여 조직화된 유기적 일체로서의 기능적 자산이 피고에게 그대로 이전되었고 또 피고가 양도인이 하던 것과 같은 영업 활동을 계속하고 있다고 보는 데는 지장이 없다"고 판시하였다.

대법원 2001.7.27. 선고 99두2680 판결

"상법상의 영업양도는 일정한 영업목적에 의하여 조직화된 업체, 즉 인적·물적 조직을 그 동일성은 유지하면서 일체로서 이전하는 것을 의미하고, 영업양도가 이루어졌는가의 여부는 단지 어떠한 영업재산이 어느 정도로 이전되어 있는가에 의하여 결정되어야 하는 것이 아니고 거기에 종래의 영업조직이 유지되어 그 조직이 전부 또는 중요한 일부로서 기능할 수 있는가에 의하여 결정되어야 하므로 영업재산의 일부를 유보한 채 영업시설을 양도했어도 그 양도한 부분만으로도 종래의 조직이 유지되어 있다고 사회관념상 인정되면 그것을 영업의 양도라 볼 것이지만, 반면에 영업재산의 전부를 양도했어도 그 조직을 해체하여 양도했다면 영업의 양도로 볼 수 없다고 할 것이다"고 전제하고, 포항종합제철의 자회사가 삼미종합특수강으로부터 봉강 및 강관 사업부문을 매수하였으나 실질적으로 그 사업부문의 영업상 인적·물적 조직을 그 동일성을 유지하면서 일체로서 포괄적으로 이전받지 않았기 때문에 영업을 양도받은 것으로 보기에는 부족하다고 판시하였다.

2) 회사법상 영업양도와의 관계

상법은 총칙편과 회사편에서 영업양도에 관한 규정을 두고 있는데, 상법총칙상 영업양도와 회사법상 영업양도의 관계가 문제된다. 회사법에서는 주식회사·유한회사의 영업의 양도·양수시 주주총회·사원총회의 승인을 받아야 하는 것으로 규정하고 있다($\S\S 374①$ i, $iii, 576①$). 즉 상법 제374조는 "영업의 전부 또는 중요한 일부의 양도" 또는 "회사의 영업에 중대한 영향을 미치는 다른 회사의 영업 전부 또는 일부의 양수"[202]의 경우에는 주주총회의 특별결의[203]를 요구한다. 이러한 회사법에서 규정하고 있는 '영업양도·양수'의 의미가 상법총칙에서 규정하고 있는 영업양도의 의미와 같은 것인지 여부가 특히 총칙상의 영업양도에 해당하지 아니하는 상인의 '중요재산'의 양도에도 주주총회의 특별결의를 요하는지와 관련하여 문제된다. 이에 관해서는 네 가지 견해가 있다. ⅰ) 형식설[204]은 상법 제374조1항1호에서의 "영업의

---

[202] 2011년 개정상법은 다른 회사의 영업전부의 양수라도 그것이 "회사의 영업에 중대한 영향을 미치지" 아니하는 한 주주총회의 특별결의를 얻지 않아도 되도록 주주총회의 특별결의를 거쳐야 하는 거래의 범위를 축소하였다.

[203] 주주총회의 특별결의란 출석한 주주의 의결권의 3분의 2 이상의 수와 발행주식총수의 3분의 1 이상의 수로서 하는 결의를 말한다. 특별결의를 요하는 사항은 정관변경 등 회사의 법적 기초에 구조적 변화를 가져오는 사항으로서 대주주의 전횡과 그로 인한 소수주주들의 불이익이 우려되는 사항들이다.

양도"의 의미를 상법총칙에서의 영업양도와 동일하게 해석하여야 한다는 견해로서 법해석의 통일성·안정성의 모색을 논거로 한다. 이 설은 중요재산의 양도에는 주주총회의 특별결의를 요하지 아니한다고 본다.

ii) 실질설205)은 상법 제374조1항1호에서의 영업양도의 의의를 상법총칙에서의 영업양도와 다르게 해석해야 한다는 견해이다. 이 설은 중요재산의 양도에도 주주총회의 특별결의가 필요하다고 본다. 제374조의 입법취지는 거래의 안전을 다소 해하더라도 주주나 기업의 이익을 보호하려는 것이라는 점을 든다. 유일한 재산인 경우에도 마찬가지이다.

iii) 절충설206)은 거래의 안전에 우위를 두어 기본적으로 형식설을 취하면서 주주 등의 이익보호를 위하여 상법 제374조1항1호에서의 영업양도에 "사실상의 영업양도"를 포함시키자는 입장이다.

iv) 대법원 판례의 입장은 위의 학설 중 절충설과는 다른 절충설을 취하고 있다. 거래의 안전에 우위를 드어 기본적으로 형식설을 취하면서 주주 등의 이익보호를 위하여 "회사 영업의 전부 또는 일부를 양도하거나 폐지하는 것과 같은 결과를 가져오는, 회사의 존속의 기초가 되는 또는 회사의 유일무이한 재산의 양도"의 경우에는 상법 제374조1항1호를 유추적용하여 주주총회의 특별결의를 요한다는 입장이다. 학설 중에도 이 판례의 절충설을 지지하는 학설207)이 있다.

생각건대 법적 안정성 차원에서 기본적으로 형식설에 의하되 주주나 해당 회사의 이익보호를 위하여 정당성이 인정되는 경우에는 실질설을 취하는 것이 적절하다고 본다. 다만 학설의 절충설에서 말하는 "사실상의 영업양도"라는 개념은 그 내용이 불명확하여 이 설은 부적당하고 판례의 절충설과 같이 "회사 영업의 전부 또는 일부를 양도하거나 폐지하는 것과 같은 결과를 가져오는, 회사의 존속의 기초가 되는 또는 회사의 유일무이한 재산의 양

---

204) 최기원, 「제14대정판 신회사법론」, 박영사, 2012, 430면.
205) 정동윤(12), 540면(형식설을 취하다가 개설); 채이식(92), 508면.
206) 이철송, 「제12판 회사법강의」, 박영사, 2005, 466~469면.
207) 정찬형(15), 171면.

도"에 해당하는 경우에 상법 제374조1항1호를 유추적용하여 주주총회의 특별결의를 요한다고 해석하는 것이 적절하다고 본다.

판례는 관광호텔업을 위해 설립된 회사가 영업을 위하여 반드시 필요한 호텔신축부지를 처분하는 경우[208], 흄관의 제작판매를 업으로 하는 회사가 흄관제작에 꼭 필요한 유일한 흄관몰드(형틀)를 매도담보로 처분한 경우[209], 광산업을 하는 회사가 광업권을 양도한 경우[210], 시장의 점포임대를 업으로 하는 회사가 시장건물을 양도한 경우[211], 특허권(사전 암반 절단공법. 2000년도 해당 회사의 대차대조표상 자산 총계 27억 9,329만 원 중 이 사건 특허권이 25억 원으로서 대부분의 비중을 차지할 정도로 이 사건 특허권은 원고 회사의 가장 중요한 재산이었다)을 가지고 공사(구조물해체 및 발파공사업 등)의 수주를 주된 사업으로 하는 회사가 해당 특허권을 양도한 경우[212], 도어록 및 파형강관의 제조·판매를 주요 사업으로 영위하여온 원고 회사가 3년 평균 총매출액 중 약 21.32%, 총자산 중 약 42%를 점하고 상시 종업원 41명 중 26명이 근무하던 강관사업부의 부동산, 기계, 공작물, 영업권 등을 양도한 경우[213] 등에는 영업의 전부 또는 일부를 양도하거나 폐지하는 것과 같은 결과를 가져오는 회사 존속의 기초가 되는 중요재산의 양도로서 주주총회의 특별결의가 필요하다고 하였다. 다만, 회사가 <u>회사존속의 기초가 되는 영업재산을 처분할 당시에 이미 영업을 폐지하거나 중단하고 있었던 경우</u>에는 그 처분으로 인하여 비로소 영업의 전부 또는 일부가 폐지되거나 중단되기에 이른 것이라고 할 수 없으므로 주주총회의 특별결의를 요하지 않고 따라서 그 처분행위가 무효로 되지 아니한다.[214] 여기에서 '영업의 중단' 이

---

[208] 대법원 1988.4.12. 선고 87다카1662 판결(그러나 이 사건에서는 회사가 그 존속의 기초가 되는 재산을 처분할 당시에 이미 그 영업을 폐지하거나 중단하고 있던 경우이었기 때문에 주주총회의 특별결의를 요하지 않는다고 보았다.).
[209] 대법원 1987.4.28 선고 86다카553 판결.
[210] 대법원 1969.11.25. 선고 64다569 판결.
[211] 대법원 1977.4.26. 선고 75다2260 판결.
[212] 대법원 2004.7.8. 선고 2004다13717 판결.
[213] 대법원 2014.9.4. 선고 2014다6404 판결.

라고 함은 영업의 계속을 포기하고 일체의 영업활동을 중단한 것으로서 영업의 폐지에 준하는 상태를 말하고 단순히 회사의 자금사정 등 경영상태의 악화로 일시 영업활동을 중지한 경우는 여기에 해당하지 않는다.[215]

판례는 보유하고 있는 하천부지 복개공사에 대한 권리의 일부를 처분하는 경우[216], 회사의 중요재산을 양도하는 것이 아니라 단지 그 위에 근저당권을 설정하는 경우[217], 회사가 채권자의 근저당권의 실행으로 인한 회사 전재산의 일실과 파산을 면하기 위한 회사갱생 방안으로 대지 및 건물과 시설물을 매도한 경우[218], 건설회사가 건축한 아파트 151세대를 양도한 경우[219] 등에는 주주총회의 특별결의를 요하지 아니한다고 판시하였다.

대법원 2014.10.15. 선고 2013다33633 판결

법원은 "주주총회의 특별결의가 있어야 하는 상법 제374조 제1항 제1호 소정의 '영업의 전부 또는 중요한 일부의 양도'라 함은 일정한 영업목적을 위하여 조직되고 유기적 일체로 기능하는 재산의 전부 또는 중요한 일부를 총체적으로 양도하는 것을 의미하는 것으로서, 이에는 양수 회사에 의한 양도 회사의 영업적 활동의 전부 또는 중요한 일부분의 승계가 수반되어야 하는 것이므로 단순한 영업용 재산의 양도는 이에 해당하지 않는다. 나아가 주식회사가 사업목적으로 삼는 영업 중 일부를 양도하는 경우 상법 제374조 제1항 제1호 소정의 '영업의 중요한 일부의 양도'에 해당하는지는 양도대상 영업의 자산, 매출액, 수익 등이 전체 영업에서 차지하는 비중, 일부 영업의 양도가 장차 회사의 영업규모, 수익성 등에 미치는 영향 등을 종합적으로 고려하여 판단하여야 한다."고 전제하고, A주식회사가 주주총회 특별결의 없이 금융사업부문을 B주식회사에 양도한 사안에서, 금융사업부문의 자산가치가 A회사 전체 자산의 약 33.79%에 달하고 본질가치의 경우 금융사업부문만이 플

---

214) 대법원 1988.4.12. 선고 87다카1662 판결; 대법원 1992.8.13. 선고 91다14369 판결; 대법원 1996.10.11. 선고 95다1450 판결.
215) 대법원 2014.9.4. 선고 2014다6404 판결.
216) 대법원 1970.5.12. 선고 70다520 판결(피고회사가 원고로 하여금 복개시공케한 하천부지 104평과 이에 따른 권리일체를 그 공사비 1,270,000원을 피고회사가 원고에게 65.9.10까지 지급치 못하면 하천법 소정절차를 밟아 원고에게 넘겨주기로 한 약정을 할 당시인 65.7.10현재, 피고회사에는 위 104평을 포함한 1062평의 복개공사에 대한 권리 외에는 다른 재산이 없는 상황이었다.).
217) 대법원 1971.4.30. 선고 71다392 판결.
218) 대법원 1987.6.9. 선고 86다카2428 판결.
219) 대법원 1991.1.15. 선고 90다10308 판결.

러스를 나타내고 있는 점, 금융사업부문은 A회사 내부에서 유일하게 수익 창출 가능성이 높은 사업부문인 점 등 제반 사정에 비추어 위 양도로 A회사에는 회사의 중요한 영업의 일부를 폐지한 것과 같은 결과가 초래되었고, B회사는 별다른 양도대가를 지불하지 않은 채 A회사의 금융사업부문과 관련된 대부분의 자산과 거래처 등을 그대로 인수하여 종전과 동일한 영업을 계속하고 있으므로, 위 양도는 주주총회의 특별결의가 요구되는 상법 제374조 제1항 제1호가 규정하고 있는 '영업의 중요한 일부의 양도'에 해당한다고 본 원심판단을 수긍하였다.

3) 영업의 일부양도

주식회사가 영업의 전부 또는 중요한 일부의 양도를 함에 주주총회의 특별결의를 요하는 상법 제374조1항1호와 관련하여 상법총칙에서도 영업의 일부양도가 인정될 수 있는가가 문제된다.

영업의 일부가 다른 부분과 구분되어 독립적으로 수행할 수 있는 조직과 설비를 갖추고 있는 지점과 같은 경우에는 일부양도가 가능하다고 본다.[220] 그러나 이에 대하여 상법총칙에서의 영업양도는 영업의 전부양도를 전제로 양도인에게 경업피지의무를 부담시키고(§41) 양도인의 채권자 및 채무자를 보호하기 위한 규정(§§42~45)을 적용하는 것이므로 상법총칙상 영업의 일부양도의 개념은 인정될 수 없다고 보는 견해[221]가 있다. 그러나 총칙상의 양도인의 경업피지의무나 양도인의 채권자 및 채무자를 보호하기 위한 책임원칙은 사례별로 적용가부를 결정하면 족한 문제이므로 상법총칙상 영업양도 역시 전부만이 아니라 영업의 일부를 목적으로 할 수 있다고 본다.[222]

판례는 일정한 목적에 의하여 조직화된 업체 즉 인적, 물적 조직을 그 동일성을 유지하면서 일체로서 이전하는 한 영업의 일부만의 양도도 가능하다는 입장이다.[223] 다만 이러한 영업의 일부 양도의 경우, 양도인은 후술하는 상법 제41조에 따른 경업피지의무를 부담하는가 하는 문제가 있다. 이것은 예컨대, A가 a, b 두 개의 영업소에서 영업을 하다가 B에게 b 영업소의 영업을 양도한 경우 A는 그 양도 후에

---

220) 이철송(15), 276면; 이기수외(03), 224면.
221) 정찬형(15), 171~172면.
222) 동지: 이철송(15), 276면 각주 12.
223) 대법원 1994.11.18. 선고 93다18938 판결.

도 a 영업소에서 영업을 하는 것이 경업이 되므로 할 수 없게 되는가 하는 문제이다. a 영업소에서 하던 영업과 b 영업소에서 하던 영업이 서로 다른 종류의 것이라면 A는 그 양도 후에도 a 영업소에서 영업을 할 수 있는 것이 당연할 것이다. 그 경우는 성질상 경업이 아니기 때문이다. 그러나 A가 a 영업소에서 하던 영업과 b 영업소에서 하던 영업이 동종이거나 유사한 경우에는 A가 a 영업소에서 하던 영업을 계속하면 경업이 되는데 이러한 경우 A의 의사는 b 영업소의 영업을 B에게 양도한 후에도 a 영업소에서 하던 영업을 하려고 하는 의도였을 것으로 보는 것이 자연스럽다.

대법원은 이러한 취지에서 수개의 동종영업을 영위하던 상인이 그 일부 영업을 다른 사람에게 양도한 경우 당사자들 사이에 경업피지의무를 배제하는 묵시적 합의가 있다고 보았다.[224]

3. 영업양도의 법적 성질

(1) 양도의 대상

영업양도의 법적 성질에 관한 학설은 영업양도의 대상을 물적 요소에 중점을 두는지 인적 요소에 중점을 두는지에 따라 양도처분설과 지위교체설 그리고 양자의 절충설로 나뉜다.

ⅰ) 양도처분설은 영업양도의 대상이 물적 요소에 중점이 있다고 보는 학설이다. 이는 다시 다음과 같이 세분된다. ⓒ 영업재산양도설은 영업양도는

---

224) 대법원 2015.9.10. 선고 2014다80440 판결(같은 상호 하에서 한 곳에서 "국내산 소·돼지의 도축·가공을 위한 소매, 수매한 국내산 소·돼지의 도축·가공 및 그것을 전국에 유통·판매하는 영업"을 하고 다른 곳에서 "제3의 업체로부터 국내산 소·돼지를 공급받아 유통·판매하는 영업"을 함께 하던 갑이 전자의 영업만을 을에게 양도한 경우 원심은 양자의 영업이 동일하지 않아서 경업이 아니라고 보았으나 대법원은 양자의 영업은 영업의 내용, 규모, 방식, 범위 등을 종합적으로 고려하면 경쟁관계가 발생할 수 있는 동종영업이라고 보았으나 갑이 후자의 영업은 양도하지 않고 남겨둔 점, 갑이 2년간 원래의 상호를 사용할 수 있다고 약정한 점 등을 근거로 자기가 후자의 영업을 계속하기로 묵시적으로 약정한 것으로 해석하였다.).

객관적 의의의 영업을 양도하는 것이라고 하는 견해(다수설[225]·판례)이고, ⓑ 영업조직양도설은 영업의 본질을 사실관계, 즉 영업조직에 있다고 보고 영업양도란 이러한 영업조직의 양도라고 보는 견해이며, ⓒ 영업유기체양도설은 영업의 본질을 단순한 영업용재산과 다른 영업유기체로서 파악하여 영업양도란 이러한 유기체(有機體)로서의 기능적 재산위에 한 개의 물권 또는 권리를 설정하여 이러한 권리의 양도라고 보는 견해이다. 현재 우리나라에 영업조직양도설이나 영업유기체양도설을 취하는 견해는 없다.

ⅱ) 지위교체설은 영업양도의 대상을 인적 요소에 중점을 두는 입장이다. 이 학설에서는 영업양도는 양도인에 의한 "영업자의 지위"의 양수인에 대한 양도라고 해석한다. 현재 우리나라에 이 설을 순수하게 주장하는 학자는 없다.

ⅲ) 절충설은 영업양도의 대상을 물적 요소와 인적 요소의 양자 모두에 중점을 두는 견해[226]이다. 이는 영업양도는 영업재산의 이전과 영업자인 지위의 이전이라는 두 가지 요소가 함께 포함되는 행위라고 하는 입장이다.

이상의 학설들 가운데 대표적인 것은 양도처분설 중 영업재산양도설로서 이 학설이 가장 간명하고 타당하다. 상법은 양도인의 영업상 채권·채무 및 피용자와의 근로관계의 승계 또는 상호의 속용을 영업양도의 요건으로 규정하고 있지 아니한 점에서 우리나라의 현행 영업양도에 관한 상법상의 규정은 영업재산양도설에 따라서 입법된 것으로 볼 수 있다. 생각건대 영업조직양도설은 객관적 의의의 영업의 중요구성부분인 영업용재산의 의의를 간과한 점이 부당하며 영업유기체양도설은 유기체로서의 기능적 재산위에 한 개의 권리를 설정하는 것은 실정법상 난점이 있을 뿐 아니라 "일정한 영업목적에 의하여 조직화된 유기적 일체로서의 기능적 재산"을 영업양도의 대상인 객관적 의의의 영업으로 보는[227] 영업재산양도설과 본질적 차이는 없는

---

[225] 강위두·임재호(11), 163~164면; 손주찬(03), 193면; 이기수외(03), 221면; 이철송(15), 266면; 임홍근(01), 457~458면; 정동윤(12), 231면; 정찬형(15), 166~167면; 최기원(04), 186면; 최준선(13), 205면.
[226] 서돈각·정완용(99), 128~129면; 양승규·박길준(93), 95면; 정희철(89), 130~131면.

내용이라고 볼 수 있다.228) 지위교체설은 영업자라는 지위는 객관적 의의의 영업의 귀속주체가 당연히 누리는 지위이므로 객관적 의의의 영업이 양도되면 그 결과로서 영업의 양수인은 당연히 영업자의 지위를 취득하기 때문에 영업양도의 본질을 영업자의 지위의 승계로 파악할 필요가 없는 점과 영업양도에 있어서 영업자의 지위는 채권계약의 내용이 될 수 없고 실제 양도계약의 내용에 포함되고 있지도 않는 점 등에서 부당하다.229) 또한 절충설은 지위교체설과 같은 내용을 포함하고 있으므로 지위교체설에 대한 비판이 똑같이 적용될 수 있다.

(2) 개인법상의 법현상

영업양도는 계약당사자간의 채권계약으로서 영업의 특정승계의 원인이 되는 "개인법상의 법현상"이다. 이러한 점에서 영업의 포괄승계를 가져오는 단체법상의 법현상인 합병(merger)과 구별되고, 개인법상의 법현상인 점은 공통되지만 그 효과로 포괄승계를 가져오는 상속과도 차이가 있다.

영업양도와 회사합병과의 차이를 정리하면 다음 표와 같다.

〈영업양도와 합병의 차이점〉

법영역	영업양도	합병
	개인법상의 법현상	단체법상의 법현상
목적 달성후 당사회사의 법인격에 미치는 영향	양도당사회사의 법인격이 소멸하지 않음	합병당사회사의 양자(신설합병) 또는 일방(흡수합병)의 법인격이 소멸
당사자	회사 또는 개인기업(자연인)	회사와 회사
형식	불요식계약	요식계약(법정 기재사항을 기재한 합병계약서의 작성이 요구됨)

---

227) 손주찬(03), 193면.
228) 이철송(15), 266면.
229) 동지: 임홍근(01), 454면; 이철송(15), 267면; 정찬형(15), 166면.

등기	등기가 필요없음	합병등기를 요함
채권자보호제도	사후의 채권자보호제도가 있으나 사전 채권자보호절차는 없음	사전 채권자보호절차 있음
법적 효과	영업의 특정승계	영업의 포괄승계
경업의 문제	양도인의 경업피지의무로 해결	인격의 융합으로 경업이 문제되지 않음
절차상 하자의 주장	일반 민법상의 원칙에 의하여 절차상 하자를 주장할 수 있음	합병무효의 소에 의해서만 주장할 수 있음

제2절 영업양도의 절차

1. 당사자

영업양도계약의 당사자는 양도인과 양수인이다. 당사자는 회사 또는 개인기업(자연인)일 수 있다. 즉 회사와 회사간, 자연인과 자연인간, 그리고 회사와 자연인간에 영업양도가 이루어질 수 있다.

(1) 양도인

양도인은 영업을 소유하고 있는 상인이어야 한다. 개인기업과 회사를 모두 포함한다. 양도하는 영업만을 영위하고 있는 개인기업이 영업양도를 하면 상인자격을 상실하게 된다. 그러나 같은 경우라도 회사의 경우에는 영업을 양도하더라도 정관을 변경하여 다른 영업을 할 수 있고 따라서 영업양도로 인하여 항시 상인자격을 상실하지는 아니한다.[230] 회사는 영업양도가 해산사유가 아니며 청산중에도 영업양도를 할 수 있다.

---

[230] 손주찬(03), 197면; 최기원(04), 188면; 정찬형(15), 172면; 이철송(15), 277면.

(2) 양수인

양수인은 상인일 수도 비상인일수도 있으나 비상인의 경우, 영업양수에 의하여 상인자격을 취득하게 된다.

2. 양도계약의 체결

(1) 의사의 결정

영업양도의 당사자가 자연인인 경우에는 본인 스스로 의사결정을 하면 되고, 별다른 절차는 필요하지 않다. 그러나 회사가 당사자인 경우에는 의사결정을 위하여 일정한 절차가 요구된다. ① 합명회사, 합자회사 또는 유한책임회사가 해산후에 영업을 양도하는 경우에는 총사원과반수의 결의를 얻어야 한다($\S\S\ 257,\ 269,\ 287의45$). ② 합명회사, 합자회사 또는 유한책임회사가 존속중에 영업을 양수·도하는 경우에 관해서는 상법상 직접 적용되는 규정이 없으나, 영업의 양·수도는 회사의 영업에 관한 중요한 사항이므로 정관변경($\S\S\ 204,\ 269,\ 287의16$)에 준하여 총사원의 동의를 얻어야 한다고 해석한다. ③ 주식회사 또는 유한회사가 영업의 전부 또는 중요한 일부를 양도할 때에는 주주총회(사원총회)의 특별결의를 필요로 한다($\S\S\ 374①,\ 576①$). ④ 주식회사 또는 유한회사가 회사의 영업에 중대한 영향을 미치는 다른 회사의 영업 전부 또는 일부를 양수하는 경우에는 주주총회(사원총회)의 특별결의를 필요로 한다($\S\S\ 374①iii,\ 576①$). ⑤ 양도인이나 양수인이 주식회사인 경우에는 영업의 양수·도에 반대하는 주주에 의한 주식매수청구권이 행사될 수 있다($\S\ 374의2$).

(2) 계약의 체결

영업양도의 의사를 결정한 후에 계약을 체결하는 것이 통례이지만 순서는 상관 없다.

(3) 계약의 내용

일반적으로 영업양도계약에서는 양도하는 자산·부채의 범위, 영업소 및 상호의 이전에 관한 사항, 양도후의 양도인의 폐업 내지 해산에 관한 사항, 피용자의 고용문제, 양도의 대가, 계약이행 및 해약사유 기타의 계약조건 등에 관하여 정하게 된다.

(4) 계약의 법적 성질

영업양도계약은 객관적 의의의 영업, 즉 상인의 일정한 영업목적을 위하여 조직적으로 결합시킨 영업용재산의 전체를 양도하는 것을 목적으로 하는 당사자간의 채권계약이다. 영업 자체는 독립한 물권으로서의 재산권은 아니므로 영업양도는 민법상 매매계약은 아니며 객관적 의의의 영업을 양도하는 상법이 인정하는 혼합계약으로 볼 수 있다.[231]

제3절 영업양도의 효과

1. 영업의 이전

(1) 영업재산의 이전

영업양도계약이 체결되면 양도인은 양수인에게 객관적 의의의 영업을 이전할 의무를 부담하고, 양수인은 양도인에게 양도대금을 지급할 의무를 부담한다. 다수설인 영업재산양도설에 의할 때 영업양도계약의 효과로서 가장 주된 것은 영업재산의 이전인데, 양도인은 개개의 영업재산의 구성부분에 대하여 권리를 이전하기 위한 물권행위를 하여야 한다. 예컨대, 부동산은 등기(효력발생요건)(민법 §186)를, 동산은 인도(효력요건)(민법 §188)를 각각 요한다. 지명채권의 경우에는 채무자에 대한 양도인의 통지 또는 채무자의 승낙(대항요건)(민법 §450)을 요하며, 지시채권은 배서 및 교부(효력요건)(민법 §508), 무기명채권은 교부(효력요건)(민법 §523), 상호는 이전등기(대항요건)(§25)를 각각 요한다. 특허권·상

---

231) 정찬형(15), 174면; 이철송(15), 272면; 최준선(13), 208면.

표권은 이전등록(특허법 §49①), 주식은 주권의 교부(효력요건; §3③)를 각각 요한다. 영업양도에 의해서는 이같은 영업재산이 전체적으로 조직화된 채 동일성을 유지하면서 이전되어야 한다.

(2) 재산적 가치 있는 사실관계의 이전

영업양도에 의해서 재산적 가치 있는 사실관계, 즉 종업원을 포함하는 영업조직, 영업상의 비결, 단골고객·공급업자 등의 거래선 등으로 구성되는 추상적 조직도 이전되어야 한다. 이러한 사실관계는 유형의 자산이 아니므로 이전방법이 정해져 있는 것이 아니고 양수인으로 하여금 이것을 이용할 수 있는 지위에 설 수 있도록 구두나 문서에 의하여 영업상의 비결을 전수하거나 고객·공급업자 등의 거래선을 소개하는 등의 각 사실관계에 따른 적당한 이전행위를 하여야 한다.[232]

대법원 1991.10.8. 선고 91다22018,22025 판결

특수화물자동차운송사업자인 소외 화성특수화물합명회사가 1984.8.9. 판시 트랙터와 트레일러 각 1대를 피고 주식회사 광일통운에게 매도하였으나(다만 그 소유명의는 소외회사에 신탁해 두기로 하였다.) 피고의 중도금지급불이행으로 같은 해 9. 중순경 위 소외회사가 위 매매계약을 해제하였다. 한편 위 소외회사는 1987.6.10. 원고 화성통운주식회사에게 특수화물자동차운송사업과 위 차량들을 포함한 사업공용차량 일체를 양도하고 그 인가를 받았고 위 차량에 관하여 원고 앞으로의 소유권이전등록까지 경료하였다. 법원은 "영업양도는 채권계약이므로 양도인이 재산이전의무를 이행함에 있어서는 상속이나 회사의 합병의 경우와 같이 포괄적 승계가 인정되지 않고 특정승계의 방법에 의하여 재산의 종류에 따라 개별적으로 이전행위를 하여야 할 것인바, 위 매매계약해제에 따른 원상회복청구권은 지명채권이므로 그 양도에는 양도인(소외회사)의 채무자(피고)에 대한 통지나 채무자의 승낙이 있어야 채무자인 피고에게 대항할 수 있는데, 그와 같은 대항요건을 갖추었음에 대한 원고의 주장, 입증이 없으므로, 원고로서는 위 영업양수를 이유로 피고에게 원상회복청구권을 주장할 수 없고, 또한 자동차운송사업의 양도양수와 그 인가로 인한 효과는 자동차운송사업법…에 규정한 바와 같이 양수인이 면허 또는 등록에 기인한 권리의무를 승계하는 것일 뿐이어서, 자동차운송사업의 양도양수로 동 사업의 면허 또는 등록에 기인한 권리의무의 이전이 있다고 하여 동 사업에 공용되던 차량과 관련한 제3자에 대한 권리의무까지 당연히 승계된다고는 할 수 없다"고 판시하였다.

---

[232] 손주찬(03), 199면; 정찬형(15), 175면; 이철송(15), 282면; 최준선(13), 209면.

2. 경업의 금지

영업양도가 있은 후 대내관계에서 양도인은 경업피지의무를 부담하고, 대외관계에서 양수인은 영업으로 인한 양도인의 채권자 및 채무자를 보호하기 위하여 일정한 책임을 부담한다.

(1) 양도인의 경업피지의무

영업양도의 목적을 달성하기 위해서 당사자 사이의 대내관계에서 가장 중요한 일은 전술한 대로 영업을 조직화된 채로 양수인에게 이전하는 일과 양도후 양도인이 양수인과 경업을 하지 아니하는 것이다. "양도인이 동종의 영업을 재개하는 경우에는 영업양도는 실효를 얻지 못하게" 되기 때문이다.[233]

(가) 당사자간에 약정이 없는 경우

영업을 양도한 경우에 경업에 관하여 다른 약정이 없으면 양도인은 10년간 "동일한 특별시·광역시·시·군과 인접 특별시·광역시·시·군에서 동종영업을 하지 못한다"($\S^{41}_{①}$). 이것은 계약상 의무라고 보는 견해[234]가 있지만 약정이 없는 경우에 정책적으로 법이 부과하는 법률상 의무이다.[235] 헌법재판소는 "상법이 규정하고 있는 경업금지의무는 당사자간의 특정한 약정이 없는 경우에 영업양도의 본질로부터 법이 당사자의 의사의 보완·해석규정으로 둔 것이라 할 수 있다. 즉 경업금지의무를 약정하는 것이 당사자의 합리적인 의사라고 보는 것이다. 이 사건 규정은 이러한 합리적인 당사자의 의사가 명확히 약정되어 있지 않은 경우를 대비한 의사보충규정이라고 할 수 있다."고 하였다.[236]

이 경업금지의무는 양도인의 일신전속적 의무로서 제3자(예컨대 상속인)

---

233) 손주찬(03), 200면.
234) 이철송(15), 286면; 최준선(13), 210면; 손진화(14), 154면.
235) 강위두·임재호(11), 151면; 정찬형(15), 177면; 전우현(11), 154면.
236) 헌법재판소 1996.10.4. 선고 94헌가5 결정.

에게 승계되지 아니한다.[237] 이 의무를 부담하는 자는 양도인이 상인인 경우에 한한다.[238]

여기에서 '동종영업'이라 함은 양도한 영업과 동일한 종류의 영업은 물론 영업의 내용이 유사하여 양도한 영업과 경쟁 또는 대체관계에 있는 영업을 의미한다.

제41조는 경업금지구역을 정하면서 양도영업의 규모에 관하여 아무런 구분 없이 "특별시·광역시"와 "시·군"을 함께 취급하고 있는데 이에 관하여 위헌심판이 제청된 바 있지만 헌법재판소는 위헌이 아니라고 결정하였다.[239] 경업금지구역으로 양도인이 영업을 하던 당해 행정구역만이 아니라 "인접 특별시·광역시·군"을 함께 규정한 것은 양도인이 인근지역의 경계선에서 경업하는 것을 막기 위한 것이다.[240]

경업금지의무에 의하여 양도인의 영업이 금지되는 것은 경업금지구역내의 영업소의 설치여부와는 관계가 없다.[241]

양도인의 경업금지의무가 발생하는 시기는 영업양도계약의 이행을 거쳐서 양수인이 영업을 할 수 있는 때부터이다.[242]

헌법재판소 1996.10.4. 선고 94헌가5 결정

오수길은 1991.5.7. 전시인으로부터 서울 성동구 군자동 330 소재 동화상협 주식회사의 알루미늄휠 서울지역 판매대리점 영업을 양수하였는바, 전시인이 다음 해인 1992.1. 초순경 서울 동대문구 이문동 218의 46에 한국타이어 장안대리점을 개설하고 위 동화상협 주식회사로부터 알루미늄휠을 공급받아 공장도가격 이하로 판매하자 원고 오수길은 서울지방법원 북부지원에 위 전시인과 동화상협 주식회사를 상대로 상법 제41조제1항 소정의 영업양도인의 경업금지의무위반으로 인한 손해배상청

---

237) 임홍근(01), 176면; 정동윤(12), 123면; 채이식(92), 132면; 최준선(13), 212면. 합병전 회사의 인격을 그대로 승계하는 합병후 존속회사는 합병전 회사의 경업금지의무를 여전히 부담하는 것임은 물론이다.
238) 대법원 1969.3.25. 선고 68다1550 판결(농업협동조합이 도정공장을 양도한 경우에는 상인이 아니므로 양수인에 대하여 경업피지의무를 부담하지 아니한다고 판시).
239) 헌법재판소 1996.10.4. 선고 94헌가5 결정.
240) 정찬형(15), 178면.
241) 이철송(15), 286면; 정찬형(15), 178면.
242) 정동윤(12), 123면; 최준선(13), 212면.

구의 소를 제기하였다. 이에 피고 전시인이 상법 제41조제1항에 대한 위헌제청신청을 하자 위 법원이 "(상법 제41조는) 영업양도와 관련한 상거래질서유지와 영업양수인의 보호라는 공공복리를 위하여 영업양도인의 경업행위를 일정한 범위내에서 금지함으로써 그의 직업선택의 자유를 제한하고 있는바, 공공복리를 위하여 직업선택의 자유를 제한하는 경우라도 가능한 한 헌법상 보장된 국민의 기본권을 최소한 침해하는 방법을 선택함으로써 자유로운 경제활동을 보장하여야 할 것이다. 그런데 이 사건 심판대상 조항은 경업금지구역을 인구수에 따라 구분되는 동일한 서울특별시·직할시·시·읍·면과 인접 서울특별시·직할시·시·읍·면으로 정하면서 자본금·매출액·종업원수 등으로 구분할 수 있는 양도영업의 규모에 관하여는 아무런 구분을 하지 아니함으로써 서울특별시에서 구멍가게 영업을 양도한 경우와 같이 영업의 규모와 지역에 따라서는 그 제한의 정도가 비례의 원칙 및 평등권에 어긋나는 경우가 있을 수 있어 위헌의 의심이 있다."고 하여 위헌제청신청을 받아들여 1994.4.22. 헌법재판소에 이 사건 위헌제청결정을 하였다.

헌법재판소는 다음과 같은 이유에서 제41조는 위헌이 아니라고 보았다. "문제가 되는 것은 민법 제389조제3항 소정의 책임(부작위의무 위반의 경우에 채무자의 비용으로써 그 위반한 것을 제거하고 장래에 대한 적당한 처분을 할 책임)일 것이다. 서울특별시와 같은 넓은 행정구역단위의 경우 영업의 종류에 따라서는 양도인의 영업재개지가 종전의 영업장소와 멀리 떨어져 있어 양수인에게 손해를 끼칠 위험이 없는 경우라 할지라도 경업금지의무위반으로 민법 제389조제3항 소정의 책임을 부담하게 될 수도 있으므로 이 점에서 이 사건 심판대상 조항에 입법론적으로 문제가 없지는 아니하다. 그러나 영업의 종류에 따라서는 전국적으로 경업관계에 있는 영업이 있을 수도 있고, 동(洞)이나 리(里)와 같은 좁은 지역내에서만 경업관계에 있는 영업도 있을 수 있는바, 이와 같이 다양한 경업가능성과 관련하여 어떠한 기준으로 경업금지구역을 정할 것인가 하는 점에 관하여 입법자는 고도의 입법재량권을 갖는다 할 것이고 그 재량권의 행사가 지나치게 비합리적이고 자의적이 아닌 한 이는 존중되어야 할 것이다. 그런데 서울특별시와 같은 경우에는 각 구(區)나 동(洞)이 아닌 서울특별시 전체를 하나의 독립된 사회·경제적 독자성을 가진 단위로 볼 수 있고 이 점은 이 사건 심판대상 조항이 정하는 다른 구역단위인 직할시·시·읍·면의 경우에도 마찬가지라 할 것인바, 경업금지구역을 이와 같이 정한 입법재량권의 행사가 명백히 비합리적이고 자의

적인 것이라고 볼 특별한 사정은 없다. 물론 경업금지구역을 이 사건 심판대상 조항과 같이 정하는 경우에 앞서 본 바와 같은 문제점이 있기는 하지만 그렇다고 예컨대 서울특별시와 같은 경우에 경업금지구역을 구(區)나 동(洞)으로 세분하고 영업의 규모도 그에 맞추어 세분한다고 하는 것은 현실적으로 영위되는 영업형태 및 그에 따른 경업가능성의 다양성에 비추어 입법기술상 반드시 용이한 것이라고는 할 수 없고, 이 사건 심판대상 조항과 같이 경업금지구역을 정하더라도 양도인의 경업행위와 양수인의 손해 사이에 상당인과관계가 존재하여야 손해배상을 청구할 수 있고 손해발생의 위험이 없음에도 양수인이 양도인에 대하여 민법 제389조 제3항 소정의 청구를 하는 경우란 실질적 이유에 의하여 상정하기 어려우므로 앞서 본 바와 같은 문제점은 충분히 완화될 수 있을 것이다. … 그렇다면 이 사건 규정의 지역적 범위와 기간산정은 대체로 입법자의 입법형성권 범위내에 속한다고 볼 것인바, 이 사건 규정에서 나타난 그러한 입법형성은 상법 제41조 제1항·제2항에서 달리 특약의 여지를 긍정하고 있고, 그 위반에 대한 직접적인 처벌규정을 두고 있지 않은 점을 참작한다면 나름대로 충분한 합리성이 있어 이 사건 심판대상 조항이 입법재량권의 한계를 지나치게 일탈한 것이라고는 볼 수 없다. 그렇다면 이 사건 규정이 직업선택의 자유를 과잉침해한 것이라 할 수 없다."

(나) 당사자간에 약정이 있는 경우

영업양도 당사자는 약정에 의하여 양도인의 경업금지의무를 면제하거나 경업금지지역 또는 기간을 정할 수 있다. 그러나 양도인이 동종영업을 하지 아니할 것을 약정한 때에는 동일한 특별시·광역시·시·군과 인접 특별시·광역시·시·군에 한하여 20년을 초과하지 아니한 범위내에서 그 효력이 있다(§41②). 따라서 예컨대, 우리나라 전지역을 경업금지지역으로 하는 약정이나 20년을 넘는 금지기간을 약정하지 못하는 것이며 만일에 그러한 약정을 한 경우에도 양도인은 제41조제2항에서 정한 범위까지만 경업금지의무를 진다. 이것은 직업선택의 자유라는 기본권에 대한 과도한 제한을 막기 위한 것이다.

(다) 의무위반의 효과

만일 양도인이 경업금지의무에 위반한 경우에는 양수인은 양도인의 비용으로 그 위반한 것을 제거할 것 및 장래에 대한 적당한 처분을 구하는 청구(민법 §389③)를 할 수 있다. 그 내용이 될 수 있는 것은 예컨대, 간판철거, 영업의 금지, 영업의 제3자에의 임대·양도 기타의 처분의 금지 등이다. 이와 함께 양수인은 의무위반으로 인하여 자기가 입은 손해에 대한 배상청구(민법 §§389④, 390)를 할 수 있다.

> **대법원 1996.12.23. 선고 96다37985 판결**
>
> 이 사건에서는 피신청인이 서울 마포구 당인동 12의 1 소재 제1빌딩 5층 점포에서 '도일처'라는 상호로 일반음식점 영업을 하다가 1995.2.15.경 그 영업 일체를 신청인에게 양도함에 있어 동종 영업을 하지 않기로 약정하였으나, 같은 해 5.15.경 위 '도일처'에서 약 100m 떨어진 장소인 서울 마포구 합정동 354의 17 소재 삼성빌딩 지하에 '만다라'라는 상호로 일반음식점을 개업하고, 위 '도일처'식당의 영업내용과 같은 영업을 하였다. 피신청인은 이 사건 영업금지가처분신청이 제기되자, 그 가처분을 회피하기 위하여 같은 해 8.5. 위 '만다라'식당을 신청외 왕덕안에게 매도한다는 내용의 매매계약서를 허위로 작성하고, 이를 기초로 같은 달 14. 위 '만다라'의 영업허가 명의도 위 왕덕안으로 바꾸었으나 그 이후에도 사실상 피신청인이 위 '만다라'의 실제 경영자로서 이를 경영하고 있었다. 법원은 "영업양도계약의 약정 또는 상법 제41조에 따라 영업양도인이 부담하는 경업금지의무는 스스로 동종 영업을 하거나 제3자를 내세워 동종 영업을 하는 것을 금하는 것을 내용으로 하는 의무이므로, 영업양도인이 그 부작위의무에 위반하여 영업을 창출한 경우 그 의무위반 상태를 해소하기 위하여는 영업을 폐지할 것이 요구되고 그 영업을 타에 임대한다거나 양도한다고 하더라도 그 영업의 실체가 남아있는 이상 의무위반 상태가 해소되는 것은 아니므로, 그 이행강제의 방법으로 영업양도인 본인의 영업 금지 외에 제3자에 대한 영업의 임대, 양도 기타 처분을 금지하는 것도 가능하다. … 다만 위의 가처분명령에 의하여 영업양도인의 제3자에 대한 임대, 양도 등 처분행위의 사법상 효력이 부인되는 것은 아니고, 영업양도인이 그 의무위반에 대한 제재를 받는 것에 불과하다."고 판시하였다.

3. 대외관계에서의 효과

(1) 양도인의 영업상의 채권자의 보호

영업양도의 경우에는 양도인의 제3자에 대한 채무도 이전되는 것이 보통이라고 할 수 있으므로 상법은 실제로 채무이전을 하지 않았으면서 "양수인이 상호를 속용"하거나 "채무인수한 것처럼 광고한 경우"와 같이 채무이전과 같은 외관을 야기한 경우에는 채권자를 보호하고 있다.

1) 양수인이 양도인의 상호를 속용하는 경우

(가) 원칙

영업양수인이 양도인의 상호를 계속사용하는 경우에는 양도인의 영업으로 인한 제3자의 채권에 대하여 양수인도 변제할 책임이 있다(^{상42}).

채권자의 입장에서는 영업양도의 사실을 알지 못하여 양도인이 자력이 있는 동안에 채권을 회수할 기회를 잃게 되는 경우가 있을 수 있으므로, 이 경우에 양수인이 중첩적 채무인수를 한 것으로 의제하는 것이다. 이 경우에 양도인과 양수인은 채권자에 대한 부진정연대채무를 부담한다(통설).

판례는 "상인이 영업을 현물출자하여 주식회사를 설립하고 그 상호를 계속 사용하는 경우"에는 영업의 양도는 아니지만 출자의 목적이 된 영업의 개념이 동일하고 법률행위에 의한 영업의 이전이란 점에서 영업의 양도와 유사하며 채권자의 입장에서 볼 때는 외형상 양도와 출자를 구분하기 어려우므로 제42조를 유추적용하여 새로 설립된 법인은 출자자의 채무를 변제할 책임이 있다고 보고 있다.[243]

여기에서 양수인이 "양도인의 상호를 속용"한다는 의미는 사회통념상 객관적으로 보아 영업의 동일성이 있다고 믿을 만한 외관이 양도인 및 양수인에 의하여 표시되어 있는 것을 의미한다.[244] 그러나 이에 대하여 엄격히 해석할 것을 주장하여 여기에서 속용되는 상호는 제23조에서와 같이 단지 상호가 유사하여 "영업주체의 동일성에 대한 일반대중의 오해를 불러일으킬 정도"의 외관이 아니라 "종전의 거래상대방이 영업주체의 변동을 깨닫지

---

243) 대법원 1989.3.28. 선고 88다카12100 판결; 대법원 1996.7.9. 선고 96다13767 판결; 대법원 2009.9.10. 선고 2009다38827 판결(이러한 경우에는 양도인의 제3자에 대한 채무는 영업양도 후 2년이 경과하면 소멸한다고 규정하는 상법 제45조의 규정도 당연히 유추적용된다고 판시) 등.
244) 정찬형(15), 181면.

못할 정도의 동일성 있는 상호"이어야 한다는 견해245)가 있다. 그러나 이는 사실심법원이 판단할 문제이다.

판례는 양수인이 양도인의 상호를 그대로 사용한 경우만이 아니라 "남성정밀공업주식회사" 대신 "남성사", "삼정장여관" 대신 "삼정호텔", "주식회사 파주레미콘" 대신 "파주콘크리트 주식회사"와 같이 종전 상호에 어떠한 명칭을 부가하거나 상호의 주요부분이 공통된 경우에도 제42조의 적용을 긍정한다.246)

"양도인의 영업으로 인한 제3자의 채권"이란 양도인의 영업상의 활동과 관련하여 발생한 모든 채무를 의미하며 거래상 채무는 물론 영업상의 활동에 관하여 발생한 불법행위로 인한 손해배상채무 등의 非거래상채무도 포함한다.247) 따라서 양도인의 영업으로 인한 채무가 아닌 경우에는 포함되지 아니한다.248)

---

245) 이철송(15), 295~296면.
246) 대법원 1989.3.28. 선고 88다카12100 판결("양도인의 상호 중 그 기업주체를 상징하는 부분을 양수한 영업의 기업주체를 상징하는 것으로 상호 중에 사용하는 경우는 이에 포함된다고 할 것이고, 그 동일여부는 명칭, 영업목적, 영업장소, 이사의 구성이 동일한지 등을 참작하여 결정하여야" 한다고 전제하고, 피고 "남성정밀공업주식회사"는 "남성사"란 상호를 계속 사용한다고 보았다.); 대법원 1989.12.26. 선고 88다카10128 판결(양도인이 사용하던 상호는 "삼정장여관"이었으나 피고가 영업의 양수를 한 무렵부터 같은 건물에 사용한 상호는 "삼정호텔"이었던 경우에 양도인의 상호를 속용한 것이라고 보았다.); 대법원 1998.4.14. 선고 96다8826 판결(양도인이 "주식회사 파주레미콘"이라는 상호를 사용하였는데, 양도후에 양수인이 "파주콘크리트 주식회사"라는 상호를 사용한 경우에도 양도인의 상호를 속용한 것이라고 보았다.).
247) 대법원 1989.3.28. 선고 88다카12100 판결
248) 대법원 2002.6.28. 선고 2000다5862 판결(양도인인 주식회사 파주레미콘(이하 '파주레미콘')이 발행한 약속어음과 관련한 약속어음금채무 및 연대보증채무가 문제되었는데, 법원은 "양도인이 주식회사인 경우에는 회사에게 사적인 생활이 존재하지 아니한 관계로 주식회사의 명의로 한 행위는 반증이 없는 한 일단 회사의 영업을 위하여 하는 행위로 추정되며, 따라서 그로 인하여 회사가 부담하는 채무도 영업으로 인한 채무로 추정된다고 할 것이지만, 반증에 의하여 그 채무가 영업으로 인한 채무가 아니라는 점이 밝혀지는 경우 그러한 추정은 복멸될 수 있을 것"이라고 하고, 양수인은 "파주레미콘의 사실상의 소유주라는 윤희남이 파주레미콘의 목적사업이나 영업과는 전혀 무관하게 개인적으로 주유소영업을 하기 위하여 원고로부터 주유소 부지 등을 매입한 후 그 대금지급을 위하여 마침 보관 중이던 파주레미콘의 명판과

보호받는 선의의 "제3자"는 영업양도의 당사자가 아닌 자를 말하며, 영업양도 사실에 대해서는 알았더라도 채무인수가 되지 않은 사실을 알지 못한 자도 포함한다.249)

(나) 예외

"양수인이 영업양도를 받은후 지체없이 양도인의 채무에 대한 책임이 없음을 등기한 때" 또는 "양도인과 양수인이 지체없이 제3자에 대하여 양도인의 채무에 대한 책임이 없음을 통지한 경우에 그 통지를 받은 제3자에 대하여는" 양수인은 변제의 책임이 없다($\S\frac{42}{②}$).

2) 양수인이 양도인의 상호를 속용하지 아니하는 경우

이 경우에는 원칙적으로 양수인이 채무인수를 한 경우가 아닌 한 양도인만이 채무를 변제할 책임을 진다. 그러나 양수인이 양도인의 영업으로 인한 채무를 인수할 것을 광고한 때에는 그 양수인도 변제할 책임이 있다($\S44$).

여기에서 "양수인의 채무인수의 광고"란 사회통념상 채무인수의 외관이 야기된 광고이면 되며 반드시 채무인수라는 단어가 사용되었어야 하는 것은 아니다. 또한 광고가 아니라 개별적으로 채무인수의 의사를 표시한 경우에도 그러한 의사표시를 수령한 자에게는 양수인은 변제책임이 있다.

3) 양도인의 책임의 존속기간

양수인이 상호를 속용하거나 채무인수의 광고를 하여 채권자에 대하여 변

대표이사 인감도장을 이용하여 이 사건 약속어음 및 당좌수표를 발행함으로써 결국, 파주레미콘이 부담하게 된 어음금채무 또는 그 원인관계상의 연대보증채무"라는 반증을 들었다. 결국 법원은 "뒤 채권은 파주레미콘의 영업활동과는 전혀 무관한 것으로서 양도인의 영업으로 인한 채권으로 볼 수 없으므로 상호 속용 영업양수인에 대하여 그 이행책임을 물을 수 없다"고 판시하였다.).

249) 대법원 1989.12.26. 선고 88다카10128 판결("상호를 속용하는 영업양수인의 책임은 어디까지나 채무승계가 없는 영업양도에 의하여 자기의 채권추구의 기회를 빼앗긴 채권자를 보호하기 위한 것이므로 영업양도에도 불구하고 채무인수의 사실 등이 없다는 것을 알고 있는 악의의 채권자가 아닌 한 당해 채권자가 비록 영업의 양도가 이루어진 것을 알고 있었다 해도 보호의 적격자가 아니라고 할 수는 없다"고 판시하였다.).

제책임을 부담하는 경우에는 양도인의 채무는 영업양도 또는 광고 후 2년이 경과하면 소멸한다(§45). 이 취지는 "양도인의 채무는 경제적 관점에서 그의 개인채무라기 보다는 기업채무"라고 볼 수 있고 "양수인의 책임을 통하여 기업자산으로 담보되어 있으므로 굳이 양도인의 지위를 장기간 불안하게 할 필요가 없기 때문"에[250] 법률관계를 정리하여 영업을 양도한 경우 양도인은 2년이 지나면 영업상 채무에서 벗어날 수 있게 하려는 것이다.

위의 2년의 기간은 제척기간이므로 소멸시효와 같은 중단이나 정지는 있을 수 없다. 만일 2년의 기간내라도 양도인의 채무의 소멸시효가 완성하면 양도인의 채무는 그 때 소멸한다. 양수인은 양도인이 채권자에 대하여 항변할 수 있는 모든 사유로써 항변할 수 있기 때문이다(민법 §458).

한편 양도인과 양수인간에 양도인의 영업상 채무에 대한 중첩적 채무인수가 있은 경우에도 제45조가 (유추)적용되어 2년이 경과하면 채무가 소멸되는 것으로 봐야 할 것인가 하는 문제가 있다. 이에 대하여 ⅰ) 제45조는 양수인이 실제로 채무인수를 하지 않았으면서 외관책임을 지는 경우에 적용되는 것이므로 그와 균형상 중첩적 채무인수를 한 경우에도 (유추)적용되어야 한다는 긍정설[251]과 ⅱ) 이러한 경우에는 당사자의 의사를 존중해야 할 것이라는 점, 이를 믿고 동 채무인수를 승낙한 채권자를 보호해야 하는 점, 제45조의 법문에 반한다는 점 등을 근거로 하여 2년이 경과하더라도 양도인의 채무가 소멸하지 않고 본래의 채무의 소멸시효가 적용된다고 보아야 할 것이라는 부정설(비소멸설)[252]이 갈린다.

(2) 양도인의 영업상의 채무자의 보호

영업양도의 경우에는 양도인의 제3자에 대한 영업상 채권도 양수인에게 이전될 수 있는데, 상법은 실제로 채권양도를 하지 않았으면서 그와 같은 외관을 야기한 경우에는 채무자를 보호하는 제도를 두고 있다.

---

250) 이철송(15), 303면.
251) 최기원(04), 200~201면; 이철송(15), 303면.
252) 정찬형(15), 185면.

1) 양수인이 양도인의 상호를 속용하는 경우

영업양도가 있은 후 양수인이 양도인의 상호를 속용하는 경우에 양도인의 영업으로 인한 채권에 대하여 채무자가 선의이며 중대한 과실없이 양수인에게 변제한 때에는 그 효력이 있어서 채무자가 면책된다(§43). 여기에서 "채무자가 선의이며 중대한 과실 없이"라는 것은 영업양도의 사실을 몰랐고 그 점에 중과실이 없었다는 의미이나 "영업양도의 사실에 대해서는 알고 있었지만 채권양도가 없었다는 사실을 모른 경우"도 포함될 수 있다. 또한 이렇게 선의로 변제한 양도인의 영업상 채무자는 민법상 채권의 준점유자에 대한 변제가 유효하다는 규정에 의하여서도 보호받을 수 있다(민법 §470).

증권채권의 경우에는 제시증권성, 상환증권성 때문에 양수인에게 이행하는 일이 생기기 어려우며 만일 증권과 상환하지 않고 양수인에게 변제하여도 그 효력이 없을 것으로 본다.

2) 양수인이 양도인의 상호를 속용하지 아니하는 경우

양수인이 양도인의 상호를 속용하지 아니하는 경우에는 외관상 양도인의 영업으로 오인할 외관이 없으므로 채무자의 외관신뢰의 문제가 없다. 따라서 원칙적으로 채무자가 양수인에게 변제해도 효력이 없다. 그러나 양도인의 동의하에 양수인이 채권양도를 받은 것처럼 광고하거나 양수인이 양도인과 함께 채무자에게 통지한 경우에는 상법에는 규정이 없지만, 제44조(채무인수를 광고한 양수인의 책임)를 유추적용하여 양도인의 영업으로 인한 채권에 대하여 채무자가 선의이며 중대한 과실없이 양수인에게 변제한 때에는 그 효력이 있어서 채무자가 면책된다고 해석한다.[253]

---

[253] 강위두·임재호(11), 159면; 손주찬(03), 204면; 정찬형(15), 186면; 손진화(14), 160면; 최준선(13), 219면. 이에 대하여 반대설은 정동윤(12), 243면(이러한 경우에는 양수인의 불법행위의 문제가 될 뿐이라고 보아서 채무자는 채권의 준점유자에 대한 변제(민법 §470)로서 보호받을 수 있을 뿐이라고 한다.).

제4절 영업의 임대차

1. 의의

영업의 임대차란 상인이 객관적 의의의 영업의 전부 또는 일부를 타인에게 대여하는 계약을 말한다. 계약의 당사자는 영업임대인과 영업임차인이다. 영업임대차의 객체는 단순한 영업용재산이 아니라 영업목적을 위하여 유기적으로 조직화되어 있는 객관적 의의의 영업인 점에서 영업양도에 있어서와 같다.

한편 공정거래법은 경쟁제한적인 "다른 회사의 영업의 전부 또는 주요부분의 임차 또는 경영의 수임"을 금지하고 있다(동법 §7①iv).

2. 법적 성질

영업의 임대차의 법적 성질은 민법상의 임대차는 아니고, 일종의 혼합계약이다. 영업의 임대차에 대해서는 성질이 허용하는 한 민법의 임대차에 관한 규정[254]이나 영업양도에 관한 상법의 규정이 유추적용된다.[255]

3. 절차

영업의 임대차의 절차는 개인기업의 경우에는 제한이 없고, 주식회사나 유한회사가 영업의 임대차를 하는 경우에는 주주총회(사원총회)의 특별결의에 의하여야 한다(§§374①ii, 576①). 합명회사, 합자회사 또는 유한책임회사가 존속중에 영업의 임대차를 하는 경우에 관해서는 상법상 직접 적용되는 규정이 없으나, 이는 회사의 영업에 관한 중요한 사항이므로 정관변경(§§204, 269, 287의16)에 준하여 총사원의 동의를 얻어야 한다고 해석한다.

---

[254] 손주찬(03), 206면; 정찬형(15), 187면.
[255] 이철송(15), 305면.

4. 효력

영업의 임대차의 효력은 당사자간 계약에 따라 정해진다. 영업임대인은 약정의 범위내에서 영업임차인에게 영업을 할 수 있도록 영업재산과 재산적 가치 있는 사실관계를 임대하여 주어야 한다. 영업임대인은 임대차기간 중에는 영업양도인에 준하여 경업피지의무를 부담한다고 본다($\S 41$의 유추적용).256) 이는 그렇지 않으면 영업임대차를 한 임차인의 목적이 달성될 수 없기 때문이다.

대법원은 상호를 속용하는 영업양수인이 양도인의 영업으로 인한 채무에 대하여 변제할 책임이 있다는 상법 제42조는 영업의 임대차의 경우에는 성질상 유추적용되지 않는다고 하였다.257) 그러나 영업임대인의 채무자가 선의이고 중대한 과실 없이 임차인에게 변제한 때에는 그 변제는 유효한 것으로 볼 것이다($\S 43$의 유추적용).258)

제5절 영업의 경영위임

1. 의의

영업의 경영위임이란 상인이 객관적 의의의 영업의 전부 또는 일부의 경영을 타인에게 위임하는 계약을 말한다. 영업의 주체가 되는 것은 여전히 위임인이고 수임인은 경영권을 대리행사하는 것에 불과하다. 경쟁제한적인 경

---

256) 손주찬(03), 207면; 최기원(04), 206면; 정찬형(15), 187면; 이철송(15), 305면; 최준선(13), 221면.

257) 대법원 2016.8.24. 선고 2014다9212 판결(상법 제24조를 유추적용할 수 없는 이유로서 영업의 임대차의 경우에는 영업상의 채권자가 제공하는 신용에 대하여 실질적으로 담보의 기능을 하는 영업재산의 소유권이 모두 임대인에게 유보되어 있기 때문에 임차인에게 임대인의 영업상 채무에 대한 변제책임을 부담시키면서까지 임대인의 채권자를 보호할 필요가 없으며, 상법 제24조제1항에 의하여 영업양수인이 부담하는 책임은 양수한 영업재산에 한정되지 않고 그의 전재산에 미치는 점에서 더욱 그러하다고 하는 점을 들었다).

258) 이철송(15), 306면; 최준선(13), 221면.

영위임은 금지된다(공정거래법 §7①iv).

2. 유형

경영위임의 경우에 수임인의 지위는 구체적으로 계약의 내용에 따라 정해질 것이다. 만일 수임인이 영업이윤·손실의 제1차적 귀속자로서의 지위를 갖고 수임인이 위임인에게 대가를 지급하는 경우에는 협의의 "경영위임계약"(Betriebsüberlassungvertrag)이 되고, 위임인이 영업이윤·손실의 제1차적 귀속자로서의 지위를 갖고 수임인은 다만 경영권행사의 주체로서의 지위만을 갖고 위임인으로부터 수임사무의 수행에 대한 보수만 받을 뿐인 경우에는 "경영관리계약"(Betriebsführungvertrag)이 된다.259) 전자의 경우에는 위임인은 영업임대차의 임대인과 같이 임대차기간 중에는 영업양도인에 준하여 경업피지의무를 부담하나(§41의 유추적용), 후자의 경우에는 민법상 위임계약(민법 §680)의 일종으로서 영업양도에 관한 상법규정은 유추적용될 여지가 없다.

3. 절차

영업의 경영위임의 절차는 개인기업의 경우에는 제한이 없고, 주식회사나 유한회사가 영업의 경영위임을 하는 경우에는 주주총회(사원총회)의 특별결의에 의하여야 한다(§§374①ii, 576①). 합명회사, 합자회사 또는 유한책임회사가 존속 중에 영업의 경영위임을 하는 경우에 관해서는 상법상 직접 적용되는 규정이 없으나, 이는 회사의 영업에 관한 중요한 사항이므로 정관변경(§§204, 269, 287의16)에 준하여 총사원의 동의를 얻어야 한다고 해석한다(§§204, 269, 287의16의 유추적용).

---

259) 정찬형(15), 188면; 최준선(13), 222~223면.

제3편
상행위

제1장 서론

제2장 상행위법 총칙

제3장 상행위법 각칙

제4장 새로운 상행위

제 1 장 서론

제1절 총설

기업은 앞에서 살펴본 상업사용인 등의 인적 설비와 상호·영업소·상업장부 등의 물적 설비를, 설립에 의하거나 다른 기업으로부터 양수하여서 갖추고 나면, 그 조직을 바탕으로 하여 영리를 목적으로 하는 일정한 사업에 종사하게 된다. 이 장에서는 상법 제2편(상행위)의 규정들의 해석론을 중심으로 기업이 종사하는 영업활동에 관하여 논한다. 다만, 기업이 종사하는 영업활동에 관한 규정은 상법 제2편에 있는 상인 일반에 공통적으로 적용되는 통칙(제1장)·상사매매(제2장)·상호계산(제3장)·익명조합(제4장)·합자조합(제4장의2)의 규정들과 일정한 업종에 종사하는 상인들에게 적용되는 대리상(제5장)·중개업(제6장)·위탁매매업(제7장)·운송주선업(제8장)·운송업(제9장)·공중접객업(제10장)·창고업(제11장)·금융리스업(제12장)·가맹업(제13장)·채권매입업(제14장) 등의 규정들이 가장 주된 것이기는 하지만, 제2편 밖에도 보험업(제4편), 해상운송업(제5편), 항공운송업(제6편) 관련 규정들이 존재한다. 그러나 상법전의 체제상 상행위편 밖에 규정된 상행위에 관해서는 본서에서 논하지 아니한다.

제2절 상행위법의 의의

1. 실질적 의의의 상행위법

실질적 의의의 상행위법은 기업의 대외적 영업활동, 즉 기본적 상행위에 관하여 규율하는 특별사법이다.

2. 형식적 의의의 상행위법

형식적 의의의 상행위법이란 상행위라는 제목을 가진 성문법, 즉 상법 제2편 상행위에 포함된 조항들로 이루어진 법률을 말한다.

3. 양자의 관계

실질적 의의의 상행위법은 형식적 의의의 상행위법과 일치하지는 않는다. 전술한 것처럼 상법 제2편 밖에도 보험업(제4편), 해상운송업(제5편), 항공운송업(제6편) 관련 규정들이 존재하며, 특별상사법이나 상관습법으로 존재하는 상행위법의 법원들이 있다. 또한 이 분야에서 활용되는 보통거래약관도 계약당사자의 의사에 의하여 상행위의 법률관계를 규율하고 있다. 그리고 형식적 의의의 상행위법 중에서 상호계산(제3장)·익명조합(제4장)·합자조합(제4장의2)의 규정들은 기업의 대외적 영업활동에 관하여 규율하는 것들이 아니기 때문에 실질적 의의의 상행위법에 속하지 아니한다. 그러나 이것들은 상인의 부속적 상행위에는 속하기 때문에 상행위법 안에 규정되어 있는 것이다.[1]

제3절 상행위법의 특성

상행위법은 민법과 비교해서 ① 기업의 건전한 발전을 도모하기 위한 '기업유지' 사상[예컨대, 상사대리에 있어 본인상인의 사망시의 대리권의 존속($§50$)], ② 기업의 '자금조달·집중'의 편의의 제공[예컨대, 익명조합($§§78 \atop -86$), 합자조합($§§86의2 \atop -86의9$) 등], ③ '인력의 보충'[예컨대, 대리상($§87 \atop 이하$), 중개인

---

1) 손주찬(03), 214면.

(§93이하), 위탁매매인(§101이하) 등], ④ 경우에 따라 상인의 책임을 민사책임보다 가중함으로써 상인에 대한 일반인의 신뢰를 보호하기도 하고, 때로는 기업유지와 영업 촉진을 위하여 위험이 높은 영업을 수행하는 상인에게 민사책임보다 책임을 경감하기도 하는 점, ⑤ 계약자유의 원칙이 강하게 지배하는 '임의법규성'[예컨대, 상행위로 인하여 생긴 채권을 담보하기 위한 질권에 대하여 유질(流質)계약의 금지를 해제하는 점], ⑥ "개성의 상실"[예컨대, 대리인의 이행의무(§48급서)], ⑦ 다수인을 상대로 반복적으로 이루어지기 위하여 요구되는 기업거래의 '간이성·신속성 및 정형성', ⑧ "거래의 안전"에 대한 고려가 한층 깊이 베풀어져야 하는 점[예컨대, 상사매매에서의 견품보관의무(§60), 익명조합원의 명의대여책임(§81), 화물상환증·창고증권의 문언증권성(§131,157) 등], ⑨ 영리추구를 본질로 하는 '유상성'[예컨대, 상인의 당연한 보수청구권(§61), 상인간의 소비대차계약 또는 금전의 체당시 당연히 법정이자를 청구할 수 있는 점(§55), 상행위로 인한 채권의 법정이율이 민사법정이율보다 높게 되어 있는 점(§54)] 등의 특성을 가진다.[2] 그밖에 ⑩ 민사거래보다 높은 수준의 상도덕이 발달해 있어서 상관습·상관습법·신의칙으로 수용되거나 상법전에 수용되어 있다는 점도 상행위법의 특성의 하나로 거론된다.[3] 상행위법은 기업조직법(상법총칙·회사법)과 비교하면 ⑪ 원칙적인 '임의법규성'[4], ⑫ 상인의 영업의 장소적 범위가 국내에만 머무르지 않는다는 의미의 '국제성'[5] 등의 특성을 갖는다.

---

[2] 손주찬(03), 22~29면; 정찬형(15), 195면(⑦,⑨); 이철송(15), 312~315면(④,⑤,⑦,⑧,⑨).
[3] 이철송(15), 315면.
[4] 손주찬(03), 214면(다만, 이는 거래 당사자 쌍방이 모두 합리적 판단과 자위능력을 가지고 있다는 점을 전제로 하는 것인데, 자본주의의 고도화에 따라 당사자 지위의 불평등이 표면화됨에 따라 강행규정이나 약관의 인가제도를 채택하는 등의 조치를 취할 필요성을 지적하고 있다.); 정찬형(15), 195면(상행위법 중에서도 거래상대방의 보호를 위하여 강행법규로 규정된 것(보험계약자 등의 불이익변경금지원칙(§663))도 있고, 보통거래약관을 규제하는 약관규제법의 존재를 지적하고 있다.; 최준선(13), 228면(약관거래에 의한 계약자유의 원칙의 제약, 독점기업의 횡포 등을 이유로 한 현대 상행위법의 강행법규화 현상을 함께 언급하고 있다.).
[5] 정찬형(15), 196면.

제4절 상행위의 의의

1. 상행위 개념의 상법상의 위치

상행위(Handelsgeschäft)는 상법의 적용한계를 정하는 중요한 개념이다. 상행위의 주체가 공법인인 경우에도 특별법상의 다른 규정이 없으면 역시 상법이 적용된다($§2$). 그러나 상행위의 개념의 상법상의 위치는 절대적인 것은 아니고, 상법전이 규정하고 있는 상행위 이외의 영리행위를 하여도 상법이 적용될 수 있다($\substack{§\,§\,5,\,66,\\169,\,740}$).

2. 상행위에 관한 입법주의

(1) 세 가지 입법주의

상행위를 정하는 방법에 관한 입법주의에는 세 가지가 있다. ⅰ) 객관주의(objektives System)는 행위자가 누구인지는 묻지 아니하고 행위의 객관적 성질에 의하여 상행위를 법전에 제한적으로 열거하는 입법주의이다. 이는 사회변화에 순응하지 못하는 단점을 가지며 이론상으로나 실제상으로 그 실현은 곤란하므로 오늘날 순수하게 이러한 입법주의를 취하는 국가는 없다. ⅱ) 주관주의(subjektives System)는 상인의 개념을 먼저 정하고, 상인의 영업상의 행위를 상행위로 정하는 입법주의이다. 상인 개념만 명확히 정해질 수 있다면 상행위인지 여부는 쉽게 가릴 수 있고 발전하는 모든 영리활동을 규제할 수 있다는 장점이 있으나 행위의 내용이나 성질을 고려하지 않고 상인의 개념을 정하기가 매우 어렵기 때문에 상행위의 한계가 불분명해지는 단점이 있다. 독일 상법과 스위스 채무법이 취하고 있는 입장이다. ⅲ) 절충주의(gemischtes System)는 행위의 객관적 성질을 중심으로 특정한 종류의 상행위는 행위주체가 누구이든지 상행위가 되도록 하고, 그밖의 상행위는 상인이 영업으로 하는 경우에만 상행위성을 인정하는 입법주의이다. 주관주의를 중심으로 하여 객관주의적 요소를 가미한 입법주의이다. 프랑스 상법, 일본 상법이 취하고 있는 입장이다.

(2) 우리 상법의 입장

우리 상법이 이 가운데 어느 입법주의를 취하고 있는가에 관해서는 견해가 갈린다. ⅰ) 상법은 주관주의적 절충주의라는 입장6)이 있으나 ⅱ) 상법은 주관주의라는 입장이 다수설7)이다. 생각건대 양설은 당연상인(§4)이 제46조 각호에 열거된 행위를 영업으로 행하는 경우에만 상행위가 되는 부분이 주관주의에 그친 것인지 "주관주의에 객관주의를 가미한 것" 인지에 관하여 견해가 다른 것이다. 설비상인(§5)의 준상행위는 행위주체에 중점이 놓이므로 주관주의에 의한 것이다. 당연상인의 기본적 상행위도 마찬가지로 주관주의에 의한 것이라고 본다. 제1편에서 전술한 것처럼 자연인이 상인자격을 취득하는 시기는 기본적 상행위를 직접 행하거나 "영업적 상행위를 하기 위한 보조적 상행위"를 하는 때이고(다수설), 회사가 상인자격을 취득하는 것은 기본적 상행위를 목적으로 설립행위를 완료한 때이다. 그러므로 자연인이든 회사든 상인이 영업으로 하는 기본적 상행위의 개념은 주관주의로 파악할 수 있다.

다만, 우리 상법의 입법주의를 어떤 것으로 보는가 하는 것이 실제적인 면에서 차이를 가져오는 것은 아니며 상법이 상행위를 어떻게 규정하고 있는지 그 내용만 알면 충분하다.8)

제5절 상행위의 종류

1. 기본적 상행위

기본적 상행위(Grundhandelsgeschäft)는 당연상인(§4)의 개념의 기초가 되

---

6) 양승규·박길준(93), 105면; 채이식(92), 146면.
7) 손주찬(03), 215면; 정희철(89), 145면; 서돈각·정완용(99), 139면; 정동윤(12), 266면; 최기원(04), 213면; 임홍근(01), 163~164면.
8) 정찬형(15), 197면; 채이식(92), 146면.

는 상행위를 말하며, 상법 제46조의 22가지 종류의 영업적 상행위와 「담보부사채신탁법」상 "사채총액의 인수"(§23②)가 포함된다. 후자는 상법상의 상행위와 달리 영업으로 할 것은 필요 없다.

제46조의 기본적 상행위는 "영업적 상행위"라고 부르며 이는 상인이 "영업으로서" 하는 상행위이다. 즉 그 성질로서 영리성, 계속성, 영업의사가 필요하다. 상법은 상인이 아닌 자의 1회만의 행위에도 상행위성을 인정하는 절대적 상행위[9]를 인정하고 있지 않다.

2. 준상행위

준(準)상행위란 의제상인이 영업으로서 하는 상행위이다. 이는 고유의 상행위는 아니지만 상행위에 준하는 행위이다. 준상행위가 될 수 있는 행위는 기본적 상행위 이외의 모든 행위 중에서 영업으로 할 만한 것이라면 다 포함된다.[10] 의제상인에는 설비상인(§⑤①) 및 민사회사(§⑤②)가 포함되므로, 설비상인의 준상행위는 "점포 기타 유사한 설비에 의하여 상인적 방법으로" 기본적 상행위에 해당하지 아니하는 영업을 하는 행위이며, 민사회사의 준상행위는 상행위 이외의 영리를 목적으로 하는 행위이다.

상법 상행위 통칙(제2편 제1장)의 규정은 의제상인의 준상행위에 대하여 준용한다(§66).

3. 보조적 상행위

보조적 상행위(Hilfshandelsgeschäft)란 상인이 "영업을 위하여" 하는 행위이며 상법은 이를 상행위로 본다(§47①). 이는 상인이 "영업으로서" 하는 상행위인 영업적 상행위와 구별되는 개념이다. 상인의 행위는 영업을 위하여 하

---

9) 일본에서는 투기구매 및 그 실행행위, 투기매각 및 그 실행행위, 거래소에서의 거래, 어음 기타 상업증권에 관한 행위를 절대적 상행위로 본다.
10) 이철송(15), 324면.

는 것으로 추정하므로(§47) 그렇지 않다고 주장하는 자가 반증을 들어야 한다. 여기에서 "영업을 위하여 하는 행위"란 영업과 관련된 모든 재산법상의 행위를 말하는데, 영업을 위하여 하는지 여부는 행위의 객관적 성질에 의하여 판단한다. 예컨대, 영업자금의 차입11), 상사채무의 연대보증12), 상업사용인의 고용13), 사무소의 구입·임차 등이 보조적 상행위에 포함될 수 있다. 그러나 영업을 준비하는 행위가 보조적 상행위로서 상법의 적용을 받기 위

---

11) 대법원 2012.11.15. 선고 2012다47388 판결(소외인은 이 사건 부동산매매계약 체결 직후 원고와 사이에 그 계약금을 소비대차의 목적물로 할 것을 약정하는 이 사건 준소비대차계약을 체결함으로써 소비대차상의 채무인 이 사건 채무를 부담하게 되었고, 피고들은 이에 대하여 연대보증을 하였다. 그 후 소외인과 피고들 등은 이 사건 부동산에서 모텔 건물 신축을 위한 기초공사를 진행하다가 원고의 요구로 이 사건 포기각서를 작성한 뒤 그 공사현장에서 철수하였다. 법원은 "영업자금의 차입 행위와 같이 행위 자체의 성질로 보아서는 영업의 목적인 상행위를 준비하는 행위라고 할 수 없지만, 행위자의 주관적 의사가 영업을 위한 준비행위였고 상대방도 행위자의 설명 등에 의하여 그 행위가 영업을 위한 준비행위라는 점을 인식하였던 경우에는 상행위에 관한 상법의 규정이 적용된다. 그러나 이러한 준비행위가 보조적 상행위로서 상법의 적용을 받기 위해서는 그 행위를 하는 자가 장차 상인자격을 취득하는 것을 당연한 전제로 하므로, 그 행위자의 어떤 행위가 상인자격을 취득할 주관적 의사 아래 영업을 위한 준비행위로서 이루어진 것이라는 점에 대한 입증이 없다면 이는 그 행위자의 보조적 상행위라고 볼 수 없다."고 전제하고, 소외인이 이 사건 채무를 부담하게 된 것이 장차 상인자격을 취득할 의사 아래 영업을 위한 준비행위로서 이루어진 것인지에 대하여는 아무런 입증이 없으므로 이 사건 채무는 상사채무에 해당하지 않는다고 판시하였다.); 대법원 2012.4.13. 선고 2011다104246 판결(같은 취지).
12) 대법원 2005.5.27. 선고 2005다7863 판결(채권자와 연대보증인 사이에서 체결된, 상사채권을 그 연대보증인인 원고로부터 변제받은(회수한) 것으로 하면서, 상사채무를 원고로 하여금 변제하도록 하는(인수시키는) 내용의 경개약정도 반증이 없는 한 돈을 빌려준 상인을 기준으로 상행위에 해당한다고 판시); 대법원 2014.6.12. 선고 2011다76105 판결(건설자재 등 판매업을 하는 갑이 주채무자인 을 주식회사를 상대로 제기한 물품대금 청구소송에서 갑 승소판결이 확정되어 민법 제163조 각 호의 단기소멸시효에 해당하는 주채무의 소멸시효기간이 10년으로 연장된 상태에서 병이 을 회사의 물품대금채무를 연대보증한 사안에서, 상인인 원고 갑이 상품을 판매한 대금채권에 대하여 피고로부터 연대보증을 받은 행위는 제47조가 적용되어 반증이 없는 한 상행위에 해당하고, 따라서 원고의 피고에 대한 보증채권은 특별한 사정이 없는 한 상사채권으로서 그 소멸시효기간은 5년이라고 판시).
13) 대법원 1976.6.22. 선고 76다28 판결("대한석탄공사는 상사회사는 아니라 하여도 광물채취에 관한 행위를 영업으로 하는 상인의 성질을 띤 법인이라 할 것이며 위 공사가 피용자들과 체결한 근로계약은 그의 영업을 위한 보조적 상행위이므로 그 보조적 상행위에 따른 퇴직금채무는 상사채무"라고 판시).

해서는 행위를 하는 자 스스로 상인자격을 취득하는 것을 당연한 전제로 하므로, 어떠한 자가 자기 명의로 상행위를 함으로써 상인자격을 취득하고자 준비행위를 하는 것이 아니라 다른 상인의 영업을 위한 준비행위를 하는 것에 불과하다면, 그 행위는 행위를 한 자의 보조적 상행위가 될 수 없고, 회사의 기관인 대표이사 개인은 상인이 아니어서 비록 대표이사 개인이 회사 자금으로 사용하기 위해서 차용한다고 하더라도 상행위에 해당하지 아니하여 차용금채무를 상사채무로 볼 수 없다.[14]

한편 보조적 상행위는 기본적 상행위와 달리 법적 성질이 계약·단독행위와 같은 법률행위만이 아니라 통지·최고·이행청구와 같은 준법률행위나 상호의 선정과 같은 사실행위 또는 부당이득과 같은 사건이나 불법행위도 포함될 수 있다(통설)[15]. 그러나 사실행위나 불법행위에 대해서는 보조적 상행위가 될 수 없다는 견해[16]가 있다.

대법원 2008.12.11. 선고 2006다54378 판결

음식점을 영위하는 원고가 1997.7.24. 부동산중개업을 영위하는 상인인 피고에게 2,000만 원을 변제기는 1997.9.25.로 정하여, 1997.12.9.경 1,000만 원을 변제기는 1998.3.5.로 정하여 각 고율의 이자로 대여하고, 피고는 위 날짜에 위 각 금원을 소외인에게 고율의 이자로 재차 대여하였다. 원심은 원고와 피고 사이에 상호 고율의 이자소득을 얻기 위한 목적으로 행하여진 위 금전대여행위를 가리켜

---

[14] 대법원 2012.7.26. 선고 2011다43594 판결(갑이 을 등과 함께 시각장애인용 인도블록을 제조하는 공장을 운영하기로 한 후 병에게서 사업자금을 차용하기 위하여 을이 병에게 부담하고 있던 채무를 연대보증하고 추가로 자금을 차용하여 합계 금액을 차용금액으로 하는 금전차용증서를 작성하였고, 그 후 시각장애인용 점자블록 제조 등을 목적으로 하는 정 주식회사를 설립하여 대표이사로 취임한 사안에서, 갑은 직접 자신의 명의로 시각장애인용 인도블록 제조 공장이나 그에 관한 사업을 운영하기 위한 목적이 아니라 설립이 예정된 정 회사의 사업과 관련하여 필요한 자금을 마련하기 위해서 병에게서 금원을 차용하였다고 볼 수 있고, 이러한 사정만으로는 갑을 자기 명의로 시각장애인용 인도블록 사업을 하는 상인으로 볼 수 없으므로 정 회사의 행위가 아닌 갑의 차용행위를 보조적 상행위로서 개업준비행위 등에 해당한다고 볼 수 없으므로 갑의 차용금채무는 5년의 소멸시효가 적용되는 상사채무가 아니라고 판시).

[15] 강위두·임홍근(01), 177면; 손주찬(03), 217면; 정찬형(15), 200면; 정희철(89), 146면; 채이식(92), 148면; 임홍근(01), 194면; 김성태(99), 394면.

[16] 이철송(15), 325~326면(보조적 상행위 개념을 인정하는 실익은 상법규정을 적용하기 위함인데, 불법행위에 대해서는 어느 상법규정을 적용할지 알 수 없다는 이유를 든다.).

원고 또는 피고가 '영업으로' 내지 '영업을 위하여' 하는 상행위라고 볼 수 없다는 이유르, 원고의 위 대여금채권이 5년의 상사소멸시효가 완성되어 소멸되었다고 주장하는 피고의 항변을 배척하였다. 대법원은 "영업을 위하여 하는 것인지 아닌지가 분명치 아니한 상인의 행위는 영업을 위하여 하는 것으로 추정되고 그와 같은 추정을 번복하기 위해서는 그와 다른 반대사실을 주장하는 자가 이를 증명할 책임이 있다. 그런데 금전의 대여를 영업으로 하지 아니하는 상인이라 하더라도 그 영업상의 이익 또는 편익을 위하여 금전을 대여하거나 영업자금의 여유가 있어 이자 취득을 목적으로 이를 대여하는 경우가 있을 수 있으므로, 이러한 상인의 금전대여행위는 반증이 없는 한 영업을 위하여 하는 것으로 추정된다. … 원심이 설시한 바와 같은 위 금전대여행위가 원고와 피고 사이에 상호 고율의 이자소득을 얻기 위한 목적으로 행하여졌다는 사정만으로는 의 추정이 번복된다고 볼 수 없으므로, 원고가 위 추정을 번복할 만한 증명책임을 다하지 못하는 한 원고의 피고에 대한 위 금전대여행위는 상행위로 보아야 할 것이다."고 판시하고 원심판결을 파기·환송하였다.

4. 일방적 상행위와 쌍방적 상행위

쌍방적 상행위란 <u>당사자 쌍방에게 상행위가 되는 행위</u>를 말한다. 쌍방적 상행위에 대해서는 당연히 상법을 적용하며, 상법 규정 중에는 쌍방적 상행위에 대해서만 적용되는 규정도 존재한다(예컨대,§§ 58, 67~71,72~77).

일방적 상행위란 그와 달리 <u>당사자중 그 일방에게만 상행위가 되는 행위</u>를 말한다. 예컨대 상인이 비상인으로부터 영업자금을 차용하는 경우에 이 소비대차는 채무자인 상인에게는 보조적 상행위가 되지만 비상인인 채권자에게는 상행위가 되지 아니한다. 일방적 상행위의 경우에도 전원에 대하여 상법을 적용한다(§3). 따라서 당사자 쌍방에 대하여 모두 상행위가 되는 행위로 인한 채권뿐만 아니라 당사자 일방에 대하여만 상행위에 해당하는 행위로 인한 채권도 상법 제64조 소정의 5년의 소멸시효기간이 적용되는 상사채권에 해당하는 것이고, 그 상행위에는 상법 제46조 각 호에 해당하는 기본적 상행위뿐만 아니라, 상인이 영업을 위하여 하는 보조적 상행위도 포함된다.[17] 그러나 대법원 판례 가운데에는 회사의 보조적 상행위에 해당하는 근

---

17) 대법원 2005.5.27. 선고 2005다7863 판결(소외 임경택이 1992.11.19. 소외 주식회사 삼창유통의 상가분양사업을 위한 상가의 매입자금 명목으로 피고 주식회사 동산공영개발로부터 1억 5천만 원("이 사건 차용금")을 차용하였고, 삼창유통의 총무로서 위 각

로자의 근로계약상의 주의의무 위반으로 인한 손해배상청구권과 이사의 회사에 대한 수임인으로서의 임무해태로 인한 손해배상청구권에 대하여 각각 "상거래관계에 있어서와 같이 정형적으로 신속하게 해결할 필요가 있다고 볼 것은 아니"라거나 "위임관계로 인한 채무불이행 책임"이라는 이유에서 제64조의 상사소멸시효를 적용하지 아니한 것이 있다.[18] 그러나 이러한 판

상가의 매입업무를 사실상 기획·주관하고 위 차용금 1억원을 자신의 통장으로 관리하던 원고 박기정은 위 약정 당시 이 사건 차용금채무를 연대보증하였다. 그후 피고 주식회사 동산공영개발은 그 소유의 상가를 담보로 제공하고 소외 주식회사 한신상호저축은행으로 1억 7천만원("이 사건 대출금")을 대출하였다. 법원은 "주식회사인 피고를 기준으로, 반증이 없는 한, 이 사건 차용금채무자에 대한 채권과 이 사건 대출금채무는 피고의 상행위로 인한 것으로서 상사채권과 상사채무라고 할 것이고, 이 사건 약정은 상인인 피고를 기준으로 볼 때에 상사채권인 이 사건 차용금 채무자에 대한 채권을 그 연대보증인인 원고로부터 변제받은(회수한) 것으로 하고, 상사채무인 이 사건 대출금채무를 원고로 하여금 변제하도록 하는(인수시키는) 내용의 약정"이므로 상사시효가 적용된다고 판단하였다.); 대법원 2006.4.27. 선고 2006다1381 판결(피고 청주문화방송주식회사와 망 소외인 사이의 근로계약이나 피고 회사가 노동조합과 체결한 단체협약은 모두 보조적 상행위에 해당하므로, 그에 기한 이 사건 위로금채권에는 5년의 상사시효가 적용된다고 판시); 대법원 2008.4.10. 선고 2007다91251 판결(원고는 1992.1.1.부터 'A'라는 상호로 사업자등록을 하고 수예품의 소매업을 영위하고 있는 상인인바, 원고는 그 사업자금을 조달하기 위하여 非상인인 피고가 조직, 운영하는 계에 가입하여 계불입금채무를 지게 되었다. 법원은 피고가 원고에 대하여 가지는 이 사건 계불입금채권은 다른 반증이 없는 한, 원고에 대한 관계에서 상행위에 해당하는 행위로 인한 채권으로서 상사채권에 해당하여 5년의 소멸시효기간이 적용된다고 판시하였다.); 대법원 2010.3.11. 선고 2009다100098 판결(1990.경 전선 및 건축자재 판매업을 하던 소외인은 럭키실리콘산업 주식회사(이하 '럭키실리콘산업'이라 한다)와 실리콘 등의 자재 거래를 하여 오다가 럭키실리콘산업으로부터 자신이 발행한 약속어음, 당좌수표 등을 할인하는 방법으로 금원을 차용하여 왔다. 럭키실리콘산업은 소외인과의 위와 같은 약속어음 할인 등으로 가지게 된 소외인에 대한 채권을 확보하기 위하여 소외인으로부터 소외인 발행의 액면금 3억 원, 발행일 1990.11.19., 지급지 조흥은행 전농동지점으로 된 당좌수표를 교부받고, 이 사건 근저당권설정등기를 경료하였다. 법원은 상인이 영업을 위하여 하는 보조적 상행위도 포함되는 것이며, 상인의 행위는 영업을 위하여 하는 것으로 추정되므로(상법 제47조제2항), 이 사건 근저당권의 피담보채권은 액면 3억 원의 당좌수표금 채권 또는 소외인과 럭키실리콘산업 사이의 약속어음 할인 거래로 발생한 상사채권이라고 판시하고, 당좌수표 발행인에 대한 소구권은 발행일로부터의 10일의 지급제시기간 경과일로부터 6개월의 소멸시효 기간이, 상사채권의 경우에는 5년의 소멸시효 기간이 적용되므로 특별한 사정이 없는 한, 이 사건 근저당권의 피담보채권은 소멸시효가 완성되었음이 역수상 명백하다고 판시하였다.).

례는 다른 판례(예컨대, 2006다1381 판결)와의 일관성도 결여되고 상사시효의 적용기준이 모호해서 예측가능성을 떨어뜨리고 법적 안정성을 저해하는 점에서 그 이론적 합리성을 찾기 어렵다.19)

5. 사법인의 상행위와 공법인의 상행위

상인인 사법인의 대표적 형태는 회사이다. (상사)회사는 당연상인(§4), 민사회사는 의제상인(§5②)에 해당한다.

공법인의 상행위에 대하여는 법령에 다른 규정이 없는 경우에 한하여 상법을 적용한다(§2). 상인인 공법인은 국가나 지방자치단체와 같은 일반공법인이 상인자격을 취득한 경우이다. 예컨대 국가가 민간공항을 운영하거나 철도운송업에 종사하는 경우, 또는 지방자치단체가 수돗물공급업이나 환경미화업에 종사하는 경우이다. 공법인이 할 수 있는 상행위에는 기본적 상행위 이외에 보조적 상행위도 포함된다.

---

18) 대법원 2005.11.10. 선고 2004다22742 판결(한국보증보험 주식회사 청주지점 직원들인 피고 1, 2가 보증보험증권의 발급 등 영업업무를 처리함에 있어서 회사의 영업지침 등을 준수하여야 할 근로계약상의 의무가 있음에도 불구하고, 소외인과의 친분관계 등으로 인하여 영업지침상의 기준에 미치지 못하여 인수하여서는 아니 되는 보증보험계약을 체결하고 보증보험증권을 발급하여 근로계약상의 주의의무를 위반함으로써 위 회사에 지급 보험금 상당의 손해를 가한 사안에서 상법 제64조의 상사시효제도는 대량, 정형, 신속이라는 상거래 관계 특유의 성질에 기인한 제도임을 고려하면, 상인이 그의 영업을 위하여 근로자와 체결하는 근로계약은 보조적 상행위에 해당한다고 하더라도, 근로자의 근로계약상의 주의의무 위반으로 인한 손해배상청구권은 상거래 관계에 있어서와 같이 정형적으로나 신속하게 해결할 필요가 있다고 볼 것은 아니므로 특별한 사정이 없는 한 5년의 상사 소멸시효기간이 아니라 10년의 민사 소멸시효기간이 적용된다고 봄이 타당하다고 판시); 대법원 1985.6.25. 선고 84다카1954 판결(주식회사의 업무집행을 담당하지 아니한 평이사가 업무담당 이사의 업무집행이 위법하다고 의심할만한 사유가 있음에도 불구하고 감시의무를 위반하여 이를 방치한 때에는 이로 말미암아 회사가 입은 손해에 대하여 배상책임을 면할 수 없고 이러한 주식회사의 이사 또는 감사의 회사에 대한 임무해태로 인한 손해배상책임은 일반불법행위 책임이 아니라 위임관계로 인한 채무불이행 책임이므로 그 소멸시효기간은 일반채무의 경우와 같이 10년이라고 보아야 한다고 판시).
19) 동지: 김성탁, "일반상사소멸시효에 관한 상법 제64조의 입법취지와 그 적용대상에 관한 소고," 법학연구(인하대학교) 제13집 제3호, 2010, 84~85면.

제2장 상행위법 총칙

제1절 서설

여기에서는 상인의 상행위 일반에 대하여 적용되는 상법 제2편의 제1장 통칙에 규정되어 있는 민법에 대한 특칙을 역시 민법상 매매에 관한 규정(민법 §§ 563-595)에 대한 특칙이 규정되어 있는 점에서 공통의 성격인 제2장 매매의 규정들과 함께 민법의 편제에 따른 순서(민법총칙-물권법-채권법)로 설명한다. 계속해서 제3장 상호계산, 제4장 익명조합, 제4장의2 합자조합 등에 관하여 설명한다.

상법은 상사매매·상호계산·익명조합·합자조합을 상행위법 각칙에 해당하는 대리상 등과 함께 동열의 체계를 이루는 것처럼 편제하여 놓았지만 이들은 모두 특별한 업종의 상행위가 아니라 상인 일반에 대하여 적용되는 규정들이다.

제2절 민법 총칙편에 대한 특칙

1. 상행위의 대리와 위임

(1) 대리의 방식

민법상 대리인이 대리를 할 때에는 본인을 위한 것임을 표시하여야 한다. 이를 현명(顯名)주의라고 한다. 예컨대, 갑의 대리인인 을이 갑을 대리하여 병으로부터 자동차를 매수하는 경우에는 계약서의 당사자 명칭으로 "매수인 갑 대리인 을"이라고 기재하고 자기 이름 옆에 자기의 도장을 날인하거나 서명하는 형식으로 하는 것과 같다. 만일 대리인이 대리행위를 하면서 본인을 위한 것임을 표시하지 아니한 때에는 그 의사표시는 자기를 위한 것으로 본다(민법§115). 그러나 상대방이 대리인으로서 한 것임을 알았거나 알 수 있었을 때에는 본인이 책임을 진다(동조제2문).

그러나 상법은 비현명(非顯名)주의에 의한다. 예컨대, A상인의 사용인인 B가 A를 대리하여 C와 거래하면서 A의 대리인 자격으로 한다는 것을 밝히지 않더라도 그 거래는 A와 C 사이에 성립된 것으로 보게 된다. 즉 상행위의 대리인이 본인을 위한 것임을 표시하지 아니하여도 그 행위는 본인에 대하여 효력이 있다(§48제1문). 그러나 상대방이 본인을 위한 것임을 알지 못한 때에는 본인에 대하여서는 물론 대리인에 대하여도 이행의 청구를 할 수 있다(§48제2문). 이처럼 상법이 비현명주의를 취한 이유는 "상인의 행위는 통상 그 상업사용인에 의하여 행해지므로 상대방이 대리관계를 숙지하고 있는 경우가 많고, 상거래의 내용은 보통 비개성적이라서 당사자가 누구인가 하는 것은 중요하지 않기 때문"이고[20], 거래의 신속·안전을 도모하기 위한 것이다.

(2) 본인의 사망과 대리권의 존속

민법상 대리권은 본인이 사망하면 소멸된다(민법§127 i). 민사 대리관계는 본인과 대리인 사이의 개인적 신뢰관계를 바탕으로 한 것이므로 본인이 사망하면 대리권은 소멸하는 것이다. 그러나 상법은 상인이 그 영업에 관하여 수여한 대리권은 본인의 사망으로 인하여 소멸하지 아니한다(§50)고 하여 특칙을 규정한다. 그 취지는 기업의 유지존속의 사상과 거래의 안전을 위한 것이다.

여기에서 "상인이 그 영업에 관하여 수여한 대리권"의 대표적인 예는 지배인 등의 선임행위에 의하여 수여된 지배권이다. 회사기업의 경우에는 본인의 사망이란 회사의 해산으로서 이는 곧 기업의 소멸로 이어지므로 제50조의 적용여지는 없다.

---

[20] 이철송(15), 330면.

(3) 상행위의 수임인의 권한

상법은 "상행위의 위임을 받은 자는 위임의 본지에 반하지 아니한 범위내에서 위임을 받지 아니한 행위를 할 수 있다"(§49)고 규정한다. 민법은 "위임의 본지에 따라 선량한 관리자의 주의로써" 위임사무를 처리하여야 한다(민법§681)고 규정하므로 제49조가 민법의 일반원칙에 비하여 수임인의 권한을 확장한 것은 아니고 단지 구체화한 주의적 규정으로 해석한다(다수설).21) 민법에 의하더라도 수임인은 위임의 본지에 반하지 아니한 범위내에서 위임을 받지 아니한 행위를 할 수 있다고 해석되며 그 이상의 권한은 인정할 수 없기 때문이다. 이와 달리 제49조의 규정을 상행위의 수임인의 대외적인 대리권의 범위를 확장하여 민법에 대한 특칙을 정한 규정이라고 해석하는 견해22)가 있으나 이는 민법에 대한 특칙도 아니며 대외적인 대리권의 범위에 관한 것이 아니라 위임인과 수임인의 대내적인 관계에서의 수임인의 권한에 관한 규정이다.23) 법문상 "상행위의 위임을 받은 자"를 "상행위의 위임에 수반하여 대외적인 대리권도 수여받은 자"로 한정하여 해석할 필요는 없기 때문이다.24)

(4) 상사채권의 소멸시효

1) 원칙

민사채권의 소멸시효기간은 10년이다(민법§162①). 그러나 상행위로 인한 채권은 상법에 다른 규정이 없는 때에는 5년간 행사하지 아니하면 소멸시효가 완성하고, 다른 법령에 이보다 단기의 시효의 규정이 있는 때에는 그 규정에 의한다(§64).

상사채권의 소멸시효를 민사채권의 그것보다 단축한 취지는 상거래 법률

---

21) 손주찬(03), 224면; 정찬형(15), 206면; 이철송(15), 335면.
22) 서돈각·정완용(99), 148면; 이기수외(03), 265면; 채이식(92), 157면.
23) 이철송(15), 335면; 정찬형(15), 206.
24) 임홍근(01), 217면.

관계의 신속한 해결을 위한 것이다.

　상법 제64조에서 "상행위로 인한 채권", 즉 상사채권은 쌍방적 상행위로 인한 채권은 물론 일방적 상행위로 인한 채권도 포함한다. 일방적 상행위로 인한 채권에는 은행이 非상인에게 대출한 경우와 같이 "채권자를 위한 상행위" 이든 상인이 아닌 사람이 상인에게 금전을 대여한 경우와 같이 "채무자를 위한 상행위" 이든 불문한다. 또한 여기에서의 상행위에는 기본적 상행위로 인한 채권이든 보조적 상행위로 인한 채권이든 모두 포함한다.[25] 또한 상행위로 인한 채무의 불이행으로 인한 손해배상청구권이나 하자담보책임, 상행위인 계약의 해제로 인한 원상회복청구권 등은 "상행위로 인하여 생긴 채권이 변형된 것" 이므로 상행위에 준하여 상사시효가 적용된다(통설·판례[26]). 그러나 상인의 불법행위로 인한 손해배상청구권에 대해서는 상사시효가 적용되지 않는다는 것이 통설[27]·판례[28]이다.

---

25) 대법원 1995.4.21. 선고 94다36643 판결; 1997.8.26. 선고 97다9260 판결 등.
26) 대법원 1993.9.14. 선고 93다21569 판결(상행위인 계약의 해제로 인한 원상회복청구권도 상법 제64조의 상사시효의 대상이 된다고 판시); 대법원 1997.8.26. 선고 97다9260 판결("연탄난로 제작판매업을 경영하면서, 그 사업자금 조달을 위하여 원고로부터 금원과 약속어음을 차용한 행위"는 영업을 위하여 하는 보조적 상행위에 해당하고, 위 상행위로 인한 이 사건 채권은 상사채권으로서 5년의 소멸시효기간이 적용된다. 그리고 상사시효가 적용되는 채권은 상행위로 인하여 생긴 채무의 불이행에 기하여 성립한 손해배상채권도 포함한다.); 대법원 2013.4.11. 선고 2011다112032 판결("영업으로 하는 전기의 공급에 관한 행위"는 상법상 기본적 상행위에 해당하고(§46ⅳ), 전기공급주체가 공법인인 경우에도 법령에 다른 규정이 없는 한 상법이 적용되므로(§2), "한국전력공사가 다수의 전기수용가와 사이에 체결한 전기공급계약에 근거한 위약금 지급채무" 역시 상행위로 인한 채권으로서 상법 제64조에 따라 5년의 소멸시효기간이 적용된다고 판시); 대법원 2013.11.28. 선고 2012다202383 판결(한국토지주택공사가 주식회사 한양에 건설공사의 도급계약을 한 경우, 상행위에 해당하는 경우이므로 수급인의 하자담보책임의 소멸시효기간은 상사시효기간인 5년이라고 판시); 대법원 2014.7.24. 선고 2013다214871 판결(갑 은행으로부터 대출받으면서 근저당권설정비용 등을 부담한 채무자 등이 그 비용 등 부담의 근거가 된 약관 조항이 구 약관의 규제에 관한 법률 제6조에 따라 무효라고 주장하면서 비용 등 상당액의 부당이득 반환을 구한 사안에서, 위 부당이득 반환채권은 상법 제64조가 적용되어 소멸시효가 5년이라고 판시).
27) 김성태(99), 408면; 김홍기(20), 147면; 손주찬(03), 225면; 임홍근(01), 218면; 이기수외(03), 269면; 정찬형(15), 208면. 반면, 불법행위가 영업과 밀접한 관련이 있어서 보조

상행위에 기초한 채무의 이행으로 급부가 이루어진 후 해당 행위가 무효 또는 취소 등의 사유로 급부의 법률상의 원인이 없게 되어 그 급부에 의한 이득의 반환을 청구하는 부당이득반환청구권(민법)에 대해서는 견해가 갈린다. ⅰ) 부당이득반환청구권은 불법행위로 인한 손해배상청구권의 경우와 마찬가지로 법률의 규정에 의하여 발생한 법정채권으로서 상거래의 신속과는 무관하므로 상사시효가 아닌 민사시효(10년)가 적용된다고 하는 입장(민사시효설)[29]과 ⅱ) 상행위가 무효 또는 취소되어 발생된 부당이득반환청구권은 영업과 밀접한 관련이 있는 점에서 원래의 상사채권과의 동질성이 인정되며, 청산대상이 되는 법률관계가 상행위로 인해 발생한 것이라는 점에서 그 청산을 조기에 종결할 것이 요청되므로 상사시효가 적용된다는 입장(상사시효설)[30]이 첨예하게 대립하고 있다. 대법원은 일부 부당이득반환청구 사건에서는 "신속하게 해결할 필요성"을 이유로 상사시효가 적용된다고 판시하였지만[31], 다른 일부 사건에서는 그러한 필요성이 없다는 이유로 민사시효가 적용된다고 판시[32]하여 태도가 일관되지 않고 있다.

적 상행위로 평가될 수 있는 경우에는 제64조를 적용하여야 한다는 입장으로 강위두·임재호(11), 230면; 손진화(14), 176면; 정동윤(12), 157면; 최준선(13), 234면.
28) 대법원 1985.5.28. 선고 84다카966 판결.
29) 이철송(15), 337면; 최준선, 230면.
30) 김성탁, 앞의 논문, 100~101면; 김성태(99), 407면; 김홍기(20), 148면; 손주찬(03), 225면; 손진화(14), 175면; 안강현(15), 194면; 임재호, "상법 제64조(상사시효)의 적용범위," 법학연구(부산대학교) 제47권 제2호, 2007, 15면; 이기수·최병규(10), 282면; 정찬형(15), 204면; 채이식(92), 176면.
31) 대법원 2014.7.24. 선고 2013다214871 판결(은행이 고객에게 근저당권설정비용을 부담시키는 내용의 약관이 무효가 됨에 따라 고객이 근저당권설정비용 상당액을 부당이득으로 반환청구한 경우); 대법원 2015.9.15. 선고 2015다210811 판결(한국주택공사가 아파트분양계약을 체결하면서 대금을 관련법령에서 정하는 기준을 초과하여 산정한 데 대하여 계약자들이 그 초과분을 부당이득으로 반환청구한 경우).
32) 대법원 2003.4.8. 선고 2002다64957 판결(상행위인 매매계약이 무효가 된 때에 이미 지급한 매매대금 상당액을 부당이득으로 반환청구한 경우); 대법원 2010.10.14. 선고 2010다32276 판결(보험계약자가 다른 보험회사로부터 보험금을 수령하였기 때문에 보험회사가 자동차손해배상보장법에 따라 지급한 피해보상금을 부당이득으로 반환청구한 경우).

생각건대 이러한 경우 법률규정에 근거하여 발생한 청구권이라고 하여 제64조의 적용을 배제하는 것은 지나치게 형식논리에 입각한 태도로 보이고, 부당이득의 발생원인은 상행위로 인하여 행해진 급부라는 점에서 신속한 법률관계의 청산이 요구되는 점에서 상사시효가 적용되어야 한다고 본다.

대법원 1998.7.10. 선고 98다10793 판결

피고 배순임은 소외 천상수와 함께 자신이 회원으로 있는 원고 칠곡1동 대성새마을금고로부터 자금을 대여받았다. 원고의 대여금반환청구에 대하여 피고는 소멸시효의 항변을 하였으나 원심은 이 사건 대여금채권은 민사채권으로서 소멸시효기간이 10년이라 할 것인데, 이 사건 소제기일인 1995.12.18.까지 아직 10년의 소멸시효기간이 경과되지 아니하였음이 역수상 분명하다는 이유로 피고 배순임의 소멸시효 항변을 배척하였다. 대법원은 "어느 행위가 상법 제46조 소정의 기본적 상행위에 해당하기 위하여는 영업으로 동조 각 호 소정의 행위를 하는 경우이어야 하고, 여기서 영업으로 한다고 함은 영리를 목적으로 동종의 행위를 계속 반복적으로 하는 것을 의미한다고 할 것인바(대법원 1994.4.29. 선고 93다54842 판결 참조), 새마을금고법의 제반 규정에 의하면 새마을금고는 우리나라 고유의 상부상조 정신에 입각하여 자금의 조성 및 이용과 회원의 경제적·사회적·문화적 지위의 향상 및 지역사회개발을 통한 건전한 국민정신의 함양과 국가경제발전에 기여함을 목적으로 하는 비영리법인이므로 새마을금고가 금고의 회원에게 자금을 대출하는 행위는 일반적으로는 영리를 목적으로 하는 행위라고 보기 어렵다고 할 것이다. 그러나 당사자 쌍방에 대하여 모두 상행위가 되는 행위로 인한 채권뿐만 아니라 당사자 일방에 대하여만 상행위에 해당하는 행위로 인한 채권도 상법 제64조 소정의 5년의 소멸시효기간이 적용되는 상사채권에 해당하는 것이고 그 상행위에는 상법 제46조 각 호에 해당하는 기본적 상행위뿐만 아니라 상인이 영업을 위하여 하는 보조적 상행위도 포함되는 것이므로(위 93다54842 판결 참조) 새마을금고로부터 대출을 받은 회원이 상인으로서 그 영업을 위하여 대출을 받았다면 그 대출금채권은 상사채권이라고 보아야 할 것인바, … 원고로부터 대출을 받은 소외 천상수는 송죽휴게소를 운영하는 사람임을 알 수 있어 상인이라고 할 것이고, 상인인 천상수가 원고로부터 대출을 받았다면 특단의 사정이 없는 한 영업을 위하여 하는 것으로 추정되므로(상법 제47조제2항) 천상수가 원고로부터 대출을 받은 것은 천상수에 대하여는 상행위에 해당되어 대출금채권의 변제기로부터 기산하면 이 사건 소제기 이전에 이미 5년의 상사시효기간이 경과되어 소멸되었다고 볼 여지가 충분하다."고 하는 이유로 원심판결을 파기하고 사건을 환송하였다.

대법원 2005.5.27. 선고 2005다7863 판결

소외 임경택이 1992.11.19. 소외 주식회사 삼창유통(이하 '삼창유통')의 상가분양사업을 위한 안양시 평촌동 소재 상가의 매입자금 명목으로 피고 주식회사 동산공영개발로부터 1억 원을 차용하면서 변제기 1992.12.29.에 이자 5,000만 원을 가산하여 반환하기로 약정하였다. 임경택이 위 상가의 매입에 실패하자 삼창유통은 위 차용금으로 부산시 소재 다른 상가를 매입하기로 하고, 임경택이 대표이사인 소외 주식회사 삼창건설(이하 '삼창건설')과 함께 1993.1.20. 피고와 사이에 위 차용금채무에 관하여 삼창건설 및 삼창유통이 차용인으로서 이자 5,000만 원을 추가로 가산한 원리금 합계 2억 원을 1993.2.20.까지 변제하기로(이하 '이 사건 차용금'이라 한다) 약정하였다. 삼창유통의 총무로서 위 각 상가의 매입업무를 사실상 기획·주관하고 위 차용금 1억 원을 자신의 통장으로 관리하던 원고 박기정은 위 약정 당시 이 사건 차용금채무를 연대보증하였다. 한편 피고는 1993.1.19. 소외 주식회사 한신상호저축은행(이하 '한신상호저축은행')에게 피고 소유의 안양시 동안구 호계동 21-2 부럭 쌍용상가에 관하여 채권최고액 5억 2,500만 원으로 된 근저당권을 설정하여 주고, 1993.6.10. 1억 7,000만 원을 변제기 1997.6.10.로 정하여 대출받았다(이하 '이 사건 대출금'이라 한다), 원고가 위 부산시 소재 상가의 매입에도 실패하고 이 사건 차용금도 변제되지 아니하자, 피고는 1996.1.6. 원고로부터 "원고가 삼창유통 재직시 위 쌍용상가를 삼창유통이 한신상호저축은행에 저당하여 사용한 1억 7,000만 원을 1996.12.25.까지 변제하겠다."는 취지의 지불각서를 작성받았는데, 원고와 피고는 위 지불각서의 작성으로써 이 사건 대출금이 이 사건 차용금의 변제에 충당된 것으로 하고, 이 사건 차용금채무의 연대보증인인 원고가 이 사건 대출금을 변제하기로 약정하였다(이하 '이 사건 약정'이라 한다). 원심은, 원고는 이 사건 차용금에 대한 연대보증채무를 부담하고 있었고, 이 사건 약정은 구채무인 이 사건 차용금에 대한 연대보증채무를 확정적으로 소멸시키고, 그 대신 원고가 피고에게 이 사건 대출금을 대신 변제하기로 하는 내용의 신채무를 성립시키기로 하는 경개약정을 한 것으로 봄이 상당하므로, 원고는 피고에 대하여 이 사건 약정에 따라 이 사건 대출금 1억 7,000만 원의 지급채무를 부담한다고 판단하고, 원고의 여러 항변 중 소멸시효의 항변, 즉 이 사건 약정에 따라 원고가 부담하는 채무는 상사채무로서 변제기일인 1996.12.25.로부터 상사시효 5년이 경과하여 소멸하였다는 항변에 대하여, 임경택의 최초의 차용금 1억 원은 삼창유통의 상가분양업무를 위한 상가매입자금이고, 이 사건 차용금 또한 삼창유통의 상가매입자금의 차용을 위한 것이므로 피고의 위 각 차용금채권은 삼창유통의 상행위로 인한 상사채권이라고 할 것이나, 이 사건 약정은 위와 같이 경개약정이므로 경개약정상의 신채무의 성격은 구채무와는 동일성이 단절되는 것으로서 신채무 자체만을 놓고 채무의 성질을 독립적으로 판단하여야 할 것인데, 비록 이 사건 대출금채무가 한신상호저축은행의 상행위인 대출약정에 따라 발생한 상사채무라고 하더라도 이 사건 대출금채무의 이행을 인수하기로 하는 원고와 피고 사이의 이 사건 약정행위는 일반 개인인 원고 또는 건축 및 실내장식업 등을 영업목적으로 하는 피고의 영업으로 인한 행위라거나 영업을 위한 행위로 볼 수 없으므로 상행위에 해당하지 아니하는 단순히 일반 개인 사이의 민사약정이라 할 것이고, 따라서 이 사건 약정에 따른 채권은 민사채권으로서 그 시효가 10년이라는 이유로 위 항변을 배척하였다. 그러나 대법원은 "당사자 일방에 대하여만 상행위에 해당하는 행위로 인한 채권도 상사채권에 해당하는 것이고, 그 상행위에는 상법 제46조 각 호에 해당하는 기본적 상행위뿐만 아니라 상인이 영업을 위하여 하는 보조적 상행위도 포함된다. 또한 상법 제5조제2항, 제1항, 제47조제1항, 제2항의 규정에 의하면, 회사는 상행위를 하지 아니하더라도 상인으로 보고, 상인이 영업을 위하여 하는 행위는 상행위로 보며, 상인의 행위는 영업을 위하여 하는 것으로 추정되므로, 회사가 한 행위는 반증이 없는 한 그 영업을 위하여 한 것으로 추정되는 것이고, 회사가 그 영업을 위하여 하는 행위는 상행위로 보는 것이다. … 피고는 주식회사(이)므로, … 이 사건 대출금은 피고 소유의 상가를 담보로 제공하고 차용한 것이라면, 주식회사인 피고를 기준으로도, 반증이 없는 한, 이 사건 차용금채무자에 대한 채권과 이 사건 대출금채무는 피고의 상행위로 인한 것으로서 상사채권과 상사채무라고 할 것이고, 이 사건 약정은 상인인 피고를 기준으로 볼 때에 상사채권인 이 사건 차용금 채무자에 대한 채권을 그 연대보증인인 원고로부터 변제받은(회수한) 것으로 하고, 상사채무인 이 사건 대출금채무를 원고로 하여금 변제하도록 하는(인수시키는) 내용의 약정이라고 할 것이므로, 피고의 이 사건 약정행위가 영업을 위하여 하는 것이 아니라고 보기는 어려워 보인다."고 보고 상사시효가 적용된다는 취지에서 원심판결을 파기·환송하였다.

2) 예외

상사채권이지만 5년의 시효가 적용되지 아니하는 예외에는 "상법에 다른 규정이 있는 때"와 "다른 법령에 5년보다 단기의 시효의 규정이 있는 때"이다(§).

(가) 상행위로 인한 채권으로서 상법에 다른 규정이 있는 때

상법에 단기의 소멸시효기간에 관한 다른 규정이 있는 경우로는 공중접객업자의 보관물이나 고객의 휴대물에 대한 책임은 6월($^{§154}_{①}$), 운송주선인의 운송물에 대한 책임은 1년($^{§121}_{①}$), 운송주선인의 위탁자 또는 수하인에 대한 채권은 1년($§122$), 육상운송인의 운송물에 대한 책임은 1년($^{§§47}_{121①}$), 육상운송인의 위탁자 또는 수하인에 대한 채권은 1년($^{§§147}_{122}$), 창고업자의 임치물에 대한 책임은 1년($^{§166}_{①}$), 해상운송인의 송하인 또는 수하인에 대한 채권은 1년($§814$), 보험자에 대한 보험금청구권과 보험료 또는 적립금의 반환청구권은 3년($^{§662}_{전단}$) 보험자의 보험료청구권은 2년($^{§662}_{후단}$) 등으로 각각 단기시효를 정한 규정이 있다.

(나) 다른 법령에 상사시효보다 단기의 소멸시효기간에 관한 규정이 있는 때

상법과 다른 법령에 5년보다 단기의 소멸시효가 정해진 예로는 여관의 숙박료, 음식점의 음식료, 대석료, 오락장의 입장료, 소비물의 대가 및 체당금의 채권, 의복·침구·장구 기타 동산의 사용료의 채권, 노역인·연예인에

공급한 물건의 대금채권, 학생 및 수업자의 교육·의식·유숙에 관한 교주·숙주·교사의 채권 등은 1년의 단기소멸시효가 적용되며(민법§164), 이자·부양료·급료·사용료 기타 1년 이내의 기간으로 정한 금전 또는 물건의 지급을 목적으로 한 채권, 도급받은 자, 기사 기타 공사의 설계 또는 감독에 종사하는 자의 공사에 관한 채권, 생산자 및 상인이 판매한 생산물 및 상품의 대가, 수공업자 및 제조자의 업무에 관한 채권 등은 3년의 단기소멸시효가 적용된다(민법§163).

어음채권의 주채무자에 대한 어음상의 권리의 소멸시효기간은 만기일로부터 3년이고(어음법§70①,77①ⅷ), 상환의무자에 대한 소구권의 소멸시효기간은 거절증서의 날짜 또는 만기일로부터 1년이며(동법§70②,77①ⅷ), 재상환의무자에 대한 재소구권의 소멸시효기간은 배서인이 어음을 환수한 날 또는 그 자가 제소된 날부터 6월이다(동법§70③,77①ⅷ). 수표채권의 경우 지급보증인에 대한 수표상 권리의 소멸시효기간은 제시기간이 지난 후부터 1년이고(수표법§58), 상환의무자에 대한 소구권의 소멸시효기간은 제시기간이 지난 후부터 6월이고(동법§51①), 재소구권의 소멸시효기간은 그 채무자가 수표를 환수한 날 또는 그 자가 제소된 날부터 6개월이다(동법§51②).

제3절 민법 물권편에 대한 특칙

1. 상사유치권

(1) 의의

민법상 타인의 물건 또는 유가증권을 점유한 자는 그 물건이나 유가증권에 관하여 생긴 채권이 변제기에 있는 경우에는 변제를 받을 때까지 그 물건 또는 유가증권을 유치할 권리가 있다(민법§320①). 상법은 상거래의 신속·편리를 위하여 이러한 민사유치권의 성립요건을 완화하여 상사유치권을 규정하고 있다. 이를 그냥 상사유치권이라고 부르거나 '일반상사유치권'이라고 불러서 특정한 종류의 상인에게 인정되고 있는 특별상사유치권과 구별한다.

(2) 법적 요건

상인간의 상행위로 인한 채권이 변제기에 있는 때에는 당사자간에 다른 약정이 있는 경우를 제외하고는, 채권자는 변제를 받을 때까지 그 채무자에 대한 상행위로 인하여 자기가 점유하고 있는 채무자소유의 물건 또는 유가증권을 유치할 수 있다(§5).

1) 당사자

"상인간의 상행위로 인한" 유치권이어야 하므로(§58) 당사자 쌍방은 상인이어야 한다. 상인자격은 유치권의 성립시에 보유하면 되므로 이후에 상실하여도 이미 취득한 유치권의 효력은 유지된다.

2) 피담보채권

"상인간의 상행위", 즉 당사자간의 쌍방적 상행위로 인하여 생기고 "변제기에 있는" 채권이어야 한다(§58). 그러므로 이미 발생한 다른 상인의 채권을 양수하더라도 이는 당사자간의 쌍방적 상행위로 인하여 생긴 채권이 아니므로 원칙적으로 피담보채권에 포함되지 아니한다. 예외적으로 다른 상인의 유가증권상의 권리를 양수한 경우 또는 유치목적물과 함께 채권자의 지위를 포괄적으로 승계하는 경우(상속·합병)에는 피담보채권에 포함된다.[33]

3) 유치목적물

유치물은 "그 채무자에 대한 상행위로 인하여 채권자가 점유하고 있는" 것이어야 한다(§58). 즉 유치물에 대한 점유를 취득한 원인은 채권자의 채무자에 대한 상행위이어야 한다.

유치목적물은 "채무자소유의 … 물건 또는 유가증권"이어야 한다. 물건은 동산은 물론 부동산도 포함한다(다수설).[34] 채무자의 소유관계는 유치권

---

[33] 손주찬(03), 229면; 정동윤(12), 308면; 최기원(04), 229면; 이기수외(03), 274면.

의 성립시에 존재하면 족하고 그 이후에 소유권자가 바뀐 경우에도 유치권은 존속한다(통설).

4) 유치목적물과 피담보채권과의 견련성

상사유치권이 성립하기 위해서 유치물은 채권자인 상인의 영업과 관련되어 있으면 되고(일반적 견련성), 피담보채권과의 개별적 견련성은 필요하지 않다. 이것은 상사유치권은 "상인으로 하여금 채무자의 소유물 일반에 대하여 필요시 기동성 있게 담보를 취득할 수 있도록 하기 위하여 마련된 제도"이기 때문[35]이다. 예컨대, 철강 제조업자 A는 도매상 B에게 갖고 있는 철강제품의 공급대금 1천만원을 담보하기 위하여 자기가 B로부터 다른 거래 기회에 담보용으로 받은 액면 금 2천만원 상당의 당좌어음을 위의 대금을 지급받을 때까지 유치할 수 있다. 이 경우 그 어음이 A와 B의 개인적 거래에서 수수한 것이라면 일반적 견련성이 인정되지 아니하므로 유치권이 성립하지 않지만, A가 B와의 다른 영업상 거래에서 수수한 것이라면 일반적 견련성이 인정되므로 상사유치권이 성립한다. 이 때 개별적 견련성, 즉 A가 그 어음을 해당 철강제품의 공급거래와 관련하여 취득하였을 필요까지는 없는 것이다.

5) 특약으로 배제 가능

제58조는 강행규정이 아니므로, 당사자간에 채권자가 상사유치권을 포기하기로 하는 유치권배제의 특약을 맺을 수 있다(§58 단서). 일반적인 의사표시의 원칙상 이 특약은 명시적인 것은 물론 묵시적인 것도 유효하다.

(3) 효력

상사유치권의 효력에 대해서는 유치권자는 피담보채권이 변제될 때까지 목적물의 반환을 거부하고 유치할 수 있다(§58 본문)는 것을 제외하고는 상법에

---

34) 정희철(89), 155면; 손주찬(03), 227~228면; 정동윤(12), 309면; 임홍근(01), 264면; 이기수외(03), 274면; 정찬형(15), 212면.

35) 송옥렬, "대법원 상사판례의 회고-양승태 대법원장 재임 6년간을 중심으로-", 국민과 소통하는 열린 법원, 제1권, 2018, 131면.

규정이 없으므로 민법 규정이 적용된다. 상사유치권의 효력은 민사유치권의 효력과 같다. 즉 유치권자는 피담보채권이 변제될 때까지 목적물의 반환을 거부하고 유치할 수 있는데, 민법상 유치권은 그 성립 이전에 설정된 근저당권에 기하여 경매절차가 이루어진 경우 경락을 받은 매수인에 대해서도 마찬가지로 유치권자가 대항할 수 있으므로[36] 매우 강력하다. 다만 경매개시결정의 기입등기가 되어 압류의 효력이 발생한 후에 점유가 이전되어 유치권이 성립된 경우에는 압류의 처분금지효에 반하는 처분이므로 민사 유치권자가 경매절차의 매수인에게 대항할 수 없다.[37] 대법원은 상사유치권의 경우에는 이러한 민사유치권과 달리 그 효력에 제한을 가하여 "유치권 성립 당시에 이미 그 목적물에 대하여 제3자가 권리자인 제한물권이 설정되어 있다면, 상사유치권은 그와 같이 제한된 채무자의 소유권에 기초하여 성립할 뿐이고, 기존의 제한물권이 확보하고 있는 담보가치를 사후적으로 침탈하지는 못한다."고 판시하였다.[38] 상사유치권의 경우에는 전술한 바와 같이 성립을 위하여 피담보채권과의 개별적 견련성이 요구되지 않아 넓게 성립이 인정되는 대신 그 효력을 이처럼 제한적으로 해석하는 것은 당사자간 공평을 기하는 차원에서 합리적이라고 평가된다.

상사유치권자는 채권의 변제를 받기 위하여 유치물을 경매할 수 있고(경매권)(민법 §322①), 정당한 이유가 있는 때에는 감정인의 평가에 의하여 유치물로 직접 변제에 충당할 것을 법원에 청구할 수 있고(간이변제충당권)(동법 §322②), 유치물의 과실을 수취하여 다른 채권보다 먼저 그 채권의 변제에 충당할 수 있

---

[36] 대법원 2009.1.15. 선고 2008다70763 판결.
[37] 대법원 2005.8.19. 선고 2005다22588 판결.
[38] 대법원 2013.2.28. 선고 2010다57350 판결(대법원은 그 이유를 "상인간의 상행위로 인한 채권이 변제기에 있는 때에는 채권자는 변제를 받을 때까지 그 채무자에 대한 상행위로 인하여 자기가 점유하고 있는 채무자소유의 물건 또는 유가증권을 유치할 수 있다"는 상법 제58조의 유치권의 성립요건에 있어서 그 대상이 "채무자소유의 물건 또는 유가증권"이라는 것은 "상사유치권으로 대항할 수 있는 범위를 제한한 것"으로서 "상사유치권은 그 성립 당시 채무자가 목적물에 대하여 보유하고 있는 담보가치만을 대상으로 하는 제한물권"이기 때문이라고 설시하였다.).

고(§323①동법), 유치물의 보전에 필요한 범위에서 유치물을 사용할 수 있고(유치물사용권)(§324②동법), 유치물에 관하여 필요비를 지출한 때에는 소유자에게 상환을 청구할 수 있다(비용상환청구권)(§325①동법).

〈유치권의 성립요건 비교〉

		(민사)유치권	(일반)상사유치권	특별상사유치권	
				대리상(위탁매매인)의 유치권	운송주선인(운송인)의 유치권
의의		타인의 물건 또는 유가증권을 점유한 자는 그 물건이나 유가증권에 관하여 생긴 채권이 변제기에 있는 경우에는 변제를 받을 때까지 그 물건 또는 유가증권을 유치할 권리가 있다(민법 §320①).	상인간의 상행위로 인한 채권이 변제기에 있는 때에는 채권자는 변제를 받을 때까지 그 채무자에 대한 상행위로 인하여 자기가 점유하고 있는 채무자소유의 물건 또는 유가증권을 유치할 수 있다(§58).	대리상(위탁매매인)은 "거래의 대리 또는 중개"(위탁매매)로 인한 채권이 변제기에 있는 때에는 그 변제를 받을 때까지 본인을 위하여 점유하는 물건 또는 유가증권을 유치할 수 있다(§§91, 111).	운송주선인(운송인)은 운송물에 관하여 받을 보수, 운임, 기타 위탁자를 위한 체당금이나 선대금에 관하여서만 그 운송물을 유치할 수 있다(§§120, 147).
당사자	유치권자	非상인	상인	대리상(위탁매매인)	운송주선인(운송인)
	채무자	非상인	상인	본인 상인(상인 또는 非상인)	상인 또는 非상인
피담보채권		목적물에 관하여 생긴 채권	상인간의 상행위로 인한 채권	"거래의 대리 또는 중개"(위탁매매)로 인한 채권	운송물에 관하여 받을 보수, 운임, 기타 위탁자를 위한 체당금이나 선대금
목적물 및 그 소유관계		물건 또는 유가증권 채무자의 소유일 필요는 없음	채무자의 소유인 물건 또는 유가증권	본인을 위하여 점유하는 물건 또는 유가증권. 채무자의 소유일 필요는 없음	운송물. 채무자의 소유일 필요는 없음

견련성	개별적 견련성 필요	일반적 견련성이면 족함	일반적 견련성이면 족함	개별적 견련성 필요
효력	변제를 받을 때까지 목적물 유치(민법 §320). 경매권(동법 §322①). 간이변제충당권(동법 §322②). 과실수취권(동법 §323①). 유치물사용권(동법 §324②). 비용상환청구권(동법 §325①).			

2. 상사질권(유질계약의 허용)

(1) 의의

민법은 "질권설정자는 채무변제기전의 계약으로 질권자에게 변제에 갈음하여 질물의 소유권을 취득하게 하거나 법률에 정한 방법에 의하지 아니하고 질물을 처분할 것을 약정하지 못한다."(민법 §339)고 규정한다. 이처럼 유질계약(流質契約)을 금지하는 것은 채권자가 경제적 약자인 채무자의 궁박을 이용하여 유질계약을 통하여 과당한 폭리를 얻는 것을 방지하고 경제적 약자를 보호를 위하여 법의 후견적 기능을 발휘하는 것이다. 그러나 상인은 평등한 경제력을 갖고 자기 이익을 타산하여 합리적 판단을 통해 스스로를 보호할 수 있는 능력을 구비하고 있으므로 법이 채무자를 보호하기 위한 후견적 역할을 할 필요는 없고, 유질계약을 허용함으로써 오히려 상인의 차금의 편의를 도모할 수 있기 때문에[39] 상법은 민법에 대한 특칙을 두어서 "민법 제339조의 규정은 상행위로 인하여 생긴 채권을 담보하기 위하여 설정한 질권에는 적용하지 아니한다"(§59)고 규정한다.

(2) 적용범위

상법 제59조에서 피담보채권인 "상행위로 인한 채권"은 쌍방적 상행위로 인한 채권(예컨대, 상인이 상인으로부터 차금하는 경우)은 물론 "채무자를 위한 일방적 상행위로 인한 채권"(예컨대, 상인이 비상인으로부터 차금하는 경우)도 포함한다. 그러나 "채권자를 위한 일방적 상행위로 인한 채

---

39) 정희철(89), 154면; 손주찬(03), 230면; 이철송(15), 341면; 정찬형(15), 214면.

권"(예컨대, 비상인이 은행으로부터 차금하는 경우)도 포함되는가에 관하여는 견해가 갈린다. ⅰ) 범위를 제한하지 않고 있는 법문을 중시하여 이를 긍정하는 견해(비한정설)⁴⁰⁾가 있으나, ⅱ) 유질계약을 허용하는 이유가 채무자인 상인의 일정한 경제력·합리성을 전제하고, 이를 허용함으로써 상인의 차금의 편의를 도모하려는 것임을 감안하면 부정하는 견해(한정설)⁴¹⁾가 타당하다. 요컨대, 상인이 비상인으로부터 차금하는 경우에는 유질계약이 허용되나, 비상인이 은행으로부터 차금하는 경우에는 유질계약이 허용되지 아니한다고 본다.

제4절 민법 채권편에 대한 특칙

1. 상사법정이율

민법은 다른 법률의 규정이나 당사자의 약정이율이 없는 경우에 이자있는 채권의 이율로 적용되는 민사법정이율을 연 5푼(分)으로 한다(§379)고 정하고 있다. 상법은 상행위로 인한 채무의 법정이율은 연 6푼(分)으로 한다(§54)고 규정하고 있다.

이것은 기업거래에서는 민사거래보다 자금의 수요가 많고, 상행위로 인한 채무의 경우 일반적으로 민사채무보다 차금에서 얻는 채무자의 수익이 클 것이고 마찬가지로 채권자에게는 자금을 빌려줌으로써 포기해야 하는 기회비용이 클 것으로 보고 그에 맞추어 법정이자율을 높게 정한 것이다.

따라서 상법 제54조의 적용대상인 "상행위로 인한 채무", 즉 상사채무는 쌍방적 상행위로 인한 채무는 물론 일방적 상행위로 인한 채무도 포함한다. 위의 제54조의 취지를 고려하면 후자는 채권자를 위한 상행위이든 채무자를 위한 상행위이든 불문하는 것이 당연하다(통설).⁴²⁾ 즉 상인이 상인으로부터

---

40) 강위두·임재호(11), 199면; 서돈각·정완용(99), 151면; 손주찬(03), 231면; 이원석(85), 159면; 임홍근(01), 267면; 정무동, 162면; 전우현(11), 216면; 정동윤(12), 314면; 최기원(04), 227면.
41) 김성태(99), 449면; 손진화(14), 187면; 이기수외(03), 272면; 이철송(15), 342면; 정경영(07), 140면; 정찬형(15), 214~215면; 채이식(92), 171~172면; 최준선(13), 240~241면.

차금하는 경우, 상인이 비상인으로부터 차금하는 경우, 비상인이 은행으로부터 차금하는 경우에는 다른 법률의 규정이나 당사자의 약정이율이 없는 때에는 상사법정이율을 적용한다.

그러나 제54조가 적용되기 위해서는 채무의 발생원인이 상행위이면 되고, 채무가 직접 상행위에서 생긴 것일 필요는 없다. 상행위에서 직접 발생한 채무는 물론 상행위로 인한 채무의 불이행으로 인한 손해배상청구권[43]이나 상행위인 계약의 해제로 인한 원상회복채무·부당이득반환채무 등은 상행위에서 직접 발생한 채무가 변형된 것으로서 상사법정이율이 적용된다. 그러므로 상행위가 아닌 불법행위로 인한 손해배상채무[44], 상행위와 관계 없이 발생한 부당이득반환채무[45], 가집행선고의 실효에 따른 가지급된 금원의 원상회복의무[46] 등에 대해서는 상사법정이율이 적용되지 아니한다.

대법원 1986.9.9. 선고 84다464, 1951 판결

원심은 원고 주식회사 창인상사(이하 원고회사라 한다)와 피고 사이에 피고가 수집가공하는 염장미역등 해조류를 원고회사가 수출대행하기로 하는 계약을 체결하고 원고회사는 피고에게 생산 전도금을 대여하고 그 자금을 포함한 수출대행료등 일체의 채무는 수출대전에서 우선 청산키로 약정한 사실과 피고의 거래로 인한 잔채무를 원고회사가 대신 변제한 금 12,000,000원을 포함하여 금 78,405,677원의 원고회사에 대한 채무를 확정한후 이 금원에 대한 원고회사가 주장하는 월 2푼의 약정이자를 배척하고 연 5푼의 민사법정 지연손해금만을 인용하였다. 그러나 대법원은 "원고회사가 상행위를 목적으로 하는 주식회사이고 피고 또한 염장미역을 수집가공하여 수출하는 상인으로서 다만 그 물품에 대한 수출대행만을 원고회사에 의뢰하고 원고회사가 그 전도자금등으로 위의 금원을 선급하였다는 것이므로 위의 거래관계는 상행위라 할 것이고 따라서 원고회사의 피고에 대한 채권은 상행위로 인하여 생긴 채권이므로 위 원고의 주장과 같은 약정이자에 관하여 이를 인정하지 않는다 하더라도 위 채권에 대하여는 민사법정이율에 의할 것이 아니라 상법 소정의 연 6푼의 비율에 의한 이자의 지급을 명하여야 할 것이다."라고 판시하였다.

---

42) 손주찬(03), 238면; 최기원(04), 240면; 임홍근(01), 281면; 채이식(92), 169면; 이철송(15), 367면; 이기수외(03), 291근; 최준선(13), 243면.
43) 대법원 2014.11.27. 선고 2012다14562 판결(운송계약의 채무불이행에 따른 손해배상청구권을 보험회사가 대위행사한 사건에서 상사법정이율이 적용된다고 판시).
44) 대법원 1985.5.28. 선고 84다카966 판결; 대법원 2004. 3. 26. 선고 2003다34045 판결.
45) 대법원 2009.9.10. 선고 2009다41786 판결.
46) 대법원 2004.2.27. 선고 2003다52944 판결.

2. 다수 상사채무자의 연대책임

(1) 의의

채무자가 다수인 경우에 민법의 원칙은 분할채무이다. 즉 민사채무에 있어서는 채권자나 채무자가 수인인 경우에 특별한 의사표시가 없으면 각 채권자 또는 각 채무자는 균등한 비율로 권리가 있고 의무를 부담한다(민법 §408). 이는 민사채무에 있어서 채무자가 복수인 경우에는 특약이 없으면, 분별의 이익을 인정하여 각 채무자는 균등한 비율로(1/n(채무자의 수)) 의무를 부담하는 것이다.

이에 대하여 상법은 상사채무에 있어서 상거래상의 채무의 이행의 확실성을 제고하고, 거래의 안전을 보호하기 위하여 다수채무자간 연대채무를 원칙으로 하는 특칙을 규정하고 있다. "수인이 그 1인 또는 전원에게 상행위가 되는 행위로 인하여 채무를 부담한 때에는 연대하여 변제할 책임이 있다." (§57 ①)

(2) 법적 요건

1) 당사자

"수인이 그 1인 또는 전원에게 상행위가 되는 행위로 인하여 채무를 부담한 때"이어야 한다(§57 ①). 즉 채무자 중 적어도 1인은 상인이어야 한다. 그리고 그 수인은 동업이나 조합, 위탁 등의 형태로 "그 행위를 공동으로 한 경우"이어야 하고 각자의 개별행위로 인하여 채무가 발생한 경우에는 해당이 없다.47)

---

47) 대법원 1991.3.27. 선고 90다7173 판결(소외 박경조와 피고 하동옥은 선망수산업체인 "현대수산"의 영업권 중 2분의 1 지분을 보유하여 선박 6척을 2분의1 지분씩 공유하면서 "현대수산"을 공동 경영하여왔다. 유압장비 등 선박부속품판매업 등을 하는 원고는 현대수산 공무과 차장인 소외 위창만으로부터 박경조 개인소유인 기선 제59천조호에 윈치 등을 제작, 설치 하는데 판시 선박부품을 원고에게 주문함에 있어 위 선박이 현대수산 소속 선박이 아닌 위 소외인 개인소유로서 위 소외인이 개인적으로 사용할 물품을 주문하는 것이라는 점을 밝히지 않은 채 위 현대수산 명의로 주문을

2) 상행위로 인한 채무

여기에서 상행위에는 기본적 상행위나 준상행위는 물론 보조적 상행위를 포함한다. 상법 제57조가 적용되기 위해서는 채무의 발생원인이 상행위이면 되고, 채무가 직접 상행위에서 생긴 것일 필요는 없다. 상행위에서 직접 발생한 채무는 물론 상행위로 인한 채무의 불이행으로 인한 손해배상청구권이나 상행위인 계약의 해제로 인한 원상회복채무·부당이득반환채무 등은 상행위에서 직접 발생한 채무가 변형된 것으로서 그와 등일성이 인정되므로 포함된다(통설[48]·판례[49]).

하여 원고는 위 물품을 현대수산에서 주문하는 것으로 믿고 합계금 12,538,000원 상당의 선박부품을 납품하였다. 법원은 이러한 경우에 피고 하동옥은 공동경영자로서 상법 제57조에 따른 상행위가 되는 행위로 인하여 위 물품대금채무를 부담한 것이므로 연대하여 부담할 책임이 있다고 판시하였다.); 대법원 2001.11.13. 선고 2001다55574 판결(쌀 소매업자들 간의 동업관계로 인한 공동사업상 채무를 조합채무로서 다른 조합원들인 피고들도 상법 제57조제1항에 의하여 쌀 구입대금채무에 대하여 연대책임을 진다고 판시); 대법원 2009.10.29. 선고 2009다46750 판결(조합채무가 특히 조합원 전원을 위하여 상행위가 되는 행위로 인하여 부담하게 된 것이라면 상법 제57조 제1항을 적용하여 조합원들의 연대책임을 인정함이 상당하다고 판시); 서울고법 2012.7.24. 선고 2011나47796 판결(독일에 본사를 둔 ス동차제조업체의 한국지사인 을 주식회사가 본사로부터 수입하여 병 주식회사에 위탁판매한 경우 을과 병 주식회사의 연대책임을 인정한 사안); 대법원 1987.6.23. 선고 86다카633 판결(기업집단이 "그룹내에 조달본부를 설치하여 각 계열회사들은 각자 필요한 물품을 물품구매요구서를 첨부하여 위 조달본부에 구매요구하면 조달본부는 그룹회장의 결재를 받아 납품업체와 계약을 체결하고 납품업체는 조달본부장의 요구에 따라 실수요 회사인 각 계열회사에 물품을 인도하고 세금계산서를 발행하여 온 경우에 위 조달본부는 법인격 없는 그룹내의 편의상 기구에 불과한 것으로서 조달본부의 물품구매행위는 동 그룹내의 각 독립한 법인체인 계열회사들이 조달본부에 그 대행을 위임하거나 이에 관한 대리권수여에 따른 행위로 봄이 타당하고 따라서 각 거래는 계열회사와 물품공급회사 사이에 이루어진 것으로서 그 법률효과는 그 당사자에게만 직접 미치고 유관관계가 없는 다른 계열회사는 아무런 권리의무가 발생하지 아니하는 제3자의 지위에 있음에 불과하다 할 것인즉 조달본부에서 물품을 발주 구입하였다는 사실을 들어 상법 제57조제1항 소정의 수인이 그 1인 또는 전원에게 상행위로 인하여 부담하는 공동구매라고 할 수 없으므로 위 각 계열회사들 사이에 동 법조에 따른 연대채무관계는 발생할 수 없다"고 판시하였다.).

48) 강위두·임재호(11), 217면; 서돈각·정완용(99), 161면; 손주찬(03), 242권; 이철송(15), 374면; 정찬형(15), 217면; 최기원(04), 241면; 최준선(13), 249면.

한편 제57조는 임의규정이므로 당사자는 이와 다른 약정을 할 수 있다(통설).50)

(3) 효과

수인의 채무자는 "연대하여 변제할 책임을 진다"($^{상법}_{§57①}$). 따라서 수인의 채무자는 채무전부를 각자 이행할 의무가 있고 채무자 1인의 이행으로 다른 채무자도 그 의무를 면하게 된다($^{민법}_{§413}$). 채권자는 어느 연대채무자에 대하여 또는 동시나 순차로 모든 연대채무자에 대하여 채무의 전부나 일부의 이행을 청구할 수 있다($^{동법}_{§414}$). 어느 연대채무자가 변제 기타 자기의 출재로 공동면책이 된 때에는 다른 연대채무자의 부담부분에 대하여 구상권을 행사할 수 있다($^{동법}_{§425①}$).

3. 상사보증채무의 연대성

(1) 의의

민법의 원칙상 보증인은 주채무에 대하여 보충성을 갖는다. 즉 보증인은 주채무자에 대하여 최고·검색의 항변권을 가지므로 채권자가 보증인에게

---

49) 대법원 2009.11.12. 선고 2009다54034,54041 판결(상가건물의 일부에서 숙박업을 하는 공유자들이 '건물의 관리업무를 담당하는 건물의 입주자들로 구성된 단체'와 체결한 숙박사업장의 관리에 관한 계약은 상법 제57조 제1항에서 규정하는 상행위에 해당하므로, 위 공유자들은 연대하여 "관리비 전액 및 그 미납으로 인한 부당이득금의 지급의무"를 부담한다고 판시); 대법원 2015.3.26. 선고 2012다25432 판결(공동이행방식의 공동수급체는 민법상 조합의 성질을 가지는데, 조합의 채무는 조합원의 채무로서 특별한 사정이 없는 한 조합채권자는 각 조합원에 대하여 지분의 비율에 따라 또는 균일적으로 권리를 행사할 수 있지만, 조합채무가 조합원 전원을 위하여 상행위가 되는 행위로 인하여 부담하게 된 것이라면 상법 제57조 제1항을 적용하여 조합원들의 연대책임을 인정함이 상당하므로, 공동수급체의 구성원들이 상인인 경우 "공사도급계약에 따라 도급인에게 하자보수를 이행할 의무"는 구성원 전원의 상행위에 의하여 부담한 채무로서 공동수급체의 구성원들은 연대하여 도급인에게 하자보수를 이행할 의무가 있다고 판시).

50) 정찬형(15), 217면.

채무의 이행을 청구한 때에는 보증인은 주채무자의 변제자력이 있는 사실 및 그 집행이 용이할 것을 증명하여 먼저 주채무자에게 청구할 것과 그 재산에 대하여 집행할 것을 항변할 수 있다(민법 §437본문). 다만 보증인이 주채무자와 연대하여 채무를 부담하는 별도의 약정을 맺은 연대보증의 경우에는 그러하지 아니하다(동법 §437단서). 또한 수인의 보증인이 각자의 행위로 보증채무를 부담한 경우에는 분별의 이익이 인정되어 특별한 의사표시가 없으면 각 보증인은 균등한 비율로 보증채무를 부담한다(§§439, 408).

상법은 상사채무에 있어서 상거래상의 채무의 이행의 확실성을 제고하고, 상인의 신용을 강화하여 거래의 안전을 보호하기 위하여 이러한 민법에 대한 특칙을 규정하여 "보증인이 있는 경우에 그 보증이 상행위이거나 주채무가 상행위로 인한 것인 때에는 주채무자와 보증인은 연대하여 변제할 책임이 있다"(§57②)고 규정한다.

(2) 법적 요건

1) 보증이 상행위인 때

상법 제57조제2항에서 "보증이 상행위인 때"란 상인이 보증인으로서 기본적 상행위 또는 보조적 상행위를 한 경우를 말한다. 예컨대 보증을 영업으로 하는 회사가 고객을 위하여 보증서비스를 해주는 것이 그에 속한다. 이 때에는 그 고객의 주채무가 상행위로 인한 채무일 필요가 없다.

2) 주채무가 상행위로 인한 것인 때

"주채무가 상행위로 인한 것인 때"에는 보증이 상행위일 필요는 없다. 이 경우에도 주채무의 원인인 상행위로는 기본적 상행위 또는 보조적 상행위, 쌍방적 상행위 또는 일방적 상행위 여부를 불문한다. 그러나 보증관계의 실질은 보증인이 채권자에게 주채무자의 채무이행을 보증하고, 주채무자의 채무불이행시 보증인 자신이 2차적으로 채무를 이행하겠다는 것이므로 일방적 상행위에 이러한 3자관계를 적용해보면 두 가지 유형으로 세분할 수 있다. 즉 보증이 개입된 일방적 상행위에는 "보증인 또는 주채무자에게 상행위가 되는 경우"(예컨대, 非상인이 은행으로부터 차금하는 경우에 신용보증회사가 보증을 서는 경우)와 "보증인 또는 주채무자에게는 상행위가 되지 않지만 채권자에게는 상행위가 되는 경우"(예컨대, 非상인이 은행으로부터 차금하는 경우에 다른 非상인이 보증을 서는 경우)가 있다. 전자가 상법 제57조 제2항의 "주채무가 상행위로 인한 것일 때"에 해당한다는 것에는 이론이 없으나, 후자(채권자에게만 상행위가 되는 경우)가 그에 해당하는지에 관해서는 견해가 갈린다. i) 법문상 제한이 없으므로 이 때의 상행위는 전자와 후자를 모두 포함한다는 견해(소수설[51]·판례[52])가 있지만, ii) 연대보증으로 의제하는 이유가 상인의 신용을 강화하여 거래의 안전을 도모하기 위한 것이고 非상인보다는 상인의 경제력이 통상 우월하므로 후자의 경우까지 상인을 보호할 필요는 없다는 점 등을 고려하면, 전자만을 의미한다는 견해(다수설)[53]가 타당하다.

(3) 효과

1) 연대보증

이러한 요건을 구비한 경우에는 주채무자와 보증인간에 연대관계(연대보증)가 성립하여 주채무자와 보증인은 연대하여 변제할 책임이 있고($\S57\atop②$), 보증인은 최고·검색의 항변권을 행사할 수 없다.

2) 보증인이 수인인 경우

상법 제57조제2항의 요건에 해당하는 보증관계에 있어서 만일 보증인이 1인이 아니라 수인인 경우에 보증인 상호간에도 동조를 적용하거나 유추적용

---

51) 손주찬(03), 254면; 최기원(04), 279면.
52) 대법원 1959.8.27. 선고 4291민상407 판결(보증이 상행위가 되는 경우에는 상인이 종업원을 채용하면서 非상인의 신원보증을 받은 경우도 포함한다고 판시.).
53) 정희철(89), 154면; 정동윤(12), 332~333면; 정찬형(15), 218면; 임홍근(01), 253~254면; 이철송(15), 377면; 강위두·임재호(11), 194면; 김성태(99), 449면; 김홍기(20), 164면; 송옥렬(19), 115면. 참고로 일본 상법 제511조 제2항에서는 "채무가 주된 채무자의 상행위로 인하여 생긴 때에는"이라고 명시함으로써 채권자만을 위한 일방적 상행위인 경우에는 포함되지 않음을 확실히 하고 있다.

하여 보증연대로 볼 것인가 하는 문제가 있다. ⅰ) 부정설54)은 연대책임은 법률이나 당사자간에 특약이 있는 경우에만 인정되는 것이므로 이러한 보증연대의 특약이나 명문규정이 없는데 수인의 보증인간에 제57조제2항을 적용하거나 유추적용하여 보증연대로 해석하는 것은 부당하다고 보는 입장이다. ⅱ) 긍정설(다수설)55)은 이와 달리 보증인이 주채무자와 연대관계가 인정되는 한 수인의 보증인들 상호간에도 상사채무의 이행의 확실을 기하고자 하는 법의 취지를 감안하여 제57조제2항을 유추적용하여 보증연대로 해석하는 것이 필요하다고 본다. ⅲ) 부분적 긍정설56)은 모든 보증인의 "보증이 상행위"이거나 모든 "주채무가 상행위로 인한 것인 때"에는 수인의 보증인들은 보증연대로 인정하지만, 일부 보증인의 보증이 상행위가 아니거나 일부 주채무의 발생원인이 상행위가 아닌 경우에는 각 보증인에게 예측하지 못한 보증연대책임을 지우지 않도록 분별의 이익을 갖는 것으로 해석하여야 한다는 입장이다. 보증인이 수인인 경우에 일률적으로 제57조제2항을 적용하거나 적용하지 않는 것보다는 법의 취지에 맞는 범위로 제한하여 동항을 유추적용하자고 하는 부분적 긍정설이 가장 타당하다고 본다.

4. 상사채무의 이행장소

채무이행의 장소에 관한 민법의 규정 내용을 보면, 채무의 성질 또는 당사자의 의사표시로 정해지는 곳으로 정하되 그것이 정해지지 않은 경우에는 특정물인도채무의 경우에는 "채권성립당시에 그 물건이 있던 장소(목적물소재지)"(민법§467①), 증권채무인 경우 "채무자의 영업소 또는 주소"(이를 추심(推尋)채무의 원칙이라 한다)(동§516), 그 밖의 채무(종류채무)의 경우에는 "채권자의 주소 또는 영업소"(이를 지참(持參)채무의 원칙이라 한다)(민법§467②)로 정하고

---

54) 강위두·임재호(11), 221면; 손진화(14), 199면; 임홍근(01), 241면; 정동윤(12), 172면.
55) 서돈각·정완용(99), 158면; 손주찬(03), 244면; 채이식(92), 182면; 최준선(13), 253면.
56) 이철송(15), 377~378면.

있다.

　상법은 "채권자의 지점에서의 거래로 인한 채무이행의 장소가 그 행위의 성질 또는 당사자의 의사표시에 의하여 특정되지 아니한 경우 특정물 인도 외의 채무이행은 그 지점을 이행장소로 본다"(§56)고 하여 채권자의 지점에서의 거래에 대해서만 민법에 대한 특칙을 규정한다. 따라서 채권자의 지점에서의 거래의 경우에는 상법 제56조의 특칙에 의하여 민법 제467조 제2항이 배제되어 채권자의 주소 또는 다른 영업소가 아니라 그 거래를 한 채권자의 본점 또는 지점이 이행장소가 되고(지참채무의 원칙), 채무자의 지점에서의 거래의 경우에는 민법에 따라 그 채무자의 지점이 이행장소가 된다(추심채무의 원칙). 결과적으로 모든 상인의 지점에서의 거래에 대해서는 특정물 인도채무를 제외하고는 그 거래가 이루어진 영업소가 이행장소이다.

5. 상사채무의 이행시기

　상법은 "법령 또는 관습에 의하여 영업시간이 정하여져 있는 때에는 채무의 이행 또는 이행의 청구는 그 시간내에 하여야 한다."(§63)고 규정한다. 민법상 채무이행의 시기에 관해서는 별도의 규정이 없고 거래관행 및 신의칙에 따라 정해진다. 따라서 제63조는 민법과 같은 취지이고 당연한 사항을 주의적으로 규정한 것에 불과하고 민법에 대한 특칙으로서의 의미는 없다(통설).

6. 상사계약의 성립시기

(1) 대화자간의 계약의 성립시기

　계약은 청약과 승낙이 합치되어야 체결된다. 민법에는 대화자간의 계약의 성립시기에 관한 규정이 별도로 마련되어 있지 않다. 따라서 의사표시의 효력발생시기에 관한 도달주의의 원칙에 따라 승낙의 "의사표시가 상대방에게 도달한 때에" 효력이 발생하고(민법§111①) 계약은 그 때 성립·발효한다고 해석한다. 다만 승낙기간의 유무에 따라서 "승낙의 기간을 정한 계약의 청약"은 청약자가 그 기간 내에 승낙의 통지를 받지 못한 때에는 그 효력을 잃고(민법§528조①), "승낙의 기간을 정하지 아니한 계약의 청약"은 청약자가 상당한 기간내에 승낙의 통지를 받지 못한 때에는 그 효력을 잃는다(동법§529).

상법은 "대화자간의 계약의 청약은 상대방이 즉시 승낙하지 아니한 때에는 그 효력을 잃는다."(§51)고 하여 상거래의 신속한 체결을 강조하고 있다. 그러나 민법에 의하더라도 대화자간에 승낙기간을 정하지 않고 청약을 한 경우 "상당한 기간내"에 승낙의 통지를 하여야 하는 것이고, 대화자간에는 승낙을 위하여 '상당한 기간'이란 결국 '즉시'를 의미한다고 볼 수 있으므로 제51조는 민법과 다른 내용의 특칙을 정한 것이라고 보기는 어렵다.[57] 만일 대화자간에도 청약자가 승낙기간을 정한 경우에 상대방이 이에 응하면 민법이 적용되어 청약자가 그 기간 내에 승낙의 통지를 받지 못한 때에는 그 효력을 잃게 된다(민법§528조①).

(2) 격지자간의 계약의 성립시기

민법 제531조는 "격지자간의 계약은 승낙의 통지를 발송한 때에 성립한다."고 하여 발신주의의 특칙을 정하고 있다. 민법 제531조를 청약의 효력에 관한 민법 제528조제1항 및 제529조와 어떻게 통일적으로 조화있게 해석하느냐에 관하여 견해가 갈린다. ⅰ) 도달주의의 원칙을 중시하는 견해[58]는 승낙도 하나의 의사표시이므로 의사표시의 효력발생시기에 관한 도달주의 원칙(민법§111①)에 의하여, 승낙이 승낙기간 또는 상당기간내에 도달할 것을 효력발생의 정지조건으로 하여 승낙의 통지 발송으로 계약이 성립한다고 한다. 즉 민법 제531조는 계약의 성립시기를 정한 것이고 승낙의 효력발생시기를 정한 규정이 아니라고 본다. 승낙이 청약자에게 도달한 때에 효력을 발생하게 되나, 그 효력이 승낙통지를 발송한 때에 소급하여 청약과 결합하여 계약

---

57) 정동윤(12), 315면; 최기원(04), 234면; 임홍근(01), 224면; 이기수외(03), 277면; 정찬형(15), 222~223면.
58) 김기선, 채권법각론, 1964년, 49~50면.

을 성립케 한다고 본다. 그러나 ii) 발신주의의 특칙을 중시하는 견해(통설)[59]는 민법 제531조는 계약의 성립 및 효력발생시기를 정한 것으로서 도달주의의 원칙에 대한 예외로 해석한다. 이 견해는 민법 제531조는 계약의 성립시기에 관하여 발신주의의 예외를 인정한 것이나, 계약은 승낙이 효력을 발생하는 때에 성립하므로, 결국 제531조는 승낙의 효력발생시기에 관하여 발신주의라는 예외를 규정한 것으로 본다. 또한 민법 제528조 1항 및 제529조는 청약자가 승낙의 통지를 승낙기간내 또는 상당기간내에 받지 못하면 계약은 성립하지 않는다고 규정하고 있는데, 이는 계약은 승낙통지의 불도달을 해제조건으로 하여 승낙통지의 발신으로 성립하고 효력이 발생하는 것으로 해석한다.

2010년 개정전 상법은 "격지자간의 계약의 청약은 승낙기간이 없으면 상대방이 상당한 기간내에 승낙의 통지를 발송하지 아니한 때에는 그 효력을 잃는다."(구§52①)고 규정하고 있었다. 이 조항에 따라서 격지자간 계약에 있어서 승낙기간이 없는 경우에는 발신주의를 채택하여 승낙 통지를 발송한 때에 확정적으로 계약의 효력이 발생하였으나, 승낙기간이 있는 경우에는 민법 제528조가 적용되어 승낙의 통지를 승낙기간내에 받아야 계약이 성립하였다. 그러므로 승낙기간 유무에 따라 격지자간의 계약의 효력발생시기가 서로 상이해지는 문제가 있었다. 이러한 문제를 해결하기 위하여 2010년 개정상법은 제52조를 삭제하고 승낙기간 유무와 관계없이 모두 민법 제531조에 따라서, 격지자간의 계약은 승낙통지의 불도달을 해제조건으로 하여 승낙통지의 발신으로 성립하고 그 효력이 발생하게 하였다.

7. 계약의 청약을 받은 상인의 의무

상법은 상거래의 신속·안전과 당사자(청약자 및 상인)의 편의를 위하여 계약의 청약을 받은 상인의 낙부통지의무와 물건보관의무를 규정한다. 민법

---

59) 곽윤직, 채권각론, 신정판, 1995년, 73~74면.

에는 이에 상응하는 규정이 없다.

(1) 낙부통지의무

상인이 상시 거래관계에 있는 자로부터 그 영업부류에 속한 계약의 청약을 받은 때에는 지체없이 낙부의 통지를 발송하여야 한다(§53전단). 승낙여부의 통지를 해태한 때에는 승낙한 것으로 본다(§53후단).

1) 법적 요건

상인이 "상시 거래관계에 있는 자"로부터 청약을 받은 경우에 적용된다. 상시 거래관계란 종래 거래관계가 있어 왔고 앞으로도 거래가 계속될 것이 예상되는 경우를 말한다. 청약자는 상인일 필요는 없다(통설).

이러한 의무는 "승낙기간을 정하지 않은 격지자간의 청약"에서만 적용된다. 그 이유는 대화자간의 청약은 즉시 승낙하지 않으면 그 효력을 잃으므로(§51) 본조가 적용될 여지가 없으며, 승낙기간을 정한 격지자간의 청약은 청약자의 의사로 본조를 배제하는 것으로 볼 수 있기 때문이다(민법§528).

청약을 받은 상인의 "영업부류에 속한" 계약의 청약이어야 한다. 즉 청약을 받은 상인의 기본적 상행위(당연상인의 경우) 또는 준상행위(의제상인의 경우)에 속하는 것이어야 한다. 보조적 상행위는 원래 그 범위를 상인마다 특정할 수 없기 때문에 포함되지 아니한다.

2) 효과

청약을 받은 상인이 낙부통지를 해태하는 경우에는 그 청약을 승낙한 것으로 본다(§53후단). 그러나 상인에게 책임 없는 사유로 낙부통지가 되지 않은 경우에는 그렇게 볼 수 없음은 물론이다. 낙부통지의무의 불이행시 상대방은 그로 인한 손해배상을 청구할 수는 없으므로 이 의무의 성질은 간접의무(불완전의무)에 불과하다.

(2) 물건보관의무

상인이 그 영업부류에 속한 계약의 청약을 받은 경우에 견품 기타의 물건을 받은 때에는 그 청약을 거절한 때에도 청약자의 비용으로 그 물건을 보관하여야 한다(§60전단). 이것은 상거래에서는 계약의 목적물의 품질·내용 등을 상대방에게 알게 하고 동시에 계약을 신속하게 성립시키기 위하여 계약의 청약과 함께 물건을 송부시키는 경우가 많은 점을 고려한 것이다.[60]

1) 법적 요건

상인이 그 "영업부류에 속한" 계약의 청약을 받은 경우이어야 한다. 즉 청약을 받은 상인의 기본적 상행위 또는 준상행위에 속하는 것이어야 한다. 보조적 상행위는 낙부통지의무와 마찬가지로 포함되지 아니한다. 청약자는 상인이 아니어도 무방하며, 낙부통지의무와 달리 상시 거래관계에 있을 필요는 없다.

제60조의 물건보관의무가 발생하는 때는 "상인이 그 영업부류에 속한 계약의 청약을 받은 경우에 견품 기타의 물건을 받은 때"이다.[61] 그러나 그 물건의 가액이 보관의 비용을 상환하기에 부족하거나 보관으로 인하여 손해를 받을 염려가 있는 때에는 그러하지 아니하다(§60후단). 본조는 상거래상의 신의칙에서 유래하는 것이므로 상인의 손실을 유발하면서까지 강요할 수는 없기 때문이다.[62] 보관은 반드시 상인 자신이 직접 하여야 하는 것은 아니며 예컨대 창고업자에게 임치하는 방법으로 보관할 수도 있다.

이러한 의무는 낙부통지의무와 마찬가지로 "격지자간의 청약"에서만 적용된다. 대화자간의 청약은 즉시 승낙하지 않으면 그 효력을 잃으므로(§51) 본조가 적용될 여지가 없기 때문이다.

2) 효과

상인이 그 영업부류에 속한 계약의 청약을 받은 경우에 견품 기타의 물건을 받은 때에는 그 청약을 거절한 때에도 청약자의 비용으로 그 물건을 보관

---

60) 손주찬(03), 235면.
61) 손주찬(03), 236면(청약을 받은 때가 아니며, 그 청약을 승낙한 때에는 계약이 성립하므로 본조의 보관의무는 면한다.).
62) 동지: 이철송(15), 361면.

하여야 한다(§60전단). 제60조에 따라 물건보관의무를 지는 상인은 보관비용은 청구할 수 있으나 그 물건이 보관된 장소의 사용이익 상당의 손해배상을 청구할 수는 없다.63)

이 물건보관의무는 법률규정에 의한 의무이어서 매수인이 당연히 해야 하는 것이므로 매수인은 보관비용은 청구할 수 있지만(§60전단) 그와 별도로 후술하는 제61조에 의거하여 보관료(보수)를 청구할 수는 없다고 보는 견해64)가 있으나 제61조에 의거한 상인의 보수청구권은 상인이 한 행위가 법률에 의하여 요구되는 행위인 경우에도 성립하는 것으로 볼 수 있으므로 비용과 별도로 보수도 청구할 수 있다고 해석한다.

만일 상인이 보관의무를 위반한 경우에는 그로 인하여 청약자에게 발생한 손해를 배상할 책임을 지게 된다.65)

---

63) 대법원 1996.7.12. 선고 95다4116, 41178 판결(피고 한국기업리스 주식회사는 초지1호기 등과 조정팔파기(이 사건 물건)를 매매하려는 청약을 하고 원고 이원제지 주식회사의 공장 건물 부분에 이 사건 물건을 설치하였다. 이후 원·피고 사이의 매매협상이나 원고의 반출 저지 등으로 이 사건 물건이 원고의 공장 건물 부분에 그대로 남아 있게 되었다. 원고는 피고에게 손해배상청구와 부당이득반환청구를 하였으나 법원은 "원고의 공장 건물 부분에 대한 피고의 점유는 원고의 동의 또는 승낙이 있거나 신의칙상 불법점유라고 할 수 없거나 피고에게 귀책사유가 없다고 하여 불법점유라고 할 수 없고, 또한 피고가 그 소유인 이 사건 물건을 반출하지 못한 채 계속 그것이 설치된 이 사건 건물 부분을 단순히 점유하여 오고 있을 뿐 초지1호기 등과 조정팔파기를 실제로 가동하고 있지 아니하였으므로, 피고로서는 이 사건 건물 부분에 관하여 이를 점유함으로써 공장으로서의 그 용도에 따른 실질적 이득을 얻고 있다고 할 수 없다"는 이유로 원고의 청구를 모두 배척하였고, "상법 제60조는 상거래에 있어 청약을 받은 상인에게 일정한 범위 내에서 청약과 동시에 송부받은 견품 등 물건에 관하여 그 청약을 거절하는 경우라도 이를 반송할 때까지 보관의무를 지움과 아울러 그 보관에 따르는 비용의 상환을 구할 수 있음을 정한 규정으로서, 그 송부받은 물건의 현상이나 가치를 반송할 때까지 계속 유지, 보존하는 데 드는 보관비용의 상환에 관한 규정일 뿐, 원고가 주장하는 바와 같이 그 물건이 보관된 장소의 사용이익 상당의 손해의 배상에 관한 규정은 아니라고 할 것"이라는 원심의 판단을 수긍하였다.).
64) 정찬형(15), 226면; 이철송(15), 360면.
65) 정찬형(15), 226면; 이철송(15), 361면; 최준선(13), 247면.

8. 상사매매

(1) 의의

상사매매란 상법이 적용되는 매매를 말하는데, 적어도 매도인이 상인이면 상사매매의 개념에 포함된다. 그러나 상법은 매도인과 매수인이 모두 상인인 상사매매에 적용되는 다섯 개 조문($\S\S^{67}_{71}$)을 두고 있을 뿐이어서, 매수인이 非상인인 일방적 상행위에 속하는 상사매매에 대해서는 민법의 매매에 관한 규정들($\S\S^{민법}_{563-595}$)이 적용될 뿐이다. 상법에 규정된 상사매매에 관한 특칙($\S\S^{67}_{71}$)은 상사매매의 법률관계를 신속히 종결시켜 거래의 신속을 기하고 당사자간 분쟁을 사전에 예방하여 기업의 신용을 유지시키고자 하는 취지에서 둔 것이다.[66]

(2) 특칙의 적용범위

상법에 규정된 상사매매에 관한 특칙($\S\S^{67}_{71}$)은 매도인과 매수인이 모두 상인이고, 매매가 쌍방에게 모두 상행위(기본적 상행위 또는 보조적 상행위)가 되는 것이어야 적용된다. 그러나 이들 특칙은 임의규정이므로 당사자간 다른 특약이 있으면 적용이 배제된다.

또한 이들 특칙은 매매업에 종사하는 상인에게 적용됨은 물론이지만 이들 특칙은 상인들간의 매매를 하는 경우라면 매도인 또는 매수인이 어떤 업종에 종사하는 상인이건 모두 적용범위에 포함되는 일반원칙이며 단지 매매업에 종사하는 상인들간의 매매에만 적용되는 것은 아니다. 그러므로 적용대상이 되는 매매는 쌍방에게 모두 상행위가 되어야 하지만 매매업에 종사하는 상인의 경우에는 그것이 기본적 상행위가 되고 다른 업종에 종사하는 상인의 경우에는 그것이 보조적 상행위가 되는 것이다.

특칙이 적용되는 목적물의 범위에 동산만 포함되고 부동산이 포함되지 아니한다는 견해[67]가 있으나, 부동산을 제외하는 명문의 규정도 없고, 부동산

---

66) 정찬형(15), 226면.

거래에서 특칙을 적용할 필요성드 인정되므로 찬동하기 어렵다.[68]

1) 매도인의 공탁권 및 경매권

(가) 민법상 공탁 및 경매

① 채권자가 변제를 받지 아니하거나 받을 수 없는 때, 또는 ② 변제자가 과실없이 채권자를 알 수 없는 경우에는 변제자는 채권자를 위하여 변제의 목적물을 공탁하여 그 채무를 면할 수 있다($^{민법}_{§487}$). 공탁은 채무이행지의 공탁소에 하여야 하며($^{동법}_{§488①}$), 공탁을 하면 공탁자는 지체없이 채권자에게 공탁통지를 하여야 한다($^{동법}_{§488③}$).

만일 ① 변제의 목적물이 공탁에 적당하지 아니하거나 ② 멸실 또는 훼손될 염려가 있거나 ③ 공탁에 과다한 비용을 요하는 경우에는 변제자는 법원의 허가를 얻어 그 물건을 경매하거나 시가로 방매하여 그 대금을 공탁할 수 있다($^{동법}_{§490}$).

(나) 상법의 특칙

상인간의 매매에 있어서 매수인이 목적물의 수령을 거부하거나 이를 수령할 수 없는 때에는 매도인은 그 물건을 공탁하거나 상당한 기간을 정하여 최고한 후 경매할 수 있다($^{§67①}_{제1문}$). 이 경우에는 지체없이 매수인에 대하여 그 통지를 발송하여야 한다($^{§67①}_{제2문}$). 만일 매수인에 대하여 최고를 할 수 없거나 목적물이 멸실 또는 훼손될 염려가 있는 때에는 최고없이 경매할 수 있다($^{§67}_{②}$).

매도인이 그 목적물을 경매한 때에는 그 대금에서 경매비용을 공제한 잔액을 공탁하여야 한다($^{§67③}_{본문}$). 그러나 그 전부나 일부를 매매대금에 충당할 수 있다($^{§67③}_{단서}$).

① 공탁권

(a) 법적 요건

매수인이 목적물의 수령을 거부하거나 이를 수령할 수 없는 때이다($^{§67①}_{제1문}$).

---

67) 최기원·김동민, 「제20판 상법학신론(상)」, 박영사, 2014, 234면.
68) 이기수·최병규(10), 341면; 이철송, 380면.

민법과 달리 "과실없이 매수인을 알 수 없는 경우"는 규정에 없으므로 이러한 사유가 있는 경우에는 민법에 의하여 공탁할 수 있다.69)

(b) 효과

매도인이 공탁을 하면 지체없이 매수인에 대하여 그 통지를 발송하여야 한다(§67①제2문). 그러나 실제에 있어서는 공탁법에 의하여 공탁관이 공탁통지서를 매수인에게 발송한다(공탁규칙(대법원규칙 제2578호 2014.12.30. 개정) §29). 공탁에 의하여 매도인의 목적물인도의무는 소멸하며, 만일 매수인으로부터 대금을 지급받지 못한 경우에는 민사소송법에 의하여 채무명의를 얻어서 매수인의 재산에 강제집행을 할 수밖에 없다. 매도인이 부담한 공탁비용은 공탁사유를 발생시킨 매수인에게 상환청구할 수 있다.

② 경매권(자조매각권)

(a) 법적 요건

공탁의 요건과 동일한 사유가 있는 경우, 매도인은 상당한 기간을 정하여 최고한 후 경매할 수 있다(§67①제1문). 이러한 경매권을 자조매각권(Notverkauf)이라고도 한다. 상사매매에서 경매요건은 민법에 비하여 크게 완화되어 있고 절차상 "법원의 허가"를 얻을 필요도 없으며, 매도인은 공탁과 경매 중 선택이 가능하다. 매매목적물의 가격의 변동이 심한 상사매매의 경우에 매도인의 선택에 따라 공탁 또는 경매 중에서 적절한 방법으로 거래를 신속하게 완료할 수 있다는 점은 큰 장점이다.

경매를 하는 경우 매도인은 상당한 기간을 정하여 수령의 최고를 하여야 하지만(§67①제1문) 최고를 할 수 없거나 목적물이 멸실 또는 훼손될 염려가 있는 때에는 최고할 필요가 없다(§67②). 매도인은 공탁권을 행사한 후라도 이를 변경하여 경매권을 행사할 수 있다고 해석한다.70)

---

69) 안강현(15), 218면; 이철송(15), 381면.
70) 최준선(13), 256면. 다만, 경매권 행사를 완료한 후에는 공탁은 곤란하다.

(b) 효과

매도인이 경매를 하면 공탁을 한 경우와 마찬가지로 지체없이 매수인에 대하여 그 통지를 발송하여야 한다(§67①제2문). 매도인은 경매대금에서 경매비용을 공제한 잔액을 공탁하여야 하나(§67③본문), 그 전부나 일부를 매매대금에 충당할 수 있다(변제충당권)(§67③단서). 매도인이 경매대금을 매매대금에 충당하면 매도인의 채무는 소멸한다.

2) 확정기매매의 해제

(가) 민법상 정기행위의 해제

확정기매매(Fixhandelskauf)는 민법상 정기행위의 일종이다. 정기행위(定期行爲)란 "계약의 성질 또는 당사자의 의사표시에 의하여 일정한 시일 또는 일정한 기간내에 이행하지 아니하면 계약의 목적을 달성할 수 없을 경우"의 행위를 말하며(민법§545), 그러한 정기행위의 경우에 당사자 일방이 그 시기에 이행하지 아니한 때에는 상대방은 계약해제의 일반원칙상 요구되는 상대방에 대한 이행최고(동법§544)를 하지 아니하고 계약을 해제할 수 있다(동법§545). 예컨대, 결혼식에서 사용하기 위하여 그 사실을 알리고 주문한 웨딩드레스의 제작·공급이 이행시기를 경과한 때에는 주문자는 최고 없이 바로 계약을 해제할 수 있다.

(나) 상법의 특칙

상인간의 매매에 있어서 매매의 성질 또는 당사자의 의사표시에 의하여 일정한 일시 또는 일정한 기간내에 이행하지 아니하면 계약의 목적을 달성할 수 없는 경우에 당사자의 일방이 이행시기를 경과한 때에는 상대방은 즉시 그 이행을 청구하지 아니하면 계약을 해제한 것으로 본다(§68).

① 법적 요건

제68조는 상사매매이면서 확정기매매[71])에 있어서, "일방이 이행시기를

---

71) 대법원 1995.5.26. 선고 93다61543 판결(수출입을 주된 업무로 하는 종합상사인 매수인인 피고 회사가 전매를 목적으로 하여 원고 회사와 당시 가격변동이 심하였던 원

경과한 때에" 적용된다. ⅰ) 이행시기를 경과한 이유가 채무자의 귀책사유에 의한 것인지를 불문한다는 견해[72]와 ⅱ) 채무자의 귀책사유에 의한 채무불이행이어야 한다는 견해[73]가 갈린다. 전설은 상사확정기매매에 있어서 채권자의 강력한 보호를 위해서 이러한 해석이 필요하다고 하나, 해제의 효과로 채무자는 원상회복과 손해배상책임을 지는데, 과실 없는 채무자에게 이와 같은 책임을 지우는 것은 명문의 규정 없이 채무불이행으로 인한 계약해제의 일반원칙을 뛰어넘는 해석으로서 무리가 있으므로 후설이 타당하다.

② 효과

위의 요건을 충족하면 해당 확정기매매 계약의 해제로 간주된다(§68). 해제권의 행사는 필요하지 아니하며 계약해제의 효과가 바로 발생한다. 그러나 채권자의 해제권 행사가 필요하지 않다는 의미는 나중에 다툼이 있어서 소송이 제기된 경우 민사소송의 변론주의 원칙상 "제68조를 적용한다"는 주장까지 요하지 않는다는 의미는 아니다. 대법원은 소송에서 원·피고 모두 문제의 계약이 상법 제68조의 확정기매매라고 주장한 적이 없는데 법원이 당사자에 대하여 석명권을 행사하여 당사자에게 주장·입증을 촉구하지 않고 확정기매매라고 판결한 것은 위법하다고 보았다.[74]

자재인 알루미늄매매계약을 체결한 경우에 확정기매매로 인정하는 판시); 대법원 2003.4.8. 선고 2001다38593 판결(원고 주식회사 조흥은행과 피고 현투증권 주식회사 사이에 이루어진 이 사건 "선물환계약은 그 약정 결제일에 즈음하여 생길 수 있는 환율변동의 위험(이른바 환리스크)을 회피하기 위하여 체결되는 것으로서 그 성질상 그 약정 결제일에 이행되지 않으면 계약의 목적을 달성할 수 없는 상법 제68조 소정의 확정기매매라 할 것"이고, 그 계약 불이행으로 인한 손해배상액의 산정에 관한 미화 1$당 원화의 환율은, 그 계약이 약정결제일 전에 이미 해제되었다는 등의 특수한 사정이 없는 이상, 원래 약정되었던 결제일 당시의 환율을 기준으로 하여야 한다고 판시); 대법원 2009.7.9. 선고 2009다15565 판결(계약 당사자 사이에 종전에 계약이 체결되어 이행된 방식, 당해 매매계약에서의 구체적인 이행 상황 등에 비추어 볼 때, 가격변동이 심한 원자재를 계약 목적물로 한 국제 중개무역이라는 사유만으로는 상법 제68조에 정한 상인간의 확정기매매에 해당한다고 볼 수 없다고 판시).

[72] 손주찬(03), 250면; 정동윤(12), 208~209면; 채이식(92), 187면; 이기수외(03), 328면.
[73] 정찬형(15), 230면; 이철송(15), 387면; 최준선(13), 269면; 김홍기(20), 169면; 송옥렬(19), 124~125면.

다만, 상대방은 이행기를 경과한 확정기매매의 이행이 자기에게 유리한 경우에는 그것을 선택하여 이행청구를 할 수도 있다.

대법원 1995.5.26. 선고 93다61543 판결

수출입업을 주요사업으로 하는 이른바 종합상사인 피고 효성물산 주식회사는 1990.9.28. 원고 쉘 패시픽 엔터뿌라이시스 주식회사와의 사이에 알루미늄을 합계 미화 522,500달러에 구입하되 대금결제는 매도인인 원고 회사를 수익자로 하는 취소불능 일람출급 신용장을 개설하는 방식에 의하기로 하고, 위 물품에 대한 인도장소까지의 운임, 보험료는 매수인이 부담하기로 하는 계약(이른바 C.I.F. 계약)을 체결하고, 위 계약에 따라 피고 회사는 개설은행 한국외환은행 홍콩지점, "선적은 1990.10.31. 이전", 유효기간 1990.11.10.으로 된 취소불능 신용장을 개설하여 주었다. 그런데 원고 회사는 위 물품을 1990.11.3. 호주의 포틀랜드 항에서 선적한 다음, 1990.11.26. 위 물품의 선적서류를 한국외환은행에 제시하고 그 매입을 요청하였으나 위 신용장의 유효기간이 경과되었다는 이유로 대금지급을 거절당하였다. 다른 한편 이 사건 매매계약상의 선적기일(shipping date)에 관하여는, 원고가 1990.9.28.자로 피고 회사에게 보낸 갑 제1호증(확정청약서, Firm Offer)의 기재에 의하면 선적기일이 "1990년 10월경"(AROUND OCTOBER, 1990)로 되어 있으나, 동일자로 작성된 을 제1호증(판매계약서, Sales Contract)의 기재에 의하면 "1990년 10월"(OCTOBER, 1990)로 되어 있고, 위 매매계약에 따라 피고가 의뢰하여 개설한 을 제2호증(신용장)의 기재에 의하면, "1990년 10.31.이전"(not later than Oct 31,1990)으로 기재되어 있으며, 원고는 위 신용장 개설을 통지받은 후 피고 회사에 보낸 1990.10.25.자 서신에서 신용장 개설비용의 부담에 관하여만 언급하고 있을 뿐 위 신용장상의 선적기일에 대하여는 이의를 제기하지 아니하고 있으므로 원심은 결국 이 사건 선적기일은 "1990. 10.31.까지"라고 할 것이라고 판단하였다. 대법원은 "국제해상매매계약에 있어서 이른바 C.I.F. 약관이 있는 경우에 매도인은 목적물을 계약 소정의 목적지까지 운송하기 위하여 운송계약을 체결하고 약정된 일자 또는 기간 내에 선적항의 본선상에 물품을 인도하여야 하고, 그 운송에 관한 선하증권 및 보험증권, 상품송장 등의 서류를 매수인(신용장이 개설된 경우에는 신용장개설은행)에게 교부하고 그 대금을 청구할 수 있는 것으로서, 이 경우에 <u>선하증권상의 선적기일은 원칙적으로 계약상의 선적기일과 부합하여야 하는 것이므로, 이</u>러한 C.I.F. 매매계약에 있어서 <u>선적기간의 표기는 불가결하고 중요한 계약요건</u>이 된다고 할 것이다. 더욱이 기록에 의하면 이 사건 매매의 <u>목적물은 매매 당시 가격변동이 심하였던 원자재인 알루미늄이고, 매수인인 피고는 수출입을 주된 업무로 하는 종합상사로서 전매를 목적으로 하여 위 알루미늄 매매계약을 체결한 것임을 알 수 있고 이러한 경우에는 보통 매수인(수입상)은 수입원자재의 재고량, 수요 공급상황, 국제 및 국내의 가격동향, 선적지로부터 양륙지까지의 물품의 항해일수 등을 감안하여 가장 유리한 시점에 물품이 수입항에 도착되도록 매도인(수출상)과 교섭하여 선적기일을 정하는 것이므로 선적기일에 관한 약정은 계약상 특히 중요한 의미를 가진다고 할 것이며, <u>선적이 늦어지는 경우에는 사정에 따라서는 피고가 손해를</u>

---

74) 대법원 2009.7.9. 선고 2009다15565 판결.

볼 우려가 있으며 매도인인 원고로서도 이러한 사정은 잘 알고 있었다고 보이고, 또 매매대금은 원고를 수익자로 하는 신용장을 개설하는 방법에 의하여 결제하기로 하였으므로 매도인인 원고로서는 계약상 내지 신용장상의 선적기간 내에 목적물이 선적되었다는 기재가 있는 선하증권을 신용장개설은행에 제시하여야만 은행으로부터 그 대금을 지급받을 수 있다는 등의 사정을 종합하면 이 사건 알루미늄 매매계약은 그 성질 또는 당사자의 의사표시에 의하여 약정된 선적기간 내에 선적되지 아니하면 계약의 목적을 달성할 수 없는 상법 제68조 소정의 이른바 확정기매매에 해당한다고 봄이 상당하고, 따라서 원고가 위 알루미늄을 약정된 선적기간 내에 선적하지 아니하였고 피고가 즉시 그 이행을 청구하지 아니한 이상, 피고에게는 위 상품을 인수할 의무는 없고, 이 사건 매매계약은 그로써 해제된 것으로 보아야 할 것이다."고 판시하였다.

3) 매수인의 검사·통지의무

(가) 의의

상법은 제69조에서 상사매매에서의 매수인의 목적물의 검사의무와 하자통지의무를 부과하는 특칙을 규정하고 있는데, 이는 민법상 매도인의 담보책임과 관련된 것이다. 즉 "상인간의 매매에 있어서 매수인이 목적물을 수령한 때에는 지체없이 이를 검사하여야 하며 하자 또는 수량의 부족을 발견한 경우에는 즉시 매도인에게 그 통지를 발송하지 아니하면 이로 인한 계약해제, 대금감액 또는 손해배상을 청구하지 못한다"($\S 69 ①$ 제1문). "매매의 목적물에 즉시 발견할 수 없는 하자가 있는 경우에 매수인이 6월내에 이를 발견한 때에도 같다"($\S 69 ①$ 제2문). 전항의 규정은 매도인이 악의인 경우에는 적용하지 아니한다($\S 69 ②$).

민법상 매매 목적물의 수량부족으로 인한 매도인의 담보책임은 "권리의 하자"에 대한 담보책임으로서, 수량을 지정한 매매의 목적물이 부족되는 경우에 선의의 매수인은 그 부분의 비율로 대금의 감액 및 손해배상을 청구할 수 있고(민법 §§ 572①, ③), 잔존한 부분만이면 이를 매수하지 아니하였을 경우라면 계약전부를 해제할 수 있고 그와 함께 손해배상을 청구할 수 있다(동법 §§ 572②, ③). 매도인의 "물건의 하자"에 대한 담보책임으로서, 매매의 목적물이 특정물인데 하자가 있는 때에는 선의·무과실의 매수인은 그로 인하여 계약의 목적을 달성할 수 없는 경우에는 계약을 해제할 수 있고, 기타의 경우에는 손해배상만을 청구할 수 있다(§§ 580, 575). 매매의 목적물을 종류로 지정한 경우에도 그 후 특정된 목적물에 하자가 있는 때에는 선의·무과실의 매수인은 특정물매매의 경우와 같이 계약해제 또는 손해배상청구를 할 수 있고 그에 갈음하여 하자 없는 물건을 청구(완전물급부청구)할 수도 있다(§§ 581, 575). 수량부족의 경우의 담보책임은 매수인이 사실을 안 날로부터 1년내에 물어야 하고(§ 573), 하자담보책임은 매수인이 사실을 안 날로부터 6월내에 물어야 한다(§ 582).

(나) 법적 요건

상사매매에 있어서 매수인이 목적물을 수령한 때에는 지체없이 이를 검사하여야 한다. 따라서 상인간의 매매가 아닌 도급·임대차계약 또는 특별법이 적용되는 매매 등의 경우에는 제69조가 적용되지 아니한다.[75] 여기에서 "목

---

[75] 대법원 1991.8.13. 선고 91다1497 판결(피고 옹진군수산업협동조합으로부터 수산물을 경락받아 소매상에 판매하는 중매인인 원고 박용구는 1987.11.4. 피고의 야적위판장에서 피고로부터 새우젓 103드럼을 경락받아 소외 김창남 등 소매상에게 판매하였으나 위 새우젓중 일부에 심한 석유냄새가 나서 식용으로 사용할 수 없음이 소매과정에서 발견되어 그 중 40드럼이 위 경매일로부터 3,4일간에 걸쳐 원고에게 반품되어 왔고 원고는 같은 달 9. 이러한 사실을 피고에게 통지하고 그 무렵 위 새우젓을 피고에게 반품하고 위 새우젓대금 상당 금 11,722,300원의 손해를 입었다고 하여 그 배상을 청구하였다. 법원은 농수산물의 유통 및 가격안정을 기하기 위하여 제정된 「농수산물유통및가격안정에관한법률」제33조에서는 도매시장에 상장된 농수산물의 매수인은 매매가 성립한 즉시 그 농수산물을 인수하여야 하고 매수인이 정당한 사유 없이 인수를 거부, 또는 태만히 한때에는 그 매수인의 부담으로 농수산물을 일정기간 보관하거나 그 이행을 최고하지 아니하고 그 매매를 해제하여 다시 매매할 수 있고 이로 인한 차손금은 당초의 매수인이 이를 부담하도록 규정하고 있으며 위 법률이 기한 피고의 공판사업규정인 판매및이용가공사업규정 제19조는 위탁물의 경락 후 매수자는 인수를 거부할 수 없고 다만 매수자가 정당한 사유로 인수를 거부코자 할 때에는 경매현장에서 즉시 이의를 신청하여야 하며 그 경우 정당한 사유라 함은 육안으로 식별할 수 없었던 불량품, 또는 저질품의 다량혼입으로 매수자에게 현저하게 손해를 끼친다고 인정될 경우를 말한다고 규정하고 있는바 이 법은 상법 제67조에 우선적용되는 특별법이므로 원고는 이 법상의 검사 및 통지의무를 위반하였으므로 피고에게 위 하자로 인한 손해배상을 청구할 수 없게 되었다고 판시한 원심 판결을 수긍하였다.); 대법원 1987.7.21. 선고 86다카2446 판결(당사자의 일방이 상대방의 주문에 따라 자기소유의 재료를 사용하여 만든 물건을 공급할 것을 약정하고 이에 대하여 상대방이 대가를 지급하기로 약정하는 제작물공급계약에 대해서는 상법 제69조가 적용되지

적물의 수령"이란 현실로 목적물을 인도받아서 그것을 검사할 수 있는 수령에 한한다. 따라서 법적으로는 목적물을 수령한 효력이 인정되더라도 "화물상환증이나 선하증권을 교부받는 것"($^{상법}_{§133, 861}$) 또는 목적물 반환청구권의 양도 등은 제외된다.[76]

목적물의 검사에 의하여 그 "하자 또는 수량의 부족"을 발견한 경우에 통지의무가 발생한다. 즉 통지대상이 되는 것은 목적물의 "물건의 하자" 또는 "권리의 하자 중 목적물의 수량부족"의 경우이다. 따라서 그밖의 권리의 하자(매매의 목적이 된 권리가 타인에게 속한 경우, 목적물의 일부멸실, 목적물에 타인의 제한물권이 있는 경우, 목적물을 위하여 존재할 지역권이 없는 경우 등)($^{민법}_{§§569-579}$)의 경우에는 매수인은 검사·통지의무를 부담하지 않는다.

제69조가 적용되기 위해서는 매도인의 선의를 요한다($^{상법}_{§69②}$). 즉 매도인이 목적물의 인도 당시에 목적물의 하자 또는 수량부족을 알고 있었던 경우에는 매수인은 검사·통지의무를 부담하지 않는다.

대법원 1987.7.21. 선고 86다카2446 판결

피고 대한자연식품주식회사는 율무, 들깨, 코코아, 맛우유 등 국산차를 제조하여 자동포장기계를 이용, 타처에서 주문에 의하여 구입한 자동포장지를 도안된 형태에 따라 절단하여 1회용 포장지로 만

아니한다고 판시); 대법원 1993.6.11. 선고 93다7174·7181 판결(약 5,000평의 사과나무 과수원을 경영하면서 그중 약 2,000평 부분의 사과나무에서 사과를 수확하여 이를 대부분 대도시의 사과판매상에 위탁판매한다면 이는 영업으로 사과를 판매하는 것으로 볼 수 없으니 상인이 아니고, 따라서 위의 사과판매상은 상법 제69조에 따른 목적물 검사 및 통지의무를 부담하지 아니한다고 판시); 대법원 1995.7.14. 선고 94다38342 판결(상사매매에 관한 상법 제69조는, 민법의 매매에 관한 규정이 민법 제567조에 의하여 매매 이외의 유상계약에 준용되는 것과 달리, 상법에 아무런 규정이 없는 이상 상인간의 수량을 지정한 건물의 임대차계약에 준용될 수 없다고 판시); 대법원 1999.1.29. 선고 98다1584 판결(부동산임대업을 개시할 목적으로 그 준비행위의 일환으로 당시 부동산임대업을 하고 있던 상인인 피고로부터 이 사건 건물을 매수한 자도 목적물검사 및 통지의무를 부담한다고 판시).

76) 손주찬(03), 252면; 이철송(15), 389면; 정희철(89), 159면; 정동윤(12), 407~408면; 정찬형(15), 232면; 채이식(92), 182~183면(다만, C.I.F. 매매는 증권의 매매이므로 매수인은 증권의 수령시에 증권 자체의 검사 통지의무가 있고, 또 현실적으로 그에 의하여 물건을 수령한 때에는 다시 목적물의 검사 통지의무가 있다고 한다.); 최준선(13), 262면.

들어 그 안에 위 국산차를 적정량으로 넣고 포장하여 시중에 판매하는 회사이고, 원고 삼교물산주식회사는 위와 같은 자동포장지를 제조하여 수요자에게 공급판매하는 회사이다. 원심은 원·피고 사이에 … 원고가 국산차를 포장하기 위한 자동포장지를 피고가 제시한 도안과 규격에 따라(위 자동포장기계는 일정한 규격으로만 포장지를 절단할 수 있고, 그 규격이 초과되면 그 초과된 규격에 따라 자동조절되지 아니하여 올바로 절단할 수 없다) 제작하여 피고에게 공급판매하기로 약정하고, 원고가 자신의 재료를 사용하여 판시와 같은 자동포장지를 제작하여 피고에게 공급하였던 바, 피고는 위 포장지를 인도받고 즉시 그 하자유무에 관하여 검사하지 아니한 채 보관하다가 2개월 가까이 경과하고서야 위 자동포장기계로 위 포장지에 포장하는 작업을 하다가 위 포장지는 그 세로규격이 원고의 제작상 잘못으로 각 포장지 마다 피고가 요구한 규격보다 1.5내지 2밀리미터 초과하여 피고 소유의 위 자동포장기계로서는 그 포장지를 올바르게 절단할 수 없고, 따라서 위 포장지 전량이 사용할 수 없게 되었음을 발견하고 그때 두렵 위와 같은 사실을 원고에게 통지한 사실과 위와 같은 하자는 포장지공급당시 쉽게 발견할 수 있는 것이라는 사실을 인정한 다음, 피고가 원고로부터 위 포장지를 수령하고도 지체없이 이를 검사하지 아니하고 약 2개월 후에야 비로소 하자가 있음을 발견하고 그 무렵 원고에게 한 통지는 시기에 늦은 통지로서 피고는 상법 제69조 제1항의 규정에 따라 위 하자를 이유로 한 이 사건 매매계약해제권을 더이상 행사할 수 없게 되었다고 판시하였다. 그러나 대법원은 "상법 제69조 제1항은 상인간의 매매에 있어 매수인의 목적물 검사와 하자통지의무를 규정하고 있는 바, 원심은 이 사건 포장지공급계약은 상인간의 매매에 해당하는 것으로 보아 위와 같은 판단을 한 것으로 풀이된다. 살피건대, 이 사건에 있어서와 같이 당사자의 일방이 상대방의 주문에 따라서 자기의 소유에 속하는 재료를 사용하여 만든 물건을 공급할 것을 약정하고 이에 대하여 상대방이 대가를 지급하기로 약정하는 이른바 <u>제작물공급계약은 그 제작의 측면에서는 도급의 성질이 있고 공급의 측면에서는 매매의 성질이 있다</u>. 이러한 계약은 대체로 매매와 도급의 성질을 함께 가지고 있는 것으로서 이를 어떤 법에 따라 규율할 것인가에 관하여는 민법 등에 특별한 규정이 없는바, 계약에 의하여 <u>제작 공급하여야 할 물건이 대체물인 경우에는 매매로 보아서</u> 매매에 관한 규정이 적용된다고 하여도 무방할 것이나, 이와는 달리 그 물건이 특정의 주문자의 수요를 만족시키기 위한 부대체물인 경우에는 당해 물건의 공급과 함께 그 제작이 계약의 주목적이 되어 <u>도급의 성질을 강하게 띠고 있다</u> 할 것이므로 이 경우에도 매매에 관한 규정이 당연히 적용된다고 할 수는 없을 것이다. 매매에 있어 그 목적물의 수량부족이나 하자가 있는 경우 매도인에게 담보책임을 물어 매수인에게 계약해제권 등을 인정하고 있는 민법의 규정과는 별도로 상법 제69조 제1항에서 상인간의 매매에 있어 매수인에게 목적물의 수령후 지체없이 하자 또는 수량의 부족을 발견하여 즉시 매도인에게 그 통지를 하지 아니하면 이로 인한 계약해제 등을 청구하지 못하도록 규정하고 있는 취지는 상인간의 매매에 있어 그 계약의 효력을 민법규정과 같이 오랫동안 불안정한 상태로 방치하는 것은 매도인에 대하여는 인도당시의 목적물에 대한 하자의 조사를 어렵게 하고 전매의 기회를 잃게 될 뿐만 아니라, 매수인에 대하여는 그 기간중 유리한 시기를 선택하여 매도인의 위험으로 투기를 할 수 있는 기회를 주게 되는 폐단 등이 있어 이를 막기 위하여 하자를 용이하게 발견할 수 있는 전문적 지식을 가진 매수인에게 신속한 검사와 통지의 의무를 부과함으로서 상거래를 신속하게 결말짓도록 한 것이라고 보여진다. 기록에 의하면, 이 사건 포장지는 피고의 주문에 따른 일정한 무늬와 규격으로 인쇄되어 있고 더구나 그 포장지에는 피고회사 이름까지 인쇄되어 있어 피고만이 이를 사용할 수 있고 원고나 피고로서는 이를 타에 매각처분하기가 곤란하거나 불가능한 사실이 엿보이는 바, 이러한 사정하에서라면 원고가 공급한 이 사건 포장지는 불대체물에 해당할 것이고, 이러한 경우 상법 제69조 제1항에 따라 그 거래관계를 보다 신속하게 결말지을 필요가 절실히 요구된다고 할 수도 없을 것이다. 결국 원심이 위와 같은 사정에 관하여 좀더 심리하지 아니한 채 위 상법규정이 적용된다고 단정하였음은 그 심리를 다하지 아니하거나 상법 제69조 제1항에 관한 법리를 오해한 위법이 있다는 비난을 면할 수 없다"고 판시하고 원심판결을 파기·환송하였다.

(다) 효과

매수인은 위의 요건이 충족되는 경우에는 목적물의 검사의무 및 통지의무를 부담한다. 수량부족이나 일부 멸실, 즉시 발견할 수 있는 하자의 존부에 관해서는 수령후 지체없이 검사하여야 하고, 즉시 발견할 수 없는 하자의 존부에 관해서는 6월내에 검사하면 된다($\S69①$). 만일 하자나 수량부족을 발견하면 즉시 통지하여야 한다. 그러므로 하자는 수령후 발견 즉시 통보하여야 하고 매매의 목적물에 즉시 발견할 수 없는 하자가 있는 경우라도 수령후 6월 내에는 통보하여야 한다($\S69①$ 제2문).

검사의무 및 통지의무를 이행하면 민법의 일반원칙에 의한 담보책임을 매도인에게 물을 수 있다. 즉 선의·무과실의 매수인은 일정한 요건에 따라 특정물의 하자의 경우에는 계약해제권·손해배상청구권($\S580$)을, 종류물(대체물)의 하자의 경우에는 계약해제권·손해배상청구권 또는 그에 갈음하여 완전물급부청구권($\S581$)을 사실을 안 날로부터 각각 6월내에 행사할 수 있다($\S582$). 목적물의 수량부족의 경우에는 선의의 매수인은 사실을 안 날로부터 1년내에($\S573$) 일정한 요건에 따라 계약해제·대금감액청구권·손해배상청구권($\S\S 572, 573, 574$) 등을 행사할 수 있다.

그러므로 상법 제69조에 따라 상사매매에서 매수인이 검사의무 및 통지의무를 위반한 경우에는 목적물의 수량부족이나 하자로 인한 계약해제, 대금감액 또는 손해배상을 청구하지 못한다. 다만 대법원은 두 회사 간 토지매매에서 그 지하에 유류, 중금속 등의 오염이 부동산이전등기 후 6월이 경과하여 발견된 사안에서 매수인은 하자의 통지를 하지 않았으므로 상법 제69조에 따라 담보책임을 물을 수 없다고 하면서도, 오염된 토지를 정화하지 않고 인도한 것은 불완전이행에 해당한다는 매수인의 주장을 받아들여 채무불이행으로 인한 손해배상책임은 물을 수 있다고 판시하였다.[77] 민법상 하자담보책임의 본질에 관해서는 논란이 있지만 이를 법정책임으로 보고 하자담보책임과 채무불이행책임의 경합을 인정하는 견해가 다수이다. 위의 판례는 다수설의 입장을 전제로 한 것이다.

4) 목적물의 보관·공탁의무

(가) 의의

민법상 목적물의 하자 또는 수량부족을 이유로 매수인이 계약을 해제한 때에는 매도인에게 목적물을 반환하면 된다(민법 §548①). 상법은 이에 대한 특칙을 정하여, 제69조에 따라서 매수인이 목적물의 하자 또는 수량부족으로 인하여 계약을 해제한 때 또는 매도인으로부터 매수인에게 인도한 물건이 매매의 목적물과 상위하거나 수량이 초과한 경우에 매도인의 비용으로 매매의 목적물 또는 그 상위 또는 초과한 부분을 보관 또는 공탁하여야 한다(§70① 본문, 가). 그러나 그 "목적물이 멸실 또는 훼손될 염려가 있는 때"에는 법원의 허가를 얻어 경매하여 그 대가를 보관 또는 공탁하여야 한다(§70① 단서)고 규정한다. 매수인이 목적물을 경매한 때에는 지체없이 매도인에게 그 통지를 발송하여야 한다(§70②). 매수인에게 이러한 보관·공탁의무를 지우는 이유는 매도인으로 하여금 불필요한 반환비용을 지출하고 위험을 부담하지 않게 하고 목적물을 다른 곳에 전매할 기회를 부여하기 위한 것이다.[78]

(나) 법적 요건

상사매매에서 매수인이 "매매목적물의 하자 또는 수량부족으로 인하여 매

---

77) 대법원 2015.6.24. 선고 2013다522 판결.
78) 손주찬(03), 255면; 채이식(92), 186면.

매계약을 해제"한 경우(§70①) 또는 "매매목적물과 상위하거나 수량이 초과된 목적물을 수령한 경우"(§71)이어야 한다. 제69조의 경우에 매매계약을 해제하는 경우이어야 하므로 해제사유는 목적물의 하자 또는 수량부족 때문이어야 하는데, 예컨대 약정해제사유에 해당하여 매매계약이 해제된 경우, "수량부족 이외의 권리의 하자"로 인하여 매매계약이 해제된 경우 등 그 이외의 사유로 매매계약이 해제된 경우에도 제70조의 입법취지상 동 조항을 유추적용하여 매수인의 보관·공탁의무를 인정하여야 할 것으로 본다(통설).79)

목적물의 인도장소가 매도인의 영업소(영업소가 없는 경우에는 주소)와 동일한 특별시·광역시·시·군에 있는 때에는 제70조는 적용하지 아니한다(§70③). 왜냐하면 이 경우 매도인은 즉시 목적물에 대하여 적절한 조치를 취할 수 있을 것이고 반환에 큰 비용이 소요되지도 않을 것이기 때문이다. 한편 이러한 취지를 감안하면, 목적물의 인도장소가 매도인의 영업소(영업소가 없는 경우에는 주소)와 동일한 특별시·광역시·시·군에 있더라도 그 인도장소가 매수인의 영업소나 창고이면 매수인은 보관·공탁의무를 부담하고, 목적물의 인도장소가 매도인의 영업소(영업소가 없는 경우에는 주소)와 동일한 특별시·광역시·시·군에 있지 않더라도 그 인도장소가 매도인의 창고이면 매수인은 보관·공탁의무를 부담하지 아니하는 것으로 해석하여야 할 것이다.80)

신의칙상 매도인이 선의일 것이 요구된다. 즉 매도인이 "매매목적물과 상위하거나 수량이 초과"된 사실 또는 "수량부족 이외의 권리의 하자" 등을 알지 못하고 매수인에게 인도한 경우이어야 한다. 위의 사실을 알고 매도인이 인도한 경우에는 신의칙상 매수인은 제70조의 보관·공탁의무를 부담하지 아니한다.

(다) 효과

매수인은 보관 또는 공탁의 의무를 부담한다. 매수인은 보관과 공탁 중에

---

79) 손주찬(03), 255면; 정동윤(12), 413면; 최기원(04), 260면; 임홍근(01), 481면; 이철송(15), 396면; 채이식(92), 186면; 이기수외(03), 336면; 최준선(13), 266면.
80) 정찬형(15), 236면 각주 3(독일 상법 §379①, 스위스채무법 §204①은 이러한 점을 명백히 규정하고 있다.).

임의로 선택할 수 있다. 보관방법은 목적물에 적당한 방법으로 하면 되며 반드시 매수인 스스로 보관할 필요는 없고 창고업자에게 임치하는 것이 적당한 경우도 있을 것이다. 매수인은 보관을 위하여 소요된 비용은 매도인에게 청구할 수 있다. 더 나아가서 매수인은 매도인에게 보관료(보수)를 청구할 수 있는가 하는 문제에 관하여 견해가 갈린다. i) 소수설[81]은 이 보관의무는 법률규정에 의한 의무이므로 매수인이 당연히 해야 하는 것이고 따라서 보관료(보수)는 청구할 수 없다고 해석하나 ii) 매수인은 보관에 관하여 제61조를 근거로 하여 보수청구권을 갖는다는 것이 다수설[82]이다. 후술하는 바와 같이 제61조에 따른 상인의 보수청구권은 상인이 법률상 요구되는 의무를 이행하는 경우에도 성립한다고 보므로 다수설이 타당하다.

만일 매수인이 보관해야 하는 목적물이 "멸실 또는 훼손될 염려"가 있는 때에는 법원의 허가를 얻어 경매하여 그 대가를 보관 또는 공탁하여야 한다(§70단서). 전술한 바와 같이 제67조의 경매권은 공탁권과 임의로 선택할 수 있고 절차상 법원의 허가를 얻을 필요도 없는 것이지만 여기에서의 경매권은 제2차적인 수단에 그치는 것이고 우선적으로 목적물의 보관을 할 의무를 지고 "멸실 또는 훼손될 염려"가 있는 때에만 긴급매각(Notverkauf)으로서 법원의 허가를 얻어서 경매할 수 있는 것이다. 여기에서의 "멸실 또는 훼손될 염려"에는 장기간 보관시 목적물이 부패할 염려, 보관중 파괴되기 쉽다든지 기타 보관에 적절하지 않은 경우를 의미하는데, 목적물의 가격에 비하여 보관비용이 지나치게 큰 경우도 포함한다고 보는 것이 거래통념에 부합한다고 한다.[83]

만일 매수인이 보관·공탁의무를 위반한 경우에는 민법의 일반원칙에 의하여 매도인에게 손해배상책임을 부담한다. 여기에서의 의무위반에는 보관

---

81) 손진화(14), 204면; 이철송(15), 397면; 정찬형(15), 237면.
82) 강위두·임재호(11), 210면; 김성태(99), 511면; 서완석, "상사매매에 있어 목적물보관 및 공탁의무," 「기업법연구」 제26권 제4호, 2012, 104면; 손주찬(03), 255면; 안강현(15), 227면; 이기수 외(03), 337면; 전우현(11), 239면; 채이식(92), 186면; 정동윤(12), 213면; 최준선(13), 267면.
83) 이철송(15), 398면; 서완석, 앞의 논문, 105면.

이나 공탁을 전혀 하지 않은 경우는 물론 그것을 적절히 하지 않은 것까지를 포함하며 긴급매각의 요건이 갖추어지지 않은 경우에 경매한 것을 포함한다.

9. 상인의 소비대차의 이자

민사소비대차는 당사자간 특약이 없는 한 무이자가 원칙이다(민법§598). 그러나 상법은 "상인이 그 영업에 관하여 금전을 대여한 경우에는 법정이자를 청구할 수 있다"(§55①)고 하여 이자약정을 하지 않은 경우에도 상인의 영업에 관한 금전대여를 이자부(利子附)로 의제하여 상인의 영리성을 보장하고 있다.

2010년 개정전 상법에서는 상인이 금전의 대여를 한 경우에 그 빌린 상대방(차주(借主))이 상인이면 법정이자를 청구할 수 있으나, 그 상대방이 비상인이면 법정이자를 청구할 수 없었다. 그러나 상인의 영리성 보장이라는 취지에서는 대주(貸主)만 상인이면 그 상대방이 상인이건 비상인이건 법정이자를 청구할 수 있다고 보아야 할 것이며, 그렇게 보는 것이 상인이 그 영업범위내에서 타인을 위하여 금전을 체당(替當)한 때에는 체당한 날 이후의 법정이자를 청구할 수 있고(§55②), 상인이 그 영업범위내에서 타인을 위하여 행위를 한 때에는 이에 대하여 상당한 보수를 청구할 수 있는 것(§61)과 균형이 맞는다. 따라서 2010년 개정상법은 "상인이 영업에 관하여 금전을 대여한 경우에는" 법정이자를 청구할 수 있도록 개정하였다.

10. 상인의 보수청구권

(1) 의의

민법상 수임인은 특별한 약정이 없으면 위임인에 대하여 보수를 청구하지 못한다(민법§686①). 즉 민사위임계약의 수임인은 무보수가 원칙이다. 이것은 임치계약에 있어서도 마찬가지이다(동법§701). 이에 대하여 상법은 "상인이 그 영업범위내에서 타인을 위하여 행위를 한 때에는 이에 대하여 상당한 보수를 청구할 수 있다"(§61)고 규정하여 특약이 없더라도 보수청구권을 인정한다. 이는 상인의 영리성을 보장하기 위한 것이다.

(2) 법적 요건

"상인이 그 영업범위내에서 타인을 위하여 행위를 한 때"이어야 한다. 타인은 상인일 필요가 없으며 상인의 행위의 상대방도 상인일 필요가 없다. 따라서 제61조는 상인의 일방적 상행위에도 적용된다. 민사중개인(예컨대, 부동산중개업자)은 상인이므로(§4조) 그에게도 제61조가 적용된다.

여기에서 "영업범위내에서"의 행위란 "영업부류에 속한" 계약(§§53 60)보다 넓은 개념으로서 상인의 영업으로 하는 행위(영업적 상행위)나 영업을 위하여 하는 행위(보조적 상행위)를 다 포함한다(통설).[84]

여기에서 "타인을 위하여" 행위한다는 것은 그 행위의 법률상 또는 사실상의 효과가 타인의 이익을 위한 것이라는 의미이다.

위의 "행위"는 법률행위이든 사실행위(예컨대, 거래의 중개, 물건의 보관・운송)이든 불문하며, 또한 타인을 위하여 행위를 하게 된 이유가 위임계약(민법§680)에 기한 것이든 임치계약(민법§693)에 의한 것이든 "의무 없이 하는" 것(사무관리)(민법§734)[85]이든 모두 포함한다.

상인이 법률상 의무에 의하여 행위를 하는 경우(예컨대, 상인이 제60조나 제70조에 따라 물건을 보관한 경우)에 제61조의 보수청구권이 발생하는가에 관해서는 견해가 갈린다. 이에 대하여 ⅰ) 부정설은 법률상 의무에 의하여 하는 행위는 당연히 해야 하는 것이므로 보수청구권이 발생하지 않는다고 하는 견해(소수설)[86]이다. 그러나 ⅱ) 긍정설은 행위를 하는 것은 법률상 의무에 의한 것이라 해도 상법 61조의 해석상 상인은 마땅히 그 행위에 대한

---

84) 손주찬(03), 239면; 정동윤(12), 287면; 이철송(15), 363면; 채이식(92), 164면; 이기수외(03), 287면; 최준선(13), 241면.
85) 정희철(89), 152면; 정찬형(15), 239면.
86) 이철송(15), 397면; 정찬형(15), 239~240면.

보수는 청구할 수 있다고 하는 견해(다수설)이다. 생각건대 법률상 의무를 이행하는 경우에는 다른 원인에 의하여 행위하는 경우라면 받을 수 있을 보수를 받을 수 없다고 하는 것은 지나치게 개인의 희생을 요구하는 권위주의적인 사고방식이 아닌가 하며 상인의 법률상 의무 이행행위에 의하여 이익을 받은 자는 상인에게 그 보수를 지급하여야 하는 것으로 해석하는 것이 타당하다고 본다(긍정설의 지지).

한편 제61조는 임의규정이므로 당사자간의 특약이나 거래관행에 의하여 이 규정의 적용이 배제될 수 있다. 행위의 대가가 이미 매매대금·운임·수수료 등에 포함된 경우, 무상으로 하는 것이 거래관행으로 인정되는 경우(예컨대, 물건의 포장·배달이 무상으로 행해지는 관행), 법률의 규정에 의하여 보수청구권이 배제된 경우[예컨대 운송물의 전부 또는 일부가 송하인의 책임 없는 사유로 인하여 멸실한 때에는 운송인은 그 운임을 청구하지 못한다($\S^{134}_{①}$)] 등에는 별도의 보수를 청구할 수 없다고 해석된다.[87]

(3) 효과

위의 요건이 충족되면 상인은 자기가 한 행위에 대하여 "상당한 보수"를 청구할 수 있다. 여기에서 상당한 보수액은 거래관념·사회통념에 의하여 개별적·구체적으로 정한다.[88] 상인이 사무관리에 의하여 의무 없이 한 행위에 대해서도 "통상의 보수에 상응하는 금액"을 보수로 청구할 수 있다는 것이 판례[89]이다.

---

87) 최준선(13), 242면.
88) 정희철(89), 152면; 정동윤(12), 326면; 정찬형(15), 240면.
89) 대법원 2010.1.14. 선고 2007다55477 판결(대한주택공사는 피고에게 이 사건 공사를 도급하면서 이 사건 공사 현장에서 발생하는 건설폐기물의 분리수거, 재활용 및 이와 관련한 폐기물배출자 신고, 관리 등에 관한 업무를 피고가 처리하도록 하였다. 그런데 구 폐기물관리법(2003. 5. 29. 법률 제6912호로 개정되기 전의 것) 제4조 및 같은 법 시행규칙 제8조에 의하여 건설폐기물 분리발주제가 도입되었는데, 대한주택공사는 위 분리발주제에 따라 이 사건 공사에 관한 도급계약과 별도로 원고와의 사이에 이 사건 공사로 발생하는 건설폐기물의 처리에 관한 용역계약(이하 '이 사건 계약'이라 한다)을 체결하여 원고로 하여금 이 사건 공사 현장에서 발생한 건설폐기물

대법원 1977.11.22. 선고 77다카1889 판결

원고 유성흥산주식회사는 부동산의 매매중개를 하는 중개업자이다. 원고는 소외 대한교육보험주식회사의 의뢰를 받고 그 토지 매수를 위하여 피고 박용래를 포함하는 지주들과의 토지매대의 중개를 하였는데 매매계약이 성사된 계약 당사자인 피고에게도 보수를 청구하였다. 대법원은 "상법 61조에 의하면 상인이 그 영업범위내에서 타인을 위하여 행위를 한 때에는 이에 대하여 상당한 보수를 청구할 수 있다고 규정되어 있고, 여기에 타인을 위하여 행위한다 함은 타인의 이익을 위하여 행위한다는 뜻이라 할 것인바 기록에 나타난 전 증거자료를 검토하여도 원고가 피고를 위하여 이건 부동산의 매매중개를 하였다고 보여지는 자료가 없으며 원심의 판단취지중에는 원고는 소외 대한교육보험주식회사를 위하여 행위하였을 뿐이라고 판시하여 원고에게는 상법 61조상의 보수청구권도 없다는 취지의 판단도 포함되었다 할 것이고 원심의 위 판단은 정당하다 할 것이니 원심이 상법 61조의 법리를 오해하였다거나 이점에 대한 판단을 함에 있어 채증법칙을 위반하였다는 취지의 논지는 그 이유 없고, 원심이 그 판결이유에서 원피고간에는 명시적이거나 묵시적인 이건 부동산의 중개위탁계약이 성립된 바 없다고 판단함에 있어 거친 증거취사관계를 검토하니 원판결에는 소론과 같은 채증상의 위법사유가 없고 또 원심이 피고로서는 원고가 부동산소개업자임을 알지 못하였

을 처리하도록 하였다. 그런데 이 사건 공사의 시행 과정에서 당초 이 사건 계약에서 예정하였던 양을 훨씬 초과한 건설폐기물이 발생하자 원고가 건설폐기물의 처리를 중단하였다가 피고의 요청으로 용역업무를 재개하여 위 초과 건설폐기물을 처리하였다. 법원은 위 초과 건설폐기물의 처리에 관하여는 원고가 계약상의 의무를 부담하지 아니한다는 전제에서 원고는 피고를 위하여 사무를 처리하는 의사, 즉 관리의 사실상의 이익을 피고에게 귀속시키려는 의사를 가지고 위 초과 건설폐기물을 처리하였다고 보고, "직업 또는 영업에 의하여 유상으로 타인을 위하여 일하는 사람이 향후 계약이 체결될 것을 예정하여 그 직업 또는 영업의 범위 내에서 타인을 위한 행위를 하였으나 그 후 계약이 체결되지 아니함에 따라 타인을 위한 사무를 관리한 것으로 인정되는 경우에 상법 제61조는 상인이 그 영업범위 내에서 타인을 위하여 행위를 한 때에는 이에 대하여 상당한 보수를 청구할 수 있다고 규정하고 있어 직업 또는 영업의 일환으로 제공한 용역은 그 자체로 유상행위로서 보수 상당의 가치를 가진다고 할 수 있으므로 그 관리자는 통상의 보수를 받을 것을 기대하고 사무관리를 하는 것으로 보는 것이 일반적인 거래 관념에 부합하고, 그 관리자가 사무관리를 위하여 다른 사람을 고용하였을 경우 지급하는 보수는 사무관리 비용으로 취급되어 본인에게 반환을 구할 수 있는 것과 마찬가지로, 다른 사람을 고용하지 않고 자신이 직접 사무를 처리한 것도 통상의 보수 상당의 재산적 가치를 가지는 관리자의 용역이 제공된 것으로서 사무관리 의사에 기한 자율적 재산희생으로서의 비용이 지출된 것이라 할 수 있으므로 그 통상의 보수에 상응하는 금액을 필요비 내지 유익비로 청구할 수 있다고 봄이 타당하고, 이 경우 통상의 보수의 수준이 어느 정도인지는 거래관행과 사회통념에 의하여 결정하되, 관리자의 노력의 정도, 사무관리에 의하여 처리한 업무의 내용, 사무관리 본인이 얻은 이익 등을 종합적으로 고려하여 판단하여야 한다."고 판시하였다.).

다고 판단한 점도 정당하여 채증상 잘못이 없거니와 가사 원고가 부동산소개업자인 사실을 알았다고 하더라도 원고가 이건 부동산매매중개에 있어서 피고의 이익을 위하여 행위한 사실이 인정되지 않는 이상 원고에게는 위 상법상의 보수청구권이 없음은 위 상법 61조의 해석상 명백한 법리라 할 것."이라고 판시하였다.

11. 상인의 체당금의 이자청구권

체당(替當)이란 금전소비대차가 아니면서 널리 타인의 채무의 변제로서 금전을 지출하는 것을 말한다. 민법상 위임·임치의 경우에도 수임인이나 수치인의 체당금에 대한 이자청구권을 인정한다(민법 §§ 688 ①, 701). 그러나 그 외에 고용·도급·사무관리의 경우에는 체당금에 대한 이자청구권을 인정하는 규정이 없다(동법 §§ 655 이하, 664 이하, 739).

그러나 상법은 특칙을 두어서 "상인이 그 영업범위 내에서 타인을 위하여 금전을 체당하였을 때에는 체당한 날 이후의 법정이자를 청구할 수 있다"(§ 55 ②)고 규정한다. 이것은 상인의 행위에 영리성을 인정하기 때문이다. 그러므로 상인이 그 영업범위내에서 타인을 위하여 금전을 체당한 경우에는 사무관리를 포함하여 모든 경우에 체당금에 대한 법정이자를 청구할 수 있다. 이 경우에 상인은 체당한 행위에 대한 보수청구권(§ 61)도 있다.

12. 상사수치인의 주의의무

(1) 민사임치

임치(任置)는 당사자 일방(임치인)이 상대방에 대하여 금전이나 유가증권 기타 물건의 보관을 위탁하고 상대방(수치인)이 이를 승낙함으로써 효력이 생긴다(민법 § 693). 이처럼 대가는 임치의 요소가 아니므로 민사임치는 무상임치가 원칙이다. 그러나 임치인과 수치인 사이에 유상임치의 특약이 가능하다(동법 §§ 701, 686①). 유상수치인은 그 물건을 인도하기까지 "선량한 관리자의 주의"로 보존하여야 하나(동법), 무상수치인은 임치물을 "자기재산과 동일한 주의"로 보관하여야 한다(동법). 그러므로 민사 유상수치인은 수치인의 직업·지위에 따라 일반적으로 요구되는 정도의 객관적 표준에 의한 주의인 "선량한 관리자의 주의"를 다하여야 주의의무를 다한 것으로 인정받게 되나, 민사 무상수치인은 개개인마다 다른, 자기의 구체적 능력에 맞는 수준의 주의를 기울이면 주의의무를 다한 것으로 인정받게 된다.

(2) 상법의 특칙

1) 의의

상인이 그 영업범위내에서 물건의 임치를 받은 경우에는 보수를 받지 아니하는 때에도 선량한 관리자의 주의를 하여야 한다(§62). 상사임치의 경우에는 무상임치라 해도 수치인인 상인은 "선량한 관리자의 주의"를 하여야 한다. 그 취지는 상인은 非상인에 비하여 평균인 이상의 능력을 갖고 있는 것으로 가정하여 주의의무를 가중하는 것이고, 또한 그렇게 함으로써 상인의 신용을 높이기 위해서이다.[90]

2) 법적 요건

상인이 그 "영업범위 내에서' 물건의 임치를 받아야 한다. 상인의 보수에 관한 제61조에서 이미 나온 것처럼 "영업범위 내"란 "영업부류에 속한"(§§53,60)보다 넓은 개념으로서 "상인의 영업으로 하는" 것이거나 "영업을 위하여 하는" 것을 의미한다(통설). 예컨대, 창고업자가 임치물을 보관하는 경우는 물론, 위탁매매인이 위탁물을 일시 보관하는 경우나 소매상이 쇼핑하는 손님의 편의를 위하여 물건을 일시 보관하는 경우 등이 모두 이에 속한다. 다만 공중접객업자의 경우에는 상법은 제62조보다 더욱 엄격한 책임을 지우는 특칙[91]이 규정되어 있으므로 본조의 적용이 배제된다.

---

90) 손주찬(03), 245면; 이철송(15), 368면; 정찬형(15), 242면.
91) 공중접객업자는 고객으로부터 임치받은 물건의 보관에 관하여 주의를 게을리하지 아니하였음을 증명할 책임을 부담하고(§152①)(입증책임의 전환), 고객으로부터 임치받지 아니한 경

갑이 을과의 임치계약에 의하여 임치물을 창고업자인 병 소유의 냉동창고 중 을이 임차한 부분에 운반, 적치한 경우와 같이 상인이 임치계약의 직접당사자가 아닌 경우에도 제62조가 적용된다.[92]

한편 상인이 그 영업범위내에서 타인을 위하여 행위를 한 때에는 이에 대하여 상당한 보수를 청구할 수 있으므로(§61), "보수를 받지 아니하는 때에" 해당하여 본조가 적용되기 위해서는 보수를 받지 않기로 특약을 하거나 무상임치의 관습이 있거나 거래관념상 무상임치로 인정되거나 상인이 보수청구권을 포기하는 경우 등의 예외적인 경우이어야 한다.[93]

제62조는 임의규정이므로 특약에 의하여 그 적용을 배제하거나 책임을 경감할 수 있다.[94]

3) 효과

상인은 "선량한 관리자의 주의"로써 물건을 보관하여야 한다. 따라서 수치인의 직업·지위에 따라 일반적으로 요구되는 정도의 객관적 표준에 의한 주의를 다하여야 하며, 이를 게을리 하면 추상적 경과실이 된다.

대법원 1983.11.8. 선고 83다카1476 판결

원심은 고추상인인 피고가 원고(소매상)를 위하여 건고추 2,900근을 매수한 후 원고와 사이에 고추 시세가 상당한 수준에 상승하여 매각처분할 수 있을 때까지 무상으로 보관하여 주기로 약정하고 이를 피고 점포 2층에 보관하던 중 그 판시와 같이 보관방법이 적절하지 못하였던 탓으로 1981.9.경

우에도 고객이 그 시설 내에 휴대한 물건에 대해서도 손해를 배상할 책임을 진다(§152②).
[92] 대법원 1994.4.26. 선고 93다62539,62546 판결(갑이 을과의 임치계약에 의하여 건고추를 창고업자인 병 소유의 냉동창고중 을이 임차한 부분에 운반, 적치하고 그 입고시에 병이 갑이 제시한 서류만을 근거로 하여 그 서류에 기재된 입고량에 따른 인수증을 갑에게 발행하였다면 갑과 을 간의 위 임치계약은 위 창고부분의 소유자이자 임대인인 병이 가동하는 냉동시설의 가동에 의하여 그 계약목적을 달성하려는 것이 당연 전제되어 있다고 보이는데다 창고업자인 병이 그 영업범위 내에서 위 건고추의 입고와 보관에 관여한 점 등에 비추어, 병은 위 물품인수증을 갑에게 발행함으로써 갑에 대한 관계에서는 적어도 위 건고추에 대한 무상수치인의 지위에서 선량한 관리자로서의 주의의무를 진다고 판시).
[93] 이철송(15), 369면.
[94] 손주찬(03), 245면; 정동윤(12), 335면; 정찬형(15), 243면.

위 고추가 변질되고 벌레가 먹어 상품으로서의 가치가 전혀 없게 된 사실을 인정한 다음, 피고가 상인으로서 임치받은 위 건고추에 대하여 선량한 관리자의 주의의무를 다하지 아니한 잘못으로 위 건고추의 상품가치가 상실된 것이므로 피고는 이로 인한 손해를 배상할 책임이 있다고 판단하는 한편, 피고가 위 건고추를 보관중 원고에게 수시로 고추시세를 알려주고 수차 매각을 권유하였으나 원고는 시세가 맞을 때까지 편리를 보아 달라고 거절하여 오다가 그해 5월경에는 위 건고추를 속히 처분하지 않으면 7월경부터 벌레가 먹어 못쓰게 되니 빨리 처분하던지 인도받아 가라고 까지 하였으나 원고는 시세가 싸다는 등 또는 보관장소가 없다는 등 이유로 거절하여 지금까지 피고 점포에 보관되어 있는 사실을 인정하고 원고의 위와 같은 과실을 참작하여 피고의 배상액을 정함에 있어 과실상계를 하였다. 대법원은 "상인이 그 영업범위내에서 물건의 임치를 받은 경우에는 보수를 받지 아니하는 때에도 선량한 관리자의 주의로 보관할 의무가 있으므로 이를 게을리 하여 임치물이 멸실 또는 훼손된 경우에는 채무불이행으로 인한 손해배상책임을 면할 수 없으나, 다만 수치인이 적법하게 임치계약을 해지하고 임치인에게 임치물의 회수를 최고하였음에도 불구하고 임치인의 수령지체로 반환하지 못하고 있는 사이에 임치물이 멸실 또는 훼손된 경우에는 수치인에게 고의 또는 중대한 과실이 없는 한 채무불이행으로 인한 손해배상책임이 없다고 할 것이다."라고 전제하고, 이 사건에서 "원고와 피고 사이의 위 건고추 보관약정은 기간의 약정이 없는 임치라고 할 것이므로 수치인인 피고는 언제든지 그 계약을 해지할 수 있다고 할 것인바, 원심이 인정하고 있는 바와 같이 위 건고추가 변질되고 벌레먹기 전인 1981.5.경 피고가 원고에게 보관물의 처분과 인수를 요구하였다면 이는 임치계약을 해지하고 임치물의 회수를 최고한 의사표시라고 볼 여지가 있고, 그와 같이 본다면 원고가 원심인정과 같이 시세가 싸다는 등 이유로 그 회수를 거절한 이상 이때부터 수령지체에 빠진 것이라 하겠으므로 그 후 피고가 보관중인 위 건고추가 변질되고 벌레가 먹음으로써 상품가치가 상실되었다고 하여도 그것이 피고의 고의 또는 중대한 과실로 인한 것이 아닌 한 피고에게 그 배상책임을 물을 수 없을 것이다."고 판시하였다.

제5절 유가증권에 관한 규정

1. 총설

유가증권(valuable instrument, Wertpapier)이 "재산적 가치가 있는 사권(私權)을 표창하는 증권"이라는 점에 관해서는 이론(異論)이 없으나, 권리와 증권의 관계에 관해서는 견해의 대립이 있다.[95] 그러나 "그 표창하는 재산권의

---

95) 각설의 내용은 손주찬(03), 257~258면.

행사를 위하여 증권의 점유(소지)가 필요한 증권", 결국 기명증권, 지시증권 및 무기명증권을 말한다고 볼 수 있다.[96]

상법은 제65조 제1항에서 "금전의 지급청구권, 물건 또는 유가증권의 인도청구권이나 사원의 지위를 표시하는 유가증권에 대하여는 다른 법률에 특별한 규정이 없으면 민법 제508조부터 제525조까지의 규정을 적용하는 외에 어음법 제12조제1항 및 제2항을 준용한다." 고 규정한다.

"금전의 지급청구권(을) 표시하는 유가증권"이란 어음·수표·채권(債券)을 의미하는데, 어음법, 수표법이 있으므로 어음·수표에 대해서는 제65조의 적용여지가 거의 없고, 채권에 대해서만 적용여지가 있다. "물건의 인도를 표시하는 유가증권"에는 화물상환증·창고증권·선하증권·상품권 등이 있다. 화물상환증·창고증권·선하증권에 대해서는 상법이 규정하고 있는 사항(§§ 128~133, 156~157, 852~864) 외의 사항에 한하여 적용될 여지가 있고, 상품권은 상법에 규정되어 있지 않으므로 전적으로 제65조의 적용여지가 있다. "유가증권의 인도를 표시하는 유가증권"이란 주식회사에서 발행되는 신주인수권증서(§§ 420의2~420의4)·신주인수권증권(§§ 516의5), 여행증권으로서 발행되는 승차권·승선권의 인도를 청구할 수 있는 유가증권 등을 의미한다. 그리고 "사원의 지위를 표시하는 유가증권"에는 주권(株券)이 있다.

적용되는 민법 제508조부터 제525조까지의 규정[§ 508(지시채권의 양도방식; § 509(환배서); § 510(배서의 방식); § 511(약식배서의 처리방식); § 512(소지인출급배서의 효력); § 513(배서의 자격수여력); § 514(선의취득); § 515(이전배서와 인적항변); § 516(변제의 장소); § 517(증서의 제시와 이행지체); § 518(채무자의 조사권리의무); § 519(변제와 증서교부); § 520(영수의 기입청구권); § 521(공시최고절차에 의한 증서의 실효); § 522(공시최고절차에 의한 공탁, 변제); § 523(무기명채권의 양도방식); § 524(무기명채권의 경우 지시채권규정의 준용); § 525(지명소지인출급채권)]은 같거나 비슷한 내용

---

96) 손진화(14), 191면(유가증권은 그것이 표창하는 권리의 발생·행사·이전·처분에 증권의 점유가 필요한 증권을 말한다는 것이 일반적인 설명이지만, 중심적 요소인 권리의 행사를 위하여 증권의 점유를 요한다는 개념만으로 충분하다고 한다.).

이 어음법과 수표법에도 있으므로 큰 의미는 없지만, 이들 민법 규정 가운데 공시최고절차에 의하여 증서를 무효로 할 수 있다는 규정($^{민법}_{§521}$), 공시최고의 신청이 있어도 증권소지인은 채무자에게 목적물을 공탁하게 하거나 상당한 담보를 제공하고 변제받을 수 있도록 한 규정($^{민법}_{§522}$) 등은 어음법과 수표법에 없는 규정이므로 준용의 의미가 있다.97) 제65조가 민법의 규정 이외에 어음법 제12조의 규정도 준용하고 있는 것은 민법이 지시채권에 관하여 어음법·수표법과 동일한 규정을 두고 있으나, 배서의 무조건성이나 일부배서의 무효에 관하여는 규정하는 바가 없기 때문이다.98) 따라서 지시증권은 배서에 의하여 양도되는데($^{§ 65, 민법}_{§508}$), 배서(背書)는 무조건으로 하여야 하며($^{§ 65, 어음법}_{§12①}$), 일부배서는 무효가 된다($^{§ 65, 민법}_{§12②}$).

2011년 개정상법은 "제1항의 유가증권은 제356조의2제1항의 전자등록기관의 전자등록부에 등록하여 발행할 수 있다. 이 경우 제356조의2제2항부터 제4항까지의 규정을 준용한다"($^{§65}_{②}$)고 하여, 일반 상업증권 및 사원권증권을 전자등록부에 등록하여 유통시킬 수 있도록 하였다. 이와 함께 회사법에는 주식의 전자등록제($^{§356}_{의2}$)의 근거규정이 마련되었다. 현실적으로 전자유가증권은 전자문서로 작성되고 전자어음관리기관에 의하여 등록된 '전자어음'(전자어음법이 규율)과 채무자가 특정한 채권자에 대하여 전자문서에 의하여 금전채무의 변제를 약속한 '전자채권'(전자금융거래법이 규율)99), 법무부장관이 지정하는 등록기관에 등록하여 발행되고 전자등록기관을 통하여 전자문서에 의하여 양도 및 권리 행사를 할 수 있는 '전자선하증권'(상법 제862조 이하에서 규정), 전자주식(상법 제356조의2) 전자신주인수권(상법 제516조의7) 등을 포함한다.

---

97) 정찬형(15), 244면; 손진화(14), 192면.
98) 곽윤직, 「신정판 채권총론」, 1995, 432~433면.
99) 이는 기업간 거래의 결제수단으로 고안되어 사용되고 있던 전자외상매출채권을 제도화한 것이다. 전자외상매출채권은 구매기업이 재화 및 용역의 구매계약을 체결하여 발생한 판매기업의 대금채권에 관하여 발행은행을 통한 전자적 수단에 의하여 채권의 결제, 행사방법, 결제시기 등을 변경하기로 하는 의사표시를 함으로써 성립한다. 손진화(14), 919면 각주 126.

2. 문제점

완전유가증권(vollkommenes Wertpapier)[100]인 어음·수표에 관해서는 어음법·수표법이 별도로 마련되어 있고, 상법에는 유가증권 가운데 화물상환증·창고증권·주권·사채권(社債券)·선하증권(船荷證券) 등에 관하여 그것이 이용되는 기업의 법률관계와 관련하여 규정이 산재되어 있다. 이들을 제외한 채권증권인 유가증권에 대해서는 민법의 지시채권($^{§§508}_{-522}$)과 무기명채권($^{§§523}_{-525}$)에 관한 규정을 적용하지만 실제에 있어서는 그 예가 없다고 한다.[101] 또한 민법의 규정은 기명채권인 유가증권에 관하여는 규정하고 있지 않아서 통일성이 없다는 점이 지적된다.[102] 이처럼 유가증권에 관하여 여러 법에 분산되어 규정된 내용들간에 관련성이 없어 일관된 체계를 이루지 못하는 점을 비판하고 이를 타개하기 위하여 미국의 통일유통증권법(Uniform Negotiable Instrument Law of 1896)[103] 같은 독립된 유가증권법을 제정하여 관련내용을 정리하고 체계화하여야 한다는 입법론[104]이 제기되고 있다.

---

100) 증권상의 권리의 발생·행사·이전·처분의 모든 경우에 증권의 점유를 요하는 유가증권을 말한다.
101) 손진화(14), 433면.
102) 정찬형(15), 245면.
103) 전미통일주법회의(the National Conference of Commissioners on Uniform State Laws: NCCUSL)가 1896년에 제안한 모델법으로서, 영국의 유통증권에 관한 커먼로와 법규들을 법전화한 것이다. 이후 1900년대 초까지 미국의 전주에서 주법으로 채택되었다. 그러나 1944년에, NCCUSL과 미국법률협회(the American Law Institute: ALI)는 새 상법전을 마련하기로 합의하였고, 그에 따라 1946년 4월에 통일상법전(Uniform Commercial Code: UCC) 1차초안이 나왔고 1952년에 정식 판본이 공표되었다. 이후 몇차례 개정본이 나온 UCC (2002년판) 3장(Article 3)에는 유통증권에 관한 118개 조항들이 편제되어 있다.
104) 최준선(13), 271~272면.

제 6 절 상호계산

1. 총설

(1) 의의 및 기능

상호계산(current account, Kontokorrent, laufende Rechnung)이란 상인간 또는 상인과 非상인간에 상시 거래관계가 있는 경우에 일정기간 내의 거래에서 발생하는 채권·채무의 총액에 관하여 상계를 하고 그 잔액을 지급할 것을 약정하는 계약을 말한다(72). 이 제도는 다수의 거래를 개별적으로 결제할 경우의 복잡성과 위험을 방지하고 기업의 경영활동을 신속·원활하게 하기 위한 제도이다.[105] 상호계산제도는 모든 상인이 영업을 위하여 이용하는 제도이므로 이 제도를 이용하는 행위는 보조적 상행위에 해당한다.

상호계산은 처음 13세기 초 이탈리아의 여러 도시에서 은행거래시의 관습법으로 발달하기 시작한 것으로 처음에는 부기기술로 이용되다가 후에 법제도로 발전하여 독일 구상법이 이를 법률의 일반규정으로 제정한 이래, 프랑스, 일본, 우리나라 등에 계수되었다.[106]

상호계산의 주된 기능은 '결제기능'이지만 보조적으로 당사자들에게 '신용제공기능' 및 계입되는 상대방의 채권에 의하여 자기 채권에 대한 "담보를 제공하는 기능"을 한다.[107]

(2) 법적 성질

상호계산의 법적 성질에 관해서는 상계예약설, 상계계약설, 상호소비대차설, 상호위임설, 상호신용계약설, 연기계약설, 소비대차·위임·채권양도의 혼합계약설 등이 있으나, 상법이 인정하는 특수한 낙성계약이라고 본다(통설).

---

105) 정희철(89), 164면; 정찬형(15), 245면.
106) 김성태(99), 361면.
107) 이철송(15), 406면; 정찬형(15), 245면; 최준선(13), 274~275면.

2. 법적 요건

(1) 상인의 상시 거래관계

상호계산은 "상인간 또는 상인과 비상인간에 상시 거래관계가 있는 경우"에 이용된다(§72). 즉 상호계산은 적어도 그 일방이 상인인 서로 채권·채무가 생기는 상시 거래관계가 있는 양방간의 결제제도이다. 그러므로 은행간 어음교환과 같은 집합적 결제방법은 이에 포함될 수 없고, 상인간의 거래관계라고 해도 그 일방에게는 계속해서 채권 또는 채무만이 생기는 관계에서는 상호계산을 이용할 수 없다. 상인과의 거래에서 채권, 채무가 생기는 상시 거래관계에 있어서 상호계산을 이용하는 비상인으로는 회계사, 세무사 등의 자유직업인이 예상될 수 있다.

(2) 일정 기간의 거래상 채권채무의 총액에 관하여 상계

상호계산은 그 당사자간에 "일정한 기간의 거래로 인한 채권채무의 총액에 관하여 상계하고 그 잔액을 지급할 것을 약정" 함으로써 그 효력이 생긴다(§72). 즉 채권채무를 개별적으로 소멸시키는 단독행위인 상계(민법 §492~499)와 달리, 상호계산은 일정한 기간의 거래로 인한 채권채무의 총액에 관하여 포괄적으로 소멸시키는 계약이다. 이 일정한 기간을 '상호계산기간'이라고 하는데 원칙적으로 당사자간 약정에 의하여 정하나, 당사자가 상계할 기간을 정하지 아니한 때에는 그 기간은 6월로 한다(§74).

한편 일정한 상호계산기간 동안 상호계산에 계입된 채권·채무는 유예상태에서 독립성을 잃고 불가분적으로 전체에 융합되며 그 총액이 기간 종료 후에 일괄차감되어 일방이 잔액을 지급하는 이러한 일반적 유형의 상호계산을 기간상호계산(Periodenkontokorrent)이라고 분류하고, 상호계산의 종류에는 이러한 상호계산불가분의 원칙이 적용되는 기간상호계산 이외에 당사자간 거래에서 생기는 개개의 채권·채무가 발생할 때마다 계속적으로 서로 결제되고 잔액채권에 계입되어 소멸되는 단계상호계산(Staffelkontokorrent)

의 유형이 있다고 인정하는 견해[108]도 있으나, 후자는 상법상의 상호계산에는 포함되지 아니한다.[109]

(3) 상호계산에 의하여 결제되는 채권·채무

상호계산에 의하여 결제되는 채권·채무는 "당사자간에 일정한 기간의 거래로 인한 채권채무"이다(§72). 상호계산에 계입될 수 있는 채권·채무의 자격을 '상호계산능력'이라고 한다.

상호계산은 당사자간 거래에서 생긴 금전 채권·채무만을 대상으로 한다. 그러므로 예컨대 불법행위·사무관리에서 생긴 채권·채무와 같이 거래에서 생기지 않은 채권·채무 또는 금전채권·채무가 아닌 것은 상호계산능력이 없다. 또한 성질상 즉시 이행되어야 하는 권리는 상호계산의 대상이 될 수 없다.[110] 어음 기타의 유가증권상의 채권·채무는 이를 행사하기 위하여 지급제시가 필요하고 지급이 거절된 경우에는 거절증서의 작성 등의 특별한 절차를 요하므로 대상이 아니지만 그 유가증권 수수의 대가관계상의 금전채권·채무는 포함된다. 담보부채권은 상호계산에 포함시키면 담보가 소멸하므로 대상이 아니라는 견해[111]도 있으나, 포함시켜서 잔액채권이 성립하더라도 담보가 소멸하지 않는 것으로 보며 대상에 포함된다고 보는 견해[112]가 타당하다. 그리고 당사자는 상호계산계약을 할 때 약정에 의하여 제외되는 채권·채무의 종류를 정할 수도 있다.

(4) 상호계산기간을 단위로 한 결제

매 상호계산기간이 만료하면 상호계산에 포함되었던 채권·채무의 총액을 일괄하여 상계하고 그 잔액을 확정하는데, 각 당사자가 이에 관한 계산서

---

108) 강위두·임재호(11), 248~249면.
109) 동지: 최기원(04), 270면.
110) 강위두·임재호(11), 250면.
111) 서헌제(07), 259면; 이철송(15), 408면.
112) 정동윤(12), 181면; 최준선(13), 274면.

를 승인하면 그 각항목에 대하여 이의를 하지 못한다(§75). 이 때 구채권·채무는 소멸하고 신채권·채무가 발생하는 경개(更改)와 유사한 효력이 발생한다.

3. 효력

상호계산은 설정계약에서 정한 존속기간 내에서 그 효력을 가지며, 상호계산기간을 단위로 하여 결제가 행해진다. 상호계산의 효력은 상호계산기간중의 효력과 상호계산기간만료후의 효력으로 구분된다.

(1) 상호계산기간중의 효력

1) 당사자간의 효력

(가) 원칙

상호계산기간중에는 상호계산에 계입된 채권·채무는 독립성을 잃고 집단적으로 묶이게 된다. 이것을 '상호계산불가분의 원칙'이라고 한다. 당사자는 상호계산에 계입된 채권·채무를 임의로 제거할 수 없고, 개별적 이행청구·상계도 할 수 없다(소극적 효력). 따라서 상대방은 이행청구에 응하지 않았다고 해서 이행지체가 되지도 않으며 개별 채권을 실행할 수 없으므로 소멸시효도 진행하지 아니한다. 그러나 개별 채권·채무의 본래의 목적을 실현시키는 행사·이행 이외의 행위는 가능하다. 예컨대, 개별 채권·채무의 존재에 대한 확인소송을 제기할 수 있고, 개별 채권에 대한 해제권·취소권을 행사할 수 있다(통설).

(나) 예외

어음 기타의 상업증권으로 인한 채권채무를 상호계산에 계입한 경우에 그 증권채무자가 변제하지 아니한 때에는 예외적으로 당사자는 그 채무의 항목을 상호계산에서 제거할 수 있다(§73). 이러한 예외를 인정하는 이유는 본래 금전채권·채무가 아니어서 상호계산의 대상이 아닌 유가증권상의 채권채무를 그 유가증권 수수의 대가관계상의 금전채권·채무로 취급하여 상호계산에 계입하였는데, 지급이 이루어지지 않은 경우에는 지급거절증서를 작성하고 어음금 상환청구권을 새로 상호계산에 계입시켜야 하는 등 상호계산의 대상으로 삼기에 부적합하고 그 상대방에게 불리하기 때문이다.

2) 제3자에 대한 효력

상호계산불가분의 원칙이 제3자에게도 미치는지 여부가 문제된다. 이는 구체적으로 상호계산에 계입된 채권·채무를 제3자가 개별적으로 양수·입질·압류할 수 있는가 하는 문제이다.

이에 대하여 i) 절대적 효력설[113]은 상법상 상호계산에 관한 규정은 강행규정이기 때문에 제3자도 개별적으로 양수·입질·압류할 수 없고 하더라도 무효라고 하는 견해이다. ii) 상대적 효력설(다수설)[114]은 상호계산의 절대적 효력에 관한 명문의 규정이 있는 독일상법($\S\S\,355,\,357$)과 달리 상법은 침묵하고 있고, 상호계산에 계입된 채권에 대하여 공시방법이 없기 때문에 절대적 효력을 인정하기 곤란하다는 점을 근거로 하여 상호계산불가분의 원칙은 당사자간에만 미치므로 일방이 이 원칙을 위반하여 채권양도 등을 하였을 때에는 선의의 제3자에게는 그 제한을 대항할 수 없고 상대방에 대하여 손해배상책임만을 발생시킬 뿐이라고 보는 견해이다. iii) 절충설[115]은 상호계산에 계입된 채권의 양도·입질 금지에 관해서는 상대적 효력설을 취하여 제3자에의 채권양도·입질은 유효하다고 보나 상호계산에 계입된 채권의 압류금지에 관해서는 절대적 효력설을 취하여 제3자의 채권압류는 금지된다고 양설을 절충하는 견해이다. 이 입장에서는 채권의 양도·입질의 경우에는 양도인·질권설정자가 채무자(상호계산의 타방당사자)에게 대항요건(채권자의 채무자에 대한 통지 또는 채무자의 승낙)을 갖추고 채무자가 이의 없이 승낙

---

[113] 손주찬(03), 275면; 정희철(89), 168면; 최기원(04), 269~270면; 채이식(92), 204면.
[114] 강위두·임재호(11), 252면; 서돈각·정완용(99), 172면; 안강현(15), 233~234면; 양승규·박길준(93), 123면; 정찬형(15), 251면; 최준선(13), 277면.
[115] 정동윤(12), 183~184면; 이철송(15), 410~412면.

[이 경우 채무자는 양도인에게 대항할 수 있는 사유로 양수인에게는 대항할 수 없게 된다(§451①)]하면 상호계산의 당사자간에 이 양도한 채권 또는 입질한 채권을 상호계산에서 제거하기로 하는 묵시적 합의가 있는 것으로 해석한다. 그러나 상호계산 계약의 일방당사자의 제3채권자가 상호계산에 계입된 채권을 압류하면 무효로 보는 상호계산의 절대적 효력을 인정하는 이유는 압류는 상호계산계약의 당사자쪽에서 적극적으로 한 행위가 아니라 제3자가 한 행위이기 때문에 채권의 양도·입질의 경우와 달리 상호계산의 타방당사자가 상계할 채무를 상실하게 되므로 허용할 수 없다는 점, 이처럼 제3자의 압류를 제한하더라도 제3채권자에게 특히 불리하거나 채무자가 채무면탈을 위하여 상호계산을 악용할 가능성은 크지 않다는 점 등을 근거로 제3자의 압류는 허용되지 않는다고 한다.

생각건대 당사자 간의 약정에 의하여 상호계산에 계입되지 않고 제외되는 채권·채무의 종류를 정할 수도 있는 것처럼, 상호계산불가분의 원칙은 상호계산계약을 체결한 당사자간의 합의에서 비롯된 효력이므로 본질적으로 제3자에게는 효력이 미치지 않는 것이고 만일 절대적 효력설이나 절충설을 취한다면 법에 없는 압류금지재산을 채무자가 만들 수 있게 하고, 상호계산을 채무면탈에 이용할 가능성도 있으므로 부당하므로 상호계산의 효력은 제3자에 대해서까지 확장될 수 없다고 본다(상대적 효력설).

(2) 상호계산기간만료후의 효력

1) 잔액채권의 성립

상호계산기간이 만료하면 상호계산에 포함되었던 채권·채무의 총액을 일괄상계하고 그 잔액이 성립한다(적극적 효력). 일괄상계후 잔액에 대하여는 채권자는 계산폐쇄일 이후의 법정이자를 청구할 수 있다(§76①). 그러나 당사자는 각 항목을 상호계산에 계입한 날로부터 이자를 붙일 것을 약정할 수 있다(§76②).

2) 잔액채권의 확정

각 당사자가 계산서를 승인하면 그 효력으로 구채권·채무는 소멸하고 그와 별개의 잔액만큼의 신채권·채무가 발생한다. 이는 마치 경개(更改)와 유사한 효력이다(통설).116) 당사자가 채권채무의 각 항목을 기재한 계산서를 승인한 때에는 그 각 항목에 대하여 이의를 하지 못한다(§75). 예컨대, 채권·채무액의 오류, 원인행위의 무효사유가 있더라도 계산서를 승인한 후에는 각 당사자는 각 항목 채권·채무에 존재하던 하자를 이유로 하여 이의를 제기하지 못하는 것이다. 그러나 승인행위 자체에 존재하는 의사표시의 흠결 또는 하자가 있다면 이를 이유로 하여 무효 또는 취소를 할 수는 있다(민법§107이하). 한편 소수설117)은 승인에 대하여 경개적 효력으로 보는 이러한 통설에 대하여 경개는 유인계약이지만 상호계산의 승인은 무인계약이어서 맞지 않는 설명이라고 비판하면서, 상호계산기간의 경과로 성립된 유인적(有因的) 잔액채권이 당사자의 계산서 승인에 의하여 무인적(無因的) 잔액채권으로 변경되는 것이고 단지 상법규정(§75)에 의하여 이러한 효과가 발생한다고 설명하면 족하다고 한다. 그러나 통설도 당사자의 계산서 승인의 효력을 경개적이라고 할 뿐 경개라고 하고 있지는 않으므로 소수설의 비판은 타당하지 않다.

잔액채권의 확정에 의하여 성립한 신채권·채무는 각 항목상의 채권·채무와 별개로 소멸시효에 걸리고 구채무의 담보권·보증채무도 함께 소멸한다고 해석하는 견해118)가 있다. 그러나 본래 담보부채권은 당사자가 이를 포함시킨다는 명백한 의사가 없는 한 상호계산에 계입되지 않는 것이고, 담보부채권이 당사자간의 특약으로 상호계산에 계입된 경우에는 담보권은 다른

---

116) 서돈각·정완용(99), 174면; 서헌제(07), 265면; 손주찬(03), 276면; 김성태(99), 369면; 정찬형(15), 251~252면; 채이식(92), 194면(다만, 이러한 효력이 발생하는 원인은 당사자의 승인이 아니라 해당 상호계산기간의 종료에 의하여 발생하는 것이고 승인은 이러한 효력을 구체적으로 상호 확인하는 법률행위에 지나지 않는다고 본다.); 전우현(11), 248면.
117) 강위두·임재호(11), 253면; 이철송(15), 415면; 최준선(13), 278면.
118) 김성태(99), 372면; 손주찬(03), 277면; 정찬형(15), 250면.

특약이 없는 한 소멸하지 않고 잔액채권에 대해서도 미치는 것으로 해석해야 할 것이다.119) 그렇게 보는 것이 담보부채권을 상호계산에 계입한 당사자의 의사에 맞을 것으로 본다.

한편 제75조는 "그러나 착오나 탈루가 있는 때에는 그러하지 아니하다"($^{§75}_{단서}$)고 하여 각 항목을 기재한 계산서의 착오나 탈루가 있는 경우에는 이의제기를 허용한다. 그 의미가 무엇인지에 관해서는 견해가 갈린다. ⅰ) 무효설(소수설)120)은 승인행위 자체의 효력을 다투어 잔액채권·채무의 효력을 다툴 수 있는 것이라고 해석하여 착오나 탈루가 있는 경우에는 승인행위가 무효가 되어 잔액채권이 성립될 수 없다는 견해이나 ⅱ) 착오나 탈루가 있는 경우에도 승인행위 자체의 효력에는 영향이 없고, 다만 부당이득상환청구를 할 수 있을 뿐이라고 보는 부당이득설(다수설)121)이 타당하다. 상호계산의 본질상 상대방의 승인후 착오나 탈루가 있다고 해도 일단 발생한 경개(更改)적 효력이 소멸되는 것으로 하는 것보다는 그것은 그대로 유지한 채 부당이득의 문제로서 해결하는 것이 계산서의 승인에 의하여 각 항목 채권·채무에 존재하던 하자를 이유로 하여 이의를 제기하지 못하게 하여 법률관계를 정리하려고 하는 상법의 취지에 비추어 적절하기 때문이다.

4. 상호계산의 종료

상호계산은 상호계산계약의 존속기간의 만료, 영업양도와 같은 일반종료원인에 의하여 종료된다. 특별종료원인으로는 상호계산계약의 해지($^{§77}_{전단}$), 일방의 파산($^{채무자회생}_{법 §343①}$)·회생절차의 개시($^{채무자회생}_{법 §125}$) 등이 있다. 일반종료원인이나 해

---

119) 이철송(15), 414면; 채이식(92), 195~196면; 최준선(13), 278~279면.
120) 정희철(89), 169면; 정찬형(15), 253면; 이철송(15), 415면(다만, 이 입장은 착오·탈루가 민법상의 무효·취소사유에 해당하는 경우에는 그에 따라 승인은 무효·취소될 것이나 그렇지 않은 경우에는 제75조단서만을 근거로 하여 승인행위의 무효·취소를 주장할 수는 없다고 한다.).
121) 서돈각·정완용(99), 174면; 손주찬(03), 277면; 정동윤(12), 373~374면; 채이식(92), 195면; 최기원(04), 274면; 최준선(13), 279면; 송옥렬(19), 136면.

지에 의하여 상호계산계약이 종료된 때에는 각 당사자는 즉시 상호계산을 폐쇄하고 잔액의 지급을 청구할 수 있다(§77후단). 당사자 일방의 회생절차의 개시에 의하여 상호계산계약이 종료된 때에는 채무자의 상대방이 갖게 된 잔액지급청구권은 회생채권으로 한다(채무자회생법 §125②). 당사자 일방의 파산에 의하여 상호계산계약이 종료된 때에는 잔액지급청구권을 채무자가 가지는 때에는 파산재단에 속하고, 상대방이 가지는 때에는 파산채권이 된다(채무자회생법 §343②).

제7절 익명조합

1. 총설

(1) 익명조합의 개념

익명조합(undisclosed association, stille Gesellschaft)이란 당사자의 일방이 상대방의 영업을 위하여 출자하고 상대방은 그 영업으로 인한 이익을 분배할 것을 약정하는 계약이다(§78). 상법상의 익명조합은 조합의 일종이지만 민법상 조합이 조합원 전원의 업무집행(민법 §706), 조합재산의 합유(동법 §704), 조합채무에 대한 조합원 전원의 무한책임(동법 §712) 등으로 복잡한 법률문제를 야기하여 거래의 신속·원활을 목적으로 하는 상거래에 적합하지 않은 점에서 이러한 민법상 조합의 단점을 보완하여 상법에 창안된 제도이다.

연혁적으로 익명조합은 10세기경 지중해 연안의 도시국가의 코멘다(commenda) 계약에서 합자회사 제도와 함께 유래한 것이다. 자본가가 표면에 나타나고 채권자에 대하여 출자액을 한도로 책임을 지는 것은 합자회사로, 자본가가 밖으로 나타나지 않는 형태는 익명조합으로 발달하였다.

⟨익명조합의 구조⟩

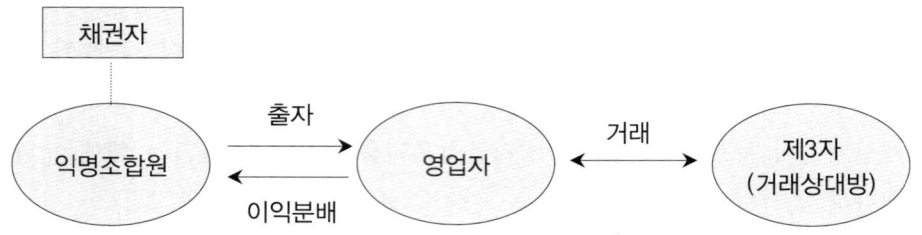

(2) 익명조합의 기능

익명조합은 복수인이 합작하여 사업을 할 때 자본가와 경영자가 역할을 분담하여 익명조합원은 자본을 대고 영업자는 경영능력을 발휘하여 합작기업을 운영하되 대외적으로는 영업자만이 영업의 주체로서 나타나는 형태이다. 익명조합은 이러한 형태의 기업을 형성하는 기능을 한다. 즉 자본가는 자본은 있으나 사회적 지위, 법률적 제한, 경영능력 등의 이유로 직접 영업을 수행하기 곤란한 경우에 익명조합원으로 참여하고, 경영자는 익명조합원의 참여 사실은 대외적으로 밝히지 않으면서 자신의 경영능력을 제공하여 영업주로서 기업을 경영하고 대외적 거래에서 발생하는 모든 권리의무의 귀속주체가 된다. 따라서 그 기능면에서 익명조합은 민법상 소비대차, 조합, 상법상 합자회사와 유사한 측면이 있다. 그러나 익명조합은 상인이 소비대차에 의하여 영업자금을 조달할 때 영업이익이 나지 않는 경우에도 이자를 지급해야 하는 부담을 피할 수 있고, 대외적으로는 민법상 조합과 같이 조합원들의 공동기업이 아니라 영업자의 단독기업으로 나타나며, 합자회사에서 모든 사원이 회사의 업무수행에 직접·간접으로 참여하고 회사채권자에게 무한·유한의 책임을 직접 부담하는 것과 다르다.

2. 익명 조합의 의의

익명조합은 "당사자 일방(익명조합원)은 상대방(영업자)의 영업을 위하여

출자"를 하고, 상대방은 "그 영업으로 인한 이익을 분배"할 것을 약정하는
'계약'이다(§78). 그 개념요소를 하나씩 본다.

(1) 당사자

익명조합원(undisclosed partner, stiller Gesellschafter)의 자격에는 제한이
없으므로 상인이 아닌 사람도 될 수 있고 영업자의 상업사용인이라도 될 수
있다.[122] 영업자(Geshäftsinhaber)는 반드시 상인이어야 한다. 그러나 영업자
는 상인이기만 하면 개인기업을 하는 상인이든 회사이든 상관이 없다.

익명조합은 양방 당사자간의 계약이지만, 하나의 익명조합에 익명조합원
이나 영업자가 수인이 있을 수 있다. 만일 수인의 익명조합원이 공동으로 출
자한 경우에는 하나의 익명조합계약이 있게 되나 그렇지 않은 경우에는 경
우에 따라 1인 또는 수인의 익명조합원을 포함하는 익명조합계약이 다수 있
게 된다. 즉 익명조합원이나 영업자는 각기 다른 여러 개의 익명조합계약의
당사자로도 참여할 수 있다. 그러한 경우에 각기 다른 익명조합계약의 익명
조합원들간 또는 영업자들간에는 서로 아무런 관계가 없다.

(2) 익명조합원의 출자

익명조합원의 출자의 대상은 금전 기타 재산이다. 익명조합원은 영업자의
영업에 대외적으로 관여하는 사실이 나타나지 않아야 하므로 노무나 신용은
출자할 수 없다(§§86, 272).

(3) 영업으로 인한 이익의 분배

익명조합에 해당하려면 일방 당사자가 타방에게 자금을 대고 타방 당사
자가 하는 상행위에서 발생하는 영업이익을 분배받기로 했어야 한다. 그러
나 만일 그러한 사례에서 영업자가 영업을 통하여 수익이 발생하는지를 불

---

122) 정희철(89), 171면; 정동윤(12), 377면; 정찬형(15), 256면; 대법원 1957.11.18. 선고
4290민상616(대외관계에서는 주식회사의 지방출장소장이나 대내적으로는 그 회사에
출자를 하고 영업에서 생기는 이익을 분배받을 것을 약정한 경우 특별한 사정이 없
다면 출자를 한 자와 회사와의 관계는 상법상의 익명조합관계에 있다고 판시).

문하고 이자처럼 확정적으로 매달 일정금액을 지급하기로 한 경우에는 이를 익명조합계약으로 볼 수 있을지 여부에 관해서는 견해가 갈린다. ⅰ) 다수설[123]·판례[124]는 이익의 유무를 불문하고 일정액을 익명조합원에게 지급하기로 약정하는 경우에는 익명조합계약이 아니라고 본다. 이에 반하여 ⅱ) 소수설[125]은 계약의 전취지에서 경제적으로 공동사업이면서 영업자의 상대방이 영업에 대한 감시권이나 기타의 간섭권을 가지고 있다면 이익의 유무와 관계없이 고정적인 일정률의 이익분배를 특약하였다고 하더라도 익명조합계약으로 볼 수 있다는 견해이다. 그러나 이러한 소수설은 익명조합이 되려면 "그 영업으로 인한 이익을 분배할 것을 약정"(§78)해야 한다고 하는 상법의 명문규정에 반하는 해석론으로서 받아들이기 어렵다.

이익배분과 달리 손실의 분담은 공동기업의 필수요소는 아니므로 익명조합에서 이를 배제하여 익명조합원은 손실은 분담하지 않기로 하는 특약은 가능하다.[126]

대법원 1983.5.10. 선고 81다650 판결

피고 우진상사주식회사와 소외 수배죽이 양명호라는 상호의 중국음식점을 동업하기로 하는 동업계약을 체결함에 있어 그 출자의무로서 피고는 그 소유의 빌딩 4층과 5층 건평 611.84평을 영업장으로 제공하고, 영업장시설물 및 기물도 설치하며, 이에 따르는 제세금, 전기료, 수도료등 비용과 시설물의 개수 및 보수를 책임지기로 하고, 이에 대하여 위 소외인은 위 양명호를 경영하는데 필요한 모든 인력 및 재료를 제공하고 그에 따르는 인건비, 재료비 기타 사무실경상비 등을 책임지기로 하며, 위 영업의 운영에 있어서는 위 소외인이 대표하여 경영에 필요한 제3자와의 거래 및 영업명의

---

123) 손주찬(03), 279면; 정동윤(12), 188면; 최기원(04), 279면; 이철송(15), 422면; 정찬형(15), 257면; 최준선(13), 286면.
124) 대법원 1962.12.27. 선고 62다660 판결(원고는 피고의 형광등공장에 300,000원을 출자하고 피고 장순태는 영업성적 여하에 불구하고 영업이익금에서 매월 금 18,000원을 매월 20일 원고에게 지급한다는 계약을 한 사안에서 "당사자의 일방이 상대방의 영업을 위하여 출자를 하는 경우라 할지라도 그 영업에서 이익이 난 여부를 따지지 않고 상대방이 정기적으로 일정한 금액을 지급하기로 약정한 경우는 가령 이익이라는 명칭을 사용하였다 하더라도 익명조합약정이라 할 수 없다"고 판시); 대법원 1983.5.10. 선고 81다650 판결.
125) 양승규·박길준(93), 127면; 정희철(89), 172면; 김성태(99), 729면.
126) 이철송(15), 422면; 정찬형(15), 261면; 최준선(13), 285면.

기타 영업에 부수되는 행위를 하고 그 권리의무를 위 소외인이 부담하기로 하며, 이익분배에 관하여는 피고가 매일 매상금액 중 50퍼센트에 해당하는 금액을 위 소외인으로부터 받아 그중 30퍼센트에 해당하는 금액은 임대료와 사용료로 충당하고 20퍼센트에 해당하는 금액은 제세금, 예치금으로 보관하여 납부하되 과부족이 있을 때에는 그 시기를 현재로 하여 정산하기로 각 약정하였으며, 위 약정에 따라 위 소외인이 위 양명호의 대표자가 되어 그 이름으로 사업자등록을 한 다음 그 업무를 집행하면서 원고로부터 각종 식품원 자체를 외상매수하여 그 잔대금이 금 13,780,000원이 되었고, 그후 위 소외인은 어음 및 수표 등을 부도내고 국내에 아무런 재산도 남기지 않은 채 그의 본국인 대만으로 귀국하였다. 운심은 위 동업계약은 상법상의 익명조합과 다르고, 또 민법상의 통상의 조합과 구별되는 일종의 특수한 조합이라고 할 것이고, 위와 같은 특수조합에 있어서 보통의 경우라면 대외관계에 있어서는 그 이름으로 업무를 집행하는 자가 채권자에 대한 관계에서 개인적으로 무한책임을 지도록 하고 그의 손실부담은 조합원상호간의 약정에 맡길 것이지만, 위 단독으로 업무를 집행하는 자가 변제할 자력이 없거나 부족하는 등의 특별한 사정이 있는 때에는 그 채무가 실질상으로 조합채무인 이상 민법 제712조, 제713조를 유추적용하여 자른있는 조합원이 수인인 때에는 균분하여, 1인 때에는 단독으로 책임을 짐으로써 실질상의 조합채권자를 보호하는 것이 상당하다고 하여 원고의 피고에 대한 이 사건 물품대금청구를 인용하였다. 대법원은 "피고와 소외 스배죽 사이의 위 동업관계는 중국음식점 양명호의 경영을 공동사업으로 하고, 또 이익이 난 여부를 묻지 아니하고 매일 매상액 중 일정한 금액의 지급을 약정한 점 등에서 상법상의 익명조합이라고는 할 수 없고, 한편 합유인 조합재산이 없고 소외 수배죽이 영업을 위한 자료의 구입등 위 조합의 대외적인 법률행위를 함에 있어서는 조합원인 피고를 대리할 필요 없이 자기 명의로 단독으로 하고 이를 위한 권리의무가 위 소외인에게 귀속되는 점에서 조합원들의 합유인 조합재산이 있고, 외부관계에서 법률행위를 함에 있어서 업무집행자가 조합원을 대리하여 그 법률효과가 조합원 전체에 귀속되는 민법상의 통상의 조합과 구별되는 일종의 특수한 조합이라고 할 것이고, 이러한 특수한 조합에 있어서는 대외적으로는 오로지 영업을 경영하는 위 소외인만이 권리를 취득하고 채무를 부담하는 것이어서 민법 제713조가 적용될 여지가 없다 할 것이다. 그렇다면 원심이 위 소외인이 변제할 자력이 없거나 부족하는 등의 특별한 사정이 있을 때에는 민법 제713조가 유추 적용된다는 원심의 판단에는 위와 같은 특수한 형태의 조합에 관한 법리를 오해한 위법이 있다."고 판시하여 원심을 파기환송하였다.

3. 익명조합의 효력

(1) 대내적 효력

1) 익명조합원의 출자

익명조합원의 출자의무는 익명조합계약의 본질적 요소이다(§78). 반면 영업자가 출자를 하더라도 이에 대해서는 익명조합원이 지분을 갖는 것이 아니므로 공동기업으로서의 익명조합에 대한 출자라고는 볼 수 없고, 자기의 기업에 대한 출자라고 보아야 할 것이다.127) 전술한 것처럼 익명조합원의 출자목적물은 금전 또는 재산에 한정된다.

출자의 이행시기는 계약에서 다르게 정한 바 없으면, 영업자로부터 이행을 최고받은 때에 하면 된다. 익명조합원은 부동산의 등기, 동산의 인도, 지명채권의 통지·승낙 등 출자하는 재산권의 이전에 필요한 절차를 밟아야 한다.

출자된 재산은 영업자의 재산으로 본다($\S$79). 따라서 영업자가 재산을 사용(私用)으로 소비하더라도 형법상 배임은 되나 횡령은 되지 아니한다.128)

2) 영업자의 영업과 익명조합원의 감시

(가) 영업자의 영업의 수행

익명조합은 형식적으로는 영업자의 단독영업이나 실질적으로는 공동영업이므로, 민법상 조합에 관한 규정을 유추적용하여, 영업자는 영업의 수행에 있어서 계약의 본지에 따라 선량한 관리자의 주의의무를 진다($\frac{민법 \S\S 707,}{681}$). 따라서 영업자가 정당한 사유 없이 임의로 영업을 개시하지 않거나 휴업·폐업 또는 영업양도를 한 경우에는 익명조합원은 계약을 해지하고($\frac{\S 83}{②}$), 손해배상을 청구할 수 있다($\frac{민법}{\S 390}$).

익명조합의 영업자는 협의의 경업피지의무를 지는지에 관해 ⅰ) 소극설129)은 상법상 명문의 규정이 없으므로 당사자간의 특약이 없는 한 영업자는 경업피지의무를 부담하지 않는다고 보나 ⅱ) 적극설(다수설)130)은 영업자에게 경업을 금지하지 않는다면 익명조합원의 이익을 침해하는 결과를 가져

---

127) 이철송(15), 424면; 이기수외(03), 104면; 정찬형(15), 258면; 최준선(13), 285면.
128) 대법원 2011.11.24. 선고 2010도5014 판결 등.
129) 서돈각·정완용(99), 179면.
130) 손주찬(03), 285면; 정동윤(12), 190면(영업자는 주된 의무인 영업수행의무에 부수하여 경업금지의무를 진다고 설명한다.); 정희철(89), 175면; 정찬형(15), 260면; 김성태(99), 739면; 최준선(13), 288면.

을 것이 분명하다는 점에서 명문규정은 없지만131) 신의칙상 또는 익명조합원에 대한 선관의무를 부담하는 점을 근거로 하여 영업자의 경업은 금지된다고 해석한다. 생각건대 영업자는 익명조합원에 대하여 선량한 관리자의 주의의무를 부담할 뿐 아니라 만일 영업자가 경업을 하는 것을 허용한다면 영업자와 익명조합원의 이익분배라는 익명조합의 본질적 목적을 달성할 수 없을 것이므로 신의칙상 경업피지의무를 부담한다고 본다(적극설). 그러나 명문규정이 없으므로 경업피지의무위반에 대하여 익명조합원은 계약해지와 손해배상을 청구할 수 있을 뿐 개입권은 행사할 수 없다(통설).

(나) 익명조합원의 감시권

익명조합원은 합자회사의 유한책임사원과 같이 영업을 수행할 수 있는 권한은 없지만 자신의 이익을 보호하기 위하여 영업자의 영업에 대하여 감시권을 행사할 수 있다. 구체적으로는 영업연도말에 영업시간 내에 한하여 회계장부·대차대조표 및 기타의 서류를 열람할 수 있고 회사의 업무와 재산 상태를 검사할 수 있고, 중요한 사유가 있으면 언제든지 법원의 허가를 얻어서 이러한 감시권을 행사할 수 있다($^{§\,86}_{§\,277}$).

3) 손익의 분배

(가) 이익의 분배

영업자는 익명조합원에게 그 영업으로 인한 이익을 분배하여야 한다($_{§\,78}$). 여기에서 '영업이익'이란 익명조합원의 출자총액을 기준으로 영업활동으로 인한 영업자의 기업의 순재산액의 증가분이다.132) 이익유무는 매영업연도별로 확정하여야 하는데($^{§\,86}_{§\,77}$), 영업연도말의 대차대조표에 의하여 산정된다($^{§\,30}_{②}$).

이익분배의 비율은 그에 관한 특약이 있으면 그 특약에 의하나 그러한 특약이 없으면 익명조합원의 출자가액 및 영업자의 투자 재산 및 노력에 비례하여 정해진다($^{민법\ §\,711①}_{유추적용}$).

---

131) 상법은 익명조합원에 대하여 합자회사의 유한책임사원에 관한 규정들을 준용하면서도(§86) 익명조합의 영업자에 대하여 합자회사의 무한책임사원의 경업금지의무 부담 규정(§§269, 198)을 준용하고 있지 않다.

132) 정찬형(15), 261면.

이익이 있으면 그 분배는 의무적이다. 그러나 당사자간의 특약으로 영업내에 유보하거나 익명조합원의 출자에 가산할 수 있다고 해석한다.[133]

(나) 손실의 분담

당사자간의 손실의 분담은 익명조합계약의 필수요소는 아니다. 그러나 당사자간에 손실을 분담하지 않는다는 특약을 하지 않았다면 영업자와 익명조합원은 공동기업의 일반원칙에 따라 손실분담의 묵시적 특약이 있는 것으로 추정하여야 할 것이다(통설).

4) 당사자지위의 전속성

익명조합계약은 당사자간의 인적 신뢰를 전제로 하는 것이므로 당사자의 지위는 전속적이다. 그러므로 당사자의 지위는 양도될 수 없고, 영업자인 개인 상인이 사망하거나 영업자인 회사가 해산하는 경우 상속·합병 등에 의해서도 영업자의 지위는 승계될 수 없다.[134] 다만 익명조합원의 사망시에는 상속인이 그 지위를 승계한다는 견해[135]와 익명조합원이 영업에 대한 감시권을 갖고 아직 이행하지 않은 출자의무에 대해서는 추후 이행하여야 하는 문제가 남으므로 그에 대한 신뢰도 중요하다는 점, 익명조합원의 지위를 양도할 수 없다고 본다면 상속할 수도 없다고 보는 것이 논리적이라는 점 등을 근거로 하여 익명조합원의 사망시에는 익명조합계약이 종료한다는 견해[136]가 갈린다. 생각건대 익명조합이 당사자간의 신뢰를 전제로 하는 점에서 당사자의 지위의 특정승계이든 포괄승계이든 특약이 없는 한 부정하는 것이 논리적이라고 본다. 그러므로 1인뿐인 익명조합원이 사망한다면 익명조합계약은 종료하고, 수인 중의 1인인 익명조합원이 사망한다면 나머지 익명조합원과 영업자의 합의에 의하여 사망한 익명조합원의 상속인을 새로 익명조합원으로 가입시키거나 그러한 내용의 특약을 미리 하여 두지 않았다면 익명

---

133) 이철송(15), 426면; 정찬형(15), 261면
134) 손주찬(03), 284면; 정동윤(12), 384면; 최기원(04), 283면; 이철송(15), 427면; 정찬형(15), 262면.
135) 강위두·임재호(11), 263면; 이기수·최병규(10), 113면; 정찬형(15), 262면; 최준선(13), 290면.
136) 이철송(15), 430면.

조합계약은 잔존 익명조합원들과 영업자간에만 존속한다고 본다.

(2) 대외적 효력

1) 영업자의 지위

익명조합은 실질적으로는 영업자와 익명조합원의 공동기업이지만 형식적으로는 영업자의 단독영업으로 되어 있으므로, 영업자단이 제3자에 대하여 모든 거래로 인한 권리·의무의 귀속주체가 된다.

2) 익명조합원의 지위

익명조합원은 영업자의 행위에 관하여서는 제3자에 대하여 권리나 의무가 없다(§80). 그러나 익명조합원이 자기의 성명을 영업자의 상호 중에 사용하게 하거나 자기의 상호를 영업자의 상호로 사용할 것을 허락한 때에는 그 사용 이후의 채무에 대하여 영업자와 연대하여 변제할 책임이 있다(§81). 이러한 익명조합원의 명의대여에 대한 책임은 제24조와 같은 취지로서 제3자의 영업외관에 대한 신뢰를 보호하기 위하여 명의대여한 익명조합원에게 명의차용자인 영업자와 연대책임을 지우는 것이다. 제81조는 제24조와 동일한 법리로 해석하면 된다. 따라서 영업자의 영업이 익명조합원의 영업이 아니라는 사실에 대하여 선의이면서 중과실이 없는 제3자만이 보호된다.

4. 익명조합의 종료

(1) 종료의 원인

1) 약정종료원인

익명조합계약은 존속기간의 만료와 같은 약정종료사유에 의하여 종료된다. 익명조합계약의 당사자는 상대방의 채무불이행으로 인한 해지권(민법 §543)을 갖는다. 따라서 영업자가 수익을 분배하지 않거나 익명조합원이 출자의무를 이행하지 아니하는 경우에는 계약을 해지할 수 있다. 그밖에도 조합계약으로 조합의 존속기간을 정하지 아니하거나 어느 당사자의 종신까지 존속할 것을 약정한 때에는 각 당사자는 영업연도말에 계약을 해지할 수 있다($^{§83①}_{본문}$). 그러나 이 해지는 6월전에 상대방에게 예고하여야 한다($^{§83①}_{단서}$). 조합의 존속기간의 약정의 유무에 불구하고 부득이한 사정이 있는 때에는 각 당사자는 언제든지 계약을 해지할 수 있다($^{§83}_{②}$). 익명조합원의 채권자는 익명조합계약을 해지할 수 없다고 해석한다(통설).137) 상법은 인적회사의 사원의 채권자가 사원의 지분을 압류하여 강제퇴사시키고 자기의 채권을 실행할 수 있는 수단을 부여하고 있으나($^{§§\ 224,\ 247④}_{249,\ 269}$), 익명조합원의 채권자에게는 그러한 수단을 부여하고 있지 않다. 익명조합원의 채권자가 조합원의 출자반환청구권을 압류한 때에는 조합계약을 해지하고 채권을 실현할 길을 열어주어야 할 것이라는 입법론이 제기되고 있다.138)

2) 법정종료원인

익명조합계약은 ① 영업의 폐지 또는 양도, ② 영업자의 사망 또는 피성년후견(被成年後見), ③ 영업자 또는 익명조합원의 파산 등의 사유로 인하여 종료한다($_{§84}$). 여기에서 "영업자의 사망"은 자연인인 경우이므로 영업자가 회사인 경우에는 그에 상응하는 "회사의 해산"이 종료사유가 되는 것으로 해석해야 한다. 영업자가 사망하거나 피성년후견이 개시된 경우에 익명조합계약이 종료하지 아니하고 그 상속인이나 피성년후견자의 법정대리인이 영업자의 지위를 승계하도록 하는 특약은 가능하다(통설). 익명조합원의 사망에 관해서는 규정이 없지만, 전술한 바와 같이 다른 특약이 없는 한 사망한 익명조합원과 영업자 사이의 익명조합계약은 종료하는 것으로 본다.

---

137) 다만, 민법상 채권자취소권(§406)의 요건이 충족된 경우에는 익명조합원의 채권자는 악의의 영업자를 상대로 익명조합원의 익명조합계약에 의한 출자를 취소할 수 있을 것이다. 최준선(13), 290면.
138) 이철송(15), 429면.

(2) 종료의 효과

익명조합계약이 종료하면 당사자의 권리·의무는 소멸한다. 각 당사자는 그 때까지 생긴 당사자의 권리·의무에 관하여 계산을 하여야 한다. 영업자는 익명조합원에게 그 출자를 반환하여야 하는데 익명조합원이 손실을 분담하는지 여부에 따라 반환액은 달라질 수 있다.

1) 익명조합원이 손실을 분담하지 않는 경우

익명조합계약이 종료한 때에는 영업자는 익명조합원에게 그 출자의 평가액을 반환하여야 한다(§85본문).

2) 익명조합원이 손실을 분담하는 경우

납입된 출자가 손실로 인하여 감소된 때에는 그 잔액을 반환하면 된다(§85단서). 만일 손실분담액이 출자가액을 초과하는 때에는 영업자는 반환할 필요가 없고, 익명조합원도 특약이 없는 한 추가출자의무는 없다(§82②③). 그러나 익명조합계약이 종료한 때에 익명조합원의 출자미필액이 있으면 익명조합원은 이를 이행하여야 한다.

3) 당사자가 파산한 경우

영업자가 파산한 경우에는 익명조합원은 파산채권자로서 파산재단에 대하여 다른 일반채권자와 평등한 지위에서 그 권리를 행사한다. 그러나 익명조합원이 자기의 재산에 대한 사용권만을 출자한 경우에는 그 재산에 대하여 환취권을 행사할 수 있다(채무자회생법 §407).

익명조합원이 파산한 경우에는 영업자에 대한 출자환급청구권은 익명조합원의 파산재단에 속한다.

제8절 합자조합

1. 총설

(1) 합자조합의 의의

합자조합(limited partnership)은 조합의 업무집행자로서 조합의 채무에 대하여 무한책임을 지는 조합원과 출자가액을 한도로 하여 유한책임을 지는 조합원이 상호출자하여 공동사업을 경영할 것을 약정함으로써 그 효력이 생기는 상법상 조합이다(§86/§212). 합자조합은 업무집행조합원과 유한책임조합원이 상호출자하여 공동사업을 경영하는 공동기업 형태이고 이 점에서 영업자의 단독기업 형태인 익명조합과 다르다.

2011년 개정상법에서 도입된 합자조합은 미국식 합자조합(limited partnership: LP) 제도를 모델로 도입한 것이다. 종래에도 「중소기업창업 지원법」상 '중소기업 창업투자조합' (§20)과 자본시장법상 '투자조합' (§218)(2013년 개정법에서 그 명칭을 '투자합자조합'으로 변경)이 인정되고 있었던 것을 일반적 업종에 사용할 수 있도록 상법상 제도화하여 도입한 것이다. 합자조합은 특히 사모투자전문회사(private equity fund)에 적합한 기업형태이다.139)

(2) 합자조합의 목적 및 기능

지식기반경제의 발달로 인적 자산이 중요시됨에 따라 인적 자산을 비중 있게 수용할 수 있는 공동기업 형태에 대한 수요가 증가하였으나, 자본의 크기가 중시되고 그 운영 방식 등이 강행규정으로 규정되는 주식회사는 사원 간의 사적 자치가 중요하고 인적능력에 대한 적절한 평가와 보상이 필요한 지식기반형 기업에는 적합하지 않고140), 민법상 조합은 모든 조합원이 조합

---

139) 법무부, 상법개정 공청회자료, 55면.
140) 송종준, "2006년 회사법개정에 관한 상법개정시안의 주요내용", 「상사법연구」 제25권 제2호2006, 278면.

채무에 대하여 무한책임을 부담하는 문제가 있고(민법 §712), 합자회사는 주식회사 형태인 투자자문회사나 자산운용회사가 업무집행사원으로서 참여할 수 없고 (§173), 유한책임사원으로 참여하는 것은 가능하지만 그 경우 회사의 경영에 참여할 수 없는 문제가 있어서(§278) 다들 적합하지 않았다. 따라서 이러한 문제점을 해결할 수 있는 새로운 형태의 공동기업이 허용될 필요가 있었다. 합자조합은 위와 같은 문제가 없으며 합자조합에 관하여 상법 또는 조합계약에 다른 규정이 없으면 「민법」 중 조합에 관한 규정을 준용하는 것(§86의4)과 같이 조합원들의 사적 자치를 넓게 인정한다.

그러나 합자조합은 법인격이 없다는 점을 제외하고는 무한책임사원과 유한책임사원으로 구성되고, 무한책임사원만이 업무집행권과 대표권을 갖는 구조에 있어서 합자회사와 동일하므로 기존의 합자회사에 비하여 장점을 찾기 어렵다는 점에서 비판이 가해지고 있다.[141] 그러나 합자조합은 합자회사에 비하여 전술한 대로 그 구성에 있어 업무집행조합원으로 주식회사가 참여할 수 있고 후술하는 것처럼 그 운영면에서 훨씬 넓은 조합원들의 사적 자치가 허용되는 유연한 조직이므로 충분히 그 존재 의의를 인정할 수 있다. 다만 비법인조합이라는 속성이 조직의 유연성이라는 장점으로 발휘되도록 하자면 구성원 전원이 유한책임을 지는 미국의 유한책임조합(limited liability partnership: LLP)을 추가적으로 상법에 도입하는 것이 바람직하다는 입법론이 제기되고 있다.[142] 그러나 법인이 아니면서 조합채무에 대하여 조합재산만이 무한책임을 지고 조합원 전원은 유한책임을 지는 미국식 LLP를 도입하는 것은 조합 채권자 보호의 관점에서 신중한 접근을 요한다고 할 것이다.

---

[141] 정대익, "상법개정안상 새로운 기업유형에 대한 검토," 「상사법연구」 제28권 제3호, 2009, 109~110면.
[142] 김순석, "기업조직의 다양화를 위한 LLP(유한책임조합) 제도의 도입방안," 「비교사법」 제48호, 2010, 292면; 정대익, 위의 논문, 118~120면.

〈합자조합의 구조〉

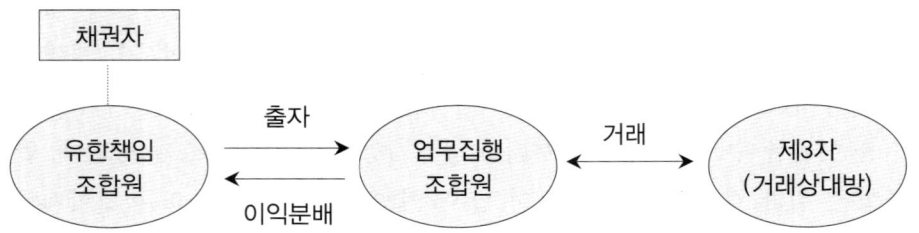

2. 합자조합의 설립

(1) 합자조합의 법적 성질

합자조합은 업무집행조합원과 유한책임조합원이 상호출자하여 공동사업을 경영할 것을 약정하는 계약이다. 합자조합계약은 유상·요식계약이고 기업조직에 관한 장기적 계약이다.[143] 같은 공동기업 형태이지만 합자회사의 경우에는 설립절차로서 정관작성 및 설립등기를 모두 요하지만(§§270,271), 합자조합은 정관 작성은 요구되지 않고 당사자간의 합의에 의하여 설립될 수 있는 점(§86의2)에서 민법상 조합(민법§703①)이나 상법상 익명조합(§78)과 같다. 다만 합자조합의 설립을 위해서 합자조합계약서의 작성과 설립등기를 요하는 점은 조합이나 익명조합보다 엄격한 요건이다.

(2) 합자조합계약서의 작성

합자조합의 설립을 위한 조합계약에는 ① 목적, ② 명칭, ③ 업무집행조합원의 성명 또는 상호, 주소 및 주민등록번호, ④ 유한책임조합원의 성명 또는 상호, 주소 및 주민등록번호, ⑤ 주된 영업소의 소재지, ⑥ 조합원의 출자에 관한 사항, ⑦ 조합원에 대한 손익분배에 관한 사항, ⑧ 유한책임조합원의 지분(持分)의 양도에 관한 사항, ⑨ 둘 이상의 업무집행조합원이 공동으

---

143) 정찬형(15), 268면.

로 합자조합의 업무를 집행하거나 대리할 것을 정한 경우에는 그 규정, ⑩ 업무집행조합원 중 일부 업무집행조합원만 합자조합의 업무를 집행하거나 대리할 것을 정한 경우에는 그 규정, ⑪ 조합의 해산 시 잔여재산 분배에 관한 사항, ⑫ 조합의 존속기간이나 그 밖의 해산사유에 관한 사항, ⑬ 조합계약의 효력 발생일 등의 사항을 적고 총조합원이 기명날인하거나 서명하여야 한다(§86의3).

위의 ①에 관련하여, 합자조합의 목적은 제한이 없으므로 반드시 영리목적을 가질 필요가 없다는 견해144)도 있으나 상법에 도입된 상사기업인 이상 당연히 영리목적을 가질 필요가 있다고 본다.145) ②에 관련하여, 합자조합은 법인은 아니나 어느 정도 단체적 독립성이 인정되는 기업유형이므로 반드시 '합자조합'이라는 명칭이 부기되어야 할 것이다.146) 미국 모범합자조합법(Uniform Limited Partnership Act: ULPA)(2001)에서는 합자조합의 명칭에 "limited partnership" 또는 그 약어로서 "L.P." 또는 "LP"를 포함하도록 규정하고 있다. 그러나 상법은 이에 관하여 명문의 규정을 두고 있지 않으므로 '합자조합'이라는 명칭을 부기하지 않더라도 제재를 할 수 없다.

③의 업무집행조합원은 합자회사의 경우와 달리 회사도 될 수 있으며 따라서 그 '상호'를 기재사항으로 포함한 것이다. 위의 ⑨는 공동업무집행조합원을 둔 경우의 규정이고, ⑩은 수인의 업무집행조합원 중 대표자나 대리인을 정한 경우의 규정이다.

(3) 합자조합의 설립등기

업무집행조합원은 합자조합 설립 후 2주 내에 조합의 주된 영업소의 소재지에서 ① 합자조합의 목적, ② 명칭, ③ 업무집행조합원의 성명 또는 상호

---

144) 정대익, 앞의 "상법개정안상 새로운 기업유형에 대한 검토,' 83면.
145) 동지: 권기범, "개정상법상의 합자조합에 대한 소고", 서울법학(서울시립대) 제19권 제1호, 2011, 227면; 김병연, "공동기업유형으로서의 합자조합과 유한책임신탁," 법학논총 제33집 제2호, 54면; 이철송(15), 435면; 정찬형(15), 263면.
146) 이철송(15), 435면; 정찬형(15), 269면; 최준선(13), 293면.

및 주소·주민등록번호, ④ 업무를 집행하는 업무집행조합원의 성명 또는 상호 및 주소·주민등록번호, ⑤ 주된 영업소의 소재지, ⑥ 공동업무집행조합원을 정한 경우 그 규정, ⑦ 업무집행조합원 중 일부 업무집행조합원만 합자조합의 업무를 집행하거나 대리할 것을 정한 경우에는 그 규정, ⑧ 조합의 존속기간이나 그 밖의 해산사유에 관한 사항, ⑨ 조합의 효력발생일, ⑩ 조합원의 출자의 목적, 재산출자의 경우에는 그 가액과 이행한 부분 등의 사항을 등기하여야 한다($\S\,86의4①$). 위의 사항이 변경된 경우에는 2주 내에 변경등기를 하여야 한다($\S\,86의4②$).

합자조합이 본점을 이전하는 경우에는 2주간내에 구소재지에서는 신소재지와 이전연월일을, 신소재지에서는 "제180조 각호의 사항"을 등기하여야 한다($\S\S\,86의8①,182①$).147)

합자조합의 업무집행조합원 또는 그의 직무대행자 또는 청산인이 위의 등기를 게을리 한 때에는 500만원 이하의 과태료를 부과한다($\S\,86의9$).

3. 합자조합의 기구

(1) 내부관계

1) 출자

합자조합의 모든 조합원은 조합계약에서 정한 대로 출자를 하여야 한다($\S\,86의3\,vi$). 업무집행조합원이 출자할 수 있는 재산은 조합계약에 다른 규정이 없으면 민법상 조합의 조합원과 같이 금전 기타 재산 또는 노무에 한하고 신용은 포함되지 않는다고 보는 견해148)가 있으나, 합자조합의 업무집행조합원은 합자회사의 유한책임사원과 같이 조합계약에 다른 규정이 없으면 신용 또는 노무를 출자의 목적으로 할 수 없다($\S\S\,86의8③,272$). 따라서 조합계약으로 정하면 합자

---

147) 입법자가 합자회사의 본점 이전시 신소재지에서 등기할 사항을 왜 직접 제86조의4의 사항을 등기하도록 하지 아니하고 합명회사에 관한 등기사항을 준용하도록 한 것인지는 알 수 없다.

148) 김재문, "새로운 기업형태의 도입에 관한 상법개정안에 대한 소고," 경영법률 제18집 제1호, 2007, 213면.

조합의 업무집행조합원은 노무 또는 신용을 출자할 수 있다(다수설).[149]

조합원의 출자의 목적, 재산출자의 경우에는 그 가액과 이행한 부분은 등기에 의하여 공시된다($\S\,86의4①ii$).

조합원은 조합의 설립시에 출자의 목적을 전부 이행할 필요는 없다고 해석된다. 왜냐하면 계약의 법정기재사항의 내용으로 "조합원의 출자에 관한 사항"($\S\,86의3vi$)이 포함되어 있는 점에서 그러하다.

만일 조합원이 출자의무를 이행하지 않으면 채무불이행의 일반적 효과만이 발생한다. 상법은 합자회사의 경우와 달리 조합원의 제명, 업무집행권·대표권의 상실 등의 효과는 규정하고 있지 않다.

2) 업무집행

합자조합의 업무집행은 조합계약에 다른 규정이 없으면 각 업무집행조합원이 한다($\S\,86의5①$).

합자조합에 둘 이상의 업무집행조합원이 있는 경우에 조합계약에 다른 정함이 없으면 그 각 업무집행조합원의 업무집행에 관한 행위에 대하여 다른 업무집행조합원의 이의가 있는 경우에는 그 행위를 중지하고 업무집행조합원 과반수의 결의에 따라야 한다($\S\,86의5③$).

합자조합을 대표하는 업무집행조합원은 합자조합의 영업에 관하여 재판상 또는 재판외의 모든 행위를 할 권한이 있으며, 그 권한에 대한 제한은 선의의 제3자에게 대항하지 못한다($\S\S\,86의8②,209$). 따라서 그 권한을 남용하지 못하도록 공동업무집행조합원을 둘 수가 있는데 그 경우에 제3자의 합자조합에 대한 의사표시는 둘 이상의 업무집행조합원 중 1인에 대하여 이를 함으로써 그 효력이 생긴다($\S\S\,86의8②,208조②$).

업무집행조합원의 업무집행을 정지하거나 직무대행자를 선임하는 가처분을 하거나 그 가처분을 변경·취소하는 경우에는 본점 및 지점이 있는 곳의 등기소에서 이를 등기하여야 한다($\S\S\,86의8②,183의2$). 그 경우에 직무대행자는 가처분

---

[149] 이철송(15), 442면; 정찬형(15), 269면; 정대익, 앞의 논문, 82면.

명령에 다른 정함이 있거나 법원의 허가를 얻은 경우를 제외하고는 조합의 통상업무에 속하지 아니한 행위를 하지 못한다. 그러나 이에 위반한 경우에도 조합은 선의의 제3자에 대하여 책임을 진다(§ 86의8②, 200의2).

유한책임조합원은 원칙적으로 합자조합의 업무집행이나 대표를 할 수 없지만 조합계약으로 정한 경우에는 업무를 집행할 수 있다(§ 86의8③, 277). 업무집행권이 없는 유한책임조합원은 조합계약에 다른 규정이 없으면 감시권을 가진다(§ 86의8②, 200의2). 구체적으로 유한책임조합원은 영업연도말에 있어서 영업시간내에 한하여 합자조합의 회계장부·대차대조표 기타의 서류를 열람할 수 있고 업무와 재산상태를 검사할 수 있고, 중요한 사유가 있으면 언제든지 법원의 허가를 얻어서 이러한 감시권을 행사할 수 있다(§ 86의8③, 277).

3) 조합원의 의무

(가) 선관주의의무

업무집행조합원은 선량한 관리자의 주의로써 조합업무를 집행하고 대리하여야 한다(§ 86의5②).

(나) 경업피지의무

합자조합의 업무집행조합원의 광의의 경업피지의무는 경업금지의무(협의의 경업피지의무)와 겸직금지의무로 구성된다. 업무집행조합원은 조합계약에 다른 규정이 없으면 다른 사원의 동의 없이 자기 또는 제3자의 계산으로 합자조합의 영업부류에 속하는 거래를 할 수 없고(경업금지의무) 동종영업을 목적으로 하는 다른 회사의 무한책임사원 또는 이사가 될 수 없다(겸직금지의무)(§§ 86의8②, 198①). 업무집행조합원이 전항의 규정에 위반하여 거래를 한 경우에 그 거래가 자기의 계산으로 한 것인 때에는 합자조합은 이를 합자조합의 계산으로 한 것으로 볼 수 있고, 제3자의 계산으로 한 것인 때에는 합자조합은 그 업무집행조합원에 대하여 이로 인한 이득의 양도를 청구할 수 있다(개입권)(§§ 86의8②, 198②). 개입권의 행사는 합자조합의 그 업무집행조합원에 대한 손해배상의 청구에 영향을 미치지 아니한다(§§ 86의8②, 198③). 또한 개입권은 다른 업무집행조합원 과반수의 결의에 의하여 행사하여야 하며 다른 업무집행조합원의 1인이 그 거래를 안 날로부터 2주간을 경과하거나 그 거래가 있은 날로부터 1년을 경과하면 소멸한다(§ 86의8 ②, 198④).

그러나 합자조합의 유한책임조합원은 업무집행권이 없으므로 조합계약에 다른 규정이 없으면 다른 사원의 동의 없이도 자기 또는 제3자의 계산으로 합자조합의 영업부류에 속하는 거래를 할 수 있고 동종영업을 목적으로 하는 다른 회사의 무한책임사원 또는 이사가 될 수 있다(§ 86의8 ②, 275).

(다) 자기거래금지의무

합자조합의 업무집행조합원은 조합계약에 다른 규정이 없으면 다른 조합원 과반수의 결의가 있어야 자기 또는 제3자의 계산으로 합자조합과 거래를 할 수 있다(§ 86의8 ②, 199). 이는 합자회사의 무한책임사원과 같다. 다만 조합계약에 이와 다른 규정이 있으면 자기거래가 금지되지 않고 허용하는 점은 합자회사의 무한책임사원과 다르고, 합자회사보다 사적 자치가 더 넓게 허용되는 것이라 하겠다.

합자조합의 유한책임조합원도 조합계약에 다른 규정이 없으면 다른 조합원 과반수의 결의가 있어야 자기 또는 제3자의 계산으로 합자조합과 거래를 할 수 있다(§ 86의8 ③, 199). 이는 자기거래가 허용되는 합자회사의 유한책임사원과 다른 점이다.

4) 손익의 분배

상법은 합자조합에서 조합원의 손익분배에 관하여 당사자의 자치에 맡기고 있으므로 조합원들은 조합계약에서 정한 바에 의하여 손익을 분배한다(§ 86의3vii). 그러므로 출자가액에 비례하지 않는 손익분배도 가능하고 이익이 없더라도 이익배당이 가능하다. 다만 이익이 없는 경우에 유한책임조합원이 이익배당을 받으면 변제책임을 정할 때 그 금액만큼 변제책임의 한도액에 추가하여야 한다(§ 86의6②).

5) 지분

(가) 지분의 양도

업무집행조합원은 다른 조합원 전원의 동의를 받지 아니하면 그 지분의 전부 또는 일부를 타인에게 양도하지 못하나($^{§\,86의}_{71①}$), 유한책임조합원은 그 지분을 조합계약에서 정하는 바에 따라 양도할 수 있다($^{§\,86의}_{72}$). 이 때 유한책임조합원의 지분을 양수한 자는 양도인의 조합에 대한 권리·의무를 승계한다($^{§\,86의}_{73③}$).

합자회사의 유한책임사원의 지분은 무한책임사원 전원의 동의를 받아야 양도할 수 있는데 합자조합의 경우에는 조합계약에서 정하는 바에 따른다는 점에서 더 넓은 사적 자치가 허용된다.

(나) 지분의 입질·압류

이에 관해서는 상법에 규정이 없으나 업무집행조합원이든 유한책임조합원이든 자기의 지분을 입질하거나 그의 채권자가 지분을 압류할 수 있다고 해석한다. 조합원의 지분에 대한 압류는 그 조합원의 장래의 이익배당 및 지분의 반환을 받을 권리에 대하여 효력이 있다($^{§\,86의8④}_{민법\,§\,714}$).

(2) 외부관계

1) 대리

업무집행조합원은 합자조합의 경영에 관하여 재판상 또는 재판 외의 모든 행위를 할 권한이 있고($^{§\,§\,86의8}_{②,\,209①}$), 이러한 대리권에 대한 제한은 선의의 제3자에게 대항하지 못한다($^{§\,§\,86의8②}_{209②}$). 즉 합자조합의 업무집행조합원의 대리권은 지배인의 대리권처럼 포괄·정형성을 가지며 불가제한성이 있다. 유한책임조합원은 조합계약에 다른 규정이 있어야 조합의 업무집행을 할 수 있는데($^{§\,86의}_{8③}$), 조합계약에 의하여 유한책임조합원에게 조합의 업무집행에 대한 대리권이 부여된 경우에는 역시 포괄·정형성 및 불가제한성이 있다고 해석된다.

합자조합계약으로 업무집행조합원 중 일부의 업무집행조합원만 합자조합을 대리하도록 정할 수 있고, 공동업무집행조합원을 정할 수도 있음은 전술한 바와 같다.

2) 책임

합자조합의 재산으로 합자조합의 채무를 완제할 수 없거나 조합재산에 대한 강제집행이 주효하지 못한 때에는 각 업무집행조합원은 연대하여 변제할 책임이 있다(§§86의2, 86의8②, 212①·②). 즉 업무집행조합원은 합자조합의 재산으로 다 변제하지 못한 합자조합의 채무에 대하여 인적·직접·무한·연대책임을 진다. 다만 업무집행조합원이 합자조합에 변제의 자력이 있으며 집행이 용이한 것을 증명한 때에는 그러하지 아니하다(부종성 및 보충성)(§§86의8②, 212③).

유한책임조합원은 합자조합의 채권자에 대하여 출자가액을 한도로 하는 인적·직접·유한·연대책임을 부담한다(§86의2, 86의6). 즉 유한책임조합원은 조합계약에서 정한 출자가액에서 이미 이행한 부분을 뺀 가액을 한도로 하여 조합채무를 변제할 책임이 있는데(§86의6), 합자조합에 이익이 없음에도 이익배당을 받은 경우에는 그 금액만큼 변제책임의 한도액에 추가하여야 한다(§86의6②). 이는 합자회사의 유한책임사원의 책임과 유사하고, 무한책임을 지는 민법상 조합의 조합원과 다르다.150)

4. 조합원의 변경

(1) 가입

조합원의 가입은 규정은 없으나 당연히 인정된다. 조합원 전원과의 가입계약에 의하여 가입하여야 한다. 조합계약은 변경되고 등기도 요구된다.

(2) 탈퇴

합자조합의 조합원의 탈퇴에 관해서는 상법에 특별한 규정이 없다. 따라

---

150) 상법은 합자조합의 유한책임조합원에 대하여 민법 제712조 및 제713조는 준용하지 아니한다는 것을 명시하고 있다(§86의8④단서).

서 민법의 조합에 관한 규정을 준용한다.

1) 탈퇴사유

조합원의 탈퇴사유에는 조합원 자신의 의사에 의한 임의탈퇴와 그에 의하지 않는 강제탈퇴가 있다.

(가) 임의탈퇴

합자조합의 업무집행조합원은 조합계약으로 조합의 존속기간을 정하지 아니하거나 조합원의 종신까지 존속할 것을 정한 때에는 각 조합원은 언제든지 탈퇴할 수 있으나 부득이한 사유 없이 조합의 불리한 시기에 탈퇴하지 못한다고 해석한다(§86의8④, 민법§716①). 조합의 존속기간을 정한 때에도 조합원은 부득이한 사유가 있으면 탈퇴할 수 있다(§86의8④, 민법§716②).

(나) 강제탈퇴

합자조합의 조합원은 ① 사망, ② 성년후견의 개시, ③ 파산, ④ 제명 중 어느 하나에 해당하는 사유가 있으면 탈퇴된다(§86의8④, 민법§717). 다만 업무집행조합원의 사망은 탈퇴사유이나 유한책임조합원의 사망은 탈퇴원인이 아니고 상속인이 그 지분을 승계한다(§§86의8③,283①). 또한 업무집행조합원의 성년후견의 개시는 탈퇴사유이나 유한책임조합원의 성년후견의 개시는 탈퇴사유가 아니다(§§86의8③,284).

2) 탈퇴의 효과

합자조합의 조합원의 탈퇴시 조합계약에 다른 규정이 없으면 탈퇴한 조합원과 다른 조합원간의 계산은 탈퇴 당사의 조합재산의 상태에 의한다(§86의8④, 민법§719①). 탈퇴 당시에 조합의 적극재산이 남아 있으면 탈퇴조합원은 합자조합에 대하여 그의 지분에 해당하는 것을 환급청구할 수 있다. 그러나 조합의 적극재산이 남아 있지 않으면 탈퇴조합원은 자신의 손실분담비율에 따라 합자조합에 대하여 손실된 지분만큼 지급하여야 한다.

5. 해산과 청산

합자조합은 업무집행조합원의 전원 또는 유한책임조합원의 전원이 퇴사한 때에는 해산된다($\S\S\frac{86의8①}{285①}$). 그 경우에 잔존한 업무집행조합원 또는 유한책임조합원은 전원의 동의로 새로 유한책임조합원 또는 업무집행조합원을 가입시켜서 조합을 계속할 수 있다($\S\S\frac{86의8②}{285②}$).

조합의 존속기간이나 그 밖의 해산사유에 관한 사항은 미리 조합계약서에 정해놓아야 한다($\S\frac{86의}{3xii}$). 합자조합은 통상 민법상 조합과 마찬가지로 목적 사업을 성공하였거나 그 성공이 불가능해진 때, 조합원 전원의 합의에 의하여 해산한다. 그리고 합자조합의 각 조합원은 부득이한 사유가 있는 경우에는 조합의 해산을 청구할 수 있다($\S\frac{86의8④}{민법\S720}$).

합자조합이 해산된 때에는 파산의 경우외에는 그 해산사유가 있는 날로부터 본점소재지에서는 2주간내, 지점소재지에서는 3주간내에 해산등기를 하여야 한다($\S\frac{86의8①}{228}$).

합자조합에 해산사유가 발생하면 파산의 경우외에는 청산절차가 개시되는데, 청산절차는 청산인이 진행한다. 청산인은 원칙적으로 업무집행조합원 과반수의 결의로 선임되는데, 선임되지 않은 경우에는 업무집행조합원이 청산인이 된다. 민법상 조합의 경우에는 잔여재산은 조합원의 출자가액에 비례하여 분배하게 되어 있으나($\S\frac{민법}{724②}$), 합자조합의 경우에는 그러한 제한이 없다. 다만 조합의 해산 시 잔여재산 분배에 관한 사항은 미리 조합계약서에 정해놓게 되어 있다($\S\frac{86의}{3xi}$).

합자조합의 청산이 종결된 때에는 청산인은 2주간 내에 청산종결의 등기를 하여야 한다($\S\S\frac{86의8①}{264}$).

제 3 장 상행위법 각칙

제1절 대리상

1. 총설

(1) 대리상의 경제적 기능

 상인이 자기의 영업지역을 확대하는 방법 중 하나는 대리상을 이용하는 것이다. 그 외에도 자신의 직영점(영업소)을 신설하여 상업사용인을 파견하는 방법, 중개인·위탁매매인 등의 다른 보조상을 이용하는 방법이 있지만, 직영점 신설에 의한 방법은 인적·물적 비용이 많이 소요되고 새로운 지역시장에 진출하는 것에 따른 위험을 자신이 모두 감수해야 하는 반면에 시장상황의 변화에 민첩하게 대응하지 못할 수 있으며, 중개인·위탁매매인을 이용하는 방법은 이들이 원래 불특정 다수의 상인을 위하여 일하는 자들이므로 자기에게만 전념할 것을 기대할 수 없다는 단점을 피할 수 없다. 그와 달리 그 지역 사정에 정통한 대리상을 사용하여 계속적으로 자기만을 위한 거래의 대리나 중개를 하도록 하고 거래시마다 일정한 수수료를 지급하는 방안은 그러한 위험을 감소시키고 비용절감과 능률의 극대화가 가능한 방법이다. 오늘날 대리상은 국내는 물론 국제무역업·해상운송업 등에서 많이 이용되고 있는데, 국제거래에서는 통상 체약대리상보다는 중개대리상이 이용된다고 한다.[151]

---

[151] ICC, The ICC Model Commercial Agency Contract, 2nd edition, 2002, ICC Publication No. 644, p. 16, n. 20(이는 국제상업회의소가 간행한 국제대리상계약의 표준양식이다.); 석광현, "국제거래에서의 대리상의 보호: 상법 제92조의2의 적용범위와 관련하여," 법조, 제55권 제1호, 2006, 21면 각주 3.

(2) 대리상의 연혁

대리상은 보조상 가운데 비교적 늦게 도입되었다. 즉 19세기 후반에 다른 지역에 판매활동을 하던 상업사용인이 현지에서 독립, 정착한 것이 계기가 되어 대리상이 발생하였다.152) 대리상의 입법례로는 1897년 독일 신상법 (HGB 1897)이 최초로 대리상제도를 법제화한 것이 효시이며, 1953년 개정법에서 독립적 성격을 확립하여 오늘에 이르렀다($^{§\,§\,84}_{-92}$).

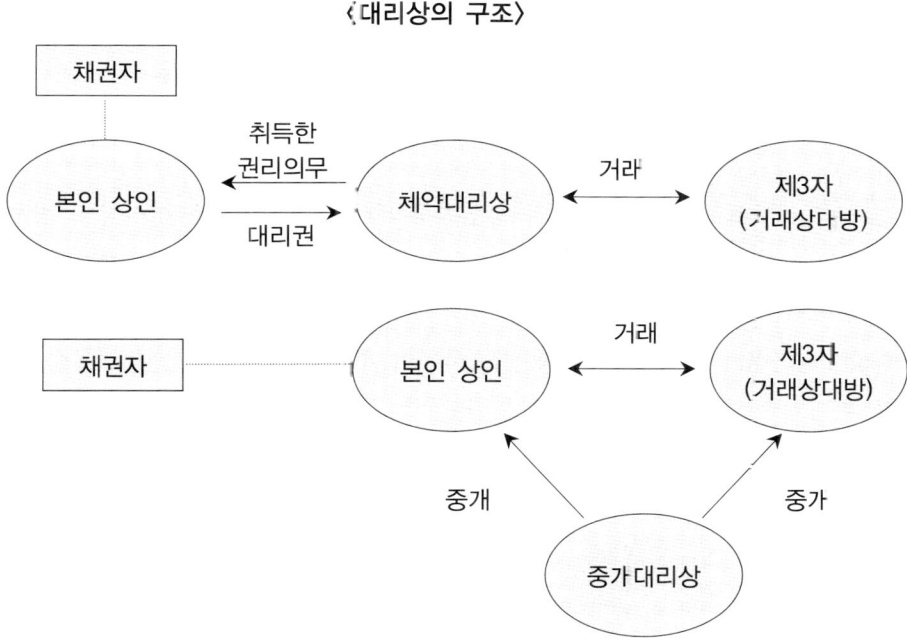

〈대리상의 구조〉

2. 대리상의 의의 및 종류

대리상(commercial agent, Handelsvertreter)이란 일정한 상인을 위하여 상업사용인이 아니면서 상시 그 영업부류에 속하는 거래의 대리 또는 중개를

---

152) 김성태(99), 502면.

영업으로 하는 독립된 상인을 말한다(§87). 대리상은 다른 종류의 보조상들과 달리 하나의 특정 상인만을 위하여 활동한다. 여기에서 "영업부류에 속하는 거래"란 본인상인의 영업으로서 하는 기본적 상행위 또는 준상행위를 의미하며 보조적 상행위는 포함하지 아니한다. 그리고 상인 이외의 자를 위하여 대리·중개를 하는 자(예컨대, 상호회사, 민사대리상)는 대리상이 아니다.

　대리상의 종류에는 체약대리상(sales agent, Abschlussvertreter)과 중개대리상(marketing agent, Vermittlungsvertreter)이 있다. 전자는 특정의 상인을 위하여 상업사용인이 아니면서 상시 그 상인의 영업부류에 속하는 거래의 대리를 하는 독립된 상인이고, 후자는 특정 상인을 위하여 상업사용인이 아니면서 상시 그 상인의 영업부류에 속하는 거래의 중개를 하는 독립된 상인이다.

　대리상은 독립된 상인으로서 상업사용인과 구별된다. 즉 대리상의 경우에는 본인상인의 지배에 복종하는 것이 아니라 대등한 대리상계약을 체결하여야 하고, 본인상인의 영업소에서 일하는 것이 아니라 자기의 영업소를 보유하고 그 곳을 기반으로 영업활동을 하여야 하며, 영업비나 보험료 등을 자기가 부담하며, 보수는 정액봉급이 아닌 수수료를 받는다.

　한편 대리상의 영업소를 '대리점'이라고 하며 이것이 상법상의 의미이지만, 경제계에서는 그 외에도 그 맥락에 따라 ① 상사매매에 있어서 상품의 공급자로부터 제공된 상품을 매입하여 이것을 자기의 명의와 계산으로 재판매하는 자(distributor, Vertragshandler)의 영업소(특약점)에 대하여 '대리점'이라 부르기도 하고, ② 위탁매매인의 영업소에 대하여 '대리점'이라는 용어가 사용되기도 하므로 주의를 요한다.[153]

---

153) 정찬형(15), 282~283면.

3. 대리상의 법률관계

(1) 내부관계(대리상과 본인상인의 관계)

1) 대리상계약

대리상은 본인상인과 대리상계약을 체결함으로써 성립된다(§87). 대리상계약의 법적 성질은 법률행위(상행위의 대리) 또는 사실행위(상행위의 중개)에 관한 위임계약이다. 따라서 대리상은 본인상인을 위하여 "선량한 관리자의 주의로써" 본인상인의 영업부류에 속하는 거래의 대리나 중개를 하여야 한다(민법§681).

당사자가 대리상계약을 체결하였는지 여부는 계약의 형식과 명칭보다는 실질과 내용을 기준으로 상인의 대리권 또는 중개권이 상대방에게 부여되었는지를 판단하여야 한다.154)

---

154) 대법원 1999.2.5. 선고 97다26593 판결(원고가 피고에 대하여 제조물책임을 "어떤 자가 제조회사와 대리점 총판 계약이라고 하는 명칭의 계약을 체결하였다고 하여 곧바로 상법 제87조의 대리상으로 되는 것은 아니고, 그 계약 내용을 실질적으로 살펴 대리상인지의 여부를 판단하여야 하는바, 원심이 적법하게 확정한 사실에 의하면 원고 회사는 피고 회사로부터 이 사건 스토어(노래방기기의 본체)를 매입하여 원고 회사 스스로 10여 종의 주변기기를 부착하여 노래방기기 세트의 판매가격을 결정하여 위 노래방기기 세트를 소비자에게 판매하였다는 것이므로 원고 회사를 피고 회사의 상법상의 대리상으로 볼 수 없다 할 것이고, 또한 피고 회사가 국제 신문에 피고 회사 제품의 전문취급점 및 A/S센터 전국총판으로 원고 회사를 게재한 광고를 한 번 실었다고 하더라도, 전문취급점이나 전국총판의 실질적인 법률관계는 대리상인 경우도 있고 특약점인 경우도 있으며 위탁매매업인 경우도 있기 때문에, 위 광고를 곧 피고 회사가 제3자에 대하여 원고 회사에게 피고 회사 제품의 판매에 관한 대리권을 수여함을 표시한 것이라고 보기 어렵(다)"고 보고 노래방업주인 "원고 강호요, 성현엽에 대한 노래방기기 세트의 매도인은 원고 회사이지 피고 회사라고 할 수 없으므로 피고 회사가 매도인임을 전제로 한 (손해배상)청구를 이유 없다고 한 원심의 판단"을 수긍하였다.); 대법원 2013.2.14. 선고 2011다28342 판결(원고 주식회사 더모아유통과 피고 한국피앤지판매 유한회사는 이 사건 메가대리점계약을 체결하면서, 피고가 원고에게 제품을 공급하면 원고는 피고에게 해당 제품의 대금을 지급하고 제품 공급 이후 제품과 관련된 일체의 위험과 비용을 부담하여 자신의 거래처에 제품을 재판매하기로 약정하였고, 실제 피고가 기준가격에서 일정한 할인율을 적용하여 제품을 원고에게 매도하면, 원고가 자신의 판단 아래 거래처에 대한 판매가격을 정하여 자신의 명의와 계산으로 제품을 판매하였다 대법원은 "어떤 자가 제

체약대리상의 대리행위는 상사대리로서 현명주의가 배제되어 본인상인을 위한 것임을 표시하지 아니하여도 대리상의 행위는 본인상인에 대하여 효력이 있고($^{§\,48}_{본문}$), 본인상인이 사망하더라도 대리상의 대리권은 소멸하지 아니하고 존속한다($§\,50$).

2) 통지의무

민법상 수임인은 위임인의 청구가 있거나 위임이 종료한 때에 위임사무에 관한 보고의무가 있으나($^{민법}_{§\,683}$), 대리상은 거래의 대리 또는 중개를 한 때에는 지체없이 본인에게 그 통지를 발송하여야 한다($§\,88$). 이는 상거래의 신속성을 고려한 것이다. 통지의무의 불이행시에 대리상은 본인상인에게 손해배상책임을 진다.155) 제88조는 발신주의를 취하고 있으므로 만일 발송한 통지가 본인상인에게 도달하지 않더라도 대리상은 의무를 이행한 것이 되어 그 피해는 본인이 부담하게 된다.

3) 경업금지의무(광의의 경업피지의무)

대리상은 본인상인의 허락없이 자기나 제3자의 계산으로 본인상인의 영업부류에 속한 거래를 하거나 동종영업을 목적으로 하는 회사의 무한책임사원 또는 이사가 되지 못한다($^{§\,89}_{①}$). "본인상인의 영업부류에 속한 거래"란 본인상인의 영업적 상행위인 기본적 상행위와 준상행위를 가리킨다. 또한 상법은 대리상의 겸직이 금지되는 범위에 대하여 "동종영업을 목적으로 하는 회사의 무한책임사원 또는 이사"를 규정하고 있으나, 대리상은 "동종영업을 목적으로 하는 다른 상인의 상업사용인"도 되지 못하는가에 관하여 ⅰ) 본인상인의 이익을 보호하려고 하는 제89조의 입법취지상 이를 긍정하는 견해(통설)156)와 ⅱ) 제89조의 취지는 상업사용인의 경우와는 달리 대리상이

조자나 공급자와 사이에 대리점계약이라고 하는 명칭의 계약을 체결하였다고 하여 곧바로 상법 제87조의 대리상으로 되는 것은 아니고, 그 계약 내용을 실질적으로 살펴 대리상에 해당하는지 여부를 판단하여야 한다"고 전제하고, 위와 같은 사실관계에 있어서 "원고가 피고의 상법상의 대리상에 해당하는 것으로 볼 수 없다."고 한 원심판결을 지지하고, 이러한 결론은 "원고가 피고에게 경제적으로 종속되었다고 하더라도 이와 달리 볼 것은 아니다."고 판시하였다.).

155) 손주찬(03), 302면; 정동윤(12), 219면; 김성태(99), 509면; 최준선(13), 301면.

본인의 영업에 관하여 알게 된 지식을 이용하여 자기 또는 제3자의 이익을 도모하는 것을 방지하기 위한 것이라는 이유에서 부정하는 견해(소수설)157)가 갈린다. 생각건대 제89조가 "동종영업을 목적으로 하는" 회사의 무한책임사원 또는 이사의 겸직만을 금지한 이유는 대리상은 상업사용인과 달리 "특정상인을 위해서만 전력을 다하여 봉사할 의무까지는 없기 때문"이며,158) 제89조의 취지는 소수설의 설명과 같이 대리상이 본인의 영업에 관하여 알게 된 지식을 이용하여 자기 또는 제3자의 이익을 도모하는 것을 방지하기 위한 것이다. 그런데 대리상이 동종영업을 목적으로 하는 다른 상인의 상업사용인이 될 경우 대리상이 본인의 영업에 관하여 알게 된 지식을 이용하여 자기 또는 그 다른 상인의 이익을 도모할 가능성을 배제할 수 없다는 점에서 통설의 입장에 찬동한다

대리상이 경업금지의무를 위반하면 본인상인은 대리상계약해지권, 손해배상청구권, 개입권159)($\S\S\frac{89②, 17②}{③·④}$) 등을 행사할 수 있다.

4) 영업비밀준수의무

대리상은 대리상계약 존속중에는 계약의 효력으로 본인의 영업상 비밀을 준수하여야 하지만, 계약의 종료후에도 계약과 관련하여 알게 된 본인의 영업상의 비밀을 준수하여야 한다($\S\frac{92}{의3}$). 이 제도는 1995년 12월 개정상법에서 독일 상법을 참조하여 후술하는 대리상의 보상청구권($\S\frac{92}{의2}$)과 함께 신설되었다. 영업비밀준수의무는 본인상인의 이익보호를 위한 것이고, 대리상의 보상청구권은 대리상의 이익보호를 위한 것이다.

여기에서 "영업비밀(trade secret, Geschäfts- und Betriebsgeheimnis)"이란

---

156) 채이식(92), 210면; 이철송(15), 462면(입법의 착오라는 견해); 이기수외(03), 372면; 정찬형(15), 286면; 최준선(13), 301면.
157) 손주찬(03), 292~293면.
158) 동지: 채이식(92), 210면.
159) 다만 개입권을 행사할 수 있는 경우는 협의의 경업피지의무에 위반한 경우만이고, 겸직금지의무위반인 경우에는 본인상인은 개입권을 행사할 수는 없다. 이는 상업사용인의 경우에 설명한 것과 마찬가지의 이유에서이다.

"영업과 관련된" 공개되지 아니한 사항으로서 본인상인과 대리상을 포함하여 "소수자만이 알고 있고 본인이 공개되기를 원하지 아니하는" 경제적 가치 있는 정보를 말한다.160) 공개된 정보는 물론 영업비밀이 아니지만, 법상 공시의무가 따르는 주주총회와 이사회 의사록, 주주명부, 재무제표 등은 영업비밀이 아니라고 하는 견해161)가 있으나, 이는 일률적으로 말할 수 없고, 대상정보의 내용, 공시대상이 누구인지 및 공시시기 등을 종합적으로 고려하여 판단할 문제이다. 예컨대, 주식회사의 재무제표 중 대차대조표는 총회의 승인을 얻은 후 공고를 요하는바($\S\,449\,③$), 이처럼 공고된 주식회사의 대차대조표는 공고후에는 영업비밀이 아니지만, 공고전까지는 아직 영업비밀일 수 있고, 주주는 영업시간내에 이사회의사록의 열람 또는 등사를 청구할 수 있지만($\S\,391의3\,③$), 회사는 주주의 이사회의사록 열람·등사청구에 대하여 이유를 붙여 이를 거절할 수 있으므로($\S\,391의3\,④$) 공시된 이사회의사록도 경우에 따라 영업비밀에 포함될 수 있다고 본다.

　대리상이 대리상계약 존속중에 영업비밀준수의무를 위반하면 본인상인은 대리상계약을 해지할 수 있고, 손해배상을 청구할 수 있다. 또한 이 경우에 대리상은 후술하는 보상청구권을 행사할 수 없게 된다. 대리상이 대리상계약이 종료된 후에 영업비밀준수의무를 위반한 경우에는 본인상인은 손해배상을 청구할 수 있다.

5) 보수청구권

　대리상도 상인이므로 본인을 위하여 한 행위에 관하여 상법 제61조에 의하여 대리상계약의 당사자간에 보수의 약정을 하지 않은 경우에도 이를 청구할 수 있다.

---

160) 정동윤(12), 219면(고객의 명단을 예로 들고 있다.); 정찬형(15), 286~287면;
161) 이철송(15), 465면.

6) 유치권

(가) 의의

대리상은 거래의 대리 또는 중개로 인한 채권이 변제기에 있는 때에는 그 변제를 받을 때까지 본인을 위하여 점유하는 물건 또는 유가증권을 유치할 수 있다(§91 본문). 그러나 당사자간에 다른 약정이 있으면 그러하지 아니하다(§91 단서).

(나) 법적 요건

① 피담보채권과 유치목적물간의 견련성

피담보채권(거래의 대리 또는 중개로 인한 본인에 대한 채권)의 유치독적물과의 개별적 견련성은 요구되지 않는 점에서 일반상사유치권(§58)과 같다. 그 이유는 대리상과 본인이 계속적 관계에 있는 점을 감안한 것이다.

② 유치목적물의 점유 취득원인과 목적물의 소유

'유치목적물의 점유 취득원인'과 '목적물의 소유권자가 누구인지'를 불문하는 점에서 민사유치권(민법 §320)과 같다. 즉 대리상의 유치권이 성립하기 위해서는 일반상사유치권과 달리 상행위에 의하여 점유를 취득할 필요도 없고, 목적물이 본인의 소유일 필요도 없다.

(다) 효과

민사유치권과 같은 효력이 있다. 즉 대리상은 유치권, 경매권, 변제충당권 등을 행사할 수 있다.

7) 보상청구권

(가) 의의

대리상의 보상청구권(Ausgleichsanspruch)이란 대리상의 활동으로 본인이 새로운 고객을 획득하거나 영업상의 거래가 현저하게 증가하고 이로 인하여 계약의 종료후에도 본인이 이익을 얻고 있는 경우에 대리상이 본인에 대하여 상당한 보상을 청구할 수 있는 권리를 말한다(§92의2 ① 본문). 다만, 계약의 종료가 대리상의 책임있는 사유로 인한 경우에는 보상을 청구할 수 없다(§92의2 ① 단서). 대리상이 오랜 기간에 걸쳐 노력을 기울여 고객을 확보하고 그 결과로 본인의 사업이 크게 성장하였는데 본인상인이 갑자기 대리상계약을 해지하고 직접 고객과 거래를 하여 이익을 독식하는 사례의 경우에 대리상에게 과거의 노력에 대한 보상을 하여줌으로써 대리상을 보호하려는 데에 이 제도의 목적이 있다고 한다.[162]

이는 1995년 개정상법에서 독일 상법과 유럽연합 대리상지령[163]을 참조하여 신설된 것이다.

법경제학적으로는 "일정한 상인을 위한 상시적 보조자"라는 대리상의 개념요소가 "대리상계약에 있어서 외부효과를 발생"시키는바, 상법의 보상청구권과 영업비밀준수의무의 규정은 모두 이러한 "외부효과를 내부화하여 상인의 경제활동을 보조하는 대리상제도를 활성화하고, 궁극적으로 사회의 자원이용에 있어서의 효용극대화"를 목적으로 하는 것으로 파악된다.[164]

(나) 법적 성질

대리상의 보상청구권의 법적 성질은 대리상계약에 의한 당초의 보수에 부수하여 발생하는 계약상의 권리(vertraglicher Anspruch)라는 견해(소수설)[165]와 추가주문에 대한 보수청구권도 부당이득반환청구권도 불법행위로 인한 손해배상청구권도 아닌, 형평성의 관점에서 인정된 법정의 청구권이라는 견해(다수설)[166]가 갈린다. 생각건대 소수설은 대리상계약 존속중의 대리상 보수청구권이 커버하지 못하는 그 계약 종료후 잔존하는 대리상의 본인 상인 이익에 대한 기여분을 보상하기 위한 당사자 간 약정에 의한 청구권으로 파악하는 것이다. 그러나 이 보상청구권은 형평의 차원에서 법정된 것으로서

---

162) 정동윤(12), 220면.
163) European Council Directive 86/653/TEC of 18 December 1986 on the coordination of the laws of the Member States relating to self-employed commercial agents.
164) 박준우, "대리상의 보상청구권과 영업비밀준수의무: 상법 제92조의2 및 제92조의3에 대한 법경제학적 분석," 「상사법연구」 제21권 제1호, 2002, 172면.
165) 이철송(15), 468면; 석광현, 앞의 논문, 26~27면.
166) 정동윤(12), 220면; 정찬형(15), 289면; 김성태(99), 507면.

제92조의2는 대리상계약 당사자가 약정에 의하여 배제할 수 없는 강행규정성을 갖는 것으로 파악하는 것이 타당하다.

또한 대리상은 미리 보상청구권을 포기하는 특약을 할 수 있다는 견해(소수설)[167]도 있지만, 경제적 약자의 지위에 있는 대리상에게 미리 보상청구권을 포기시킬 수 있도록 하는 것은 대리상보호라는 이 제도의 취지에 반하므로 대리상계약이 종료되기 전에 이 보상청구권을 제한하거나 배제하는 당사자간의 약정은 무효라고 해석한다(다수설).[168] 독일상법은 대리상의 보상청구권을 사전에 배제할 수 없다는 것을 명시하고 있다(§ 89b ④전단). 물론 대리상계약의 종료 후에 일단 발생한 보상청구권을 대리상이 포기하는 것은 유효하다.

(다) 법적 요건

① 대리상계약이 종료할 것

대리상계약 중에는 보수청구권이 문제될 뿐 보상청구권은 문제되지 아니한다. 즉 대리상의 보상청구권은 유효하게 존재하던 대리상계약이 종료한 후에 발생할 수 있다.

② 계약의 종료후에도 본인이 이익을 얻고 있을 것

대리상의 보상청구권이 인정되기 위해서는 대리상의 활동으로 본인이 새로운 고객을 획득하거나 영업상의 거래가 현저하게 증가하고 이로 인하여 계약의 종료후에도 본인이 이익을 얻고 있는 경우이어야 한다(통 92의2 ①본문). 이 때 '이익'(Vorteil)은 본인상인의 회계학적 '영업이익'(Unternehmensgewinn)을 말하는 것이 아니라 대리상이 개척한 고객과의 거래가 유지되거나 기존 고객과의 사이에 거래가 현저히 증가한 상태가 지속됨으로써 얻는 기업상의 경제적 가치를 말한다.[169] 따라서 본인이 실제로 매출이 증가하여 영업이익

---

[167] 손주찬(03), 301면(독일상법과 달리 상법은 배제의 특약을 금지하는 명문규정이 없음을 근거로 한다.); 최준선(13), 305면(대리상이 자신의 의사로 청구권을 포기하는 것은 가능하며 대리상계약이 종료되기 전에 미리 보상청구권을 배제할 수 있다.); 송옥렬(19), 156면(명문의 규정이 없는 이상 포기의 특약을 할 수 있다).
[168] 이철송(15), 475면(제92조의2를 강행규정으로 보는 점에 근거한다.); 정찬형(15), 289면; 김성태(99), 507면; 김정호(05), 274~275면; 서헌제(07), 294면; 정경영(07), 183면.

을 얻은 경우는 물론 "영업이익을 실현할 수 있는 가능성"이 있는 경우도 "본인이 이익을 얻고 있는 경우"에 해당하여 대리상이 보상청구권을 행사할 수 있다.170) 독일상법은 대리상의 보상청구권이 성립하기 위한 요건으로 ① 본인이 대리상이 획득한 새로운 고객과의 거래관계로 인하여 대리상 계약 종료 후에도 현저한 이익(Vorteil)을 얻고, ② 대리상이, 만일 그 거래관계가 존속한다면 이미 성립하였거나 장래 성립할 고객과의 거래로부터 그가 취득하게 될 보수청구권을 본인과의 계약관계의 종료로 인하여 상실하며, ③ 모든 사정을 참작할 때 보상의 지급이 형평성(Billigkeit)의 요구에 부합하는 경우이어야 한다고 규정한다(§ 89b ①전단). 대리상이 경제적으로 새로운 고객을 획득한 것에 상응할 정도로 고객과의 거래관계를 확대시켰다면, 이는 새로운 고객을 획득한 것으로 본다(§ 89b ①후단).

③ 대리상계약 종료의 원인

대리상 계약의 종료가 대리상의 책임 있는 사유로 인한 것이 아니어야 보상을 받을 수 있다(§ 92의2 ①단서). 따라서 본인상인이 대리상의 귀책사유(예컨대, 영업비밀준수의무위반, 경업금지의무위반, 그밖의 채무불이행)를 원인으로 하여 대리상계약을 해지한 경우에는 당연히 대리상의 보상청구권은 생기지 않는다.171) 그 외에 대리상계약의 종료가 대리상의 자발적 의사에 기인한 경우(예컨대, 대리상이 본인의 행위에 기인하여 계약관계를 해지한 경우를 제외하고 스스로 대리상계약을 해지한 경우, 대리상이 본인상인과 합의하여 대리상의 지위를 제3자에게 이전한 경우)에도 대리상의 귀책사유로 인한 것에 준하여 보상청구권이 발생하지 않는 것으로 해석하여야 할 것172)이다(§ 92의2 ①단서 의 유추적용). 우리 법이 모델로 한 독일상법은 본인 상인과 대리상의 합의에 의하여 대리상의 지위를 제3자에게 이전하는 경우에는 보상청구권을 인정하지

---

169) 김성태(99), 508면; 이철송(15), 471면, 각주 22.
170) 정동윤(12), 220면.
171) 이철송(15), 470면.
172) 동지: 이철송(15), 470면(대리상이 그 지위를 양도하면서 대가를 얻을 수 있다는 점을 근거로 든다.).

않고 있다(§89b③iii).

그러나 대리상계약의 종료가 불가항력적 사유 또는 대리상의 노령·질병에 기인한 경우(예컨대, 대리상이 지진·홍수·전염병발병으로 인한 영업불능·부진 등의 이유에서 또는 대리상이 노령·질병 때문에 영업활동을 지속할 수 없어서 부득이 스스로 대리상계약을 해지한 경우)에는 대리상 계약의 종료가 대리상의 책임 있는 사유로 인한 것이 아니므로 형평의 관념상 보상청구권이 발생한다고 본다. 독일상법도 대리상의 노령·질병으로 사업활동을 할 수 없음을 이유로 대리상계약을 해지한 경우에는 보상청구권을 인정하고 있다(§89b①단서). 이와 달리 대리상계약의 종료가 대리상의 노령·질병에 기인한 경우는 이행불능에 대한 위험부담의 문제로 보아서 보상청구권이 발생하지 않는 것으로 해석하는 견해[173]도 있으나, 이행불능시 보수청구는 할 수 없더라도, 노령·질병에 기인하여 계약을 해지하기 전에 수행한 대리상의 영업활동에 대하여 계약 해지 후 보상을 청구하는 것은 별개의 문제이다.

④ 국제거래에서의 적용범위

국제대리상계약은 대리상계약의 준거법에 의하여 규율되는데, 우리나라가 관련된 어떤 국제대리상계약에 있어서 대리상의 보상청구권을 인정하는 법을 가지고 있지 않은 국가의 법이 당사자자치(국제사법 §25①본문) 또는 객관적 연결(동법 §26)에 의하여 준거법이 된 경우에 상법 제92조의2가 해당 사안에 대하여 적용되는지가 문제된다. 이 문제는 상법 제92조의2가 국내거래에서는 당사자의 의사에 관계 없이 강행되는 규정이지만 국제거래에서는 그렇지 않은 "통상의 강행규정"인지 국내거래이든 국제거래이든 반드시 관철되어야 하는 "국제적 강행법규"인지에 따라 판정된다. 제92조의2가 "통상의 강행규정"이라면 국제거래에서 대리상의 보상청구권을 인정하는 한국법이나 독일법이 대리상계약의 준거법인 경우 대리상은 보상청구권을 가지지만, 당사자들이 보상청구권을 알지 못하는 외국법을 대리상계약의 준거법으로 지정하

---

[173] 이철송(15), 470면.

였다면, 가사 대리상이 한국에서 영업을 하더라도 상법은 적용되지 않고 그 준거법에 따르므로 보상청구권이 인정되지 않는다. 반면에 제92조의2가 "국제적 강행법규"라면 준거법이 외국법이더라도 동조가 적용되므로 대리상은 그에 다른 보상을 받을 수 있게 된다. 제92조의2가 국제적 강행법규인가 하는 문제에 대하여 이를 부정한 하급심 판례[174]가 있고, 현행법의 해석론으로서는 상법 제92조의2를 국제적 강행법규인 특별사법이라고 보기는 어렵다는 견해[175]가 유력하다.

(라) 효과

대리상은 "상당한 보상"(angemessener Ausgleich)을 청구할 수 있다. "상당한 보상"이란 대리상 계약기간 중의 대리상의 기여도, 본인의 현존하는 이익 등 모든 관련사항을 고려하여 형평성(Billigkeit)에 부합하는 보상액을 의미한다.[176] 이 때 보상

---

[174] 서울고등법원 2005.1.14. 선고 2004나14040 판결("원고는 준거법에 관하여, 대리상의 보상청구권을 규정한 상법 제92조의2가 대기업 등으로부터 소규모 대리상들을 구제하기 위한 강행규정으로서 준거법이 대한민국의 법이 아닌 경우에도 적용되어야 한다고 주장하나, 상법 제92조의2가 규정하고 있는 대리상의 보상청구권은 대리상계약에 의한 당초의 보수에 부수하여 발생하는 계약상의 권리를 법에서 정하고 있는 것이어서 비록 그 입법취지에 일부 강행법규의 성격이 포함되어 있다 하더라도 공정거래, 소비자보호 등과 같이 입법 목적에 비추어 준거법에 관계없이 해당 법률관계에 적용되어야 할 강행규정이라고 볼 수 없다"는 취지로 판시하였다.).

[175] 석광현, 앞의 논문("국제거래에서의 대리상의 보호"), 56면(대리상을 두텁게 보호할 필요성을 고려한다면 상법 제92조의2를 국제적 강행규정으로 보아야 할 이유가 없는 것은 아니지만, 사인 간의 이익의 조정을 목적으로 하는 조항을 국제적 강행법규로 봄으로써 국제계약에서 타당한 당사자자치의 원칙이 공동화되고, 그 결과 법적 안정성이 침해될 우려가 있는 점, 이를 국제적 강행법규로 본다면 그것이 대리상영업에 미칠 파급효과도 고려해야 할 것이다. 외국의 사업자로서는, 만일 현실적으로 가능하다면 예컨대 상법 제92조의2와 같은 조항을 두고 있지 않은 일본법을 준거법으로 하면서 일본기업(또는 홍콩기업)의 한국 내 지사로 하여금 대리상영업을 하게 할 가능성도 생각할 수 있는데, 그렇게 된다면 우리 기업이 대리상영업을 할 기회를 박탈당하는 결과가 될 수도 있다는 점, 제92조의2의 국내적 강행규정성에 대해서조차 논란이 있다는 점, 종래 우리의 입법이 국제거래에 대한 합리적 고려 없이 이루어져왔음을 근거로 든다.).

[176] 이철송(15), 472~473면(독일 판례는 대리상계약이 종료하는 해의 연간보수를 기준으로 삼아, 여기에 대리상이 활동한 효과가 존속한다고 보이는 햇수(업종에 따라 통상 3년 내지 5년)를 곱하고, 과거의 실적을 감안하여 고객의 이탈률을 적용하여 보상액

금액은 대리상계약의 종료전 5년간의 평균연보수액을 초과할 수 없는데(§ 92의2 ③제1문), 계약의 존속기간이 5년 미만인 경우에는 그 기간의 평균연보수액을 한도로 한다(§ 92의2 ②제2문). 이 때 '보수액'은 대리상이 영업활동을 위하여 지출한 경비를 차감한 순보수액(Nettoprovision)이 아니라 대리상이 본인으로부터 받은 총보수액(Bruttoprovision)을 말한다.177)

보상청구권은 계약이 종료한 날부터 6월을 경과하면 소멸한다(§ 92의 2③). 이 6월의 기간은 제척기간이다(통설).

2. 외부관계(대리상과 제3자의 관계)

1) 대리상의 권리

체약대리상은 본인을 위하여 제3자와 계약을 체결할 대리권을 갖고, 중개대리상은 제3자에 대하여 계약의 중개와 관련한 행위를 할 수 있다(§ 87). 구체적으로 상법은 대리상과 본인상인의 관계에 관하여 일정한 통지수령권만을 규정하고 있다. 즉 물건의 판매나 그 중개의 위탁을 받은 대리상은 매매의 목적물의 하자 또는 수량부족 기타 매매의 이행에 관한 통지를 받을 권한이 있다(§ 90). 따라서 대리상계약에서 정함이 없는 경우에는 대리상은 그 외에 대금의 수령이나 매매계약 자체의 무효·취소·해제 등에 따른 통지의 수령권은 없고178), 따라서 그러한 통지는 본인상인에게 직접 해야 한다고 해석된다. 만일 제90조에서 정한 사항 이외의 사항에 대하여 대리인에게 통지한 경우에 상대방은 민법상 표현대리에 의하여 보호받을 수밖에 없다.179) 제90조가 없더라도 체약대리상은 대리의 일반원칙에 따라 매매의 이행에 관한 통지를 받을 권한이 있다고 해석되므로 본조는 중개대리상에게도 그러한 통

을 체감시키며, 여기에 계량할 수 없는 각종의 사정을 감안하여 형평성 차원에서 가감하여 산정한다고 한다.).
177) 이철송(15), 474면; 정찬형(15), 290면.
178) 손주찬(03), 295면; 전우현(11), 272면; 정동윤(12), 222면; 정찬형(15), 291면; 최준선(13), 306면.
179) 손주찬(03), 295면.

지수령권을 부여한 점에 의의가 있다.180)

2) 대리상의 의무와 책임

체약대리상이나 중개대리상이 한 법률행위에 대해서는 본인상인이 의무와 책임을 지고, 대리상은 제3자에 대해서 아무런 의무와 책임을 지지 않는다. 그러나 대리상이 업무수행 중 제3자에게 고의·과실로 불법행위를 한 경우에는 대리상만이 책임을 지고, 본인은 책임을 지지 않는다. 다만 보험대리상 또는 그 피용자의 업무상 불법행위에 대해서는 보험회사가 보험설계사 또는 보험대리점에 모집을 위탁함에 있어서 상당한 주의를 하였고 또한 이들이 행하는 모집에 있어서 보험계약자에게 가한 손해의 방지에 노력한 경우를 제외하고는 법률규정에 의하여 보험회사가 책임을 지는 경우가 있다(보험업법 §102).

4. 대리상계약의 종료

(1) 일반 종료원인

대리상계약은 위임계약 일반의 종료원인, 즉 본인상인의 파산, 대리상의 사망·파산·피한정후견의 개시(민법 §690)와 본인상인의 기업의 해소(예컨대, 해산 또는 흡수합병)에 의하여 종료된다. 기업유지의 사상의 발현으로 본인상인의 사망은 종료원인이 아니다(§50).

(2) 법정 종료원인

당사자가 계약의 존속기간을 약정하지 아니한 때에는 각 당사자는 2월전에 예고하고 계약을 해지할 수 있다(§92①). 당사자가 계약의 존속기간을 약정한 경우에도 부득이한 사정이 있는 때에는 각 당사자는 언제든지 계약을 해지할 수 있다(§§92② 83②).

---

180) 이철송(15), 477면.

제2절 중개업

1. 총설

　중개업(brokage, Maklergeschäft)은 타인간의 상행위를 중개하는 내용의 상행위를 하는 중개인의 영업이다. 중개인은 위탁자를 위하여 적합한 거래상대방을 물색하여 소거하고 거래상대방의 자력·신용, 상품 및 시장 사정 등에 관한 정보를 조사한 자료를 위탁자에게 제공함으로써 계약체결을 촉진하는 것을 주된 기능으로 하고, 필요한 경우에는 당사자에게 상대방을 알리지 않음으로써 거래를 성사시키기도 하는 기능을 수행하는 역할을 하는 상인으로서 보조상의 일종이다.

　연혁적으로 중개업은 고대로부터 내외국인간의 거래를 중개하는 자유업으로서 활동한 오랜 역사를 갖고 있으나, 중세 도시국가에서는 중개 이외에 통역·감정·공증·경찰업무까지 독점적으로 담당하는 공직이 되었다가 근세에 영업자유의 원칙의 확립으로 다시 자유업으로 환원되어 현재까지 이르고 있다.[181]

2. 중개인의 의의

　타인간의 상행위의 중개를 영업으로 하는 자를 중개인(broker, Handelsmakler)이라 한다(§93). 그 개념요소를 분설한다.

(1) 상행위의 중개를 영업으로 하는 자

　중개인은 "타인간의 상행위"의 중개를 "영업으로 하는 자", 즉 상사중개인이다. 따라서 적어도 그 타인 중의 한쪽은 상인이어야 하고, 여기에서의 타인간의 '상행위'에는 쌍방적 상행위는 물론 일방적 상행위도 포함하나 기본적 상행위만을 의미하며 보조적 상행위는 포함하지 아니한다는 견해(다

---

181) 이철송(15), 479면.

수설)182)와 보조적 상행위도 포함한다는 견해(소수설)183)로 갈린다. 다수설은 제93조 이하의 중개인의 규정은 그 자체 "영업으로 반복하는 상행위"의 중개를 예상한 규정이므로 보조적 상행위는 포함하지 아니한다는 것을 근거로 한다. 그러나 소수설은 그처럼 제한적으로 해석할 근거가 없는 점, 중개인은 불특정 다수인을 상대로 중개를 하므로 어차피 중개인과 계약당사자의 관계는 1회적이어서 중개되는 행위가 상행위이면 족하고 그것이 그 계약당사자에게 계속적으로 반복되는 행위인지를 따지는 것은 무의미하다는 점, 대규모의 영업을 유지·관리하는 데 필요한 보조적 상행위의 중개행위를 중개인의 업무에서 배제할 뚜렷한 이유도 없다는 점 등을 근거로 든다.

생각건대 다수설이 중개인의 중개 대상인 계약당사자의 행위가 영업으로 반복하여 행할 것을 요구하는 것은 무의미하다는 소수설의 논거는 매우 설득력이 있다. 그러나 보조적 상행위는 외형적으로 상행위로 파악될 수 있는 정형성을 결여한 행위로서 그 행위자가 상인인가 非상인인가에 따라 상행위성이 결정되는 것인바, 소수설에 따른다면 동일한 행위를 중개하는 자가 계약당사자가 상인인지 非상인인지에 따라 중개인인지 민사중개인인지가 좌우된다는 다소 일관성이 결여된 결론이 된다. 그러므로 다수설에 따라 상인의 보조적 상행위를 영업으로 중개하는 자는 민사중개인으로 취급하는 것이 타당하다고 본다. 다만, 양설은 보조적 상행위를 중개하는 자를 상법상의 중개인으로 취급하느냐 민사중개인으로 취급하느냐에 있어서 차이가 있을 뿐 그러한 자의 법률관계에 대하여 상법의 중개업에 관한 규정을 적용하는 결과에 있어서는 차이가 없다.

요컨대 보조적 상행위를 중개하거나 "상행위 이외의 행위"를 중개하는 자는 민사중개인(예컨대, 혼인중매인·직업소개소·非상인간 부동산의 매매

---

182) 강위두·임재호(11), 247면; 김정호(05), 278면; 서돈각·정완용(99), 189면; 손주찬(03), 302면; 손진화(14), 251면; 안강현(15), 262면; 정동윤(12), 224~225면; 정찬형(15), 292~293면.
183) 김성태(99), 555면; 이기수·최병규(10), 395면; 이철송(15), 480면; 전우현(11), 275면; 채이식(92), 216면.

를 중개하는 부동산중개인)으로서 상법상의 중개인이 아니다. 그러나 민사중개인도 상행위가 아닌 행위의 중개행위의 인수를 영업으로 하면 상사중개인은 아니지만 당연상인이 되므로($^{상\ §\ 4}_{46xi}$) 그 법률관계에 대하여 상법이 적용된다.

(2) 중개

여기에서의 '중개'는 타인간의 법률행위의 체결을 돕는 사실행위이다. 따라서 중개인이 제3자에 대하여 직접 계약의 당사자가 되는 것은 아니며 위탁자를 위한 대리권을 갖는 것도 아니다. 중개인은 중개를 하는 점은 중개대리상과 공통되지만 특정 상인을 위하여 상시 중개하는 것이 아니라 불특정·다수의 상인을 위하여 중개하는 점에서 차이가 있다.

(3) 영업으로 하는 중개

중개인은 "중개를 영업으로 하는 자"이어야 한다($^{상}_{§46}$). 따라서 동종행위의 계속·반복성과 영리성이 요구된다. 전술한 바와 같이 중개는 사실행위이므로 엄밀히 말하자면 중개인은 법률행위인 "중개의 인수를 영업으로 하는 자"이어야 한다.

(4) 중개계약의 법적 성질

중개인과 중개를 의뢰한 자 사이의 '중개계약'의 법적 성질은 그것이 쌍방적 중개계약인지 일방적 중개계약인지를 나누어서 살펴보아야 한다.

쌍방적 중개계약(쌍무적 중개계약)은 중개인이 적극적으로 중개할 의무를 부담하고 계약이 성립하면 의뢰자는 보수를 지급할 의무를 부담하는 중개계약으로서 그 법적 성질은 위임계약($^{민법}_{§680}$)이다(통설). 중개인은 원칙적으로 적극적으로 중개할 의무를 부담하지는 아니한다고 하여 당사자간에 특약이 없는 한 중개계약은 일방적 중개계약으로 보아야 한다는 견해[184]도 있지만, 당사자간에 특약이 없는 한 중개계약은 원칙적으로 쌍방적 중개계약으로 보아

---

184) 김성태(99), 559면; 김정호(05), 279~280면; 이철송(15), 481~482면.

야 한다.185)

　일방적 중개계약(편무적 중개계약)은 중개인이 적극적으로 중개할 의무를 부담하지는 아니하고 다만 중개에 의하여 계약이 성립하면 의뢰자는 보수를 지급할 의무를 부담하는 중개계약인데, 그 법적 성질에 관해서는 ⅰ) 위임계약설186), ⅱ) 위임계약에 유사한 특수한 계약설187), ⅲ) 도급계약에 준하는 계약설188), ⅳ) 도급계약에 유사한 특수한 계약설189) 등이 주장되고 있다. 위임계약에서는 수임인이 사무처리의 의무를 부담하므로($^{민법}_{§680}$) 중개인이 적극적으로 중개할 의무를 부담하지 아니하는 일방적 중개계약과는 맞지 않다. 또한 도급계약에서는 수급인이 일을 완성할 의무를 지고 상대방은 그 결과에 대하여 보수를 지급하므로($^{민법}_{§664}$) 단지 계약이 성립하면 보수를 받는 중개계약은 도급계약 또는 도급계약에 준하는 계약이라고 보기도 어렵다. 따라서 일방적 중개계약의 법적 성질은 도급계약에 유사한 특수한 계약으로 보는 것이 타당하다.

3. 중개인의 의무

　중개계약은 보통 쌍방적 중개계약이며 그 경우 위임계약의 성질을 가지므로 중개인은 수임인으로서 선관의무를 부담한다($^{민법}_{§681}$). 따라서 중개인은 적극적으로 위임사무를 처리할 주된 의무를 지며 위임인의 상행위의 성립을 방해하지 않도록 행동할 부수적 의무를 진다. 중개인이 이러한 의무를 위반한 경우에 위임사무를 처리한 것으로 인정할 수 없을 정도의 의무위반이 있다면 위임인은 중개인에게 보수의 지급을 거절할 수 있다.190) 일방적 중개계약

---

185) 서돈각·정완용(99), 190면; 손주찬(03), 303면; 정희철(89), 187면; 채이식(92), 217면; 정찬형(15), 295면.
186) 강위두·임재호(11), 248면; 김성태(99), 559면; 손진화(14), 252면; 이기수·최병규(10), 397면; 이철송(15), 482면; 전우현(11), 278면; 채이식(92), 217~218면; 최준선(13), 310면.
187) 정동윤, 개정판 상법총칙·상행위법, 1996, 458면.
188) 서돈각·정완용(99), 190면; 이병태(88), 263면; 이원석(85), 189면.
189) 손주찬(03), 303면; 임홍근(01), 623면; 정찬형(15), 294~295면.
190) 정희철(89), 187면; 정찬형(15), 295면.

의 경우에는 중개인은 계약상대방을 위하여 적극적으로 상행위를 중개할 의무는 부담하지 않지만 중개하여 상대방과 그 거러상대방과의 사이에 계약이 체결된다면 그 결과에 대하여 보수를 받게 된다. 이 경우 중개행위에 하자가 있어서 상대방의 상행위가 완성되지 못하였다면 중개인이 수급인에 준하여 담보책임(§§ 민법 667, 536)을 부담한다고 해석된다. 그밖에도 상법은 중개인에게 몇 가지 의무를 지우고 있다.

(1) 견품보관의무

중개인이 그 중개한 행위에 관하여 견품을 받은 때에는 그 행위가 완료될 때까지 이를 보관하여야 한다(§95). 견품(見品)이란 견품에 의한 매매에서 계약체결의 경우에 이행의 목적물의 품질의 기준이 되는 목적물을 말한다. 제95조의 취지는 당사자간의 분쟁을 방지하고, 분쟁이 발생하더라도 그것이 신속히 해결되도록 하기 위한 것이다. 그러므로 여기에서 "그 행위가 완료될 때까지"란 중개행위 완료시 또는 목적물 인도시 까지가 아니라 견품을 주고 받는 이유인 "물건의 품질에 관한 분쟁이 발생하지 않을 것이 확실해질 때(예컨대, 계약의 해제시, 이의기간의 경과시, 시효기간의 만료시) 까지"의 의미로 해석되어야 한다.[191]

중개인이 견품보관행위를 하는 것은 법률상 의무에 의한 것이라 해도 전술한 바와 같이 상법 제61조의 해석상 상인은 마땅히 그 행위에 대한 보수는 청구할 수 있다고 본다.

(2) 결약서교부의무

당사자간에 계약이 성립된 때에는 중개인은 지체없이 각 당사자의 성명 또는 상호, 계약연월일과 그 요령을 기재한 서면을 작성하여 기명날인 또는 서명한 후 각 당사자에게 교부하여야 한다(§96). 위의 서면을 결약서(Schlossnote)라고 한다. 결약서의 법적 성질은 계약 성립후 중개인이 조성하

---

[191] 정희철(89), 188면; 정동윤(12), 226면; 정찬형(15), 296면.

는 것이므로 계약의 성립요건은 아니고, 계약서도 아니며 단순한 증거증권에 불과하다. 그 기재사항 중에 "그 요령"이란 계약내용의 주요사항을 말하는데, 목적물의 명칭·수량·품질·이행방법·이행기·이행장소 등이 그것에 포함될 수 있다.

결약서의 교부의무를 부과하는 것은 중개인이 중개한 사항에 관하여 계약이 성립한 사실 및 그 내용을 명확히 하여 당사자간의 분쟁을 예방하고자 하는 취지이다.

당사자가 즉시 이행을 하여야 하는 경우를 제외하고 중개인은 각 당사자로 하여금 결약서에 기명날인 또는 서명하게 한 후 그 상대방에게 교부하여야 한다($\S \frac{96}{2}$). 만일 당사자의 일방이 결약서의 수령을 거부하거나 기명날인 또는 서명하지 아니한 때에는 중개인은 지체 없이 상대방에게 그 통지를 발송하여야 한다($\S \frac{96}{3}$).

(3) 장부작성 및 등본교부의무

중개인은 결약서에 기재한 사항을 장부에 기재하여야 한다($\S \frac{97}{1}$). 이 장부를 통상 일기장(日記帳)(Tagebuch)이라고 한다.

일기장은 타인간의 거래에 관한 증거를 보전하기 위하여 작성하는 것이므로 개념상 중개인의 상업장부(회계장부)는 아니다. 그러나 중개인이 일기장에 자기의 영업용 재산 및 손익상황을 기재하게 되면 하나의 장부가 양자의 성질을 겸할 수 있다.

당사자는 언제든지 일기장의 내용 중 자기를 위하여 중개한 행위에 관한 부분의 등본의 교부를 청구할 수 있다($\S \frac{97}{2}$).

(4) 성명·상호묵비의무

당사자가 그 성명 또는 상호를 상대방에게 표시하지 아니할 것을 중개인에게 요구한 때에는 중개인은 그 상대방에게 교부할 결약서($\S \frac{96}{1}$)와 당사자가 교부를 청구한 일기장의 등본($\S \frac{97}{2}$)에 이를 기재하지 못한다($\S 98$). 이것은 자기의 성명 또는 상호를 상대방에게 알리고 싶지 않은 당사자를 보호하기 위한 것이며 비개성적인 상거래에서는 굳이 상대방을 알 필요도 없기 때문이다.192) 제98조는 중개인에게 중개를 위탁한 자가 성명 또는 상호를 묵비하여 달라고 요구한 경우만이 아니라 그 상대방이 요구한 경우에도 적용된다.193)

그러나 만일 당사자가 성명·상호의 묵비를 요구하지 않았는데 중개인이 임의로 그렇게 한 경우에는 후술하는 바와 같이 이행담보책임을 지며, 더 나아가서 당사자 일방이 중개인을 자처하고 자신이 당사자로서의 성명·상호를 묵비한 채 계약한 경우 또는 중개인이 자신이 직접 당사자가 되면서 당사자가 묵비를 요구한다고 하며 계약한 경우와 같이 당사자의 성명·상호에 대한 묵비를 넘어 기망에 이른 경우라면 상대방 당사자는 사기를 이유로 계약을 취소할 수 있고($^{민법}_{§110①}$)194) 쌍방적 중개계약인 경우에는 위임계약의 성질을 가지므로 중개인은 수임인으로서 선관의무($^{민법}_{§681}$)위반으로 인한 손해배상을 청구할 수 있다($^{동법}_{§390}$).

(5) 개입의무(이행담보책임)

중개인이 임의로 또는 당사자가 성명·상호의 묵비를 요구하여($^{§97}_{②}$) 당사자의 일방의 성명 또는 상호를 상대방에게 표시하지 아니한 때에는 상대방은 중개인에 대하여 이행을 청구할 수 있다($§99$).

상법은 당사자의 일방의 성명 또는 상호를 상대방에게 표시하지 아니한 때에는 상대방의 신뢰를 보호할 필요가 있으므로 성명·상호를 표시하지 아니한 원인을 불문하고 상대방의 청구가 있으면 개입하여 보충적 이행책임을 지도록 한 것이다.195) 상대방의 청구가 없으면 중개인은 이러한 책임을 지지 아니하며, 성명·상호가 표시되지 아니한 당사자가 이미 이행한 경우에는 중개인은 개입할 여지가 없다. 중개인이 개입의무를 이행하더라도 성명·상호가 표시되지 아니한 당사자는 상대방에 대하여 계약당사자로서의 권리를 취

---

192) 정동윤(12), 228면; 정찬형(15), 298면.
193) 손주찬(03), 306면; 임홍근(01), 688면; 정찬형(15), 298면.
194) 이철송(15), 485면.
195) 이철송(15), 485~486면; 정희철(89), 190면; 정동윤(12), 229면; 정찬형(15), 298면.

득하고 의무를 부담한다.

중개인은 이행을 한 후에는 묵비를 요구한 당사자에게 구상을 할 수 있다. 중개인이 계약이 성립된 후 묵비하였던 당사자의 성명·상호를 개시(開示)하더라도 상대방의 신뢰를 보호할 필요는 여전히 있으므로 중개인의 개입의무는 소멸되지 아니한다(통설).[196]

4. 중개인의 권리

(1) 보수청구권

중개인은 상인이므로 특약이 없더라도 중개에 의한 보수, 즉 중개료(Maklerlohn, Provision)를 청구할 수 있다(§61).

그러나 중개인이 보수를 청구하려면 중개로 인하여 당사자간에 계약이 성립했어야 한다. 즉 계약이 성립하지 않았으면 중개인은 전혀 보수를 청구할 수 없고[197] 계약체결과 중개 사이에 상당인과관계가 인정되지 아니하여도 마찬가지이다. 그렇지만 중개인이 중개행위에 착수한 뒤에 당사자가 중개료의 지급의무를 면하기 위하여 중개계약을 해지하고 직접교섭에 의하여 계약을 체결한 경우에는 신의칙상 또는 고의에 의한 정지조건 성취의 방해로 보아(민법 §150 ①의 유추적용) 중개인은 이미 이루어진 중개행위의 정도에 상응한 중개료를 청구할 수 있다고 본다.[198] 또한 상법은 중개료를 청구하려면 결약서의 교부

---

196) 강위두·임재호(11), 252면; 김성태(99), 564면; 안강현(15), 266면; 이기수·최병규(10), 402면; 손주찬(03), 306면; 전우현(11), 281면; 정경영(07), 189면; 정동윤(12), 229면; 정찬형(15), 298면, 최준선(13), 314면.
197) 대법원 1956.4.12. 선고 4289민상81 판결(매매가 성립되지 아니한 이상 중개인이 중개의 노력을 하였더라도 그 노력의 비율에 상당한 보수를 청구하지 못한다고 판시).
198) 임홍근(01), 365면; 정동윤(12), 229~230면; 이철송(15), 487면; 최준선(13), 315면; 부산지법 2007.1.25. 선고 2005나10743 판결. 이와 구별되는 경우이나 동일한 취지로 서울지법 동부지원 1987.2.20. 선고 86가단2801 판결(당사자가 중개계약을 명시적으로 해지하지 아니한 채 당사자간에 직접 계약을 체결한 사안에서 법원은 가격조정의 실패에도 불구하고 중개위임계약은 아직 유효하게 존속되고 있는 상태라고 보고, 공인중개사가 이 사건 부동산매매중개를 위하여 힘써온 과정, 그 후 결국 이루

(§96) 절차를 완료하였어야 한다($^{§100}_{①}$)고 규정한다.

중개인의 보수는 당사자 쌍방이 균분하여 부담한다($^{§100}_{②}$). 그러나 중개인은 각당사자별로 중개료를 다르게 약정할 수 있다고 본다. 당사자의 중개료지급의무는 분할채무($^{민법}_{§408}$)이므로 중개인은 당사자 일방이 자기의 부담부분의 보수를 지급하지 않는 경우에도 다른 당사자에게 그 부분의 지급을 청구할 수는 없다.

중개료의 액수는 특약 또는 관습에 의하여 다르게 정해지지 않는 한 거래가액에 대한 백분율로써 정하는 것이 보통이다.199) 부동산 중개수수료에 대해서는 특별법에 의하여 중개료에 대한 규제가 가해지고 있으므로 당사자와의 특약에 의하더라도 그 법상 한도를 넘지는 못한다.200)

민사중개인의 경우에도 당연상인($^{§§4}_{46xi}$)이므로 그 중개료에 관하여 제100조가 유추적용될 수 있다(통설).

(2) 비용상환청구권 및 급여수령권 문제

중개인은 중개를 함에 있어서 소요된 비용은 특약 또는 관습이 없는 한 당사자에게 지급을 청구할 수 없다. 비용은 통상 중개료에 포함되어 있기 때문이다.

어진 당사자들 사이의 계약내용, 공인중개사가 그 자신의 귀책사유 없이 매매계약서 작성에 있어 배제되게 된 사정 등을 종합하여, 비록 공인중개사가 매매계약서의 작성이라는 계약성립의 최종단계에는 관여하지는 않았다 하더라도 중개수수료 지급의무를 인정하였다.).
199) 정희철(89), 191면; 정찬형(15), 300면; 대법원 1985.10.8. 선고 85누542 판결(선박을 매매함에 있어 그 대금을 연불조건으로 지급하기로 약정하는 경우의 중개수수료는 연불에 따른 이자를 제외한 선박대금액을 기준으로 산정하여 지급하는 것이 일반거래의 관행이라고 판시).
200) 대법원 2002.9.4. 선고 2000다54406·54413 판결(부동산중개업법 및 같은 법 시행규칙이 정하는 범위 내에서 특별시·광역시 또는 도의 조례로 정한 상한을 초과하는 부동산중개수수료의 약정은 강행법규위반으로 무효라고 판시); 대법원 2007.12.20. 선고 2005다32159 전원합의체 판결(부동산중개업법 및 같은 법 시행규칙 등 관련 법령에서 정한 한도를 초과하는 부동산 중개수수료 약정은 강행법규위반으로 그 한도를 초과하는 범위 내에서 무효라고 판시).

또한 중개인은 중개만 할 뿐 스스로 당사자간 계약의 당사자도 아니고 당사자의 대리인도 아니므로 특약 또는 관습이 없는 한 당사자를 위하여 급여를 수령할 권한은 없다. 다만, 당사자 일방이 그 성명·상호의 묵비를 요구한 경우에는 그 당사자는 급여수령권을 묵시적으로 부여하는 의사표시를 한 것으로 볼 수 있다.[201]

부산지법 2007.1.25. 선고 2005나10743 판결

피고의 동생인 소외 1은 2002. 11.경 (상호 A)공인중개사 사무소 직원 소외 2에게 부산 동래구 온천동 대지 및 그 지상의 8층 건물(이하 '이 사건 부동산')을 약 3,500,000,000원 정도에 매도해 달라고 중개를 의뢰하면서, 이 사건 부동산이 실제로는 누나인 피고의 소유이나 등기명의만 소외 3 주식회사(이하 '소외 3 회사')로 되어 있다는 취지로 알려 주었다. 그 후 소외 2는 (상호 B)공인중개사사무소를 운영하고 있던 원고와 위 중개업무를 공동으로 처리하기로 하여 원고가 2003.3.10.경부터 소외 4 주식회사(이하 '소외 4 회사')에게 이 사건 부동산을 매수하도록 알선하게 되었고, 소외 2는 피고 및 소외 1과, 원고는 소외 4 회사와 주로 접촉하여 매매대금을 비롯한 매매조건에 대한 협의를 진행한 끝에 2003.3. 말경 이 사건 부동산의 매매에 관한 대체적인 협의가 이루어졌다. 그에 따라 2003.3.27. 매수인측에서 소외 4 회사의 회장인 소외 5, 소외 6, 매도인측에서 피고, 소외 1, 그리고 중개업자인 원고, 소외 2, 소외 7 등이 김해공항 귀빈실에서 만나 이 사건 부동산의 매매대금을 40억 원으로 정하고 매도인 소외 3 회사, 매수인 소외 4 회사로 된 매매계약서를 작성하면서 "상기 부동산 매매대금은 설정된 3층 전세금 60,000,000원, 압류(금정구청) 2건, 미공시 임차금 등이 포함된 금액이며 매도인은 잔금 지급 전 3층 전세권 해지 및 금정구청 압류 2건을 말소하여야 한다.", "상기 건물에 입주된 모든 이해관계인 등은 매도인이 철거 및 명도를 책임진다.", "매수인은 잔금지급기일이 경과되면 지체자 월 3부를 매도인에게 완납시까지 지급한다." 등의 특약사항을 기재하게 되었다(당시 이 사건 부동산 중 건물의 3층 일부분에 관하여 소외 8 명의의 전세권 등기가 경료되어 있었으나, 실제로는 위 건물이 1999.11.29. 낙찰될 무렵부터 공실 상태로 유지되어 실제로 건물을 점유·사용하는 임차인은 없는 상태였다). 그러나 매도·매수인 쌍방이 위 매매계약서에 날인하기 전, 피고가 위 특약사항 중 매도인이 명도를 책임진다는 부분에 대하여 이의를 제기하면서 날인을 거부하여 결국 같은 날 매매계약이 체결되지 못하였다(한편, 위와 같이 소외 4 회사측과 만난 자리에서 피고는 소외 3 회사로부터 대리권을 수여받았다는 점을 증명할 위임장과 법인인감증명서 등을 제시하지 않은 채 자신이 이 사건 부동산의 실제 소유자라고 주장하였다). 그런데 피고는 그로부터 불과 4일 후인 2003.4.1. 소외 3 회사의 대리인으로서 소외 4 회사와의 사이에 별도의 중개업자 없이 이 사건 부동산에 대한 매매계약(이하 '이 사건 매매계약')을 체결한 후 매매대금을 지급하고

---

[201] 손주찬(03), 308면; 임홍근(01), 667면; 채이식(92), 222면; 이기수외(03), 389면; 정찬형(15), 300면; 최준선(13), 316면.

2003.4.11. 소외 4 회사에게 이 사건 부동산에 관한 소유권이전등기를 경료해 주었다. 이 사건 매매계약에 따르면 매매대금은 건물에 대한 부가가치세를 포함하여 4,170,000,000원(건물1,700,000,000원 +부가가치세170,000,000원+토지2,300,000,000)원, 부가가치세를 제외하면 2003.3.27. 당시의 매매대금과 동일한 40억 원이다.)이고, 매도인이 잔금지급일인 2003.4.30. 전에 이 사건 부동산에 설정되어 있는 전세권과 근저당권을 말소해 주며, 명도는 매수인이 책임지는 것으로 되어 있었다. 피고는 이 사건 매매계약의 체결 및 이행과정에서 매도인으로서의 매매계약서 작성, 매매대금 수령과 소유권 이전을 위한 서류 교부 등의 절차를 주도적으로 처리하였고, 이 사건 매매계약서가 작성될 당시 피고와 소외 1 외에 소외 3 회사의 직원이 참석한 바 없다. 소외 3 회사는 1959.8.24. 건설업과 부동산 임대업을 목적으로 설립된 회사로서 자본금이 5천만원에 불과하였으며, 1999.11.29. 이 사건 부동산을 낙찰받아 소유권이전등기를 경료한 이외에 별다른 사업실적이 없다가 이 사건 매매계약 후 얼마 지나지 않은 2003.5.20. 주주총회 결의로 해산하고 그에 따른 청산절차를 밟았는데, 피고의 동생인 소외 9가 2002.3.26.까지 대표이사로 재직하다가 사임하고 2002.3.26. 소외 10(피고에게 피아노를 가르친 전(前) 음악대학 교수)가 대표이사로 취임한 이외에 같은 날 피고의 아들인 소외 11이 이사로, 피고의 언니인 소외 12가 감사로 취임하였다. 또한, 소외 4 회사는 2003.4.11. 이 사건 매매계약에 따른 잔금 중 일부인 20억 원을 주식회사 소외 13 주식회사(이하 '소외 13 회사') 대표이사 소외 10 명의의 계좌에 입금하였는데, 소외 13 회사는 2002.1.17. 건설업, 복지사업, 금융업, 임대업 등을 목적으로 설립된 회사로 피고가 2002.3.12.까지 대표이사로 재직하다가 사임한 후(O 사직에서는 2005.10.14. 사임하였다.) 소외 10이 2002.3.12.부터 2005.10.14.까지, 이후 현재까지 피고의 남편인 소외 14가 대표이사로 재직하고 있고, 그 밖에 현재까지 피고의 아들 소외 11이 이사로, 피고의 딸인 소외 15가 감사로 재직중이다. 한편, 피고는 소외 13 회사가 낙찰받아 소유하던 건물에 관한 서울북부지방법원 (사건번호 생략) 시설물 사용금지 및 출입방해금지가처분사건 등에서 소외 13 회사의 실질적인 경영자라고 판단되기도 하였다. 소외 4 회사는 이 사건 매매계약 후 원고와 소외 2로부터 자신들을 배제한 계약 체결에 대한 항의를 받고 원고와 소외 2에게 중개수수료 명목으로 10,000,000원을 지급하였다. 법원은 "제반 사정을 종합해 보면, … 피고가 이 사건 부동산을 소유하고 있다가 원고와 소외 2에게 그 매도중개를 의뢰하고 소외 4 회사와 이 사건 매매계약을 체결한 매도인이라고 봄이 상당하다. … 부동산중개행위는 중개업자가 중개대상물에 대하여 거래당사자 간의 매매·교환·임대차 기타 권리의 득실·변경에 관한 행위를 알선하는 것으로서 원칙적으로 중개업자는 중개대상물에 대한 계약서의 작성업무 등 계약 체결까지 완료되어야 비로소 중개의뢰인에게 중개수수료를 청구할 수 있는 것이나, 다만 중개업자가 계약의 성립에 결정적인 역할을 하였음에도 중개업자의 중개행위가 중개업자의 책임 없는 사유로 중단되어 중개업자가 최종적인 계약서 작성 등에 관여하지 못하였다는 등의 특별한 사정이 있는 경우에는 민법 제686조제3항[202], 상법 제61조의 규정

---

202) 민법상 위임계약은 무상계약이든 유상계약이든 당사자 쌍방의 특별한 신뢰관계를 기초로 하므로 각 당사자는 언제든지 해지할 수 있고(§689①), 위임계약의 해지로 말미암아 상대방이 손해를 입는 일이 있어도 그것을 배상할 의무를 지지 않는 것이 원칙이다(§689②). 유상위임계약이라도 위임사무를 완료한 후가 아니면 수임인은 보

취지나 신의성실의 원칙 등에 비추어 볼 때 그 중개업자는 중개의뢰인에 대하여 이미 이루어진 중개행위의 정도에 상응하는 중개수수료를 청구할 권한이 있다 할 것이다. … 비록 피고와 소외 4 회사가 2003.4.1. 중개업자 없이 이 사건 매매계약을 직접 체결하였으나 원고가 2003.3.10.경부터 피고와 소외 4 회사 사이에서 매매대금 등의 협의를 알선하고 2003.3.27. 매매계약서 초안을 작성하는 등 중개행위를 하여 이 사건 매매계약의 성립에 결정적인 역할을 하였고, 원고로서는 2003.3.27. 매매계약서 작성이 무산되어 중개행위가 중단된 상태에서 원고의 책임 없는 사유로 인하여 이 사건 매매계약서 작성에 관여하지 못하게 되었다 할 것이므로, 원·피고 사이의 중개계약이 해지되었는지 여부와 관계없이 피고는 원고에게 이미 이루어진 중개행위에 상응하는 중개수수료를 지급할 의무가 있다. … 지급할 중개수수료의 금액에 관하여 보건대, 제반 사정 및 이 사건 매매계약이 성립되어 피고가 얻게 된 이익, 소외 4 회사가 지급한 중개수수료 금액, 이 사건 부동산의 거래가액, 관계법령의 위임에 따라 부산광역시 조례가 정한 부동산중개수수료 요율이 거래가액의 0.2% 내지 0.9%인 점 등을 참작하면, 피고가 원고에게 지급해야 할 중개수수료는 9,000,000원으로 정함이 상당하다 할 것이다."라고 판시하였다.

제3절 위탁매매업

1. 총설

(1) 위탁매매의 기능

위탁매매업은 위탁매매인이 <u>위탁자로부터 의뢰받은 목적물을 자기의 명의로 위탁자의 계산으로 매매</u>하고 그 결과 얻은 대금이나 물건은 위탁자에게 귀속시키는 영업이다. 위탁자의 입장에서는 자기의 영업지역을 확대하기 위하여 이용할 수 있는 방법 가운데 지점을 설치하여 상업사용인을 배치하는 방식과 비교하면 자기의 신원을 노출시키지 않을 수 있고 위험의 분산과 비용절감이 가능하며 특히 위탁매매인은 독립된 상인으로서 실적에 따른 보수를 받으므로 위탁매매인의 능동적 경영을 기대할 수 있고 위탁매매인의

수를 청구하지 못하며(§686②), 다만, 수임인이 위임사무를 처리하는 중에 수임인의 책임 없는 사유로 인하여 위임이 종료된 때에는 수임인은 이미 처리한 사무의 비율에 따른 보수를 청구할 수 있다(§686③).

신용과 영업상의 기술을 활용할 수 있다는 장점이 있다. 또한 대리상을 이용하는 방식은 대리상이 대리권을 남용할 위험이 있으나 위탁매매업을 이용하는 방식은 그러한 위험이 없다. 위탁매매인과 거래하는 상대방의 입장에서는 해당 거래는 위탁매매인의 이름과 신용으로 이루어지므로 대리상의 경우처럼 위탁자(본인상인)가 대리권을 수여하였는지 또는 위탁자의 신용상태가 어떤지 등을 조사할 필요가 없다는 이점이 있다. 그래서 위탁매매업은 "근대산업의 정수"203) 또는 "근대상업의 중핵"204)으로 불리며 경제계에서 큰 역할을 담당하였다.

위탁매매인은 보조상의 일종인데 형식적으로는 위탁매매인과 거래상대방의 거래이나 실질적으로는 위탁자의 대리상의 역할을 하는 측면도 있고, 공급자와 수요자를 간접적으로 연결하여 준다는 의미에서 중개인의 역할을 담당하는 측면도 있어서 복합적인 기능을 수행한다.205)

(2) 연혁

위탁매매업이 본격적으로 발전하게 된 것은 중세 도시국가에서 상인이 자신의 보조자를 외국에 주재시키고 계속적으로 거래를 시켰는데 그 보조자가 편의상 자기 이름으로 거래하면서 위탁매매인이 생겼으며, 주재국의 외국상인에 대한 중과세를 피하기 위하여 토착 위탁매매인을 이용할 실익이 컸다고 한다.206) 18세기는 위탁매매업의 전성기였고 1807년 프랑스상법이 대리상과 구별하여 위탁매매인의 독립된 정의를 처음으로 내렸으며, 그 후 독일상법에서 그 개념이 확정되어 여러 나라의 입법에 영향을 주었다.207) 오늘날 운송수단 및 통신수단의 발달로 인하여 일반상품거래에서는 위탁매매인을 통하지 않은 직접거래가 늘면서 위탁매매인의 이용이 쇠퇴하였으나, 유가증

---

203) 정동윤(12), 231면.
204) Grünhut, in Endemans Ⅲ, S.162; 정찬형(15), 301면 각주 1.
205) 이철송(15), 489면; 정찬형(15), 301~302면.
206) 이철송(15), 489~490면.
207) 최준선(13), 317면.

권 및 청과물·미술품·골동품·중고차 그밖에 매매거래에 기술과 신용이 요구되는 상품의 거래에 있어서는 여전히 위탁매매인의 이용이 중요한 역할을 담당하고 있다.208)

2. 위탁매매인의 의의

위탁매매인(commission agent, factor, Kommissionär)이란 자기명의로써 타인의 계산으로 물건 또는 유가증권의 매매를 영업으로 하는 자를 말한다(§ 101). 이들 개념요소를 이하에서 분설한다.

(1) "자기명의로써 타인의 계산으로" 하는 매매

자기명의로써 라는 것은 위탁매매인 자신이 제3자에 대한 관계에서 직접 매매의 당사자가 되어 그 행위에서 생기는 권리·의무의 주체가 된다는 것을 말한다. 그리고 타인의 계산으로 라는 것은 그 행위에서 생기는 경제적 효과, 즉 손익이 모두 위탁자인 타인에게 귀속된다는 것을 말한다. 이처럼 위탁매매인의 매매의 실질적 효과가 위탁자에게 귀속되는 점에서 위탁매매를 '간접대리' 라고도 부른다. 이는 위탁매매인이 한 매매에서 생기는 법적 효과는 모두 위탁매매인 자신에게 귀속되므로 본래의 대리는 아니나 경제적 효과가 본인에게 귀속되는 점에서 간접적으로 대리의 효과가 발생한다는 것을 지칭하는 것이다.

(2) "물건 또는 유가증권의 매매"를 영업으로 하는 자

위탁매매의 목적물인 물건에 부동산이 포함되는지 여부에 관하여 견해가 갈린다. 부정설(소수설)209)은 부동산을 위탁매매인이 자기 명의로 매매하기 위하여 일단 자기 명의로 등기이전을 하면 부동산의 소유권자는 위탁매매인

---

208) 정동윤(12), 231면; 최기원(04), 325면; 이철송(15), 490면; 이기수외(03), 391면.
209) 김성태(99), 575면; 김정호(05), 286면; 손진화(14), 259면; 이기수·최병규(10), 408면; 이철송(15), 493면; 전우현(11), 284면; 정경영(07), 194면; 최준선(13), 318면.

이 되지만, 상법은 위탁자·위탁매매인, 위탁매매인의 채권자 사이에서는 소유권이 위탁자에게 귀속하는 것으로 보므로(§102) 복잡한 문제가 생기며 단일 이를 피하기 위하여 중간생략등기를 이용하는 경우에는 위탁자나 거래상대방의 이익을 해할 우려도 있다는 점을 근거로 하여 운송업·운송주선업·창고업에서와 마찬가지로 거래대상인 물건에는 동산만이 포함된다고 해석한다. 그러나 긍정설(다수설)210)은 물건에서 부동산을 제외할 이유가 없다고 본다.

생각건대 부동산의 속성은 운송이나 보관의 대상이 되기에는 적합하지 않지만 매매의 대상이 됨이 당연하다. 또한 위탁매매는 실제 주로 동산에 대하여 이루어지고 있지만 위탁자가 부정설이 제시하는 여러 가지 불편함을 감수하고 부동산의 매매를 위탁하고 위탁매매인이 그것을 실행할 가능성을 배제할 이유는 없다. 따라서 긍정설에 찬동한다.

유가증권 중 상장주식·상장채권·파생상품은 위탁매매의 주요 목적물이다. 이들 유가증권은 한국거래소 등이 개설한 증권시장에서 주로 매매되는데, 이 시장에서 매매하는 자격을 가진 자는 거래소의 회원인 금융투자업자만이므로 일반 투자자는 이들 위탁매매인을 통하지 않고서는 이러한 유가증권을 매매할 수 없기 때문이다.

(3) "영업으로 하는 자"

위탁매매인은 물건 또는 유가증권의 매매의 주선행위의 인수를 영업으로 하는 상인(§§4,46xii)이다(통설). 위탁매매인의 기본적 상행위는 주선행위의 인수이고, 위탁매매인이 하는 물건 또는 유가증권의 매매는 위탁매매인이 영업을 위하여 하는 보조적 상행위에 해당한다.

물건운송을 주선하는 운송주선업이나 매매 이외의 행위를 주선하는 준위탁매매업(準委託賣買業)은 모두 위탁매매업에서 파생된 것이다. 그래서 이처

---

210) 강위두·임재호(11), 255면; 손주찬(03), 310면; 서돈각·정완용(99), 197면; 임홍근(01), 368면; 정동윤(12), 232면; 정찬형(15), 303면; 채이식(92), 225면.

럼 근원이 같은 위탁매매업과 운송주선업 및 준위탁매매업을 합하여 주선업(周旋業)이라고 통칭한다.

위탁자는 반드시 상인일 필요는 없다. 이 점에서 대리상이나 중개인과 다르다.

(4) 위탁매매계약의 법적 성질

위탁매매계약은 매도 또는 매수라는 법률행위를 할 것을 위탁하는 낙성·불요식의 위임계약의 일종이다(통설·판례). 따라서 위탁자와 위탁매매인간의 관계에는 상법의 위탁매매에 관한 규정외에 민법상 위임에 관한 규정($\S\S\substack{민법\\680-692}$)을 적용한다($\S 112$).

실제 거래에서 어떤 계약이 매매계약인지 위탁매매계약인지 문제되는 경우에는 단순히 해당 계약의 형식적 명칭이나 문언이 아니라 그 실질적 내용을 중시하여 판단해야 한다(통설·판례211)).

대법원 2008.05.29. 선고 2005다6297 판결

대법원은 "위탁매매라 함은 자기의 명의로 타인의 계산에 의하여 물품을 구입 또는 판매하고 보수를 받는 것으로서 명의와 계산이 분리되는 것을 본질로 하는 것이므로, 어떠한 계약이 일반 매매계약인지 위탁매매계약인지는 계약의 명칭 내지 형식적인 문언을 떠나 그 실질을 중시하여 판단하여야 한다."고 전제하고, "원고·기아자동차 주식회사와 이란 법인인 소시에테 어노님 이라니엔 드 프로덕션 오토모빌(Societe Anonyme Iranienne de Production Automobile, 이하 '사이파') 사이에 1992.11.29. 체결된 자동차 부품 등의 수출 기본계약(이하 '수출 기본계약')은 원고가 생산하는 프라이드 자동차 부품을 사이파에 수출하고 향후 사이파가 이를 국산화하는 데 필요한 제반 기술을 제공하는 것을 주요 내용으로 하고, 수출 가격의 결정, 주문, 대금 지급 조건, 기술 이전 및 지원, 애프터 서비스 등에 관한 포괄적이고 상세한 규정이 있는 반면, 피고 파산 전의 해태상사 주식회사(이하 '해태상사')와 사이파 사이에는 특별히 수출 관련 일반 계약이 체결된 바 없고, 또한 위 수출 기본계약에는 원고가 수출업무를 대행할 무역회사를 지정하는 내용이 이미 포함되어 있는 점, ② 원고와 해태상사 사이에 1995.10.30. 체결된 수출용 물품 공급계약은 그 명칭이 비록 물품 공급계약으로 되어 있고, 대금 결제를 구매승인서로 하며, 해태상사가 원고에게 물품대금을 결제하는 내용(제4조)이 포함되어 있기는 하나, 해태상사가 원고의 사이파에 대한 수출 창구로서 원고를 대행함을 명백

---

211) 대법원 2008.5.29. 선고 2005다6297 판결; 대법원 2011.7.14. 선고 2011다31645 판결(준위탁매매의 경우) 등.

히 하고 있고(제1조), 원고는 해태상사에게 합의된 수출 수수료를 지급하며, 통상의 범위를 넘는 수출 비용이 발생할 경우에는 원고가 이를 최종으로 부담하기로 규정되어 있는 점(제5조), ③ 위 수출용 물품 공급계약에 따라 해태상사는 원고에게 합의된 수출 수수료(1996.4.까지는 3.5%, 그 후에는 3%)를 보수로서 제외한 나머지 수출대금을 모두 원고에게 지급한 점, ④ 위 수출과 관련하여 수출 가격의 인상 내지 조정, 주문량의 결정, 신용장의 개설, 미지급 수출대금의 처리 문제 등에 관하여 실질적으로 사이파와 합의 결정한 당사자는 해태상사가 아니라 원고이었던 점, ⑤ 위 수출과 관련하여 발생한 환차손 및 환차익은 모두 원고에게 귀속된 점 등을 종합하여 고려해 볼 때, 원고와 해태상사 사이에 체결된 이 사건 수출용 물품 공급계약은 비록 형식으로는 매매계약의 요소가 없는 것은 아니나, 실질로는 원고의 사이파에 대한 프라이드 자동차 부품 수출업무를 해태상사가 대행하고, 원고가 해태상사에 일정한 보수(수출 수수료)를 지급하기로 하는 내용의 위탁매매계약에 해당한다"고 한 원심판결을 수긍하였다.

3. 위탁매매의 법률관계

(1) 외부관계

1) 위탁매매인과 거래상대방의 관계

위탁매매인은 위탁자를 위한 매매로 인하여 상대방에 대하여 직접 권리를 취득하고 의무를 부담한다(§102). 위탁매매인은 자기 명의로 거래한 것이므로 위탁매매라는 사실을 상대방이 알았든 몰랐든 이러한 결과에 차이가 없다. 매매계약의 성립과 효력에 미칠 사유, 예컨대 사기, 착오, 강박, 항변, 상계 등은 오로지 위탁매매인과 상대방 사이에 존재하는 사정에 의해서만 영향을 받는다. 따라서 위탁자와 위탁매매인 사이의 내부관계나 위탁자와 상대방 사이의 관계는 매매계약의 성립과 효력에 영향을 미치지 아니한다.

2) 위탁자와 거래상대방의 관계

위탁자와 거래상대방 사이에는 아무런 직접적 법률관계가 생기지 아니한다. 따라서 위탁자는 거래상대방에 대하여 직접 이행청구를 할 수 없다. 그러나 위탁자는 위탁매매인에 대한 채권자로서 거래상대방에 대하여 채권자대위권($^{민법}_{§404}$)을 행사할 수는 있다.

3) 위탁자와 위탁매매인의 채권자 사이의 관계

위탁자와 위탁매매인의 채권자 사이에는 원칙적으로 아무런 관계가 없다. 그러나 상법은 위탁물의 소유권의 귀속에 관해서는 위탁자의 보호를 위하여 특례규정을 두고 있다. 즉 위탁매매인이 위탁자로부터 받은 물건 또는 유가증권이나 위탁매매로 인하여 취득한 물건, 유가증권 또는 채권은 위탁자와 위탁매매인 또는 위탁매매인의 채권자간의 관계에서는 이를 위탁자의 소유 또는 채권으로 본다(§103). 따라서 위탁매매인이 위탁물의 대금채권을 위탁자가 아닌 제3자에게 양도한다면 무권한자의 양도가 되므로 그 채권양도는 무효이다. 또한 위탁매매인이 위탁자로부터 받은 위탁물이나 판매대금 또는 위탁매매로 인하여 취득한 물건을 사용하거나 또는 소비하면 횡령죄가 성립한다.[212]

만일 위탁매매인의 채권자가 위의 물건, 유가증권 또는 채권에 대하여 강제집행을 하는 경우에는 위탁자는 그 채권자에게 제3자이의의 소를 제기할 수 있고(민사집행법 §48), 위탁매매인이 파산한 경우에는 환취권을 행사할 수 있다(파산법 §407).

(2) 내부관계

위탁매매의 내부관계는 위탁매매인과 위탁자의 관계를 말하는데 그 구체적 내용은 위탁매매계약에 의하여 정해진다. 주된 내용은 위탁자가 위탁한 내용에 따라 위탁매매인의 매도위탁의 경우 위탁물 매도의무, 매수위탁의 경우 목적물 매수의무이지만 이것들은 민법상 매매에 관한 법리에 의해 규율되고, 위탁자가 상인인 경우에는 그밖에 상사매매에 관한 상법규정도 적

---

212) 대법원 2013.3.28. 선고 2012도16191 판결(금은방을 운영하는 피고인이, 갑이 맡긴 금을 시세에 따라 사고파는 방법으로 운용하여 매달 일정한 이익금을 지급하는 한편 갑의 요청이 있으면 언제든지 보관 중인 금과 현금을 반환하기로 갑과 약정하였는데, 그 후 경제사정이 악화되자 이를 자신의 개인채무 변제 등에 사용한 사안에서, 갑이 매매를 위탁하거나 피고인이 그 결과로 취득한 금이나 현금은 모두 갑의 소유라는 이유로 횡령죄를 인정한 사례).

용된다. 이하 위탁매매인의 그 부의 권리·의무에 관하여 설명한다.

1) 통지의무·계산서제출의무

위탁매매인이 위탁받은 매매를 한 때에는 지체 없이 위탁자에 대하여 그 계약의 요령과 상대방의 주소, 성명의 통지를 발송하여야 하며 계산서를 제출하여야 한다(§ 104). 이 취지는 위탁자의 적절한 사후 처리를 보장해주기 위한 것이다.

2) 지정가액준수의무

위탁매매인은 위탁자가 지정한 가액을 준수할 의무가 있고 이를 준수하지 않은 경우에는 위탁자는 그 매매의 결과를 인수하지 않고 거절할 수 있다. 그러나 상법은 이에 대하여 특칙을 두고 있다. 즉 위탁자가 지정한 가액보다 염가로 매도하거나 고가로 매수한 경우에도 위탁매매인이 그 차액을 부담한 때에는 그 매매는 위탁자에 대하여 효력이 있다($§106 \atop ①$). 다만 위탁자가 미리 반대의 특약을 한 경우에는 그러하지 않다. 이처럼 반대의 특약이 없는 한 위탁자가 위탁매매인의 차액부담부 염가매도·고가매수에 대해서는 거절할 수 없도록 한 것은 위탁매매인의 차액부담으로 인하여 통상은 위탁자가 손해를 입지 않을 것이고 되도록 거래가 성립되도록 하려는 것이다. 위탁매매인의 차액부담의 의사표시는 늦어도 매도 또는 매수의 통지와 동시에 위탁자에게 도달하여야 한다(통설). 매도 또는 매수의 통지보다 미리 알리거나 적어도 함께 알려야 위탁자가 거절여부를 결정할 때 참고할 수 있을 것이기 때문이다.

만일 위탁매매인이 지정가액을 준수하지 않아서 위탁자에게 차액이외의 손해가 발생한 경우에는 위탁매매인에 대하여 손해배상을 청구할 수 있다. 그러한 손해로는 위탁매매인의 염매로 인하여 위탁자의 다른 상품의 가격이 하락하거나 이미지가 나빠진 경우를 예로 들 수 있다.

위탁매매인이 위탁자가 지정한 가액보다 고가로 매도하거나 염가로 매수한 경우에는 그 차액은 다른 약정이 없으면 위탁자의 이익으로 한다($§106 \atop ②$). 위탁매매인은 위탁자의 계산으로 매매를 하는 것이고 매매의 경제적 효과는 위탁자에게 귀속되어야 하므로 이것은 당연한 사항을 주의적으로 규정한 것이다.

3) 이행담보책임(개입의무)

(가) 의의

위탁매매인은 위탁자를 위한 매매에 관하여 상대방이 채무를 이행하지 아니하는 경우에는 위탁자에 대하여 이를 이행할 책임이 있다($\S^{105}_{본문}$). 그러나 다른 약정이나 관습이 있으면 그러하지 아니하다($\S^{105}_{단서}$).

제105조가 없다면 위탁매매인은 위탁매매계약을 체결하는데 선관의무를 질 뿐 상대방이 채무불이행을 하여도 위탁매매인 자신의 고의나 과실이 개입되어 있지 않는 한 책임을 지지 아니한다($\S^{민법}_{390단서}$). 또한 위탁자로서는 매매계약의 당사자가 아니기 때문에 상대방에게 직접 이행청구를 할 수 없다. 이러한 점을 고려하여 상법은 위탁자를 보호하고 위탁매매제도의 신용을 유지하기 위하여 위탁매매인에게 이행담보책임을 지우고 있는 것이다(통설).

(나) 책임의 법적 성질

위탁매매인의 이행담보책임은 상법이 특별히 인정한 법정책임이고, 위탁매매인의 귀책사유 존부와 무관하게 발생하는 무과실책임이다(통설). 이행담보책임은 위탁매매인이 위탁매매에 있어서 선관주의의무를 위반하여 위탁자에게 손해가 생긴 경우에 부담하는 손해배상책임과는 별개의 책임이다.

(다) 책임의 내용

위탁매매인은 상대방이 채무를 이행하지 아니하는 경우에 채무를 이행할 책임을 진다. 위탁자와 상대방 사이에는 주채무가 존재하지 않으므로 보증채무와 다르고, 따라서 위탁매매인은 최고·검색의 항변권($\S^{민법}_{437}$)은 갖지 않는다.

(라) 제도의 평가

제105조에 의하여 경제적 약자인 위탁매매인에게 이행담보책임을 지우는

것은 이행능력도 문제될 수 있고 반대로 수수료를 비싸게 하여 위탁매매제도를 기피하게 하는 역효과를 가져올 것이므로 입법론적으로는 특약 또는 관습이 있는 경우에만 위탁매매인에게 이행담보책임을 지우는 것이 필요하다는 주장213)이 제기되고 있다. 독일상법(§387)과 이탈리아상법(§394)은 특약 또는 관습이 있는 경우에 한하여 위탁매매인에게 이행담보책임을 지운다. 반면 위탁매매인이 이행담보책임을 이행함으로써 입는 손해는 불이행한 상대방에 대하여 손해배상으로 청구할 수 있는 경우가 대부분이므로 위탁매매인에게 너무 불리한 제도인 것은 아니라는 평가도 있다.214) 또한 위탁매매인이 위탁자에 비하여 항시 경제적 약자인 것도 아니다.

4) 위탁물의 훼손·하자 등의 통지·처분의무

(가) 의의

위탁매매인이 위탁매매의 목적물을 인도받은 후에 그 물건의 훼손 또는 하자를 발견하거나 그 물건이 부패할 염려가 있는 때 또는 가격저락(低落)의 상황(商況)을 안 때에는 지체없이 위탁자에게 그 통지를 발송하여야 한다(§108①). 그 경우에 위탁자의 지시를 받을 수 없거나 그 지시가 지연되는 때에는 위탁매매인은 위탁자의 이익을 위하여 적당한 처분을 할 수 있다(§108②). 여기에서 "적당한 처분"이란 위탁자의 이익을 위하여 거래관념에 부합하는 범위에서의 목적물의 전매·경매, 보관방법의 강구, 계약의 해지, 하자담보책임의 추궁 등을 말한다.

(나) 기능

위탁매매인은 일반적인 수임인의 주의의무(민법§681)로서 위탁매매의 목적물을 인도받은 후에 그 물건의 훼손 또는 하자를 발견하거나 그 물건이 부패할 염려가 있는 때에는 위탁자에게 통지할 의무가 있다. 그러므로 제108조는 수임인의 선관의무를 구체화한 것이나, 수임인의 일반적 의무로서는 인정되기

---

213) 서돈각·정완용(99), 201면; 김정호(05), 292면; 이기수·최병규(10), 412면; 정찬형(15), 308면 각주 1.
214) 이철송(15), 502면.

어려운 "가격저락의 상황을 안 때"를 통지사유로 추가하고 의사표시의 효력발생시기에 관한 도달주의원칙(민법 §111)에 대하여 발신주의의 특칙을 규정한 점에 의의가 있다.

(다) 적용범위

위탁자가 상인이든 非상인이든, 매도위탁으로 위탁자로부터 받은 물건이든 매수위탁의 경우에 상대방으로부터 받은 물건이든, 위탁매매인은 위의 요건이 갖추어진 경우에는 통지·처분의무를 부담한다. 그러나 이와 달리 "가격저락의 상황을 안 때" 위탁매매인에게 통지·처분의무를 지운 것은 위탁자의 영리성을 존중하여 위탁자의 손해를 최소화시킬 특별한 의무를 부과한 것으로 볼 수 있으므로 위탁자가 상인이 아닌 경우에 위탁매매인이 통지·처분의무를 부담하도록 하는 것은 입법론적으로 불합리하며 이 규정은 위탁자가 상인인 경우에 한하여 적용된다고 해석하여야 한다는 주장[215]이 있다.

5) 보수청구권

위탁매매인은 상인이므로 위탁매매를 완료한 때에는 특약이 없더라도 상당한 보수를 청구할 수 있다(§61).

여기에서 "위탁매매를 완료한 때"란 단순히 매매계약을 체결한 때가 아니라 상대방이 이행을 하였거나 위탁매매인이 위탁자가 위탁목적을 달성할 수 있는 상태에 놓이게 하는 행위를 한 때, 즉 매수위탁의 경우에는 물건의 인도청구권, 매도위탁의 경우에는 대금청구권을 위탁자에게 이전한 때를 말한다.

6) 비용상환청구권

위탁매매인이 위탁매매를 함에 있어서 위탁자를 위하여 비용을 체당한 경우에는 이를 상환청구할 수 있다(민법 §688). 체당(替當)이란 소비대차가 아니면서 널리 타인의 채무의 변제로서 금전을 지출하는 것을 말한다.

---

[215] 이철송(15), 502~503면.

7) 개입권

(가) 의의

위탁매매인이 거래소의 시세가 있는 물건 또는 유가증권의 매매를 위탁받은 경우에는 직접 그 매도인이나 매수인이 될 수 있다(상107). 이처럼 위탁매매인이 매매계약의 상대방이 될 수 있는 권리를 위탁매매인의 개입권(Selbsteintrittsrecht)이라고 부른다. 위탁매매인의 개입권을 인정한 취지는 위탁매매인으로서는 자신이 상대방이 되어서 신속하게 위탁매매를 성사시키고 보수를 받을 수 있는 점에서 유리하고, 위탁자로서도 당초 의도대로 그 매매가 체결되는 이상 상대방이 위탁매매인이라도 상관없을 것이고 거래소의 시세가 있어서 위탁매매인이 상대방이 되더라도 거래대금의 결정에서 특별히 손해를 입지 않을 수 있는 목적물의 매매인 경우라면 그 개입을 인정하여도 무방할 것이기 때문이다.

그러나 위탁매매인에게 개입권을 인정하는 것은 입법례에 따라 차이가 있어서, 독일법에서는 이것을 인정하고 있으나(§§400 HGB), 프랑스법에서는 1988.1.22. 법률에 의하여 증권회사에 한하여 인정하고 있고, 영미법에서는 위탁자의 동의가 없으면 개입권을 행사할 수 없게 하고 있다.216)

(나) 법적 요건

① 거래소의 시세가 있는 목적물

위탁매매인이 개입권을 행사할 수 있는 대상은 거래소의 시세가 있는 물건 및 유가증권217)이다(상107). 여기에서 '거래소'란 공개·경쟁적 방법으로 매매가 이뤄지는 시장을 말하며 예컨대, 농수산물 유통 및 가격안정에 관한 법률 제17조에 따라 설립된 농수산물도매시장, 자본시장법 제386조에 따라 한국증권거래소가 개설한 유가증권시장 등이 있다. 이처럼 대상을 제한하는 이유는 개입이 위탁자의 이익을 해하지 않으려면 객관적인 매매가격이 정해

---

216) 정찬형(15), 311면 각주 1.
217) 유가증권은 2010년 개정 상법에서 위탁매매인의 개입권의 대상으로 추가된 것이다.

질 수 있어야 하기 때문이다.

② 개입을 금하는 특약 등이 없을 것

위탁매매인의 개입권의 행사를 금하는 특약이나 법률규정이 없어야 한다. 위탁자는 위탁매매인에 대하여 개입금지의 특약을 맺을 수 있는데, 그 의사표시는 위탁매매계약과 동시에 할 필요는 없고 위탁매매인이 개입권을 행사하기 전에는 언제든지 개입을 금할 수 있다.218)

종전에는 자본시장법에서 유가증권의 매매에서 투자매매업자 또는 투자중개업자는 개입권을 행사하는 것을 전면 금지하였으나 2013년 5월 동법 개정시 일정한 요건하에219) 허용하는 것으로 개정하였다(§67).

③ 개입의 시기

(a) 위탁매매인이 개입권을 행사하기 위해서는 아직 위탁매매인이 상대방과 매매를 하지 않았어야 한다. 그 이유는 위탁매매인이 상대방과 매매를 한 후에는 위탁매매인이 취득한 상대방에 대한 권리의무가 위탁자에게 귀속하므로(§103) 개입의 여지가 없기 때문이다. 또한 위탁매매인이 상대방과 매매를 한 후에도 개입을 인정한다면 매도위탁(매수위탁)의 경우에 위탁매매인이 상대방에게 시세보다 높은(낮은) 가격으로 매도(매수)한 후 시세가 하락(상승)한 때에 시세대로 개입권을 행사하여 부당한 이득을 얻을 위험이 있기 때문이다.220)

(b) 위탁매매인이 개입권을 행사할 시기에 관해서 상법에는 규정이 없지만 수임인으로서의 선관주의의무로써 위탁자의 이익에 합치되는 적절한 시기를 택하여 개입하여야 한다고 설명하는 견해(다수설)221)가 있다. 그러나 개입

---

218) 이철송(15), 505면; 정희철(89), 200면; 정찬형(15), 312면; 최준선(13), 326면.
219) 1. 투자매매업자 또는 투자중개업자가 증권시장 또는 파생상품시장을 통하여 매매가 이루어지도록 한 경우
  2. 그 밖에 투자자 보호 및 건전한 거래질서를 해할 우려가 없는 경우로서 대통령령으로 정하는 경우
220) 이철송(15), 505면; 정찬형(15), 312면.
221) 손주찬(03), 317면; 이기수·최병규(10), 418면; 정경영(07), 204면; 정동윤(12), 236면;

시기를 이렇게 정한다면 그 때에 개입하지 않은 위탁매매인은 그로 인한 손해배상책임을 지거나 위탁자가 개입을 거절할 수 있다는 결과를 가져오게 되는데, 위탁자에게 가장 유리한 시기란 위탁매매인에게는 가장 불리한 시기를 뜻하는바, 위탁매매인에게 그러한 때에 개입할 의무가 있다고 해석하는 것은 비현실적이고, 가장 유리하였다는 것은 사후적으로만 판단되는 것이므로 위탁매매인에게 그 준수를 요구할 수는 없다.[222] 예컨대 매도위탁에 있어서 개입권 행사 이후에 시세가 상승한 경우에는 의무에 위반한 것이 되지만 위탁매매인이 사전에 이를 알고 피할 방법은 없다. 그러므로 개입 시기에 관해서는 개입 결과로 위탁자가 받는 이익의 대소와 상관 없이 위탁자가 위탁을 한 범위내에서 합리적인 시기내에 행사할 수 있다고 정할 수밖에 없고, 위탁매매인이 그러한 시기를 지나쳐 위탁자에게 불리한 가격으로 개입권을 행사한 경우에는 손해배상책임을 진다고 본다.[223]

④ 매매대금

위탁매매인이 개입권을 행사한 경우의 매매대가는 위탁매매인이 매매의 통지를 발송할 때의 거래소의 시세에 따른다(상법).

(다) 법적 성질

위탁매매인의 개입권은 위탁매매인의 일방적 의사표시에 의하여 효과가 발생하는 형성권이다. 그러므로 위탁자의 동의는 필요하지 않다. 그러나 단일 위탁매매인의 개입이 위탁자의 매매위탁계약의 본지에 반하는 경우(예컨대, 위탁자가 신제품 홍보나 시장조사를 위하여 상품을 되도록 다수의 소비자들에게 시험 삼아 판매하려는 경우)에는 위탁자는 개입의 효과를 거절할 수도 있다고 보는 것이 타당하다.[224]

　　최기원(04), 340면; 최준선(13), 326면.
222) 이철송(15), 506면.
223) 동지: 이철송(15), 506~507면.
224) 동지: 정희철(89), 201권; 정찬형(15), 313면.

(라) 효과

위탁매매인이 개입권을 행사하면 위탁물의 매매계약이 체결된다. 그로써 위탁매매계약의 목적이 달성되므로 개입권을 행사한 위탁매매인도 위탁자에게 보수를 청구할 수 있고(상법 §107②), 비용을 청구할 수 있다(민법 §688).

위탁매매인은 개입권의 행사와 관련해서도 수임인으로서의 선관주의의무를 부담한다. 따라서 만일 위탁매매인이 개입권을 행사한 경우에 선관주의의무를 위반하여 위탁자에게 손해가 발생한 경우(예컨대, 위탁매매인이 시세보다 더 고가의 매수 희망자가 있음에도 불구하고 매매를 실행하지 아니하고 개입권을 행사한 경우)에는 위탁매매인은 위탁자에게 대하여 손해배상책임을 져야 한다.[225]

8) 유치권

위탁매매인은 위탁자를 위한 물건·유가증권의 매도 또는 매수로 인하여 위탁자에 대하여 생긴 채권이 변제기에 있는 때에는 그 변제를 받을 때까지 위탁자를 위하여 점유하는 물건 또는 유가증권을 유치할 수 있다(상법 §§111, 91본문). 그러나 당사자간에 다른 약정이 있으면 그러하지 아니하다(상법 §§111, 91단서).

위탁매매인의 유치권은 대리상의 상사유치권에 관한 제91조를 준용하고 있으므로 그 내용이 대리상의 상사유치권과 동일하다. 즉 피담보채권과 유치목적물간의 견련성은 요구되지 않으므로 민사유치권보다 완화되어 있고, 유치목적물의 소유자가 누구인지를 불문하고 점유취득원인을 불문하는 점은 민사유치권과 같다.

9) 매수물의 공탁·경매권

위탁매매인이 매수위탁을 받은 경우 위탁자가 매수한 물건의 수령을 거부하거나 이를 수령할 수 없는 때에는 위탁매매인은 상사매매에서의 공탁·경매권에 관한 규정을 준용하여 목적물의 공탁·경매권을 행사할 수 있다. 즉 위탁매매인은 위탁자가 수령을 거부하거나 수령할 수 없는 물건을 공탁하거

---

225) 동지: 정희철(89), 201면; 정찬형(15), 313면.

는 상당한 기간을 정하여 최고한 후 경매할 수 있고($^{§\,§\,109,}_{67①}$), 위탁자에 대하여 최고를 할 수 없거나 목적물이 멸실 또는 훼손될 염려가 있는 때에는 최고 없이 경매할 수 있다($^{§\,§\,109,}_{67②}$). 위탁매매인이 그 목적물을 경매한 때에는 그 대금에서 경매비용을 공제한 잔액을 공탁하여야 하나 그 전부나 일부를 매매대금에 충당할 수 있다($^{§\,§\,109,}_{67③}$).

10) 매수위탁자가 상인인 경우의 특칙

위탁매매인이 매수위탁을 받는 경우 위탁자가 상인이라면 상사매매에 관한 일부규정이 준용된다. 이 경우 위탁매매인이 상대방으로부터 매수한 물건은 일단 위탁매매인에게 귀속되고($§\,102$), 위탁매매인이 그 물건을 위탁자에게 이전하는 행위는 상인간의 매매와 유사하기 때문이다.

(가) 확정기위탁매매

매매의 성질 또는 당사자의 의사표시에 의하여 일정한 일시 또는 일정한 기간내에 이행하지 아니하면 계약의 목적을 달성할 수 없는 확정기위탁매매에 있어서, 위탁매매인이 이행시기를 경과한 때에는 위탁자는 즉시 그 이행을 청구하지 아니하면 위탁매매계약을 해제한 것으로 본다($^{§\,§\,110,}_{68}$).

(나) 위탁자의 목적물 검사·통지의무

위탁자가 목적물을 수령한 때에는 지체 없이 이를 검사하여야 하며 하자 또는 수량의 부족을 발견한 경우에는 즉시 위탁매매인에게 그 통지를 발송하지 아니하면 이로 인한 계약해제, 대금감액 또는 손해배상을 청구하지 못한다($^{§\,§\,110,\,69}_{①전단}$). 매매의 목적물에 즉시 발견할 수 없는 하자가 있는 경우에 위탁자가 6월내에 이를 발견한 때에도 같다($^{§\,§\,110,\,69}_{①후단}$). 위탁매매인이 악의인 경우에는 위탁자는 이러한 목적물 검사·통지의무를 부담하지 아니한다($^{§\,§\,110,}_{69②}$). 위탁매매인의 목적물의 인도장소가 위탁자의 영업소 또는 주소와 다른 특별시·광역시·시·군에 있는 때에는 위탁자가 목적물을 수령한 후 그 하자 또는 수량 부족으로 인하여 위탁매매계약을 해제한 때에도 그 목적물에 대하여, 또한 위탁매매인으로부터 위탁자에게 인도한 물건이 위탁한 목적물과 상위하거나 수량이 초과한 경우에도 그 상위 또는 초과한 부분에 대하여 위탁자는 위탁매매인의 비용으로 목적물을 보관 또는 공탁하여야 한다(§§110,70①본문,71). 그러나 그 경우에 목적물이 멸실 또는 훼손될 염려가 있는 때에는 위탁자는 법원의 허가를 얻어 경매하여 그 대가를 보관 또는 공탁하여야 한다(§§110,70①단서,71). 위탁자가 경매한 때에는 지체없이 매도인에게 그 통지를 발송하여야 한다(§§110,70②,71).

4. 준위탁매매인

(1) 의의

준위탁매매인이란 자기명의로써 타인의 계산으로 매매아닌 행위를 영업으로 하는 자를 말한다(§113). 준위탁매매인이 영업으로 하는 행위에는 출판·광고의 주선, 임대차의 주선, 임치계약의 주선, 여객운송의 주선226), 간접주선(다른 주선인과의 주선계약에 대한 주선) 등이 포함된다. 물건운송의 주선을 영업으로 하는 운송주선인(§§114~124)은 상법이 별개의 규정을 두고 있으므로 준위탁매매인에 포함되지 아니한다. 실제 거래계에서 어떤 계약이 매매계약인지 준위탁매매계약인지 문제되는 경우가 있을 수 있는데, 그러한 경우에는 단순히 해당 계약의 형식적 명칭이나 문언이 아니라 그 실질적 내용을 중시하여 판단하여야 한다.227)

(2) 준위탁매매의 법률관계

1) 위탁매매에 관한 규정의 준용

준위탁매매인에게는 위탁매매에 관한 규정을 다음과 같이 그 성질이 허용

---

226) 2015년 개정 민법은 여행계약(§§674의2~674의9)을 운송, 숙박, 관광 또는 그 밖의 여행 관련 용역을 결합하여 제공하는 도급계약의 일종으로 규율하는 조항을 신설하였다.
227) 대법원 2009.7.9. 선고 2007두10389 판결(광고대행사는 출판사인 법인에게 광고계약의 대행이라는 용역을 공급하는 준위탁매매인이라고 판시); 대법원 2011.7.14. 선고 2011다31645 판결(원고 영화제작사와 영화배급업자간에 원고가 국내독점 판권을 보유하고 있는 영화의 국내배급대행계약을 체결한 사안에서 이 계약을 준위탁매매계약이라고 판시).

하는 범위에서 준용한다(§113).

(가) 준위탁매매인의 지위

준위탁매매인은 위탁자를 위한 주선행위로 인하여 상대방에 대하여 직접 권리를 취득하고 의무를 부담한다($^{§\,§\,113,}_{102}$).

(나). 위탁물의 귀속

준위탁매매인이 위탁자로부터 받은 물건 또는 유가증권이나 주선행위로 인하여 취득한 물건, 유가증권 또는 채권은 위탁자와 준위탁매매인 또는 준위탁매매인의 채권자간의 관계에서는 이를 위탁자의 소유 또는 처권으로 본다($^{§\,§\,113,}_{103}$).

(다) 통지 및 계산서제출의무

준위탁매매인이 위탁받은 주선행위를 한 때에는 지체 없이 위탁자에 대하여 그 계약의 요령과 상대방의 주소, 성명의 통지를 발송하여야 하며, 계산서를 제출하여야 한다($^{§\,§\,113,}_{104}$).

(라) 이행담보책임

준위탁매매인은 위탁자를 위한 주선행위에 관하여 상대방이 채무를 이행하지 아니하는 경우에는 위탁자에 대하여 이를 이행할 책임이 있다($^{§\,§\,113,}_{105본문}$). 그러나, 다른 약정이나 관습이 있으면 그러하지 아니하다($^{§\,§\,113,}_{105단서}$).

(마) 지정가액 준수의무

위탁자가 지정한 가액보다 고가로 주선한 경우에도 준위탁매매인이 그 차액을 부담한 때에는 그 매매는 위탁자에 대하여 효력이 있다($^{§\,§\,113,}_{106①}$). 위탁자가 지정한 가액보다 염가로 주선한 경우에는 그 차액은 다른 약정이 없으면 위탁자의 이익으로 한다($^{§\,§\,113,}_{106②}$).

2) 매매아닌 행위

준위탁매매인은 매개아닌 행위를 영업으로 하는 자이므로(§113) 매매를 전제로 한 규정들은 준위탁매매에 대하여 준용되지 아니한다. 예컨대, 개입권

(§ 107), 위탁물의 훼손·하자 등에 관한 통지·처분의무(§ 108), 매수위탁의 경우 위탁물의 공탁·경매권(§ 109), 매수위탁자가 상인인 경우의 특칙(§ 110) 등이 그러하다.

대법원 2011.07.14. 선고 2011다31645 판결

원고 주식회사 스폰지이엔티(영화 판권사)는 국내에서 독점적으로 판권을 보유하고 있는 영화의 국내배급에 관하여 소외 주식회사 스튜디오이쩜영(이하 '스튜디오이쩜영')과 국내배급대행계약을 체결하였다. 스튜디오이쩜영은 이 사건 배급대행계약의 이행으로 극장(메가박스) 운영자인 롯데쇼핑 주식회사(이하 '롯데쇼핑')와 사이에 영화상영계약을 체결하고 그 계약에 기하여 롯데쇼핑에 대하여 가지게 된 이 사건 부금채권을 자신의 채권자인 피고에게 그 채권의 담보로 양도하였다. 우선 위의 배급대행계약이 준위탁매매계약의 성질을 갖는지에 관하여 대법원은 "① 이 사건 배급대행계약서 제1조, 제2조에서 원고가 국내에서 독점적으로 판권을 소유하는 이 사건 영화에 관하여 그 국내배급을 스튜디오이쩜영에게 대행하게 하는 계약을 체결하는 것이라고 명확하게 하고 있듯이, 스튜디오이쩜영은 원고로부터 이 사건 영화의 판권을 매입한 후 배급하는 것이 아니라, 판권을 가지는 원고를 대행하여 이 사건 영화를 배급하기로 하는 배급대행계약을 체결한 것인 점, ② 스튜디오이쩜영이 원고로부터 이 사건 영화의 판권을 일정 가격에 매입한 후 배급하는 경우라면 이 사건 영화의 흥행 결과에 따른 이른바 '부금'의 액수에 따라 손실이 나거나 이익을 볼 수 있을 것이나, 이 사건 배급대행계약에 의하면, 스튜디오이쩜영은 원고를 대행하여 이 사건 영화의 상영계약을 체결하고 부금(이는 개략적으로 말하면 영화를 상영한 극장이 그 상영의 대가로 그가 얻은 입장료 수입의 일정 비율을 배급대행사에 지급하기로 약정한 돈으로서, 배급대행사는 거기서 일정 비율의 배급수수료를 공제한 것을 영화 판권사에 지급하게 된다)을 정산하는 등의 업무를 처리한 후 원고로부터 미리 정하여진 수수료를 지급받음에 그치는 반면, 원고는 이 사건 영화의 판권을 소유하면서 자신의 비용과 책임 아래 영화의 선전활동을 진행한 후 그 흥행의 결과에 따른 부금의 액수에 따라 수익과 손실을 부담하는 점, ③ 스튜디오이쩜영은 선급금으로 5억 원을 지급하였으나 이는 이후 원고에게 지급할 부금에서 공제할 것이어서, 위 선급금은 스튜디오이쩜영의 부금정산의무 등을 담보하기 위하여 원고가 지급받아 둔 것에 불과하고, 또한 스튜디오이쩜영이 프린트대금으로 3억 원을 미리 지급하였지만 이 역시 원고에게 지급할 부금에서 공제할 것이며, 스튜디오이쩜영이 배급을 진행하는 데 필요한 경비도 배급수수료와 별도로 집행할 수 있되 이를 500만 원으로 책정하여 원고에게 지급할 부금에서 공제하기로 하였으므로, 결국 위 돈들은 모두 원고의 부담이 되는 점, ④ 이 사건 영화의 배급방식은 기본적으로 스튜디오이쩜영이 시행하고 있는 방식을 채택하기로 하였으나, 이는 스튜디오이쩜영이 배급대행을 함에 있어서 통상 취하는 방식에 따라 업무를 수행하겠다는 정도의 의미에 불과하며, 오히려 스튜디오이쩜영은 이 사건 영화의 배급에 최선을 다하고, 배급시기 및 방법 등과 관련하여 원고와 협의하고, 이 사건 영화의 개봉 스코어를 매일 집계하여 원고에게 통보하며, 메가박스 코엑스 종영 후 60일 이내에 부금에 관하여 정산한 후 원고에게 정산서를 제출할 의무가 있는데, 이는 상법 제113조, 제104조 소정의 준위탁매매인의 통지의무, 계산서제출의무에 해당하는 점, ⑤ 스튜디오이쩜영이 각 극장들로부터 부금계산서 및 세금계산서를 받아 처리하도록 하고 있으나, 준위탁매매의 경우에는 준위탁매매인이 자신의 명의로 상대방과 계약을 체결하여 계약상대방에 대하여 직접 권리를 취득하고 의무를 부담하게 되는 결과 상대방으로부터 직접 세금계산서 등을 받게 될 수 있다고 할 것이므로 스튜디오이쩜영이 직접 각 극장들로부터 부금계산서 및 스튜디오이쩜영이 공급자로 표시된 세금계산서를 받는다는 점을 들어 스튜디오이쩜영이 자신의 계산으로 영화상영계약을 체결한 것이라고 할 수 없는 점, ⑥ 상법 제113조, 제105조는 준위탁매매에 있어서 거래행위의 법적 효과가 오직 준위탁매매인에게만 귀속되고 위탁자는 거래상대방에 대하여 직접적인 법률관계에 서지 못하므로 거래상대방으로 하여금 이행을 시키기 위하여는 준위탁매매인을 통하여 이행을 최고하거나 준위탁매매인으로부터 채권을 양도받아 최고를 할 수밖에 없는 점을 참작하여 위탁자를 보호하기 위하여 준위탁매매인에게 이행담보책임을 지울 필요를 인정하여, 준위탁매매인은 위탁자를 위한 계약에 관하여 상대방이 채무를 이행하지 아니하는 경우에는 위탁자에 대하여 이를 이행할 책임이 있다고 규정하고 있는데, 스튜디오이쩜영이 원고에게 부금의 최종 수금 책임을 지고 각 극장들로부터 부금을 지급받지 못하더라도 부금 상당의 돈을 지급하기로 약정한 것 역시 위와 같은 이행담보책임의 한 형태라고 볼 수 있으므로 이 점을 들어 준위탁매매가 아니라거나 스튜디오이쩜영이 자신의 계산으로 영화상영계약을 체결한 것이라고 할 수 없는 점" 등을 종합하여 피고 회사는 위 배급대행계약에 따라 원고 회사의 계산에 의해 자신의 명의로 각 극장들과 영화상영계약을 체결하였다고 보아야 하므로, 피고 회사는 준위탁매매인의 지위에 있다고 본 원심판단을 수긍하였다. 다음으로 스튜디오이쩜영이 롯데쇼핑과 사이에 영화상영계약을 체결하고 그 계약에 기하여 롯데쇼핑에 대하여 가지게 된 이 사건 부금채권을 자신의 채권자인 피고에게 양도한 행위의 효력이 문제되었는데, 대법원은 "상법 제103조, 제113조는 위탁매매 또는 준위탁매매에서 위탁매매인이 위탁매매로 인하여 취득한 물건, 유가증권 또는 채권은 위탁자와 위탁매매인 또는 위탁매매인의 채권자 사이의 관계에서는 이를 위탁자의 채권으로 본다고 규정한다. … 원래 위탁매매인과 상대방 사이에 체결된 위탁매매의 법적 효과는 그 계약의 당사자인 위탁매매인과 상대방에게 귀속하여 위탁매매인이 위탁매매의 목적물이나 그 위탁매매계약상의 채권을 취득하고, 위탁자는 위탁매매인으로부터 그 목적물이나 채권을 양도받음으로써 비로소 그 권리자가 된다. 그러나 앞서 본 <u>상법규정은 위탁자가 위탁매매인의 배후에 있는 경제적 주체로서 위 물건 또는 채권에 대하여 가지는 직접적 이익을 고려하고 나아가 위탁매매인이 위탁자에 대하여 신탁에서의 수탁자에 유사한 지위에 있음을 감안하여, 위탁자와 위탁매매인 사이 또는 위탁자와 위탁매매인의 채권자 사이의 관계에 있어서는 위탁매매인의 실제의 양도행위가 없더라도 위 물건 또는 채권을 위탁자의 재산으로 의제하는 것</u>이다. 그리고 그렇게 함으로써 위탁매매인이 위 물건 또는 채권에 관하여 한 처분 또는 위탁매매인의 채권자가 위 물건 또는 채권에 대하여 하는 강제집행 등 자기 채권의 만족에 관한 행위는 이미 위탁자에게 속하는 물건 또는 채권에 대하여 행하여진 것이어서 무권리자의 처분 또는 채무자의 재산이 아닌 재산에 대한 강제집행 등임을 이유로 위탁자와의 관계에서 그 효력을 부인하여 위탁자의 이익을 보호하고자 하는 것이다. 따라서 <u>위탁매매인이 그가 제3자</u>

에 대하여 부담하는 채무를 담보하기 위하여 그 채권자에게 위탁매매로 취득한 채권을 양도한 경우에 위탁매매인은 위탁자에 대한 관계에서는 위탁자에 속하는 채권을 무권리자로서 양도하였다고 볼 것이고, 따라서 그 채권양도는 무권리자의 처분 일반에서와 마찬가지로 양수인이 그 채권을 선의취득하였다는 등의 특별한 사정이 없는 한 위탁자에 대하여 효력이 없다고 할 것이다. 이는 채권양수인이 양도의 목적이 된 채권의 귀속 등에 대하여 선의이었다거나 그 진정한 귀속을 알지 못하였다는 점에 관하여 과실이 없다는 것만으로 달라지지 아니한다. 원심이 같은 취지에서 스튜디오이쩜영이 이 사건 배급대행계약의 이행으로 롯데쇼핑과의 사이에 영화상영계약을 체결하고 그 계약에 기하여 롯데쇼핑에 대하여 가지게 된 이 사건 부금채권을 자신의 채권자인 피고에게 그 채권의 담보로 양도한 것은 준위탁매매계약상 위탁자의 지위에 있는 원고에 대하여 효력이 없다고 판단한 것은 정당하다. 이와 달리 상법 제103조는 위탁매매인의 채권자가 위탁매매인이 위탁매매로 취득한 채권에 대하여 강제집행을 실시하는 경우 또는 위탁매매인이 도산하여 파산 등 도산 관련 절차가 진행되는 경우 등에만 적용되고 위탁매매인이 위탁매매로 취득한 채권을 자의로 처분한 경우에는 적용되지 아니한다거나, 위 상법 규정은 그 채권의 양수인 등이 채권의 귀속에 관하여 선의인 경우에는 적용의 여지가 없다는 상고이유의 주장은 받아들일 수 없다."고 판시하였다.

제4절 운송업

1. 총설

(1) 의의

상품을 장소적으로 이동시킴으로써 재화의 가치를 높이는 기능을 하는 물건운송인은 고유상의 보조상으로서 출현하여 18세기 산업혁명에 의한 운송수단의 개발과 대량생산 및 대량소비경제로의 전환에 따라 크게 발전하였으며, 여객운송인은 물건운송에 유사한 형태의 유형상으로 출현하여 발전하여 왔다. 운송업(carriage, Frachtgeschäft)은 재화의 생산지와 소비지간의 장소적 격차를 해소하여 주는 점에서 재화의 생산시기와 소비시기 사이의 시간적 격차를 해소하는 기능을 하는 창고업과 비교된다.

운송업은 특히 철도운송, 해상운송 및 항공운송에 있어서 운송장비 및 인프라(철로·역사·항만·공항)의 설치·유지를 위하여 막대한 시설투자가 필요하고 사업과정에서 운송업자가 직면하는 큰 위험을 제한해주어야 할 필요성이 인정된다. 또한 물건운송업에 있어서는 수출주도형 경제인 우리나라에 있어서 원자재 및 수출상품, 산업자원의 물류시스템을 보호·육성해야 한다는 정책(예컨대, 해상운송에 있어서 국적선복(船腹)의 육성)이 요구되고, 여객운송업에 있어서는 그것에 더해서 대중교통 이용 소비자의 보호라는 정책도 시행되고 있다.

(2) 운송의 종류

운송은 운송의 객체별로 물건운송, 여객운송, 통신운송의 종류가 있고, 운송영역별로 육상운송, 해상운송, 항공운송으로 분류할 수 있다.

(3) 운송업에 관한 법원

운송업에 관한 법원(法源), 즉 법의 존재형식은 운송의 종류별로 나누어 살펴볼 필요가 있다.

1) 육상운송의 법원

육상운송에 관해서는 상법 제2편(상행위) 제9장(운송업)의 제125조 이하에서 규정하고 있다. 육상운송은 물건운송($\S\S^{126}_{-147}$)과 여객운송($\S\S^{148}_{-150}$)으로 나뉘어 규정되고 있는데, 물건운송계약은 송하인과 운송인 사이에 체결되고, 여객운송계약은 여객과 운송인 사이에 체결된다. 대체로 상법의 입법태도는 물건운송에 관해서는 운송인을, 여객운송에 관해서는 여객을 보다 더 보호하는 방향이다. 상법은 주로 자동차에 의한 육상운송에 대하여 적용된다. 철도운송업자, 삭도(索道)운송(케이블카)업자의 궤도운송에 대해서는 철도사업법, 도시철도법, 궤도운송법 등의 특별상사법이 적용되므로, 상법은 이들 특별법이 적용되는 영업자 이외의 자가 철도와 궤도에 의하여 운송을 하는 경우에만 적용된다.

물건운송이건 여객운송이건 운송법 분야에서는 운송인이 다수의 거래상대방과 일정한 형태의 거래를 계속·반복하는 경우가 많기 때문에 보통거래약관이 발달하여 왔다.

2) 해상운송의 법원

해상운송에 관해서는 상법 제5편(해상(海商)) 제4장(운송) 제791조 이하에서 규정하고 있는데, 해상물건운송과 해상여객운송으로 나누어 규정되고 있다. 해상물건운송은 송하인과 해상물건운송인 사이의 해상물건운송계약에 의하여 행해지는데(§§791~816), 해상물건운송인에는 선박소유자 이외에 정기용선자(§842), 선체용선자(§847) 또는 재운송계약에서의 항해용선자(§827)가 있다. 육상운송과 해상운송은 운송수단, 운송기간, 위험성 등에서 상이하지만 기본적으로 운송이라는 공통점이 있으므로, 해상물건운송에 관해서 육상물건운송의 규정들을 준용하고 있다(§815). 해상여객운송도 해상법에 약간의 특칙(§§817~826)을 두고 있는 것외에는 육상여객운송과 해상물건운송에 관한 규정을 준용하고 있다(§826).

그러나 양자는 다음과 같은 차이가 있다. 상법의 육상운송인의 의무와 책임에 관한 규정은 임의규정이므로 당사자는 특약에 의하여 이를 제한하거나 배제할 수 있지만, 해상운송인의 의무와 책임에 관한 규정은 강행규정이므로 이를 경감 또는 면제하는 당사자간의 특약은 효력이 없다(§799①). 또한 운송인의 채권·채무에 대해서 육상운송에서는 소멸시효가 적용되지만, 해상운송에서는 제척기간이 적용되므로 중단·정지 제도가 없고(§814), 물건운송인의 책임에 관하여 정액배상주의가 적용되는 것은 같지만 포장당 책임제한은 해상운송인에 대해서만 인정된다(§797).

3) 항공운송의 법원

항공운송은 가장 늦게 시작된 관계로 관련법제도 늦게 마련되었다. 종래 상법에는 항공운송에 관한 규정이 없어서 상법상의 육상운송과 해상운송에 관한 규정을 유추적용하거나 국제조약(바르샤바조약, 파리조약 등)이나 약관에 의하여 법적 문제를 처리하여 왔으나, 2011년 개정상법에서 상법 제6편(항공운송)의 규정(§§896~935)이 신설되었다. 항공여객운송(§§904~911)과 항공물건운송(§§913~920)으로 나누어 규정하고 있는데, 항공물건운송에 관하여는 운송물의 멸실·훼손(§913), 운송물 연착(§914)에 대한 운송인의 책임, 책임한도액(§915), 송하인의 운송물 처분청구권(§917) 등을 규정하는 외에는 육상물건운송과 해상물건운송에 관한 규정을 준용하고 있다(§920).

(4) 운송인의 의의

운송인(carrier, Frachtführer)이란 육상 또는 호천(湖川)·항만(港灣)에서 물건 또는 여객의 운송을 영업으로 하는 상인이다(제125조). 여기에서 '운송인'이라 하면 육상운송인만을 의미한다.

여기에서 '운송'은 물건 또는 여객을 장소적으로 이동시키는 사실행위를 말하며 운송인은 '운송의 인수'를 영업으로 하는 당연상인이다(§§4,46xii 1).

운송인이 운송하는 영역인 "호천, 항만"의 범위는 「선박안전법 시행령」 제2조제1항제3호가목에 따른 평수(平水)구역으로 한다(상법시행령§4). 선박안전법 시행령에서는 평수구역을 "호소(湖沼)·하천 및 항내의 수역(「항만법」에 따른 항만구역이 지정된 항만의 경우 항만구역과 「어촌·어항법」에 따른 어항구역이 지정된 어항의 경우 어항구역을 말한다)과 해양수산부령으로 정하는 수역"을 말한다고 규정하고 있다. 평수구역은 해안선에 따라 개별적으로 정해져 있다(선박안전법 시행령 별표4). 그러므로 지하와 지상을 포함하는 육상에서 자동차·철도 등으로 행해지는 운송은 물론, 바다라 해도 평수구역에서의 선박에 의한 운송은 해상운송이 아니라 육상운송이다.

(5) 운송계약의 체결

1) 운송계약의 법적 성질

운송계약은 운송이라는 일의 완성을 목적으로 하는 도급계약(민법§664)의 일종이다. 또한 운송계약은 운송물의 인도 없이 당사자의 합의만으로 성립하는 낙성계약이고, 아무런 형식을 요하지 아니하는 불요식계약이며, 대가가 지급되는 유상계약이고, 쌍방이 주된 의무로서 운송물의 운송의무와 운임지급의무를 교차하여 부담하는 쌍무계약이다.

2) 운송계약의 당사자

물건운송의 경우 운송계약의 당사자는 송하인(shipper)과 운송인이다. 운송주선인도 송하인이 될 수 있는 것처럼, 송하인은 운송물의 소유자일 필요도 없으며 점유할 권한이 있는지 여부도 운송계약의 성립에 영향이 없다.

여객운송의 경우 운송계약의 당사자는 여객(customer)과 운송인인 것이 보통이나 여객이 유소년인 경우 여객의 부모가 계약 당사자가 된다.

3) 운송계약의 체결

운송계약은 불요식계약이다. 따라서 운송계약의 체결에 있어서 화물명세서나 화물상환증은 계약의 성립요건도 아니고 계약서도 아니다.

2. 물건운송(carriage of goods)

(1) 운송인의 의무 및 책임

1) 주된 의무

운송인은 운송계약상의 주된 의무로서 운송을 하기 위하여 운송물을 수령할 의무와 운송물을 운송할 의무를 부담한다.

2) 화물상환증교부의무

운송인은 송하인의 청구가 있으면 화물상환증을 교부하여야 한다(§ 128). 화물상환증은 해상운송에서 사용되는 선하증권을 육상운송에 응용하여 고안한 것인데[228] 육상운송이 비교적 단기에 완료되는 등의 이유로 인하여 이용도는 상당히 낮은 편이다.

3) 운송물의 보관 및 처분의무

(가) 운송물보관의무

운송인은 운송을 위하여 운송물을 수령한 때부터 선량한 관리자의 주의로

---

[228] 그러나 조문의 순서상 상법 제861조는 화물상환증에 관한 제129조·제130조·제132조 및 제133조를 해상운송에서의 선하증권에 준용하고 있다.

써 그 운송물을 보관할 의무를 부담한다(§135).

(나) 운송물처분의무

① 의의

운송인은 송하인 또는 화물상환증이 발행된 때에는 그 소지인의 "운송의 중지, 운송물의 반환 기타의 처분청구"에 따를 의무를 부담한다(§139①제1문). 이것은 운송물에 대하여 권리를 갖고 있는 사람이 시장상황 등에 따른 처분지시를 하면 그 지시에 응할 운송인의 의무이다. 이 권리를 처분권(Verfügungsrecht) 또는 지시권(Weisungsrecht)이라고 한다. 이 지시권은 운송계약의 특수성으로 인하여 송하인이나 화물상환증 소지인이 운송계약을 해제하거나 비용부담을 할 필요 없이 법규정의 효력에 의하여 당연히 행사할 수 있는 권리이다.

② 지시권자

지시권을 행사할 수 있는 사람은 원칙적으로 송하인 또는 화물상환증이 발행된 때에는 그 소지인이다(§139①제1문). 그러나 화물상환증이 발행되지 않은 경우 운송물이 도착지에 도착한 후 수하인이 운송물의 인도를 청구한 때에는 수하인의 권리가 송하인의 권리에 우선한다(§140). 그러나 수하인이 인도를 청구하였더라도 그 후 수령을 거부하거나 수령할 수 없는 때에는 송하인의 처분권이 부활한다(§143①, 142②). 또한 송하인이 매매의 목적인 물건을 수하인에게 발송하였으나 수하인이 그 대금의 전액을 변제하지 아니하고, 도달지에서 그 물건을 수령하지 아니한 상태에서 수하인이 파산선고를 받은 때에는 송하인은 그 물건을 환취할 수 있다(채무자회생법 §408①본문). 다만, 파산관재인이 대금전액을 지급하고 그 물건의 인도를 청구한 때에는 그러하지 아니하다(동법 §408①단서).

③ 처분의무의 내용

운송인은 송하인 등이 지시한 운송의 중지, 운송물의 반환 기타의 처분지시에 따를 의무가 있다(§139①제1문). 이것은 운송인이 운송중에 그에 지장을 주지 않는 범위에서 처분을 지시하는 권리이므로 이러한 처분의무로 인하여 운송인에게 새로운 부담이나 불이익을 주어서는 아니된다. 따라서 송하인 등이 지시할 수 있는 처분 중 "운송물의 반환"은 출발지나 운송지가 아니라 운송물의 현재의 소재지에서의 운송물의 반환을 의미하고[229], "기타의 처분"은 운송인에게 추가의 부담을 지우지 아니하는 선에서 운송노선을 변경하거나 적하방법의 변경, 수하인의 변경 등을 의미하고 운송노선의 연장, 추가운송, 포장의 개체(改替) 등은 포함될 수 없다.[230]

④ 운임 등의 청구권

상법은 "이 경우에 운송인은 이미 운송한 비율에 따른 운임, 체당금과 처분으로 인한 비용의 지급을 청구할 수 있다"($\S 139① 제2문$)고 하여 운송인이 송하인 또는 화물상환증소지인의 처분지시에 따라 운송을 중지한 경우에 비율운임의 지급청구권만을 인정한다. 그러나 이는 운송인의 의사와 무관한 사유로 인한 운송중단으로 인하여 당초 약정했던 운임을 다 받을 수 없게 되는 점에서 "운송물의 전부 또는 일부가 그 성질이나 하자 또는 송하인의 과실로 인하여 멸실한 때에는 운송인은 운임의 전액을 청구할 수 있다"는 상법 제134조제2항과는 균형이 맞지 않는다. 따라서 해석상 비율운임외에 운송시간, 운송의 난이도, 운송비용 등을 종합적으로 감안하여 운임을 결정하여야 할 것으로 해석하는 견해[231]가 있으며 타당하다.

4) 운송물인도의무

운송물이 도착지에 도착한 경우 운송인은 운송물을 인도할 의무를 진다. 이는 운송계약의 가장 주된 의무이다. 운송물의 '인도'란 그 점유를 이전하는 것을 말한다. 민법상으로 인도에는 목적물반환청구권의 양도($\S 190 민법$)도 인도에 포함되는 것으로 보지만, 운송인은 특약이나 다른 관습이 없는 한 현실의 인도($\S 188① 동법$)를 해야 인도한 것이 되고 목적물반환청구권의 양도만으로는 인도

---

[229] 손주찬(03), 336면; 이철송(15), 518면; 정찬형(15), 338면.
[230] 이철송(15), 518면.
[231] 이철송(15), 519면; 정찬형(15), 338면(입법론상 재검토가 필요하다는 점도 언급하고 있다.).

가 된 것으로 볼 수 없다. 실무상 수입상품을 운송한 운송인은 운송물을 보세창고나 보세장치장 등의 보세구역에 양화한 후 출발하고, 운송인의 대리점이 운송인을 대신하여 수하인으로부터 화물상환증을 회수하고 화물인도지시서(delivery order: D/O)를 발급하여 하역회사를 통하여 그 화물을 수하인에게 인도하도록 한다. 이 때 화물상환증 소지인이 아닌 화물상환증 상의 통지처의 의뢰를 받은 하역회사가 양하작업을 완료하고 화물을 하역회사의 일반보세창고에 입고시킨 것만으로는 인도가 된 것으로 볼 수 없다.232) 그러나 운송인이 화물상환증 소지인의 인도 지시 내지 승낙에 따라 운송물을 제3자에게 인도한 경우에는 그 제3자가 화물상환증을 제시하지 않았다 하더라도 운송인이 그와 같은 인도 지시 내지 승낙을 한 화물상환증 소지인에 대하여 운송물 인도의무 불이행이나 불법행위로 인한 손해배상책임을 지지 아니한다.233)

(가) 화물상환증이 발행된 경우

운송인은 송하인의 청구에 의하여 화물상환증을 발행, 교부한다($\S^{128}_{①}$). 화물상환증은 운송물 인도 청구권을 표창하는 유가증권이다.

① 화물상환증의 상환증권성

화물상환증을 발행한 경우에는 이와 상환하지 아니하면 운송물의 인도를

---

232) 대법원 2000.11.14. 선고 2000다30950 판결("선하증권이 발행된 경우 운송인은 화물을 선하증권 소지인에게 선하증권과 상환하여 인도함으로써 그 의무의 이행을 다하는 것이므로 선하증권 소지인이 아닌 선하증권상의 통지처의 의뢰를 받은 하역회사가 양하작업을 완료하고 화물을 하역회사의 일반보세창고에 입고시킨 사실만으로는 화물이 운송인의 지배를 떠난 것이라고 볼 수 없고, 이러한 경우 화물의 인도시점은 운송인 등의 화물인도지시서에 의하여 화물이 하역회사의 보세장치장에서 출고된 때"라고 판시하였다.); 대법원 2004.5.14. 선고 2001다33918 판결(운송인이 수입화물을 보세창고업자에게 인도하는 것만으로 그 화물이 수하인에게 인도된 것으로 볼 수 없다고 판시).
233) 대법원 1997.6.24. 선고 95다40953 판결(해상운송인이 선하증권 소지인의 인도 지시 내지 승낙에 따라 운송물을 제3자에게 인도한 경우에는 그 제3자가 선하증권을 제시하지 않았다 하더라도 해상운송인이 그와 같은 인도 지시 내지 승낙을 한 선하증권 소지인에 대하여 운송물인도의무 불이행이나 불법행위로 인한 손해배상책임을 진다고 할 수 없다고 판시).

청구할 수 없다(§129). 운송인은 원칙적으로 화물상환증의 정당한 소지인에게 그것과 상환하여 운송물을 인도하여야 면책되는데, 예외적으로 동 증권의 형식적 자격을 가진 소지인에게 인도하였는데 그가 비록 실질적 자격을 갖지 않았다고 하더라도 운송인이 이러한 사실에 관하여 악의 또는 중과실이 없는 한 운송인은 면책된다(§§65, 민법 234).

화물상환증이 발행된 경우에 운송인이 화물상환증을 소지하지 않은 자에게 인도한 때에는 증권 소지인에 대하여 채무불이행 또는 불법행위에 기한 손해배상책임을 부담한다(§§민법 390, 750).

② 보증도·가도의 상관습

실무상 운송인이 송하인 등을 신뢰하여 그에게 은행 기타 제3자의 보증서(신용장 매수은행이 수하인에게 발행해준 '화물선취보증서(Letter of Guarantee: L/G)'가 가장 일반적으로 사용된다)만 받고 화물상환증과 상환하지 않고 운송물을 인도하는 보증도(保證渡)의 상관습이 있다. 종전에는 보증도의 상관습에 대하여 상법 제129조의 강행규정에 반하는 점에서 무효라고 보는 견해가 있었으나, 오늘날에는 판례[235]와 학설이 그 유효성을 인정하고 있다. 더 나아가서 이러한 보증도와 달리 제3자의 보증도 받지 않은 채 운송물의 인도

---

234) 민법 제518조(채무자의 조사권리의무) (지시채권의) 채무자는 배서의 연속여부를 조사할 의무가 있으며 배서인의 서명 또는 날인의 진위나 소지인의 진위를 조사할 권리는 있으나 의무는 없다. 그러나 채무자가 변제하는 때에 소지인이 권리자 아님을 알았거나 중대한 과실로 알지 못한 때에는 그 변제는 무효로 한다.

235) 대법원 1989.3.14. 선고 87다카1791 판결("이른바 보증도의 상관습은 운송인 또는 운송취급인의 정당한 선하증권 소지인에 대한 책임을 면제함을 목적으로 하는 것이 아니고 오히려 보증도로 인하여 정당한 선하증권 소지인이 손해를 입게 되는 경우 운송인 또는 운송취급인이 그 손해를 배상하는 것을 전제로 하고 있는 것이므로 운송인 또는 운송취급인이 보증도를 한다고 하여 선하증권과 상환함이 없이 운송물을 인도함으로써 선하증권 소지인의 운송물에 대한 권리를 침해하는 행위가 위법성이 없는 정당한 행위로 된다거나 운송인 또는 운송취급인의 주의의무가 감경 또는 면제된다고 할 수 없다"고 판시); 대법원 1991.4.26. 선고 90다카8098 판결(보증도에 관하여 선하증권 소지인의 운송물에 대한 고의 아니면 중과실로 인한 불법행위가 성립한다고 판시); 대법원 1991.12.10. 선고 91다14123 판결; 대법원 1999.4.23. 선고 98다13211 판결 등.

를 청구하는 자로부터 후일 화물상환증의 반환을 받을 약정 하에 화물상환증과 상환하지 아니하고 운송물을 인도하기도 한다. 후자를 가도(假渡) 내지 공도(空渡)라고 한다. '가도'란 수령자에게 정식으로 인도하는 것이 아니라 일단 가인도한다는 의미가 담겨 있고 '공도'란 화물상환증을 받지 않고 운송물을 인도한다는 의미이다. 보증도·가도는 예컨대, 매수인이 운송물 도착 후에야 화물상환증을 입수하게 될 예정이어서 아직 화물상환증을 소지하지 않고 있는 경우, 이미 수령한 화물상환증을 분실한 경우, 또는 상품을 전매자에게 인도하여 대금을 회수하지 않으면 화환어음의 지급을 할 수 없어서 화물상환증을 취득할 수 없는 경우 등에 행하여진다. 그리고 보증도·가도에 의하여 운송물을 인도받은 수하인은 나중에 화물상환증을 입수하게 되면 이를 운송인에게 교부하여야 한다. 판례236)는 이러한 보증도·가도는 운송인의 정당한 채무이행으로서 유효한 것으로 보고 있다.

그러나 유의할 점은 운송인이 이러한 보증도·가도를 한 후에, 화물상환증의 정당한 소지인이 나타나서 운송인에게 운송물의 인도를 청구하면, 운송인은 화물상환증의 정당한 소지인에 대하여 상법상 채무불이행으로 인한 손해배상책임을 지며($^{민법}_{§390}$) 제3자의 선의취득 또는 운송물의 멸실 등의 경우에는 민법상 불법행위에 기한 손해배상책임을 부담한다($^{동법}_{§750}$)는 점이다.237) 이 경우 불법행위가 성립하는 시점은 운송인이 선하증권 소지인이 아닌 자에게 운송물을 인도함으로써 선하증권 소지인의 운송물에 대한 권리의 행사가 어렵게 된 때이다.238) 즉 보증도·가도의 상관습은 유효한 채무이행이지

---

236) 대법원 1991.12.10. 선고 91다14123 판결; 대법원 1992.2.25. 선고 91다30026 판결; 대법원 1992.11.13. 선고 92다14687 판결 등.
237) 대법원 1999.4.23. 선고 98다13211 판결(해상운송인 또는 선박대리점이 선하증권과 상환하지 아니하고 운송물을 선하증권 소지인 아닌 자에게 인도하는 것은 그로 인한 손해의 배상을 전제로 하는 것이어서, 그 결과 선하증권 소지인에게 운송물을 인도하지 못하게 되어 운송물에 대한 그의 권리를 침해하였을 때에는 고의 또는 중대한 과실에 의한 불법행위가 성립된다고 판시).
238) 대법원 2001.4.10. 선고 2000다46795 판결(선하증권을 발행한 운송인이 선하증권과 상환하지 아니하고 운송물을 선하증권 소지인 아닌 자에게 인도함으로써 선하증권 소지인에게 운송물을 인도하지 못하게 되어 운송물에 대한 그의 권리를 침해하였을 때

만 그것에 의하여 운송인의 화물상환증 소지인에 대한 운송물 인도의무가 종국적으로 면제되는 것은 아니며 화물상환증 소지인이 운송인에게 운송물 인도를 청구하는 순간 운송인은 채무불이행책임을 부담하게 된다. 이러한 상황을 고려하면 운송인의 보증도·가도는 수하인이 아닌 화물상환증 소지인이 운송인에게 운송물 인도를 청구하는 것을 해제조건으로 하여 운송물 인도의무를 이행한 효력이 발생하는 것으로 해석할 수 있을 것이다.

또한 운송인이 보증도·가도를 한 후 수하인이 아닌 화물상환증 소지인이 운송인에게 운송물 인도를 청구하면 운송인은 형법상 배임죄나 횡령죄 등의 형사책임도 질 수 있다.

그러나 운송인이 화물상환증과 상환하지 아니하고 운송물을 화물상환증 소지인이 아닌 자에게 인도함으로써 화물상환증 소지인의 운송물에 대한 권리의 행사가 일시적으로 어렵게 되었지만, 그 후에 화물상환증의 소지인이 그 운송물의 점유를 취득하고 그 운송물에 대하여 화물상환증 소지인으로서 가지는 권리를 행사한 경우에는 운송물의 멸실로 인한 손해를 입었다고 볼 수 없으므로 운송물의 가액 상당의 손해배상을 구할 수 없다.[239]

운송인이 이러한 가도·보증도로 운송물을 수하인에게 인도하였더라도 화물상환증의 효력 때문에 수하인은 화물상환증을 입수하지 못하는 한 운송물의 소유권을 취득할 수 없다($\S\,^{132}_{133}$). 수하인이 운송물을 전매한 경우에 전득자에게 악의 또는 중과실이 없는 한 전득자는 운송물의 소유권을 선의취득한다.[240]

에는 고의 또는 중대한 과실에 의한 불법행위가 성립한다고 할 것인데, 이 경우 운송물을 인수한 자가 운송물을 선의취득하는 등 사유로 선하증권 소지인이 운송물에 대한 소유권을 상실하여야만 운송인의 불법행위가 성립하는 것이 아니라 운송인이 선하증권 소지인이 아닌 자에게 운송물을 인도함으로써 선하증권 소지인의 운송물에 대한 권리의 행사가 어렵게 되기만 하였으면 곧바로 불법행위가 성립한다고 판시).

239) 대법원 2007.8.24. 선고 2007다25582 판결(이 사건 화물인 원유가 선하증권 소지인이 아닌 주식회사 휴론에게 인도되기는 하였으나 그 후 원유가 멸실·훼손됨이 없이 선하증권 소지인인 원고의 점유·관리하에 놓이게 되었고, 선하증권 소지인은 주식회사 휴론의 화물탱크에 보관되어 있던 원유를 일괄 매각한 대금에서 전체 매각 원유 중 이 사건 화물이 차지하는 비율로 분배를 받은 사안).

수하인이 보증도 또는 가도를 받은 운송물을 점유하고 있는 동안에는 화물상환증의 정당한 소지인은 수하인에 대하여 자기에게 운송물을 인도하라고 청구할 수 있으나, 제3자가 운송물을 선의취득한 경우에는 이를 청구할 수 없고 운송인에 대하여 손해배상을 청구할 수 있을 뿐이다. 보증도 또는 가도의 경우 화물상환증의 소지인이 입은 손해는 그 인도 당시의 운송물의 가액 및 이에 대한 지연손해금 상당의 금액이다.[241]

또한 보증도 또는 가도의 경우 운송인이 화물상환증의 정당한 소지인에게 손해배상을 이행한 경우에는 수하인 또는 그 보증인에게 구상권을 행사할 수 있다.

대법원 1991.12.10. 선고 91다14123 판결

소외 동원실업주식회사는 1987.8.20. 알루미늄 스크래나리를 카나다의 아달가멧 카나다 커머스 회사(이하 '아말가멧')로부터 수입하기 위하여 동 회사를 수익자로 하는 신용장을 원고 중소기업은행으로부터 개설받았다. 아말가멧은 1987.9.7. 위 신용장에 따라 위 물품을 운송인인 에너그린 마린 코포레이숀에 선적하고 위 물품은 동년 10.3. 부산항에 양륙되어 보세구역에 반입됨으로써 위 운송인의 한국대리점인 피고 신영해운주식회사에게 인도되었으며 피고회사는 동년 12.4. 선하증권의 원본을 제시함이 없이 위조된 원고 명의의 화물선취보증장을 제시하는 위 동원실업주식회사에게 화물인도지시서를 교부하였고 동원실업주식회사는 이에 의하여 위 물품을 반출, 타에 처분하였다. 그 후 아말가멧은 1988.3.15. 신용장통지은행을 통하여 원고 은행에게 신용장대금의 청구를 하고 원고는 이에 응하여 동년 3.29. 미화 232,758.54달러를 결제함과 동시에 위 물품에 대한 선하증권을 교부받아 소지하게 되었다. 대법원은 "은행의 신용장개설에 따라 이루어진 격지간의 상품매매에 따른 상품운송에 있어서 선하증권상에 수하인으로 되어 있어 장래 그 선하증권의 취득이 확실시되는 신용장개설은행의 보증 하에 그 명의의 화물선취보증장과 상환으로 선하증권과 상환함이 없이 그 선하증권상에 통지처로 되어 있는 실수요자에게 운송물을 인도하는 형태의 이른바 '보증도'가 국제해운업계에서 일반적으로 행하여지는 세계적인 상관습이나 이러한 '보증도'의 상관습은 운송인 또는

---

240) 정동윤(12), 249면.
241) 대법원 1993.10.8. 선고 92다12674 판결(보증도 등의 방법에 의하여 운송물의 회수가 사회통념상 불가능하게 됨으로써 그것이 멸실된 후에 선하증권을 소지하게 된 자가 입은 손해는 그 운송물의 멸실 당시의 가액(운송물의 가액을 한도로 한 신용장대금) 및 이에 대한 지연손해금 상당의 금액이라고 판시); 대법원 2007.6.28 선고 2007다16113 판결(운송인이 운송물을 선하증권과 상환하지 아니하고 타인에게 인도함으로써 선하증권 소지인이 입은 손해는 그 인도 당시의 운송물의 가액 및 이에 대한 지연손해금 상당의 금액이라고 판시).

선박대리점의 정당한 선하증권 소지인에 대한 책임을 면제함을 직접목적으로 하는 것이 아니고 오히려 '보증도'로 인하여 정당한 선하증권 소지인이 손해를 입게 되는 경우 해상운송인 또는 선박대리점 등이 그 손해를 배상하는 것을 전제로 하고 있는 것으로서, 운송인 또는 운송취급인은 진정한 선하증권 소지인이 아닌 자에게 운송물을 인도하게 되면 선하증권 소지인의 운송물에 대한 권리를 침해하는 결과가 발생될 수 있음을 인식하고 있었다고 보아야 할 것이고 만약 그 결과의 발생을 인식하지 못하였다면 그와 같이 인식하지 못하게 된 점에 대하여 운송인 또는 운송취급인으로서의 주의의무를 현저히 결여한 중대한 과실이 있다고 볼 것이다."라고 전제하고, "상법 제(861)조, 제129조의 규정은 운송인에게 선하증권의 제시가 없는 운송물인도청구를 거절할 수 있는 권리와 함께 선하증권의 제시가 없는 경우 운송물의 인도를 거절하여야 할 의무가 있음을 규정하고 있다고 봄이 상당하며, 해상운송인이나 운송대리점이 운송물의 인도를 청구하는 자로부터 후일 선하증권의 반환을 받을 약정 하에 선하증권과 상환하지 아니하고 운송물을 인도하는 이른바 가도가 국제상관습으로 행해진다고 하더라도 이는 전적으로 운송인 또는 운송대리점의 위험부담하에 행해지는 것으로 가도로 인하여 선하증권의 정당한 소지인의 권리가 침해되는 경우 그로 인한 손해를 배상함을 당연히 전제로 하는 것이라고 설시하면서 피고의 위 물품의 인도행위는 원고에 대하여 불법행위가 되고 피고는 이로 인한 손해배상의 책임이 있다고 판시"한 원심판결을 수긍하였다.

(나) 화물상환증이 발행되지 않은 경우
① 수하인 또는 송하인에게 인도

화물상환증이 발행되지 않은 경우에는 운송물이 도착지에 도착한 후에는 수하인(受荷人)은 운송계약상의 송하인과 동일한 권리를 취득하며($\S 140$ ①), 운송인은 수하인에게 송하인에 대하여 갖고 있는 모든 항변권을 행사할 수 있고, 수하인과 송하인의 지위가 병존한다. 그러므로 운송인은 송하인이나 수하인에게 운송물을 인도하면 된다. 그런데 운송물이 도착지에 도착한 후 수하인이 운송물의 인도를 청구한 때에는 수하인의 권리가 송하인의 권리에 우선하므로($\S 140$ ②), 운송인은 운송물을 수하인에게 인도하여야 한다. 수하인이 운송물을 수령하였을 때에는 수하인은 운임 기타 운송에 관한 비용과 체당금을 지급할 의무를 부담한다($\S 141$). 이 때 송하인도 지급의무를 부담하며 어느 한쪽이 이행할 때까지 양자의 채무는 병존하는 부진정연대채무관계에 있게 된다.[242]

---

242) 손주찬(03), 339면; 정찬형(15), 341~342면.

② 수하인의 지위

이처럼 운송물이 도착한 후 운송계약의 당사자가 아닌 수하인이 송하인의 권리를 취득하고 운임 기타 비용과 체당금 지급의무를 부담하는 점에 대한 법률적 설명으로서는 ⅰ) 수하인을 '제3자를 위한 운송계약'의 수익자인 제3자로 보는 견해(제3자를 위한 계약설)(소수설)243), ⅱ) 운송의 특수성에 비추어 법률이 인정한 특별한 지위를 갖는 것으로 보는 견해(특별규정설)(다수설)244) 등이 있다. 특별규정설은 제3자를 위한 계약($\S^{민법}_{539}$)과 달리 수하인은 수익의 의사가 없을 뿐만 아니라 의무도 부담한다는 점에서 제3자를 위한 계약설을 비판하고 위의 수하인의 지위는 운송의 특수성을 감안하여 상법이 인정한 특별한 지위라고 한다. 제3자를 위한 계약설에서는 특별규정설은 수하인의 지위를 이해하는 데 아무런 도움을 주지 못한다고 비판하고 제3자를 위한 계약설은 수하인의 지위를 유사하게나마 가장 잘 설명하는 것이라고 주장한다. 생각건대 운송물 도착 후의 수하인의 지위를 설명하기 위하여 운송계약을 제3자를 위한 계약으로 이론구성하는 것은 본말전도이고 운송계약 자체가 제3자를 위한 계약인가를 따져보아야 할 것인데 소수설에서도 인정하고 있는 것처럼 운송계약은 제3자를 위한 계약으로 보기 어려운 측면들을 갖고 있다. 그러므로 특별규정설에 찬동한다.

전술한 것처럼 운송인은 송하인이나 수하인에게 운송물을 인도하면 되지만, 아주 예외적인 상황으로서 만일 수하인이 없는 경우에는 송하인에게 인도할 수밖에 없다.245)

5) 운송인의 손해배상책임

(가) 책임발생원인

① 규정

상법은 운송인은 자기 또는 운송주선인이나 사용인, 그 밖에 운송을 위하

---

243) 서돈각·정완용(99), 222면; 최기원(04), 363면; 이기수외(03), 459면; 채이식(92), 281면.
244) 정희철(89), 224면; 손주찬(03), 339면; 정동윤(12), 264면; 임홍근(01), 854면; 최준선(13), 372면.
245) 정찬형(15), 341면.

여 사용한 자가 "운송물의 수령, 인도, 보관 및 운송에 관하여 주의를 게을리" 하지 아니하였음을 증명하지 아니하면 "운송물의 멸실, 훼손 또는 연착으로 인한 손해"를 배상할 책임이 있다고 규정한다(§ 135).

② 규정의 법적 성격

제135조는 민법상 채무불이행에 기한 손해배상책임규정($\S\S\;^{민법}_{390,\;391}$)에 대한 예외규정인가 아니면 예시규정인가 하는 문제가 있다. ⅰ) 제135조는 운송인의 채무불이행의 유형을 운송물의 수령, 인도, 보관 및 운송에 관하여 주의를 게을리 한 것에 한정하고, 손해의 유형도 운송물의 멸실, 훼손 또는 연착으로 인한 손해에 한정하는 특별규정이라고 보는 견해(예외규정설)(소수설)246)와 ⅱ) 제135조는 민법상의 손해배상책임에 관한 일반원칙을 운송인에 관하여 구체화시켜 놓은 것에 불과한 예시규정 내지 주의규정으로 보는 견해(통설)247)로 갈린다. 예외규정설을 취하는 일부 학자는 제135조는 운송인이 사용인의 행위에 대해서도 무과실책임을 지고 증명책임을 전환하고 있는 점에서 민법의 일반원칙과 다른 특별규정이라고 주장하기도 한다.248) 그러나 예시규정설에서는 민법에서도 이행보조자의 과실을 채무자의 과실로 보며($\S\;^{민법}_{391}$), 민법상으로도 피해자가 채무자의 채무불이행 사실을 증명하면 채무자는 무과실을 입증해야 하므로 제135조가 민법과 다른 특칙을 규정하고 있는 것이 아니라 구체화하고 있는 것뿐이라고 설명한다.249) 통설의 입장이 타당하며 그에 따르면 운송인은 제135조에 예시된 채무불이행의 유형(운송물의 수령, 인도, 보관과 운송에 관한 주의해태) 이외의 책임발생 원인이나 예시된 손해유형(운송물의 멸실, 훼손 또는 연착) 이외의 손해유형(예컨대, 화물

---

246) 김용태(84), 137면; 김성태(99), 597면.
247) 강위두·임재호(11), 311면; 김정호(05), 321면; 손주찬(03), 341면; 안강현(15), 304면; 이철송(15), 522~523면; 임홍근(01), 813면; 정동윤(12), 251~252면; 정희철(89), 225면; 정찬형(15), 343면; 채이식(92), 269면; 이기수외(03), 446면; 최준선(13), 355면.
248) 김용태(84), 137면.
249) 이 문제에 관해서는 제135조의 책임발생원인과 손해의 유형에 관하여 예외규정설을 취하는 견해인 김성태(99), 596~597면도 같은 입장이다.

상환증의 미교부, 처분지시위반, 운송물의 이미지 훼손)에 대해서도 제135조에 의거하여 손해배상책임을 부담한다.250)

(나) 손해배상액

① 정액배상주의의 원칙과 예외

제137조는 운송인의 손해배상책임에 있어서 운송인의 보호를 위하여 정액배상주의의 원칙을 취하고 있다. 즉 운송물이 전부멸실 또는 연착된 경우의 손해배상액은 인도할 날의 도착지의 가격에 의하고(§137①), 운송물이 일부멸실 또는 훼손된 경우의 손해배상액은 인도한 날의 도착지의 가격에 의한다(§137②). 다만, 운송물의 멸실, 훼손 또는 연착이 운송인의 고의나 중대한 과실로 인한 때에는 예외적으로 운송인은 모든 손해를 배상하여야 한다(§137③).

제137조 제1항에서 "인도할 날"이란 운송계약상 인도하기로 예정되어 있던 날 또는 화물상환증이 발행된 경우에는 그렇게 기재되어 있는 날을 뜻한다.251) "도착지의 가격"이란 도착지에서 형성되는 시장가격을 말하며 거래소의 시세 있는 물건이라면 거래소의 가격을 말한다.252)

② 취지

이처럼 정액주의의 원칙을 취함으로써 다수의 송하인으로부터 다량의 물건의 운송을 위탁받는 운송인이 손해액을 개별적으로 증명하는 데에 시간과 노력을 소모하거나 그에 관한 분쟁에 말려들어 원만한 업무수행에 지장을 받는 일을 피할 수 있게 된다.253)

③ 규정의 성격

제137조는, 원칙적으로 채무불이행과 상당인과관계에 있는 모든 통상손해

---

250) 예시규정설을 취하는 일부학자는 제135조가 예시하지 않은 책임발생 원인이나 예시하지 않은 손해유형의 손해에 대해서는 민법이 적용된다고 설명하고 있으나 예시규정설을 취하는 한 제135조를 적용하나 민법 제390조 이하를 적용하나 결과는 같다. 동지: 이철송(15), 523면 각주 62.
251) 이철송(15), 525면; 최준선(13), 356면.
252) 이철송(15), 525면; 최준선(13), 356면.
253) 정찬형(15), 344면.

에 대하여 배상하여야 하고, 예외적으로 특별손해는 운송인이 그 사정을 알았거나 알 수 있었던 경우에 한하여 배상책임을 부담하도록 정하고 있는 민법 제393조에 대한 예외규정의 성격을 갖는다. 다만 정액배상주의의 원칙에 대한 예외인 "운송물의 멸실, 훼손 또는 연착이 운송인의 고의나 중대한 과실로 인한 때"($\S^{137}_{③}$)에는 운송인은 다시 민법의 일반원칙($\S^{민법}_{393}$)으로 돌아가서 그 원칙에 의한 손해배상책임을 부담한다고 해석된다.

④ 운송물 연착의 경우

연착된 경우의 배상액을 운송물의 전부멸실의 경우와 같이 취급하여 인도할 날의 도착지의 운송물의 가격으로 산정하는 현행 규정($\S^{137}_{①}$)에 따르면 운송물의 "인도한 날의 가격이 인도할 날의 가격보다 높거나 같은 경우" 운송인은 아무런 책임을 부담하지 않는다는 문제점이 있다. 이러한 경우에 대하여 ⅰ) 운송인은 민법상 채무불이행의 일반원칙에 의하여 손해배상책임을 부담하는 것으로 해석하여야 한다는 견해(소수설)[254]와 ⅱ) 연착된 경우에는 인도할 날의 도착지의 가격에 의하여 배상하는 것으로 해석할 수밖에 없다고 보는 견해(다수설)가 있다.[255] 다수설에서는 이렇게 해석할 경우 연착에 의하여 수하인이 입은 손해(예컨대 전매계약을 해제당한 경우)가 아무리 크더라도 운송인은 아무런 책임을 부담하지 않게 되므로 부당하다는 문제를 해결하기 위하여 연착의 경우에는 채무불이행의 일반원칙에 의하여 손해배상책임을 부담하도록 개정하는 것이 필요하다는 입법론[256]을 아울러 제기하고 있다. 생각건대 소수설은 제137조의 명문규정에 정면으로 반하는 해석으로서 무리가 있고, 제137조에 따라 연착된 경우에는 인도할 날의 도착지의 가격에 의하여 배상하는 것이 불가피하다고 본다(다수설에 찬동). 그러나 다수설의 입법론에 대해서는 견해를 달리한다. 즉 운송물의 "인도한 날의 가격이 인도할 날의 가격보다 높거나 같은 경우"라면 운송물이 연착하는 바

---

[254] 강위두·임재호(11), 314면; 정희철(89), 226면.
[255] 이철송(15), 525면; 정찬형(15), 345면; 최준선(13), 357면.
[256] 이철송(15), 525면; 정찬형(15), 345면; 최준선(13), 357면.

람에 운송인이 늦게 인도하여 송하인은 결국 이익을 보았을 개연성이 있는 점, 장기간의 연착이 아니라면 운송물의 연착으로 수하인이 입는 피해는 경미한 것이 보통이므로 현행법대로 해석하더라도 불공평한 경우는 드물다는 점, 예외적인 경우에는 수 시간의 연착으로도 수하인이 큰 피해를 입을 수 있으므로 개별적 사정을 감안하기 시작하면 정액배상주의의 장점은 실종되고 만다는 점, 상법이 운송인의 운송물에 대한 배상책임에 관하여 운송인 보호의 취지에서 정액배상주의의 원칙을 취한 이상 연착의 경우에만 개개의 사정을 감안하는 것은 다른 책임발생 원인(멸실, 훼손)과의 균형이 맞지 않는다는 점 등을 고려하면 현행규정은 나름대로 존재 가치를 갖는 것으로 본다.

⑤ 일부멸실·훼손된 운송물의 연착

운송물이 일부멸실 또는 훼손되면서 동시에 연착된 경우의 배상액을 멸실 또는 훼손을 중시하여 "인도한 날"의 도착지의 가격에 의할 것($\S\,137\,②$)인가 아니면 연착을 중시하여 "인도할 날"의 도착지의 가액에 의할 것($\S\,137\,①$)인가가 문제인데 운송물이 일부멸실 또는 훼손되면서 동시에 연착된 경우에는 멸실 또는 훼손된 운송물의 가치를 "인도할 날"의 도착지 가격으로 계산하는 것이 의미 있으므로 후자가 타당하다고 본다.257)

운송인이 손해를 배상하는 경우 운송물의 멸실 또는 훼손으로 인하여 지급을 요하지 아니하는 운임 기타 비용은 그 배상액에서 공제하여야 한다($\S\,137\,④$). 이는 형평의 차원에서 손익상계를 하는 것이고, 또한 그밖에 운송인의 책임발생에 수하인에게 과실이 있는 때에는 과실상계($\S\,\frac{민법}{396}$)도 인정된다.

운송인이 제137조에 의하여 손해배상을 한 경우에는 민법의 일반원칙에 의하여 운송인은 운송물에 대하여 청구권자의 권리를 대위할 수 있는가[손해

---

257) 일본상법 제580조제2항단서는 이러한 내용으로 명문규정을 두고 있다. 그러나 운송물의 '연착'을 '전부멸실'과 같이 규정한 상법 제137조제1항은 의용상법을 대체하여 상법을 제정하면서 입법착오에서 비롯된 것이라고 한다. 상세한 내용은 이철송(15), 525~526면.

배상자의 대위(민법)]가 문제되나 제137조에 의한 손해배상은 완전배상이 아닌 정액배상이므로 대위를 할 수 없다고 해석한다.258)

(다) 고가물에 대한 특칙

① 의의

화폐, 유가증권 기타의 고가물에 대하여는 송하인이 운송을 위탁할 때에 그 종류와 가액을 명시한 경우에 한하여 운송인이 손해를 배상할 책임이 있다(§136).

② 입법취지

제136조는 직접적으로는 송하인이 고가물에 대하여 명시하지 아니한 경우에 운송인을 보호하고 간접적으로는 송하인에게 고가물에 대한 명시를 유도하여259) 운송인이 고가물에 상당한 운임을 수령하고 필요한 운송방법을 취하고 주의의무를 다할 수 있게 함으로써 손해를 방지하기 위한 것이다.

③ 법적 요건

(a) 고가물

고가물이란 거래관념상 용적 또는 중량에 비하여 단위당 가격이 현저히 높아서 운송인이 예상외의 거액의 손해배상책임을 질 수 있는 물건을 말한다. 상법은 "화폐, 유가증권"을 예시하고 있으나 고가의 보석·미술품·골동품·모피·반도체칩 등 그 범위는 시세의 변화에 따라 가변적이다.

(b) 명시하지 않은 경우의 책임

송하인이 고가물에 대하여 운송을 위탁할 때에 운송물의 종류와 가액을 명시하는 것이 향후 운송물에 멸실·훼손 등의 손상이 발생한 경우 손해배상액 산정에 도움이 될 것임은 물론이지만 송하인에게 보통물이건 고가물이건 그 종류와 가액을 명시할 의무는 없다. 다만 상법은 송하인이 고가물의

---

258) 임홍근(01), 821면; 정찬형(15), 345면.
259) 정찬형(15), 346면.

운송을 위탁하면서 그 종류와 가액을 명시하지 않은 경우에는 그 고가물이 멸실·훼손되더라도 운송인은 아무런 책임을 부담하지 아니한다(136)고 규정한다. 이것은 운송인의 책임조각사유이므로 그 요건사실의 입증책임은 운송인에게 있다. 송하인이 고가물임을 명시할 시기에 관해서 상법은 "운송을 위탁할 때"라고 규정하고 있으나, 운송계약의 성립전까지는 해야 한다는 견해260)와 계약성립후 운송물을 인도하기 전까지는 해야 한다는 견해261)가 갈리나 계약성립후 운송물을 인도하기 전까지만 고지하면 운송인이 운송에 필요한 준비를 할 수 있고 그에 상응한 운임의 인상도 요구할 수 있는 점에서 후설이 타당하다.

그런데 이와 관련하여 송하인이 명시하지 않았고 운송인이 고가물임을 알지 못한 경우 운송인은 고가물로서는 책임을 지지 않더라도 보통물로서의 주의의무는 부담하는가 하는 문제가 있다.

이에 대하여 i) 보통물책임설262)은 운송인은 보통물로서의 주의의무를 부담하고 운송인이 고가물에 대하여 보통물로서의 주의의무를 다하지 않은 경우에는 보통물로서의 손해배상책임을 부담하여야 한다는 견해이다. 이 입장에서는 송하인이 고가물임을 명시하지 않았다고 하여 보통물에 대한 주의조차 기울이지 아니하여 고가물이 멸실·훼손된 경우에 운송인이 자기 과실에 대하여도 책임을 지지 아니한다는 것은 불공평하다는 점, 무책임설에서는 고가물을 보통물로 치환하여 그 가액을 환산하는 것이 어렵다고 하지만 과실상계와 같은 경우에 배상액의 산정에 있어 법원의 재량이 크게 개입되는 점(민법§396)을 고려하면 보통물로서의 배상액 산정이 불가능하다고 할 수 없다는 점 등을 논거로 든다.

ii) 무책임설(통설)263)은 송하인이 고가물을 명시하지 아니한 경우에는

---

260) 임홍근(01), 432면; 이병태(88), 287면.
261) 정동윤(12), 253면; 최기원(04), 377면; 최준선(13), 358면.
262) 이철송(15), 528면.
263) 강위두·임재호(11), 316면; 손주찬(03), 344면; 정희철(89), 226면; 정동윤(12), 254면; 안강현(15), 307면; 임홍근(01), 824면; 이기수외(03), 450면; 정찬형(15), 346면. 채이식

운송인은 보통물로서의 주의의무도 없다는 견해이다. 근거는 ① 고가물을 보통물로서 그 가액을 환산하는 것이 어렵다는 점, ② 송하인이 고가물을 명시한 경우에 한하여 운송인에게 그 책임을 부담시켜 송하인에게 고가물의 명시를 유인하려는 상법 제136조의 입법취지를 살리기 위해서는 그와 같이 해석하여야 한다는 점 등을 든다. 다만, 무책임설에서는 송하인이 명시하지 않았고 운송인이 고가물임을 알지 못한 경우 만약 운송인이 고의로 고가물을 멸실·훼손시킨 경우에는 제136조의 적용범위를 벗어나므로 고가물로서의 손해배상책임을 부담하고, 다만 송하인의 과실상계가 인정될 것이라고 한다.264)

생각건대 제136조의 입법취지를 감안하면 송하인이 고가물을 명시하지 아니한 경우에는 운송인이나 그 이행보조자의 과실로 고가물이 멸실·훼손된 경우에도 배상책임을 지지 아니하고 운송인측이 고의로 고가물을 멸실·훼손시킨 경우에만 고가물로서의 손해배상책임을 부담한다고 본다(무책임설).

(c) 우연히 고가물임을 안 경우

송하인이 고가물임을 명시하지 않았으나 운송인이 우연히 고가물임을 발견한 경우 운송인은 고가물로서의 주의의무를 부담하는가 하는 문제가 있다.

이에 관하여 ⅰ) 무책임설265)은 운송인은 아무런 주의의무를 부담하지 않고 면책된다고 보는 견해이다. 그 논거로는 고가물책임설에 대해서는 대량의 물건을 다루는 운송인이 우연히 고가물임을 안 경우를 송하인이 고가물을 고지하여 알게 된 경우와 동일시하는 것은 타당하지 않다고 비판하고, 절충설에 대해서는 송하인의 고지하지 아니한 잘못이 원인이 되어 운송인이

---

(92), 272면; 최준선(13), 359면.
264) 손주찬(03), 344면; 안강현(15), 307면; 정동윤(12), 254~255면; 정찬형(15), 346면. 이 경우 만약 운송인이 중과실로 고가물을 멸실·훼손시킨 경우에도 고의에 의한 경우와 마찬가지로 고가물로서의 손해배상책임을 부담한다는 견해로는 최완진, "고가물의 운송에 관한 운송인의 책임", 고시계, 2002.9, 162면; 최준선(13), 360면. 그러나 이와 달리 제136조의 면책은 운송인의 중과실로 고가물을 멸실·훼손시킨 경우에도 적용된다고 보는 입장이 더 다수이다.
265) 채이식(92), 272면.

결과에 대하여 책임을 지게 되며, 결국에는 운송인의 주의의무의 정도를 증대시키는 것이 되므로 찬동할 수 없다고 비판한다. ii) 고가물책임설266)은 운송인은 일단 고가물임을 알게 된 이상은 고가물로서의 주의의무가 있고, 이를 게을리 한 경우에는 고가물로서의 책임을 진다고 보는 견해이다. 운송인이 고가물임을 알게 되었음에도 불구하고 보통물에 대한 주의만 기울인다는 것은 손해발생의 높은 가능성을 방치하는 것이고 무상으로 타인의 물건을 수치(受置)한 상인에게도 선관의무를 요구하는 상법 제62조의 취지나 신의칙, 운송인의 선관의무에 반한다고 하는 논거를 든다. iii) 절충설(다수설)267)은 고가물임을 알게 된 운송인은 보통물로서의 주의의무가 있고, 이를 해태한 때에는 고가물로서의 책임을 진다는 견해이다. 절충설은 무책임설에 대해서는 운송인이 일단 알게 되었는데 아무런 주의의무도 부담하지 않고 완전히 면책된다고 보는 것은 신의칙에 반한다는 점에서 비판하고, 고가물책임설에 대해서는 대량의 물건을 다루는 운송인이 우연히 고가물임을 안 경우를 송하인이 고가물을 신고한 경우와 동일시하여 운송인에게 보다 높은 주의의무를 부담시키는 것은 타당하지 않다고 비판한다.

　생각건대 운송인이 일단 알게 되었는데 아무런 주의의무도 부담하지 않고 완전히 면책된다고 보는 무책임설은 신의칙에 반한다. 그리고 운송물이 고가물인 경우 고가물로서의 주의의무를 기울이지 않는다면 고가물이 멸실·훼손되는 위험이나 결과를 초래할 수 있고 절충설은 그 문제를 해결하지 못한다. 아울러 특정 사안에서 운송물이 고가물인 경우에 그에 대한 보통물로서의 주의의무를 부과하려면 고가물에 대한 보통물이 무엇인지 결정해야 할 것인데 그것이 용이하지 않을 수 있다. 예컨대, 운송된 고가물이 반도체라면 운송인은 보통물을 무엇으로 보고 그에 대하여 필요한 주의를 다해야 면책될 것인지 불분명하다. 그러므로 운송중에 우연히 고가물임을 알게 된 운송

---

266) 강위두·임재호(11), 317면; 김병연(12), 318면; 손주찬(03), 344면; 이철송(15), 529~530면.
267) 김정호(05), 322면; 손진화(14), 275~276면; 안강현(15), 307~308면; 이기수·최병규(10), 468면; 전우현(11), 326면; 정경영(07), 232면; 정동윤(12), 254면; 정찬형(15), 347면; 최준선(13), 360면.

인은 그 때부터는 고가물로서의 주의의무가 있고, 이를 게을리 한 때에는 고가물로서의 책임을 진다고 보는 것이 타당하다(고가물책임설). 이 경우에 운송인은 운송을 완료하면 고가물로서의 주의의무를 다한 것에 대하여 약정한 운임 이외의 추가보수를 청구할 수는 없지만, 형평의 원칙상 운송에 관한 추가비용은 청구할 수 있다(§141)고 본다. 다만 운송인이 운송중에 고가물임을 알게 된 때에 고가물로서의 주의의무를 기울이는 것에는 한계가 있을 수 있다. 따라서 운송인이 자기가 처한 상황에서 할 수 있는 범위에서 최선을 다하면 고가물로서의 주의의무를 위반하지 않은 것으로 보아야 할 것이다.

(d) 운송인의 중과실에 의한 부지

송하인이 고가물을 신고하지 않았으나 운송인이 조금만 주의하면 고가물임을 알 수 있었던 경우(중과실)에 운송인이 알고 있는 경우와 동일하게 볼 것인가 또는 운송인이 몰랐던 경우로 볼 것인가 하는 문제가 있다.

ⅰ) 그 경우에는 상법 제137조제3항을 참조하여 운송인이 알고 있는 경우와 동일하게 취급하자는 입장도 가능하나, ⅱ) 운송인을 보호하고 고가물의 명시를 유인하려는 상법 제136조의 입법취지를 감안하여 운송인은 몰랐던 것으로 보아야 할 것이라는 견해가 통설[268]이다. 운송인은 고가물임을 알아야 할 의무가 있는 것은 아니므로 몰랐던데 중과실이 있더라도 비난가능성이 없다고 보아야 할 것이므로 통설이 타당하다.

④ 불법행위책임과의 관계

운송물이 멸실 또는 훼손된 경우에 운송인은 운송계약상의 채무불이행으로 인한 손해배상책임을 진다(§135). 그런데 운송물의 멸실·훼손이 동시에 운송물에 대한 소유권에 대한 침해로서 불법행위를 구성하는 경우에 채무불이행책임외에 불법행위로 인한 손해배상책임도 지는가 하는 문제가 있다. 일반적으로 계약불이행으로 인한 손해배상청구권과 불법행위로 인한 손해배상청구권 사이의 관계에 대하여 ⅰ) 법조경합설(소수설)[269]은 채무불이행책

---

[268] 정동윤(12), 254면; 정찬형(15), 347면.

임은 불법행위책임의 특수한 형태이므로 계약법은 특별법으로서 일반법인 불법행위법 규정의 적용을 배제하고 따라서 청구권자는 운송인에 대하여 채무불이행책임만을 물을 수 있다는 견해이다. 이에 대하여 ii) 청구권경합설(통설[270]·판례[271])은 청구권이 경합하므로 청구권자는 어느 것이든 근거하여 손해배상을 청구할 수 있다고 본다. 청구권경합설은 운송물이 멸실 또는 훼손된 경우에 상법은 운송인의 손해배상책임에 대하여 정액배상주의를 취하여 배상액을 제한하고(§137), 고가물에 대한 특칙으로 책임을 제한하며(§136), 책임의 특별소멸사유가 있고 단기시효를 적용(§§147, 146, 121)하는 등 크게 경감하고 있는바 불법행위를 행한 운송인까지 책임을 경감시키는 것은 형평에 어긋난다는 점, 손해배상청구권자를 보호하기 위하여 경합을 인정할 필요가 있다는 점 등을 근거로 든다.[272] 이 견해가 타당하다고 본다(청구권경합설).

그러나 멸실 또는 훼손된 운송물이 제136조가 적용되는 고가물인 경우에 그에 대한 운송인의 계약불이행책임과 불법행위책임의 관계에 관해서는 이러한 논의를 그대로 적용하기에는 곤란한 문제가 있다. i) 법조경합설에 의하면 송하인이 고가물을 고지하지 않아서 운송인이 면책되면 운송인은 당연히 불법행위책임도 면한다. 그러나 법조경합설에서도 당사자간의 형평을 고려하여 운송인에게 고의가 있는 경우에는 불법행위책임을 물을 수 있다고 본다.[273]

---

269) 정희철(89), 206~207면; 이원석(85), 204면.
270) 강위두·임재호(11), 321~322면; 서돈각·정완용(99), 209면; 손주찬(03), 345면; 이철송(15), 532~533면; 정동윤(12), 257면; 최준선(13), 362면(운송계약에서는 대체로 운송인의 불법행위책임에 대해서는 송·수하인이 묵시적으로 면제하고 있다고 보고 다만 운송인의 고의 또는 중과실로 운송물이 멸실·훼손된 경우와 같이 그 손해가 운송계약에서 예상한 정도를 일탈한 경우에는 불법행위책임도 경합한다고 보는 견해).
271) 대법원 1983.3.22. 선고 82다카1533 전원합의체 판결.
272) 종전에 해상법에서는 해상운송인의 책임에 관하여 불법행위청구권과의 경합을 인정할 것인지가 크게 논의되었으나, 1991년 개정상법은 법조경합설의 입장을 수용하여 "이 절의 운송인의 책임에 관한 규정은 운송인의 불법행위로 인한 손해배상의 책임에도 적용한다."(§798①)고 입법하였다.
273) 정희철(89), 227면.

ii) 청구권경합설에 의하면 송하인이 고가물을 신고하지 않아서 운송인이 면책되더라도 운송인은 불법행위의 요건을 충족하면 불법행위책임을 면할 수 없다. 판례[274]는 청구권경합설의 입장을 일관하여 "상법 제136조와 관련되는 고가물불고지로 인한 면책규정은 일반적으로 운송인의 운송계약상의 채무불이행으로 인한 청구에만 적용되고 불법행위로 인한 손해배상청구에는 그 적용이 없으므로 운송인의 운송이행업무를 보조하는 자가 운송과 관련하여 고의 또는 과실로 송하인에게 손해를 가한 경우 동인은 운송계약의 당사자가 아니어서 운송계약상의 채무불이행으로 인한 책임은 부담하지 아니하나 불법행위로 인한 손해배상책임을 부담하므로 위 면책규정은 적용될 여지가 없다."고 하였다. 그러나 이러한 판례의 태도에 따르면 상법 제136조의 취지는 거의 몰각되고 만다. 그래서 통설은 청구권경합설을 취하면서도 제136조의 입법취지상 송하인이 고가물임을 운송인에게 명시하지 않은 경우에 운송인이 과실로 불법행위를 한 것에 대하여 불법행위책임을 물을 수 없지만 고의로 불법행위를 한 경우에는 불법행위책임을 물을 수 있다고 해석한다.[275]

결과적으로 청구권경합설이나 법조경합설 중 어느 학설을 취하던간에 멸실 또는 훼손된 운송물이 제136조가 적용되는 고가물인 경우 그 가액과 종류를 고지하지 아니한 송하인은 과실이 있는 운송인에게 계약불이행책임을 추궁할 수 없지만 예외적으로 운송인에게 불법행위의 고의가 있는 경우에는 불법행위책임을 물어 배상을 받을 수 있다.

---

[274] 대법원 1991.8.23. 선고 91다15409 판결(상법 제136조와 관련되는 고가물불고지로 인한 면책규정은 일반적으로 운송인의 운송계약상의 채무불이행으로 인한 청구에만 적용되고 불법행위로 인한 손해배상청구에는 그 적용이 없으므로 운송인의 운송이행업무를 보조하는 자가 운송과 관련하여 고의 또는 과실로 송하인에게 손해를 가한 경우 동인은 운송계약의 당사자가 아니어서 운송계약상의 채무불이행으로 인한 책임은 부담하지 아니하나 불법행위로 인한 손해배상책임을 부담한다고 판시).
[275] 서돈각·정완용, 225~226면; 정찬형(15), 348면.

⑤ 면책약관

운송인의 운송계약상의 손해배상책임에 대하여 화물상환증 등에 면책약관이 있으면 이에 의하여 운송인의 책임이 경감 또는 면제될 수 있는가 하는 문제가 있다. 그 면책약관의 내용이 신의칙(민법§2①)에 반하는 경우, 선량한 풍속 기타 사회질서에 반하는 경우(민법§103), 약관규제법에서 금지하는 불공정성이 인정되는 경우(동법§6~14) 등의 예외적인 경우를 제외하고는 유효하다.

면책약관에 의하여 운송인의 불법행위책임도 감경 또는 면제되는가. 법조경합설에서는 당연히 이를 부정하며, 청구권경합설에 의하면 면책약관에 의하여 감면되는 대상은 운송인의 채무불이행책임뿐이고 운송인의 불법행위책임은 감경 또는 면제되지 아니한다.

상법은 해상운송의 경우에는 입법에 의하여 "상법규정에 반하여 해상운송인의 의무 또는 책임을 경감 또는 면제하는 당사자 사이의 특약은 효력이 없다"(§799①)고 명시하고 있다. 이것은 해상법 자체가 해상기업의 특성을 고려하여 해상운송인의 책임을 명시적으로 제한하면서(§§794~798), 그것을 다시 약관으로 경감 또는 면제하지 못하도록 하는 취지이다.

⑥ 손해배상책임의 소멸

(a) 특별소멸사유

운송인은 대량의 운송을 반복하므로 일단 운송물을 수하인 등에게 인도한 후 손해배상책임에 관한 분쟁이 제기되면 운송인으로서는 자기가 점유하고 있지 않은 운송물에 대하여 자신의 배상책임에 관하여 항변하거나 증명하기 어려운 것이 보통이다. 그래서 상법은 운송인의 책임에 관하여 특별소멸사유를 정하고 있다. 즉 운송인의 책임은 수하인 또는 화물상환증소지인이 유보 없이 운송물을 수령하고 운임 기타의 비용을 지급한 때에는 소멸한다(§146①본문). '유보'란 운송인의 책임이 소멸되지 않는다는 뜻을 통지하는 것을 말한다. 그 형식은 정해진 것이 없지만 통상 운송물이 일부 멸실 또는 훼손된 사실을 통지하거나 운송물에 대하여 검사할 의사를 통지하는 것이 그에 해당한다. 특별소멸사유가 인정되는 이유는 운송물이 정상적으로 인도되고 수령한 경우를 위한 것이므로 운송물이 전부 멸실한 경우는 이 소멸사유에는 해당할 수 없다.

수하인 또는 화물상환증소지인이 유보 없이 운송물을 수령하고 운임 기타의 비용을 지급하였더라도, 운송물에 즉시 발견할 수 없는 훼손 또는 일부 멸실이 있는 경우에 운송물을 수령한 날로부터 2주간내에 운송인에게 그 통지를 발송한 때에는 운송인의 책임은 소멸하지 아니한다($§\,146\atop 단서$). 그러나 운송인 또는 그 사용인이 악의인 경우에는 특별소멸시효는 적용되지 아니하고 5년의 일반 상사시효가 적용된다($§\,146\atop ②$). 여기에서 '악의'란 i) 단기소멸시효의 완성을 저지하는 채무자의 악의는 보다 강한 귀책사유가 요구된다는 이유에서 "고의로 운송물의 멸실·훼손을 야기하거나 은폐한 경우"를 말하는 것으로 엄격하게 해석하는 견해276)가 있으나 ii) 특별소멸시효를 인정하는 이유가 운송물이 정상적으로 인도되고 수하인 등이 이를 수령한 후에는 운송인으로서는 자기가 점유하고 있지 않은 운송물에 대하여 자신의 배상책임에 관하여 항변하거나 증명하기 어려운 것이 보통이기 때문이므로 고의의 야기나 은폐까지는 필요 없고 일반적인 '악의' 개념에 따라 "운송인 또는 그 사용인이 운송물이 훼손 또는 일부 멸실이 있는 사실을 알고 인도한 경우"에는 그러한 운송인측을 보호할 필요가 없고, 따라서 그러한 경우를 말한다고 보는 것이 타당하다.277)

(b) 단기소멸시효

운송인의 손해배상책임은 수하인이 운송물이 전부멸실한 경우에는 그 운송물을 인도할 날로부터, 운송물의 일부멸실이나 훼손 등 그밖의 경우에는 운송물을 수령한 날로부터 1년을 경과하면 소멸시효가 완성한다($§\,147\atop ①·②$ $121\atop$). 그러나 이러한 단기소멸시효는 운송인이나 그 사용인이 악의인 경우에는 적용하지 아니하고 운송인의 손해배상책임은 일반상사시효에 따라 5년이 지나야

---

276) 손주찬(03), 325면; 임홍근(01), 435면.
277) 동지: 이철송(15), 531면; 정찬형(15), 350면.

소멸한다($^{\S\,147}_{121③}$). 여기에서 '악의'란 ⅰ) 운송인이나 그 사용인이 운송물이 훼손 또는 멸실이 있는 사실을 알고 있는 경우를 말한다고 하여 일반적인 '악의' 개념에 따라 해석하는 견해[278]가 있으나 ⅱ) 이 경우에는 운송인이나 그 사용인이 고의로 운송물의 멸실·훼손을 야기하거나 은폐한 경우를 말하는 것으로 엄격하게 해석하여야 한다는 견해[279]가 타당하다. 그와 같이 해석하지 않으면 운송물이 전부멸실하거나 연착한 경우에는 운송인측에서 당연히 알고 있을 것이므로 단기소멸시효를 적용할 경우는 사실상 전무하게 되어 버리기 때문이다.

(2) 운송인의 권리

1) 운송물인도청구권

운송계약은 낙성계약이므로 운송물을 수령하지 아니하더라도 계약은 성립한다. 그러나 운송물을 수령하지 아니하면 운송을 할 수 없으므로 운송인은 계약체결후 운송물의 인도를 청구할 권리를 가진다. 만일 송하인이 운송물의 인도를 하지 아니한 때에는 채권자지체($^{민법}_{\S\,400}$)의 책임을 지게 된다.

2) 화물명세서 교부청구권

(가) 화물명세서의 의의

화물명세서(way-bill, Frachtbrief)는 종전에 '운송장'이란 명칭을 사용하던 것을 2007년 개정상법에서 개칭한 것으로, 운송인의 청구에 의하여 상법이 정하고 있는 운송에 관한 중요사항을 기재하고 송하인이 기명날인 또는 서명한 서면으로서 운송인에게 교부되는 서면이다($\S\,126$). 보통 운송인은 화물명세서에 의하여 운송의 준비를 진행하며, 화물명세서에 근거하여 화물상환증을 작성한다. 송하인이 수하인에게 화물명세서를 송부하여 나중에 수하인이 운송물을 수령할 때 그 동일성을 대조하도록 하기도 한다.

---

[278] 강위두·임재호(11), 286면; 정찬형(15), 350면; 대법원 1987.6.23. 선고 86다카2107 판결; 서울민사지법 1984.3.14. 선고 83가합3852 판결.
[279] 손주찬(03), 325, 346면; 이철송(15), 531~532면; 임홍근(01), 435면.

화물명세서는 재산권을 표창하지 않으므로 유가증권이 아니며, 운송계약의 체결후에 운송인의 청구에 의하여 송하인이 작성하므로 계약서도 아니며, 매매당사자간의 매매의 이행에 관한 서류로서 매도인이 매수인에게 교부하는 송장(invoice)과도 다르다. 화물명세서는 운송계약의 성립과 내용을 증명하기 위한 증거증권일 뿐이다. 또한 화물명세서는 운송계약에 관한 유일한 증거방법은 아니므로 여기에 기재된 수하인이 아닌 사람도 자신이 진정한 수하인임을 증명하여 운송물을 수령할 수 있다.

(나) 기재사항

화물명세서에는 ① 운송물의 종류, 중량 또는 용적, 포장의 종별, 개수와 기호, ② 도착지, ③ 수하인과 운송인의 성명 또는 상호, 영업소 또는 주소, ④ 운임과 그 선급(先給) 또는 착급(着給)의 구별, ⑤ 화물명세서의 작성지와 작성연월일을 기재하고 송하인이 기명날인 또는 서명하여야 한다($^{§126}_{②}$).

(다) 허위기재의 책임

송하인이 화물명세서에 허위 또는 부정확한 기재를 한 때에는 운송인이 악의인 경우를 제외하고는 운송인에 대하여 이로 인한 손해를 배상할 책임이 있다(§127).

송하인의 이 책임에 관하여는 ⅰ) 과실책임이므로 책임의 성립을 위해서는 송하인의 고의 또는 과실이 있어야 한다는 견해(소수설)[280]가 있으나, ⅱ) 이 책임은 기재의 정확성을 담보하는 책임으로서 일종의 법정담보책임이므로 무과실책임으로 보아야 한다는 견해(다수설)[281]가 타당하다.

3) 운임 및 기타 비용청구권

(가) 운임청구권

① 운임청구권의 발생시기

운송계약은 도급계약의 일종이므로 운송인의 운임청구권의 발생시기는

---

[280] 정희철(89), 237면.
[281] 손주찬(03), 348면; 이기수외(03), 435면; 이철송(15), 516면; 정동윤(12), 261면; 정찬형(15), 352면; 채이식(92), 278면; 최기원(04), 390면; 최준선(13), 366면.

원칙적으로 일의 완성시기인 "운송인이 수하인에게 운송물을 인도한 때"이고 그 때부터 운임청구권을 행사할 수 있다고 보아야 할 것이다. 그러나 이처럼 기계적으로 해석한다면 운송인의 운임청구권이 발생하는 시기는 너무 늦게 인정되게 된다. 따라서 판례는 운임은 특약 또는 관습이 없는 한 운송을 완료함으로써 청구할 수 있는 것이고, 운송의 완료라 함은 운송물을 현실적으로 인도할 필요는 없으며, "운송물을 인도할 수 있는 상태"를 갖추면 충분하다고 보았다.282) 이러한 판례의 태도가 적절한 것으로 본다.

② 운임의 약정

한편 운송인은 운임에 대한 약정이 없더라도 운송물을 인도한 때에는 당연히 운임을 청구할 수 있다(§61).

③ 운송물 멸실시의 운임청구권

운송물 멸실시 운송인이 운임청구권을 갖는가는 그 멸실이 누구에게 책임이 있는가에 따라 달라진다.

(a) 운송물의 전부 또는 일부가 송하인의 책임 없는 사유로 인하여 멸실한 때에는 운송인은 그 운임을 청구하지 못한다(§134①전단). 운송인이 이미 그 운임의 전부 또는 일부를 받은 때에는 이를 반환하여야 한다(§134①후단). 그러나 운송물이 멸실한 것이 아니라 훼손 또는 연착한 것이라면 운송인은 손해배상책임을 부담하는 것은 별론으로 하고 운송된 부분에 대한 운임은 청구할 수 있다.

또한 운송인은 제134조 제1항과 다른 특약을 하여 운임을 청구할 수도 있다.283)

운송물의 전부 또는 일부가 송하인의 책임 없는 사유로 인하여 멸실한 때는 다시 그 멸실에 운송인의 책임이 있는가 여부에 따라 다음과 같이 나누어 볼 수 있다.

① 운송물의 전부 또는 일부가 송하인의 책임 없는 사유이면서 운송인의

---

282) 대법원 1993.3.12. 선고 92다32906 판결.
283) 정동윤(12), 259면; 정찬형(15), 353면; 대법원 1972.2.22. 선고 72다2500 판결.

책임 있는 사유로 인하여 멸실한 때에는 운송인은 그 운임을 청구하지 못할 것은 물론이고 오히려 운송물에 대한 손해배상책임을 부담한다. ② 운송물의 전부 또는 일부가 송하인의 책임 없는 사유이면서 운송인의 책임 없는 사유로 인하여 멸실한 때에는 불가항력의 경우이고 채무자위험부담주의($^{민법}_{§537}$)에 의하여 운송인은 그 운임을 청구하지 못한다.

(b) 운송물의 전부 또는 일부가 그 성질이나 하자 또는 송하인의 과실로 인하여 멸실한 때에는 운송인은 운임의 전액을 청구할 수 있다($^{§134}_{②}$). 제134조 제2항은 민법상 채권자귀책사유로 인한 이행불능의 경우인 민법 제538조 제1항과 같은 취지이지만 운송물의 성질이나 하자를 멸실 원인에 추가한 점에서 전자는 후자에 대한 보충적 의의를 가진다.[284]

④ 운임청구권의 보전

운송계약은 쌍무계약이므로 운송인은 운임청구권을 확보하기 위하여 운송물의 인도와 동시이행의 항변권을 갖는다($^{민법}_{§536①}$). 또한 운송인은 운임을 지급받기 전까지는 해당 운송물에 대한 인도를 거부할 수 있는 유치권($^{§\,§\,147,}_{120}$)을 갖는다.

⑤ 운임청구권의 시효

운송인의 송하인, 수하인 또는 화물상환증 소지인에 대한 채권은 1년간 행사하지 아니하면 소멸시효가 완성한다($^{§\,§\,147,}_{122}$).

(나) 비용 등의 상환청구권

수하인이 운송물을 수령한 때에는 운송인에 대하여 운임 기타 운송에 관한 비용과 체당금을 지급할 의무를 부담한다($_{§\,141}$). "운송에 관한 비용"이란 통관비용, 창고보관료, 보험료 등 운송에 관한 운임 이외의 비용을 말한다. 체당금(替當金)이란 운송인이 송하인 등의 채무의 변제로서 금전을 지출하는 것을 말한다.

---

284) 정희철(89), 238면; 정동윤(12), 260면; 정찬형(15), 353면.

4) 유치권

운송인에게는 특별상사유치권이 인정된다. 즉 운송인은 운송물에 관하여 받을 보수, 운임 기타 위탁자를 위한 체당금이나 선대금(先貸金)에 관하여서만 그 운송물을 유치할 수 있다(상§147,§120). 운송인의 특별상사유치권에서 피담보채권이 이처럼 한정되므로 송하인이 운송물 인도의무를 지연시키거나 화물명세서 교부의무를 불이행하여 운송인이 송하인에 대하여 가지는 손해배상청구권은 운송인의 특별상사유치권에 의하여 담보되지 아니한다.285)

운송인의 특별상사유치권은 목적물이 운송물에 한하고 유치운송물의 소유권이 누구에게 속하는지와 무관하게 성립하고, 피담보채권과 유치목적물 사이에는 견련성이 있어야 한다.

운송인은 특별상사유치권 이외에도 민사유치권(민법§320)과 일반상사유치권(§58)을 가진다. 그러나 송하인과 수하인이 동일인이 아닌 운송계약의 경우에는 민사유치권(민법§320), 일반상사유치권(§58)을 배제하는 묵시적 특약이 있다고 보아야 한다는 견해286)가 있다.

대법원 1993.3.12. 선고 92다32906 판결

소외 아이코스 코리아 주식회사와 피고 대한통운주식회사 사이에 1988.4. 이래 매 1년 단위로 운송계약을 체결하여 피고가 소외 회사의 토건용 장비 등을 운송하여 왔는데 1990.10.부터 1991.3.까지의 피고의 소외 회사에 대한 운송료 채권이 합계 금 16,482,950원에 달하였다. 소외 회사는 1991.3.21. 피고에게 화순야적장과 나주야적장에 야적되어 있던 원고 소유의 강철재 657,423.74kg을 영산포야적장으로 운송하여 줄 것을 의뢰함에 따라 피고가 화순야적장에 야적된 강철재 16톤을 운송하여 영산포야적장에 도착하였으나 소외 회사의 부도소식을 듣고는 운임채권의 확보를 위하여 이를 유치하였고, 3.23.에는 나주야적장에 야적된 24톤을 영산포야적장으로 운송 도중 유치하였다. 원심은 피고의 상법 제147조, 제120조 소정 운송인의 유치권항변에 대하여, 위 규정의 운송인의 유치권은 운송인이 운송물에 관하여 받을 보수, 운임 등에 관하여 그 운송물을 유치할 때에만 성립한다 할 것인데, 피고와 소외 회사 사이에 1990.10.부터 1991.3.까지 이미 발생한 운임채권 금 16,482,950원은 피고가 유치한 강철재 40톤에 관하여 발생한 것이 아니므로 그 채권의 확보를 위하여는 위 유치권이 인정되지 아니하고, 뿐만 아니라 운임채권은 운송인이 운송물을 수하인에게 인도

---

285) 손주찬(03), 348~349면; 정찬형(15), 354면.
286) 임홍근(01), 844면.

하여 운송을 마침으로써 비로소 발생한다 할 터인데 피고는 위 강철재 40톤을 운송 도중 또는 영산포야적장에 도착하였으나 수하인에게 인도하지 아니한 채 유치하였으므로 위 강철재 40톤에 관한 운임채권은 발생하지 아니하였다는 이유로 피고의 위 항변을 배척하였다. 대법원은 "상법 제147조, 제120조 소정의 운송인의 유치권에 관한 규정의 취지는, 운송실행에 의하여 생긴 운송인의 채권을 유치권행사를 통해 확보하도록 하는 동시에 송하인과 수하인이 반드시 동일인은 아니므로 수하인이 수령할 운송물과 관계가 없는 운송물에 관하여 생긴 채권 기타 송하인에 대한 그 운송물과는 관계가 없는 채권을 담보하기 위하여 그 운송물이 유치됨으로써 수하인이 뜻밖의 손해를 입지 않도록 하기 위하여 그 피담보채권의 범위를 제한한 것이라고 볼 것이다. 따라서 위 강철재와 무관하게 이미 발생된 피고의 소외 회사에 대한 위 금 16,482,950원의 채권담보를 위하여 이 사건 강철재 40톤을 유치할 수는 없다 할 것이니 이 점에 관한 원심의 판단은 정당하다. 그러나 <u>동일한 기회에 동일한 수하인에게 운송하여 줄 것을 의뢰받은 운송인이 그 운송물의 일부를 유치한 경우 위 운송물 전체에 대한 운임채권은 동일한 법률관계에서 발생한 채권으로서 유치의 목적물과 견련관계를 인정하여 피담보채권의 범위에 속한다고 할 수 있을 것이고</u>, 이와 같이 보는 것이 수하인의 보호와 아울러 운송인의 채권확보를 목적으로 한 위 상법규정의 취지에도 부합하는 것이라 할 것이다. 그리고 <u>운임은 특약 또는 관습이 없는 한 상법이 인정하는 예외적인 경우를 제외하고는 운송을 완료함으로써 청구할 수 있는 것이고, 운송의 완료라 함은 운송물을 현실적으로 인도할 필요는 없으며, 운송물을 인도할 수 있는 상태를 갖추면 충분하다</u> 할 것이다."하고 전제하고, "피고는 1991.3.21.경 소외 회사로부터 화순야적장과 나주야적장에 야적되어 있는 강철재 657,428.74키로그램을 영산포야적장으로 운송하여 줄 것을 의뢰받고 위 강철재 중 트럭 10대분(80톤)을 영산포야적장까지 운송하여 하역을 완료한 것으로 보이고, 화순야적장에서 운송하던 트럭 2대분(16톤)은 영산포야적장에 도착한 후 피고가 소외 회사의 부도소식을 듣고 이를 유치하였고, 나주야적장에서 운송하던 트럭 3대분(24톤)은 운송 도중 피고가 유치(하였)나바 <u>목적지인 영산포야적장까지 운송된 위 철강재 96톤은 운송이 완료되어 운임청구권이 발생한 것으로 볼 여지가 있고,</u> 그 운임청구권은 피고가 유치한 이 사건 강철재 40톤과 견련관계를 인정할 수 있어 그 피담보채권의 범위에 속한다고 할 것이므로 위 운임청구권의 담보를 위하여 피고의 유치권이 성립할 수 있는 것으로 보인다."고 판시하고 원심판결을 파기환송하였다.

5) 운송물의 공탁·경매권

운송인은 대량의 운송을 반복하므로 수하인 등을 알 수 없거나 수하인 등이 운송물을 수령하지 않거나 수령할 수 없는 경우에는 운송인은 이를 신속히 처리하고 새로운 운송계약을 처리할 수 있어야 한다. 운송인의 공탁·경매권은 그러한 이유에서 부여된 권한이다.

(가) 법적 요건

① 수하인을 알 수 없는 때

운송인은 수하인을 알 수 없는 때에는 운송물을 공탁할 수 있다($^{§142}_{①}$). 그러한 경우에 운송인이 송하인에 대하여 상당한 기간을 정하여 운송물의 처분에 대한 지시를 최고하여도 그 기간내에 지시를 하지 아니한 때에는 운송물을 경매할 수 있다($^{§142}_{②}$). 여기에서 '수하인'에는 송하인이 지정한 수하인만을 가리키는 것이 아니라 운송물을 수령할 권한이 있는 자를 모두 가리키는 것으로 보아야 하고, 화물상환증이 발행된 경우의 그 소지인도 포함한다.[287] "수하인을 알 수 없는 때"라 함은 수하인의 소재가 불분명한 경우 또는 화물상환증의 소지인을 알 수 없는 경우를 말한다. 수하인의 소재파악 또는 화물상환증의 소지인의 파악에 상당한 비용과 시간을 요하는 경우도 이에 해당한다.[288]

만일 송하인, 화물상환증소지인과 수하인을 모두 알 수 없는 때에는 운송인은 권리자에 대하여 6월 이상의 기간을 정하여 그 기간 내에 권리를 주장할 것을 공시최고하여야 하고($^{§144}_{②}$), 운송인이 공고를 하여도 그 기간내에 권리를 주장하는 자가 없는 때에는 운송물을 경매할 수 있다($^{§144}_{③}$).

② 수하인의 운송물 수령거부 또는 수령할 수 없는 경우

운송인은 수하인이 운송물의 수령을 거부하거나 수령할 수 없는 경우에는 운송물을 공탁할 수 있다($^{§143}_{①}$). 여기에서의 '수하인'에도 송하인이 지정한 수하인만을 가리키는 것이 아니라 운송물을 수령할 권한이 있는 자를 모두 가리키는 것으로 보아야 하고, 화물상환증이 발행된 경우의 그 소지인도 포함한다. 수령을 거부하는 이유는 운송물이 약정된 것과 다르거나 수량부족 등 제한이 없다. "수령할 수 없는 경우"로는 수하인의 자격에 관하여 다툼이 있어 운송물을 수령할 수 없는 경우가 포함된다.

---

287) 이철송(15), 539면.
288) 손주찬(03), 350면.

수하인이 운송물의 수령을 거부하거나 수령할 수 없는 경우에 운송인이 송하인에 대하여 상당한 기간을 정하여 운송물의 처분에 대한 지시를 최고하여도 그 기간내에 지시를 하지 아니하고($^{§\,142}_{\,②}$), 다시 수하인에 대하여 상당한 기간을 정하여 운송물의 수령을 최고하여도 수령하지 아니한 때에는 운송물을 경매할 수 있다($^{§\,143}_{\,②}$).

(나) 공통절차

위의 경우에 운송인은 공탁권을 갖는 것이고 공탁의무를 부과하는 것은 아니므로 공탁의 여부는 운송인의 임의에 속한다.289) 운송인이 위의 요건을 충족하여 운송물의 공탁 또는 경매를 한 때에는 지체없이 송하인($^{§\,142}_{\,②}$) 또는 수하인 또는 화물상환증 소지인($^{§\,143}_{\,①}$)에게 그 통지를 발송하여야 한다($^{§\,142}_{\,③}$).

운송인은 수하인을 알 수 없는 때($^{§\,142}_{\,②}$) 또는 수하인의 운송물 수령거부 또는 수령할 수 없는 경우($^{§\,142}_{\,②}$) 등에 송하인에 대하여 최고를 할 수 없거나 목적물이 멸실 또는 훼손될 염려가 있는 때에는 최고 없이 경매할 수 있다($^{§\,145,}_{67②}$).

운송인이 그 목적물을 경매한 때에는 그 대금에서 경매비용을 공제한 잔액을 공탁하여야 한다($^{§\,145,\,67}_{③본문}$). 그러나 그 전부나 일부를 매매대금에 충당할 수 있다($^{§\,145,\,67}_{③단서}$).

(3) 화물상환증

1) 총설

(가) 의의

화물상환증(貨物相換證)(bill of lading, Ladeschein)이란 운송인이 송하인의 청구에 의하여 발행·교부하는, 운송물의 수령을 증명하고 도착지에서의 운송물인도청구권을 표창하는 유가증권이다($^{§\,128}_{\,①}$). 유가증권이므로 그 표창하는 권리의 행사를 위해서는 반드시 증권의 소지를 요한다.

(나) 성질

화물상환증은 일정한 사항을 반드시 기재하여야 효력이 인정되는 점에서

---

289) 손주찬(03), 349면.

요식증권이고($^{§128}_{②}$), 운송계약에 의하여 이미 발생한 권리를 표창할 뿐이고 증권의 작성에 의하여 권리를 창설하는 것이 아니고(비설권증권성), 유효한 운송계약이 전제가 되어서 발행된 경우에만 효력이 인정되는 요인증권이며($^{§128}_{①}$), 화물상환증을 작성한 경우에는 이와 상환하지 아니하면 운송물의 인도를 청구할 수 없다는 점에서 상환증권(§129)이다. 또한 화물상환증은 기명식(記名式)인 경우에도 배서에 의하여 양도할 수 있는 법률상 당연한 지시증권이며(§130), 문언증권성(§131), 처분증권성(§132) 및 인도증권성(§133)을 갖는다. 이 중 화물상환증의 문언증권성은 화물상환증의 채권적 효력과, 인도증권성은 화물상환증의 물권적 효력과 각각 관련된다.

(다) 기능

화물상환증이 발행된 경우 증권소지인은 화물상환증에 의하여서만 운송중의 운송물을 처분할 수 있다(§132). 그러므로 송하인이나 수하인은 운송중에 운송물의 가치를 활용하기 위하여 화물상환증을 양도하거나 입질한다. 예컨대, 상품(운송물)의 매도인(송하인)은 화물상환증을 부착한 어음, 즉 화환어음을 발행하여 은행으로부터 할인받는 방법으로 상품대금을 대부분 회수할 수 있고, 매수인(수하인)은 운송물이 도착하기 전에 화물상환증을 가지고 운송물의 전매 기타의 처분을 할 수 있다.

화물상환증은 해상운송에서 사용되는 선하증권을 육상운송에 응용하여 고안한 것인데 육상운송에서의 운송기간이 비교적 단기이고, 운송량이 소량인 점에서 해상운송에서의 선하증권에 비하여 이용도는 상당히 낮은 편이다.

2) 발행

화물상환증은 송하인의 청구에 의하여 운송인이 발행한다($^{§}_{①}$). 화물상환증의 형식은 ① 운송물의 종류, 중량 또는 용적, 포장의 종별, 개수와 기호, ② 도착지, ③ 수하인과 운송인의 성명 또는 상호, 영업소 또는 주소, ④ 송하인의 성명 또는 상호, 영업소 또는 주소, ⑤ 운임 기타 운송물에 관한 비용과 그 선급 또는 착급의 구별, ⑥ 화물상환증의 작성지와 작성연월일 등의 필요적 기재사항을 쓰고 운송인이 기명날인 또는 서명하여 발행한다($^{§128}_{②}$). ③ 수하인은 반드시 운송계약상의 수하인을 의미하는 것은 아니고 화물상환증의 수취인을 의미한다.[290]

그런데 화물상환증의 법정 기재사항을 누락한 경우에 효력이 있는가. 이에 대해서는 화물상환증의 경우에는 어음법 제2조나 수표법 제2조와 같이 어음요건이나 수표요건을 적지 아니한 증권은 어음·수표의 효력이 없다는 규정이 없어서 요식증권성이 어음·수표에 비하여 완화되어 있어서(완화된 요식증권성)[291], 기재사항이 일부 누락되더라도 특정 운송계약상의 운송물의 동일성을 인정할 수 있는 본질적인 사항이 누락된 것이 아니어서 운송인에 의한 운송물의 수령과 도착지에서의 인도의무가 확정될 수 있다면 그 증권은 유효로 해석한다.[292]

화물상환증에는 통상 유효기간, 보증기간, 배상액 등의 임의적 기재사항이 상세히 기재되어 있다.

3) 양도

법률상 당연한 지시증권이므로 배서금지의 표시가 없는 한 배서에 의하여 양도할 수 있다(§130). 화물상환증의 배서에는 권리이전적 효력과 자격수여적 효력이 인정되나 담보적 효력은 없다. 배서의 권리이전적 효력에 의하여 인적 항변이 절단되고($^{§ 65, 민법}_{§ 515}$), 자격수여적 효력과 관련하여 운송물의 선의취득($^{§ 65, 민법}_{§ 514}$)이 인정되며, 운송물을 선의로 인도한 운송인에 대한 면책적 효력($^{§ 65, 민법}_{§ 518}$)이 부여된다.

4) 효력

화물상환증의 효력은 운송인과 화물상환증의 소지인 사이의 채권적 효력과 화물

---

290) 이철송(15), 544면.
291) 최준선(13), 377면.
292) 강위두·임재호(11), 337면; 서돈각·정완용(99), 229면; 손주찬(03), 357면; 정희철(89), 228~229면; 정동윤(12), 265면; 정찬형(15), 358면; 최준선(13), 377면.

상환증의 소지인과 그로부터 양수한 자 사이의 물권적 효력으로 나누어 볼 수 있다.

(가) 화물상환증의 채권적 효력

① 채권적 효력의 의의

화물상환증의 채권적 효력이란 화물상환증의 소지인은 실제의 운송계약의 내용과 관계없이 운송인에 대하여 화물상환증에 적힌대로 운송물의 인도를 청구할 수 있는 지위에 있다는 것이다. 화물상환증의 채권적 효력은 화물상환증의 문언증권성 또는 문언적 효력이라고도 불린다.

② 공권과 운송물상이의 경우

운송인이 운송물을 수령하지 않고 화물상환증을 발행한 경우인 공권(空券)(non-receipt) 및 운송인이 실제로 수령한 운송물과 그 증권에 기재된 운송물이 다른 경우인 운송물상이(運送物相異)(misdescription)시에 그러한 화물상환증에 대해서도 채권적 효력이 발생하는지가 문제된다.

상법은 운송계약의 당사자인 운송인과 송하인간에는 화물상환증에 적힌 대로 운송계약이 체결되고 운송물을 수령한 것으로 추정한다(§131①). 이 추정은 화물상환증의 문언증권성을 근거로 한 것이다. 따라서 실제로는 화물상환증과 다른 내용으로 운송계약이 체결된 사실을 증명하면 위의 추정은 깨어지고, 운송계약의 내용대로 법률관계가 정해진다. 이 부분은 화물상환증의 요인증권성을 반영한 것이다.

운송계약의 당사자가 아닌 수하인 또는 제3자에 대한 관계에서는 문언증권성이 발휘된다. 따라서 화물상환증을 선의로 취득한 소지인에 대하여 운송인은 화물상환증에 적힌 대로 운송물을 수령한 것으로 보고 화물상환증에 적힌 바에 따라 운송인으로서 책임을 진다(§131②). 공권은 무효가 되는 것이 원칙이나 운송인은 화물상환증의 선의취득자에 대해서는 완전한 증권으로서 그 문언에 따라 책임을 져야하고, 운송물상이시에 운송인은 화물상환증에 기재된 대로 운송물을 인도할 책임을 지므로 운송물과 그것과의 차이에 대하여 채무불이행으로 인한 손해배상책임을 져야 한다. 운송인은 악의의 화물상환증 소지인에 대해서는 자신이 운송계약을 체결하지 않았거나 화물상환증에 적힌 운송물을 수령하지 않았다는 것 또는 수령한 운송물이 화물상환증에 기재된 것과 다르다는 것을 증명하여 추정을 번복할 수 있다(§ 131①의 유추적용).

④ 채권적 효력이 미치는 범위

화물상환증의 채권적 효력은 화물상환증의 선의의 취득자에 한하여 적용되고, 악의의 취득자에 대해서는 적용되지 않는다. 또한 운송계약 당사자인 운송인과 송하인간에는 화물상환증의 채권적 효력이 적용되지 않는다. 증권의 소지인이 형식적으로는 송하인과 관계가 없는 제3자이지만 실질적으로 송하인과 동일인인 경우(예컨대, 본점과 지점, 모회사와 완전자회사)에도 화물상환증의 채권적 효력이 적용되지 않는다.

운송인이 증권소지인에 대하여 주장할 수 있는 항변권의 범위내에서는 채권적 효력이 제한을 받는다. 운송인은 증권소지인에 대하여 증권에 기재되지 않았더라도 예컨대, 증권작성행위 자체의 사기·강박·착오 등의 하자, 운송계약에 관한 증권이라는 성질에서 생기는 사유인 불가항력에 의한 운송물의 멸실·훼손 등의 항변을 할 수 있다.[293]

운송인이 증권상에 운송물의 "내용불명", "계량미제(計量未濟)" 또는 "송하인에 의하면 운송물이 xx라고 함" 등의 부지(不知)약관(unknown clause)을 기재한 경우에는 화물상환증의 채권적 효력이 적용되지 않고 책임을 면하며 운송계약의 내용에 따라 인도할 수 있다.[294] 운송인이 컨테이너에 적재된 운송물을 일일이 검사하기가 용이하지 않은 경우에 이러한 부지약관이 활용될 소지가 크다.

화물상환증의 채권적 효력은 선의의 증권소지인을 보호하기 위하여 인정되는 것이므로 역으로 운송인이 자기의 이익을 위하여 채권적 효력을 원용할 수는 없다(통설).[295]

---

293) 정동윤(12), 270면; 정찬형(15), 362면.
294) 채이식(92), 290면; 최준선(13), 381면.
295) 정희철(89), 232면; 정동윤(12), 270면; 정찬형(15), 362면; 최준선(13), 380~381면.

(나) 화물상환증의 물권적 효력
① 의의

화물상환증의 물권적 효력(Traditionswirkung)이란 화물상환증의 소지인과 그로부터 양수한 자 사이에 화물상환증의 교부가 운송물에 대한 인도와 같은 효력을 가지는 것을 말한다. 즉 "화물상환증에 의하여 운송물을 받을 수 있는 자에게 화물상환증을 교부한 때에는 운송물 위에 행사하는 권리의 취득에 관하여 운송물을 인도한 것과 동일한 효력이 있다(§133)." 이러한 점에서 화물상환증을 '인도증권(Traditionspapier)' 이라고도 한다.

② 발생요건

화물상환증의 물권적 효력이 발생하기 위해서는 다음의 요건을 구비하여야 한다.

(a) 운송인이 운송물을 인도받았을 것

화물상환증의 물권적 효력은 운송인이 운송물을 인도받고 그 점유하에 있다는 것을 전제로 한다. 따라서 운송인이 운송물을 수령하지 않고 화물상환증을 발행한 공권(空券)의 경우에는 물권적 효력이 생길 여지가 없다.

(b) 운송물이 실재할 것

화물상환증의 물권적 효력은 운송물이 실제로 존재한다는 것을 전제로 한다. 그러므로 운송물이 멸실된 경우에는 물권적 효력이 발생할 여지가 없다.

운송물이 제3자에 의하여 선의취득된 경우에는 ⅰ) 운송물은 존재하므로 물권적 효력은 인정되나 운송물의 선의취득자가 화물상환증소지인보다 우선하므로 물권적 효력을 인정할 실익이 없는 것이 된다는 견해(소수설)[296]가 있으나, ⅱ) 운송물이 멸실된 경우와 같이 물권적 효력이 생길 여지가 없다는 것이 다수설[297]이다.

(c) 화물상환증에 의하여 운송물을 받을 수 있는 자에게 증권이 교부되었을 것

---

[296] 정희철(89), 363면; 정찬형(15), 235~236면.
[297] 손주찬(03), 363면; 채이식(92), 292면; 최준선(13), 382면.

화물상환증의 물권적 효력이 발생하려면 화물상환증에 의하여 운송물을 받을 수 있는 자에게 화물상환증이 교부되었어야 한다. "화물상환증에 의하여 운송물을 받을 수 있는 자"란 화물상환증의 정당한 소지인을 말한다. 원칙적으로 증권상 형식적 자격도 갖고 실질적 권리도 가진 자를 말한다(통설).[298] 증권의 형식적 자격은 지시식인 경우에는 배서가 연속된 최후의 피배서인, 무기명식인 경우에는 소지인에게 인정된다. 예외적으로 상속인·합병회사와 같이 권리가 포괄승계되는 경우에는 형식적 자격이 없더라도 정당한 소지인에 포함된다. 그러나 이에 대하여 화물상환증의 정당한 소지인은 실질적 권리자이기만 하면 형식적 자격의 유무는 묻지 아니한다고 보는 소수설[299]이 있다.

화물상환증의 물권적 효력은 증권이 정상적으로 양도된 경우는 물론 화물상환증의 선의취득자에게도 인정된다. 다만 이 경우에는 운송물에 관한 물권의 선의취득의 요건으로서의 운송물의 점유권을 선의취득한 것일 뿐 그 소유권을 선의취득한 것은 아니다. 즉 화물상환증의 선의취득자도 운송물을 받을 수 있는 자이기 때문에 증권의 인도를 받으면 운송물의 점유를 인도받는 효력이 있는 것이다. 그러나 통설[300]은 전술한 것처럼 운송물에 대한 선의취득자가 별도로 있는 경우에는 화물상환증의 물권적 효력이 발생할 여지가 없어진다고 보거나 운송물의 선의취득자가 화물상환증소지인보다 우선하므로 화물상환증의 물권적 효력을 인정할 실익이 없는 것이 된다고 본다. 이러한 통설은 화물상환증의 양수 없이 운송물 자체를 양수하는 경우에도 운송물의 선의취득이 인정된다는 것을 전제로 하는 것이다. 이에 대하여 화물상환증을 발행한 경우에는 운송물에 관한 처분은 화물상환증으로써 하여야 하는 점(§132)에서 화물상환증이 발행되면 운송물인도청구권은 화물상환증과

---

[298] 강위두·임재호(11), 345면; 손주찬(03), 363면; 정동윤(12), 270면; 정희철(89), 233면; 정찬형(15), 363면; 채이식(92), 292면; 최준선(13), 382면.
[299] 임홍근(01), 465면.
[300] 김정호(05), 281면; 서돈각·정완용(99), 238면; 손주찬(03), 363면; 정희철(89), 363면; 정찬형(15), 235~236면; 채이식(92), 292면; 최준선(13), 382면.

둘가분적으로 결합되므로 증권과 분리하여 운송물만을 양도하더라도 소유권이전의 효력(운송물의 선의취득)은 발생하지 않는다는 탄대설301)이 있다.

③ 법리구성

제133조에서 "화물상환증의 교부"가 "운송물의 인도"와 동일한 효력이 있다는 것이 어떤 법리를 바탕으로 한 것인지에 관하여 논의가 있다. 특히 이를 "제3자가 점유하고 있는 동산에 관한 물권을 양도하는 경우에는 양도인이 그 제3자에 대한 반환청구권을 양수인에게 양도함으로써 동산을 인도한 것으로 본다"고 규정하는 민법 제190조와 관련하여 어떻게 이해하여야 하는가 하는 문제에 관해서 학설이 갈린다.

(a) 절대설

절대설(Die absolute Theorie)은 상법 제133조에 의한 화물상환증의 인도는 민법 제190조상의 동산의 양도에서 목적물반환청구권의 양도에 의한 점유의 이전과는 구별되는 상법상 특별히 인정된 점유취득원인이어서, 운송인이 운송물을 직접점유하고 있을 필요 없이 증권소지인은 증권의 점유에 의하여 절대적으로 운송물의 점유를 취득한다고 보는 견해302)이다. 그렇게 해석함으로써 화물상환증의 소지인을 절대적으로 보호하려고 하는 것이다. 그러나 절대설도 화물상환증이 공권이거나 운송물이 멸실되거나 제3자에 의하여 선의취득된 경우에는 물권적 효력이 생기지 않는다고 한다고 보는 점에서는 상대설과 차이가 없다.

(b) 상대설

ⓐ 엄정상대설(Die strengrelative Theorie)은 상법 제133조를 민법 제190조의 목적물반환청구권의 양도에 의한 인도 방법의 하나로 보는 견해이다. 그러므로 상법 제133조에 의한 증권의 교부에는 민법 제190조에서와 동일하게 운송인이 운송물을 직접점유하고 있어야 하고, 민법 제450조에 의한 목적물반환청구권의 양도의 대항요건(양도인의 운송인에 대한 통지 또는 운송인의

---
301) 정동윤(12), 271면.
302) 박원선, 193면; 차낙훈, 227면; 이병태(88), 328면.

승낙)을 갖출 것을 요한다. 따라서 엄정상대설을 취하면 화물상환증의 물권적 효력은 부정된다. 우리나라에서 이를 지지하는 학자는 없다.

ⓑ 대표설(Die Repräsentationstheorie)(통설)303)은 상법 제133조를 민법 제190조에 기초를 두면서 민법 제190조에 대한 특칙으로서의 의미를 인정하는 견해이다. 원칙적으로 운송인이 운송물을 직접점유하고 있어야 하지만, 화물상환증은 운송물을 대표하므로 민법 제450조에 의한 양도인의 통지 또는 채무자의 승낙이라는 대항요건을 갖출 필요 없이 증권의 교부는 바로 운송물의 간접점유를 이전하는 것이 된다고 한다. 또한 운송인이 일시 직접점유를 상실한 경우에도 운송인이 점유회수청구권을 가지고 있는 동안에는 운송인이 운송물을 직접점유하고 있는 것으로 보아 화물상환증의 물권적 효력을 인정한다.

(c) 유가증권적 효력설

유가증권적 효력설(절충설)304)은 상법 제133조를 민법 제190조의 목적물반환청구권의 양도가 아니라, 증권에 표창된 운송물반환청구권의 유가증권적 양도방법을 규정한 것으로 보는 설이다. 이 설은 절대설과 달리 운송인은 운송물을 직접점유하고 있어야 한다고 보고, 상대설에서 운송인의 점유가 타주점유일 것을 요구하는 것과 달리 운송인의 점유는 직접점유인 이상 자주점유이든 타주점유이든 불문한다. 따라서 운송인이 운송물을 횡령하는 경우 대표설에 의하면 화물상환증의 물권적 효력이 부정되나 절충설에 의하면 이 경우에도 화물상환증의 물권적 효력이 인정된다는 점이 차이이다.305)

---

303) 서돈각·정완용(99), 237면; 손주찬(03), 367면; 안강현(15), 321면; 양승규·박길준(93), 155면; 이원석(85), 232면; 이철송(15), 549~550면; 정희철(89), 234~235면; 정찬형(15), 365면; 최기원(04), 407면; 최준선(13), 384면.
304) 정동윤(12), 273면; 김정호(05), 315면; 이기수·최병규(10), 488면; 이기수외(03), 471면.
305) 그러나 대표설의 관점에서 운송인이 운송물을 횡령하더라도 그에 대한 반환청구권이 소멸하는 것은 아니므로 여전히 화물상환증의 교부에 의하여 운송물의 점유는 이전한다고 해야 할 것이므로 이러한 차이는 의미가 없다는 지적으로 이철송(15), 549면.

(d) 부정설

부정설[306]은 상법 제133조는 당연한 원리를 선언한 데 지나지 않고 동조의 화물상환증의 교부는 화물상환증의 양도를 달한다고 보아 화물상환증의 물권적 효력을 부정하는 견해이다. 증권의 점유에 의하여 절대적으로 운송물의 점유를 취득한다고 보는 절대설에 대해서는 이 점유가 직접점유라면 동일한 물건에 대하여 이중의 직접점유가 생겨서 모순이고 간접점유라면 실질에 있어서 상대설과 큰 차이가 없는바, 구태여 새로운 점유취득원인으로 의제할 필요가 없다고 비판하고, 화물상환증은 운송물을 대표한다고 보는 상대설에 대해서는 그것이 간접점유의 대표라는 의미라면 원래 간접점유는 목적물반환청구권의 권리자 입장에서 반환청구의 대상물과 관련하여 물권적 의미로 관찰한 것이므로 간접점유를 대표라는 말로 교체한 것외에는 아무런 의미가 없고 운송물을 대표한다는 의미라면 법적으로는 의미가 없다고 비판한다. 엄정상대설에 대해서는 간접점유에 집착한 나머지 이해에 혼란을 가져온다고 비판하고 있다. 그러나 부정설은 상법 제133조에 의한 증권의 교부에는 민법 제190조에서와 동일하게 운송인이 운송물을 직접점유하고 있어야 하고, 민법 제450조에 의한 대항요건(양도인의 운송인에 대한 통지 또는 운송인의 승낙)을 갖출 것을 요하는 점에서는 엄정상대설과 큰 차이는 없다.

(e) 판례

판례[307]는 엄정상대설을 취하지 않은 것은 분명하나 통설과 같이 대표설

---

[306] 채이식(92), 294~295면.
[307] 대법원 1983.3.22. 선고 82다카1533 전원합의체 판결; 대법원 1989.12.22. 선고 88다카8668 판결(해상운송인의 피용자나 대리인이 운송물 전부를 인수하고 수령선하증권에 선적의 뜻을 기재하여 송하인에게 교부한 이상, 운송물 중 일부를 선적하지 않았더라도 그 선하증권의 운송물 전부에 대한 수령선하증권으로서의 유효성은 부인할 수 없는 것이며 수하인은 인도증권인 위 수령선하증권을 적법하게 취득함으로써 운송인측이 보관하고 있는 운송물 전부에 대하여 그 소유권을 취득하였다고 판시); 대법원 1992.2.14. 선고 91다4249 판결('보증도' 등으로 운송물이 멸실된 경우 불법행위로 인한 손해배상청구권도 선하증권에 화체되어 선하증권이 양도됨에 따라 선하증권 소지인에게 이전된다고 판시); 대법원 1992.2.25. 선고 91다30026 판결(위와 같은 취지); 대법원 1997.7.25. 선고 97다19656 판결(선하증권은 해상운송인이 운송물

의 입장인지 아니면 절대설의 입장인지는 확실하지 않다.

대법원 1998.9.4. 선고 96다6240 판결

원고 주식회사 국민은행은 1992.8.13. 태진무역이라는 상호로 무역업체를 경영하는 곽명근과 사이

을 수령한 것을 증명하고 지정된 양륙항에서 정당한 소지인에게 운송물을 인도할 채무를 부담하는 유가증권으로서, 운송인과 그 증권소지인 간에는 증권 기재에 따라 운송계약상의 채권관계가 성립하는 채권적 효력이 발생하고, 운송물을 처분하는 당사자 간에는 운송물에 관한 처분은 증권으로서 하여야 하며 운송물을 받을 수 있는 자에게 증권을 교부한 때에는 운송물 위에 행사하는 권리의 취득에 관하여 운송물을 인도한 것과 동일한 물권적 효력이 발생하므로, 운송물의 권리를 양수한 수하인 또는 그 이후의 자는 선하증권을 교부받음으로써 그 채권적 효력으로 운송계약상의 권리를 취득함과 동시에 그 물권적 효력으로 양도 목적물의 점유를 인도받은 것이 되어 그 운송물의 소유권을 취득한다고 판시); 대법원 1998.9.4. 선고 96다6240 판결(같은 취지); 대법원 1999.9.7. 선고 98다62008 판결(기한부신용장(Usance Credit)의 개설의뢰인이 개설은행과의 수입거래약정시 선하증권 등의 선적서류 및 수입화물을 수입환어음이나 선적서류의 원금 또는 이의 결제를 위한 대출금 및 이자, 수입과 관련한 비용, 지연배상금 기타 개설은행에 대한 지급채무의 이행을 위한 담보로서 개설은행에 양도하겠고 수입화물대도(貸渡)의 경우에도 같다는 취지로 약정한 경우에는 개설은행은 그 선하증권 취득시에 그 물품의 양도담보권을 취득한다고 판시); 대법원 1999.12.10. 선고 98다46587 판결(같은 취지); 대법원 2003.1.10. 선고 2000다70064 판결(선하증권은 해상운송인이 운송물을 수령한 것을 증명하고 양륙항에서 정당한 소지인에게 운송물을 인도할 채무를 부담하는 유가증권으로서, 운송인과 그 증권 소지인 사이에는 증권 기재에 따라 운송계약상의 채권관계가 성립하는 채권적 효력이 발생하고, 운송물을 처분하는 당사자 사이에는 운송물에 관한 처분은 증권으로서 하여야 하며 운송물을 받을 수 있는 자에게 증권을 교부한 때에는 운송물 위에 행사하는 권리의 취득에 관하여 운송물을 인도한 것과 동일한 물권적 효력이 발생하므로 운송물의 권리를 양수한 수하인 또는 그 이후의 자는 선하증권을 교부받음으로써 그 채권적 효력으로 운송계약상의 권리를 취득함과 동시에 그 물권적 효력으로 양도 목적물의 점유를 인도받은 것이 되어 그 운송물의 소유권을 취득하는데, 이 사건의 경우와 같이 선하증권상에 특정인이 수하인으로 기재된 기명식 선하증권의 경우 그 증권상에 양도불능의 뜻 또는 배서를 금지한다는 취지의 기재가 없는 한 법률상 당연한 지시증권으로서 배서에 의하여 양도가 가능하다고 할 것이고, 그 증권의 소지인이 배서에 의하지 아니하고 권리를 취득한 경우에는 배서의 연속에 의하여 그 자격을 증명할 수 없으므로 다른 증거방법에 의하여 실질적 권리를 취득하였음을 입증하여 그 증권상의 권리를 행사할 수 있다고 할 것이며, 이러한 경우 운송물의 멸실이나 훼손 등으로 인하여 발생한 채무불이행으로 인한 손해배상청구권은 물론 불법행위로 인한 손해배상청구권도 선하증권에 화체되어 선하증권이 양도됨에 따라 선하증권 소지인에게 이전된다고 판시).

에, 금 115,000,000원의 대출한도 내에서 신용장에 기하여 발행된 화환어음 및 선적서류를 매입하는 방법으로 무역금융을 제공하되, 그 신용장 등이 결제되지 않는 경우에는 곽명근과 그 보증인들이 이를 환매하는 방법으로 매입자금을 상환하기로 하는 내용의 어음거래약정, 여신한도거래약정 및 수출거래약정을 체결하였다. 태진무역은 1992.12.경 싱가포르의 수입업자인 텔레소닉 싱가도르 피티이 리미티드(Telesonic Singapore Pte. Ltd. 이하 텔레소닉)와 사이에, 겨성용 재킷 4,501벌(이하 이 사건 화물)을 대금 미화 115,470달러에 일본 요코하마로 수출하기로 하는 내용의 수출계약을 체결하면서 수출대금은 신용장에 의해 결제받기로 약정하였고, 이에 따라 텔레소닉은 싱가포르 소재 오버시 차이니즈 뱅킹 코포레이션(Oversea Chinese Banking Corporation. 이하 소외 은행)을 통하여 수익자를 태진무역으로 한 취소불능화환신용장을 개설하였다. 해상운송업자인 피고 흥아해운 주식회사는 곽명근과 사이에 이 사건 화물을 부산항에서 요코하마항까지 운송하기로 하는 해상운송계약을 체결한 다음, 1992.12.8. 이 사건 화물을 선적하고, 그 다음날 곽명근에게 송하인을 태진무역, 수하인을 소외 은행의 지시인, 통지처를 텔레소닉, 양하항을 일본 오코하마로 하는 선하증권(이하 이 사건 선하증권)을 발행·교부하였다. 원고 은행은 1992.12.11. 곽명근으로부터 위 신용장에 기하여 발행한 화환어음(액면금: 미화 115,470달러, 수취인: 원고 은행 또는 그 지시인, 지급인 텔레소닉)을 이 사건 선하증권 등 선적서류와 함께 매입하고, 곽명근에게 위 어음금을 당시의 전신환매입률로 환산한 금 90,782,514원을 지급하였는데, 매입한 선적서류에는 분할선적, 검사증명서의 확인을 위한 보충텔렉스의 미제시, 수익자의 선적계획통보서의 미제시 등으로 위 신용장의 조건과 불일치하는 사유가 있었고, 이에 원고 은행은 위 불일치로 인하여 신용장대금의 지급이 거절되는 경우에 대비하여 위 매입대금의 상환을 약속하는 각서를 곽명근으로부터 제출받았다. 그 후 원고 은행은 소외 은행에 위 신용장을 이 사건 선하증권 등 선적서류와 함께 송부하면서 신용장대금의 지급을 요구하였으나, 소외 은행은 1992.12.23. 제시된 선적서류가 신용장의 조건과 불일치하고 신용장 개설의뢰인이 서류의 인수를 거절한다는 이유로 원고 은행에게 신용장대금 지급거절의 통지를 하였고, 1993.1.16. 화환어음과 선적서류를 원고 은행에 반환하여 원고 은행이 이 사건 선하증권을 소지하고 있는데, 반환된 선하증권에는 다른 서류와 마찬가지로 그 표면에 소외 은행의 명판이 압날되어 있을 뿐이고, 달리 소외 은행의 서명 또는 기명날인이 없다. 한편, 피고 회사는 1992.12.12. 요코하마항에 운송한 이 사건 화물을 양륙하여, 피고 회사의 일본 내 선박대리점인 산에이쉽핑에게 이를 보관하게 하였는데, 태진무역이 이 사건 화물을 실제 수입자인 일본의 유한회사 암비샤스(이하 암비샤스)에게 인도하여 달라고 요청하자, 이를 받아들여 1993.1.8. 산에이쉽핑을 통하여 이 사건 선하증권이 교부되지 않았음에도 암비샤스로부터 화물선취보증서만을 받고, 이 사건 화물을 암비샤스에게 인도하였으며, 그 후 태진무역과 암비샤스는 모두 도산하였다. 법원은 "선하증권은 해상운송인이 운송물을 수령한 것을 증명하고 양륙항에서 정당한 소지인에게 운송물을 인도할 채무를 부담하는 유가증권으로서, 운송인과 그 증권소지인 간에는 증권 기재에 따라 운송계약상의 채권관계가 성립하는 채권적 효력이 발생하고(상법 제820조, 제131조), 운송물을 처분하는 당사자 간에는 운송물에 관한 처분은 증권으로서 하여야 하며 운송물을 받을 수 있는 자에게 증권을 교부한 때에는 운송물 위에 행사하는 권리의 취득에 관하여 운송물을 인도한 것과 동일한 물권적 효력이 발생하므로(상법 제820조, 제132조, 제133조) 운송물의 권리를 양수한 수하인 또는 그 이후의 자는 선하증권을 교부받음으로써 그 채권적 효력으로 운송계약상의 권리를 취득함과 동시에 그 물권적 효력으로 양도 목적물의 점유를 인도받은 것이 되어 그 운송물의 소유권을 취득한다고 할 것이고(대법원 1983.3.22. 선고 82다카1533 전원합의체 판결, 1997.7.25. 선고 97다19656 판결 참조), 수출자가 선하증권을 첨부한 화환어음을 발행하여 국내 거래은행으로부터 할인을 받거나 또는 추심위임을 하고 그 국내은행이 신용장 개설은행에 추심하는 방법에 의하여 수출대금이 결제되는 방식의 무역거래에 있어서는, 다른 특별한 사정이 없는 한, 수입자가 그 수출대금을 결제할 때까지는 운송증권에 의하여 표창된 운송 중인 수출품이 위 화환어음의 담보가 되는 것이고, 수출자가 신용장 발행은행을 수하인으로 한 운송증권을 첨부하여 환어음을 발행한 경우에는 신용장 발행은행이 운송 목적지에서의 수출품의 반환청구권을 가지게 되고 수입자가 신용장 발행은행에 수출대금을 결제하고 그로부터 이러한 반환청구권을 양수받지 않는 한 수출품을 인도받을 수 없게 되고, 신용장 발행은행이 수출대금의 결제를 거절하는 경우에는 수출대금 추심을 위하여 수출자가 발행한 환어음과 함께 운송증권 등 선적서류를 반환함으로써 위 반환청구권이 국내 거래은행 또는 수출자에게 이전되는 것이므로 결과적으로 위 반환청구권이 수출대금을 담보하는 기능을 하게 된다(대법원 1984.9.11. 선고 83다카1661 판결, 1987.5.12. 선고 85다카2232 판결, 1988.12.13. 선고 85다카1358 판결 참조). 따라서 <u>신용장 발행은행이 수출대금의 결제를 거부하고 자신이 수취인으로 기재된 운송증권을 다른 서류와 함께 반환한 경우, 이를 반환받은 국내 거래은행 또는 수출자는 운송증권을 그 수하인으로부터 적법하게 교부받은 정당한 소지인으로서 그 증권이 표창하는 운송물에 대한 권리를 취득한다</u>고 할 것이다. … 원고 은행은 수출자인 곽명근으로부터 신용장에 기하여 발행된 화환어음과 이 사건 선하증권 등 선적서류를 매입한 후, 이를 신용장 발행은행이자 위 선하증권의 수하인으로 지시된 소외 은행에게 송부하여 수출대금의 결제를 요청하였다가, 이를 거절하는 소외 은행으로부터 위 선하증권을 다른 서류와 함께 반환받아 소지하게 된 것이므로 위 선하증권의 정당한 소지인이라고 할 것(이므로 피고 운송회사를 상대로 하여 운송 목적지에서의 수출품의 반환청구권을 취득한다)"고 판시하였다.

④ 물권적 효력의 내용

화물상환증이 발행된 경우에는 운송물에 관한 처분은 화물상환증으로써 하여야 한다(§132). "화물상환증에 의하여 운송물을 받을 수 있는 자에게 화물상환증을 교부한 때에는 운송물 위에 행사하는 권리의 취득에 관하여 운송물을 인도한 것과 동일한 효력이 있다(§133)."

화물상환증의 물권적 효력은 운송물위에 행사하는 권리의 취득에 관하여만 인정된다. 여기에서 "운송물위에 행사하는 권리"란 화물상환증을 수수하는 당사자간의 계약내용에 의하여 정해지는데, 예컨대 운송물의 소유권이 가장 주된 것이지만, 그 외에 질권, 유치권, 위탁매매인의 처분권 등이 그 내용이 될 수 있다. 그리고 이러한 권리의 '취득'에 관해서만 물권적 효력이 인정되므로, 화물상환증을 인도하면 물권취득의 효력발생요건 내지 대항요건으로서 운송물을 인도한 것과 같은 효력이 발생하게 된다.

전술한 것처럼 화물상환증의 선의취득도 가능하나 다만 화물상환증을 선의취득한 사람은 운송물에 관한 물권의 선의취득의 요건으로서의 운송물의 점유권을 선의취득한 것으로 보아야 한다. 전술한 것처럼 화물상환증이 발행되면 화물상환증과 분리하여 운송물만을 양도하더라도 양수인은 운송물을 선의취득할 수 없다는 견해가 있지만, 통설308)은 화물상환증이 발행된 경우라도 화물상환증의 양수 없이 운송물만을 양수하는 경우에 운송물의 선의취득이 가능하다고 보고 있지만, 이 경우 양수인이 해당 운송물에 관하여 화물상환증이 발행된 사실을 모르고 있을 때에만 운송물을 양수하여 그 물권을 선의취득할 수 있다고 본다.

(4) 순차운송

1) 의의

광의의 순차운송(successive carriage, through carriage, aufeinanderfolgende Beförderung, Durchfracht)이란 수인의 운송인이 동일한 운송물을 순차적으로 운송하는 것을 말한다. 광의의 순차운송은 통(通)운송이라고도 불린다. 예컨대 동일 컨테이너를 자동차, 기차, 내수선 등의 육상운송수단을 가진 수인의 운송인들이 순차적으로 운송하는 경우가 그에 해당한다.

순차운송과 구별되는 개념으로 후술하는 복합운송이 있다. 이것은 1인의 운송인이 두 종류 이상의 운송수단에 의하여 운송을 실행하는 형태이다.309)

---

308) 김정호(05), 281면; 서돈각·정완용(99), 238면; 손주찬(03), 363면; 정희철(89), 363면; 정찬형(15), 235~236면; 채이식(92), 292면; 최준선(13), 382면.
309) 손주찬(03), 383면.

2) 광의의 순차운송의 형태

(가) 부분운송

부분운송이란 복수의 운송계약이 성립하고 그 운송계약들 상호간에는 관계가 없는 운송이다.

(나) 하수운송

하수(下受)운송이란 제1운송인이 송하인으로부터 전구간에 대한 운송을 인수하고, 그 제1운송인(Hauptfrachtführer)(원수(元受)운송인이라고도 부른다)이 제2이하의 운송인들과 자기 명의와 자기의 계산으로 하수운송계약을 체결하는 형태이다. 운송계약은 도급계약의 일종이므로 하수운송은 하도급의 형태이다. 제2이하의 운송인들은 제1의 운송인의 이행보조자에 불과하고 송하인과 직접적 법률관계를 갖지 않는다.

(다) 동일운송

동일운송이란 수인의 운송인이 송하인으로부터 공동으로 전구간의 운송을 인수하고 다만 내부적으로서 각 운송인의 담당구간을 정하는 형태이다. 이 때 전 운송인은 상법상 당연히 연대채무를 부담한다(^상₅₇). 운송주선인의 경우에는 없는 형태이다.

(라) 공동운송(협의의 순차운송)

공동운송이란 연대운송이라고도 불리는 형태로서 협의의 순차운송이라 하면 이것을 가리킨다. 공동운송에서 제1운송인은 송하인과 전구간에 대한 운송계약을 체결하여 전구간에 대한 운송을 인수하나 자기의 운송구간만의 운송을 실행하고 나머지 구간에 대해서는 제2이하의 운송인 등과 자기의 명의와 송하인의 계산으로 운송계약을 체결한다. 보통 1통의 통운송장(durchlaufender Frachtbrief)이 발행되고 이것에 의하여 순차적으로 각 구간의 운송인간에 운송이 인계된다. 따라서 공동운송은 제1운송인이 제2이하의 운송인과 자기 명의로 운송계약을 체결하고 송하인과 제2이하의 운송인과는 직접적 법률관계가 없다는 점에서는 하수운송과 동일하나, 차이점은 제2이하의 운송인과 체결하는 운송계약의 계산을 공동운송에서는 송하인이 하나 하수운송에서는 제1운송인이 한다는 점이다.

3) 순차운송의 법률관계

(가) 총설

순차운송의 경우에도 운송일반의 요건과 효력이 그 성질이 일치하는 한도에서 그대로 적용되고 발생한다. 즉 부분운송에 있어서 최초의 운송인, 하수운송과 공동운송에 있어서 제1운송인, 동일운송에 있어서 전 운송인은 각각 송하인으로부터 운송물을 인도받아서 운송을 시작하며, 부분운송에 있어서 최후의 운송인, 하수운송과 공동운송에 있어서 제1운송인의 이행보조자인 최후의 운송인, 동일운송에 있어서 전 운송인은 각각 도착지에서 수하인 또는 화물상환증이 발행된 경우에는 그 정당한 소지인에게 운송물을 인도하는 것이 주된 내용이다.

상법은 순차운송에 관하여 제138조에서 운송물의 손해에 대한 순차운송인의 연대책임과 순차운송인간의 부담부분에 관하여 특별히 규정한다. 따라서 각자의 운송구간별로 분할책임을 지는 부분운송과 제1운송인만이 운송계약의 당사자로서 전구간에 대하여 책임을 지는 하수운송의 경우에는 제138조가 적용될 여지가 없고 동조가 적용될 여지가 있는 순차운송의 형태는 동일운송과 공동운송의 경우이다.

제138조에서 상정하는 순차운송은 육상운송간의 그것이고, 해상법에서는 해상운송간의 순차운송에 대해서 육상운송에 관한 규정을 준용하고 있다(§815). 상법은 항공순차운송의 경우에는 각 운송인의 운송구간에 관하여 모든 운송인을 운송계약의 당사자로 보고, 항공여객운송이나 항공물건운송에서 발생하는 손해의 분담관계에 관하여 특칙을 정하고 있다(§901). 그러므로 육해상순차운송이나 육공순차운송 또는 해공순차운송에 대해서는 규정이 없으며, 성질이 허락하는 한도에서 제138조를 유추적용하여야 할 것이다.[310]

---

310) 동지: 서돈각 정완용(99), 226면; 손주찬(03), 354면; 임홍근(01), 861면; 채이식(92), 301면.

(나) 순차운송인의 연대책임

수인이 순차로 운송할 경우에는 각운송인은 운송물의 멸실, 훼손 또는 연착으로 인한 손해를 연대하여 배상할 책임이 있다($\S{138 \atop ①}$). 이는 운송물이 운송중에는 운송인의 점유하에 있기 때문에 손해가 어느 구간에서 발생한 것인지 증명하기가 곤란한 점을 감안하여 송하인 및 수하인을 보호하기 위한 것이다. 통설[311]은 동일운송의 경우에는 수인이 하나의 공동행위로 운송을 인수함으로써 제57조 제1항에 의하여 연대책임을 부담하므로 제138조를 적용할 필요가 없기 때문에 여기에서의 운송인은 공동운송인을 말한다고 해석한다. 그러나 제138조 제2항과 제3항에서 규정하는 순차운송인의 손해분담 내용과 제147조에 의하여 준용되는 제117조의 대위제도를 적용하기 위해서는 동일운송인을 제138조 제1항에서의 운송인에 포함시켜야 한다는 소수설[312]이 있다.

(다) 구상권 및 부담부분

순차운송인은 운송인간의 내부관계에 따라 부담부분이 있다. 즉 순차운송에 있어서 연대책임을 지는 운송인중 1인이 손해를 배상한 때에는 그 손해의 원인이 된 행위를 한 운송인에 대하여 구상권이 있다($\S{138 \atop ②}$). 만일 그 손해의 원인이 된 행위를 한 운송인을 알 수 없는 때에는 각 운송인은 그 운임액의 비율로 손해를 분담한다($\S{138 \atop ③본문}$). 그러나, 그 손해가 자기의 운송구간내에서 발생하지 아니하였음을 증명한 운송인은 손해분담의 책임이 없다($\S{138 \atop ③단서}$). 또한 제138조 제1항은 임의규정이므로 순차운송인들간에 특약으로 연대책임을 배제하고 분할책임을 지기로 하거나 부담부분을 정한 경우에는 그 특약은 유효하지만, 운송인들이 그 특약으로 배상권자인 수하인 등에게 대항할 수는 없고, 그 특약의 내용대로 운송인들의 내부관계에서의 손해의 부담부분이 정해질 뿐이라고 해석하여야 한다.

---

311) 서돈각·정완용(99), 231면; 손주찬(03), 354면; 정동윤(12), 280면; 정찬형(15), 369면.
312) 이철송(15), 553면.

(라) 순차운송인의 대위

① 대위의무

순차운송에 있어서 운송물을 다음 운송인에게 인도한 운송인은 운송물을 점유하고 있지 않으므로 운임 등의 채권을 행사할 때에도 유치권·질권 등을 행사할 수 없다. 따라서 상법은 이러한 운송의 지역적으로 진행하는 공간적 성질을 고려하여 "순차운송에 있어서 후자는 전자에 갈음하여 그 권리를 행사할 의무를 부담한다"(상§147①)고 대위의무에 관하여 규정하고 있다. 예컨대 최후의 운송인인 제3운송인은 수하인에게 운송물을 인도하면서 제2운송인을 위하여 운임청구권을 행사할 의무를 부담하는 것이다. 그 경우에 이러한 대위의무를 게을리 하면 제3운송인은 제2운송인에게 손해배상책임을 지게 된다. 전자의 권리를 대위행사하는 운송인에 대하여 수하인은 권리자 본인이 아니라는 이유로 제3운송인에게 이행을 거절할 수 없다.

② 대위권

또한 상법은 같은 이유에서 "순차운송에서 후자가 전자에게 변제한 때에는 전자의 권리를 취득한다"(상§147②)고 대위권에 관하여 규정하고 있다. 위의 예에서 제3운송인이 제2운송인에게 운임을 변제한 때에는 제2운송인의 수하인에 대한 운임청구권을 취득하는 것이다.

③ 대위할 '전자'의 범위

이러한 순차운송인의 대위에 있어서 후자가 대위할 '전자'의 범위에 관하여 ⅰ) 후자의 전전자와 후자 사이에는 아무런 법률관계가 없기 때문에 포함되지 아니하고 후자에게 직접 운송물을 위탁한 후자의 직접 전자만을 의미한다고 보는 견해(제1설)[313], ⅱ) 대위의무에 있어서는 후자에게 직접 운송물을 위탁한 직접의 전자만을 의미하고, 대위권에 있어서는 변제를 하는 것은 그 수령자에게 이익이 될 것이므로 모든 전자를 포함한다고 보는 견해(제2설)[314], ⅲ) 제1설에 대해서 어차피 자기의 직접의 전자와 후자와도 계약

---

313) 강위두·임재호(11), 336면.

상으로는 대위의무가 생겨나는 것이 아니라고 비판하고, 대위의무는 운송물에 대한 원격성 때문에 권리행사가 용이하지 않은 후자보다 앞에 있는 운송인들의 보호를 위한 법정의무라는 점을 근거로 후자의 모든 전자를 의미한다고 보는 견해(제3설)315)가 갈린다. 생각건대 의무의 불이행시 손해배상책임이 발생하는 대위의무는 자기에게 직접 운송물을 위탁한 직접의 전자에 대하여 지는 선관의무에서 파생되는 것으로 보아서 범위를 제한하는 것이 의무자인 운송인에게 과도한 책임을 지우지 않기 위해서 필요하고, 대위권에 있어서는 변제라는 반대급부를 수여한 이상 범위를 제한할 필요가 없이 모든 전자라고 보는 것이 타당하다(제2설에 찬동). 다만 거래의 실제에 있어서 운송물이 수인의 순차운송인에게 인계되면서 전자로부터 위임받은 권리를 자기가 후자에게 자기의 권리와 함께 위임하는 경우는 있을 수 있고 그러한 경우에는 특약에 의하여 대위의무를 지는 전자의 범위가 확대되는 것으로 보아야 할 것이다.

이러한 대위의무와 대위권에 관한 규정(§§147①·117②)은 순차운송인에게 권리행사를 용이하게 하기 위한 것으로서 광의의 순차운송에 대하여 모두 적용된다고 보는 견해(다수설)316)와 제138조가 협의의 순차운송(공동운송)에만 적용되는 것과 균형을 이루기 위해서 공동운송에만 적용된다고 보는 견해(소수설)317), 제138조와 마찬가지로 동일운송과 공동운송에만 적용된다고 보는 견해(소수설)318)가 갈린다.

---

314) 손주찬(03), 330~331, 355면; 정찬형(15), 330~331, 370면.
315) 이철송(15), 554면.
316) 강위두·임재호(11), 301면; 서돈각·정완용(99), 266면; 손주찬(03), 355면; 이기수·최병규(10), 492면; 정동윤(12), 280면; 채이식(92), 301~302면; 최준선(13), 375면.
317) 임홍근(01), 860면; 정찬형(15), 370면; 김성태(99), 643면(부분운송에 대해서는 적용이 무리라고 지적하는 견해).
318) 이철송(15), 555면.

(5) 복합운송

1) 의의

복합운송(combined transport, multimodal transport)이란 1인의 운송인이 두 종류 이상의 운송수단에 의하여 운송을 실행하는 형태이다.[319] 1960년대에 컨테이너가 발명되면서 특히 국제운송에 있어서 복합운송이 널리 이용되고 있다.[320] 복합운송의 경우에는 일반적으로 해상운송을 주로 하여 육상운송이나 항공운송이 결합되어 운송이 이루어지고 있다.

2) 복합운송인의 책임

해상법에는 해상운송수단을 포함한 복합운송을 한 복합운송인의 책임에 관한 규정이 있다. 해상운송인이 인수한 운송에 해상 외의 운송구간이 포함된 경우 운송인은 손해가 발생한 운송구간에 적용될 법에 따라 책임을 진다(§816①). 예컨대, 복합운송인이 육상운송과 해상운송을 복합운송한 경우에는 육상운송구간에서 운송물의 손해가 발생한 경우에는 육상운송에 관한 상법규정이, 해상운송구간에서 운송물의 손해가 발생한 경우에는 해상운송에 관한 규정이 각각 적용된다.[321]

만일 어느 운송구간에서 손해가 발생하였는지 불분명한 경우 또는 손해의

---

319) 손주찬(03), 383면.
320) 정동윤(12), 281면.
321) 대법원 2009.08.20. 선고 2008다58978 판결(해상운송의 경우에는 구 상법(2007.8.3 법률 제8581호로 개정되기 전의 것) 제811조에서 운송인의 송하인 또는 수하인에 대한 채무는 운송인이 수하인에게 운송물을 인도한 날 등으로부터 1년 내에 재판상 청구가 없으면 소멸하도록 하고 이를 당사자의 합의에 의하여 연장할 수 있으나 단축할 수는 없도록 규정하고 있는 반면에, 육상운송의 경우에는 상법 제147조, 제121조에 따라 운송인의 책임은 수하인이 운송물을 수령한 날로부터 1년을 경과하면 소멸시효가 완성하고 이는 당사자의 합의에 의하여 연장하거나 단축할 수 있다고 볼 것인 점, 복합운송의 손해발생구간이 육상운송구간임이 명백한 경우에도 해상운송에 관한 규정을 적용하면 복합운송인이 그 구간에 대하여 하수급운송인으로 하여금 운송하게 한 경우에 하수급운송인과 복합운송인 사이에는 육상운송에 관한 법률이 적용되는 것과 균형이 맞지 않게 되는 점 등을 고려하면, 복합운송에서 손해발생구간이 육상운송구간임이 명백한 경우에는 복합운송증권에서 정하고 있는 9개월의 제소기간은 강행법규에 저촉되지 아니하는 것으로서 유효하다).

발생이 성질상 특정한 지역으로 한정되지 아니하는 경우에는 운송인은 운송거리가 가장 긴 구간에 적용되는 법에 따라 책임을 진다(§816②본문). 다만, 운송거리가 같거나 가장 긴 구간을 정할 수 없는 경우에는 운임이 가장 비싼 구간에 적용되는 법에 따라 책임을 진다(§816②단서).

　육상운송인의 손해배상책임에 대하여 수하인 또는 화물상환증소지인이 유보 없이 운송물을 수령하고 운임 기타의 비용을 지급한 때에는 운송인의 책임이 소멸되도록 특별소멸사유를 정하고 있는 상법 제146조 제1항은 복합운송에서 생긴 손해의 발생구간이 불분명한 경우에는 적용되지 아니한다.[322]

대법원 2019.7.10. 선고 2019다213009 판결

원고 제주특별자치도개발공사는 먹는 샘물인 삼다수(이하 '상품')를 생산하는 지방공기업인데, 2011.12.9.에 동방을 비롯한 4개사로 구성된 컨소시엄(피고 1)에게 강원권 및 수도권 일부지역에서의 상품의 물류운영용역계약을 체결하였고, 롯데 글로벌 로지스를 비롯한 4개사로 구성된 컨소시엄(피고 2)에게는 나머지 수도권 지역, 충청권 및 호남권에서의 상품의 물류운영용역계약을 체결하였다. 원고는 피고 1과 피고 2가 해야 할 물류운영용역계약상 채무를 1) 원고가 생산한 상품을 원고의 생산공장에서 인수받아 원고의 판매대행사 또는 원고가 별도로 지정하는 장소까지 운송하는 물류관련제반업무, 2) 원고가 필요로 하는 모든 조달물품을 조달물품 생산공장 또는 조달물품 보관장소에서 인수받아 원고의 생산공장까지 운송하는 물류관련 제반업무로 정하고, 이 때 '물류관련제반업무'라 함은 육상운송, 해상운송, 항만 양 적하, 보관 및 이동 등 일체의 물류 관련 활동으로 각 계약에서 정하였다. 그런데 피고 1과 피고 2가 2014.1.부터 2014.6.까지 원고가 발주한 물량을 제대로 운송하지 못하자, 원고는 주식회사 한진에 대체운송을 의뢰하여 이로 인한 추가비용을 지출하였고, 2016.12.12.에 피고 1과 피고 2에게 위의 추가비용 상당의 손해배상을 청구하였다.

---

[322] 대법원 2009.08.20. 선고 2007다87016 판결(복합운송의 경우에는 일반적으로 해상운송을 주로 하여 육상운송이나 항공운송이 결합되어 운송이 이루어지고 있는데, 만일 복합운송에서 발생한 운송인의 손해배상책임에 대하여, 손해발생구간이 명확히 육상운송구간임이 밝혀진 경우에는 별론으로 하더라도 적어도 그 손해발생구간이 어느 구간인지 불분명한 경우에도 불구하고 상법 제146조 제1항이 적용된다고 하면, 실질적으로 손해발생이 해상운송구간에서 발생되었을 가능성이 있음에도 강행규정인 구 상법(2007. 8. 3. 법률 제8581호로 개정되기 전의 것) 제800조의2 제1항, 제2항의 적용이 배제되어 수하인으로서는 운송인에게 귀책이 있는 사유로 하자가 발생한 것을 증명하여 운송물이 멸실 또는 훼손 없이 수하인에게 인도되었다는 추정을 번복할 수 있는 기회를 박탈당하고 운송인의 책임을 추궁할 수 없게 되어 불합리하므로, 손해발생구간이 불분명한 경우에는 상법 제146조 제1항은 적용이 되지 않는 것으로 해석하여야 한다.).

1심 법원은 피고 1은 제주항에서 인천항까지, 피고 2는 서귀포항, 성산항 등에서 완도항, 녹동항까지 해상운송을 하고, 원고의 생산공장에서 항구까지, 항구에서 원고의 물류센터까지 육상운송도 각각 담당하고 있으므로 복합운송이라고 보고 복합운송인은 상법 제816조 제1항에 따라 손해가 발생한 운송구간에 적용될 법에 따라 책임을 지는데, 원고의 청구가 해상운송에서의 "운송인이 수하인에게 운송물을 인도할 날부터 1년"의 단기제척기간(§814①)에 의한 제소기간을 도과한 것이라는 피고들의 항변을 받아들여 원고의 피고들에 대한 소를 각하하였다. 항소심 법원은 피고들의 원고에 대한 책임은 복합운송인의 책임에 관한 상법 제816조가 적용되지만, 원고의 손해는 제3의 컨소시엄에 대체운송을 하도록 함으로써 발생한 추가비용으로서 "어느 운송구간에서 손해가 발생하였는지 불분명한 경우 또는 손해의 발생이 성질상 특정한 지역으로 한정되지 아니하는 경우"이므로 "운송인은 운송거리가 가장 긴 구간에 적용되는 법에 따라 책임을 지는"데(§816②), 피고 1의 경우 주로 인천항이나 평택항을 통하여 강원권 및 수도권 일부지역에 상품을 운송하였는데, 이 구간은 해상운송 거리가 육상운송 거리를 현저하게 초과하므로 해상운송에 적용되는 법을 적용하여 피고 1에 대한 항소는 기각하였지만, 피고 2의 경우 주로 제주도에서 완도항과 녹동항을 통하여 호남권과 수도권 일부지역에 상품을 운송하였는데, 이 구간은 대부분 육상운송 거리가 해상운송 거리를 초과하므로 육상운송에 적용되는 법을 적용하여 해상운송에서의 단기제척기간은 적용되지 않는다고 보고, 피고 2에 대한 항소는 받아들여 원고에게 손해배상책임이 있다고 판시하였다. 피고들은 0에 모두 상고하였고, 대법원은 물류정책기본법(2007.8.3. 법률 제8617호로 개정된 것)은 구 화물유통촉진법상 복합운송주선인을 국제물류주선업자로 보고 있고(부칙 제7조제1항), 물류정책기본법 시행규칙에서는 국제물류주선업자는 (운송인으로서) 자기의 이름으로 선하증권과 항공화물운송장을 발행할 수 있다고 규정하고 있으며(제5조제2항제2호), 국제물류주선업자가 자기 명의로 운송계약을 체결하고 운송을 인수하는 경우에는 복합운송인의 지위를 취득하며, 이 사건 원고와 피고들 사이에 체결된 물류운영용역계약처럼 당사자 사이에 복합운송뿐 아니라 항만 양적하, 보관 및 이동, 물류정보의 활용 등 일체의 물류 관련 활동을 포함하는 내용의 종합물류운영에 관한 계약을 체결한 경우에 복합운송을 제외한 나머지 물류 관련 제반업무는 운송에 부수되는 업무로서 계약의 본질적인 내용으로 보기는 어렵고 가장 핵심적 요소는 복합운송으로 보아야 한다고 전제하고, 피고 1에 대하여는 해상운송구간에 적용되는 법에 따라 제적기간을 판단하여야 하고, 피고 2에 대하여는 육상운송구간에 적용되는 법에 따라 원고에게 손해배상책임이 있다고 본 항소심의 판시내용을 지지하여 상고를 모두 기각하였다.[323]

---

323) 이 사건 판결에 대한 평석으로 김인현·백지수, "종합물류계약과 복합운송의 구별-대법원 2019.7.10. 선고 2019다213009 판결-", 「상사판례연구」 제33집 제1권, 2020, 47면 이하 참조(이 사건 계약의 법적 성질은 종합물류계약에 해당하지만, 상법은 제22조에서 종합물류업에 관하여 기본적 상행위로 인정하고 있지 않기 때문에 부득이 기본적 상행위의 일종인 운송업에 해당하는 복합운송에 관한 제816조를 적용한 것이라고 보고 그에 찬동하지만, 장차 상법에 종합물류계약에 적용될 규정을 입법해야 할 것이라고 한다.).

3. 여객운송

(1) 의의

여객운송(carriage of passengers, Personenbefördung)은 해상운송과 항공운송에서도 행해지며 특히 항공운송에 있어서는 물건운송보다 여객운송의 비중이 더 크지만, 여기에서의 여객운송은 육상여객운송, 즉 육상 또는 호천, 항만에서 하는 육상운송인의 여객의 운송을 말한다($§ 125$). 여객운송에 사용되는 운송수단은 자동차, 철도, 지하철, 케이블카, 내수선 등이 있으며 각 별로 여객운송사업에 대하여 여객자동차운수사업법, 철도사업법, 도시철도법, 궤도운송법, 해운법, 선박안전법 등이 허가·면허 등의 진입규제, 안전관리, 위험관리를 위한 보험가입, 운임규제 등의 사항에 관하여 적용된다. 상법은 여객운송업에 있어서 운송인의 손해배상책임에 관한 규정을 두고 있다($§§ 148\text{--}150$).

(2) 여객운송계약

1) 여객운송계약의 의의

여객운송계약은 여객의 운송을 목적으로 하는 도급계약이다. 여객 자신이 계약당사자가 되는 것이 보통이지만 그렇지 않은 경우도 있고(소아운송), 유상이 원칙이지만 무상계약도 있다(부모와 동승하는 유아의 무료운송 등).

2) 승차권

승차권은 운임의 지급을 증명하고 운송채권을 표창하는 증권이다. 여객운송계약은 낙성·불요식의 계약이지만 운송인이 불특정·다수인을 상대로 하여 동일한 유형의 계약을 반복하다보니 약관을 사용하여 체결되는 경우가 많고, 승차권 또는 승선권이 널리 사용된다. 승차권이 유가증권인지에 대해서는 학설이 갈리는데 통설은 원칙적으로 긍정하지만 유통이 전제되지 않는 기명식승차권이나 회수승차권은 증거증권에 지나지 않는 것으로 본다.[324]

---

[324] 강위두·임재호(11), 351면; 이철송(15), 556면; 채이식(92), 302~303면; 최준선(13), 386면.

그러므로 이것들을 승차나 개찰 후에 분실하더라도 권리행사가 가능할 수 있다.

3) 여객운송인의 손해배상책임

(가) 여객이 입은 손해에 대한 책임

① 책임발생원인

여객운송인은 여객이 입은 손해에 대해서는 물건운송인의 손해배상책임과 같이 입증책임이 전환된 과실책임주의에 의한다. 즉 운송인은 자기 또는 사용인이 운송에 관한 주의를 해태하지 아니하였음을 증명하지 아니하면 여객이 운송으로 인하여 받은 손해를 배상할 책임을 면하지 못한다($\S^{148}_{①}$). 물건운송에서 설명한 것과 같이 여객운송인의 손해배상책임에 관한 제148조 제1항도 민법의 채무불이행으로 인한 손해배상책임의 일반원칙을 구체화한 것이다.

여기에서 "여객이 운송으로 인하여 받은 손해"는 여객의 사상으로 인한 재산적 손해 및 정신적 손해, 여객의 피복 등에 발생한 손해, 연착으로 인한 손해 등을 모두 포함한다. 또한 적극적 손해는 물론 얻을 수 있는 이익의 상실과 같은 소극적 손해도 포함한다.

② 손해배상액

한편 제148조 제2항은 "손해배상의 액을 정함에는 법원은 피해자와 그 가족의 정상을 참작하여야 한다"고 규정한다. 이것은 여객이 입은 특별손해를 운송인이 알 수 있었든 알 수 없었든 간에 참작하여야 한다는 의미로서 여객을 더 강하게 보호하기 위한 취지의 규정으로서 채무불이행에 있어서 채권자가 입은 통상손해는 항상 배상하지만, 특별손해는 채무자가 알았거나 알 수 있었던 경우에만 배상책임을 진다고 규정하고 있는 민법의 원칙($\S^{393}_{②}$)에 대한 예외규정이다. 그러나 제148조 제2항이 적용되는 여객의 손해는 여객의 생명·신체에 직접 발생한 손해만을 가리키며 그 외의 손해를 포함하지 아니한다고 해석한다.[325] 따라서 여객의 피복 등에 발생한 손해나 연착으로 인한 손해 등에 대해서는 민법의 일반원칙에 의하여 손해배상액이 결정될 수밖에 없다.

③ 시효

여객이 입은 손해에 대한 여객운송인의 손해배상책임은 일반 상사시효가 적용되어 5년간 행사하지 아니하면 소멸시효가 완성한다(§64). 물건운송의 경우와 같은 특별소멸사유나 단기시효가 규정되지 않은 이유는 물건운송의 경우와는 달리 여객을 보호하기 위한 것으로 볼 수 있다.326)

(나) 수하물에 대한 책임

① 탁송수하물

여객운송인은 여객으로부터 인도를 받은 수하물, 즉 탁송수하물의 멸실·훼손에 대하여는 운임을 받지 아니한 경우에도 물건운송인과 동일한 책임이 있다($\S\S\frac{149}{①}$). 따라서 운송인은 자기 또는 운송주선인이나 사용인, 그 밖에 운송을 위하여 사용한 자가 "운송물의 수령, 인도, 보관 및 운송에 관하여 주의를 게을리" 하지 아니하였음을 증명하지 아니하면 "탁송수하물의 멸실, 훼손으로 인한 손해"를 배상할 책임이 있다($\S\S\frac{149①}{135}$). 이 경우에는 고가물에 대한 특칙(§136)도 적용된다.

손해배상액에 관해서는 정액배상주의를 취하여 운송물이 전부멸실된 경우의 손해배상액은 인도할 날의 도착지의 가격에 의하고($\S\S\frac{149①}{137①}$), 운송물이 일부멸실 또는 훼손된 경우의 손해배상액은 인도한 날의 도착지의 가격에 의한다($\S\S\frac{149①}{137②}$). 다만, 운송물의 멸실, 훼손이 여객운송인의 고의나 중대한 과실로 인한 때에는 예외적으로 모든 손해를 배상하여야 한다($\S\S\frac{149①}{137③}$).

여객운송인이 손해를 배상하는 경우 운송물의 멸실 또는 훼손으로 인하여 지급을 요하지 아니하는 운임 기타 비용은 그 배상액에서 공제하여야 한다($\S\frac{137}{④}$). 또한 그밖에 운송인의 책임발생에 수하인에게 과실이 있는 때에는 과실상계

---

325) 서돈각·정완용(99), 240면; 이철송(15), 559면; 이기수외(03), 501면; 정찬형(15), 372면.
326) 정찬형(15), 377면.

($^{민법}_{§396}$)도 인정된다.

 탁송수하물의 수령을 여객이 지체하는 경우에 관해서는 특칙이 마련되어 있다. 즉 수하물이 도착지에 도착한 날로부터 10일내에 여객이 그 인도를 청구하지 아니한 때에는 여객운송인은 그 물건을 공탁하거나 주소 또는 거소를 아는 고객에게는 상당한 기간을 정하여 최고한 후, 주소 또는 거소를 알지 못하는 여객에 대하여는 최고와 통지를 하지 않고 바로 경매할 수 있다($^{§§ 149②}_{67①전단}$). 이 경우에는 지체없이 매수인에 대하여 그 통지를 발송하여야 한다($^{§§ 149②}_{67①후단}$). 매도인이 그 목적물을 경매한 때에는 그 대금에서 경매비용을 공제한 잔액을 공탁하여야 하지만, 그 전부나 일부를 매매다금에 충당할 수 있다($^{§§ 149②}_{67③}$).

② 휴대수하물

 그러나 인도를 받지 아니한 수하물, 즉 휴대수하물의 멸실·훼손에 대하여는 자기 또는 사용인의 과실이 없으면 손해를 배상할 책임이 없다($§ 150$). 즉 이 경우에는 고객이 운송인측의 과실을 입증해야 손해배상책임을 부담한다. 배상액에 대해서는 규정이 없지만 휴대수하물에 대해서도 탁송수하물과 같이 정액배상주의에 의하는 것으로 해석한다(통설).327) 정액책임을 인정하지 않으면 운송인이 인도를 받지 아니한 수하물에 대하여 인도받은 수하물보다 더 무거운 책임을 부담하게 되어 부당하기 때문이다. 그러므로 운송물이 전부멸실된 경우의 손해배상액은 인도할 날의 도착지의 가격에 의하고($^{§§ 149①}_{137① 유추}$), 운송물이 일부멸실 또는 훼손된 경우의 손해배상액은 인도한 날의 도착지의 가격에 의한다($^{§§ 149①}_{137② 유추}$). 다만, 운송물의 멸실, 훼손이 여객운송인의 고의나 중대한 과실로 인한 때에는 예외적으로 모든 손해를 배상하여야 한다($^{§§ 149①}_{137③ 유추}$).

---

327) 이철송(15), 561면; 정희철(89), 245면; 정동윤(12), 277면; 정찬형(15), 377면; 채이식(92), 306면; 최준선(13), 389면.

제5절 운송주선업

1. 총설

운송주선업(forwarding agency, Speditionsgeschäft)은 송하인의 위탁을 받아서 자기의 이름으로 운송인과 운송계약을 체결함으로써 송하인이 운송물을 보낼 수 있게 운송인을 연결하여 주는 영업이며 준위탁매매업과 함께 위탁매매업에서 파생된 주선업의 일종이다. 그래서 상법은 운송주선업이 주선업의 일종이란 점에 착안하여 위탁매매업에 관한 규정을 준용하고(§123), 주선대상이 운송이라는 점에서 운송업에 관한 일부규정을 준용한다(§124).

연혁적으로는 위탁매매인이 매수한 물건을 위탁자에게 보내기 위하여 위탁자의 계산으로 운송인과 운송계약을 체결하게 되면서 처음 운송주선업이 발생하게 되었다.[328] 그 후 "운송의 거리가 육해공 삼면에 걸쳐 길어지고 운송수단도 다양할 뿐만 아니라 공간적 이동이 필요불가피한 화물도 복잡다양화, 대형다량화 되어짐에 따라 송하인과 운송인이 적당한 상대방을 적기에 선택하여 필요한 운송계약을 체결하기 어렵게 되었으므로 송하인과 운송인의 중간에서 가장 확실하고 안전신속한 운송로와 시기를 선택하여 운송을 주선하기 위한 긴요한 수단으로서" 운송주선업이 발달하게 된 것이다.[329]

오늘날 운송주선인은 운송주선 이외에 통관절차, 운송물의 보관·포장, 선적·양륙 등 운송에 부수한 사무를 처리하고, 스스로 운송업에 종사하거나 운송용구의 임대, 대리상, 중개인, 위탁매매인 등의 역할을 겸영하는 등 매우 다양한 전문적 업무에 종사한다. 그래서 운송주선업의 법률관계에 관해서는 상법의 규정만으로 부족하여 화물자동차 운수사업법, 항공법, 물류정책기본법, 항공법, 해운법 등 다수의 상사특별법이 적용되고, 또 자체적으로 작성한 다양한 보통거래약관에 의하여 거래를 하고 있는 실정이다. 예컨대, 화물자동차 운송주선사업을 경영하려면 화물자동차 운수사업법에 의하여 일정한 공급기

---

328) 정찬형(15), 315면.
329) 대법원 1987.10.13. 선고 85다카1080 판결.

준·규모기준 등을 충족하고 국토교통부장관의 허가를 받아야 한다($^{동법}_{§24①}$).

2. 운송주선인의 의의

운송주선인(forwarding agent, freight forwarder, Spediteur)이란 자기 명의로 물건운송의 주선을 영업으로 하는 자(§114)이다.

(1) 자기 명의

운송주선인은 "타인의 계산으로 자기의 명의로" 물건운송의 주선을 한다. 따라서 직접 운송계약의 당사자가 되는 점에서 송하인의 운송계약의 개별적 대리인 또는 체약대리상과는 다르고, 계약체결의 중개만을 하는 중개인 또는 중개대리상과도 다르다.

실제로는 운송주선인이 위탁자의 요청에 따라 송하인이나 운송인의 대리인으로서 운송계약을 체결하는 경우도 있고, 송하인의 이름으로 운송계약을 체결하는 경우도 있다. 그러한 경우에도 실질적으로 운송주선인에 준하여 다루어야 할 필요가 있으므로 운송주선업에 관한 규정을 적용할 필요가 있다.330)

(2) 물건운송의 주선

운송주선인은 "물건운송의 주선의 인수"를 "영업으로 하는" 상인($^{§§4,}_{46xⅢ}$)이므로 물건 또는 유가증권의 매매를 주선하는 위탁매매인이나 여객운송의 주선을 영업으로 하는 준위탁매매인과 구별된다.

---

330) 정희철(89), 203~204면; 정동윤(12), 283면; 대법원 1987.10.13. 선고 85다카1080 판결 ("운송주선인은 자기의 이름으로 주선행위를 하는 것을 영업으로 하는 것이지만 하주나 운송인의 대리인이 되기도 하고 위탁자의 이름으로 운송계약을 체결하는 경우에도 운송주선인임에는 변함이 없다."); 대법원 2007.4.26 선고 2005다5058 판결("상법 제114조에서 정한 '주선'은 자기의 이름으로 타인의 계산 아래 법률행위를 하는 것을 말하므로, 운송주선인은 자기의 이름으로 주선행위를 하는 것이 원칙이지만, 실제로 주선행위를 하였다면 하주나 운송인의 대리인, 위탁자의 이름으로 운송계약을 체결하는 경우에도 운송주선인으로서의 지위를 상실하지 않는다."고 판시하였다.).

3. 운송주선인의 책임·의무

(1) 선관주의의무

위탁자와 운송주선인 사이에서 체결되는 운송주선계약의 성질은 위임계약이므로331) 운송주선인은 수임인으로서 그 계약의 이행에 있어서 선관의무를 진다($^{민법}_{§681}$).

(2) 통지 및 계산서제출 의무

운송주선인이 위탁받은 행위를 한 때에는 지체없이 위탁자에게 통지하고 계산서를 제출할 의무를 진다($^{§\,§\,123,}_{104}$).

(3) 지정운임준수의무

운송주선인은 위탁자가 운임을 지정한 경우 그것을 준수할 의무를 진다. 즉 위탁자가 지정한 운임보다 고가로 운송계약을 체결한 경우에도 위탁매매인이 그 차액을 부담한 때에는 그 매매는 위탁자에 대하여 효력이 있다($^{§\,§\,123,}_{106①}$). 위탁자가 지정한 운임보다 염가로 운송계약을 체결한 경우에는 그 차액은 다른 약정이 없으면 위탁자의 이익으로 한다($^{§\,§\,123,}_{106②}$).

(4) 손해배상책임

운송주선인은 자기나 그 사용인이 운송물의 수령, 인도, 보관, 운송인이나 다른 운송주선인의 선택 기타 운송에 관하여 주의를 게을리 하지 아니하였음을 증명하지 아니하면 운송물의 멸실, 훼손 또는 연착으로 인한 손해를 배상할 책임을 면하지 못한다(§ 115).

1) 규정의 성격

운송주선인의 운송물에 대한 손해배상책임에 관한 제115조는 전술한 운

---

331) 최준선(13), 333면; 대법원 1987.10.13. 선고 85다카1080 판결("운송주선계약은 운송주선인이 그 상대방인 위탁자를 위하여 물건운송계약을 체결할 것 등의 위탁을 인수하는 계약으로 민법상의 위임의 일종이기 때문에 운송주선업에 관한 상법의 규정이 적용되는 외에 민법의 위임에 관한 규정이 보충적용된다.").

송인의 손해배상책임에 관한 제135조와 거의 같은 구조와 내용으로 되어 있으므로 동일한 해석원리가 적용될 수 있다. 제115조의 법적 성격은 제135조와 마찬가지로, 운송주선인의 운송주선계약상의 채무불이행으로 인한 손해배상책임에 관하여 민법과 다른 특칙을 규정하고 있는 것이 아니라 구체화하고 있는 것뿐인 예시규정 내지 주의적 규정이라고 볼 수 있다(통설).332) 그러나 이에 대해서도 제135조에서와 마찬가지로 제115조는 운송주선인의 채무불이행의 유형을 운송물의 수령, 인도, 보관 및 운송에 관하여 주의를 게을리 한 것에 한하고, 손해의 유형도 운송물의 멸실, 훼손 또는 연착으로 인한 손해에 한정하여 적용되는 민법의 채무불이행책임에 대한 특별규정이라고 보는 견해(예외규정설)(소수설)333)가 있다. 통설의 입장이 타당하다고 보며 그에 따르면 운송주선인은 제115조에 예시된 채무불이행의 유형(운송물의 수령, 인도, 보관과 운송에 관한 주의해태) 이외의 책임발생 원인이나 예시된 손해유형(운송물의 멸실, 훼손 또는 연착) 이외의 손해유형(예컨대, 화물상환증의 미교부, 처분지시위반, 운송물의 이미지 훼손)에 대해서도 제115조에 의거하여 손해배상책임을 부담한다.334)

2) 손해배상액

운송주선인의 운송물에 대한 책임의 손해배상액에 관해서는 상법상 특별규정이 없으므로 민법의 일반원칙에 의하게 된다. 즉 운송주선인은 운송주선에 관한 채무불이행과 상당인과관계에 있는 모든 통상손해를 배상하며($\S^{393}_{①}$), 특별손해는 운송주선인이 그 사정을 알았거나 알 수 있었을 경우에 한

---

332) 강위두·임재호(11), 363면; 서돈각·정완용(99), 208면; 손주찬(03), 323~324면; 이철송(15), 566~567면; 정동윤(12), 235면; 정희철(89), 205~206면; 정찬형(15), 320면; 최기원(04), 348면; 채이식(92), 246면; 이기수외(03), 413면; 최준선(13), 335권.
333) 김용태(84), 169면; 김성태(99), 566~567면.
334) 정동윤(12), 285~286면은 주의적 규정설을 취하면서도 제115조가 적용되는 책임발생원인은 그 문언을 존중하여 "운송물의 멸실, 훼손 또는 연착으로 인한 손해"에 한정된다고 본다. 그러나 이 입장도 그 이외의 책임발생원인에 대해서는 민법의 규정(§390 이하)을 적용하여 처리하고 제115조가 주의적 규정이라고 보기 때문에 적용법리나 결과에 있어서 차이는 없다.

하여 배상할 책임이 있다(§393 ②).

3) 불법행위책임과의 관계

운송주선인은 운송주선에 관한 채무불이행으로 인하여 운송물이 멸실 또는 훼손된 경우에 그것이 동시에 불법행위를 구성하는 경우에는 ⅰ) 청구권경합설(통설335)·판례)은 위탁자는 운송주선인에 대하여 채무불이행과 불법행위를 이유로 하는 두 개의 청구권을 갖고 그 중 어느 것이든 선택적으로 행사할 수 있다는 견해이다. 이에 대하여 ⅱ) 법조경합설(소수설)336)은 채무불이행책임은 불법행위책임의 특수한 형태이므로 계약법은 특별법으로서 일반법인 불법행위법 규정의 적용을 배제하고, 따라서 송하인은 운송주선인에 대하여 채무불이행책임만을 물을 수 있다는 견해이다.

4) 고가물에 대한 특칙

운송주선인에 대해서는 운송인의 고가물에 대한 특칙을 준용한다(§§124, 136).337) 그러므로 고가물에 대하여는 송하인이 운송을 위탁할 때에 그 종류와 가액을 명시한 경우에 한하여 운송주선인이 손해를 배상할 책임이 있으며 그 해석론은 운송인에 관한 부분에서 설명한 바와 같다.

5) 단기소멸시효

운송주선인도 운송인과 마찬가지로 대량의 운송을 반복하므로 운송주선계약상의 채무불이행책임에 관한 증거는 단기간의 경과로도 사라지기 쉽고, 운송이 종료되어 도착지에서 운송물이 수하인 등에게 인도된 후 오랜 시간이 흐른 뒤에 손해배상책임에 관한 분쟁이 제기되면 운송주선인으로서는 운송물에 대하여 자신의 배상책임에 관하여 항변하거나 증명하기 어려운 것이 보통이다. 그래서 상법은 운송주선인의 책임에 관하여서도 운송인의 경우와

---

335) 예컨대, 강위두·임재호(11), 364면; 서돈각·정완용(99), 209면; 손주찬(03), 324~325면.
336) 정희철(89), 207면; 이원석(85), 204면.
337) 특이하게 조문의 순서상 뒤에 나오는 조문을 준용하고 있는바, 이것은 운송주선업이 운송을 주선하는 점에서 운송업과 관련될 뿐아니라 실제 고가물에 대한 손해는 운송과정에서 발생하기 때문이다.

마찬가지로 단기소멸시효를 정하고 있다. 즉 운송주선인의 손해배상책임은 운송물이 전부멸실한 경우에는 그 운송물을 인도할 날로부터 1년이 경과하면 소멸하고(§121②), 운송물의 일부멸실·훼손과 같은 그 이외의 운송물의 손해는 수하인이 운송물을 수령한 날로부터 1년이 경과하면 책임이 소멸한다(§121①). 그러나 이러한 단기소멸시효는 운송주선인이나 그 사용인이 악의인 경우에는 적용하지 아니하고 그 경우에 운송인의 손해배상책임은 일반상사시효에 따라 5년이 지나야 소멸한다(§121③). 여기에서 '악의'란 i) 운송주선인이나 그 사용인이 적극적으로 운송물의 멸실·훼손을 야기하거나 은폐한 경우만이 아니라 소극적으로 운송물이 훼손 또는 멸실된 사실을 알고 있는 경우를 포함한다고 해석하는 견해[338]가 있으나 ii) 운송주선인이나 그 사용인이 고의로 운송물의 멸실·훼손을 야기하거나 은폐한 경우를 말하는 것으로 엄격하게 해석하여야 한다는 견해[339]가 타당하다. 그와 같이 해석하지 않으면 운송물이 전부멸실하거나 견착한 경우에는 운송인이 당연히 알고 있을 것이므로 그러한 경우에 단기소멸시효를 적용할 가능성은 사실상 전무하게 되어 버리기 때문이다.

4. 운송주선인의 권리

(1) 보수청구권

운송주선인은 상인이므로 당사자간에 보수에 관한 특약이 없더라도 위탁자에 대하여 상당한 보수를 청구할 수 있다(§61).

1) 보수청구권의 행사시기

운송주선계약은 위임계약의 일종이므로 보수청구권을 행사할 수 있는 시기는 위임사무를 완료한 후(민§686②), 즉 "운송주선계약을 완료하였을 때"이다.

---

338) 강위두·임재호(11), 365면; 정찬형(15), 323면.
339) 손주찬(03), 325면; 이철송(15) 531~532, 568면.

상법은 운송주선인은 "운송물을 운송인에게 인도한 때"에는 즉시 보수를 청구할 수 있다($^{§\,119}_{①}$)고 규정하는데, 이는 해석상 "운송주선인이 운송주선계약의 이행으로서 운송인과 운송계약을 체결하고 운송물을 운송인에게 인도한 때"라고 해석하여야 할 것이다. 또한 보수청구는 운송주선인이 위탁자에게 운송주선에 관한 계산보고를 하였을 것을 전제로 하는 것이다($^{§\,§\,123,}_{104}$). 만일 운송주선인에게 책임 없는 사유로 말미암아 운송주선인이 운송물을 운송인에게 인도하지 못한 때에는 인도 없이 이미 처리한 사무의 비율에 따른 보수를 청구할 수 있다고 보아야 할 것이다($^{민법}_{§\,686③}$).

2) 보수청구권이 발생하지 않는 경우

확정운임운송주선계약 또는 혼재운송주선계약의 경우에는 운송주선인은 다른 약정이 없으면 따로 보수를 청구하지 못한다.

(가) 확정운임운송주선계약인 경우

원래 운임은 운송계약에서 정해져야 하는 것인데, 운송주선인이 운송주선계약으로 운임의 액을 정한 경우에 그러한 운송주선계약을 확정운임운송주선계약(Spedition mit fixen Spesen)이라고 한다. 확정운임운송주선계약의 경우에는 운송주선인은 다른 약정이 없으면 따로 보수를 청구하지 못한다($^{§\,119}_{②}$). 왜냐하면 이 경우에는 당사자가 보수를 포함하여 운임액을 확정한 것이기 때문이다.[340] 운송주선계약으로 운임의 액이 정해진 경우라도 그것을 확정운임운송주선계약으로 볼 수 있으려면 주선인에게 해상운송인으로서의 기능을 수행하는 것이 가능한 재산적 바탕(선박 소유나 상업신용)이 있어야 하고 또 그 정해진 운임의 액이 순수한 운송수단의 대가 즉 운송부분의 대가만이 아니고 운송품이 위탁자로부터 수하인에게 도달되기까지의 액수가 정해진 경우라야만 한다.[341]

확정운임운송주선계약을 무엇으로 볼 것인가에 관해서는 ⅰ) 운송주선인이 개입권을 행사한 경우로 보는 견해(개입설)(소수설)[342]와 ⅱ) 경우에 따라

---

340) 손주찬(03), 326면; 정동윤(12), 287~288면; 정찬형(15), 324면.
341) 대법원 1987.10.13. 선고 85다카1080 판결.

운송계약 또는 운송주선계약이 성립한 것으로 보는 견해(제2설)(소수설)343), iii) 운송계약이 성립한 것으로 보는 견해(운송계약설)(다수설)344), iv) 운송주선계약에서 운임과 운송주선인의 보수를 함께 약정한 것에 지나지 않으며 그 외의 법적인 의미를 부여할 필요는 없다는 견해(제4설)345)로 갈린다. 생각건대 개입권은 당사자간 약정과 무관한 법정 형성권이고, 개입권을 행사한 것으로 보게 되면 그 결과 운송주선인은 보수를 청구할 수 있게 되는데 이것은 상법 제119조2항에 정면으로 반하는 점에서 개입설은 부당하다. 운송계약설은 물론 제2설을 취하더라도 운송계약이 성립한 것으로 보는 경우에는 운송인은 운송주선인의 이행보조자가 되므로 운송주선인은 운송인의 고의·과실에 대하여 책임을 지고, 운송계약은 도급계약이므로 운송인이 운송을 완료한 때에 한하여 운임청구권을 행사할 수 있게 된다(攝). 제2설을 취하는 경우 운송주선계약이 성립한 것으로 보는 때 또는 제4설에 따르는 경우에는 운송주선인은 정해진 확정운임이 보수를 포함하는 것이므로 별도의 보수를 청구할 수는 없고, "운송물을 운송인에게 인도한 때"에는 즉시 확정운임을 청구할 수 있다(攝)고 해석할 것이다.

(나) 혼재운송주선계약의 경우

운송주선인이 다수의 위탁자로부터 동일한 운송노선에 대하여 소량의 운송을 위탁받고 자기명의와 자기의 계산으로 화차(貨車)를 빌리는 운송계약을 체결하는 경우에는 혼재운송주선계약(Sammelladungsspedition)이라 한다. 이 혼재운송주선계약의 경우에는 운송주선계약에서 실제 운임이 확정되었는지 여부를 불문하고 확정운임운송주선계약과 동일하게 다루어야 한다.

---

342) 서돈각·정완용, 211면; 김용태(84), 171~172면.
343) 이철송(15), 570면(당사자가 운송계약인지 운송주선계약인지 분명히 밝히지 않고 운송에 관한 계약을 체결하면서 확정운임을 약속한 경우에는 운송계약으로 해석하되, 그와 달리 명시적으로 운송주선계약을 체결하면서 확정운임을 약속한 경우에는 운송주선인의 보수와 운송인에 대한 운임을 전체로서 포괄하여 정하고 그 배분을 운송주선인에게 위임한 것으로 볼 것이라는 견해.).
344) 양승규·박길준(93), 144면; 손주찬(03), 326면; 정희철(89), 210면; 정찬형(15), 324면.
345) 채이식(92), 252면.

대법원 1987.10.13. 선고 85다카1080 판결

1. 상법 제46조 제12호, 제114조에 의하여 자기의 명의로 물건운송의 주선을 영업으로 하는 상인을 운송주선인이라고 하는바, 여기서 주선이라 함은 자기의 이름으로 타인의 계산아래 법률행위를 하는 것을 의미하는 것이므로 운송주선계약은 운송주선인이 그 상대방인 위탁자를 위하여 물건운송계약을 체결할 것 등의 위탁을 인수하는 계약으로 민법상의 위임의 일종이기 때문에 운송주선업에 관한 상법의 규정이 적용되는 외에 민법의 위임에 관한 규정이 보충 적용된다. 이와 같이 운송주선인은 자기의 이름으로 주선행위를 하는 것을 영업으로 하는 것이지만 하주나 운송인의 대리인이 되기도 하고 실제에 있어서도 위탁자의 이름으로 운송계약을 체결하는 일이 많은 것도 사실이며, 이와 같은 경우에도 운송주선임에는 변함이 없다. 원래 이러한 운송주선업은 운송의 거리가 육해공 삼면에 걸쳐 길어지고 운송수단도 다양할 뿐만 아니라 공간적 이동이 필요불가피한 화물도 복잡다양화, 대형다량화 되어짐에 따라 송하인과 운송인이 적당한 상대방을 적기에 선택하여 이와 운송계약을 체결하기 어렵게 되었으므로 송하인과 운송인의 중간에서 가장 확실하고 안전신속한 운송로와 시기를 선택하여 운송의 주선을 하는 운송주선업이 필요하게 되어 점차 긴요한 수단으로서 발달하게 된 것인 바, 운송주선인은 위탁자를 위하여 물건운송계약을 체결할 것 등의 위탁을 인수하는 것을 본래적인 영업의 목적으로 하는 것이기는 하나 이러한 운송주선인이 다른사람의 운송목적의 실현에 도움을 주는 부수적 업무를 담당할 수도 있는 것이어서 상품의 통관절차, 운송물의 검수, 보관, 부보, 운송물의 수령인도 등의 업무를 담당하고 있는 것이 상례에 속하고 오히려 순수한 운송주선업만을 영업으로 하는 것은 드물고, 이와 같은 부수업무외에도 운송수단까지 갖추어 거기에 알맞은 운송영업까지 겸하여 수행하고 있는 것이 많은 형편이므로 이와 같은 운송업을 겸영하는 운송주선인에 대하여는 그 역할수행의 물적보장을 위하여 여러 가지의 법령에 의하여 시설기준 등을 정해놓고 있으며(예, 철도소운송업법, 자동차운수사업법, 항공법 등) 이 사건에서 문제가 된 해상운송주선업에 대하여서도 이 사건이 일어난 1982년에 시행되었던 해상운송사업법에서는 해상운송주선업의 면허기준 가운데 주선업을 경영하는 자의 책임범위가 명확한 경영형태일 것과 재정적 기초가 확실할 것 등을 요건으로 하고 있는 바 [1984.1.1부터는 해상운송주선업은 면허사업이 아니고 해운업법에 의한 등록사업으로 바뀌었으나 등록기준은 자본금 1억원 이상의 상법상의 주식회사로서 2인 이상의 해무사를 고용하고(이 해무사고용은 1986.1.1부터임) 1대이상의 텔렉스 기타의 영업설비 등을 갖추어야 하도록 강화되었다]. 이로써 본다면 해상운송주선인 가운데에서 해상운송인으로서의 기능수행이 가능한 주선인이 됨에는 그에 상응하는 재산적 바탕(선박 등의 영업설비나 아니면 상업신용)이 있어야 한다는 것은 우리의 경험칙에 비추어 당연한 사리에 속한다 할 것이다. 그런데 운송주선인은 위탁자를 위하여 물건운송의 주선을 하는 것이기 때문에 운송인과의 사이에 물건운송계약을 체결했을 때에는 상법 제123조, 제104조에 의하여 그 구체적 내용에 관한 통지를 해야 하고 이 경우에는 위탁자와의 내부관계에 있어서는 운송주선인이 체결한 운송계약상의 권리의무는 주선인에 의한 양도 등 특별한 이전절차 없이도 위탁자에 귀속되는 것이지만 위탁자가 그 권리를 운송인에게 주장할 수 있기 위하여는 민법 제450조 내지 제452조에 따른 채권양도의 통지가 필요하고 다만 지시식이나 무기명식의 선하증권이 발행되어 있을 때에는 민법 제508조, 제523조

에 의하여 운송주선인이 이를 위탁자에게 배서 또는 교부함으로써 그러한 절차를 이행하는 것이 된다 하겠다. 여기서 한 가지 덧붙여 둘 것은 다같이 운송주선인이라 불려지고 있어도 발송지운송주선인의 위탁을 받고 하는 도착지운송주선인이나 중간운송주선인의 행위 등은 특별한 사정이 없는 한 상법상의 운송주선행위가 아니라는 점이다.

2. 사우디아라비아의 건설현장에서 쓸 철 구조물을 선적하기 위하여 피고 주식회사 삼익주택은 운송주선업회사인 우양에게 위 화물 1입방미터당 운임을 미화 40불씩으로 하되 선적완료 즉시 지급하기로 하여 운송주선하여 줄 것을 위탁하고 이에 따라 우양은 1982.3.5 해상운송회사인 피고보조참가인 현대해운주식회사와의 사이에 운임은 1입방미터당 미화 40불(다만, 이 돈 중에 피고보조참가인은 운송주선인인 우양에게 약정된 수수료로 1입방미터당 미화 2불씩을 반환하기로 하여 실제 운임은 미화 38불이다.)로 하는 물건운송계약을 체결하였으며, 이에 따라 피고보조참가인이 위 화물을 사우디아라비아의 목적항구까지 무사히 운송하여 1982.4.20까지 양하를 마치고 피고에게 인도하였었는데 그 전인 같은 해 3.27과 29에 우양은 사우디아라비아의 현지 상인이면서 우양과 상호대리인 관계에 있는 M.T.A.(Mideast Trading Agencies)의 선하증권용지에 M.T.A.의 대리인 자격으로 위 화물에 관한 선적선하증권을 발행하여 피고회사에게 교부함에 따라 피고회사는 제일은행에서 위 화물의 수출대금을 회수하였다. 이와 같이 확정한 사실에 기하여 원심은 설시하기를 우양과 피고사이에 체결된 운송주선계약은 위 화물의 운임을 1입방미터당 미화 40불로 하는 확정운임운송주선계약임을 알 수 있을 뿐만 아니라 우양은 위 화물의 운송의뢰인인 피고회사의 청구에 의하여 선하증권을 작성하여 이를 교부한 사실을 알 수 있는 바, 그렇다면 우양은 피고가 운송주선을 의뢰한 위 화물들의 운송을 직접 인수하여 피고에 대한 관계에서 운송인으로서의 권리의무를 취득하였다고 할 것이고, 한편 피고는 1982.4.2 우양으로부터 위 운송채권을 원고에게 양도하였다는 내용의 확정일자 있는 증서로서 그 통지를 받은 사실을 피고 스스로 자인하고 있으므로 피고는 특단의 사정이 없는 한 원고에게 위 화물의 운임을 지급할 의무가 있다고 판단하고 있다.

3. 이로써 본다면 요컨대, 원심은 우양이 선적선하증권을 발행하여 피고에게 교부했으므로 상법 제116조에 의하여 또한 피고와 우양간의 계약은 같은 법 제119조 제2항의 확정운임운송 주선계약이기 때문에 결국 우양이 위탁자인 피고의 운송주선인 겸 해상물품운송인이고 피고보조참가인은 우양의 재운송인에 불과한 것이라는데 귀착되므로 이러한 판단의 당부에 대하여 살펴보기로 한다.

(1) 먼저 원심이 해상운송주선인인 우양이 상법 제116조의 개입권을 행사한 것으로 판단한 선하증권은 우양이 자기의 명의로 발행한 것이 아니라 M.T.A.의 대리인 자격으로 발행했다는 것이며, 그와 같이 한 이유는 양륙항인 사우디아라비아 항구에서의 통관 및 육상운송의 편의를 위하여 화주인 피고회사의 부탁을 받고 그렇게 한 것이라는 것이므로 우양과 M.T.A.간에 상호대리관계가 있다 하여도 그것만으로는 이 선하증권이 위에서 본 상법규정상의 개입권행사의 적법조건이 되는 "운송주선인이 작성한 증권"으로 볼 수는 없다 할 것이다(기록에 의하여 원심이 말하는 상호대리관계가 무엇을 말하는지 분명하지는 아니하나 우양과 M.T.A.는 서로간에 약정에 따라 사우디아라

비아와 우리나라에서 서로서로의 도착지 운송주선인 관계가 있었던 것처럼 보인다).

(2) 원심은 피고와 우양간의 계약을 상법 제119조 제2항의 확정운임운송주선계약으로 판단하고 있는 바, 상법 제119조 제2항은 "운송주선계약으로 운임의 액을 정한 경우에는 다른 약정이 없으므로 따로 보수를 청구하지 못한다"고 규정하고 있다. 이것은 이미 본 바와 같이 본래 운송주선계약은 위임계약으로서 운송의 결과에 관계없이 다만 운송인과 운송계약을 체결하고 운송품을 운송인에게 인도하기만 하면 위임사무는 완료한 것이 되므로 그때에 보수청구권이 생기고 지급시기가 도래하는 것이나(같은 조 제1항) 운송주선인이 운송주선계약으로 운임의 액을 정한 경우 즉, 이른바 확정운임운송주선계약이 체결되었을 때에는 바로 그때에 위탁자와 운송주선인과의 사이에 운송계약이 체결된 것으로 보아 운송의 결과에 따라 지급되는 운임에 의하여 운송주선인의 보수와 운송인으로서의 보수가 함께 약정된 것으로 해석되므로 특약이 없는 한 운송주선인으로서의 보수를 따로 구하지 못한다는 뜻인 것이다. 그런데 운송주선인이 해상운송인으로서의 기능을 수행하는 데는 그것이 가능한 재산적 바탕이 있어야 한다는 것은 이미 본 바와 같으므로 운송주선계약으로 운임의 액이 정해진 경우라도 그것을 확정운임운송주선계약으로 볼 수 있으려면 첫째로, 주선인에게 위와 같은 재산적 바탕이 있어야 하고 둘째로, 그 정해진 "운임의 액"이 순수한 운송수단의 대가 즉 운송부분의 대가만이 아니고 운송품이 위탁자로부터 수하인에게 도달되기까지의 액수가 정해진 경우라야만 한다 할 것이므로 구체적인 경우에 당사자의 의사표시를 해석함에 있어서는 위와 같은 요소가 갖추어져 있었느냐를 따져 보아 확정운임운송계약인가의 여부를 확정해야 하는 것이다. … 그런데 을 제1호증의 1은 우양과 피고보조참가인이 피고앞으로 보내는 형식의 문서로서 다음과 같이 되어 있다:

> 우리는 다음 조건으로 귀사와 우리들간에 운송계약을 확인해 주시기 바랍니다.
> 1) 선명 : 기선 "한송호" 1항차
> 2) 화물 및 수령 : 철재 약 4,000입방미터
> 3) 선적항 : 한국 마산
> 4) 양하항 : 사우디아라비아 담암
> 5) 선적일자 : 1982.3.10-3.15
> 6) 운임요율 : 1입방미터당 미화 4,000불
> 7) 선적/입항조건 : 적양하비용 선주부담조건
> 8) 송하인 : (주) 삼익주택
> 9) 기타조건 : GENCON 용선계약서조항 및 선하증권 조항에 따름
> 10) 비고
>   위 동의함 (주) 우 양 현대해운(주)
>   (기명날인) (서 명)
>   (주)삼익주택

이 사건에서 주선인인 우양에 대한 위탁자를 원심처럼 피고로 본다 하더라도, 이는 우양이 피고와 체결한 운송계약을 주선인으로서 상법 제123조, 제104조에 의하여 위탁자인 피고에게 통지한 문서

임과 동시에 채권양도통지서라고 볼 수도 있다 하겠고 특히 송하인이 피고로 되어 있는 것을 보면 더욱 더 이 계약은 우양의 주선아래 피고와 피고보조참가인 간의 운송계약으로 보여지는데 이에 관하여 원심은 설시하기를 제1심증인 김윤시의 증언에 의하면 선하증권을 매입하고 있는 은행 등에 대한 신용관계상 운송의뢰인 또는 운송주선인의 요구에 따라 송하인의 표시를 운송주선인 대신에 그 주선위탁자 자신으로 하여 선하증권을 발행하고 있는 실무상의 관례를 인정할 수 있는 점 등에 비추어 볼 때 항해용선계약서(을 제1호증의 1)에 송하인 표시가 피고로 되어 있다 하여 반드시 을 제1호증의1에 표시되어 있는 계약이 피고와 우양간의 확정운임운송주선계약이 아니라고 볼 수 없다는 뜻으로 풀이하고 있다. 그러나 선하증권상의 송하인 표시를 계약당사자가 아닌 실질상의 화물발송인으로 표시해도 선하증권의 효력에 소장이 없다는 것은 해운업계에 일반적으로 인식되어온 유효한 관례임이 명백하다 하겠으나 이 사건 계약서인 FIXTURE MEMO 상의 송하인 표시가 위와 같이 피고로 되어 있다면 그것은 우양의 주선아래 피고와 피고보조참가인간에 체결된 계약으로 볼 여지는 있을지언정 … 이 사건 운임이 흫실히 송하인으로부터 수하인까지의 모든 비용을 의미한다는 사정이 나타나 있지 않는데도 불구하고(오히려 계약서상으로는 순수한 운송부분의 대가인 것으로 볼 여지가 있을 뿐이다) 이 사건 운송주선계약을 … 확정운임운송주선계약이라고 한 원심의 인정판단은 그릇된 것이(다). 그리고 … 우양은 이 사건 계약당시 1982.4.20에 도래할 원고의 액면 금 15,000,000원 어음의 결제능력이 당장 없어 부도위기에 직면한데다가(결국 부도가 되었다) 해운업계의 운송인들에게 많은 운임채무를 지고 있(고), … 우리 나라의 대우, 삼성, 선경, 겨양상사 등이 수혜자로 된 쿠웨이트 중동은행의 취소쿨능신용장에는 우양에게 발급된 선하증권은 인수될 수 없다는 것을 특기사항으로 기재하고 있을 정도로 신용이 없다는 것과 우양의 해상운송주선인으로의 관여를 금하고 있다는 것은 이 사건의 원고 및 피고보조참가인 뿐만 아니라 국내의 해운업계에서 널리 알려진 사실이라는 것인 바, 이미 위에서 본 것처럼 해상운송인으로서의 기능수행이 가능한 주선인이 됨에는 그에 상응하는 재산을 바탕인 영업설비나 신용이 있어야 한다는 사정에 비추어 볼 때 더구나 이 사건 운임액이 1억 천여만원에 달하는 점 등에 비추어 보면 원심이 … FIXTURE MEMO상의 계약을 확정운임운송주선계약으로 본 것은 정당하다고 수긍이 되지 아니한다. 더구나 … 이 사건 화물운송은 그러한 화물이 있다는 정보를 피고보조참가인이 우양보다 먼저 입수하고 사전답사하여 선박에의 적부도를 송하인인 피고의 부사장에게 먼저 브리핑까지 했었는데 피고의 실무자인 황규홍 차장이 우양을 주선인으로 등장시켜 우양이 받게 될 커기숀 가운데 절반을 차지할 사익을 추구하기 위하여 강력하게 우양의 등장을 요청하므로 당시의 해운업계의 불황때문에 거절하지 못하고 이 사건 계약에 개입시키게 되었다는 것과 우양의 실무자인 김윤시 차장과 피고의 실무자인 황규홍 차장은 운송인인 피고보조참가인도 모르게 이미 위에서 본 바와 같은 M.T.A 명의의 선하증권을 발행받아 수출대금을 회수한 다음 이를 숨기고 그러한 정을 모르는 피고보조참가인으로부터 1982.3.28자로 발행된, 선적선하증권을 1982.4.10경 받아 가지고 위 황규홍 차장이 피고보조참가인도 모르게 황급히 사우디아라비아의 양하항에 가서 피고보조참가인의 선장에 제시하여 선적화물을 인도받은 것임을 알 수 있는 바, … 이 사건의 경우는 피고나 피고 보조참가인이 모두 상대방의 사정을 잘 알고 있었는데도 우양을 주선인으로 끌어들인 배경과 운인인 피고 보조참가인이 발행한 선하증권을 젖혀두고 M.T.A. 명의의 선하증권으로 네고를 한 이유 및 그것을 숨긴 까닭과 우양이 상업신용이 불실한데도 불구하고 송하인으로부터 수하인까지의 일체의 비용을 화물 1입방미터당 40불로 약정했었는가 등에 관하여 좀더 심리를 하여 위에서 본 여러 가지 난점을 배제시킬 만한 합리성이 인정되었어야만 해상운송주선인인 우양이 운송인으로서의 지위에 있었다고 할 수 있다 할 것이다. … 이에 원판결을 파기하여 사건을 원심법원에 환송한다.

(2) 비용상환청구권

운송주선인이 주선계약을 이행함에 있어서 운송인에게 운임 기타 운송을 위한 비용을 지급한 때 위탁자에 대하여 비용상환을 청구할 수 있다(§§ 123, 112, 민법 § 688).

(3) 유치권

운송주선인은 운송물에 관하여 받을 보수, 운임 기타 위탁자를 위한 체당금(替當金)이나 선대금(先貸金)에 관하여서만 그 운송물을 유치할 수 있다(§ 120). 운송주선인의 특별상사유치권은 목적물이 운송물이며 유치운송물의 소유권이 누구에게 속하는지와 무관하게 성립하고, 유치목적물과 피담보채권 사이에 견련성이 필요한 점에서 운송인의 특별상사유치권(§ 147)과 같다.

(4) 개입권

운송주선인은 다른 약정이 없으면 직접운송할 수 있다. 운송주선인의 이러한 권리를 개입권(Eintrittsrecht)이라고 한다. 개입권을 행사한 경우에는 운송주선인은 운송인과 동일한 권리의무가 있다(§ 116).

1) 개입권의 법적 성질

운송주선인의 개입권의 법적 성질은 형성권이다. 따라서 운송주선인의 명시 또는 묵시의 의사표시가 상대방에게 도달하면 개입의 효력이 발생하며 위탁자의 동의는 요하지 아니한다.

2) 법적 요건

(가) 개입금지의 특약이 없을 것

운송은 위탁매매와 마찬가지로 정형화된 행의이기 때문에 누가 하든 그 결과만 달성하면 동일하다는 점에서 운송주선의 경우에도 위탁매매의 경우처럼 개입권을 인정하고 있는 것이다. 그러나 위탁자가 반대의 특약을 한 경우에는 운송주선인은 개입권을 행사할 수 없다($^{§116}_{①}$). 운송주선인이 일단 개입을 통지하면 개입의 효력이 발생하기 때문에 위탁자는 개입을 금지하지 못한다.

(나) 개입의 시기

또한 운송주선인의 개입시기에 관해서는 특별한 제한이 없으므로 운송주선인이 아직 운송계약을 체결하기 전에만 가능한 것도 아니란 점에서 위탁매매인의 개입권과 다르다. 따라서 운송주선인이 운송계약을 체결한 후에도 위탁자에게 주선계약의 이행을 통지하기 전까지는 그 운송계약을 해제하고 개입권을 행사하거나, 개입권을 행사하여 그 운송계약을 하수(下受)운송계약으로 만들 수 있다.346)

(다) 운임에 관한 시세

상법은 위탁매매인의 개입권과 달리 "운임에 관하여 시세가 있을 것"을 요하지 않는다. 운임은 대체로 구간별과 운송수단별로 일정해서 객관적으로 산정이 가능하기 때문에 운송주선인의 개입을 허용하더라도 개입에 의한 폐단이 없기 때문이다.347)

3) 행사의 효과

운송주선인은 개입권을 행사하면 운송인과 동일한 권리의무가 있다($^{§116}_{①}$). 또한 개입권을 행사한다고 해서 운송주선인으로서의 권리의무가 소멸하지도 않으므로 동시에 양자로서의 권리의무를 다 가진다.

---

346) 정동윤(12), 289면.
347) 정희철(89), 211면; 정찬형(15), 326면.

운송주선인의 보수청구권의 행사시기는 "운송물을 인도한 때 또는 받은 때"($^§_①{119}$)가 아니라 운송인으로서의 업무를 수행하기 시작함으로써 운송주선인으로서의 역할이 종료된 때인 "현실로 운송을 개시하였을 때"라고 보아야 할 것이다.348)

4) 개입의 의제

운송주선인이 위탁자의 청구에 의하여 화물상환증을 작성한 때에는 직접 운송하는 것으로 본다($^§_②{116}$). 본래 화물상환증은 위탁자의 청구에 의하여 운송인이 발행하는 것이므로 운송주선인이 화물상환증을 발행한 때에는 개입을 의제하는 것이다. 화물상환증이 아니라 선하증권을 작성한 때에도 동일하게 해석하여야 할 것이다.349) 그러나 이는 운송주선인이 자기의 명의로 화물상환증 등의 운송증권을 작성한 경우임을 전제로 하는 것이고 타인의 대리인으로서 작성한 경우는 당연히 의제되지 아니한다.350)

(5) 운송주선인의 채권의 소멸시효

운송주선인이 위탁자 또는 수하인에 대하여 가지는 채권은 그 행사할 수 있는 날로부터 1년간 행사하지 아니하면 소멸시효가 완성한다($^§_①{121}$). 운송주선인의 채권에 대한 이러한 단기소멸시효의 대상이 되는 채권에는 보수청구권이나 비용상환청구권 등이 포함된다.

5. 수하인의 지위

운송주선계약의 당사자는 위탁자, 즉 송하인과 운송주선인이지만, 수하인은 운송물의 공간적 이동과 계약 이행의 정도에 따라 직접 운송주선인과의 사이에 법률관계가 생긴다($^{§\,§\,140,}_{141,\,124}$). 이는 운송업에 관한 부분에서 설명한 운송

---

348) 임홍근(01), 780면; 정동윤(12), 289면; 정찬형(15), 327면; 정희철(89), 213면.
349) 정찬형(15), 327면.
350) 이철송(15), 523면; 정찬형(15), 327~328면.

계약에 있어서의 운송인과 수하인과의 관계와 같다.

6. 순차운송주선

(1) 순차운송주선의 형태

광의의 순차운송주선(aufeinanderfolgende Speditionsgeschäft)이란 동일 운송물의 운송에 수인의 운송주선인이 관계하는 형태의 운송주선을 말한다. 동일한 운송물이 수인의 운송인에 의하여 순차적으로 운송되는 것이 순차운송인 것은 앞에서 보았는데, 순차운송이 수인의 운송주선인의 주선에 의하여 이루어지는 것이 순차운송주선이다. 광의의 순차운송주선에는 다음의 세 가지 형태가 있다.

1) 부분운송주선

부분운송주선(Teilspedition)이란 수인의 운송주선인이 각 구간별로 독립하여 위탁자로부터 운송주선을 인수하는 경우이다. 각 운송주선인은 각 구간별로 개별적인 운송주선계약이 성립하므로 각 운송주선인 상호간에는 아무런 법률관계가 발생하지 아니한다.

2) 하수운송주선

하수(下受)운송주선(Unterspedition)이란 수인의 운송주선인간에 상하의 계약관계가 존재하는 경우이다. 위탁자와의 관계에서는 최초의 운송주선인만이 주선계약의 당사자로서 전체 운송주선에 관하여 책임을 부담하고 다른 운송주선인들은 그의 이행보조자에 불과하므로 위탁자와의 사이에서 직접적인 법률관계를 갖지 않는다. 하수운송주선에 있어서 최초의 운송주선인을 '원수(元受)운송주선인'이라고 하고, 나머지의 운송주선인을 '하수운송주선인'이라고 한다.

3) 중간(중계)운송주선

제1의 운송주선인이 위탁자로부터 최초의 구간의 운송주선을 인수하고,

자기의 구간 이외의 구간에 대하여는 자기의 명의와 위탁자의 계산으로 제2 이하의 운송주선인과 운송주선을 할 것을 인수하는 등, 운송주선의 인수행위가 순차로 이어져 최후에는 도착지의 운송주선인이 운송주선을 인수하는 경우에 제1의 운송주선인의 구간 이외의 운송주선을 중간(중계)운송주선(Zwischenspedition)이라 한다. 협의의 순차운송주선이라 하면 이 중간운송주선을 말한다. 중간운송주선에 있어서 제1의 운송주선인을 '원수(元受)운송주선인' 이라고 하고, 제2이하의 운송주선인을 '중간운송주선인' 이라 한다. 원수운송주선인과 중간운송주선인 사이에는 운송주선계약이 체결된다. 중간운송주선인은 위탁자의 복수임인(復受任人)이 된다.

 최초의 운송주선인은 자기의 운송구간에 대해서, 그리고 중간운송주선인의 선택에 과실이 있는 경우에만 책임을 부담한다.

(2) 순차운송주선인의 법률관계

순차운송주선인에 대하여 상법은 대위의무와 대위권에 관하여 두 개 조문($^{§\,117,}_{118}$)을 두고 있다.

1) 대위의무

수인이 순차로 운송주선을 하는 경우에는 후자는 전자에 갈음하여 그 권리를 행사할 의무를 부담한다($^{§\,117}_{①}$). 하며, 대위의무의 대상이 되는 '전자' 의 범위에 관하여 ⅰ) 운송주선계약의 상대방인 자기의 직접적 전자만을 의미한다는 견해(다수설)351)와 ⅱ) 후자의 모든 전자를 의미한다고 보는 견해352) 가 갈리나 순차운송에서 설명한 것처럼 의무의 불이행시 손해배상책임이 발생하는 대위의무는 자기에게 직접 운송물을 위탁한 직접의 전자에 대하여 지는 선관의무에서 파생되는 것으로 보아서 범위를 제한하는 것이 의무자인 운송인에게 과도한 책임을 지우지 않기 위해서 필요하다고 보아서 다수설에

---

351) 강위두·임재호(11), 371면; 손주찬(03), 330면; 임홍근(01), 415면; 정동윤(12), 292~293면; 정찬형(15), 330면; 최준선(13), 345면.
352) 김성태(99), 576면; 이철송(15), 554면.

찬동한다.

이 대위의무를 게을리 하면 전자에 대하여 그로 인한 손해배상책임을 부담해야 한다. 여기에서 '전자의 권리'란 보수·비용상환 청구권, 유치권 등을 말한다.

2) 대위권

(가) 전자의 권리의 취득

후자가 전자에게 변제한 때에는 전자의 권리를 취득한다(§117②). 여기의 '전자'는 자기의 직접적 전자는 물론 모든 전자를 포함한다(통설).353) 왜냐하면 변제를 받는 자에게 불이익이 되지 않기 때문이다. 여기에서 '취득'이란 승계취득이므로 전자의 채무자는 전자에 대항할 수 있었던 항변사유로 대위자에게 대항할 수 있다. 민법상 변제자대위는 변제할 정당한 이익이 있는 경우에만 할 수 있고(민법 §481), 정당한 이익이 없는 경우에는 채권자의 승낙이 있어야만 대위할 수 있는바,354) 제117조 제2항은 변제할 정당한 이익의 유무를 묻지 않고 중간운송주선인에게 당연히 대위를 인정하는 점에서 민법에 대한 특칙이라고 볼 수 있다.355)

(나) 운송인의 권리의 취득

운송주선인이 운송인에게 변제한 때에는 운송인의 권리를 취득한다(§118). 여기에서 '운송주선인'은 중간운송주선인을 말한다(통설).356) 월수운송주선

---

353) 김성태(99), 577면; 손주찬(03), 330~331면; 이철송(15), 575면; 임홍근(01), 415면; 정동윤(12), 293면; 정찬형(15), 330~331면; 최준선(13), 346면.
354) 곽윤직, 「신정판 채권총론」 1995, 493~494면(민법 제481조에서의 변제할 정당한 이익이 있는 자라 함은 변제를 하지 않으면 채권자로부터 집행을 받게 되거나, 채무자에 대한 자기의 권리를 잃게 되는 지위에 있기 때문에, 변제함으로 당연히 대위의 보호를 받아야 할 법률상의 이익을 가지는 자를 가리킨다. 여기에는 불가분채무자·연대채무자·보증인·물상보증인·담보물의 제3취득자·후순위담보권자, 우선하는 담보채권자의 권리의 실행으로 변제를 받지 못하는 결과가 될 일반채권자 등이 포함된다.).
355) 정찬형(15), 331면.
356) 손주찬(03), 331면; 이철송(15), 576면; 정동윤(12), 293면; 정찬형(15), 331면. 이에 대

인은 위탁자에게 운송주선계약에 의하여 비용상환청구권·체당금지급청구권 등을 당연히 갖겠지만 중간운송주선인은 제118조에 의하여 운송인에게 변제를 하면 위탁자에게 이러한 권리를 취득하는 것이다. 또한 '운송인'은 해당 중간운송주선인이 체결한 운송계약의 상대방이 아니라 자기의 이전 구간의 운송인을 말한다(통설).357) 왜냐하면 자기가 운송계약을 체결한 운송인에 대해서는 변제를 하는 것이 당연하고, 그가 변제로 운송인의 권리를 취득한다면 자기에 대한 권리를 취득하는 것이 되어 의미가 없기 때문이다.358)

여기에서 '운송인의 권리'란 운임청구권, 비용상환청구권, 체당금지급청구권 등의 채권을 말한다.

제6절 공중접객업

1. 총설

극장, 여관, 음식점, 그 밖의 '공중이 이용하는 시설'에 의한 거래를 영업으로 하는 자를 공중접객업자(公衆接客業者)라 한다(§151). 공중이 이용하는 시설에는 예컨대 극장·호텔·여관·음식점·주점·당구장·골프장·수영장·놀이공원·이발관·목욕탕·미용실 등 숙박업·매매업·서비스업(노무의 제공업)·이용업·목욕장업·미용업·세탁업 등 다양한 업종에서 사용되는 시설을 포함하나 공중접객업자의 거래의 공통요소는 불특정다수인이 일정한 이익을 향유하려는 목적으로 모여들어 공중이 이용하는 시설을 이용하거나 그 시설내에서 서비스를 받는다는 점이다. 공중접객업(public entertainment business)은 이처럼 다수인이 모여든다는 점에서 보건·위생·환경 등의 목

하여 하수운송주선인이나 부분운송주선인의 경우도 포함한다는 반대설로 채이식 (92), 255면(제118조는 변제한 운송주선인을 보호하기 위한 규정이라는 점을 근거로 든다.).
357) 손주찬(03), 331면; 이철송(15), 575면; 정동윤(12), 293면; 정찬형(15), 331면.
358) 이기수외(03), 425면; 이철송(15), 576면; 정찬형(15), 331면; 정희철(89), 215면; 최준선(13), 346면.

적으로 공중위생관리법, 식품위생법, 「다중이용시설 등의 실내공기질관리법」 등의 관련행정법에 의한 감독과 규제를 받고 있다.

상법은 이처럼 다양한 공중접객업자의 상행위 자체에 대한 사법상의 권리의무 관계의 규율은 접어두고 대신 공중접객업자의 임치물이나 휴대물에 대한 손해배상책임에 관한 4개의 규정(§§151~154)을 두고 있다.

2. 공중접객업자의 의의

공중접객업자는 공중(公衆)이 이용하는 시설에 의한 거래를 영업으로 하는 당연상인이다(§§46ix, 4). 2010년 개정상법은 종전에 사용되던 "객(客)의 집래(集來)를 위한 시설"을 "공중이 이용하는 시설"이라는 현대적이고 알기 쉬운 표현으로 변경하였으나, 이 때 가장 중요한 개정사항은 공중접객업자의 책임의 완화였다.

3. 공중접객업자의 책임

(1) 임치를 받은 물건에 대한 책임

1) 과실책임주의로의 전환

로마법에서는 운송인, 여관·역사(驛舍)의 주인 등에게는 임치물에 대한 절대적 책임을 의미하는 레셉툼책임(Receptum Haftung)을 지워 임치물에 손해가 발생한 경우에 불가항력에 의한 것임을 증명하지 못하면 과실유무에 관계없이 손해배상책임을 지도록 하였었다. 이렇게 엄격한 책임을 지운 이유는 공중접객업자가 지인과 짜고 강도를 가장하여 객이 맡긴 물건을 털어 분배하는 일이 빈발하였던 아주 옛날의 역사에서 유래한 것이라고 한다. 그러나 각국의 근대상법은 이를 과실책임주의에 의하여 수정하였고, 상법도 운송인·운송주선인의 운송물에 대한 손해배상책임에 관해서는 제정 당시부터 현행규정(§§115, 135)과 동일한 취지로 과실책임주의를 취하여 왔다. 그러나 공중접객업자의 "객으로부터 임치를 받은 물건의 멸실 또는 훼손"에 대한 책임에 관해서는 제정상법에서부터 근래까지 "불가항력[359]으로 인함을 증명하지 아니하면 그 손해를 배상할 책임을 면하지 못한다"고 규정하여($\S 152 \textcircled{1}$) 고객이 맡긴 물건에 대해서는 사실상 공중접객업자의 면책을 불가능하게 하는 결과책임을 지워왔다.

그러나 2010년 개정된 현행상법은 "공중접객업자는 자기 또는 그 사용인이 고객으로부터 임치(任置)받은 물건의 보관에 관하여 주의를 게을리 하지 아니하였음을 증명하지 아니하면 그 물건의 멸실 또는 훼손으로 인한 손해를 배상할 책임이 있다($\S 152 \textcircled{1}$)"라고 하여 공중접객업자가 임치받은 물건의 보관에 관하여 주의를 게을리 하지 아니하였음을 증명한 경우에는 그 책임이 면제될 수 있도록 하고 있다. 이는 운송주선인, 운송인 등 다른 사업자와의 형평성을 고려하고 그간의 시대적 변화에 맞게 공중접객업자의 책임을 수정한 것이다.[360]

2) 고객으로부터 임치를 받은 물건

공중접객업자가 임치물에 대한 책임을 지려면 공중접객업자와 고객 사이에 임치관계가 성립하여야 한다. 그러려면 공중접객업자와 고객 사이에 공중접객업자가 자기의 지배영역 내에 목적물 보관의 채무를 부담하기로 하는 명시적 또는 묵시적 합의가 있음을 필요로 한다.[361]

3) 책임의 법적 성질

이 경우에 공중접객업자가 지는 책임의 법적 성질은 임치계약상의 책임으로서 고객의 보호를 위하여 상법이 인정한 특별책임이다.[362]

---

[359] 불가항력의 해석에 관하여 주관설, 객관설, 절충설, 과실책임설 등이 대립하였었는데, 당시 통설은 절충설로서 공중접객업자의 사업의 외부에서 발생한 사건으로서 공중접객업자가 통상 필요하다고 인정되는 예방방법을 다하여도 이를 방지할 수 없는 위해(危害)라고 해석하였다. 예컨대, 양승규·박길준(93), 161면.

[360] 신현윤, "상법총칙·상행위법 개정안의 주요쟁점", 한국상사법학회·한국상사판례학회·한국기업법학회 하계공동학술대회 자료집 「상법의 개정과 쟁점」(2008.6.26), 15면.

[361] 대법원 1992.2.11. 선고 91다21800 판결; 대법원 1998.12.8. 선고 98다37507 판결.

대법원 1992.2.11. 선고 91다21800 판결

소외 최중성은 1990.2.5. 23:40부터 그 다음날 08:40경까지 피고가 경영하는 국화장여관에 투숙하면서 위 여관건물 정면 길(노폭 6미터)건너편에 있는 주차장에 그 소유의 소나타 승용차를 주차시켜 놓았다가 도난당하였다. 소외 최중성은 투숙할 때에 여관 종업원에게 주차사실을 고지하지 않았다. 위 주차장은 피고가 위 여관의 부대시설의 하나로 설치한 것으로서 그 출입구가 위 여관의 계산대에서 마주볼 수 있는 위치에 있기는 하나 시정장치가 부착된 출입문을 설치하거나 도난방지를 위한 특별한 시설을 하지 아니한 채 그 입구에 국화장주차장이라는 간판을 세우고, 그 외곽은 천으로 된 망을 쳐 놓고, 차를 세울 부분에 비와 눈에 대비한 지붕을 설치하여 만든 것에 불과한 것이고, 또한 위 주차장에 주차된 차량을 경비하는 일을 하는 종업원이 따로 있지도 아니하였다. 원심은 소외 최중성이 피고 경영의 위 여관에 투숙하기 위하여 위 여관 주차장에 그가 타고 온 승용차를 주차시킨 후 위 여관에 투숙함으로써 공중접객업자인 피고는 손님(客)인 위 최중성으로부터 위 승용차를 임치받았다고 할 것이므로, 피고로서는 상법 제152조 제1항에 따라 위 도난사고가 불가항력으로 인한 것임을 입증하지 못하고 있는 이 사건에 있어서 위 승용차의 소유자인 위 최중성에게 그로 말미암은 손해를 배상할 책임이 있다고 판단하였다. 대법원은 "상법 제152조 제1항의 규정에 의한 임치가 성립하려면 우선 공중접객업자와 객사이에 공중접객업자가 자기의 지배영역 내에서 목적물 보관의 채무를 부담하기로 하는 명시적 또는 묵시적 합의가 있음을 필요로 하는바, 여관 부설주차장에 시정장치가 된 출입문이 설치되어 있거나 출입을 통제하는 관리인이 배치되어 있거나 기타 여관측에서 그 주차장에의 출입과 주차사실을 통제하거나 확인할 수 있는 조치가 되어 있다면, 그러한 주차장에 여관 투숙객이 주차한 차량에 관하여는 명시적인 위탁의 의사표시가 없어도 여관업자와 투숙객사이에 임치의 합의가 있는 것으로 볼 수 있으나, 위와 같은 주차장 출입과 주차사실을 통제하거나 확인하는 시설이나 조치가 되어 있지 않은 채 단지 주차의 장소만을 제공하는 데에 불과하여 그 주차장 출입과 주차사실을 여관측에서 통제하거나 확인하지 않고 있는 상황이라면, 부설주차장 관리자로서의 주의의무 위배 여부는 별론으로 하고 그러한 주차장에 주차한 것만으로 여관업자와 투숙객 사이에 임치의 합의가 있는 것으로 볼 수 없고, 투숙객이 여관측에 주차사실을 고지하거나 차량열쇠를 맡겨 차량의 보관을 위탁한 경우에만 임치의 성립을 인정할 수 있을 것이다. … 이 사건 주차장에 시정장치가 된 출입문을 설치하거나 주차된 차량을 경비하는 종업원이 배치되어 있지 않음을 알 수 있고, 또 주차장의 출입구가 위 여관의 계산대에서 마주볼 수 있는 위치에 있기는 하나 이곳에서 주차장 출입차량을 일일이 통제하거나 확인할 수 있을 정도는 아닌 사실이 엿보이므로, 위 원심확정사실만으로는 주차사실을 전혀 고지하지 아니한 소외 최중성과 피고 사이에 주차차량에 관한 임치의 합의가 있었던 것으로 보기 어렵다."고 판시하고 원심판결 중 피고 패소부분을 파기환송하였다.

---

362) 이기수외(03), 531면; 정찬형(15), 380면; 최준선(13), 392면.

대법원 1998.12.8. 선고 98다37507 판결

소외 서해석은 1996.9.5. 21:00경 피고가 경영하는 여관에 투숙하면서 여관 건물 바로 옆에 위치한 위 여관 부설주차장에 그가 운전하던 이 사건 차량을 주차시켜 놓았는데, 위 주차장은 승용차 20대 이상이 주차할 수 있는 비교적 넓은 공간을 차지하고 있고, 그 입구에는 '동원장주차장'이라고 쓰여진 입간판이 설치되어 있으며 그 외부는 담장으로 둘러싸여 있었으나, 주차장의 일부를 감시할 수 있는 감시카메라가 설치되어 있는 외에는 출입문 등 차량 출입을 통제할 만한 시설이나 인원을 따로 두지는 않은 상태였다. 위 서해석은 투숙시 위 여관관리인에게 위 주차사실을 알리거나 차량열쇠를 맡기지 않았고, 위 차량 주차장소는 위 감시카메라의 감시영역 밖에 위치하였기 때문에 여관관리인 등 피고측으로서는 위 주차사실에 대하여 전혀 알 수가 없었는데, 위 차량은 위 주차장에서 주차되어 있는 동안 도난당하였다. 대법원은 "공중접객업자와 손님(客) 사이에 임치관계가 성립하려면 그들 사이에 공중접객업자가 자기의 지배영역 내에 목적물 보관의 채무를 부담하기로 하는 명시적 또는 묵시적 합의가 있음을 필요로 한다고 할 것이고, 여관 부설주차장에 시정장치가 된 출입문이 설치되어 있거나 출입을 통제하는 관리인이 배치되어 있는 등 여관 측에서 그 주차장에의 출입과 주차시설을 통제하거나 확인할 수 있는 조치가 되어 있다면, 그러한 주차장에 여관투숙객이 주차한 차량에 관하여는 명시적인 위탁의 의사표시가 없어도 여관업자와 투숙객 사이에 임치의 합의가 있는 것으로 볼 수 있으나, 이 사건에 관하여는 피고측이 위 주차장의 출입차량을 통제하거나 감시할 수 있는 시설이 설치되어 있지도 않고 그러한 일을 하는 관리인도 따로 두지 않아 위 주차장은 단지 투숙객의 편의를 위하여 주차 장소로 제공된 것에 불과한 것으로 보이므로, 그러한 주차장에 주차한 것만으로 여관업자인 피고와 위 서해석 사이에 이 사건 차량에 관하여 묵시적인 임치의 합의가 있었다고 볼 수 없다"고 판단한 원심판결을 수긍하였다. 또한 "공중접객업자가 이용객들의 차량을 주차할 수 있는 주차장을 설치하면서 그 주차장에 차량출입을 통제할 시설이나 인원을 따로 두지 않았다면, 그 주차장은 단지 이용객의 편의를 위한 주차장소로 제공된 것에 불과하고, 공중접객업자와 이용객 사이에 통상 그 주차차량에 대한 관리를 공중접객업자에게 맡긴다는 의사까지는 없다고 봄이 상당하므로, 공중접객업자에게 차량시동열쇠를 보관시키는 등의 명시적이거나 묵시적인 방법으로 주차차량의 관리를 맡겼다는 등의 특수한 사정이 없는 한, 공중접객업자에게 선량한 관리자의 주의로써 주차차량을 관리할 책임이 있다고 할 수 없다."고 전제하고, 원심이 같은 취지에서, 피고에게 이 사건 차량에 대한 관리의무를 다하지 못한 과실이 있다는 원고의 주장을 배척한 조치에 대하여 수긍하고 상고를 기각하였다.

4) 면책특약의 효력

제152조 제1항은 임의규정이므로 당사자간의 명시 또는 묵시의 개별적 특약에 의하여 공중접객업자의 손해배상책임은 감경 또는 면제될 수 있다(통설).363) 그러나 공중접객업자가 고객의 휴대물에 대하여 책임이 없음을 알린

것만으로는 책임을 면하지 못한다($^{§152}_{③}$). 이러한 경우에는 일방적 고지일 뿐 면책의 특약을 한 것이 아니기 때문이다. 그러나 이와 같이 공중접객업자가 고객에게 알린 것은 고객의 과실을 판단하는 자료는 될 수 있으므로, 공중접객업자의 책임을 산정함에 있어서 과실상계의 대상이 될 수는 있다(통설).364) 그러나 이에 대해서는 법이 면책약관의 효력을 부정하고 있는데 책임 배분에 고려한다는 것은 타당하지 않은데다, 고객의 부주의가 가담하여 손해가 발생하거나 확장되었다면 이는 고객의 부주의 자체에 대한 과실상계를 인정해야 할 것이고 면책약관과는 무관하다는 비판365)이 있다.

(2) 임치받지 아니한 물건에 대한 책임

1) 의의

공중접객업자는 임치를 받지 아니한 경우에도 고객이 그 시설 내에 휴대한 물건에 대해서는 자기 또는 종업원의 과실로 인하여 멸실 또는 훼손되었을 때에는 그 손해를 배상할 책임이 있다($^{§152}_{②}$).

2) 책임의 법적 성질

휴대물의 경우에 공중접객업자가 지는 책임의 법적 성질은 임치계약상의 책임이나 불법행위로 인한 책임은 아니며, 공중접객업자가 운영하는 공중이용시설을 공중접객업자와의 거래를 위하여 이용하는 고객의 보호를 위하여 상법이 인정한 특별책임이다.366)

3) 면책특약의 효력

제152조 제2항도 강행규정이 아니므로 당사자간의 명시 또는 묵시의 개별

---

363) 손주찬(03), 386면; 이기수외(03), 534면; 정찬형(15), 381면; 최기원(04), 423면; 채이식(92), ; 최준선(13), 394~395면.
364) 김성태(99), 723면; 김정호(05), 373권; 서헌제(07), 415면; 손주찬(03), 386면; 손진화(14), 305면; 이기수·최병규(10), 553면; 전우현(11), 335면; 정찬형(15), 382면; 채이식(92), 311면.
365) 이철송(15), 580면.
366) 양승규·박길준(93), 161~162면; 손주찬(03), 387면; 정동윤(12), 307면; 이기수외(03), 534면; 정찬형(15), 382면; 채이식(92), 310면; 최준선(13), 394면.

적 특약에 의하여 공중접객업자의 손해배상책임은 감경 또는 면제될 수 있다(통설). 그러나 공중접객업자가 고객의 휴대물에 대하여 책임이 없음을 알린 것만으로는 일방적 고지일 뿐 면책의 특약이 있지 않기 때문에 책임을 면하지 못한다(§152③). 이에 관한 내용은 임치를 받은 물건에 대한 경우와 동일하다.

(3) 고가물에 대한 책임

화폐, 유가증권, 그 밖의 고가물(高價物)에 대하여는 고객이 그 종류와 가액(價額)을 명시하여 임치하지 아니하면 공중접객업자는 그 물건의 멸실 또는 훼손으로 인한 손해를 배상할 책임이 없다(§153). 공중접객업자의 고가물에 대한 책임에 관한 제153조는 운송주선인·운송인의 그것(§§124, 153)과 동일한 취지이다. 즉 제153조는 직접적으로는 고객이 고가물에 대하여 명시하지 아니한 경우에 공중접객업자를 보호하고 간접적으로는 고객에게 고가물에 대한 명시를 유도하여 공중접객업자가 필요한 보관방법을 취하고 주의의무를 다할 수 있게 함으로써 손해를 방지하려는 취지이다. 따라서 제136조의 운송인의 고가물에 대한 책임 규정과 같은 접근방법으로 관련 쟁점을 해결하면 된다.

고객이 고가물을 명시하여 임치하지 아니한 경우에는 공중접객업자는 자기나 그 사용인의 과실로 고가물이 멸실·훼손된 경우에도 배상책임을 지지 아니하고, 자기나 그 사용인이 고의로 고가물을 멸실·훼손시킨 경우에만 고가물로서의 손해배상책임을 부담하고, 다만 고객의 과실상계가 인정될 것이다(통설).

고객이 명시하여 임치하지 않았으나 공중접객업자가 우연히 고가물임을 발견한 경우에는 고가물임을 알게 된 공중접객업자는 보통물로서의 주의의무가 있고, 이를 해태한 때에는 고가물로서의 책임을 진다는 해석이 가능하지만, 공중접객업자는 임치물을 보관함에 있어 고가물로서의 주의의무를 부담하고, 이를 게을리 한 때에는 고가물로서의 책임을 진다고 본다. 임치물이

고가물인 경우 고가물로서의 주의의무를 기울이지 않는다면 멸실·훼손되는 위험이나 결과를 초래할 수 있거니와 고가물에 대한 도통물이 무엇인지 결정하는 일이 용이하지 않을 수 있기 때문이다.

고가물에 대한 특칙과 불법행위책임의 관계에 대하여 학설이 갈리나 통설인 청구권경합설에 의하면 고객이 고가물을 명시하여 임치하지 않아서 공중접객업자가 면책되더라도 공중접객업자는 불법행위의 요건을 충족하면 불법행위책임을 면할 수 없다. 그러나 이렇게 보면 고가물에 대한 특칙의 취지는 몰각되므로 고객이 고가물임을 공중접객업자에게 명시하여 임치하지 않은 경우에는 공중접객업자에게 고의가 있는 경우에만 불법행위책임을 물을 수 있다고 본다. 이와 관련하여 하급심 판례도 숙박업 및 대중 목욕탕업을 경영하고 있는 공중접객업자에게 고객이 고가물임을 알리지 않고 탈의실 옷장에 넣은 뒤 분실한 사례에서 종업원들이 과실로 관리를 제대로 하지 않은 것에 대하여 공중접객업자가 민법상 사용자 배상책임을 부담하는 경우에 상법 제153조에 의하여 고가물을 명시하지 않은 사유로 면책되지 않는다고 하였다.367)

---

367) 대구고법 1977.4.22. 선고 76나665 제2민사부판결(피고가 경영하는 목욕탕 탈의실의 문제의 옷장에 부착시킨 자물쇠는 지정열쇠 아니고도 쉽게 열려지고, 문제의 옷장은 탈의실의 구석진 곳에 위치하여 잘 보이지 않고, 위 옷장감시등에 당하고 있던 일부 종업원은 옷장감시를 소홀히 한 점 등이 인정되었다. 법원은 "우와 같이 옷장의 완벽한 시정장치를 갖추지 못한 시설의 대중독욕탕에서 옷장감시 업무에 당하고 있던 피고의 피용자인 소외 종업원들로서는 욕객들의 소지품 분실방조를 위하여 특히 잘 보이지 않는 구석진 곳에 위치한 옷장까지도 그 감시를 철저히 하여야 할 주의의무가 있다 할 것인데 이들 게을리 한 과실로 원고의 위 소지품 분실사고가 발생하였다 할 것이므로 피고는 소외 종업원들의 사용자로서 그들의 위 사무집행상의 과실로 인하여 위 원고가 입은 제반손해를 배상할 책임이 있다"고 판시하였다. 한편 피고는 원고가 고가물을 명시하여 임치하지 아니하여 책임이 없다고 하고 그렇지 않다고 하더라도 위 탈의실내어 욕객이 휴대하는 귀중품에 대하여는 별도로 임치하지 아니하면 그 책임을 지지 아니한다고 게시하였으므로 원고의 위 소지품 분실에 대한 책임이 없다고 주장하였으나 법원은 "피고에게 인정하는 책임이 상법상의 공중접객업자로서의 책임이 아니고 민법상 사용자 책임에 근거하는 것이고 보면 원고가 그 소지품에 대한 종류와 가액의 명시에 의한 별도의 임치가 없었다는 사유만으로는 피고의 책임이 면책된다 할 수 없는 것"이고 "피고가 위 탈의실내에 귀중품보

(4) 책임의 소멸시효

고객의 임치물 및 휴대물에 대한 공중접객업자의 손해배상책임은 단기시효가 적용된다. 즉 공중접객업자의 책임은 공중접객업자가 임치물을 반환하거나 고객이 휴대물을 가져간 후 6개월이 지나면 소멸시효가 완성된다($\S 154 \text{①}$). 물건이 전부 멸실된 경우에는 공중접객업자의 책임은 고객이 그 시설에서 퇴거한 날부터 6개월이 지나면 소멸시효가 완성된다($\S 154 \text{②}$). 다만, 공중접객업자나 그 사용인이 악의인 경우에는 그의 책임에는 5년의 상사소멸시효가 적용된다($\S\S 154 \text{③}, 64$). 여기에서 '악의'라 함은 고의로 물건의 멸실·훼손을 생기게 하거나 은폐하는 것을 말하고 일반적인 악의와 같이 단지 물건의 멸실·훼손을 인식하고 있는 것을 의미하는 것이 아니다(통설).

제7절 창고업

1. 의의

창고업은 재화의 교환가치의 '시간적 차이'를 이용하여 이윤을 획득하도록 보조하는 산업이다. 예컨대 가을에 수확된 양곡이나 과일을 소비시까지 창고에 보관하여 그 가치를 보전하는 일이다. 이는 운송업이 재화의 교환가치의 '공간적 차이'를 이용하여 이윤을 획득하도록 보조하는 산업인 것과 비교된다. 따라서 창고업에 관한 상법규정은 여러모로 운송업에 관한 상법규정과 유사한 구조로 되어 있다.

관소를 설치하고 보관치 않는 물건에 대하여는 그 책임을 지지 않는다고 게시한 사실, 각 옷장문 내부에도 도난사건 발생을 예고하면서 귀중품이나 현금은 보관소에 보관하도록 하고 보관치 않는 물건의 도난에 대한 책임은 지지 않는다고 경고문을 부착시켜 놓은 사실들은 인정할 수 있으나 그러한 사실이 있다고 하여 바로 피고의 위 책임이 면책된다고 단정되지 아니한다"고 판시하였다.)

2. 창고업자

(1) 의의

창고업자(warehouseman, Lagerhalter)란 타인을 위하여 창고에 물건을 보관하는 상인(§155), 즉 창고를 이용한 '물건의 임치의 인수'를 영업으로 하는 상인을 말한다(§§4,46xiii). 임치목적물은 타인의 동산이다. '창고'는 창고업자가 아닌 타인의 소유라도 상관없고, 주변으로부터 담이나 벽과 같은 일정한 경계로 구획된 장소이면 되며 반드시 지붕이 있는 건물일 필요는 없다.

'보관'은 단순히 소극적으로 창고의 전부 또는 일부의 공간을 임대하는 것이 아니라 적극적으로 목적물의 점유를 취득하여 그 멸실 또는 훼손을 방지하고 현상을 보존하는 행위를 말한다. 그러므로 창고의 임대업과 창고업은 다르다.

창고업자는 '물건의 임치의 인수'를 영업으로 하는 상인이지만, 임치의 인수는 반드시 주업으로 할 필요는 없고, 부업으로 해도 된다. 그러나 운송인·운송주선인 등이 임치계약이 없이 업무의 성질상 운송물을 보관하는 것은 창고업자가 아니다.

(2) 창고임치계약의 법적 성질

창고임치계약이란 창고업자와 임치인간에 체결되는 물건을 창고에 보관하기로 하는 계약을 말한다. 이 계약의 성립을 위하여 임치물의 인도까지 요하는 것은 아니므로 창고임치계약은 낙성계약이고, 그 형식에 아무 제한이 없고 보관료를 청구할 수 있으므로(§162) 불요식·유상계약이다.[368]

임치인은 반드시 임치물의 소유권자일 필요는 없다. 임치물은 종류·형태에 상관 없이 물건이면 되지만, 부동산은 성질상 보관에 적합하지 않은 점에서 제외된다.

창고임치계약은 상법상 특별한 임치계약이지만, 민법상 임치에 관한 규정

---

368) 정동윤(12), 295~296면; 정찬형(15), 386면; 최준선(13), 398면.

($_{§\,693\,이하}^{민법}$)이 보충적으로 적용된다.

3. 창고임치계약의 효력

(1) 창고업자의 의무 및 책임

1) 보관의무

창고임치계약이 체결되면, 창고업자는 임치계약에서 정한 약정기간 동안 임치물을 보관할 의무를 부담한다($_{민법\,§\,698}^{§\,157;}$). 당사자 간에 보관기간의 약정이 없는 때에는 창고업자는 임치물을 받은 날로부터 6월을 경과한 후에는 언제든지 이를 반환할 수 있다($^{§\,163}_{①}$). 다만 이 때 임치물을 반환함에는 2주간전에 임치인에게 예고하여야 한다($^{§\,163}_{②}$). 그러나 만일 부득이한 사유가 있는 경우에는 창고업자는 언제든지 임치물을 반환할 수 있다($§\,164$).

2) 창고증권 교부의무

창고업자는 임치인의 청구에 의하여 창고증권을 교부하여야 한다($^{§\,156}_{①}$). 창고증권에 관해서는 뒤에 설명한다.

3) 임치물의 검사·견품적취 등의 수인의무

임치인 또는 창고증권소지인은 영업시간 내에 언제든지 창고업자에 대하여 임치물의 검사 또는 견품의 적취를 요구하거나 그 보존에 필요한 처분을 할 수 있다($§\,161$). 여기에서 "견품의 적취"란 임치물에서 견품을 빼어내는 것을 말한다. '보존처분'이란 임치물의 가치감소를 막기 위한 부패·변질·산일(散逸) 등의 방지처분을 말하고, 가공·수선·개량 등의 가치향상이나 제고를 위한 처분은 포함하지 아니한다.

4) 임치물의 반환의무

창고업자는 임치인의 청구가 있을 때에는 보관기간의 약정 유무를 불문하고 임치인에게 임치물을 반환할 의무를 부담한다($_{민법\,§\,698}^{§\,157;}$). 그러나 창고증권이 발행된 경우에는 창고증권소지인에 대해서만 그 증권과 상환으로 반환하여야 한다. 그러나 운송에서의 화물상환증의 경우처럼 창고증권의 경우에도 보증도나 가도의 상관습이 존재한다.

5) 임치물의 훼손·하자 등의 통지의무

창고업자가 임치물을 인도받은 후에 그 물건의 훼손 또는 하자를 발견하거나 그 물건이 부패할 염려가 있는 때에는 지체없이 임치인에게 그 통지를 발송하여야 한다($^{§\,168}_{§\,108①}$). 그 경우에 임치인의 지시를 받을 수 없거나 그 지시가 지연되는 때에는 창고업자는 임치인의 이익을 위하여 적당한 처분을 할 수 있다($^{§\,168}_{§\,108②}$).

한편 위탁매매인의 경우와 달리 창고업자의 경우에는 임치물의 "가격저락의 상황"을 안 때에 통지나 처분의무는 없다고 해석된다(다수설).[369] 창고업자에 대한 임치는 위탁매매의 경우처럼 임치물의 매매를 목적으로 한 것이 아니기 때문이다. 그러나 임치물의 "가격저락의 상황" 역시 통지의무의 대상이 된다고 보는 견해(소수설)[370]가 있다.

6) 손해배상책임

창고업자는 자기 또는 사용인이 임치물의 보관에 관하여 주의를 해태하지 아니하였음을 증명하지 아니하면 임치물의 멸실 또는 훼손에 대하여 손해를 배상할 책임을 면하지 못한다(§160).

(가) 책임발생원인

창고업자의 손해배상책임은 운송주선인·운송인의 손해배상책임($^{§\,115}_{§\,135}$)과 같이 과실책임주의를 취하고 있다. 따라서 창고업자는 자기 또는 사용인이 임치물의 보관에 관하여 과실이 있어야 손해배상책임을 진다.

---

369) 손주찬(03), 391면; 이철송(15), 588면; 정동윤(12), 297면; 정찬형(15), 389면; 최준선(13), 400면.
370) 서돈각·정완용(99), 249면; 채이식(92), 318면(다만, 특약이 없는 한 창고업자는 적극적으로 (임치인의) 손해의 발생을 방지 또는 예방할 의무는 없다고 한다.).

'임치물의 멸실'은 물리적 멸실외에 도난 또는 창고증권과 상환하지 않고 한 보증도나 가도 등 임치인에게 반환할 수 없게 된 모든 경우를 말한다.371)

창고업자의 경우에는 운송인의 손해배상책임과 달리 손해배상액에 관한 특칙($§137$)이 없고, 운송주선인·운송인·공중접객업자의 손해배상책임과 달리 고가물에 관한 특칙($§§\ 124,\ 136,\ 153$)이 없다. 창고업자의 경우에도 이러한 규정을 유추적용해야 한다는 견해(소수설)372)가 있으나, 창고업자의 경우에 정액배상의 특칙이나 고가물에 관한 특칙을 유추적용하는 것은 해석의 한계를 벗어난 것이므로 가능하지 않고 임치계약 및 민법의 일반원칙을 적용하면 된다는 견해(통설)373)가 타당하다. 통설에 따르면 창고업자는 임치물의 멸실 또는 훼손에 대하여 자기 또는 사용인이 임치물의 보관에 관하여 범한 과실과 상당인과관계에 있는 모든 손해를 배상하여야 하고($민법\ §393$), 임치인이 고가물을 명시하지 않은 경우에도 임치물의 멸실 또는 훼손에 대한 손해를 배상하여야 한다.

(나) 책임의 소멸

① 특별소멸사유

창고업자의 책임은 임치인 또는 창고증권소지인이 유보 없이 임치물을 수령하고 보관료 기타의 비용을 지급한 때에는 소멸한다($§\ 168,\ 146\ ①본문$). 이는 다량의 임치물을 반복적으로 보관하고 인도하는 창고업자의 업무의 특성을 감안하여 임치물의 점유를 떠난 후에는 손해배상책임에 관한 분쟁에 대하여 자기의 무책임을 입증하기가 매우 어려우므로 통상의 창고임치계약이 정상적으로 종료되는 형태인 창고업자의 임치물의 인도와 임치인 등의 유보 없는 수

---

371) 대법원 1978.9.26. 선고 78다1376 판결("창고업자가 임치물을 반환받을 정당한 권리자가 아닌 자에게 임치물을 인도함으로써 정당한 권리자가 그의 반환을 받지 못하게 된 경우에도 멸실에 해당한다.").
372) 최기원(04), 433면.
373) 손주찬(03), 392면; 이기수외(03), 521면; 정동윤(12), 298면; 채이식(92), 319면; 최준선(13), 402면.

령 및 보관료 지급이 있으면 창고업자의 손해배상책임이 소멸되도록 한 것이다. 이는 운송인의 책임의 특별소멸사유($\S^{146}_{①본문}$)와 마찬가지의 취지이다. 여기에서 '유보'란 창고업자의 책임이 소멸되지 않는다는 뜻을 통지하는 것을 말한다. 통상 창고업자에게 운송물이 일부 멸실 또는 훼손된 사실을 통지하거나 운송물에 대하여 검사할 의사를 통지하는 것이 그에 해당한다.

그러나 임치물에 즉시 발견할 수 없는 훼손 또는 일부멸실이 있는 경우에 임치물을 수령한 날로부터 2주간내에 창고업자에게 그 통지를 발송한 때에는 창고업자의 책임은 소멸하지 않는다($\S^{168,146}_{①단서}$). 창고업자 또는 그 사용인이 악의인 경우에는 위의 특별소멸사유는 적용하지 아니한다($\S^{\S 168}_{146②}$)

② 단기소멸시효

임치물의 멸실 또는 훼손으로 인하여 생긴 창고업자의 책임은 그 물건을 출고한 날로부터 1년이 경과하면 소멸시효가 완성한다($\S^{166}_{①}$). 임치물이 전부 멸실한 경우에는 창고업자의 책임은 임치인과 알고 있는 창고증권소지인에게 그 멸실의 통지를 발송한 날로부터 1년이 경과하면 소멸시효가 완성한다($\S^{166}_{②}$).

창고업자의 손해배상책임의 단기소멸시효는 창고업자 또는 그 사용인이 악의인 경우에는 적용하지 아니한다($\S^{166}_{③}$). 이 때 '악의'라 함은 고의로 물건의 멸실·훼손을 생기게 하는 것을 말하고 일반적인 악의와 같이 단지 물건의 멸실·훼손을 인식하고 있는 것을 의미하는 것이 아니다(통설). 요컨대 창고업자 또는 그 사용인이 고의로 임치물의 멸실·훼손을 생기게 한 경우에는 그의 책임에 대해서는 5년의 상사소멸시효가 적용된다($\S^{\S 166}_{③,6}$).

대법원 1978.9.26. 선고 78다1376 판결

1974.5. 하순경 소외 조성물산주식회사가 그 직원인 정계선으로 하여금 그 명의로 동 회사소유의 이사건 수입양고기 250상자(상자당 20킬로그람들이, 합계 5톤)를 피고 서울냉동주식회사(이하 피고회사)에 냉동냉장을 의뢰 보관시켰다. 그후 1974.6.7. 소외 위 회사의 업무이사였던 김도원이 소외 최충렬과 원고에게 매월 수입양고기 3톤씩을 공급키로 하고, 그 보증금 300만원중 우선 일부 금 150만원을 영수함과 동시에 그 공급을 위하여 이미 피고회사에 보관시켜 놓았던 이사건 양고기 250

상자를 위 최충렬과 원고에게 인도하는 방법으로 그 직원인 위 정계선에 지시하여 위 냉동냉장 통장명의를 원고나 위 최충렬 명의로 변경토록 하였고, 그 지시를 받은 위 정계선은 원고를 대동하고 피고회사를 찾아가 피고회사의 창고담당직원인 이주철에게 냉동냉장통장명의를 원고명의로 변경을 요구하였고, 그 요구에 따라 피고회사 창고담당직원인 위 이주철이 갑 제1호증과 같은 원고명의의 냉동냉장 통장명의를 발행하여 원고에게 교부하였다. 원심은 "피고회사는 별단의 사정이 없는 한 원고의 요구에 따라 보관된 이사건 양고기 250상자를 인도할 의무가 있으나 … 원고는 상업을 업으로 하는 상인이고 피고는 창고업을 목적으로 하는 창고업자인데 보관물인 이사건 양고기 250상자는 1974.8.10부터 1974.9.5.까지 피고의 악의 없이 전부 출고되어 현재는 재고량이 없으며 원고는 1974.9 초순경 위와 같이 이사건 양고기 전부가 소외 최충렬에 의하여 출고된 사실이 밝혀져 위 최충렬과 소외 위 회사의 업무이사 김도원에 대하여 책임을 추궁하다가 동인들로부터 회수하기가 어렵게 되자, 1977.1.27.에 이사건 소송에 이른 사실을 인정할 수 있으므로 피고회사의 본건 보관물품 출고가 잘못된 것이라 하더라도 창고업자인 피고의 원고에 대한 책임은 원고가 그 사실을 알게 된 1974.9 초순경부터 1년이 경과한 1975.5 초순경 상법 제166조에 의하여 소멸시효의 완성으로 면책되었다"고 보고 원고의 이사건 물품인도를 구하는 주청구 및 그 대상금의 배상을 구하는 예비적 청구를 배척하였다. 대법원은 "상법 제166조의 멸실이라 함은 창고업자가 임치물을 반환받을 정당한 권리자가 아닌 자에게 인도하므로써 정당한 권리자가 그의 반환을 받지 못하게 된 경우도 이에 해당하는 것이라고 함이 상당하다고 할 것이고 이 경우에 악의라고 함은 인도받은 자가 그 임치물을 반환받을 정당한 권리자가 아님을 알면서 그자에게 출고한 경우를 말한다. 이건에 있어서 원심의 설시는 이건 임치물인 양고기의 임치 자의 명의를 원고 앞으로 변경함으로써 피고는 원고에게 이사건 양고기를 출고할 의무가 있다는 것이며 동 명의의 변경은 위소외 정계선과 원고가 피고회사 창고담당직원인 위 소외 이주철을 찾아와서 요구함으로써 이루어졌다는 것이고, 한편 …피고는 이사건 양고기를 원고에게 출고하지 아니하고, 위 소외 정계선의 지시에 따라서 소외 최충렬에게 전량을 출고하였(다) … 사실관계가 이와 같다면 일응 피고의 사용인인 위 이주철이 위 소외 최충렬이가 임치명의자로서 그 반환을 받을 정당한 권리자인 원고가 아닌 사실을 알면서도 이건 임치물인 양고기를 전량 위소외인에게 출고하였다고 하여야 할 것이므로 이와 같은 경우에 있어서는 창고업자인 피고는 위 소외인에게 출고할 시에 피고 또는 그 사용인이 악의가 아니었다는 점에 대하여 입증을 하지 아니하는 한 원고에 대한 책임을 면할 수 없다 함이 상당하다"고 보고 원판결을 파기하고 사건을 환송하였다.

(2) 창고업자의 권리

1) 임치물인도청구권

창고업자는 임치물을 보관하기 위하여 임치인에 대하여 임치물인도청구권을 가진다.

2) 보관료 및 비용상환청구권

창고업자는 임치물을 출고할 때가 아니면 보관료 기타의 비용과 체당금의 지급을 청구하지 못한다($\S 162 ① 전단$). 그러나 창고임치계약에서 정한 보관기간 경과후에는 출고전이라도 이를 청구할 수 있다($\S 162 ① 후단$).

임치물의 일부출고의 경우에는 창고업자는 그 비율에 따른 보관료 기타의 비용과 체당금의 지급을 청구할 수 있다($\S 162 ②$).

이상의 경우에 보관료의 지급채무자는 원칙적으로 임치인이지만, 창고증권이 발행된 경우에는 그 소지인이다.

3) 유치권

창고업자는 민사유치권($민법 \S 320$)과 일반상사유치권($\S 58$)만 행사할 수 있다. 창고업자의 특별상사유치권은 상법상 인정되고 있지 않다.

4) 공탁 및 경매권

임치인 또는 창고증권소지인이 임치물의 수령을 거부하거나 이를 수령할 수 없는 때에는 창고업자는 임치물을 공탁하거나 상당한 기간을 정하여 최고한 후 경매할 수 있다($\S\S 165, 67① 전단$). 이 경우에는 지체 없이 임치인 또는 창고증권소지인에 대하여 그 통지를 발송하여야 한다($\S\S 165, 67① 후단$). 그러한 경우에 창고업자가 임치인 등에 대하여 최고를 할 수 없거나 목적물이 멸실 또는 훼손될 염려가 있는 때에는 최고 없이 경매할 수 있다($\S\S 165, 67②$).

창고업자가 그 임치물을 경매한 때에는 그 대금에서 경매비용을 공제한 잔액을 공탁하여야 한다. 그러나 그 전부나 일부를 보관료에 충당할 수 있다($\S 67③의 유추적용$).

5) 손해배상청구권

창고업자는 임치물의 성질이나 하자로 인하여 입은 손해는 창고임치계약을 체결하고 임치물을 수령하는 때에 자기가 그러한 성질·하자에 관하여 몰랐던 경우에 한하여 이를 배상청구할 수 있다($민법 \S 697$).

6) 창고업자에 대한 채권의 단기소멸시효

창고업자의 임치인 또는 창고증권소지인에 대한 채권은 그 물건을 출고한 날로부터 1년간 행사하지 아니하면 소멸시효가 완성한다(§167).

3. 창고증권

(1) 의의

창고증권(warehouse bond, Lagerschein)이란 창고업자가 임치물을 수령하였음을 증명하고 임치물상환청구권을 표창하는 유가증권을 말한다. 창고증권은 임치인의 청구에 의하여 창고업자가 발행·교부한다(§156①).

상법에는 규정이 없으나 실무상 하도(荷渡)지시서(delivery order, Lieferschein)가 사용되고 있다. 하도지시서에는 여러 가지 형태가 존재한다. ⅰ) 하도지시서를 창고증권의 일종이라 보는 견해(소수설)374)와 ⅱ) 하도지시서는 유가증권이 아니고 창고업자가 증권의 소지인에게 임치물을 인도하면 면책되는 면책증권의 일종이라는 견해(소수설)375)도 있다. 그러나 ⅲ) 다수설376)은 창고업자가 그 이행보조자에게 임치물을 그 소지인에게 인도하도록 지시하기 위하여 발행한 하도지시서 또는 같은 목적으로 임치인이 발행하고 창고업자가 기명날인 또는 서명한 하도지시서는 임치물의 인도청구권을 표창하는 유가증권으로 보고, 그밖에 임치인이 창고업자에 대하여 임치물을 그 소지인에게 인도하도록 지시하는 하도지시서는 면책증권으로 본다. 창고증권이 발행된 경우에는 창고업자는 창고증권 소지인에 대하여 창고증권과 상환해서 임치물을 인도할 의무를 부담하며 만일 하도지시서 소지인에게 임치물을 인도한 후에라도 창고증권 소지인에 대하여 임치물을 인도할

---

374) 서돈각·정완용, 252면.
375) 정찬형(15), 393면(하도지시서는 보관중인 물건을 수령할 권한만 부여하고 소지인에게 보관물의 인도청구권을 부여하지는 아니한다는 점, 하도지시서 소지인에 대한 보관물의 인도는 창고증권의 선의의 취득자에게 대항할 수 없는 점 등을 논거로 든다.).
376) 손주찬(03), 395면; 정동윤(12), 303면; 최기원(04), 440~441면; 최준선(13), 405면.

의무를 면할 수 없는 점에서 창고증권은 그 효력이 하도지시서에 우선한다.

(2) 개수에 관한 입법주의

1) 단권주의

단권(單券)주의는 한 장의 창고증권에 의하여 임치물의 양도와 입질 등의 처분을 모두 할 수 있게 하는 입법주의이다. 미국, 독일, 네덜란드, 스위스, 스페인, 우리나라가 이에 속한다.

2) 복권주의

복권(複券)주의는 창고업자에게 임치물 양도용 창고증권(預證券)과 금융(입질)용 창고증권(入質證券)의 두 장을 한 조로써 발행할 수 있도록 하는 입법주의이다. 복권주의는 법률관계가 복잡한 단점이 있다. 프랑스, 벨기에, 이탈리아가 이에 속한다.

3) 병용주의

병용(倂用)주의는 단권주의와 복권주의를 도두 인정하고 당사자가 선택하여 이용할 수 있게 하는 입법주의이다. 일본이 이에 속한다.

(3) 법적 성질

창고증권은 임치물의 인도청구권을 표창하는 유가증권으로서 운송과 임치에서 생기는 상이점을 제외하고는 운송물에 대한 인도청구권을 표창하는 유가증권인 화물상환증과 법적 성질이 같다. 즉 창고증권은 유가증권이며, 요인증권, 상환증권, 지시증권, 문언증권, 처분증권, 인도증권으로서의 성질을 갖는다.

따라서 상법은 창고증권에 대해서는 화물상환증에 관한 규정들을 준용한다($\S\S 157, 129\text{-}133$).

(4) 발행

1) 발행청구

창고업자는 임치인과 창고임치계약을 체결하고 임치물을 수령한 후에, 임치인의 청구에 의하여 창고증권을 발행, 교부하여야 한다($^{§\,156}_{①}$).

창고증권의 소지인이 대량의 임치물에 대하여 한 장의 창고증권을 소지하고 있는데, 이 임치물을 분할하여 양도나 입질하려고 하는 경우에는 창고업자에게 창고증권을 반환하고 임치물을 분할하여 각부분에 대한 창고증권의 교부를 청구할 수 있다($^{§\,158}_{①}$). 그 경우에 임치물의 분할과 증권교부의 비용은 증권소지인이 부담한다($^{§\,158}_{②}$).

2) 기재사항

창고증권에는 ① 임치물의 종류, 품질, 수량, 포장의 종별, 개수와 기호, ② 임치인의 성명 또는 상호, 영업소 또는 주소, ③ 보관장소, ④ 보관료, ⑤ 보관기간을 정한 때에는 그 기간, ⑥ 임치물을 보험에 붙인 때에는 보험금액, 보험기간과 보험자의 성명 또는 상호, 영업소 또는 주소, ⑦ 창고증권의 작성지와 작성연월일을 기재하고 창고업자가 기명날인 또는 서명하여야 한다($^{§\,156}_{②}$).

위의 ②와 관련하여 창고증권은 기명식으로 발행되는 것이 보통이나 지시식·선택무기명식·무기명식으로도 발행될 수 있다.

(5) 양도

창고증권은 법률상 당연한 지시증권으로서 배서에 의하여 양도할 수 있다($^{§\,§\,157,}_{130}$). 창고증권의 배서에는 권리이전적 효력 및 자격수여적 효력은 있으나 담보적 효력은 없다. 이는 화물상환증과 같고 어음·수표와 다른 점이다.

무기명식으로 발행된 창고증권은 교부만으로 양도될 수 있다.

(6) 효력

1) 채권적 효력

창고증권의 채권적 효력과 관련하여 창고증권의 소지인은 임치물을 수령한 때에는 보관료 기타의 비용과 체당금을 지급할 의무를 부담한다($^{§\,162}_{①전단}$).

그 밖에 창고증권의 채권적 효력은 화물상환증의 그것과 같다. 창고증권이 발행된 경우에는 창고업자와 임치인 사이에 창고증권에 적힌 대로 임치계약이 체결되고 임치물을 수령한 것으로 추정한다($^{상\ §\ 157,}_{12의①}$). 창고증권을 선의로 취득한 소지인에 대하여 창고업자는 창고증권에 적힌 대로 임치물을 수령한 것으로 보고 창고증권에 적힌 바에 따라 창고업자로서 책임을 진다($^{상\ §\ 157,}_{131②}$).

2) 물권적 효력

창고증권의 물권적 효력과 관련하여 창고증권이 발행되면 다른 특별한 사정이 없는 한 그 임치물의 소유권은 증권상의 명의인에게 귀속된다. 따라서 창고증권의 발행일자 이후에는 그 창고증권의 명의인이 임치물에 대하여 소유권을 취득하고 따라서 그 뒤에 생기는 창고료, 화재보험료는 물론, 임치물 감량 등에 대한 책임도 그 명의인이 져야 한다.[377]

그 밖에 창고증권의 물권적 효력은 화물상환증의 그것과 같다. 창고증권에 의하여 임치물을 받을 수 있는 자에게 창고증권을 교부한 때에는 임치물 위에 행사하는 권리의 취득에 관하여 임치물을 인도한 것과 동일한 효력이 있다($^{상\ §\ 157,}_{133}$). 이는 민법 제190조의 목적물반환청구권의 양도에 의한 점유이전의 성질을 갖는 것이며, 따라서 그러한 물권적 효력발생을 위해서는 창고업자가 창고증권에 적힌 임치물을 보관하고 있어야 한다(대표설).

3) 창고증권에 의한 입질과 일부출고

창고증권으로 임치물을 입질한 경우에도 질권자의 승낙이 있으면 임치인은 채권의 변제기전이라도 임치물의 일부반환을 청구할 수 있다($^{§\ 159}_{전단}$). 이 경우에는 창고업자는 반환한 임치물의 종류, 품질과 수량을 창고증권에 기재

---

[377] 대법원 1963.5.30. 선고 63다138 판결(전분 750포대를 창고업자에 입고한 후 화신산업주식회사 박홍식 명의로 창고증권이 발행되고 아홉 차례에 걸쳐서 출고된 경우와 다른 전분 425포대를 한국미곡창고주식회사에 화신산업주식회사 박홍식 명의로 입고하고 창고증권도 위 회사명의로 발행되었다가 나중에 전부 출고된 경우에 각각 창고증권을 발행한 날부터 그 창고증권의 명의자인 화신산업주식회사에게 임치물 전부에 대한 소유권이 넘어 갔다고 보는 것이 특별한 사정이 없는 한 정당하다고 판시).

하여야 한다(상법159). 이것은 창고증권으로 임치물을 입질한 경우 질물의 가치가 피담보채권을 담보하기에 충분한 경우 그 여분의 전부 또는 일부를 질권자의 승낙을 받고 일부출고할 수 있게 허용하는 것이다. 이러한 절차에 의하여 질물의 감소로 인하여 기존 창고증권을 회수하고 신증권을 발행하는 사무의 번잡을 피할 수 있게 된다.

제 4 장 새로운 상행위

상법 제46조 제19호 내지 제21호의 상행위들은 1995년 상법 개정시 새로운 유형의 상행위로 신설된 것들로서 그런 이유에서 한동안 이들 세 개의 상행위를 이른바 '신종상행위'라고 지칭하였으나 지금은 다소 식상한 표현이 되었다. 그러나 이들이 다른 상행위에 비하면 경제계에 새로 출현한 것은 부인할 수 없는 사실이다. 2010년 개정상법은 이들 신종상행위들의 구체적인 법률관계를 규정하는 실체조항들(§§ 168의2 내지 168의12)을 상행위편 각칙에 신설하였고, 제46조 제22호에 신용카드, 전자화폐 등을 이용한 지급결제 업무의 인수를 새로운 상행위의 일종으로서 추가하였다.

제1절 금융리스업

1. 총설

(1) 금융리스업의 연혁

리스거래(lease, leasing)는 1950년대에 미국에서 생겨난 새로운 금융기법이다. 우리나라에는 1972년 12월에 한국산업은행의 출자로 한국산업리스 주식회사가 설립된 것이 리스업의 시초였다. 1973년 12월에는 리스거래를 규율하는 최초의 법률로서 「시설대여산업육성법」이 제정되었고, 이 법에 의하여 많은 리스회사들이 생겼다. 동법은 1991년에 「시설대여업법」으로 개편되었다가, 1997년 8월에 폐지되면서 시설대여업 외에 신용카드업·할부금융업·신기술사업금융업 등을 육성·감독하는 법률로서 「여신전문금융업법」이 제정되었다. 여신전문금융업법은 시설대여업을 대통령령으로 정하는 물건("특정물건")을 새로 취득하거나 대여받아 거래상대방에게 대통령령으로 정하는 일정 기간 이상 사용하게 하고, 그 사용 기간 동안 일정한 대가를 정기적으로 나누어 지급받으며, 그 사용 기간이 끝난 후의 물건의 처분에 관하여는 당사자 간의 약정(約定)으로 정하는 방식의 금융을 업으로 하는 것(§2ix)으로 정의하고 있다. 동법 시행령에서는 위의 특정물건을 ① 시설, 설비, 기계 및 기구, ② 건설기계, 차량, 선박 및 항공기, ③ ① 및 ②의 물건에 직접 관련되는 부동산 및 재산권, ④「중소기업기본법」제2조에 따른 중소기업에 시설대여하기 위한 부동산으로서 금융위원회가 정하여 고시하는 기준을 충족하는 부동산, ⑤ 그 밖에 국민의 금융편의 등을 위하여 총리령으로 정하는 물건으로 규정하고 있다(여신전문금융업법 시행령 §2①). 시설대여업자가 거래상대방에게 특정물건을 사용하게 하는 기간은 해당 특정물건의「법인세법 시행령」제28조·제29조 및 제29조의2에 따른 내용연수의 100분의 20에 해당하는 기간을 말하는데, 다만, 위의 ④의 부동산을 시설대여하는 경우에는 3년이다(동법 시행령 §2④).

상법에는 1995년 상법 개정시 새로운 유형의 상행위의 일종으로 제46조의 기본적 상행위의 하나로서 금융리스가 "기계, 시설, 그 밖의 재산의 물융(物融)에 관한 행위"라는 명칭으로 제19호에 추가되었고, 이어서 2010년 개정상법은 '물융'이란 용어를 '금융리스'로 바꾸었고, 상행위편 제12장에 금융리스업의 구체적 법률관계에 관한 규정을 신설하였다(§§168의2~168의5). 당초 정부는 금융리스에 대해서만 규정할 것인지, 운용리스도 포함시켜 함께 규정할 것인지에 대해 검토하다가 운용리스는 임대차와 거의 유사하므로 금융거래로서의 성격이 분명한 금융리스에 한정하여 규정을 두기로 하였다.

(2) 금융리스의 경제적 기능

금융리스이용자는 필요한 설비를 즉시 입수하여 사용할 수 있으므로 그 구입자금 전부를 융자받는 효과가 있고, 일정한 금융리스료만 지급하면 그 설비를 원하는 기간 동안 이용할 수 있으므로 그 설비의 구입자금을 운전자금으로 유보하는 효과가 있다.[378] 또 대차대조표상 금융리스료는 부채로 기

---

378) 정동영, 311면.

재되지 않기 때문에 재무구조를 개선하는 효과도 가져온다.379) 이론상 금융리스료는 세법상 손비로 처리되어 절세의 효과를 가져올 수 있다. 그러나 현행 법인세법에서는 금융리스이용자가 당해 리스물건의 리스실행일 현재의 취득가액 상당액을 임대인으로부터 차입하여 동 리스물건을 구입(설치비 등 취득부대비용 포함)한 것으로 보아 소유자산과 동일한 방법으로 감가상각한 당해 리스자산의 감가상각비와 대금결제조건에 따라 지급하기로 한 리스료 중 차입금에 대한 이자상당액을 각 사업연도 소득금액 계산상 손금에 산입한다(법인세법 기본통칙 23-24…1). 또한 금융리스이용자는 금융리스물건을 구입하는 경우라면 필요할 관리사무를 면할 수 있고 기술진보에 따른 기계 노후화 등의 위험을 피할 수 있다.

그러나 리스료가 은행이자보다 비싸고, 리스기간이 만료된 때에 금융리스물건의 잔존가치가 크면 금융리스이용자는 손해를 본다는 단점이 있다.380)

2. 금융리스의 개념

(1) 의의

상법상 금융리스(finance lease)란 금융리스이용자(leesee)가 선정한 기계, 시설, 그 밖의 재산("금융리스물건")을 제3자("공급자")로부터 취득하거나 대여받아 그 금융리스물건에 대한 직접적인 유지·관리 책임을 지지 아니하면서 금융리스이용자에게 이용하게 하는 것을 영업으로 하는 상인인 금융리스업자(lessor)가 하는 기본적 상행위를 말한다($\S\,168$의2). 금융리스업자는 금융리스이용자에게 일정기간 통상 내구성이 있는 고가의 금융리스물건을 사용하게 하고($\S\,168$의$3$①) 그 대가로 금융리스료를 통상 정기적으로 분할하여 지급받는 형식으로 금융을 제공한다($\S\,168$의$3$②).

---

379) 정찬형(15), 398면.
380) 정동윤(12), 311면.

(2) 비교개념: 운용리스

금융리스의 성질은 후술하는 바와 같이 임대차와 금융적 성격을 함께 띠고 있으나 특히 운용리스와 비교하면 금융의 성격이 주된 것이다.[381] 금융리스에서의 금융리스기간은 보통 금융리스물건의 내용연수이고, 금융리스이용자는 금융리스기간 중 원칙적으로 금융리스계약을 중도해지할 수 없다. 금융리스물건에 대한 직접적인 유지·관리 책임은 금융리스이용자가 부담한다. 일반적으로 리스라 하면 금융리스를 가리킨다.

이와 달리 운용리스(operating lease)는 금융리스 이외의 리스를 총칭하는 것으로서 리스물건 자체의 이용에 목적이 있는 리스이다(법인세법통칙 2-3-57과 리스회계처리기준 제4조). 운용리스는 금융리스에 비하여 단기간이며, 금융보다는 컴퓨터, 자동차, 비행기 등의 리스물건의 대여라는 서비스에 중점이 있어서 리스이용자는 리스기간 중 언제든지 리스계약을 해지할 수 있고, 서비스료만 납부하면 리스물건의 수선·납세 등에 책임을 지지 아니하고, 리스물건에 대한 직접적인 유지·관리 책임은 리스업자가 부담한다. 따라서 운용리스의 법적 성질은 금융이라기보다는 임대차와 유사하다.[382] 어떤 리스계약

---

[381] 대법원 1997.10.24. 선고 97다27107 판결("시설대여(리스)는 형식에서는 임대차계약과 유사하나 그 실질은 대여시설을 취득하는 데 소요되는 자금에 관한 금융의 편의를 제공하는 것을 본질적인 내용으로 하는 물적 금융이고 임대차계약과는 여러 가지 다른 특질이 있기 때문에 이에 대하여는 민법의 임대차에 관한 규정이 바로 적용되지 아니한다."고 판시); 대법원 1997.11.28. 선고 97다26098 판결("시설대여(금융리스)의 본질적 기능은 리스이용자에게 리스물건의 취득자금에 대한 금융편의를 제공하는 데에 있다."고 판시); 대법원 2013.7.12. 선고 2013다20571 판결(같은 취지).

[382] 대법원 2013.7.12. 선고 2013다20571 판결(주식회사 유라이프가 보유하는 이온정수기를 그 사용을 원하는 피고 등 불특정 다수를 대상으로 대여하기 위하여 체결한 계약에 대하여 "그 본질이 리스물건의 취득 자금에 대한 금융 편의 제공이 아니라 리스물건의 사용 기회 제공에 있는 점, 이 사건 대여계약에서 월 대여료는 주식회사 유라이프가 피고에게 제공하는 취득 자금의 금융 편의에 대한 원금의 분할변제와 이자·비용 등의 변제 성격을 가지는 것이 아니라 이온정수기의 사용에 대한 대가인 점, 또한 일반적인 금융리스와 달리 36개월의 계약기간 동안 피고가 언제든지 계약을 해지할 수 있으며 주식회사 유라이프가 이온정수기에 대한 정기점검 서비스를 제공하고 피고의 부주의가 아닌 사유로 발생한 고장에 대한 수리와 필터 교환을 무상으로 하여 주기로 한 점 등을 앞서 본 금융리스의 개념에 관한 법리에 비추어 살

이 금융리스인지 운용리스인지 구별하는 것에 있어서는 리스이용자와 리스업자 사이의 계약의 명칭이 중요한 것이 아니라 리스물건의 종류·가격 등 거래조건을 누가 결정하는가, 리스물건의 유지·관리에 관한 의무를 누가 부담하는가 등을 기준으로 리스업자가 리스이용자에게 리스물건을 이용할 수 있도록 제공하는 것(그렇다면 운용리스)인지 리스이용자가 리스물건을 구입할 자금을 제공하는 것(그렇다면 금융리스)인지 판단하여야 한다.[383]

3. 금융리스거래의 구조

(1) 당사자

금융리스거래의 당사자에는 금융리스업자(lessor, Leasingnehmer), 금융리스이용자(lessee, Leasinggeber), 공급자(supplier, Lieferant)가 있다.

금융리스업자는 금융리스이용자가 선정한 금융리스물건을 공급자로부터 취득하거나 대여받아 금융리스이용자에게 일정기간 사용하게 하고 그 대가(금융리스료)를 지급받는 것을 영업으로 하는 상인이다($\S\frac{168조}{의2}$). 여신전문금융업법상 시설대여업을 하고 있거나 하려는 자로서 이 법을 적용받으려는 자는 금융위원회에 등록해야 한다($\frac{3}{2}$). 시설대여업자로서 등록적격이 있는 자는 ① 여신전문금융회사이거나 여신전문금융회사가 되려는 자, 또는 ② 겸영여신업자가 되려는 은행·농협은행·한국산업은행·중소기업은행·한국수출입은행·종합금융회사·상호저축은행중앙회·상호저축은행·신용협동조

펴보면 이 사건 대여계약은 금융리스에 해당한다고 볼 수 없다."고 판시).
383) 광주지방법원 2014.5.16. 선고 2013가합7525 판결(리스이용자인 원고와 리스사업자인 피고 사이에서 체결된 리스계약과 관련하여 "이 사건 계약서에 '운용리스'라고 표시되어 있기는 하나 원고가 차량의 종류, 규격, 사양, 가격 등 모든 구매 조건을 결정하며, 운행지배권 또한 원고에게 있고 차량의 유지·관리에 관한 각종 의무를 부담하는 점, 반면 피고는 리스물건의 취득자금에 대한 금융 편의를 제공하고 원고로부터 지급받는 리스료에 의하여 리스물건의 취득자금과 그 이자, 기타 비용을 회수하는 데에 주목적이 있고, 계약에서 리스물건에 대한 취득자금의 회수와 기타 손해의 전보를 확보할 조치를 취해 두기 위하여 규정손실금 등을 청구할 수 있도록 한 점 등을 종합해 보면, 이 사건 리스는 그 실질이 금융리스라고 봄이 타당하다'고 판시).

합중앙회 · 새마을금고연합회와 「유통산업발전법」 제2조제3호에 따른 대규모점포를 운영하는 자, 계약에 따라 같은 업종의 여러 도매 · 소매점포에 대하여 계속적으로 경영을 지도하고 상품을 공급하는 것을 업(業)으로 하는 자 등이다(여신전문금융업법 §3, 동법 시행령 §3).

(2) 금융리스거래의 통상의 과정

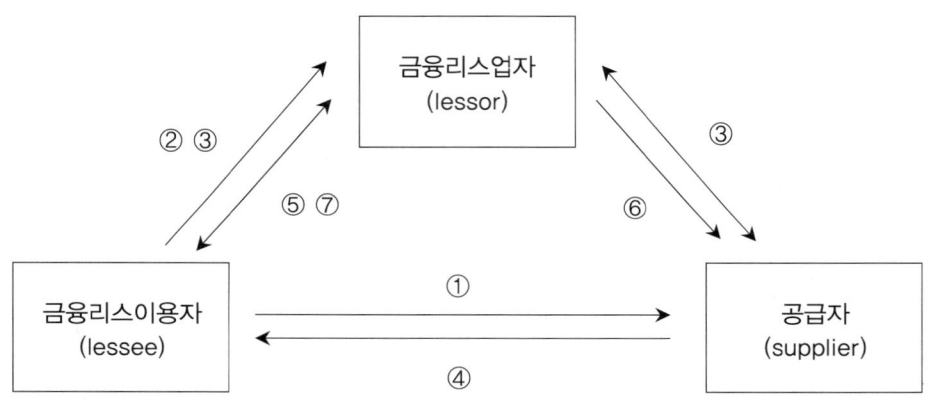

〈금융리스거래의 통상의 과정〉

① 금융리스이용자는 자신이 필요로 하는 금융리스물건을 공급자와 상의하여 선정하고 그 가격 · 납기 · 대금지급방법 등을 결정한다.

② 금융리스이용자는 금융리스업자에게 리스신청을 하고 금융리스업자는 금융리스이용자의 신용상태를 조사하여 신청을 승낙하면, 금융리스이용자와 금융리스업자 사이에는 금융리스계약이 체결된다. 금융리스계약인지 여부는 그 실질적인 내용을 기준으로 결정되는 것이고 계약서의 표제부 등 계약문언에 '임대차'라는 용어를 사용하였더라도 마찬가지이다.384) 구 시설대여업법에 의한 시설대여업의 인가를 받지 않은 회사가 체결한 계약에 대해서도 그 내용상 금융리스계약으로 보고 금융리스계약에 관한 법리를 적용한

---

384) 대법원 1997.10.24. 선고 97다27107 판결.

관례385)가 있다.

③ 금융리스업자는 금융리스계약의 이행으로 공급자와 금융리스물건의 매매계약을 체결한다.386) 그리고 금융리스업자는 금융리스이용자에게 공란의 물건수령증을 교부하고 공급자로부터 금융리스물건이 납품되어 검수를 마친 후에 물건수령증을 금융리스업자에게 제출하라고 지시한다

④ 금융리스업자는 공급자에게 금융리스이용자가 선정한 금융리스물건의 구입을 신청하고, 공급자는 공급계약의 내용에 적합한 금융리스물건을 금융리스이용자에게 인도한다.

⑤ 금융리스이용자는 금융리스물건의 검수가 완료되면 물건수령증을 기재하여 금융리스업자에게 제출한다 물건수령증이 금융리스업자에게 제출되면 금융리스계약의 효과가 발생하며, 이 때에 금융리스계약이 실행된다고 하고 이 날을 금융리스계약의 실행일이라고 부른다. 이 날부터 금융리스이용자는 금융리스물건을 사용할 수 있게 되고, 금융리스료를 지급할 의무도 확정적으로 발생한다. 따라서 금융리스기간은 물건수령증의 발급일부터 개

---

385) 대법원 1997.10.24. 선고 97다27107 판결(원고 한국통신진흥 주식회사가 상암석재산업 주식회사(이하 상암석재)와의 사이에 원고가 위 상암석재에게 소외 삼대컴퓨터엔지니어링 주식회사(이하 삼대컴퓨터)가 공급하는 액정비젼 등 이 사건 기계를 임대하기로 하는 내용의 계약을 체결하면서, 원고는 위 삼대컴퓨터로부터 위 상암석재가 선정한 이 사건 기계를 원고의 자금으로 매수하여 위 상암석재에게 42개월 동안 임대하고 위 상암석재는 원고 또는 이 사건 기계의 공급자인 위 삼대컴퓨터로부터 이 사건 기계를 인도받고 원고에게 임차물건수령증을 교부하며 위 임차물건수령증을 교부하는 날에 이 사건 기계에 대한 임대차계약이 개시되고, 위 상암석재는 원고에게 임대보증금으로 금 5,500,000원과 1994.7.21.부터 42개월간 매달 21.에 임대료 월 금 1,490,200원과 그에 대한 부가가치서 상당액 금 149,020원을 합한 금 1,639,220원을 지급하며, 선량한 관리자의 주의의무를 다하여 이 사건 기계를 사용, 보관하여야 하고, 임대차기간이 만료된 때에는 소유자인 원고에게 이 사건 기계를 반환하거나 종료 당시 잔존 시가인 금 5,000,000원에 이를 매수할 수 있다는 약정을 한 사안).

386) 대법원 1997.11.28. 선고 97다26098 판결("만일 리스이용자와 공급자 사이에서 미리 결정된 매매가격이 거래관념상 극히 고가로 이례적인 것이어서 리스회사에게 불측의 손해를 가할 염려가 있는 경우와 같은 특별한 사정이 있는 경우에는, 리스물건 공급자는 리스회사에게 그 매매가격의 내역을 고지하여 승낙을 받을 신의칙상의 주의의무를 부담하며 리스회사는 이를 고지받지 못한 경우 의 부작위에 의한 기망을 이유로 매매계약을 취소할 수 있다.").

시하고 금융리스료 지급의무도 이 때부터 발생하며, 금융리스물건의 인도전에 물건수령증을 발급한 경우에도 마찬가지이다.[387]

⑥ 금융리스업자는 공급자에게 금융리스물건의 대금을 지급한다. 금융리스물건의 소유권은 대내외적으로 금융리스업자에게 유보된다.[388]

⑦ 금융리스이용자는 금융리스업자에게 금융리스료를 지급한다.

(3) 금융리스계약의 법적 성질

1) 금융리스계약의 법적 성질에 대해서는 임대차계약설, 매매계약설, 소비대차계약설, 무명계약설(비전형계약설) 등이 주장되고 있다.

ⅰ) 임대차설(특수임대차설)[389]은 금융리스계약은 임대차계약 또는 특수임대차계약이라고 보는 견해이다. 이 설에 의하면 금융리스계약에도 민법상 임대차에 관한 규정이 적용되므로 민법상 임대차에 관한 일부규정의 내용보다 임차인에게 불리한 내용의 특약은 무효라고 규정한 편면적 강행규정(민법 §652)이 그대로 적용되게 되어 이와 달리 금융리스이용자에게 불리한 계약은 무효가 된다. 다만 이 설에 의하더라도 금융리스의 특성상 임대차의 법리를 적용하는 것이 적합하지 않은 부분에 관해서는 약정의 유효성을 인정한다.

ⅱ) 무명계약설(비전형계약설)은 금융리스계약의 실질적 면인 물적 금융의 면을 강조하여 민법상의 임대차와는 다른 무명계약내지 혼합계약(비전형계약)이라고 보는 견해[390]이다. 이 설에 의하면 금융리스계약에는 민법상 임대차에 관한 규정이 적용되지 않으므로 편면적 강행규정(민법 §652)에 반하여 금융리스이용자에게 불리한 계약도 무효가 되지 아니한다. 이 설에서는 상법 제

---

387) 대법원 1995.9.29. 선고 93다3417 판결(리스계약은 물건의 인도를 계약성립의 요건으로 하지 않는 낙성계약으로서 리스이용자가 리스물건 수령증서를 리스회사에 발급한 이상, 특별한 사정이 없는 한, 현실적인 리스물건이 인도되기 전이라고 하여도 이 때부터 리스기간이 개시된다.); 대법원 1997.10.24. 선고 97다27107 판결(같은 취지).
388) 대법원 2000.10.27. 선고 2000다40025 판결.
389) 정희철, "리스계약에 관한 연구", 법학(서울대), 제20권 제2호, 1980.5, 72면; 최기원 (04), 446면; 권오승·구연창, "리스계약에 관한 연구," 경희법학, 제22권 제1호, 1987.12, 148면.
390) 안강현(15), 342면; 이철송(15), 602면; 정경영(07), 274면; 정동윤(12), 315면; 정찬형(15), 403면.

46조의 기본적 상행위의 일종으로 임대차(제2호)와 별도로 금융리스(제19호)를 규정한 것 자체가 금융리스계약이 임대차와 구별되는 무명계약(비전형계약)이라 볼 근거가 된다고 주장한다.

iii) 특수소비대차설[391]은 금융리스계약의 본질은 소비대차계약이라고 보는 견해이다. 이 입장에서는 금융리스계약은 금융리스이용자가 공급자로부터 금융리스물건을 공급받고 이에 대하여 금융리스업자가 그 구입자금을 융자해 주면서 그 물건에 대한 소유권을 담보 목적으로 유보하는 형태의 계약이라고 본다. 특수소비대차설은 무명계약설에 대해서 금융리스의 본질을 이해하는 데에 별로 도움이 되지 않는다고 비판한다.

판례의 태도를 보면, 초기의 하급심 판례[392] 가운데에는 임대차계약설을 취한 것이 있지만 현재의 판례[393]는 무명계약설의 입장이다.

---

[391] 최준선(13), 415면.
[392] 서울민사지법 1984.2.14. 선고 82나1361·82나1362 제1부판결: 원고는 병원을 경영하는 의사이고, 피고 개발리스는 시설대여업을 하는 회사이며, 피고 대한중외상사주식회사는 의료용 기구의 수입 및 판매를 목적으로 설립된 회사인 바, 피고 개발리스는 피고 중외상사의 소개로 의료기구인 전자주사형 초음파 단층기를 수입해서 원고에게 시설대여하였는데 원고가 이 사건 물건을 인도받은 뒤 결함이 발생하여 피고 대한중외상사 소속의 기술자가 나와 수리하려고 하였으나 기술미숙으로 결함의 원인을 발견하지 못하여 원고가 결국 위 시설대여계약 해지를 통고한 사안에서 피고 개발리스는 이 사건 시설대여계약은 그 실질적 목적이 시설자금이 금융에 있는 것이므로 민법상의 임대차계약과는 성질이 다른 비전형계약이고, 시설대여된 이 사건 물건에 하자가 있는 경우에도 대여자인 피고 개발리스가 책임을 부담하지 아니하기로 원고와 특약을 한 바 있으므로 원고의 위 계약해지 의사표시는 위 특약에 반하여 무효라는 취지로 항쟁하였으나 법원은 "시설대여계약의 실질적 목적이 시설자금의 금융에 있는 것이라고 하여도 물건의 사용수익과 이에 대한 차임지급을 그 내용으로 하는 한 이는 그 본질이 임대차관계라 할 것이고, 시설대여산업을 육성하기 위하여 시설대여산업육성법과 동시행령등으로 시설대여회사에 각종 특례를 인정하고 있다고 하여 위와 같은 내용의 시설대여계약의 임대차관계로서의 본질이 달라지는 것은 아니라 할 것이므로 위 시설대여계약은 민법상 임대차관계규정에 의하여 규율을 받아야 할 것인즉 민법 제652조, 제627조의 규정에 의하면 임차물의 일부가 임차인의 과실없이 멸실 기타 사유로 인하여 사용·수익할 수 없는 경우 그 잔존부분만으로 임차의 목적을 달성할 수 없는 때에는 임차인은 계약을 해지할 수 있고, 이에 위반하는 약정으로서 임차인에게 불리한 것은 효력이 없는 것이므로 피고주장의 위 면책특약은 시설이용자인 원고에게 불리한 약정으로서 강행규정에 위반하여 무효라 할 것이니 따라서 피고의 위 항쟁은 이유 없다."고 판시하였다.).

2) 불요식·낙성계약

금융리스계약은 그 형식에 제한이 없고 금융리스물건의 인도를 요소로 하지 아니하는 불요식·낙성계약이다.

4. 금융리스거래의 법률관계

(1) 금융리스업자의 의무

1) 금융리스이용자가 물건을 제공받게 할 의무

(가) 규정

금융리스업자는 금융리스이용자가 금융리스계약에서 정한 시기에 금융리스계약에 적합한 금융리스물건을 수령할 수 있도록 하여야 한다($\S \frac{168의}{3①}$).

(나) 입법취지

금융리스이용자에 대한 금융리스물건의 공급은 공급자에게 맡겨져 있으므로 금융리스업자가 직접 금융리스물건을 이용자에게 인도하는 것은 아니지만, 금융리스의 특징에 비추어 금융리스계약의 당사자인 금융리스업자에게 금융리스이용자가 금융리스계약에서 정한 시기에 금융리스계약에 적합한 금융리스물건을 수령할 수 있도록 하는 최소한의 의무를 부과하고 있는 것이다.

---

393) 대법원 1986.8.19. 선고 84다카503,504 판결("시설대여(리스)는 형식에서는 임대차계약과 유사하나 그 실질은 물적금융이고 임대차계약과는 여러가지 다른 특질이 있기 때문에 시설대여(리스)계약은 비전형계약(무명계약)이고 따라서 이에 대하여는 민법의 임대차에 관한 규정이 바로 적용되지는 아니한다."); 대법원 1994.11.8. 선고 94다23388 판결(같은 취지); 대법원 1997.10.24. 선고 97다27107 판결(같은 취지); 부산지법 2000.11.14. 선고 99가합12928 판결("금융리스계약은 리스회사, 리스이용자 및 공급업체의 3당사자 사이에서 이루어지는 독자적 유형의 무명계약이므로 리스회사와 리스이용자 사이의 리스계약과 리스회사와 리스공급업체 사이의 매매계약으로 분리하여 파악하는 것은 옳지 않고 리스회사와 리스이용자 사이의 법률관계, 리스회사와 공급업체 사이의 법률관계 및 리스이용자와 공급업체 사이의 법률관계에 대하여는 임대차, 소비대차, 매매 등의 규정을 구체적 약정에 따라 혼합적으로 적용하는 것이 타당하다.").

(다) 의무의 법적 성질

금융리스계약에 적합한 금융리스물건을 금융리스이용자가 수령할 수 있도록 하는 의무를 지운 것은 금융리스업자에게 금융리스물건에 대한 담보책임을 부여한 것으로 볼 수 있다.394)

2) 공급자에 대한 손해배상청구권 행사에 협력할 의무

(가) 규정

만일 금융리스물건이 공급계약에서 정한 시기와 내용에 따라 공급되지 아니한 경우 금융리스이용자는 공급자에게 직접 손해배상을 청구하거나 공급계약의 내용에 적합한 금융리스물건의 인도를 청구할 수 있다($§\ 168의4②$). 이 때 금융리스업자는 금융리스이용자가 손해배상청구권을 행사하는 데 필요한 협력을 하여야 한다($§\ 168의4③$). 이 협력의무의 내용과 성질에 관해서는 뒤에서 금융리스이용자의 직접청구권의 내용을 살펴볼 때 함께 설명한다.

(나) 한편 금융리스업자는 금융리스물건의 매매계약의 당사자이므로 그 계약의 무효·취소사유 등에 관해서는 민법을 근거로 하여 자신이 직접 권리를 행사할 수 있는 것이 당연하므로395) 상법은 그에 관해서는 굳이 언급하고 있지 않다.

> **대법원 1997.11.28. 선고 97다26098 판결**
>
> 피고 한라자원 주식회사는 중장비, 트럭 등을 판매하는 회사로서 1994.5.경 수입장비인 적재량 24t 짜리 나비스타 덤프트럭 9대(이하 '이 사건 트럭')를 소외 선양자원 주식회사(이하 '소외 회사')에게

---

394) 정찬형(15), 404면; 김권회, "상법총칙·상행위편 개정안에 대한 토론문(3)," 「상법총칙 및 상행위편 개정안 공청회 자료집」(법무부), 2008.6.25., 71면(이것이 통상 리스거래에서 리스업자에게 물건의 인도책임과 하자담보책임을 부담시키지 않는 것과 배치되어 리스거래의 위축을 가져올 위험이 있다는 비판을 하고 있다. 그러나 제168조의3 제1항이 강행규정은 아니므로 약관에 의하여 배제될 수 있다.).

395) 대법원 1997.11.28. 선고 97다26098 판결(리스이용자와 공급자 사이에서 미리 결정된 매매가격이 거래관념상 극히 고가로 이례적인 것이어서 시설대여회사에게 불측의 손해를 가할 염려가 있는 경우와 같은 특별한 사정이 있는 경우에는, 리스물건 공급자는 시설대여회사에게 그 매매가격의 내역을 고지하여 승낙을 받을 신의칙상의 주의의무를 부담한다고 볼 것이며 시설대여회사는 이를 고지받지 못한 경우 위 부작위에 의한 기망을 이유로 취소할 수 있다.).

원고 광은리스금융 주식회사의 리스를 이용하여 판매하기로 하고 피고의 담당 직원인 소외 1이 리스이용자인 소외 회사와 매각 조건을 교섭함에 있어서 이 사건 트럭의 실제 판매가는 대당 금 101,000,000원에 불과하지만 이에 거래알선수수료 명목으로 금 891,000,000원을 가산하여 그 매매대금을 대당 금 2억 원으로 하되 알선수수료 명목으로 책정된 위 금원으로는 우선 리스이용자인 소외 회사가 피고에 대하여 부담하고 있던 금 139,038,098원의 채무를 면제하여 주고 담보제공자인 소외 2에게는 금 643,500,000원을 지급하여 그 돈으로 이 사건 트럭의 리스보증금, 1회 리스료, 취득세, 등록세, 보험료 및 운영 자금과 소외 2의 부채변제 등에 사용하기로 하는 한편, 그 나머지 금 108,461,902원은 리스이용자 측에 지급하지 않고 소외 1이 차지하기로 합의하였다. 또한 원심은 "위 소외 1은 그 무렵 원고의 직원에게 이 사건 트럭에 대한 리스를 신청하면서 이 사건 트럭의 성능이 우수하여 대당 가격이 다른 종류의 트럭보다 비싼 금 2억 원이라고 거짓말하여 이 사건 트럭의 실제 판매가에 대한 전문적인 지식이 없고 또한 대기업인 피고 회사가 제시하는 가격이 적정할 것으로 믿은 위 직원을 속여 원고로 하여금 그 담보로 1994.5.13. 소외 2이 제공한 소외 임동팔, 신광섭 소유 명의의 대지에 관하여 채권최고액 금 2,500,000,000원의 근저당권을 설정한 다음 소외 회사와 취득원가를 금 18억 원, 리스기간을 물건수령증서 발급일로부터 48개월간으로 하는 리스계약을 체결하게 하였다."고 보았다. 원고는 같은 날 리스물건 공급자인 피고와 사이에 이 사건 트럭을 대당 금 2억 원 합계 금 18억 원에 매수하기로 하는 매매계약을 체결하고 소외 회사로부터 리스물건수령증서를 발급받은 후 위 매매대금 18억 원 중 위 리스계약에 따라 소외 회사가 원고에게 지급하여야 할 리스보증금 36,000,000원, 1회 리스료 16,350,000원 및 취득세 39,600,000원의 합계 금 91,950,000원을 공제한 나머지 금 1,708,050,000원을 피고에게 지급하였다. 그러자 피고 회사는 위 매매대금 중 금 891,000,000원을 알선수수료로 처리하여 당초 교섭단계에서 협의한 대로 이를 충당 내지 지급하였고 다만 위 정승균에게 지급하기로 한 위 금 643,500,000원에서 피고가 소외 회사를 대신하여 리스보증금 등으로 지급한 위 금 91,950,000원을 공제한 나머지 금 551,550,000원만을 알선수수료 명목으로 지급하고 그 나머지 금 108,461,902원은 위 소외 1이 피고를 속여 임의로 소비하였다. 그 후 소외 회사는 3회까지의 리스료만 납부하고 그 이후의 리스료는 납부하지 못한 채 부도를 내자 원고는 위 리스계약을 해지하고 이 사건 트럭 9대를 모두 회수하였다. 한편 리스료채권 등에 대한 담보로 제공된 위 대지는 원래 진정한 소유자가 따로 있는데 위 담보설정자가 관계 서류를 위조하여 임의로 자신들 명의의 소유권이전등기를 마친 것으로서 그 담보가치는 없었다. 원심은 리스물건이 최종적으로는 리스회사의 리스이용자에 대한 리스료, 규정손해금 등의 채권을 담보하는 것으로서 리스회사에 대한 리스물건의 매매가격이 리스이용자에 대한 실제 판매가보다 부당하게 고가일 경우 리스물건의 담보가치가 피담보채권액에 비하여 상대적으로 낮게 되어 리스물건을 통한 채권회수가 불가능하게 되는 점 등에 비추어 볼 때, 이 사건 트럭의 매매대금에 리스이용자인 소외 회사의 실제 구매가 이외에 각종 비용과 운영 자금, 소외 2의 부채 변제 등에 사용하기 위한 자금 및 위 소외 1의 개인적인 편취금까지 알선수수료 명목으로 포함되어 있어 위 매매대금이 실제 구매가의 약 2배에 달하는 사정을 알았다면 원고가 그 금액에 이 사건 트럭을 매수하지 아니하였을 것이므로 원고의 이 사건 매매계약은 기망에 의한 의사표시에 의하여 체결된 계약인데 원고가 이를 이 사건 소장 부본의 송달로 취소하였다는 이유로, 피고는 원고에게 위 매매대금에서 위와 같이 리스보증금 등을 공제하고 실제로 지급받은 위 금 1,708,050,000원 및 그에 대한 지연손해금을 지급할 의무가 있다고 판단하였다. 대법원은 "시설대여(금융리스)는 시설대여회사(리스회사)가 대여시설이용자(리스이용자)가 선정한 특정물건을 새로이 취득하거나 대여받아 그 리스물건에 대한 직접적인 유지, 관리 책임을 지지 아니하면서 대여시설이용자에게 일정 기간 사용하게 하고 그 대여기간 중 지급받는 리스료에 의하여 리스물건에 대한 취득 자금과 그 이자, 기타 비용을 회수하는 거래관계로서 그 본질적 기능은 대여시설이용자에게 리스물건의 취득 자금에 대한 금융편의를 제공하는 데에 있는바, 시설대여회사가 리스물건 공급자와 사이에 당해 리스물건에 관하여 체결하는 매매계약은 시설대여회사와 대여시설이용자 사이에 리스계약이 체결된 후 그 계약상의 의무를 이행하기 위하여 체결하는 것으로 그 목적이 대여시설이용자가 선정한 특정물건을 그로 하여금 사용, 수익 할 수 있도록 리스물건 공급자로부터 이를 구입하는 데에 있으므로 통상의 매매계약과 다르며, 특히 매매목적물의 기종, 물질, 성능, 규격, 명세뿐만 아니라 매매대금 및 그 지급 조건까지도 미리 공급자와 대여시설이용자 사이에서 협의, 결정되고 시설대여회사는 그에 따라 공급자와 사이에 매매계약을 체결하는 것이 통례이나, 리스물건의 소유권은 처음부터 시설대여회사에 귀속되어 최종적으로는 그 취득자금의 회수 기타 손해에 대한 담보로서의 기능을 가지므로 시설대여회사로서도 그 매매가격의 적정성에 대하여 어느 정도 실질적인 이해관계를 가진다고 할 것이어서 만일 리스이용자와 공급자 사이에서 미리 결정된 매매가격이 거래관념상 극히 고가로 이례적인 것이어서 시설대여회사에게 불측의 손해를 가할 염려가 있는 경우와 같은 특별한 사정이 있는 경우에는, 리스물건 공급자는 시설대여회사에게 그 매매가격의 내역을 고지하여 승낙을 받을 신의칙상의 주의의무를 부담한다고 볼 것이며 시설대여회사는 이를 고지받지 못한 경우 위 부작위에 의한 기망을 이유로 취소할 수 있다"는 것은 인정하였으나, '원고 회사와 소외 회사 사이에 작성된 리스계약서(갑 제2호증의 4)의 이면에 인쇄된 약관 제4조 제1항은 '소외 회사(대여시설이용자)는 자기의 책임으로 물건과 매도인을 선정하였고 물건의 규격과 가격 등을 결정하였으므로 원고(시설대여회사)는 물건의 상태, 성능 등에 대하여 아무런 책임을 지지 아니한다.'라고 정하고 있고, 원고가 이 사건 매매계약을 체결함에 있어서 피고에게 보낸 주문서(갑 제2호증의 5)의 이면에 인쇄된 약관 제1조나 피고가 원고에게 보낸 주문수락서(갑 제2호증의 6)의 이면에 인쇄된 약관 제1조에는 '물건의 사양, 규격, 기능, 성능, 가격 및 매도인 등은 리스계약에 따라 소외 회사의 책임하에 소외 회사가 신청한 것이므로 물건의 선정 및 성능의 하자에 대하여 원고는 소외 회사에 대하여 일체 책임지지 아니하며, 만약 그 하자가 피고의 귀책사유로 인한 경우에는 피고가 원고와 소외 회사에 대하여 책임지기로 한다.'라고 기재되어 있는 사실, 피고는 1992.8.경 위 나비스타 트럭 1대를 시험용으로 처음 수입한 이후 1993.3.경까지 모두 20대를 수입하여 이 사건 거래 이외에도 1993.4.15.경 원고 회사와 같은 시설대여회사인 소외 외환리스금융 주식회사를 통하여 소외 안은지에게 4대를 대당 금 2억 원에 판매하였는데 그 거래를 담당한 위 회사의 직원도 그 당시 리스물건인 나비스타 트럭의 판매가격을 문제삼지 아니한 사실을 인정할 수 있는바, 사실관계가 이와 같다면, 이 사건 리스 거래 당시 그 거래를 담당한 원고의 직원인 소외 백승국이 이 사건 트럭의 가격에 대하여 의문을 제기하자 우 소외

1 등이 이 사건 트럭의 성능이 우수하여 대당 가격이 다른 종류의 트럭보다 비싸다고 거짓말하여 이 사건 트럭의 실제 판매가에 대한 전문적 지식이 없고 또한 대기업인 피고가 제시하는 가격이 적정한 것으로 위 백승국을 믿게 하여 속였다는 점에 부합하는 원심 거시 증거의 채증은 논리칙과 경험칙상 문제된다."고 지적하고, "피고는 소외 회사에 이 사건 트럭을 판매한 지 5개월 남짓이 지난 1994.10.20.경 소외 백현구에게 같은 트럭 1대를 대금 1억 원에 판매하였으며, 또 1995.2.경 소외 숭문통운 주식회사에게 같은 트럭 5대를 대당 금 150,000,000원에 판매한 사실을 인정할 수 있는바, 이와 같이 동일한 트럭에 대한 판매가격에 수개월의 간격을 두고 금 1억 원 또는 금 50,000,000원의 차이가 생겼다면, 원심으로서는 이 사건 트럭의 판매로 인하여 형식상 피고에게 귀속된 금액이 실질적인 매매가격에 해당한다고 볼 것이 아니라 그와 같이 가격 차이가 발생한 원인을 따짐과 아울러 이 사건 트럭과 같은 특수 제품의 판매에 있어서 정상적으로 소요되는 판매촉진비, 알선수수료 기타의 판매 비용을 감안할 때 피고와 소외 회사 사이에서 결정된 이 사건 트럭의 판매가격이 거래관념상 극히 이례적인 것인지 여부를 심리하여 리스물건의 공급자인 피고로서는 원고에게 그 내역을 고지하여 승낙을 받을 신의칙상의 주의의무가 있었음에도 이를 위반하여 부작위에 의한 기망으로 이 사건 매매계약이 체결되었는지 여부를 판단하였어야 할 것이다. 나아가 만일 이 사건 매매계약이 위 기망에 의한 의사표시에 의하여 체결된 계약이라고 할지라도, 소외 회사가 이미 3회분의 리스료를 원고에게 지급하고 또한 원고가 이 사건 트럭을 소외 회사로부터 회수한 사실이 피고의 주장에서 나타난 이상, 원심으로서는 매매계약의 취소로 인한 피고의 매매대금 반환 범위를 판단함에 있어서도 마땅히 위 주장의 취지를 석명하여 매매대금을 지급한 후에 추가로 지급받은 리스료 및 원고가 이 사건 트럭을 회수하여 얻은 이익에 상당하는 금액을 공제하여야 할 것인지를 아울러 따져 보아야 할 것이다."라고 판시하고 원심판결을 파기하고 사건을 원심법원에 환송하였다.

(2) 금융리스이용자의 의무

1) 금융리스물건수령증 발급의무

금융리스이용자는 "금융리스계약에서 정한 시기에 금융리스계약에 적합한 금융리스물건을 수령" 한 경우(§ 168의3①)에는 금융리스업자에게 금융리스물건수령증을 발급하여야 한다. 금융리스회사가 금융리스이용자로부터 물건수령증을 발급받는 이유는 금융리스이용자와의 관계에서는 리스기간의 개시 시점을 명확히 하고자 하는 것이고 공급자와의 관계에서는 그 물건을 인도받기로 되어 있는 금융리스이용자로부터 물건의 공급에 관한 계약에 따른 물건의 공급이 제대로 이행되었음을 증명 받고자 함에 있으므로, 리스물건 이용자가 정당한 이유 없이 리스 목적물의 검수 및 인수를 거절하고 물건수령증을 발급하지 아니한 경우에는, 공평의 관념과 신의성실의 원칙상 물건수령증이 발급된 것과 같이 보아 리스물건 공급자로서는 리스회사에 대한 자신의 의무를 모두 이행한 것으로 봄이 상당하다.396)

상법은 금융리스이용자가 "금융리스물건수령증을 발급한 경우에는 금융리스계약 당사자 사이에 적합한 금융리스물건이 수령된 것으로 추정한다."(§168의3③). 따라서 금융리스업자의 금융리스물건에 대한 담보책임이 면제되는 시기는 적합한 금융리스물건을 인도하여 금융리스이용자가 이의 없이 그것을 수령한 시점이되, 금융리스이용자가 금융리스물건수령증을 발급하면 금융리스계약에 적합한 금융리스물건이 수령된 것으로 추정되므로 금융리스이용자의 반증이 없는 한 금융리스업자는 금융리스물건에 대한 담보책임을 면한다.397)

2) 금융리스료 지급의무

금융리스이용자는 "금융리스계약에서 정한 시기에 금융리스계약에 적합한 금융리스물건을 수령"(§168의3①) "함과 동시에 금융리스료를 지급하여야 한다."(§168의3②). 전술한 것처럼 금융리스이용자가 "금융리스물건수령증을 발급한 경우에는 금융리스계약 당사자 사이에 적합한 금융리스물건이 수령된 것으로 추정한다"(§168의3③).

금융리스이용자의 금융리스료지급의무는 이와 동시이행관계에 있는 금융리스물건의 수령시로부터 개시되는 것을 원칙으로 하되, 업계의 현실을 반영하여 리스물건수령증을 발급한 경우 금융리스물건을 수령한 것으로 추정한 것이다.

제168조의3 제2항은 임의규정이므로 금융리스계약의 당사자는 금융리스

---

396) 대법원 1998.4.14. 선고 98다6565 판결(이러한 경우 리스회사는 물건수령증의 교부가 없음을 들어 공급된 물건대금의 지급을 거절할 수 없다고 판시); 대법원 2001.11.27. 선고 99다61736 판결(이러한 경우 리스회사는 공급자에 대하여 리스물건의 발주계약을 해제할 수 없다고 판시).
397) 동지: 강정혜, "금융리스에 대한 개정 상법안의 쟁점," 『상사법연구』 제28권 제2호, 2009, 49~50면; 정찬형(15), 405면.

물건의 수령전이라도 금융리스료를 지급할 것을 약정할 수 있고[398], 금융리스업자는 금융리스물건수령증을 발급하기 전에도 금융리스계약에 적합한 금융리스물건이 인도된 사실을 증명하여 금융리스료 지급을 청구할 수 있다.

3) 금융리스물건의 유지 및 관리의무

금융리스이용자는 금융리스물건을 수령한 이후에는 선량한 관리자의 주의로 금융리스물건을 유지 및 관리하여야 한다(§168의3④).

금융리스거래에 있어서 금융리스이용자가 금융리스물건을 수령한 후에는 그 물건에 대한 유지·관리는 금융리스계약에서 정한 범위내에서 전적으로 금융리스이용자에게 맡겨지게 된다. 이것은 임대차계약의 경우에는 임대인이 계약존속중 그 사용, 수익에 필요한 상태를 유지하게 할 의무를 부담하는 것(민법 §623)과 다르다. 다만, 금융리스물건은 대내외적으로 금융리스업자의 소유이고 최종적으로는 공급자로부터의 취득자금의 회수 기타 손해에 대한 담보로서의 기능을 가지므로 상법은 금융리스이용자에게 금융리스물건의 유지·관리에 있어 선량한 관리자의 주의의무를 지우는 것이다.

대법원 2000.10.27. 선고 2000다40025 판결

시설대여(리스)회사인 상은리스 주식회사(이하 '상은리스'. 1999.11.6. 원고 한빛여신전문 주식회사에 합병됨)는 소외 한성자동차 주식회사로부터 이 사건 자동차를 구매하여 1995.8.25. 소외 주식회사 해강(이하 '소외 회사')과 사이에 이 사건 자동차를 소외 회사에 대여하는 내용의 리스계약을 체결하였다. 나. 상은리스와 소외 회사는, 위 계약체결시, 대여시설이용자인 소외 회사는 자기의 책임과 비용으로 관련 법령에 의거 자동차를 등록하고, 관할관청의 검사 등 행정지시를 철저히 이행하며, 선량한 관리자의 주의의무를 다하여 자동차가 항상 충분한 기능을 발휘할 수 있도록 유지·관리하여야 하고, 위 자동차에 대한 소유권은 그 등록명의가 소외 회사일 경우에도 상은리스에게 있다고 약정하였다. 상은리스는 1995.8.31. 소유자 명의를 소외 회사로 하여 이 사건 자동차에 관한 등록을 하였다. 한편, 피고 쌍용양회공업 주식회사는 소외 회사에 대한 자동차가압류결정을 받아 그 결정정본에 기하여 1998.5.19. 이 사건 자동차에 관하여 가압류집행을 하였다. 원심은, 구 시설대여업법 제13조의2 제1항(1998.1.1. 위 법률이 폐지되고 여신전문금융업법 제33조 제1항에 위 조항과 같은 내용이 규정됨)은 시설대여회사가 차량의 시설대여 등을 하는 경우에는 자동차관리법의 규정에

---

398) 강정혜, 앞의 논문, 49면; 정찬형(15), 405~406면.

불구하고, 대여시설이용자의 명의로 등록할 수 있다고 규정하고 있는바, 이를 같은 법 제13조의3 제1항, 자동차관리법 제8조 제1항, 제11조 제1항, 제12조 제1항과 종합하여 볼 때, 구 시설대여업법 제13조의2 제1항의 규정형식상 자동차관리법의 특정 조항(원고 주장대로 한다면 적용이 배제되어야 할 자동차관리법 제6조)이 명시적으로 적시되어 있지 않은 점, 또한 위 규정은 위와 같은 등록방식을 허용하는 허용규정일 뿐 강제규정이 아닌 점, 앞서 본 약정 등 이 사건 자동차를 소외 회사 명의로 등록하게 된 경우, 등록명의를 신뢰한 자에 대한 거래의 안전보호 등을 고려하면 자동차관리법상 차량의 등록은 그 관리의 목적과 사고발생시 손해배상책임문제 등을 원활히 해결하기 위해서 원칙적으로 그 소유자의 명의로 하도록 되어 있으나, 시설대여 등의 경우 비록 차량의 법적 소유권자는 시설대여회사이지만 실제 차량의 점유·사용자는 대여시설이용자이고, 또한 대여시설이용자가 시설대여기간 동안 당사자가 되어 차량의 소유자에게 부과되는 검사 등 그 물건의 유지·관리에 관한 각종 의무를 이행하거나 공과금 통지서의 수령 등에 있어 그 편의상 대여시설이용자의 명의로 등록할 필요성이 있으므로, 예외적으로 구 시설대여업법 제13조의2 제1항과 같이 차량의 이용자의 명의로 신탁하여 등록할 수 있고, 이와 같은 경우 자동차관리법 제6조에 따라 차량에 대한 소유권은 등록명의자에게 있다고 해석함이 상당하며, 따라서 이 사건 자동차는 비록 원고와 소외 회사 사이의 내부관계에 있어서는 원고의 소유라고 하더라도 대외적으로는 소외 회사의 소유라고 할 것이므로, 원고로서는 집행채권자로서 대외관계에 있는 피고에 대하여 내부적인 소유권으로써 대항할 수 없다고 판단하였다. 대법원은 "특정 물건의 소유권은 시설대여회사에게 남겨두고 시설이용자에게 일정 기간 대여하는 방식을 통하여 담보의 목적을 달성하고자 하는 시설대여(리스)의 특성과 시설대여산업을 육성하고자 하는 구 시설대여업법의 입법취지를 염두에 두고 위와 같은 관련 법률조항들을 종합하여 보면, 차량의 시설대여의 경우에도 대여 차량의 소유권은 시설대여회사에 유보되어 있음을 전제로 하고, 다만 현실적·경제적 필요에 따라 차량의 유지·관리에 관한 각종 행정상의 의무와 사고발생시의 손해배상책임은 시설대여이용자로 하여금 부담하도록 하면서 그 편의를 위하여 차량등록을 소유자인 시설대여회사 아닌 시설대여이용자 명의로 할 수 있도록 자동차관리법에 대한 특례규정을 둔 것으로 해석함이 상당하고, 따라서 구 시설대여업법 제13조의2에 의하여 시설대여이용자의 명의로 등록된 차량에 대한 소유권은 대내적으로는 물론 대외적으로도 시설대여회사에게 있는 것으로 보아야 할 것이다. 그리고 구 시설대여업법 제14조 제1항은 '시설대여회사는 시설대여 등(연불판매에 있어서 특정 물건의 소유권을 이전한 경우를 제외한다)을 하는 특정 물건에 대하여 재정경제부령이 정하는 바에 의하여 이를 표시하는 표지를 부착하여야 한다.'라고, 같은 조 제2항은 '당해 특정 물건의 시설대여 등을 한 시설대여회사 이외의 자는 제1항의 표지를 손괴 또는 제거하거나 그 내용 또는 부착위치를 변경하지 못한다.'라고 각 규정하고, 같은 법 제18조는 같은 법 제14조 제2항 위반행위에 대한 형사처벌을 규정하고 있는바, 이와 같은 규정이 있는 이상 위에서 본 바와 같이 시설대여회사를 차량의 소유자로 본다고 하더라도 거래의 안전을 크게 해할 염려는 없다고 할 것이다. 따라서 위와 같은 원심의 판단에는 구 시설대여업법 제13조의2 제1항을 잘못 해석하여 판결 결과에 영향을 미친 위법이 있다 할 것이고, 이를 지적하는 상고이유의 주장은 이유가 있다."고 판단하고 원심판결을 파기하고 사건을 원심법원에 환송하였다.

(3) 공급자의 의무

1) 금융리스물건의 인도의무

(가) 규정

금융리스물건의 공급자는 공급계약에서 정한 시기에 그 물건을 금융리스이용자에게 인도하여야 한다($^{§\ 168의}_{4①}$).

(나) 입법취지

제168조의4 제1항은 상행위인 금융리스거래의 법률관계에서 공급자의 신속한 이행을 강조하는 의미에서 둔 것으로 이해할 수 있다. 즉 공급자가 공급하는 공급물은 공급계약 당사자인 금융리스업자에게 인도되어서 다시 금융리스업자가 그 목적물을 인도하는 방식이 아니라 공급자로부터 금융리스이용자에게 직접 인도되어야 한다는 것을 명시함으로써 상행위인 금융리스거래의 법률관계에서 공급자의 신속한 이행을 강조한 것이다.

(다) 의무의 인정범위와 법적 성질

제168조의4 제1항의 인도의무에 관해서 ⅰ) 공급계약에 공급자는 금융리스업자와 금융리스이용자 사이에 체결된 금융리스계약의 이행을 위하여 공급물을 금융리스이용자에게 인도하여야 한다는 내용이 정해져 있는 경우에는 공급계약은 제3자(금융리스이용자)를 위한 계약($^{민법}_{§\ 539}$)이므로 공급자는 금융리스이용자에 대한 계약상의 의무이자 또한 상법이 인정한 특별한 법정의무로서 인도의무를 부담하는 것이고, 그러한 내용이 공급계약에서 정해지지 않은 경우에는 상법이 특별히 인정한 법정의무를 금융리스이용자에게 부담하는 것이라고 해석하는 견해(제1설)399)와 ⅱ) 이와 달리 위의 내용은 법률적으로 자신의 거래상대방이 아닌 자(금융리스이용자)에게 법적 책임을 져야 하는 공급자의 입장에서는 매우 당혹스러운 제도이므로 공급계약에서 그러한 내용을 정한 경우에 한하여 공급자는 168조의4 제1항에 따른 의무가 발생하고, 그렇지 않고 공급계약이 공급자와 금융리스업자 사이의 단순한

---

399) 정찬형(15), 407면(공급자의 이러한 의무는 금융리스업자와의 공급계약에 따른 제3자를 위한 의무(민법 §539)이고, 또한 법정의무라고 한다.).

매매계약으로 체결된 경우에는 금융리스이용자의 그러한 권리를 인정할 여지가 없고, 따라서 후자의 경우에는 금융리스이용자가 금융리스업자로부터 공급자에 대한 채권을 양도받아서 권리를 행사해야 할 것이라고 보는 견해(제2설)400)가 있다.

168조의4 제1항은 공급자의 누구에 대한 의무를 다룬 것인지 불명하고 공급자가 금융리스업자에 대해 지는 의무를 다룬 것이라면 이는 공급자와 금융리스업자 간의 계약의 이행을 촉구하는 당연한 규정으로서 별 의미를 갖지 못한다고 보는 지적401)이 있다. 이 의무의 내용은 공급자가 금융리스물건을 금융리스이용자에게 인도해야 한다는 것이지만 의무 자체는 금융리스업자에 대해 지는 공급계약상의 의무를 다룬 것이라 본다. 168조의4 제1항이 공급자와 금융리스업자 간의 계약의 이행을 촉구하는 당연한 규정을 넘어서 갖는 의미는, 공급자가 공급하는 공급물은 공급계약 당사자인 금융리스업자에게 인도되어서 다시 금융리스업자가 그 목적물을 인도하는 방식이 아니라, 공급자로부터 금융리스이용자에게 직접 인도되어야 한다는 것을 명시함으로써 상행위인 금융리스거래의 법률관계에서 공급자의 신속한 이행을 강조하는 취지에서 찾을 수 있다. 요컨대 168조의4 제1항은 금융리스거래의 신속한 이행을 위하여 공급자에게 상법이 특별히 인정한 법정의무를 지움으로써 본래 공급계약의 당사자가 아닌 금융리스이용자가 갖는 목적물의 신속한 인도청구권을 정하고 있다고 본다. 따라서 168조의4 제1항에 따른 공급자의 의무의 성질에 관해서는 제1설과 다르게 보지만, 그 적용범위는 제1설과 마찬가지로 공급계약의 형식에 제한을 받지 아니하고 인정된다고 본다.

2) 채무불이행시 금융리스이용자의 직접청구에 응할 의무

(가) 규정

만일 금융리스물건이 공급계약에서 정한 시기와 내용에 따라 공급되지 아

---

400) 이철송(15), 608면(제168조의4 제3항의 금융리스업자의 협력의무의 내용은 이러한 채권양도를 포함하는 의미라고 한다.).
401) 이철송(15), 607면.

니한 경우에 금융리스이용자는 공급자에게 직접 손해배상을 청구하거나 공급계약의 내용에 적합한 금융리스물건의 인도를 청구할 수 있다($^{\S\,168의}_{4②}$).

(나) 법적 성질

금융리스이용자의 이러한 직접청구권의 법적 성질에 관해서는, ⅰ) 본래는 금융리스업자로부터 공급자에 대한 권리를 양도받거나 또는 공급계약에 제3자인 금융리스이용자를 위하여 이러한 내용이 규정된 경우($^{민법}_{\S\,539}$)에만 금융리스이용자는 이러한 권리를 행사할 수 있을 것인데, 상법이 금융리스이용자를 보호하기 위하여 공급계약의 당사자가 아닌 금융리스이용자에게 특별히 부여한 법정 권리라고 보는 견해(제1설)[402]와 ⅱ) 이와 달리 위의 내용은 법률적으로 자신의 거래상대방이 아닌 자(금융리스이용자)에게 법적 책임을 져야 하는 공급자의 입장에서는 매우 당혹스러운 제도이므로 공급계약에서 그러한 내용을 정한 경우에 한하여 공급자는 168조의4 제2항에 따른 의무가 발생하고, 그렇지 않고 공급계약이 공급자와 금융리스업자 사이의 단순한 매매계약으로 체결된 경우에는 금융리스이용자의 그러한 권리를 인정할 여지가 없으므로 그 경우에는 금융리스이용자가 금융리스업자로부터 공급자에 대한 채권을 양도받아서 권리를 행사해야 할 것이라고 보는 견해(제2설)[403]가 갈린다.

생각건대 168조의4 제2항의 취지는 금융리스물건이 하자가 있는 등 공급자의 공급계약에 대한 채무불이행의 경우에, 금융리스이용자에게 공급자에 대하여 직접 손해배상을 청구하거나, 적합한 금융리스물건의 인도를 청구할 수 있는 권리(직접청구권)를 특별히 부여함($^{\S\,168의}_{4②}$)으로써 금융리스이용자의 편의를 도모하려는 것이고, 168조의4 제3항은 그러한 경우에 금융리스이용자는 공급계약의 당사자가 아닌 점에서 공급계약의 내용·조건 등을 파악하기 어려울 수 있으므로 공급계약의 당사자인 금융리스업자에게 그와 관련하여 직접청구권을 행사하는 데 필요한 협력의무를 부과한 것이라고 본다(제1설에 찬동).

---

402) 정찬형(15), 407면.
403) 이철송(15), 608면(제168조의4 제3항의 금융리스업자의 협력의무의 내용은 이러한 채권양도를 포함하는 의미라고 한다.).

(다) 제1항과 제2항의 관계

한편 제168조의4 제1항에 대해서는, 금융리스이용자의 직접청구권이 발생하기 위한 공급자의 인도의무불이행의 유형에 대해서 동조 제2항에서 "공급계약에서 정한 시기와 내용에 따라 공급되지 아니한 경우"를 규정하는 것과 달리 "공급계약에서 정한 시기에" 인도할 것을 규정하고 있는 점에서 균형이 맞지 않다는 지적404)이 있다. 이러한 견해는 동조 제1항이 제2항의 직접청구의 사유를 정한 것으로 보고 상호 일관되게 정하지 않은 점에서 균형이 맞지 않다고 보는 것 같다. 그러나 제168조의4 제1항과 제2항의 상관관계를 반드시 그렇게 볼 필요는 없다. 채무불이행에 관한 일반조항인 민법 제390조의 문언에서 "채무자가 채무의 내용에 좇은 이행을 하지 아니한 때", 즉 계약에서 정한 채무의 내용에 따라 이행을 하지 아니한 때라는 규정의 의미는 "법률규정·계약취지·거래관행·신의칙 등에 비추어 적당한 이행을 하지 아니한 때"라는 의미로서 계약에서 정한 인도시기, 주된 급부의 내용, 기본채무 이외의 용태의무 등이 모두 그 기준이 되는 것이다.405) 제168조의4 제2항에서 금융리스이용자의 직접청구권을 규정한 것은 금융리스계약의 공급자가 공급계약의 채무불이행(민법 §390)을 한 경우에 공급계약의 당사자가 아닌 금융리스이용자에게 손해배상 및 이행 청구를 할 권리를 부여하기 위한 것이므로, 이를 위하여 제168조의4 제1항에서 금융리스물건의 공급자는 공급계약의 채무를 이행하여야 한다는 것을 구태여 규정할 필요는 없다. 오히려 제2항에서 "금융리스물건이 공급계약에서 정한 시기와 내용에 따라 공급되지 아니한 경우"라고 규정할 것이 아니라 "공급자가 공급계약에서 정한 내용에 따라 공급하지 아니한 경우"와 같이 규정하는 편이 더 나았다고 생각된다. 목적물의 인도시기는 공급계약의 내용에 포함되기 때문이다.

---

404) 강정혜, 앞의 논문, 49면; 정찬형(15), 406면.
405) 곽윤직, 앞의 「채권총론」, 124~125면. 다만, 기본채무 이외의 용태의무의 위반은 채무불이행이 아니라는 반대설이 있다. 이은영, 「채권총론」, 1991, 124면.

(4) 금융리스계약의 해지

1) 금융리스업자의 해지

금융리스업자가 금융리스이용자의 책임 있는 사유로 금융리스계약을 해지하는 경우 잔존 금융리스료 상당액의 일시 지급 또는 금융리스물건의 반환을 청구할 수 있다($\S\ {168의5①}$). 이 청구는 금융리스업자의 금융리스이용자에 대한 손해배상청구에 영향을 미치지 아니한다($\S\ {168의5②}$).

"금융리스이용자의 책임있는 사유"란 금융리스료의 미지급, 금융리스물건의 관리부실 등 금융리스계약상의 채무불이행이 있는 경우이다.

금융리스업자가 금융리스이용자의 책임 있는 사유로 금융리스계약을 해지하는 경우 잔존 금융리스료 상당액의 일시 지급을 청구할 수 있게 한 것은 금융리스료가 금융리스물건에 대한 사용·수익의 대가가 아니라 금융리스이용자에게 제공한 여신(與信)의 분할변제에 해당한다는 특색을 반영한 것이다.[406]

금융리스업자가 금융리스이용자의 책임 있는 사유로 금융리스계약을 해지하는 경우 ① 잔존 금융리스료 상당액의 일시지급청구와 ② 금융리스물건의 반환청구를 선택적으로 할 수 있는 것인가 아니면 함께 청구할 수도 있는 것인가 에 대하여 i) 양자 모두 행사할 수 있지만 금융리스물건의 반환시의 그 물건의 잔존가치와 금융리스기간의 만료시의 그 물건의 잔존가치의 차액에 대해서는 청산해야 한다는 견해(제1설)[407]와 ii) 법문상 양자는 선택적으로 규정되어 있는 점, 양자는 단순히 금융리스업자의 권리행사의 방법을 예시한 것으로 볼 수 없고 금융리스계약의 해지의 효과를 구체화한 것으로 볼 수 있는 점, 금융리스업자가 양자 중 하나를 선택하여 행사한 결과 손해가 있으면 그에 대하여 손해배상을 청구할 수 있는 점 등에서 양자 중 택일하여 행사해야 한다는 견해(제2설)[408]가 갈린다. 생각건대 병존적으로 청구가 가능한 권리의 경우에는 제168조의5 제1항과 같은 형식으로 법문을 구성하지

---

[406] 강정혜, 앞의 논문, 53면.
[407] 강정혜, 앞의 논문, 54면.
[408] 정찬형(15), 408면.

않는 것이 통례이므로 제2설과 같이 해석하여야 한다고 생각된다. 그러나 입법론으로서는 해지후 정산방법의 제한이 금융리스업자에게 공연한 불편이나 사무번잡을 가져올 수도 있는 점에서 필요가 있으면 잔존 금융리스료 상당액의 일시 지급과 금융리스물건의 반환을 함께 청구할 수도 있게 개정할 필요성이 인정된다.

2) 금융리스이용자의 해지

금융리스이용자는 중대한 사정변경으로 인하여 금융리스물건을 계속 사용할 수 없는 경우에는 3개월 전에 예고하고 금융리스계약을 해지할 수 있다(§168의5 ③전단). 이 경우 금융리스이용자는 계약의 해지로 인하여 금융리스업자에게 발생한 손해를 배상하여야 한다(§168의5 ③후단).

종전에 판례나 산업은행의 리스약관은 금융리스이용자는 금융리스기간 중 원칙적으로 금융리스계약을 해지할 수 없다고 하였었다. 그러나 2010년 개정상법은 형평의 원리상 리스이용자가 중대한 사정변경으로 인하여 금융리스물건을 계속 사용할 수 없는 경우에는 3개월 전에 예고하고 금융리스업자에게 그로 인하여 발생한 손해를 배상하는 것을 조건으로 하여 금융리스계약을 해지할 수 있도록 하였다. 따라서 이 규정은 강행규정으로 해석하는 것이 타당하다.[409]

금융리스업자는 금융리스물건의 공급자와 리스계약 해지사유가 발생하는 경우 등에는 공급자가 재매입하기로 하는 재매입약정을 하는 경우가 있는데, 리스물건이 범용성이나 시장성을 결여하여 그 처분가액으로 취득자금을 회수하기 어려운 경우 리스회사가 리스계약에서 리스물건의 취득자금 회수와 기타 손해 전보를 확보하기 위한 조치를 취해 둘 필요가 있으므로 이러한 약정은 특별한 사유가 없는 한 유효하다.[410] 그러나 금융리스업자의 재매입

---

409) 강정혜, 앞의 논문, 55면; 이철송(15), 610면; 정찬형(15), 408면.
410) 대법원 2012.3.29. 선고 2010다16199 판결(리스회사인 갑 주식회사가 고가의 의료기기인 디스크감압치료기를 리스물건으로 공급한 의료기기 판매업자 을과 리스물건 재매입약정을 체결하면서 "갑 회사와 리스이용자 병 사이에 체결된 리스계약에서 정한 계약해지사유가 발생하던 갑 회사의 요청에 따라 을이 리스물건의 상태 및 존

청구가 정당한 사유 없이 너무 오래 지체된 경우에는 그 지체로 말미암아 공급자가 입은 손해를 평가한 후 신의칙상 재매입 대금 지급책임을 합리적인 범위내로 제한할 수 있다.411)

리스회사가 리스물건인 자동차의 구입대금 중 일부를 리스이용자에게 금융리스의 형태로 제공하고 리스회사 명의로 자동차소유권 등록을 해 둔 다음 공여된 리스자금을 리스료로 분할 회수하는 리스계약관계에서, 리스이용자가 그 자동차를 제3자에게 매도하고 리스계약관계를 승계하도록 하면서 매매대금과 장래 리스료 채무의 차액 상당을 매수인으로부터 지급받은 경우, 그 리스이용자는 리스회사와의 리스계약관계에서는 탈퇴하지만 매수인에 대한 소유권이전의무 및 매도인으로서의 담보책임은 여전히 부담한다.412)

재 유무에 상관없이 리스계약에서 정한 규정손해금을 매입대금으로 하여 무조건 리스물건을 매수하여야 한다"는 내용의 조항을 둔 사안에서, 금융리스계약의 본질적 기능이 리스이용자에게 리스물건의 취득자금에 대한 금융 편의를 제공하는 데 있고, 디스크감압치료기와 같이 리스물건이 범용성이나 시장성을 결여하여 그 처분가액으로 취득자금을 회수하기 어려운 경우 리스회사가 리스계약에서 리스물건의 취득자금 회수와 기타 손해 전보를 확보하기 위한 조치를 취해 둘 필요가 있으며, 리스물건 공급자의 입장에서도 금융리스제도의 이용으로 판로가 제한된 고가의 리스물건을 보다 용이하게 판매할 수 있고 매매대금을 일시에 지급받는 이익을 누릴 수 있는 점 등에 비추어, 위 조항이 구 약관의 규제에 관한 법률 제6조 제1항 및 제2항 제1호에서 정한 '신의성실의 원칙에 반하여 공정을 잃은 약관 조항 및 고객에 대하여 부당하게 불리한 조항' 또는 제7조 제2호에서 정한 '상당한 이유 없이 사업자의 손해배상범위를 제한하거나 사업자가 부담하여야 할 위험을 고객에게 이전시키는 조항'에 해당하여 무효라고 보기 어렵다고 한 사례).

411) 대법원 2013.2.14. 선고 2010다59622 판결(리스회사인 갑 주식회사가 리스대상 물건 공급자인 을 주식회사와 "리스계약 해지사유가 발생하는 등 재매입사유가 발생한 경우, 을 회사는 갑 회사의 요청에 따라 리스대상 물건을 재매입하여야 한다"는 내용의 재매입약정을 한 사안에서, 재매입사유가 발생한 날부터 1년 4개월 남짓이 경과하여 비로소 행사된 갑 회사의 재매입청구는 정당한 사유 없이 행사가 지체되었다고 보아야 하므로, 갑 회사의 재매입청구 지체로 말미암아 을 회사가 어떠한 손해를 입었는지를 살펴본 후 갑 회사가 재매입약정에 의한 재매입 대금 지급책임 전부의 이행을 청구하는 것이 신의칙에 반하여 용납될 수 없어 을 회사의 재매입 대금 지급책임을 합리적인 범위 내로 제한할 수 있는지 심리·판단하였어야 한다고 판시.).

412) 대법원 2013.6.13. 선고 2012다100890 판결(피고는 2006년 9월경 현대캐피탈 주식회사(이하 '현대캐피탈')와 사이에 이 사건 자동차의 대금 중 일부를 현대캐피탈이 피고에게 금융리스의 형태로 제공하되 자동차의 소유권은 현대캐피탈의 명의로 해 두

기로 하고, 2009년 9월경까지 36개월의 리스기간 동안 피고가 리스료를 모두 지급하면 피고가 자동차의 소유권을 취득하기로 하는 내용의 금융리스계약을 체결하였다. 2008.7.12.경 원고와 피고 사이에 이 사건 자동차에 관한 매매계약서가 작성되었는데, 그 주요 내용은 이 사건 자동차의 매매대금 2,870만 원 중 리스원금 940만 원은 원고가 승계하고 나머지 1,930만 원은 원고가 피고에게 지급한다는 것이었다. 원고는 2008.7.17. 피고 및 현대캐피탈과 사이에, 원고가 피고로부터 위 리스이용자의 지위를 승계하고, 현대캐피탈이 이에 동의하기로 하는 내용의 이 사건 리스승계계약을 체결하였다. 원고는 그 무렵 피고에게 위 1,930만 원을 지급한 뒤 이 사건 자동차를 인도받았고, 현대캐피탈에 리스계약의 종료일까지 15개월 동안 매달 688,541원의 리스료를 지급하였다. 그 와중에 소외인은 2009.6.17.경 이 사건 자동차의 원래 소유자가 자신이라고 주장하며 현대캐피탈을 상대로 소유권이전등록절차의 이행을 구하는 소송을 제기하였고, 그 소송에서 현대캐피탈은 소외인에게 소유권이전등록절차를 이행하라는 취지의 조정에 갈음하는 결정이 확정되었다. 이에 원고는 소외인의 청구에 따라 2010년 6월경 소외인에게 위 자동차를 인도하였다. 원심은 원고의 청구원인에는 이 사건 자동차에 관한 소유권이전등록절차의 이행불능으로 인한 손해의 배상을 구하는 취지까지 포함되어 있다고 전제한 다음, 당초의 이 사건 자동차에 관한 금융리스계약에서 리스이용자의 지위에 있던 피고는 이 사건 리스승계계약을 통해 계약관계에서 탈퇴하였으므로, 리스이용자의 지위를 승계한 원고가 이후 잔여 리스료를 완납하였음에도 불구하고 이 사건 자동차의 소유자가 제3자인 것으로 밝혀지는 바람에 소유권을 취득하지 못하게 되었다고 하더라도, 피고는 원고에게 아무런 책임도 지지 않는다는 취지로 판단하였다. 대법원은 "원고는 원심에서, 이 사건 리스승계계약과 별도로 원고와 피고 사이에 체결된 이 사건 자동차에 관한 매매계약에서 총 매매대금 2,870만 원 중 940만 원은 피고와 현대캐피탈 사이의 리스계약을 원고가 승계하는 것으로 해결하고 나머지 1,930만 원은 원고가 피고에게 직접 지급하기로 하였으므로, 피고는 위 매매계약에 따라 원고에게 이 사건 자동차에 관한 소유권을 넘겨줄 의무가 있는데, 그 의무가 이행불능이 되었으므로 피고는 원고에게 그에 따른 손해를 배상하여야 한다는 취지로 주장하였다. ·· 이 사건 리스승계계약과 별도로 원고와 피고 사이에서 위와 같은 내용의 매매계약이 체결되었다고 볼 여지도 충분해 보인다. ··· 원고의 위와 같은 주장은 피고에 대하여 단순히 이 사건 리스승계계약에 따른 책임만을 추궁하는 것이 아니라, 위 매매계약의 매도인으로서의 채무불이행책임 내지 매매계약의 목적물을 추탈당한 데 따른 담보책임을 추궁하는 것으로도 볼 수 있다. 따라서 원심으로서는 석명권을 적절히 행사하여 원고의 주장취지를 명확히 한 다음 이에 대하여 심리·판단하였어야 할 것이다."고 판시하고 원심판결을 파기하고 사건을 원심법원에 환송하였다.).

제2절 가맹업(加盟業)

1. 총설

(1) 가맹업의 의의

가맹업자(加盟業者)는 자신의 상호·상표 등의 사용허락에 의한 영업을 하는 상인($\S\S 4, 46 \times \times$)이며, 가맹상(加盟商)은 가맹업자로부터 그의 상호·상표 등을 사용할 것을 허락받아 가맹업자가 지정하는 품질기준이나 영업방식에 따라 영업을 하는 독립 상인이다($\S 168조의6$). 가맹업(franchise, franchising)이란 이러한 가맹업자와 수인의 가맹상들 간의 계속적 계약관계를 기반으로 이루어지는 영업이다. 가맹상이 가맹본부로부터 가맹계약을 통하여 상호·상표 등의 사용허락을 받고 품질기준이나 영업방식에 관한 통제와 지원을 받는 행위는 고객과의 상행위를 하기 위한 보조적 상행위에 해당한다.

2002년 제정된 「가맹사업거래의 공정화에 관한 법률」(약칭: "가맹사업법")은 우리나라에서 가맹업에 적용된 최초의 법률이다. 이 법은 가맹업에 있어서 불가피한 요소인 가맹업자가 가맹상들에게 품질기준 등의 준수를 강제하는 통제(contol)가 불공정거래행위로 변질되는 것을 방지하기 위하여 국가가 후견적으로 개입하여 가맹계약관계의 공정성을 제고하기 위한 내용을 담고 있는 경제법의 일종으로 특별상사법이다. 가맹사업법은 가맹업을 "가맹본부가 가맹점사업자로 하여금 자기의 상표·서비스표·상호·간판 그 밖의 영업표지(이하 '영업표지'라 한다)를 사용하여 일정한 품질기준이나 영업방식에 따라 상품(원재료 및 부재료를 포함한다) 또는 용역을 판매하도록 함과 아울러 이에 따른 경영 및 영업활동 등에 대한 지원·교육과 통제를 하며, 가맹점사업자는 영업표지의 사용과 경영 및 영업활동 등에 대한 지원·교육의 대가로 가맹본부에 가맹금을 지급하는 계속적인 거래관계"를 말한다고 정의하고 있다($\S 2.1^{동법}$).

(2) 연혁

가맹업은 현재 전세계적으로 이용되고 있지만[413] 현재 이를 주도하는 국가는 미국이다. 미국은 1930년대에 패스트푸드점과 같은 요식업계에서 이를 처음 사용하기 시작하였고, 대공황기에는 모텔업에도 이용되기 시작하였다. 미국에서 가맹업에 대한 법적 규제는 연방차원과 주차원에서 각기 행해지는데, 연방차원에서는 연방거래위원회(FTC)가 1979년에 제정한 프랜차이즈규칙(Disclosure Requirements and Prohibition Concerning Franchising and Business Opportunity Ventures: Franchise Rule)[414]이 적용된다. 이 규칙은 미국의 서로 다른 주와 주 사이에 행해지는 거래에서 프랜차이즈에 관여하는 모든 기업들에게 세부적인 공시요건을 부과함으로써 가맹계약 체결 이전에 가맹희망자들에게 해당 가맹업의 중요정보를 확인할 수 있게 함으로써 기만적이거나 불공정한 가맹계약을 방지한다. 이는 가맹업자가 가맹희망자(prospective franchisees)에게 ① 가맹업자의 영업, 경영 및 배경 등에 관한 정보, ② 가맹상의 신원, 장소 및 성과에 관한 상세한 정보, ③ 가맹계약의 조건에 관한 설명 등을 제공하도록 요구한다.[415] 가맹업자가 이를 불이행하면 "기만적 또는 불공정 관행"을 금지하는 연방거래위원회법 제5조 위반이 되어 FTC가 제기한 소송에서 법원 판결에 의하여 과징금(civil penalties)을 부과받을 수 있다. 주(州) 차원에서는 가맹계약의 실체적 내용을 규제하는 주법이 주에 따라 1960년대 또는 1970년대부터 시행되고 있다. 2004년 현재 17개 주와 푸에르토리코, 버진 아일랜드에서는 가맹업자의 정당한 이유가 없는 가맹계약 해지 또는 갱신거절에 대하여 일정하게 제한하는 법[416]을 시행하고 있으며, 이들 법규상의 가맹업(franchise) 개념의 광범성으로 인하여 가맹계약만이 아니라 전통적인 공급자와 도소매상 등의 배급업자 사이의 관계, 공급자와 대리상 사이의 관계에도 적용되고 있다. 그밖의 주들에서는

---

413) 2004년 현재 전세계 33개국에 가맹업을 규율하는 개별법이 있으며, 그 외의 국가에도 간접적으로 규율하는 법률은 대개 있다.
414) 16 C.F.R. §§436.1~3.
415) Id. §436.1(a).
416) 예컨대, 캘리포니아주 가맹관계법(Franchise Relations Act), CAL. BUS. & PROF. CODE §§80C.14(3), (4); 워싱턴주 가맹업투자보호법(Franchise Investment Protection Act), WASH. REV. CODE ANN. §§19.100.010~19.100.940 델라웨어즈 가맹업안전법(Franchise Security Act), DEL. CODE ANN. tit. 6, §2552 등.

가맹업자에게 등록을 요구하거나 가맹희망자들에게 사업계획서를 교부할 것을 요구하고[417], 일부 주법은 가맹업자의 등록제를 시행하면서 정당한 이유가 없는 가맹계약의 해지도 제한한다.[418] 또한 미국의 모든 주는 각각 주독점금지법을 갖고 있기 때문에 가맹업자와 가맹상들 사이의 거래가 경쟁을 제한하거나 불공정한 것이 되면 그 법에 의해서도 규제를 받는다.

우리나라에서는 1995년에 처음 상법 제46조에 가맹업에 관한 행위가 기본적 상행위의 일종으로 도입되었지만($\S\S\,^{46}_{xx}$), 가맹계약관계에 대한 실체조항이 결여되어 있는 상태에서 가맹사업법, 민법, 약관 등의 규율을 받았다. 그러다가 2010년 개정상법은 상행위법 제13장에 가맹업자와 가맹상의 기본적 관계에 관하여 규율하는 5개 조의 규정($\S\S\,^{168의6}_{-168의10}$)을 신설하였다. 그 전까지 가맹사업법·가맹사업진흥법[419]에서는 franchise · franchisor · franchisee를 가맹사업 · 가맹본부 · 가맹점사업자라고 번역해서 사용하여 왔으나 상법은 이를 '가맹업', '가맹업자', '가맹상'이란 용어로 수정하여 입법하였다.

〈용어의 비교〉

	가맹사업법	상법
franchise	가맹사업*	가맹업
franchisor	가맹본부*	가맹업자
franchisee	가맹점사업자*	가맹상
franchise contract	가맹계약*	가맹계약
franchise fee	가맹금	규정 없음

---

417) 예컨대, 메릴랜드주 가맹업 등록 및 공시법(Franchise Registration and Disclosure Act), MD. CODE ANN., BUS. REG. §§14-214(a), 14-216; 위스컨신주 가맹업투자법 (Franchise Investment Law), WIS. STAT. ANN. §§553.21, 553.27(4) 등.

418) 예컨대, 하와이주 가맹업투자법(Franchise Investment Law), HAW. REV. STAT. ANN. §§482E-3(c), 482E-6(2)(H); 일리노이주 가맹업공시법(Franchise Disclosure Act), 815 Ill. COMP. STAT. ANN. 705/10, 705/19(a).

419) 2007년 제정된 「가맹사업 진흥에 관한 법률」(약칭: "가맹사업진흥법")은 가맹업 발전의 기반 형성과 관련된 정부의 책무와 역할을 규정한 행정법이다.

* 가맹사업법과 가맹사업진흥법이 동일한 용어를 사용하고 있고, 가맹본부와 가맹점사업자를 합하여 '가맹사업자'로 통칭한다(§ 2 ⅲ). 다만 가맹사업진흥법에는 상법과 마찬가지로 가맹금에 관한 규정은 없다.

(3) 가맹업의 경제적 기능

1) 장점

'프랜차이즈(franchise)'라는 단어는 본래 '자유' 또는 '자유로운'의 의미를 가진 불어의 franc에서 파생된 말이다.[420] 이상적인 가맹계약관계에서, 각 당사자들은 각자가 자유롭게 가장 잘 할 수 있는 것에 특화하고 자기와 타인의 노력에서 이익을 얻을 수 있다. 가맹업자로서는 직접투자 없이 영업지역을 확장할 수 있고, 가맹금을 받아서 수입을 올릴 수 있으며 경영상 위험을 전가하거나 분산할 수 있다. 가맹상으로서는 일반에 널리 알려진 가맹업자의 상표·서비스표·상호·간판 그 밖의 영업표지를 사용함으로써 그 명성·평판에 편승할 수 있고, 가맹업자의 지원에 의하여 보다 일찍 자신이 처음 도전하는 분야에서도 숙련된 사업을 행함으로써 위험을 줄일 수 있다. 또한 가맹상은 운영상의 규모의 경제를 누릴 수 있고, 다른 가맹상들의 축적된 지식을 이용할 수 있다. 가맹업자 입장에서는 영업지역을 확대하는 방법 가운데 지점 설치에 의한 직영점 방식에 비하여 대리상을 이용하는 때와 유사한 장점이 있다. 예컨대, 가맹상은 자기의 사업이므로 상업사용인에 비하여 더 능동적으로 시장상황의 변화에 민첩하게 대응할 가능성이 많고, 상업사용인의 경우와 같은 도덕적 해이(moral hazard)나 대리인 비용(agent cost)[421]을 줄일 수 있다는 점을 들 수 있다.

---

420) http://en.wikipedia.org/wiki/Franchising.
421) 이것은 상업사용인의 경우에는 항상 그 보상이 그 매장의 성과와 연계되지 않는 점에서 비롯된다. 비록 지배인의 보상의 일부가 자기가 일하는 매장의 수익·매출 또는 비용을 기준으로 산정되는 상여금의 형식이라고 해도, 그것 때문에 지배인의 이해관계가 영업주의 그것과 완전히 결부되지는 않는다. 그 결과, 지배인은 영업주가 바라는 것보다 적은 노력만을 기울이며, 자기의 행위의 풀코스트를 부담하지 않기 때문에 요령을 피우고, 부수입을 올리는 일에 종사할 수 있다.

2) 단점

가맹계약에 있어서는 가맹상은 가맹업자와 "독립적인 지위"에 있는 상인이면서도 가맹업자의 일정한 '통제'(control)를 받아야 하고,[422] 가맹금을 내야 하며, 영업양도가 자유롭지 못하다는 단점이 있다.[423] 가맹업자의 입장에서는 가맹상은 어느 정도 경험을 축적하면 독립하려고 할 가능성이 있는 잠재적 경쟁자라는 점에서 경계가 필요하다는 점, 가맹상이 품질 및 서비스의 기준을 준수하는지 항상 감시해야 한다는 점, 어느 일부의 가맹상의 실패가 가맹업자의 가맹업 시스템 전체에 악영향을 미칠 수 있다는 점 등의 단점이 있다.[424]

2. 가맹업의 종류

(1) 제1세대 가맹업과 제2세대 가맹업

가맹업은 가맹업자와 가맹상간의 경제력의 우열관계, 출현시기, 프랜차이즈의 범위 등을 기준으로 제1세대 가맹업(first generation franchise)[425]과 제2세대 가맹업(second generation franchise)[426]으로 구분할 수 있다. 전자는 초기에 출현한 것으로서 제조자 가맹업이 대부분이고 상품의 분배내지 유통에 관한 협정으로 가맹업자가 가맹상에 비해 우월한 경제력을 보유하며 가맹업자가 주도권을 갖고 자신의 제품을 유통하기 위하여 프랜차이즈를 이용하는 형태라고 할 수 있다. 제1세대 가맹업의 예로는 Exon-Mobile, Shell, Chevron, SK networks 등의 주유소 가맹업과 현대, 기아, 르노삼성, GM대우, 메르세데

---

422) 최영홍, 「가맹계약론」, 자유출판사, 2003, 47~55면.
423) 정동윤(12), 318~319면; 최준선(13), 426면.
424) 정동윤(12), 319면; 최준선(13), 426면.
425) 이는 배급가맹업(distributorship franchise) 내지 소매연쇄점가맹업(chain store franchise)이라고 볼 수 있다.
426) 이는 사업형식가맹업(business format franchise) 내지 제조겸업가맹업(manufacturing franchise)이라고 볼 수 있다.

스 벤츠 등의 자동차딜러 가맹업을 들 수 있다. 이에 대해 제2세대 가맹업은 나중에 출현한 것으로서 가맹상이 가맹업자와 대등하거나 오히려 능가하는 경제력을 보유하고 가맹업자가 갖고 있는 사업형식이나 노우하우 또는 판매 전략을 이용하여 스스로 제품을 생산하거나 조달하여 사업을 영위하는 형태라고 할 수 있다. 제2세대 가맹업의 예로는 Hilton, Hyatt, Sheraton, Holiday Inns 등의 호텔 가맹업이 있다.

(2) 상품가맹업과 용역가맹업

가맹업은 또한 가맹상이 고객과 거래하는 대상을 기준으로 상품가맹업(product franchise)과 용역가맹업(service franchise)으로 구별할 수 있다.

(3) 개인기업형 가맹업과 회사형 가맹업

가맹업은 개인기업형 가맹업과 회사형 가맹업(corporate franchise)으로 구분할 수도 있다. 전자는 가맹점의 매장 하나하나가 개인기업에 속하는 형태이고, 후자는 가맹상이 법인, 즉 회사로서 복수의 매장을 소유하고 경영하는 형태이다.[427] 후자는 가맹업자가 가맹상을 통제하는 비용을 최소화하는 방법의 하나이며 기업형 가맹업의 가맹상은 가맹업자와의 협상에 있어 통일된 창구를 통하게 되므로 가맹업자 입장에서는 협상력이 상대적으로 감소하지만 의사소통과 분쟁해결을 위한 비용과 입증책임이 경감되므로 전체적으로는 더 유리할 수도 있다. 소규모의 개인기업형 매장의 기업가적 에너지와 효율성은 거대한 회사형 가맹업이 그 자체 경영시스템을 설치해야 하는 경우에는 일부 상실될 것이다. 그러나 잘 짜여진 회사형 가맹업은 이 손실을 최소화할 수 있고, 그 손실도 복수의 매장 경영과 규모의 경제라는 이익에 의해 상쇄할 수 있다.

---

427) 기업형 프랜차이즈는 1970년대에 Holiday Inns 호텔체인의 1,099개 가맹점중 48개를 소유한 것으로 기록된 기업형 가맹상의 예가 있다. American Motors Inns, Inc. v. Holiday Inns, Inc., 512 F.2d 1230, 1235 (3d Cir. 1975).

(4) 기타

가맹업에는 당사자의 담당 거래단계별로 생산자와 도매상 사이의 가맹업, 도매상과 소매상 사이의 가맹업, 소매상과 생산자 사이의 가맹업, 소매상과 소매상 사이의 가맹업 등이 있다.

3. 가맹계약의 구조

(1) 당사자

가맹계약의 당사자는 가맹업자(franchisor)와 가맹상(franchisee)이다.

(2) 구조

가맹계약관계는 ① 가맹업자의 가맹상에 대한 상호·상표 등의 브랜드와 영업표지의 사용허락, ② 가맹업자의 가맹상에 대한 상품이나 역무의 품질이나 영업방식에 대한 통제, ③ 가맹상의 가맹업자에 대한 가맹금 지급이라는 세 가지의 구조를 갖고 있다. 이처럼 "가맹업자-가맹상-고객"으로 이어지는 가맹업의 거래단계에 있어서 가맹업에 관한 상법의 특칙($\S\S\,168의6\sim168의10$)이 적용되는 부분은 "가맹업자-가맹상"의 부분이고, "가맹상-고객"의 부분은 그 해당하는 종류별로 우리가 앞에서 살펴보았던 개개의 상행위법이 적용된다.

4. 가맹계약의 법적 성질

(1) 가맹계약은 계속적 채권계약이고, 비전형계약으로서 매매·임대차·도급·위임·노무공급 등의 요소가 포함될 수 있는 혼합계약이다.[428]

(2) 가맹계약은 가맹업자와 가맹상이 서로 대가관계에 있는 의무를 상호 부담하는 유상·쌍무계약이다.[429]

---

[428] 강위두·임재호(11), 401면; 안강현(15), 350~351면; 이철송(15), 614면; 정동윤(12), 320~321면; 최준선(13), 429면.
[429] 최준선(13), 429면.

5. 가맹거래의 법률관계

(1) 내부관계

1) 가맹업자의 의무

상법은 가맹사업법에 규정된 가맹업자의 의무를 참조하여 그 중 핵심적인 내용을 추출하여 다음과 같이 가맹업자의 의무로 규정하였다. 가맹계약에 따른 상품·용역의 제공의무 등 그 나머지 사항에 관해서는 당사자 간의 계약에 따른 자치에 맡기고 있다.

(가) 지원의무

가맹업자는 가맹상의 영업을 위하여 필요한 지원을 하여야 한다(§168의7①). 통상 가맹업자는 가맹상에게 자신의 널리 인식된 상호·상표·서비스표·로고 등 일정한 브랜드 및 영업표지를 사용할 수 있게 하고 일정한 상품·용역의 품질기준의 제시와 그 준수를 위한 방법이나 운영 매뉴얼의 제공, 직원훈련·인력관리에 관한 조언, 장부작성방법·마케팅, 그리고 매장 위치선정 등에 있어서의 직접적 지원 등 영업방식·관리기법·노우하우 등을 지시·제공하여 가맹상들이 개성을 배제하고 그 기준이나 방식을 통일적으로 적용하여 고객들이 기대하는 일정한 품질수준이 보장된 상품이나 용역을 제공하는 형태로 영업을 할 수 있게 한다.

(나) 경업피지의무

가맹업자는 다른 약정이 없으면 가맹상의 영업지역 내에서 동일 또는 유사한 업종의 영업을 하거나, 동일 또는 유사한 업종의 가맹계약을 체결할 수 없다(§168의7②). 이것은 가맹상의 영업권을 보장하기 위한 것이다.[430]

미국의 경우 가맹계약에서 경업금지의무는 당사자 사이의 자치에 맡기고 있으나[431] 상법은 이를 가맹업자의 의무로 규정하되 당사자간의 약정으로

---

[430] 정동윤(12), 321면.
[431] 가맹업자가 기존 가맹상에 너무 가깝게 직영점이나 가맹상의 영업점을 신설하는 행위를 가맹업자의 상권잠식(encroachment)이라고 하는데, 미국의 연방법원이나 주법원

배제할 수 있도록 하였다.

　가맹사업법은 가맹업자의 의무 가운데 하나로서 가맹계약기간중 가맹상의 영업지역안에서 자기의 직영점을 설치하거나 가맹상과 유사한 업종의 가맹상의 영업점을 설치하는 행위를 금지하고($^{가맹사업}_{법\S5\text{VI}}$), 가맹업자는 정당한 사유 없이 가맹계약기간 중 가맹상의 영업지역 안에서 가맹상과 동일한 업종(수요층의 지역적·인적 범위, 취급품목, 영업형태 및 방식 등에 비추어 동일하다고 인식될 수 있을 정도의 업종을 말한다)의 자기 또는 계열회사(공정거래법 제2조제3호에 따른 계열회사를 말한다)의 직영점이나 가맹점을 설치하는 행위를 하여서는 아니 된다($^{가맹사업법}_{\S12의4③}$)고 규정한다.[432] 만일 가맹업자가 동법 제12조의4 제3항에 위반한 때에는 공정거래위원회는 가맹금 반환, 위반행위의 중지, 위반내용의 시정을 위한 필요한 계획 또는 행위의 보고 그 밖에 위반행위의 시정에 필요한 조치를 명할 수 있고($^{동법}_{\S33①}$), 대통령령으로 정하는 매출액(대통령령으로 정하는 사업자의 경우에는 영업수익을 말한다)에 100분의 2를 곱한 금액을 초과하지 아니하는 범위에서(다만, 그 위반행위를 한 가맹본부가 매출액이 없거나 매출액의 산정이 곤란한 경우로서 대통령령으로 정하는 경우에는 5억원을 초과하지 아니하는 범위에서) 과징금을 부과할 수 있다($^{동법}_{\S35①}$). 공정거래위원회는 가맹업자에 대하여 시정조치를 명할 시간적 여유가 없는 경우에는 시정을 권고할 수 있다($^{\S34①}_{제1문}$). 그러나 분쟁당사자의 신청에 의하여 한국공정거래조정원에 설치된 가맹사업거래분쟁조정협의회의 조정이 이루어진 경우에는 특별한 사유가 없는 한 공정거래위원회는 시정조치 및 시정권고를 하지 아니한다($^{\S33}_{②}$).

　　　에서는 경업금지의무위반의 한 유형이라고 볼 수 있는 가맹업자의 상권잠식행위에 대하여 가맹계약의 내용을 해석하여 그 유효성 여부를 판단하고 있다. 최영홍, "프랜차이즈계약에서의 상권잠식의 법리," 경쟁법연구 제30권, 2014, 360~362면.

432) 가맹업자의 상권잠식 행위는 기존의 가맹상에게는 손해를 끼치지만 가맹업자와 나머지 가맹상들에게는 브랜드 인지도의 향상, 광고 및 판촉효과의 증대, 원자재의 구매력 강화 등으로 이어져서 이익을 줄 수 있다는 점에 관해서는 최영홍, 앞의 "프랜차이즈계약에서의 상권잠식의 법리," 356~358면.

2) 가맹상의 의무

(가) 가맹금 지급의무

가맹상은 가맹업자에 대하여 그 가맹업자의 브랜드 및 영업표지에 대한 고객들의 평판에 편승하고 가맹업자로부터 여러 가지 지원을 받는 것에 대한 반대급부로 가맹금(franchise fee)을 내야 한다. 상법은 가맹금을 가맹업의 요건으로 명시하지 않았으나 가맹상과의 관계에서 가맹업자가 하는 위의 행위는 상인의 영업범위내에서의 가맹상을 위한 행위이므로 당연히 유상성이 전제된다(§61).

실제로 가맹금의 지급방식은 그 시기·형태별로 가입비 형식으로 가맹계약 체결시에 지급하고 계약갱신시에 다시 지급하는 방식, 매영업기마다 주기적으로 지급하는 방식, 가맹업자로부터 공급받는 상품·원재료·소모품의 가격에 일정비율로 포함하여 지급하는 방식 등이 있고, 가맹금의 산정기준도 매 가맹상마다 동일한 비율로 산정하거나 가맹상별로 매장의 규모·위치·매출액·순익 등에 따라 차등하게 산정하는 등 여러 가지 유형이 있다. 그런 점에서 가맹금을 상법에 규정하는 것은 쉽지 않았을 것이다.[433]

---

[433] 가맹사업법은 가맹금을 다음과 같이 정의하고 있다(§2 vi): "가맹금"이란 명칭이나 지급형태가 어떻든 간에 다음 각 목의 어느 하나에 해당하는 대가를 말한다. 다만, 가맹본부에 귀속되지 아니하는 것으로서 대통령령으로 정하는 대가를 제외한다.
  가. 가입비·입회비·가맹비·교육비 또는 계약금 등 가맹점사업자가 영업표지의 사용허락 등 가맹점운영권이나 영업활동에 대한 지원·교육 등을 받기 위하여 가맹본부에 지급하는 대가
  나. 가맹점사업자가 가맹본부로부터 공급받는 상품의 대금 등에 관한 채무액이나 손해배상액의 지급을 담보하기 위하여 가맹본부에 지급하는 대가
  다. 가맹점사업자가 가맹점운영권을 부여받을 당시에 가맹사업을 착수하기 위하여 가맹본부로부터 공급받는 정착물·설비·상품의 가격 또는 부동산의 임차료 명목으로 가맹본부에 지급하는 대가
  라. 가맹점사업자가 가맹본부와의 계약에 의하여 허락받은 영업표지의 사용과 영업활동 등에 관한 지원·교육, 그 밖의 사항에 대하여 가맹본부에 정기적으로 또는 비정기적으로 지급하는 대가로서 대통령령으로 정하는 것
  마. 그 밖에 가맹희망자나 가맹점사업자가 가맹점운영권을 취득하거나 유지하기 위하여 가맹본부에 지급하는 모든 대가

(나) 가맹업자의 영업에 관한 권리가 침해되지 아니하도록 할 의무

가맹상은 가맹업자의 영업에 관한 권리가 침해되지 아니하도록 하여야 한다(§168의8①). 가맹계약은 필수적으로 가맹업자의 상호·상표권 등의 영업표지를 가맹상이 사용할 수 있도록 허락하는 내용을 포함하는데, 가맹상은 자기의 영업을 함에 있어서 가맹업자의 그러한 상호권이나 상표권이 침해되지 아니하도록 하여야 한다. 그래서 제168조의8 제1항이 가맹업자의 권리를 침해하지 말라는 내용이라면 타인의 권리를 침해하지 말라는 것은 당연하므로 굳이 법으로 정할 필요도 없다는 점에서 이 조항의 의미가 과연 무엇일까 하는 의문이 생긴다.[434]

그러므로 가맹업자의 권리를 침해하지 말라는 의미를 넘어서 이 조항이 갖는 의미는 이 조항으로 인하여 가맹상이 가맹업자의 명성을 유지할 의무를 부담한다는 의미로 해석하는 견해(명성유지의무설)[435]가 있다. 이 입장은 동조와 가맹상과 가맹업자가 상호 부담하는 신의칙상의 의무(가맹사업법§6)를 종합하여 이러한 의무가 도출된다고 설명한다.

생각건대 제168조의8 제1항이 없어도 가맹업자의 상호·상표·디자인·로고 등의 영업표지의 침해는 그것이 권리의 침해에 해당하는 한 상법(§23), 상표법(§§65~70), 디자인보호법(§§113~118), 부정경쟁방지법(§§2,4,5) 등 각 개별 권리의 보호조항에 의하여 보호를 받는다. 또한 가맹업자의 명성이나 평판 등 무형의 가치는 그것이 가맹업자의 영업에 관한 권리로서 인정되는 부분까지는 이와 동일한 결론에 이르게 될 것이다. 그러나 그것이 가맹업자의 영업에 관한 권리로 인정되지 못하는 부분에서는 제168조의8 제1항만으로는 물론, 동조와 신의칙상의 의무를 결합하더라도 그것이 법적 보호의 대상이 되기는 어려울 것이다. 그러나 역설적으로 명성유지의무설의 주장이 의미를 갖는 부분은 바로 그 권리로 인정받지 못하는 가맹업자의 명성 부분이다. 그러나 권리로 인정되지 못하는 일종의 반사적 이익을 제168조의8 제1항으로 법적 보호대상으로 격상시키는 것은 쉽지 않다. 그보다는 제168조의8 제1항의 법문이 가

---

434) 동지: 이철송(15), 621면.
435) 이철송(15), 621면.

맹상에게 "가맹업자의 영업에 관한 권리를 침해하지 말아야 한다"가 아니라 "가맹업자의 영업에 관한 권리가 침해되지 아니하도록 하여야 한다"라고 규정하고 있음에 주목할 필요가 있다. 이러한 법문의 구조는 동조에서 예상하는 가맹업자의 영업에 관한 권리의 침해자는 가맹상과 가맹업자 이외의 제3자임을 전제하는 것으로 보인다. 그렇게 본다면 이 규정이 가맹상에게 요구하는 것은 다른 약정이 없더라도 가맹업자의 영업에 관한 권리가 제3자에 의하여 침해되거나 침해될 우려가 있다는 사실을 알면 이를 방치하지 말고 가맹업자에게 고지한다든가 스스로 그러한 권리의 실시권자로서 추가침해중지 또는 침해금지를 청구한다든가 하여 침해되지 아니하도록 노력하라는 것(침해방지의무)으로 해석할 수 있다. 가맹상이 침해방지의무를 위반한 경우에는 침해자에 대한 가맹업자의 손해배상청구와 별도로 손해배상을 해야 하고 또한 가맹계약 해지를 감수하여야 할 것이다.

(다) 영업상의 비밀 준수의무

가맹상은 계약이 종료한 후에도 가맹계약과 관련하여 알게 된 가맹업자의 영업상의 비밀을 준수하여야 한다(§168의8②). 가맹상은 가맹계약의 존속 중에는 계약의 효력으로 가맹업자의 영업상의 비밀을 준수하여야 하지만, 계약의 종료 후에도 이 조항에 따라 가맹계약과 관련하여 알게 된 본인의 영업상의 비밀을 준수하여야 한다. 이 제도는 대리상의 영업상의 비밀 준수의무(§92의3)와 맥을 같이 하는 것이다. 여기에서 "계약이 종료한" 이유는 가맹계약기간의 만료는 물론 가맹계약기간 중에 중도해지 등으로 계약관계가 소멸하는 경우를 포함한다.[436]

여기에서 "영업비밀(trade secret)"이란 "영업과 관련된" 공개되지 아니한 사항으로서 가맹업자와 가맹상을 포함하여 "소수자만이 알고 있고 가맹업자가 공개되기를 원하지 아니하는' 경제적 가치 있는 정보를 말한다. 공개된 정보는 물론 영업비밀이 아니지만, 법상 공시의무가 따르는 회사의 문서도

---

436) 정찬형(15), 415면; 최영홍, "프랜차이즈 관련 상법개정안의 고찰," 「상사법연구」 제28권 제2호, 2009, 84~85면.

영업비밀이 아니라고 일률적으로 말할 수는 없고, 대상정보의 내용, 공시대상이 누구인지 및 공시시기 등을 종합적으로 고려하여 판단하여야 한다.

가맹상이 가맹계약 존속중에 영업비밀준수의무를 위반하면 가맹업자는 가맹계약을 해지할 수 있고, 손해배상을 청구할 수 있다. 가맹상이 대리상계약이 종료된 후에 영업비밀준수의무를 위반한 경우에는 가맹업자는 손해배상만을 청구할 수 있다.

3) 가맹상의 영업양도

(가) 특칙

가맹상은 가맹업자의 동의를 받아 그 영업을 양도할 수 있다($\S\,168의9①$). 그러나 가맹업자는 특별한 사유가 없으면 가맹상이 하려는 영업양도에 동의하여야 한다($\S\,168의9②$).

(나) 취지

가맹상은 독립된 상인이므로 자신의 영업을 양도하는 경우에 자유로운 경영판단으로 할 수 있어야 한다. 그러나 가맹계약은 가맹업자와 가맹상 사이에 고도의 신뢰를 기초로 하는 계속적 계약관계이고 또한 가맹상은 가맹계약에 의한 영업을 수행할 수 있는 능력이 있어야 하므로[437] 가맹업자 입장에서는 가맹업자가 요구하는 품질기준과 영업방식을 충족하지 못하는 자에게 가맹상의 영업이 양도되는 것은 가맹업자의 신용·명성·평판을 유지하는데 치명적인 장애가 될 수 있다. 따라서 가맹상은 영업양도를 하기 위해서는 가맹업자의 동의를 얻도록 하되, 가맹업자는 특별한 사유가 없는 한 가맹상의 영업양도에 동의하도록 하는 것이다.

여기에서 "특별한 사유"란 양수인이 될 사람이 이전에 가맹금을 지급하지 않고 폐업하였다든지 업계의 평판이 나쁘거나 영업능력이 없는 등 영업에 부적격한 사람인 경우[438], 가맹계약에 의한 영업을 독자적으로 수행할 능력이 없는 경우, 가맹업자의 영업에 관한 권리를 침해할 우려가 있는 경

---

437) 최영홍, 앞의 "프랜차이즈 관련 상법개정안의 고찰," 86~87면.
438) 정동윤(12), 322면.

우439) 등을 말한다.

이러한 절차상 특칙이외의 사항은 상인의 영업양도에 관한 상법의 법리가 그대로 적용된다. 즉 영업양도의 효과에 관한 상법총칙의 규정들($^{§\,§\,41}_{\sim45}$)에 따라 영업양도인이나 양수인의 채권자·채무자는 보호된다.440)

4) 가맹계약의 해지

가맹계약상 존속기간에 대한 약정의 유무와 관계없이 부득이한 사정이 있으면 각 당사자는 상당한 기간을 정하여 예고한 후 가맹계약을 해지할 수 있다($^{§\,168}_{의10}$). 그런데 가맹사업법에 따르면, 가맹사업의 거래를 지속하기 어려운 경우로서 대통령령이 정하는 경우를 제외하고는, 가맹업자는 가맹계약을 해지하려는 경우에는 가맹상에게 2개월 이상의 유예기간을 두고 계약의 위반사실을 구체적으로 밝히고 이를 시정하지 아니하면 그 계약을 해지한다는 사실을 서면으로 2회 이상 통지하여야 한다($^{가맹사업}_{법§14①}$). 그리고 만일 이러한 절차를 거치지 아니한 가맹계약의 해지는 그 효력이 없다($^{동법}_{§14②}$). 가맹사업법은 특별상사법이므로 가맹업자가 가맹계약을 해지하려고 하는 경우에는 동법 제14조의 절차를 밟아야만 유효한 해지가 되고, 상법은 가맹상의 해지에만 적용되어, 가맹계약상 존속기간에 대한 약정의 유무와 관계없이 부득이한 사정이 있으면 가맹상은 상당한 기간을 정하여 예고한 후 가맹계약을 해지할 수 있다($^{§\,168}_{의10}$)고 해석된다. 이러한 해지사유는 대리상계약의 해지사유($^{§\,92}_{②}$)에 준하는 것이다. 여기에서 "부득이한 사정"이란 가맹업자의 지원의무위반, 경업피지의무위반 또는 그 밖의 중대한 가맹계약위반의 사실은 물론, 그 외에도 가맹상의 영업소의 인력부족·매출액 부진 등의 사정·주변환경의 악화 등의 객관적 사정과 가맹상의 질병·노령 등의 주관적 사정을 종합적으로 판단하여 볼 때 가맹상이 가맹계약을 유지할 수 없는 부득이한 사정을 말하는 것으로 본다.

---

439) 정찬형(15), 416면; 최영홍, 앞의 "프랜차이즈 관련 상법개정안의 고찰,' 87면; 최준선(13), 431면.
440) 동지: 정찬형(15), 416면.

(2) 외부관계

가맹업은 주유소, 레스토랑, 소매점, 호텔 및 모텔, 영업서비스 그리고 자동차 부품 및 수리 서비스 등의 사업분야에서 가장 보편적으로 사용되나, 가맹상이 고객을 상대로 하는 영업의 종류에는 제한이 없어서 매매업·편의점·운송주선업·운송업·공중접객업 등 브랜드가 고객의 소비에 영향을 미친다면 어떤 종류의 상행위도 그 대상이 될 수 있고(예컨대, Eland, Bean Pole, Guess, Ralph Laurent, Gap, Uniqlo 등의 의류·액세서리 매장, Caffé Bene, Starbucks 등의 커피점, Lotteria, Subway, McDonald, Pizza Hut, KFC 등의 패스트푸드점, CU, 7-Eleven 등의 편의점) 그 각각에 대해서는 그 분야의 상행위법이 적용되고 가맹상에 관한 상법의 특칙($\S\S$ 168의6 ~168의10)은 적용되지 아니한다.

1) 원칙

가맹업자와 제3자와의 외부관계에서 가맹업자는 가맹상의 거래나 불법행위 등에 대하여 제3자에 대하여 책임을 부담하지 아니하는 것이 원칙이다. 즉 가맹상은 독립된 상인이므로 자기의 거래와 관련하여 발생한 계약불이행이나 불법행위 등에 대하여 스스로 책임을 져야 하고, 가맹업자는 그에 대하여 책임을 지지 아니한다.

2) 예외

(가) 가맹업자와 가맹상은 상호 독립된 상인이지만 가맹상이 가맹업자의 상호·상표·서비스표·로고 등의 영업표지를 사용하고, 가맹업자의 지원에 따라 일정한 매장·점원의 유니폼 등의 디자인을 사용하는 관계로 가맹상이 가맹업자의 사실상의 대리인·표현대리인, 조합원, 피용자, 또는 명의차용자로서 외관법리에 따라 가맹업자에게 가맹상의 행위에 대하여 책임을 지우는 각각의 특별규정의 효력에 따라 가맹업자가 책임을 져야할 수가 있다(민법 §§ 114, 125, 126, 129, 703, 756, 상법 § 24, 87).441) 그러나 오늘날 가맹업에 대한 일반인의 인식이 높아져서 가맹업자는 가맹상과 거래한 상대방에게 악의·중과실을 입증하여 명의대여

---

441) 정동윤(12), 323면; 정찬형(15), 418면.

자로서의 책임을 면할 가능성이 있을 것으로 짐작된다.442)

(나) 가맹업자가 제조한 상품을 가맹상이 판매하여 그것을 구입한 제3자가 제조물의 결함으로 생명·신체 또는 재산에 손해(그 제조물에 대하여만 발생한 손해는 제외한다)를 입은 경우에는 가맹업자는 그 피해자에게 그 손해를 배상하여야 한다(제조물책임법§3①). 그러나 제조자로서 부담하는 이 제조물책임은 결국 가맹업자가 자기의 행위에 대하여 지는 책임이다.

제3절 채권매입업

1. 총설

(1) 채권매입업의 의의

채권매입업은 "영업상 채권의 매입·회수 등에 관한 행위"를 영업으로 하는 상인의 영업이다($\S^{46}_{x1}$). 채권매입업은 종래 팩토링(factoring)으로도 불려왔는데, 거래기업(client, Kunde)이 물건·유가증권의 판매나 용역의 제공 등에 의하여 취득하였거나 취득할 영업상의 채권(영업채권)(accounts receivable)을 채권매입업자(factor, Factoringinstitut)에게 매도하고, 채권매입업자는 거래기업에 갈음하여 영업채권의 채무자(customer, Drittschuldner)에게 추심하여 회수하는 서비스를 제공하는 형태의 영업이다. 채권매입업은 1995년 상법 개정시 제46조의 기본적 상행위에 새로운 유형의 상행위의 하나로서 제21호의 '영업상 채권의 매입·회수'가 신설된 후 2010년 상법 개정시 채권매입업의 구체적인 법률관계에 관한 두 개의 실체조항(제168조의11, 제168조의12)을 제14장에 신설하였다.

상법은 채권매입계약의 당사자를 '채권매입업자'($\S^{168}_{의11}$)와 '채권매입계약의 채무자'로 지칭하며, 관계자로서 '영업채권의 채무자'($\S^{168}_{의12}$)를 인정한다. '국

---

442) 동지: 강위두·임재호(11), 404면; 초경홍, 앞의 "프랜차이즈 관련 상법개정안의 고찰," 96면; 최준선(13), 432면(가맹업자와는 독립된 상인임이 일반적으로 인식되고 있으므로).

제 팩토링에 관한 UNIDROIT 조약'(Unidroit Convention on International Factoring)(1988)에서는 이를 '채권매입업자'(factor), '공급자'(supplier) 및 '채무자'(debtor)로 지칭하고 있다(제1조(1)).

(2) 채권매입업의 경제적 기능

UNIDROIT 조약이 적용되는 팩토링계약은 일방당사자(판매자, the supplier)와 타방 당사자(채권매입업자, the factor)간의 계약으로서 판매자는 주로 자기의 개인적, 가계용으로 구매한 상품매매를 위한 것을 제외하고, 판매자와 그 고객(채무자)간의 상품매매계약에서 생긴 영업채권(receivables)을 채권매입업자에게 양도할 수 있거나 양도하는 것이면서(동 조약 제1조 (2)(a)), 이에 대하여 채권매입업자는 ① 판매업자를 위한 대출 및 대금선급을 포함하는 금융 제공, ② 영업채권에 관한 회계장부의 정리, ③ 영업채권의 추심, ④ 채무자의 채무불이행으로부터의 보호 가운데 최소한 두 가지 이상의 기능을 수행하는 것을 말한다(동 조약 제1조(2)(b)).

일반적으로 채권매입업이 운용되는 구조를 보면, 거래기업이 소비자에게 신용으로 상품을 판매하고 그 채권을 채권매입업자에게 양도하면 채권매입업자가 채권판매자에게 대금을 지급해 주고, 만기에 소비자에게서 채권을 추심하는 것은 채권매입업자가 담당한다. 따라서 채권매입업자와 거래하는 기업은 소비자에 대한 대금회수 및 채권관리 등의 부담을 경감할 수 있다.[443] 특히 채권매입업은 중소기업을 위한 금융제도로서 활성화될 필요가 있으나, 우리나라에서는 채권매입업자가 신용위험의 인수 등 위험도가 높은 기능의 제공에 소극적이거나 너무 높은 수수료를 요구하고, 어음에 비하여 매출채권에 대한 법적 보호가 제한적인 점이 작용하고 있기 때문에 아직까지 활성화가 되지 못하고 있다.[444]

---

443) 권순희, "채권매입업(팩토링)에 의한 자금조달에 관한 연구", 「상사법연구」 제33권 제1호, 2014, 261면.
444) 그러나 국내외 팩토링 거래량은 2011년 현재 2009년 대비 28.4% 증가하였고, 특히 국제팩토링의 규모는 2006년 대비 77.6% 증가하여 뚜렷한 증가세를 보이고 있다.

2. 채권매입의 종류

(1) 부진정 채권매입과 진정 채권매입

채권매입은 채권매입업자의 상환청구권의 유무별로 '부진정 채권매입'(with recourse factoring, unechte Factoring)과 '진정 채권매입'(without recourse factoring, echte Factoring)으로 구별할 수 있다. 부진정 채권매입은 상환청구권이 있는 채권매입으로서 채권매입업자가 파산이나 무자력으로 지급불능에 빠진 제3채무자에게서 채권의 만족을 얻지 못할 경우 거래상대방인 판매기업에게 상환청구가 가능하다. 진정 채권매입은 상환청구권이 없는 채권매입으로서 채권매입업자가 지급불능에 빠진 제3채무자에게서 채권의 만족을 얻지 못하여도 거래상대방에게 상환청구할 수 없다. 2010년 상법개정위원회는 채권매입업자의 상환청구와 관련하여 부진정 채권매입과 진정 채권매입 중 어느 것을 원칙으로 할 것인지, 장래채권의 양도에 관한 규정을 둘 것인지, 양도금지특약부 채권의 양도를 허용할 것인지, 제3채무자(팩토링업자에게 양도된 채권의 채무자)의 선의지급 및 매매계약에서의 불이행이 팩토링계약에 영향을 미치는지 등에 관한 별도의 규정을 둘 것인지 등에 관하여 논의하였으나, 장래채권의 양도를 허용하고 채권매입업자의 상환청구에 관한 규정만 두기로 하였다. 이는 부진정 채권매입을 원칙으로 하여 거래상대방으로부터 매출채권을 취득한 채권매입업자가 제3채무자로부터 변제를 받지 못하는 경우 채권매입업자가 거래상대방에 대하여 그 매출채권액의 상환을 청구할 수 있게 하되, 당사자간에 다른 약정을 허용하여 진정 채권매입을 가능하게 한 것이다(§168의12). 이는 본래적 의미의 채권매입은 진정 채권매입이 원칙임에도 불구하고 부진정 채권매입이 거의 예외없이 이용되고 있는 우리나라의 특수한 현실을 반영한 것이다.

송정남, "한국 팩토링제도 운용의 활성화방안에 관한 연구", 박사학위논문(성균관대학교), 2013, 52면; 권순희, "채권매입업(팩토링)에 의한 자금조달에 관한 연구", 「상사법연구」 제33권 제1호, 2014, 262~263면.

(2) 통지방식 채권매입과 非통지방식 채권매입

채권매입은 채권양도의 통지유무에 따라 통지방식 채권매입(notification factoring)과 非통지방식 채권매입(non-notification factoring)으로 분류된다. 영미에서는 전자가 일반적이나 우리나라 독일, 일본에서는 후자도 상당히 이용되고 있다. UNIDROIT 조약이 적용되는 팩토링계약에서는 제3채무자에게 영업채권의 양도를 통지하여야 한다(동 조약 제1조(2)(c)).

(3) 선급채권매입과 만기채권매입

채권매입은 매출채권의 대가의 선급의 유무에 따라서 금융기능이 있는 선급채권매입(advance factoring)과 그 기능이 없는 만기채권매입(maturity factoring)으로 분류된다.

(4) 기타

그밖에 거래기업의 업종별로 도매채권매입과 소매채권매입, 거래지역별로 국내채권매입과 국제채권매입 등으로 구분된다.

3. 채권매입거래의 구조

(1) 당사자

채권매입계약의 당사자로는 ① 채권매입업자(factor, Factoringinstitut)와 ② 채권매입계약의 채무자, 즉 채권판매자 내지 거래기업(client, Kunde)이 있다. 관련자로서 ③ 제3채무자, 영업채권의 채무자, 즉 거래기업과 거래한 고객(customer, Drittschuldner)이 존재하나 제3채무자는 계약당사자는 아니다.

채권매입업자는 채권매입업을 영업으로 하는 상인($^{\S\,46\text{x}}_{\text{x}\,1}$)이다. 현재 상법이나 특별법상 채권매입업에 대한 특별한 진입제한은 가해지고 있지 않다. 채권매입업을 부수적으로 영위하는 은행이나 여신전문금융회사를 채권매입업자라고 볼 수는 없다.[445] 채권매입계약의 채무자, 즉 거래기업은 영업채권을

---

445) 정찬형(15), 423면(그러나 채권매입업이 다른 특별법상의 업무에 해당하게 되면, 그

판매하기 위하여 "물건·유가증권의 판매, 용역의 제공" 등의 "영업"을 하여야 할 것이므로(§168의11) 상인이어야 할 것이다.[446]

(2) 통상의 거래과정

① 채권매입업자와 거래기업은 채권매입계약을 체결한다.

② 채권매입업자는 신용위험을 피하기 위하여 거래기업의 채무자에 대한 신용조사를 실시하여 거래기업에 통지한다.

③ 거래기업은 채권매입계약에서 정한 대로 영업채권을 채권매입업자에게 매도한다. 상법은 채권매입의 대상에는 상인의 물건·유가증권의 판매, 용역의 제공 등에 의하여 취득한 채권뿐만 아니라 앞으로 "취득할" 영업상의 채권(장래채권)도 포함되도록 하고 있다(§168의11).

④ 채권매입업자는 거래기업의 요청이 있으면 영업채권의 변제기 전에 채권대금을 선급한다.

⑤ 채권매입업자는 채무자로부터 변제기에 영업채권을 지급받는다.

⑥ 채권매입업자는 거래기업을 위하여 회계장부정리 및 기타 서비스를 제공한다.

⑦ 거래기업은 채권매입업자에 대하여 이상의 서비스에 대한 대가로서 수수료 및 이자를 지급한다.

⑧ 채무자가 그 채무를 이행하지 아니하는 경우 채권매입업자는 채권매입계약의 채무자에게 그 영업채권액의 상환을 청구할 수 있다(§ 168의12 본문). 다만, 채권매입계약에서 그러한 경우에도 상환을 청구할 수 없다고 정한 경우에는 상환을 청구할 수 없다(§168의12 단서).

(3) 법적 성질

1) 채권매입계약(기본계약)은 계속적 채권계약이고 특수한 혼합계약이다

법의 적용을 받게 될 것이라고 한다. 예컨대, 「자산유동화에 관한 법률」 §22②, 유동화전문회사회계처리기준 §7-1 등이 적용되게 된다.).
446) 김홍기, "채권매입업(factoring)의 법적 쟁점과 상법개정안의 검토," 「상사법연구」 제28권 제2호, 2009, 138면; 정찬형(15), 423면.

(통설).

2) 채권매입계약(기본계약)에 기하여 이 계약상의 채무의 이행으로서 하는 개개의 영업채권의 매입행위의 법적 성질에 대해서는 학설이 갈리고 있다.

ⅰ) 이분설은 부진정 채권매입은 소비대차, 진정 채권매입은 채권매매라고 보는 견해이나[447], 그와 달리 ⅱ) 소비대차와 양도담보가 결합된 것으로 보는 견해[448], 그리고 ⅲ) 소비대차·위임등이 혼합된 무명계약으로서 파악하는 견해[449] 등이 있다.

생각건대 부진정 채권매입의 경우에는 매출채권이 지급되지 않는 경우 채권매입업자가 판매기업에게 상환청구권을 행사할 수 있으므로 매출채권을 담보로 자금을 조달하는 것과 경제적으로 유사하므로[450] 이를 소비대차로 볼 수 있고, 진정 채권매입의 경우에는 채권매매로 보는 것이 타당할 것이다.

4. 채권매입거래의 법률관계

거래기업과 채무자간 법률관계는 일반적인 상품매매계약 또는 서비스공급계약이므로 특별한 문제가 없다.

상법은 채권매입업의 실체적 법률관계에 관하여 채권매입업자가 거래기업에 대하여 상환청구가 가능한지 여부를 당사자의 약정으로 정할 수 있도록 명시적으로 허용하여, 최소한의 기본적 규정만을 두고 있을 뿐이다.

(1) 채권매입업자와 거래기업간의 채권양도

거래기업이 채권매입업자에게 영업채권을 양도하는 방법에는 포괄적 일

---

[447] 손주찬(03), 413~414면; 안강현(15), 355~356면; 정동윤(12), 306면; 최기원(04), 454~455면; 이기수외(03), 592~593면; 김홍기, 전계논문, 114~116면; 정찬형(15), 388면.
[448] 서민, 「채권양도에 관한 연구」, 경문사, 1985, 164면.
[449] 이철송(15), 492면(이분설을 비판하고 통일적 파악을 위하여 이러한 이론을 개진하는 것이 필요하다고 설명한다.).
[450] 김연미, "매출채권을 이용한 기업의 자금조달", 한국상사법학회 하계학술대회("한국경제의 미래를 위한 상사법의 시대적 과제"), 2015.7.3.~4, 학술대회자료집 169면.

괄 양도와 개별적 양도가 있다. 전자는 기본계약의 이행행위로서 하는 방법으로 별개의 양도행위를 요하지 아니한다. 이 두 가지 방법 중 어느 것에 의하는가는 당사자의 의사에 의하여 정해지나 당사자의 의사가 명백하지 아니한 경우에는 전자로 해석한다.[451]

양도대상 채권의 범위에 대하여 금전채권으로서 지명채권에 한한다는 견해[452]가 있으나, 그러한 제한은 없고 어음채권 등 지시채권도 포함한다고 본다.[453] 또한 장래채권도 확정가능성이 있는 경우에는 그 양도성이 인정되므로[454], 포괄적 일괄양도의 대상에는 장래채권이 포함된다(민법 §168의11). 그러나 채권의 성질·당사자의 의사 및 법률 등에 의하여 양도할 수 없는 채권의 경우에는 양도대상이 될 수 없다.

(2) 채권매입업자와 채무자간의 항변

거래기업이 채권매입업자에게 영업채권을 매도하는 것은 민법상의 채권양도이므로 채권매입거래의 당사자들이 채권양도의 대항요건(채권자의 통지 or 채무자의 승낙)(민법 §450①)을 갖추지 않으면 제3채무자는 채권매입업자에게 대항할 수 있다. 또한 채권자가 채권양도의 통지를 한 경우 제3채무자는 양도통지를 받을 때까지 거래기업에 대하여 생긴 사유로서 채권매입업자에 대항할 수 있다(민법 §451②).

제3채무자가 이의없이 채권양도를 승낙한 경우에는 자기가 거래기업에 대하여 가지고 있는 채권으로서 상계의 항변을 할 수 없다(민법 §451①본문). 그러므로 제3채무자가 이의를 보류하여 승낙한 경우에는 대항할 수 있다.

(3) 제3채무자의 이행의무

채권매입업자가 채권양도의 대항요건을 구비한 경우에는 제3채무자는 채

---

451) 이기수외(03), 593면; 정동윤(12), (총) 707면; 정찬형(15), 424면.
452) 김홍기, 전게논문, 138~139면.
453) 정찬형(15), 423~424면.
454) 서민, 「채권양도에 관한 연구」, 중문사, 1985, 78면.

권매입업자에게 채무를 이행하여야 한다.

(4) 제3채무자의 상계

채권매입업자의 채권추심에 대하여 제3채무자가 거래기업에 대하여 갖는 채권을 자동채권으로 하여 상계할 수 있는가 하는 문제가 있다. 이에 대하여 거래기업의 채권매입거래로 인하여 제3채무자가 불이익을 입는 것으로 보는 것은 부당하다는 점을 근거로 하는 긍정설[455]과 "제3채무자가 이의를 보류하지 아니하고 지명채권양도에 대한 승낙을 한 때에는 상계할 수 없다"고 보는 부정설[456] 또는 "거래기업이 채권매입계약을 체결한 사실을 알고 거래한 경우에는 상계할 수 없다"는 부정설[457] 등이 있다.

생각건대, 여기에서 제3채무자의 상계는 항변의 일종으로서 취급하여야 할 것이다. 그러므로 원칙적으로 제3채무자는 거래기업이 채권매입업자와 거래를 하더라도 자신이 갖고 있는 거래기업에 대한 채권으로 상계할 수 있으나, 이의를 보류하지 아니하고 지명채권양도에 대한 승낙을 한 경우에는 예외적으로 상계할 수 없고, 특히 제3채무자의 거래기업에 대한 채권이 영업채권의 양도 이후에 생긴 경우에는 채무자는 자기가 거래기업에 대하여 가지고 있는 채권으로서 상계의 항변을 할 수 없다.[458] 그런 점에서 이들 학설이 담고 있는 취지는 서로 다르지 아니하다.

---

455) 손주찬(03), 416면.
456) 안강현(15), 358면.
457) 정동윤(12), 307면.
458) 정찬형(15), 425면.

색 인

ㄱ

가공업	36
가도	345
가맹금	469
가맹업	40, 460
가스공급업	36
검사·통지의무	240
결산대차대조표	124
결약서	309
경제법	10
계산서	323
고가물	354, 400, 420
고유상	6
공권	373
공급자	439
공도	345
공동운송	334
공동지배인	58
공법인의 상행위	205
공중이 이용하는 시설	414
공중접객업	37, 414
금융리스	437
금융리스료	449
금융리스물건수령증	448
금융리스업	39, 435
금융리스업자	39, 437, 439
금융리스이용자	439
금융업	37
기본적 상행위	34, 199
기업법설	6

ㄴ

낙부통지의무	231

ㄷ

다수 상사채무자의 연대책임	222
당연상인	30
대리상	290
대리상의 보상청구권	297
대리점	292
대차대조표	122
동일운송	384
등기의 소극적 공시력	149
등기의 적극적 공시력	150

ㄹ

레셉툼책임	415

ㅁ

만기채권매입	478
명의대여자의 책임	106
물건보관의무	231

물건운송	340	상사매매	234
물건판매점포의 사용인	78	상사법정이율	220
민법의 상화	9	상사보증채무의 연대성	224
민사회사	44	상사수치인의 주의의무	252
민상이법통일론	9	상사유치권	214
		상사자치법	17

ㅂ

		상사질권	219
보관·공탁의무	245	상사채권의 소멸시효	208
보관료	429	상사채무의 이행장소	227
보조상	6	상업등기	138
보조적 상행위	44, 200	상업사용인	60
보증도	344	상인능력	45
복식부기	126	상인법설	8
복합운송	389	상인법주의	28
부분운송	384	상인에 관한 입법주의	27
부분운송주선	411	상인의 보수청구권	248
부분적 포괄대리권을 가진 상업사용인		상인의 소비대차의 이자	248
	75	상인의 체당금의 이자청구권	252
부실등기의 효력	156	상인자격	45
부정경쟁	91	상인자격의 취득시기	45
부진정 채권매입	477	상표	88
비상대차대조표	124	상품가맹업	465
비통지방식 채권매입	478	상행위	198
		상행위법주의	28

ㅅ

		상행위의 대리	206
사실인 상관습	16	상호계산	259
사전등기배척권	100	상호계산불가분의 원칙	262
사회적기업	31	상호권	92
상(商)	4, 5	상호사용권	94
상관습법	16	상호의 가등기	101
		상호의 상속	104

상호의 양도	103	용역가맹업	465
상호전용권	94	운송물상이	373
상호폐지의 의제	105	운송업	336
선급채권매입	478	운송인	339
설비상인	42	운송주선업	396
소상인	44	운용리스	438
수도사업	36	위탁매매	316
수선업	36	위탁매매인	318
수하물	394	위탁매매인의 개입권	327
수하인의 지위	349	유가증권	255
순차운송	383	유도법	125
순차운송주선	411	유형상	6
승차권	392	의용상법	8
신종상행위	435	의제상업사용인	78
쌍방적 상행위	203	의제상인	41
쌍방적 중개계약	307	익명조합	267
		익명조합원	269
		일반기업회계기준	116
		일방적 상행위	203
ㅇ		일방적 중개계약	308
		임대업	35
약관	18		
양도인의 경업피지의무	180		
여객운송	392	**ㅈ**	
영업능력	45, 54		
영업비밀	295	재무상태표	122
영업비밀준수의무	295	전력공급업	36
영업상의 비밀 준수의무	471	전문직업인	32
영업소	134	제1세대 가맹업	464
영업양도	162	제1운송인	384
영업의 경영위임	191	제2세대 가맹업	464
영업의 임대차	190	제3채무자	478
영업자	269		

재무제표	118	통운송장	384
제조업	36	통제	464
조리	19	통지방식 채권매입	478
준상행위	44, 200	특약점	292
준위탁매매인	332		
중간(중계)운송주선	411	**ㅍ**	
중개대리상	292		
중개료	312	판매업	34
중개업	305	팩토링	475
중개인	305	표현지배인	70
지급결제업	41		
지배권	65	**ㅎ**	
지배권의 남용	65		
지배인	61	하도지시서	430
지정가액준수의무	323	하수운송	384
진정 채권매입	477	하수운송주선	411
		한국채택국제회계기준	116
ㅊ		합자조합	278
		형식상	6
창고업	38, 422	혼재운송주선계약	403
창고업자	423	화물명세서	363
창고증권	430	화물상환증	370
채권매입업	40, 475	화물상환증의 물권적 효력	375
채권매입업자	475, 478	화물상환증의 채권적 효력	373
채무자	475	확정기매매	237
체약대리상	292	확정운임운송주선계약	402
		회계장부	119
ㅌ		회사형 가맹업	465
통상대차대조표	124		

외국어색인

A

accounting books	119
advance factoring	478
aufeinanderfolgende Speditionsgeschäft	411
Ausgleichsanspruch	297

B

balanced sheet	122
Betriebsüberlassungvertrag	192
Bilanz	122
bill of lading	370
broker	305

C

carriage	336
carriage of goods	340
carriage of passengers	392
carrier	339
combined transport	389
commercial agent	291
commission agent	318
control	454
current account	259
customer	475

D

delivery order	430
derivative method	125
Drittschuldner	475
Durchfracht	383
durchlaufender Frachtbrief	384

E

echte Factoring	477

F

factor	475, 478
factoring	475
Factoringinstitut	475, 478
finance lease	39, 437
Firma	87
Fixhandelskauf	237
forwarding agency	396
Frachtbrief	363
Frachtfürer	339
Frachtgeschäft	336
franchise	40, 460
franchise fee	469

G

Geschäfts- und Betriebsgeheimnis	295

488 색인

Geshäftsinhaber	269	leesee	439
Grundhandelsgeschäft	199	lessor	437, 439
		Lieferant	439
H		Lieferschein	430
		limited partnership	278
Handel	4		
Handelsbuch	116	**M**	
Handelsgeschäft	198		
Handelsmakler	305	Maklerlohn	312
Handelsniederlassung	134	maturity factoring	478
Handelsregister	139	multimodal transport	389
Handelsvertreter	291		
Hauptfrachtführer	384	**N**	
Hilfshandelsgeschäft	200		
		negatives Publizitätsprinzip	149
I		notification factoring	478
inventory method	125	**O**	
		office	134
K		operating lease	438
K-IFRS	116		
Kommissionär	318	**P**	
Kontokorrent	259		
		payment and settlement	41
L		Personenbefördung	392
		positives Publizitätsprinzip	150
Ladeschein	370	Provision	312
Lagerhalter	423		
Lagerschein	430	**R**	
laufende Rechnung	259		
Leasinggeber	439	Receptum Haftung	415
Leasingnehmer	439	Rechnungsbücher	119

S

Sammelladungsspedition	403
Selbsteintrittsrecht	327
sole proprietorships	27
Spedition mit fixen Spesen	402
Speditionsgeschäft	396
stille Gesellschaft	267
stiller Gesellschafter	269
subjektives Firmenrecht	92
successive carriage	383
supplier	439

T

trade mark	88
trade name	87
trade secret	295
Traditionswirkung	375

U

undisclosed association	267
undisclosed partner	269
unechte Factoring	477

V

valuable instrument	255

W

warehouse bond	430
warehouseman	423
Warenzeichen	88
way-bill	363
Wertpapier	255
with recourse factoring	477
without recourse factoring	477

김 두 진

▶ 연세대학교 법과대학 졸업
 연세대학교 대학원 수료(법학박사)
 U.C. Berkeley Visiting Scholar
 한국법제연구원 연구위원 역임
 사법시험·변호사시험·가맹거래사시험위원 역임
 현) 국립부경대학교 법학과 교수

상법총칙·상행위법 [개정판]

지은이 / 김 두 진	인쇄 / 2020. 9. 1
펴낸이 / 조 형 근	발행 / 2020. 9. 1
펴낸곳 / 도서출판 동방문화사	

서울시 서초구 방배동 905-16. 지층
전 화 / 02) 3473-7294   팩 스 / 02) 587-7294
메 일 / 34737294@hanmail.net 등 록 / 서울 제22-1433호

저자와의 합의 인지생략

파본은 바꿔 드립니다.
정 가 / 33,000원

본서의 무단복제행위를 금합니다.
ISBN 979-11-89979-27-0 93360